铁路行政许可
政策法规汇编

铁道部政策法规司　编

中国铁道出版社

2008年·北京

图书在版编目(CIP)数据

铁路行政许可政策法规汇编/铁道部政策法规司编.—北京:中国铁道出版社,2008.12

ISBN 978-7-113-09300-6

Ⅰ.铁… Ⅱ.铁… Ⅲ.铁路运输—行政许可法—汇编—中国 Ⅳ.D922.149

中国版本图书馆CIP数据核字(2008)第201860号

书　　名:**铁路行政许可政策法规汇编**

作　　者:铁道部政策法规司　编

责任编辑:吴　军　聂宏伟　　**电话**:010－51873084

封面设计:崔丽芳

责任校对:张玉华

责任印制:金洪泽　陆　宁

出版发行:中国铁道出版社(100054,北京市宣武区右安门西街8号)

印　　刷:北京铭成印刷有限公司

版　　次:2008年12月第1版　2008年12月第1次印刷

开　　本:880 mm×1 230 mm　1/32　印张:27　字数:1 264千

书　　号:ISBN 978-7-113-09300-6/D·268

定　　价:89.00元(附光盘)

前　言

行政许可是行政机关依法对经济、社会事务实行事前监督管理的一种重要手段，对于维护公民人身财产安全，保障社会公共利益，促进社会资源的合理利用等，具有重要作用。

依法实施行政许可是推进政府依法行政的重要内容，也是贯彻落实科学发展观，构建社会主义和谐社会的本质要求。特别是近年来随着《行政许可法》的颁布实施和行政审批制度改革的不断深化，行政许可制度不断完善，行政许可行为不断规范。铁道部按照国务院的统一部署和行政审批制度改革的要求，先后开展了四批行政审批项目清理工作，共取消铁路行政审批项目34项，改变管理方式8项，合并同类事项3项。对依据相关法律、法规设定或国务院决定保留的行政许可项目，先后制定出台了11件部门规章、34件规范性文件共45个行政许可实施办法和16个行政许可配套文件，对相关行政许可的实施程序、监督检查及责任追究、申诉举报、文件审查以及行政复议、行政应诉等相关问题作出了规定，并在实践中不断加强和规范了行政许可的日常管理工作。经过近五年的努力，取得明显成效。铁路行政许可制度从无到有，形成了一整套比较全面的制度体系，行政许可管理从摸索到规范，逐步走上正轨，实现了依法合规操作。

为便于大家了解掌握铁路行政许可的有关规定，确保铁路行政许可工作权责明确、行为规范、监督有效，铁道部政策法规司组织编写了《铁路行政许可政策法规汇编》。本书收录了截至2008年12月底发布的铁路行政许可有关法律法规、规章及规范性文件，既为铁路行政许可工作机关、机构及工作人员提供了最权威、最详尽的工作指南和政策依据，也可作为铁路“五五”普法教育的参考教材以及社会各界研究了解铁路行政许可工作的参考资料。

由于编者水平有限，错漏之处在所难免，敬请读者批评指正。

二〇〇八年十二月

目　录

一、铁路行政许可依据

二、铁路行政许可实施办法

三、铁路行政许可相关配套制度

三、铁路行政许可相关配套制度

一、铁路行政许可依据

中华人民共和国行政许可法

2003年8月27日　中华人民共和国主席令第7号

第一章　总　则

第一条　为了规范行政许可的设定和实施,保护公民、法人和其他组织的合法权益,维护公共利益和社会秩序,保障和监督行政机关有效实施行政管理,根据宪法,制定本法。

第二条　本法所称行政许可,是指行政机关根据公民、法人或者其他组织的申请,经依法审查,准予其从事特定活动的行为。

第三条　行政许可的设定和实施,适用本法。

有关行政机关对其他机关或者对其直接管理的事业单位的人事、财务、外事等事项的审批,不适用本法。

第四条　设定和实施行政许可,应当依照法定的权限、范围、条件和程序。

第五条　设定和实施行政许可,应当遵循公开、公平、公正的原则。

有关行政许可的规定应当公布;未经公布的,不得作为实施行政许可的依据。行政许可的实施和结果,除涉及国家秘密、商业秘密或者个人隐私的外,应当公开。

符合法定条件、标准的,申请人有依法取得行政许可的平等权利,行政机关不得歧视。

第六条　实施行政许可,应当遵循便民的原则,提高办事效率,提供优质服务。

第七条　公民、法人或者其他组织对行政机关实施行政许可,享有陈述权、申辩权;有权依法申请行政复议或者提起行政诉讼;其合法权益因行政机关违法实施行政许可受到损害的,有权依法要求赔偿。

第八条　公民、法人或者其他组织依法取得的行政许可受法律保护,行政机关不得擅自改变已经生效的行政许可。

行政许可所依据的法律、法规、规章修改或者废止,或者准予行政许可所依据的客观情况发生重大变化的,为了公共利益的需要,行政机关可以依法变更或者撤回已经生效的行政许可。由此给公民、法人或者其他组织造成财产损失的,行政机关应当依法给予补偿。

第九条　依法取得的行政许可,除法律、法规规定依照法定条件和程序可以转让的外,不得转让。

第十条　县级以上人民政府应当建立健全对行政机关实施行政许可的监督制度,加强对行政机关实施行政许可的监督检查。

行政机关应当对公民、法人或者其他组织从事行政许可事项的活动实施有效监督。

第二章　行政许可的设定

第十一条　设定行政许可，应当遵循经济和社会发展规律，有利于发挥公民、法人或者其他组织的积极性、主动性，维护公共利益和社会秩序，促进经济、社会和生态环境协调发展。

第十二条　下列事项可以设定行政许可：

（一）直接涉及国家安全、公共安全、经济宏观调控、生态环境保护以及直接关系人身健康、生命财产安全等特定活动，需要按照法定条件予以批准的事项；

（二）有限自然资源开发利用、公共资源配置以及直接关系公共利益的特定行业的市场准入等，需要赋予特定权利的事项；

（三）提供公众服务并且直接关系公共利益的职业、行业，需要确定具备特殊信誉、特殊条件或者特殊技能等资格、资质的事项；

（四）直接关系公共安全、人身健康、生命财产安全的重要设备、设施、产品、物品，需要按照技术标准、技术规范，通过检验、检测、检疫等方式进行审定的事项；

（五）企业或者其他组织的设立等，需要确定主体资格的事项；

（六）法律、行政法规规定可以设定行政许可的其他事项。

第十三条　本法第十二条所列事项，通过下列方式能够予以规范的，可以不设行政许可：

（一）公民、法人或者其他组织能够自主决定的；

（二）市场竞争机制能够有效调节的；

（三）行业组织或者中介机构能够自律管理的；

（四）行政机关采用事后监督等其他行政管理方式能够解决的。

第十四条　本法第十二条所列事项，法律可以设定行政许可。尚未制定法律的，行政法规可以设定行政许可。

必要时，国务院可以采用发布决定的方式设定行政许可。实施后，除临时性行政许可事项外，国务院应当及时提请全国人民代表大会及其常务委员会制定法律，或者自行制定行政法规。

第十五条　本法第十二条所列事项，尚未制定法律、行政法规的，地方性法规可以设定行政许可；尚未制定法律、行政法规和地方性法规的，因行政管理的需要，确需立即实施行政许可的，省、自治区、直辖市人民政府规章可以设定临时性的行政许可。临时性的行政许可实施满一年需要继续实施的，应当提请本级人民代表大会及其常务委员会制定地方性法规。

地方性法规和省、自治区、直辖市人民政府规章，不得设定应当由国家统一确定的公民、法人或者其他组织的资格、资质的行政许可；不得设定企业或者其他组织的设立登记及其前置性行政许可。其设定的行政许可，不得限制其他地区的个人或者企业到本地区从事生产经营和提供服务，不得限制其他地区的商品进入本地区市场。

第十六条　行政法规可以在法律设定的行政许可事项范围内，对实施该行政许可作出具体规定。

地方性法规可以在法律、行政法规设定的行政许可事项范围内，对实施该行政许可作出具体规定。

规章可以在上位法设定的行政许可事项范围内，对实施该行政许可作出具体规定。

法规、规章对实施上位法设定的行政许可作出的具体规定,不得增设行政许可;对行政许可条件作出的具体规定,不得增设违反上位法的其他条件。

第十七条 除本法第十四条、第十五条规定的外,其他规范性文件一律不得设定行政许可。

第十八条 设定行政许可,应当规定行政许可的实施机关、条件、程序、期限。

第十九条 起草法律草案、法规草案和省、自治区、直辖市人民政府规章草案,拟设定行政许可的,起草单位应当采取听证会、论证会等形式听取意见,并向制定机关说明设定该行政许可的必要性、对经济和社会可能产生的影响以及听取和采纳意见的情况。

第二十条 行政许可的设定机关应当定期对其设定的行政许可进行评价;对已设定的行政许可,认为通过本法第十三条所列方式能够解决的,应当对设定该行政许可的规定及时予以修改或者废止。

行政许可的实施机关可以对已设定的行政许可的实施情况及存在的必要性适时进行评价,并将意见报告该行政许可的设定机关。

公民、法人或者其他组织可以向行政许可的设定机关和实施机关就行政许可的设定和实施提出意见和建议。

第二十一条 省、自治区、直辖市人民政府对行政法规设定的有关经济事务的行政许可,根据本行政区域经济和社会发展情况,认为通过本法第十三条所列方式能够解决的,报国务院批准后,可以在本行政区域内停止实施该行政许可。

第三章 行政许可的实施机关

第二十二条 行政许可由具有行政许可权的行政机关在其法定职权范围内实施。

第二十三条 法律、法规授权的具有管理公共事务职能的组织,在法定授权范围内,以自己的名义实施行政许可。被授权的组织适用本法有关行政机关的规定。

第二十四条 行政机关在其法定职权范围内,依照法律、法规、规章的规定,可以委托其他行政机关实施行政许可。委托机关应当将受委托行政机关和受委托实施行政许可的内容予以公告。

委托行政机关对受委托行政机关实施行政许可的行为应当负责监督,并对该行为的后果承担法律责任。

受委托行政机关在委托范围内,以委托行政机关名义实施行政许可;不得再委托其他组织或者个人实施行政许可。

第二十五条 经国务院批准,省、自治区、直辖市人民政府根据精简、统一、效能的原则,可以决定一个行政机关行使有关行政机关的行政许可权。

第二十六条 行政许可需要行政机关内设的多个机构办理的,该行政机关应当确定一个机构统一受理行政许可申请,统一送达行政许可决定。

行政许可依法由地方人民政府两个以上部门分别实施的,本级人民政府可以确定一个部门受理行政许可申请并转告有关部门分别提出意见后统一办理,或者组织有关部门联合办理、集中办理。

第二十七条 行政机关实施行政许可,不得向申请人提出购买指定商品、接受有偿服务等不正当要求。

行政机关工作人员办理行政许可,不得索取或者收受申请人的财物,不得谋取其他利益。

第二十八条 对直接关系公共安全、人身健康、生命财产安全的设备、设施、产品、物品的检验、检测、检疫,除法律、行政法规规定由行政机关实施的外,应当逐步由符合法定条件的专业技术组织实施。专业技术组织及其有关人员对所实施的检验、检测、检疫结论承担法律责任。

第四章 行政许可的实施程序

第一节 申请与受理

第二十九条 公民、法人或者其他组织从事特定活动,依法需要取得行政许可的,应当向行政机关提出申请。申请书需要采用格式文本的,行政机关应当向申请人提供行政许可申请书格式文本。申请书格式文本中不得包含与申请行政许可事项没有直接关系的内容。

申请人可以委托代理人提出行政许可申请。但是,依法应当由申请人到行政机关办公场所提出行政许可申请的除外。

行政许可申请可以通过信函、电报、电传、传真、电子数据交换和电子邮件等方式提出。

第三十条 行政机关应当将法律、法规、规章规定的有关行政许可的事项、依据、条件、数量、程序、期限以及需要提交的全部材料的目录和申请书示范文本等在办公场所公示。

申请人要求行政机关对公示内容予以说明、解释的,行政机关应当说明、解释,提供准确、可靠的信息。

第三十一条 申请人申请行政许可,应当如实向行政机关提交有关材料和反映真实情况,并对其申请材料实质内容的真实性负责。行政机关不得要求申请人提交与其申请的行政许可事项无关的技术资料和其他材料。

第三十二条 行政机关对申请人提出的行政许可申请,应当根据下列情况分别作出处理:

(一)申请事项依法不需要取得行政许可的,应当即时告知申请人不受理;

(二)申请事项依法不属于本行政机关职权范围的,应当即时作出不予受理的决定,并告知申请人向有关行政机关申请;

(三)申请材料存在可以当场更正的错误的,应当允许申请人当场更正;

(四)申请材料不齐全或者不符合法定形式的,应当当场或者在五日内一次告知申请人需要补正的全部内容,逾期不告知的,自收到申请材料之日起即为受理;

(五)申请事项属于本行政机关职权范围,申请材料齐全、符合法定形式,或者申请人按照本行政机关的要求提交全部补正申请材料的,应当受理行政许可申请。

行政机关受理或者不予受理行政许可申请,应当出具加盖本行政机关专用印章和注明日期的书面凭证。

第三十三条 行政机关应当建立和完善有关制度,推行电子政务,在行政机关的网站上公布行政许可事项,方便申请人采取数据电文等方式提出行政许可申请;应当与其他行政机关共享有关行政许可信息,提高办事效率。

第二节 审查与决定

第三十四条 行政机关应当对申请人提交的申请材料进行审查。

申请人提交的申请材料齐全、符合法定形式,行政机关能够当场作出决定的,应当当场作出书面的行政许可决定。

根据法定条件和程序,需要对申请材料的实质内容进行核实的,行政机关应当指派两名以上工作人员进行核查。

第三十五条 依法应当先经下级行政机关审查后报上级行政机关决定的行政许可,下级行政机关应当在法定期限内将初步审查意见和全部申请材料直接报送上级行政机关。上级行政机关不得要求申请人重复提供申请材料。

第三十六条 行政机关对行政许可申请进行审查时,发现行政许可事项直接关系他人重大利益的,应当告知该利害关系人。申请人、利害关系人有权进行陈述和申辩。行政机关应当听取申请人、利害关系人的意见。

第三十七条 行政机关对行政许可申请进行审查后,除当场作出行政许可决定的外,应当在法定期限内按照规定程序作出行政许可决定。

第三十八条 申请人的申请符合法定条件、标准的,行政机关应当依法作出准予行政许可的书面决定。

行政机关依法作出不予行政许可的书面决定的,应当说明理由,并告知申请人享有依法申请行政复议或者提起行政诉讼的权利。

第三十九条 行政机关作出准予行政许可的决定,需要颁发行政许可证件的,应当向申请人颁发加盖本行政机关印章的下列行政许可证件:

(一)许可证、执照或者其他许可证书;

(二)资格证、资质证或者其他合格证书;

(三)行政机关的批准文件或者证明文件;

(四)法律、法规规定的其他行政许可证件。

行政机关实施检验、检测、检疫的,可以在检验、检测、检疫合格的设备、设施、产品、物品上加贴标签或者加盖检验、检测、检疫印章。

第四十条 行政机关作出的准予行政许可决定,应当予以公开,公众有权查阅。

第四十一条 法律、行政法规设定的行政许可,其适用范围没有地域限制的,申请人取得的行政许可在全国范围内有效。

第三节 期 限

第四十二条 除可以当场作出行政许可决定的外,行政机关应当自受理行政许可申请之日起二十日内作出行政许可决定。二十日内不能作出决定的,经本行政机关负责人批准,可以延长十日,并应当将延长期限的理由告知申请人。但是,法律、法规另有规定的,依照其规定。

依照本法第二十六条的规定,行政许可采取统一办理或者联合办理、集中办理的,办理的时间不得超过四十五日;四十五日内不能办结的,经本级人民政府负责人批准,可以延长十五日,并应当将延长期限的理由告知申请人。

第四十三条 依法应当先经下级行政机关审查后报上级行政机关决定的行政许

可，下级行政机关应当自其受理行政许可申请之日起二十日内审查完毕。但是，法律、法规另有规定的，依照其规定。

第四十四条 行政机关作出准予行政许可的决定，应当自作出决定之日起十日内向申请人颁发、送达行政许可证件，或者加贴标签、加盖检验、检测、检疫印章。

第四十五条 行政机关作出行政许可决定，依法需要听证、招标、拍卖、检验、检测、检疫、鉴定和专家评审的，所需时间不计算在本节规定的期限内。行政机关应当将所需时间书面告知申请人。

第四节 听 证

第四十六条 法律、法规、规章规定实施行政许可应当听证的事项，或者行政机关认为需要听证的其他涉及公共利益的重大行政许可事项，行政机关应当向社会公告，并举行听证。

第四十七条 行政许可直接涉及申请人与他人之间重大利益关系的，行政机关在作出行政许可决定前，应当告知申请人、利害关系人享有要求听证的权利；申请人、利害关系人在被告知听证权利之日起五日内提出听证申请的，行政机关应当在二十日内组织听证。

申请人、利害关系人不承担行政机关组织听证的费用。

第四十八条 听证按照下列程序进行：

（一）行政机关应当于举行听证的七日前将举行听证的时间、地点通知申请人、利害关系人，必要时予以公告；

（二）听证应当公开举行；

（三）行政机关应当指定审查该行政许可申请的工作人员以外的人员为听证主持人，申请人、利害关系人认为主持人与该行政许可事项有直接利害关系的，有权申请回避；

（四）举行听证时，审查该行政许可申请的工作人员应当提供审查意见的证据、理由，申请人、利害关系人可以提出证据，并进行申辩和质证；

（五）听证应当制作笔录，听证笔录应当交听证参加人确认无误后签字或者盖章。

行政机关应当根据听证笔录，作出行政许可决定。

第五节 变更与延续

第四十九条 被许可人要求变更行政许可事项的，应当向作出行政许可决定的行政机关提出申请；符合法定条件、标准的，行政机关应当依法办理变更手续。

第五十条 被许可人需要延续依法取得的行政许可的有效期的，应当在该行政许可有效期届满三十日前向作出行政许可决定的行政机关提出申请。但是，法律、法规、规章另有规定的，依照其规定。

行政机关应当根据被许可人的申请，在该行政许可有效期届满前作出是否准予延续的决定；逾期未作决定的，视为准予延续。

第六节 特别规定

第五十一条 实施行政许可的程序，本节有规定的，适用本节规定；本节没有规定的,适用本章其他有关规定。

第五十二条 国务院实施行政许可的程序,适用有关法律、行政法规的规定。

第五十三条 实施本法第十二条第二项所列事项的行政许可的,行政机关应当通过招标、拍卖等公平竞争的方式作出决定。但是,法律、行政法规另有规定的,依照其规定。

行政机关通过招标、拍卖等方式作出行政许可决定的具体程序,依照有关法律、行政法规的规定。

行政机关按照招标、拍卖程序确定中标人、买受人后,应当作出准予行政许可的决定,并依法向中标人、买受人颁发行政许可证件。

行政机关违反本条规定,不采用招标、拍卖方式,或者违反招标、拍卖程序,损害申请人合法权益的,申请人可以依法申请行政复议或者提起行政诉讼。

第五十四条 实施本法第十二条第三项所列事项的行政许可,赋予公民特定资格,依法应当举行国家考试的,行政机关根据考试成绩和其他法定条件作出行政许可决定;赋予法人或者其他组织特定的资格、资质的,行政机关根据申请人的专业人员构成、技术条件、经营业绩和管理水平等的考核结果作出行政许可决定。但是,法律、行政法规另有规定的,依照其规定。

公民特定资格的考试依法由行政机关或者行业组织实施,公开举行。行政机关或者行业组织应当事先公布资格考试的报名条件、报考办法、考试科目以及考试大纲。但是,不得组织强制性的资格考试的考前培训,不得指定教材或者其他助考材料。

第五十五条 实施本法第十二条第四项所列事项的行政许可的,应当按照技术标准、技术规范依法进行检验、检测、检疫,行政机关根据检验、检测、检疫的结果作出行政许可决定。

行政机关实施检验、检测、检疫,应当自受理申请之日起五日内指派两名以上工作人员按照技术标准、技术规范进行检验、检测、检疫。不需要对检验、检测、检疫结果作进一步技术分析即可认定设备、设施、产品、物品是否符合技术标准、技术规范的,行政机关应当当场作出行政许可决定。

行政机关根据检验、检测、检疫结果,作出不予行政许可决定的,应当书面说明不予行政许可所依据的技术标准、技术规范。

第五十六条 实施本法第十二条第五项所列事项的行政许可,申请人提交的申请材料齐全、符合法定形式的,行政机关应当当场予以登记。需要对申请材料的实质内容进行核实的,行政机关依照本法第三十四条第三款的规定办理。

第五十七条 有数量限制的行政许可,两个或者两个以上申请人的申请均符合法定条件、标准的,行政机关应当根据受理行政许可申请的先后顺序作出准予行政许可的决定。但是,法律、行政法规另有规定的,依照其规定。

第五章 行政许可的费用

第五十八条 行政机关实施行政许可和对行政许可事项进行监督检查,不得收取任何费用。但是,法律、行政法规另有规定的,依照其规定。

行政机关提供行政许可申请书格式文本,不得收费。

行政机关实施行政许可所需经费应当列入本行政机关的预算,由本级财政予以保障,按照批准的预算予以核拨。

第五十九条 行政机关实施行政许可,依照法律、行政法规收取费用的,应当按照公布的法定项目和标准收费;所收取的费用必须全部上缴国库,任何机关或者个人不得以任何形式截留、挪用、私分或者变相私分。财政部门不得以任何形式向行政机关返还或者变相返还实施行政许可所收取的费用。

第六章 监督检查

第六十条 上级行政机关应当加强对下级行政机关实施行政许可的监督检查,及时纠正行政许可实施中的违法行为。

第六十一条 行政机关应当建立健全监督制度,通过核查反映被许可人从事行政许可事项活动情况的有关材料,履行监督责任。

行政机关依法对被许可人从事行政许可事项的活动进行监督检查时,应当将监督检查的情况和处理结果予以记录,由监督检查人员签字后归档。公众有权查阅行政机关监督检查记录。

行政机关应当创造条件,实现与被许可人、其他有关行政机关的计算机档案系统互联,核查被许可人从事行政许可事项活动情况。

第六十二条 行政机关可以对被许可人生产经营的产品依法进行抽样检查、检验、检测,对其生产经营场所依法进行实地检查。检查时,行政机关可以依法查阅或者要求被许可人报送有关材料;被许可人应当如实提供有关情况和材料。

行政机关根据法律、行政法规的规定,对直接关系公共安全、人身健康、生命财产安全的重要设备、设施进行定期检验。对检验合格的,行政机关应当发给相应的证明文件。

第六十三条 行政机关实施监督检查,不得妨碍被许可人正常的生产经营活动,不得索取或者收受被许可人的财物,不得谋取其他利益。

第六十四条 被许可人在作出行政许可决定的行政机关管辖区域外违法从事行政许可事项活动的,违法行为发生地的行政机关应当依法将被许可人的违法事实、处理结果抄告作出行政许可决定的行政机关。

第六十五条 个人和组织发现违法从事行政许可事项的活动,有权向行政机关举报,行政机关应当及时核实、处理。

第六十六条 被许可人未依法履行开发利用自然资源义务或者未依法履行利用公共资源义务的,行政机关应当责令限期改正;被许可人在规定期限内不改正的,行政机关应当依照有关法律、行政法规的规定予以处理。

第六十七条 取得直接关系公共利益的特定行业的市场准入行政许可的被许可人,应当按照国家规定的服务标准、资费标准和行政机关依法规定的条件,向用户提供安全、方便、稳定和价格合理的服务,并履行普遍服务的义务;未经作出行政许可决定的行政机关批准,不得擅自停业、歇业。

被许可人不履行前款规定的义务的,行政机关应当责令限期改正,或者依法采取有效措施督促其履行义务。

第六十八条 对直接关系公共安全、人身健康、生命财产安全的重要设备、设施,行政机关应当督促设计、建造、安装和使用单位建立相应的自检制度。

行政机关在监督检查时,发现直接关系公共安全、人身健康、生命财产安全的重要设备、设施存在安全隐患的,应当责令停止建造、安装和使用,并责令设计、建造、安装和使用单位立即改正。

第六十九条 有下列情形之一的,作出行政许可决定的行政机关或者其上级行政机关,根据利害关系人的请求或者依据职权,可以撤销行政许可:

(一)行政机关工作人员滥用职权、玩忽职守作出准予行政许可决定的;

(二)超越法定职权作出准予行政许可决定的;

(三)违反法定程序作出准予行政许可决定的;

(四)对不具备申请资格或者不符合法定条件的申请人准予行政许可的;

(五)依法可以撤销行政许可的其他情形。

被许可人以欺骗、贿赂等不正当手段取得行政许可的,应当予以撤销。

依照前两款的规定撤销行政许可,可能对公共利益造成重大损害的,不予撤销。

依照本条第一款的规定撤销行政许可,被许可人的合法权益受到损害的,行政机关应当依法给予赔偿。依照本条第二款的规定撤销行政许可的,被许可人基于行政许可取得的利益不受保护。

第七十条 有下列情形之一的,行政机关应当依法办理有关行政许可的注销手续:

(一)行政许可有效期届满未延续的;

(二)赋予公民特定资格的行政许可,该公民死亡或者丧失行为能力的;

(三)法人或者其他组织依法终止的;

(四)行政许可依法被撤销、撤回,或者行政许可证件依法被吊销的;

(五)因不可抗力导致行政许可事项无法实施的;

(六)法律、法规规定的应当注销行政许可的其他情形。

第七章 法律责任

第七十一条 违反本法第十七条规定设定的行政许可,有关机关应当责令设定该行政许可的机关改正,或者依法予以撤销。

第七十二条 行政机关及其工作人员违反本法的规定,有下列情形之一的,由其上级行政机关或者监察机关责令改正;情节严重的,对直接负责的主管人员和其他直接责任人员依法给予行政处分:

(一)对符合法定条件的行政许可申请不予受理的;

(二)不在办公场所公示依法应当公示的材料的;

(三)在受理、审查、决定行政许可过程中,未向申请人、利害关系人履行法定告知义务的;

(四)申请人提交的申请材料不齐全、不符合法定形式,不一次告知申请人必须补正的全部内容的;

(五)未依法说明不受理行政许可申请或者不予行政许可的理由的;

(六)依法应当举行听证而不举行听证的。

第七十三条 行政机关工作人员办理行政许可、实施监督检查,索取或者收受他人财物或者谋取其他利益,构成犯罪的,依法追究刑事责任;尚不构成犯罪的,依法给予行政处分。

第七十四条 行政机关实施行政许可,有下列情形之一的,由其上级行政机关或者监察机关责令改正，对直接负责的主管人员和其他直接责任人员依法给予行政处分；构成犯罪的，依法追究刑事责任：

（一）对不符合法定条件的申请人准予行政许可或者超越法定职权作出准予行政许可决定的；

（二）对符合法定条件的申请人不予行政许可或者不在法定期限内作出准予行政许可决定的；

（三）依法应当根据招标、拍卖结果或者考试成绩择优作出准予行政许可决定，未经招标、拍卖或者考试，或者不根据招标、拍卖结果或者考试成绩择优作出准予行政许可决定的。

第七十五条 行政机关实施行政许可，擅自收费或者不按照法定项目和标准收费的，由其上级行政机关或者监察机关责令退还非法收取的费用；对直接负责的主管人员和其他直接责任人员依法给予行政处分。

截留、挪用、私分或者变相私分实施行政许可依法收取的费用的，予以追缴；对直接负责的主管人员和其他直接责任人员依法给予行政处分；构成犯罪的，依法追究刑事责任。

第七十六条 行政机关违法实施行政许可，给当事人的合法权益造成损害的，应当依照国家赔偿法的规定给予赔偿。

第七十七条 行政机关不依法履行监督职责或者监督不力，造成严重后果的，由其上级行政机关或者监察机关责令改正，对直接负责的主管人员和其他直接责任人员依法给予行政处分；构成犯罪的，依法追究刑事责任。

第七十八条 行政许可申请人隐瞒有关情况或者提供虚假材料申请行政许可的，行政机关不予受理或者不予行政许可，并给予警告；行政许可申请属于直接关系公共安全、人身健康、生命财产安全事项的，申请人在一年内不得再次申请该行政许可。

第七十九条 被许可人以欺骗、贿赂等不正当手段取得行政许可的，行政机关应当依法给予行政处罚；取得的行政许可属于直接关系公共安全、人身健康、生命财产安全事项的，申请人在三年内不得再次申请该行政许可；构成犯罪的，依法追究刑事责任。

第八十条 被许可人有下列行为之一的，行政机关应当依法给予行政处罚；构成犯罪的，依法追究刑事责任：

（一）涂改、倒卖、出租、出借行政许可证件，或者以其他形式非法转让行政许可的；

（二）超越行政许可范围进行活动的；

（三）向负责监督检查的行政机关隐瞒有关情况、提供虚假材料或者拒绝提供反映其活动情况的真实材料的；

（四）法律、法规、规章规定的其他违法行为。

第八十一条 公民、法人或者其他组织未经行政许可，擅自从事依法应当取得行政许可的活动的，行政机关应当依法采取措施予以制止，并依法给予行政处罚；构成犯罪的，依法追究刑事责任。

第八章　附　　则

第八十二条 本法规定的行政机关实施行政许可的期限以工作日计算，不含法定节假日。

第八十三条 本法自2004年7月1日起施行。

本法施行前有关行政许可的规定，制定机关应当依照本法规定予以清理；不符合本法规定的，自本法施行之日起停止执行。

中华人民共和国铁路法

1990年9月7日　　中华人民共和国主席令第32号

第一章　总　　则

第一条　为了保障铁路运输和铁路建设的顺利进行,适应社会主义现代化建设和人民生活的需要,制定本法。

第二条　本法所称铁路,包括国家铁路、地方铁路、专用铁路和铁路专用线。

国家铁路是指由国务院铁路主管部门管理的铁路。

地方铁路是指由地方人民政府管理的铁路。

专用铁路是指由企业或者其他单位管理,专为本企业或者本单位内部提供运输服务的铁路。

铁路专用线是指由企业或者其他单位管理的与国家铁路或者其他铁路线路接轨的岔线。

第三条　国务院铁路主管部门主管全国铁路工作,对国家铁路实行高度集中、统一指挥的运输管理体制,对地方铁路、专用铁路和铁路专用线进行指导、协调、监督和帮助。

国家铁路运输企业行使法律、行政法规授予的行政管理职能。

第四条　国家重点发展国家铁路,大力扶持地方铁路的发展。

第五条　铁路运输企业必须坚持社会主义经营方向和为人民服务的宗旨,改善经营管理,切实改进路风,提高运输服务质量。

第六条　公民有爱护铁路设施的义务。禁止任何人破坏铁路设施,扰乱铁路运输的正常秩序。

第七条　铁路沿线各级地方人民政府应当协助铁路运输企业保证铁路运输安全畅通,车站、列车秩序良好,铁路设施完好和铁路建设顺利进行。

第八条　国家铁路的技术管理规程,由国务院铁路主管部门制定,地方铁路、专用铁路的技术管理办法,参照国家铁路的技术管理规程制定。

第九条　国家鼓励铁路科学技术研究,提高铁路科学技术水平。对在铁路科学技术研究中有显著成绩的单位和个人给予奖励。

第二章　铁路运输营业

第十条　铁路运输企业应当保证旅客和货物运输的安全,做到列车正点到达。

第十一条　铁路运输合同是明确铁路运输企业与旅客、托运人之间权利义务关系的协议。

旅客车票、行李票、包裹票和货物运单是合同或者合同的组成部分。

第十二条　铁路运输企业应当保证旅客按车票载明的日期、车次乘车,并到达目的站。因铁路运输企业的责任造成旅客不能按车票载明的日期、车次乘车的,铁路运输企业应当按照旅客的要求,退还全部票款或者安排改乘到达相同目的站的其他列车。

第十三条 铁路运输企业应当采取有效措施做好旅客运输服务工作，做到文明礼貌、热情周到，保持车站和车厢内的清洁卫生，提供饮用开水，做好列车上的饮食供应工作。

铁路运输企业应当采取措施，防止对铁路沿线环境的污染。

第十四条 旅客乘车应当持有效车票。对无票乘车或者持失效车票乘车的，应当补收票款，并按照规定加收票款；拒不交付的，铁路运输企业可以责令下车。

第十五条 国家铁路和地方铁路根据发展生产、搞活流通的原则，安排货物运输计划。

对抢险救灾物资和国家规定需要优先运输的其他物资，应予优先运输。

地方铁路运输的物资需要经由国家铁路运输的，其运输计划应当纳入国家铁路的运输计划。

第十六条 铁路运输企业应当按照合同约定的期限或者国务院铁路主管部门规定的期限，将货物、包裹、行李运到目的站；逾期运到的，铁路运输企业应当支付违约金。

铁路运输企业逾期三十日仍未将货物、包裹、行李交付收货人或者旅客的，托运人、收货人或者旅客有权按货物、包裹、行李灭失向铁路运输企业要求赔偿。

第十七条 铁路运输企业应当对承运的货物、包裹、行李自接受承运时起到交付时止发生的灭失、短少、变质、污染或者损坏，承担赔偿责任：

(一)托运人或者旅客根据自愿申请办理保价运输的，按照实际损失赔偿，但最高不超过保价额。

(二)未按保价运输承运的，按照实际损失赔偿，但最高不超过国务院铁路主管部门规定的赔偿限额；如果损失是由于铁路运输企业的故意或者重大过失造成的，不适用赔偿限额的规定，按照实际损失赔偿。

托运人或者旅客根据自愿可以向保险公司办理货物运输保险，保险公司按照保险合同的约定承担赔偿责任。

托运人或者旅客根据自愿，可以办理保价运输，也可以办理货物运输保险；还可以既不办理保价运输，也不办理货物运输保险。不得以任何方式强迫办理保价运输或者货物运输保险。

第十八条 由于下列原因造成的货物、包裹、行李损失的，铁路运输企业不承担赔偿责任：

(一)不可抗力。

(二)货物或者包裹、行李中的物品本身的自然属性，或者合理损耗。

(三)托运人、收货人或者旅客的过错。

第十九条 托运人应当如实填报托运单，铁路运输企业有权对填报的货物和包裹的品名、重量、数量进行检查。经检查，申报与实际不符的，检查费用由托运人承担；申报与实际相符的，检查费用由铁路运输企业承担，因检查对货物和包裹中的物品造成的损坏由铁路运输企业赔偿。

托运人因申报不实而少交的运费和其他费用应当补交，铁路运输企业按照国务院铁路主管部门的规定加收运费和其他费用。

第二十条 托运货物需要包装的，托运人应当按照国家包装标准或者行业包装标准包装；没有国家包装标准或者行业包装标准的，应当妥善包装，使货物在运输途中不因包装原因而受损坏。

铁路运输企业对承运的容易腐烂变质的货物和活动物，应当按照国务院铁路主管部门的规定和合同的约定，采取有效的保护措施。

第二十一条 货物、包裹、行李到站后，收货人或者旅客应当按照国务院铁路主管部门规定的期限及时领取，并支付托运人未付或者少付的运费和其他费用；逾期领取的，收货人或者旅客应当按照规定交付保管费。

第二十二条 自铁路运输企业发出领取货物通知之日起满三十日仍无人领取的货物，或者收货人书面通知铁路运输企业拒绝领取的货物，铁路运输企业应当通知托运人，托运人自接到通知之日起满三十日未作答复的，由铁路运输企业变卖；所得价款在扣除保管等费用后尚有余款的，应当退还托运人，无法退还、自变卖之日起一百八十日内托运人又未领回的，上缴国库。

自铁路运输企业发出领取通知之日起满九十日仍无人领取的包裹或者到站后满九十日仍无人领取的行李，铁路运输企业应当公告，公告满九十日仍无人领取的，可以变卖；所得价款在扣除保管等费用后尚有余款的，托运人、收货人或者旅客可以自变卖之日起一百八十日内领回，逾期不领回的，上缴国库。

对危险物品和规定限制运输的物品，应当移交公安机关或者有关部门处理，不得自行变卖。

对不宜长期保存的物品，可以按照国务院铁路主管部门的规定缩短处理期限。

第二十三条 因旅客、托运人或者收货人的责任给铁路运输企业造成财产损失的，由旅客、托运人或者收货人承担赔偿责任。

第二十四条 国家鼓励专用铁路兼办公共旅客、货物运输营业；提倡铁路专用线与有关单位按照协议共用。

专用铁路兼办公共旅客、货物运输营业的，应当报经省、自治区、直辖市人民政府批准。

专用铁路兼办公共旅客、货物运输营业的，适用本法关于铁路运输企业的规定。

第二十五条 国家铁路的旅客票价率和货物、包裹、行李的运价率由国务院铁路主管部门拟订，报国务院批准。国家铁路的旅客、货物运输杂费的收费项目和收费标准由国务院铁路主管部门规定。国家铁路的特定运营线的运价率、特定货物的运价率和临时运营线的运价率，由国务院铁路主管部门商得国务院物价主管部门同意后规定。

地方铁路的旅客票价率、货物运价率和旅客、货物运输杂费的收费项目和收费标准，由省、自治区、直辖市人民政府物价主管部门会同国务院铁路主管部门授权的机构规定。

兼办公共旅客、货物运输营业的专用铁路的旅客票价率、货物运价率和旅客、货物运输杂费的收费项目和收费标准，以及铁路专用线共用的收费标准，由省、自治区、直辖市人民政府物价主管部门规定。

第二十六条 铁路的旅客票价，货物、包裹、行李的运价，旅客和货物运输杂费的收费项目和收费标准，必须公告；未公告的不得实施。

第二十七条 国家铁路、地方铁路和专用铁路印制使用的旅客、货物运输票证，禁止伪造和变造。

禁止倒卖旅客车票和其他铁路运输票证。

第二十八条 托运、承运货物、包裹、行李，必须遵守国家关于禁止或者限制运输物品的规定。

第二十九条 铁路运输企业与公路、航空或者水上运输企业相互间实行国内旅客、货物联运，依照国家有关规定办理；国家没有规定的，依照有关各方的协议办理。

第三十条 国家铁路、地方铁路参加国际联运，必须经国务院批准。

第三十一条 铁路军事运输依照国家有关规定办理。

第三十二条 发生铁路运输合同争议的，铁路运输企业和托运人、收货人或者旅客可以通过调解解决；不愿意调解解决或者调解不成的，可以依据合同中的仲裁条款或者事后达成的书面仲裁协议，向国家规定的仲裁机构申请仲裁。

当事人一方在规定的期限内不履行仲裁机构的仲裁决定的，另一方可以申请人民法院强制执行。

当事人没有在合同中订立仲裁条款，事后又没有达成书面仲裁协议的，可以向人民法院起诉。

第三章 铁路建设

第三十三条 铁路发展规划应当依据国民经济和社会发展以及国防建设的需要制定，并与其他方式的交通运输发展规划相协调。

第三十四条 地方铁路、专用铁路、铁路专用线的建设计划必须符合全国铁路发展规划，并征得国务院铁路主管部门或者国务院铁路主管部门授权的机构的同意。

第三十五条 在城市规划区范围内，铁路的线路、车站、枢纽以及其他有关设施的规划，应当纳入所在城市的总体规划。

铁路建设用地规划，应当纳入土地利用总体规划。为远期扩建、新建铁路需要的土地，由县级以上人民政府在土地利用总体规划中安排。

第三十六条 铁路建设用地，依照有关法律、行政法规的规定办理。

有关地方人民政府应当支持铁路建设，协助铁路运输企业做好铁路建设征用土地工作和拆迁安置工作。

第三十七条 已经取得使用权的铁路建设用地，应当依照批准的用途使用，不得擅自改作他用；其他单位或者个人不得侵占。

侵占铁路建设用地的，由县级以上地方人民政府土地管理部门责令停止侵占、赔偿损失。

第三十八条 铁路的标准轨距为1 435毫米。新建国家铁路必须采用标准轨距。

窄轨铁路的轨距为762毫米或者1 000毫米。

新建和改建铁路的其他技术要求应当符合国家标准或者行业标准。

第三十九条 铁路建成后，必须依照国家基本建设程序的规定，经验收合格，方能交付正式运行。

第四十条 铁路与道路交叉处，应当优先考虑设置立体交叉；未设立体交叉的，可以根据国家有关规定设置平交道口或者人行过道。在城市规划区内设置平交道口或者人行过道，由铁路运输企业或者建有专用铁路、铁路专用线的企业或者其他单位和城市规划主管部门共同决定。

拆除已经设置的平交道口或者人行过道，由铁路运输企业或者建有专用铁路、铁路专用线的企业或者其他单位和当地人民政府商定。

第四十一条　修建跨越河流的铁路桥梁,应当符合国家规定的防洪、通航和水流的要求。

第四章　铁路安全与保护

第四十二条　铁路运输企业必须加强对铁路的管理和保护,定期检查、维修铁路运输设施,保证铁路运输设施完好,保障旅客和货物运输安全。

第四十三条　铁路公安机关和地方公安机关分工负责共同维护铁路治安秩序。车站和列车内的治安秩序,由铁路公安机关负责维护;铁路沿线的治安秩序,由地方公安机关和铁路公安机关共同负责维护,以地方公安机关为主。

第四十四条　电力主管部门应当保证铁路牵引用电以及铁路运营用电中重要负荷的电力供应。铁路运营用电中重要负荷的供应范围由国务院铁路主管部门和国务院电力主管部门商定。

第四十五条　铁路线路两侧地界以外的山坡地由当地人民政府作为水土保持的重点进行整治。铁路隧道顶上的山坡地由铁路运输企业协助当地人民政府进行整治。铁路地界以内的山坡地由铁路运输企业进行整治。

第四十六条　在铁路线路和铁路桥梁、涵洞两侧一定距离内,修建山塘、水库、堤坝,开挖河道、干渠,采石挖砂,打井取水,影响铁路路基稳定或者危害铁路桥梁、涵洞安全的,由县级以上地方人民政府责令停止建设或者采挖、打井等活动,限期恢复原状或者责令采取必要的安全防护措施。

在铁路线路上架设电力、通讯线路,埋置电缆、管道设施,穿凿通过铁路路基的地下坑道,必须经铁路运输企业同意,并采取安全防护措施。

在铁路弯道内侧、平交道口和人行过道附近,不得修建妨碍行车瞭望的建筑物和种植妨碍行车瞭望的树木。修建妨碍行车瞭望的建筑物的,由县级以上地方人民政府责令限期拆除。种植妨碍行车瞭望的树木的,由县级以上地方人民政府责令有关单位或者个人限期迁移或者修剪、砍伐。

违反前三款的规定,给铁路运输企业造成损失的单位或者个人,应当赔偿损失。

第四十七条　禁止擅自在铁路线路上铺设平交道口和人行过道。

平交道口和人行过道必须按照规定设置必要的标志和防护设施。

行人和车辆通过铁路平交道口和人行过道时,必须遵守有关通行的规定。

第四十八条　运输危险品必须按照国务院铁路主管部门的规定办理,禁止以非危险品品名托运危险品。

禁止旅客携带危险品进站上车。铁路公安人员和国务院铁路主管部门规定的铁路职工,有权对旅客携带的物品进行运输安全检查。实施运输安全检查的铁路职工应当佩戴执勤标志。

危险品的品名由国务院铁路主管部门规定并公布。

第四十九条　对损毁、移动铁路信号装置及其他行车设施或者在铁路线路上放置障碍物的,铁路职工有权制止,可以扭送公安机关处理。

第五十条　禁止偷乘货车、攀附行进中的列车或者击打列车。对偷乘货车、攀附行进中的列车或者击打列车的,铁路职工有权制止。

第五十一条　禁止在铁路线路上行走、坐卧。对在铁路线路上行走、坐卧的,铁路职工有权制止。

第五十二条 禁止在铁路线路两侧二十米以内或者铁路防护林地内放牧。对在铁路线路两侧二十米以内或者铁路防护林地内放牧的，铁路职工有权制止。

第五十三条 对聚众拦截列车或者聚众冲击铁路行车调度机构的，铁路职工有权制止；不听制止的，公安人员现场负责人有权命令解散；拒不解散的，公安人员现场负责人有权依照国家有关规定决定采取必要手段强行驱散，并对拒不服从的人员强行带离现场或者予以拘留。

第五十四条 对哄抢铁路运输物资的，铁路职工有权制止，可以扭送公安机关处理；现场公安人员可以予以拘留。

第五十五条 在列车内，寻衅滋事，扰乱公共秩序，危害旅客人身、财产安全的，铁路职工有权制止，铁路公安人员可以予以拘留。

第五十六条 在车站和旅客列车内，发生法律规定需要检疫的传染病时，由铁路卫生检疫机构进行检疫；根据铁路卫生检疫机构的请求，地方卫生检疫机构应予协助。

货物运输的检疫，依照国家规定办理。

第五十七条 发生铁路交通事故，铁路运输企业应当依照国务院和国务院有关主管部门关于事故调查处理的规定办理，并及时恢复正常行车，任何单位和个人不得阻碍铁路线路开通和列车运行。

第五十八条 因铁路行车事故及其他铁路运营事故造成人身伤亡的，铁路运输企业应当承担赔偿责任；如果人身伤亡是因不可抗力或者由于受害人自身的原因造成的，铁路运输企业不承担赔偿责任。

违章通过平交道口或者人行过道，或者在铁路线路上行走、坐卧造成的人身伤亡，属于受害人自身的原因造成的人身伤亡。

第五十九条 国家铁路的重要桥梁和隧道，由中国人民武装警察部队负责守卫。

第五章 法律责任

第六十条 违反本法规定，携带危险品进站上车或者以非危险品品名托运危险品，导致发生重大事故的，依照刑法第一百一十五条的规定追究刑事责任。企业事业单位、国家机关、社会团体犯本款罪的，处以罚金，对其主管人员和直接责任人员依法追究刑事责任。

携带炸药、雷管或者非法携带枪支子弹、管制刀具进站上车的，比照刑法第一百六十三条的规定追究刑事责任。

第六十一条 故意损毁、移动铁路行车信号装置或者在铁路线路上放置足以使列车倾覆的障碍物，尚未造成严重后果的，依照刑法第一百零八条的规定追究刑事责任；造成严重后果的，依照刑法第一百一十条的规定追究刑事责任。

第六十二条 盗窃铁路线路上行车设施的零件、部件或者铁路线路上的器材，危及行车安全，尚未造成严重后果的，依照刑法第一百零八条破坏交通设施罪的规定追究刑事责任；造成严重后果的，依照刑法第一百一十条破坏交通设施罪的规定追究刑事责任。

第六十三条 聚众拦截列车不听制止的，对首要分子和骨干分子依照刑法第一百五十九条的规定追究刑事责任。

聚众冲击铁路行车调度机构不听制止的，对首要分子和骨干分子依照刑法第一百五十八条的规定追究刑事责任。

第六十四条 聚众哄抢铁路运输物资的,对首要分子和骨干分子依照刑法第一百五十一条或者第一百五十二条的规定追究刑事责任。

铁路职工与其他人员勾结犯前款罪的,从重处罚。

第六十五条 在列车内,抢劫旅客财物,伤害旅客的,依照刑法有关规定从重处罚。

在列车内,寻衅滋事,侮辱妇女,情节恶劣的,依照刑法第一百六十条的规定追究刑事责任;敲诈勒索旅客财物的,依照刑法第一百五十四条的规定追究刑事责任。

第六十六条 倒卖旅客车票数额较大的,依照刑法第一百一十七条的规定追究刑事责任。以倒卖旅客车票为常业的,倒卖数额巨大的或者倒卖集团的首要分子,依照刑法第一百一十八条的规定追究刑事责任。铁路职工倒卖旅客车票或者与其他人员勾结倒卖旅客车票的,依照刑法第一百一十九条的规定追究刑事责任。

第六十七条 违反本法规定,尚不够刑事处罚,应当给予治安管理处罚的,依照治安管理处罚条例的规定处罚。

第六十八条 擅自在铁路线路上铺设平交道口、人行过道的,由铁路公安机关或者地方公安机关责令限期拆除,可以并处罚款。

第六十九条 铁路运输企业违反本法规定,多收运费、票款或者旅客、货物运输杂费的,必须将多收的费用退还付款人,无法退还的上缴国库。将多收的费用据为己有或者侵吞私分的,依照关于惩治贪污罪贿赂罪的补充规定第一条、第二条的规定追究刑事责任。

第七十条 铁路职工利用职务之便走私、投机倒把的,或者与其他人员勾结走私、投机倒把的,依照刑法第一百一十九条的规定追究刑事责任。

第七十一条 铁路职工玩忽职守、违反规章制度造成铁路运营事故的,滥用职权、利用办理运输业务之便谋取私利的,给予行政处分;情节严重、构成犯罪的,依照刑法有关规定追究刑事责任。

第六章 附 则

第七十二条 本法所称国家铁路运输企业是指铁路局和铁路分局。

第七十三条 国务院根据本法制定实施条例。

第七十四条 本法自1991年5月1日起施行。

中华人民共和国铁路运输安全保护条例

2004 年 12 月 27 日　　国务院令第 430 号

第一章　总　　则

第一条　为了加强铁路运输安全管理，保障铁路运输安全和畅通，保护人身安全、财产安全及其他合法权益，根据《中华人民共和国铁路法》和《中华人民共和国安全生产法》，制定本条例。

第二条　中华人民共和国境内的铁路运输安全保护及与铁路运输安全保护有关的活动，适用本条例。

第三条　铁路运输安全管理坚持安全第一、预防为主的方针。

第四条　国务院铁路主管部门负责全国的铁路运输安全监督管理工作。

国务院铁路主管部门设立的铁路管理机构（以下简称铁路管理机构）负责本区域内的铁路运输安全监督管理工作。

第五条　铁路沿线地方各级人民政府及县级以上地方人民政府安全生产监督管理等部门应当按照各自职责，做好与铁路运输安全有关的工作，加强铁路运输安全教育，落实护路联防责任制，防范和制止危害铁路运输安全的行为，协调和处理有关铁路运输安全事项。

第六条　公安机关按照职责分工，维护车站、列车等铁路场所的治安秩序和铁路沿线的治安秩序。

第七条　铁路运输企业应当加强铁路运输安全管理，建立、健全安全生产管理制度，设置安全管理机构，保证铁路运输安全所必需的资金投入。

铁路运输工作人员应当坚守岗位，按程序实行标准作业，尽职尽责，保证运输安全。

第八条　国务院铁路主管部门及铁路管理机构应当对突发公共卫生事件、突发铁路治安事件、重大自然灾害及火灾事故、重大铁路运输安全事故及其他影响铁路运输安全、畅通的突发性事件，制定应急预案。

铁路运输企业应当按照国家有关规定，建立、健全本企业的应急预案，明确应急指挥、救援等事项。

第九条　任何单位和个人不得破坏、损坏或者非法占用铁路运输的设施、设备、铁路标志及铁路用地。

任何单位和个人都有保护铁路运输的设施、设备、铁路标志及铁路用地的义务，发现破坏、损坏或者非法占用铁路运输的设施、设备、铁路标志、铁路用地及其他影响铁路运输安全的行为，应当向国务院铁路主管部门、铁路管理机构、公安机关、地方各级人民政府或者有关部门检举、报告，或者及时通知铁路运输企业。接到检举、报告的部门或者接到通知的铁路运输企业应当根据各自职责及时予以处理。

对维护铁路运输安全作出突出贡献的单位或者个人，应当给予表彰奖励。

第二章 铁路线路安全

第十条 铁路线路两侧应当设立铁路线路安全保护区。铁路线路安全保护区的范围,从铁路线路路堤坡脚、路堑坡顶或者铁路桥梁外侧起向外的距离分别为:

(一)城市市区,不少于8米;

(二)城市郊区居民居住区,不少于10米;

(三)村镇居民居住区,不少于12米;

(四)其他地区,不少于15米。

铁路线路安全保护区的具体范围,由铁路管理机构提出方案,县级以上地方人民政府按照保障铁路运输安全和节约用地的原则划定。铁路用地能满足前款要求的,由铁路管理机构在铁路用地范围内划定铁路线路安全保护区。

铁路线路安全保护区与公路建筑控制区、河道管理范围或者水利工程管理和保护范围重叠的,由铁路管理机构和公路管理机构、水行政主管部门协商后,报县级以上地方人民政府划定。

铁路运输企业应当在铁路线路安全保护区边界设立标桩,并根据需要设置围墙、栅栏等防护设施。

企业或者单位内部的专用铁路需要划定铁路线路安全保护区的,参照本条第一款的规定划定。

第十一条 在铁路线路安全保护区内,除必要的铁路施工、作业、抢险活动外,任何单位和个人不得实施下列行为:

(一)建造建筑物、构筑物;

(二)取土、挖砂、挖沟;

(三)采空作业;

(四)堆放、悬挂物品。

任何单位和个人不得在铁路线路安全保护区内烧荒、放养牲畜、种植影响铁路线路安全和行车瞭望的树木等植物。

任何单位和个人不得向铁路线路安全保护区排污、排水,倾倒垃圾及其他有害物质。

第十二条 铁路线路安全保护区内已有的建筑物、构筑物,危及铁路运输安全的,由国务院铁路主管部门及铁路管理机构或者县级以上地方人民政府责令采取必要的安全防护措施。对采取安全防护措施后仍不能满足安全要求的,应当按照国家有关规定限期拆除。

拆除铁路线路安全保护区内的建筑物、构筑物的,应当依法给予合理补偿。但是,拆除非法建设的建筑物、构筑物的除外。

第十三条 铁路运输企业的安全生产管理人员应当对铁路线路进行经常性巡查和维护。对巡查中发现的安全问题,应当立即处理;不能处理的,应当及时报告本企业有关负责人。巡查及处理情况应当留存记录。

第十四条 铁路线路及其邻近的建筑物、构筑物、设备等(与机车车辆有直接互相作用的设备除外),不得进入国家规定的铁路建筑接近限界。进入铁路建筑接近限界的,铁路管理机构有权制止、拆除。

第十五条 任何单位和个人不得在铁路桥梁(含道路、铁路两用桥,下同)跨越的河道上下游各1 000米范围内围垦造田、抽取地下水、拦河筑坝、架设浮桥,及修建其他影响或者危害铁路桥梁安全的设施。

在前款规定的范围内,确需进行围垦造田、抽取地下水、拦河筑坝、架设浮桥等活动的,应当进行安全论证,有关行政管理部门在批准之前应当征求有关铁路管理机构的意见。

第十六条 任何单位和个人不得在铁路桥梁跨越的河道上下游的下列范围内采砂:

(一)桥长500米以上的铁路桥梁,河道上游500米,下游3 000米;

(二)桥长100米以上500米以下的铁路桥梁,河道上游500米,下游2 000米;

(三)桥长100米以下的铁路桥梁,河道上游500米,下游1 000米。

有关部门依法在铁路桥梁跨越的河道上下游划定的禁采区大于前款规定的禁采范围的,依照其划定的禁采范围执行。

第十七条 任何单位和个人不得在铁路线路两侧距路堤坡脚、路堑坡顶、铁路桥梁外侧200米范围内,或者铁路车站及周围200米范围内,及铁路隧道上方中心线两侧各200米范围内,建造、设立生产、加工、储存和销售易燃、易爆或者放射性物品等危险物品的场所、仓库。但是,根据国家有关规定设立的为铁路运输工具补充燃料的设施及办理危险货物运输的除外。

第十八条 在铁路线路两侧路堤坡脚、路堑坡顶、铁路桥梁外侧起各1 000米范围内,及在铁路隧道上方中心线两侧各1 000米范围内,禁止从事采矿、采石及爆破作业。

在前款规定的范围内,因修建道路、水利工程等公共工程,确需实施采石、爆破作业的,应当与铁路运输企业协商后,采取必要的安全防护措施。

第十九条 道路、铁路两用桥由所在地铁路运输企业和道路管理部门或者道路经营企业定期检查、共同维护,保证道路、铁路两用桥处于安全的技术状态。

道路、铁路两用桥的墩、梁等共用部分的检测、维修由铁路运输企业和道路管理部门或者道路经营企业共同负责,所需的费用根据公平合理的原则分担。

第二十条 铁路的重要桥梁和隧道,按照国家有关规定由中国人民武装警察部队负责守卫。

第二十一条 在铁路桥梁跨越的河道上下游进行疏浚作业,影响铁路桥梁安全的,应当进行安全技术评估,有关河道、航道管理部门在批准前应当征求国务院铁路主管部门或者铁路管理机构的意见,确认安全或者采取安全技术措施后,依法进行疏浚作业。但进行河道、航道日常养护、疏浚作业的除外。

第二十二条 铁路建设单位新建、改建、扩建工程项目的安全设施,必须与主体工程同时设计、同时施工、同时投入生产和使用。安全设施投资应当纳入建设项目概算。

第二十三条 跨越、穿越铁路线路、站场,架设、铺设桥梁、人行过道、管道、渡槽和电力线路、通信线路、油气管线等设施,或者在铁路线路安全保护区内架设、铺设人行过道、管道、渡槽和电力线路、通信线路、油气管线等设施,涉及铁路运输安全的,按照国家有关规定办理;没有规定的,由建设工程项目单位与铁路运输企业协商,不得危及铁路运输安全。

实施前款工程的施工单位应当遵守铁路施工安全规范,不得影响铁路行车安全及运输设施安全。工程项目设计、施工作业方案应当通报铁路运输企业。铁路运输企业应当派员对施工现场实行安全监督。

铁路线路安全保护区内已铺设的油气管线，及临近电气化铁路铺设的通信线路，存在安全隐患的，应当采取必要的安全防护措施。

第二十四条 船舶通过铁路桥梁时，应当符合桥梁的通航净空高度并严格遵守航行规则。

桥区航标中的桥梁航标、桥柱标、桥梁水尺标由铁路运输企业负责设置、维护。水面航标由铁路运输企业负责设置，航道管理部门负责维护，所需维护费用按照国家有关规定执行。

第二十五条 下穿铁路桥梁、涵洞的道路，应当按照国家有关标准设置车辆通过限高标志及限高防护架。城市道路的限高标志，由公安机关交通管理部门或者当地人民政府指定的部门设置并维护；公路的限高标志，由公路管理部门设置并维护。限高防护架在铁路桥梁、涵洞、道路建设时设置，由铁路运输企业负责维护。

机动车通过下穿铁路桥梁、涵洞的道路时，应当遵守限高、限宽规定，不得冲击限高防护架。

下穿铁路的涵洞的管理单位负责涵洞的日常管理、维护，防止淤塞、积水，保证正常通行。

第二十六条 铁路线路安全保护区内的道路及路堑上的道路，道路管理部门或者道路经营企业应当设置防止车辆进入铁路线路的安全防护设施并负责维护。

跨越铁路线路的道路桥梁，道路管理部门或者道路经营企业应当设置防止车辆及其他物体坠入铁路线路的安全防护设施并负责维护。

第二十七条 埋设、铺设、架设铁路信号、通信光（电）缆应当符合国家规定的标准，并接受国务院信息产业主管部门的监督管理。

铁路运输企业、为铁路运输提供服务的电信企业，应当加强对铁路信号、通信光（电）缆的维护和管理。

第二十八条 任何单位和个人不得擅自设置或者拓宽铁路道口、人行过道。

设置或者拓宽铁路道口、人行过道，应当向铁路管理机构提出申请，并按如下程序审批：城市内设置或者拓宽铁路道口、人行过道，由铁路管理机构会同城市规划部门根据国家有关规定自收到申请之日起30日内共同作出批准或者不予批准的决定；城市外设置或者拓宽铁路道口、人行过道，由铁路管理机构会同当地人民政府根据国家有关规定自收到申请之日起30日内共同作出批准或者不予批准的决定。

决定予以批准的，由铁路管理机构发给批准文件；不予批准的，由铁路管理机构书面通知申请人并说明理由。

第二十九条 列车行驶速度达到国家规定标准时，新建、改建的铁路与道路交叉的，应当设置立体交叉。

道路交通流量、列车行驶速度达到国家规定标准时，新建、改建的道路与铁路交叉的，应当设置立体交叉。

既有的一级公路、二级公路、城市道路与铁路交叉的平交道口，应当逐步改造为立体交叉。

设置铁路立体交叉和平交道口，应当符合国家规定的安全技术标准。

第三十条 铁路与道路交叉处设置立体交叉所需费用按照下列原则确定：

(一)新建、改建铁路与既有道路交叉的,由铁路部门承担建设费用;道路部门提出超过既有的道路建设标准建设而增加的费用,由道路部门承担;

(二)新建、改建道路与既有铁路交叉的,由道路部门承担建设费用;铁路部门提出超过既有的铁路线路建设标准建设而增加的费用,由铁路部门承担;

(三)现有铁路与道路平交道口改建立体交叉的,由铁路部门和道路部门按照公平合理的原则分担建设费用。

第三十一条 铁路与道路交叉处的有人看守平交道口,应当设置警示灯、警示标志、铁路平交道口路段标线或者安全防护设施;无人看守的铁路道口,应当按照国家规定标准设置警示标志。

警示灯、安全防护设施由铁路运输企业设置、维护;警示标志、铁路平交道口路段标线由铁路道口所在地的道路管理部门设置、维护。

第三十二条 机动车在铁路道口内发生故障或者装载物掉落时,应当立即将故障车辆或者掉落的装载物移至铁路道口停止线以外或者铁路线路最外侧钢轨5米以外的安全地点。对无法立即移走的,应当立即报告铁路道口看守人员;在无人看守道口处,应当立即在道口两端采取措施拦停列车,并通知就近铁路车站采取紧急措施。

第三十三条 履带车辆通过铁路平交道口,应当提前通知铁路道口管理部门,并在其协助、指导下通过。

第三十四条 在下列地点,铁路运输企业应当按照标准设置易于识别的警示、保护标志:

(一)铁路桥梁、隧道的两端;

(二)铁路信号、通信光(电)缆埋设、铺设地点;

(三)电气化铁路接触网、自动闭塞供电线路和电力贯通线路等电力设施附近易发生危险的地方。

第三章 铁路营运安全

第三十五条 设计、生产、维修或者进口新型的铁路机车车辆,应当符合国家规定的标准,并分别向国务院铁路主管部门申请领取型号合格证、生产许可证、维修合格证或者型号认可证,经国务院铁路主管部门审查合格的,发给相应的证书。

第三十六条 按照国家有关规定生产、维修或者进口的铁路机车车辆,在投入使用前,应当经国务院铁路主管部门验收合格。

第三十七条 申请领取型号合格证、生产许可证、维修合格证、型号认可证和铁路机车车辆验收的具体程序由国务院铁路主管部门另行规定。

第三十八条 生产铁路道岔及其转辙设备、铁路通信信号控制软件及控制设备、铁路牵引供电设备的企业,应当符合下列条件并由国务院铁路主管部门认定:

(一)有按照国家规定标准检测、检验合格的专业生产设备;

(二)有相应的专业技术人员;

(三)有完善的产品质量保证体系和管理制度;

(四)近3年内无产品质量责任事故。

铁路道岔及其转辙设备、铁路通信信号控制软件及控制设备、铁路牵引供电设备经符合国家规定条件的专业检测、检验机构检测、检验合格,方可使用。

用于危险化学品和放射性物质铁路运输的罐车及其他容器的生产和检测、检验,依照有关法律、行政法规的规定管理。

第三十九条 本条例第三十八条规定以外的其他直接关系铁路运输安全的铁路专用设备、器材、工具和安全检测设备，实行产品强制认证制度（已实行工业产品生产许可证制度的铁路专用产品除外），相关产品的认证实施规则由国务院认证认可监督管理部门会同国务院铁路主管部门依法共同制定。

第四十条 用于铁路运输的安全防护设施、设备、集装箱和集装化用具等运输器具，篷布、装载加固材料或者装置、运输包装及货物装载加固，应当符合国家有关技术标准和规范。

第四十一条 铁路运输企业应当建立、健全并严格执行铁路运输的设施、设备的安全管理和检查防护的规章制度，加强对铁路运输的设施、设备的检测、维修，对不符合安全要求的应当及时更换，确保铁路运输的设施、设备性能完好和安全运行。

在法定假日和传统节日等铁路运输高峰期间，铁路运输企业应当加强铁路运输安全检查，确保运输安全。

第四十二条 铁路机车车辆和自轮运转车辆的驾驶人员应当经国务院铁路主管部门考试合格后，方可上岗。具体办法由国务院铁路主管部门制定。

第四十三条 铁路运输企业应当加强对从业人员的安全教育和培训。铁路运输企业的从业人员应当严格按照国家规定的操作规程，使用、管理铁路运输的设施、设备。

第四十四条 铁路运输企业应当将有关旅客、列车工作人员及其他进入车站的人员遵守的安全管理规定在列车内、车站等场所公告。

第四十五条 铁路运输企业应当使用国务院铁路主管部门认定的符合国家安全技术标准的铁路运输管理信息系统，并配备专门的安全管理人员，负责系统安全保护工作。

第四十六条 铁路运输企业应当按照法律、行政法规和国务院铁路主管部门的规定，对旅客携带物品和托运的行李进行安全检查。

从事安全检查的工作人员，应当佩戴安全检查标志，依法履行检查职责，并有权拒绝不接受安全检查的旅客进站乘车。

第四十七条 旅客应当接受并配合铁路运输企业在车站、列车实施的安全检查，不得违法携带、夹带匕首、弹簧刀及其他管制刀具，或者违法携带、随身托运烟花爆竹、枪支弹药等危险物品、违禁物品。旅客进站乘车、出站应当接受铁路工作人员的引导。

第四十八条 铁路运输托运人托运货物、行李、包裹时不得有下列行为：

（一）匿报、谎报货物品名、性质；

（二）在普通货物中夹带危险货物，或者在危险货物中夹带禁止配装的货物；

（三）匿报、谎报货物重量或者装车、装箱超过规定重量；

（四）其他危及铁路运输安全的行为。

第四十九条 铁路运输企业应当对承运的货物进行安全检查，并不得有下列行为：

（一）在非危险品办理站、专用线、专用铁路承运危险货物；

（二）未经批准承运超限、超长、超重、集重货物；

（三）承运拒不接受安全检查的物品；

(四)承运不符合安全规定、可能危害铁路运输安全的其他物品。

第五十条 办理危险货物铁路运输的承运人,应当具备下列条件:

(一)有按国家规定标准检测、检验合格的专用设施、设备;

(二)有符合国家规定条件的驾驶人员、技术管理人员、装卸人员;

(三)有健全的安全管理制度;

(四)有事故处理应急预案。

第五十一条 办理危险货物铁路运输的托运人,应当具备下列条件:

(一)具有国家规定的危险物品生产、储存、使用或者经营销售的资格;

(二)运输工具、运输包装、装载加固条件及专用设施、设备符合国家规定的技术标准和安全条件;

(三)有符合国家规定条件的掌握危险货物铁路运输业务和相关知识的专业技术人员、运输经办人员和押运人员;

(四)有事故处理应急预案。

第五十二条 申请从事危险货物承运、托运业务的,应当向铁路管理机构提交证明符合第五十条、第五十一条规定条件的证明文件。铁路管理机构应当自收到申请之日起20日内作出批准或者不予批准的决定。决定批准的,发给相应的资格证明;不予批准的,应当书面通知申请人并说明理由。

第五十三条 办理超限、超长、超重、集重货物运输的承运人,应当具备下列条件:

(一)装载加固、运输工具及其他设施、设备符合国家有关技术标准和安全要求;

(二)有符合国家规定条件的专业技术人员、管理人员和作业人员;

(三)有健全的安全管理制度;

(四)有事故处理应急预案。

第五十四条 办理超限、超长、超重、集重货物运输的,承运人应当按照国家有关规定向国务院铁路主管部门或者铁路管理机构提出申请。国务院铁路主管部门或者铁路管理机构应当自收到申请之日起7日内作出批准或者不予批准的决定。决定批准的,发给相应的资格证明;不予批准的,应当书面通知申请人并说明理由。

第五十五条 运输危险货物应当按照国家规定,使用专用的设施、设备,托运人应当配备必要的押运人员和应急处理器材、设备、防护用品,并且使危险货物始终处于押运人员的监管之下,发生被盗、丢失、泄漏等情况,应当按照国家有关规定及时报告。

第五十六条 办理危险货物运输的工作人员及装卸人员、押运人员应当掌握危险货物的性质、危害特性、包装容器的使用特性和发生意外时的应急措施。

危险货物承运单位的主要负责人和安全生产管理人员,应当经铁路管理机构对其安全生产知识和管理能力考核合格后方可任职。

第五十七条 危险货物的托运人和承运人应当按照国家规定的操作规程包装、装卸、运输,防止危险货物泄漏、爆炸。

第五十八条 特殊药品的托运人和承运人应当按照国家规定包装、装载、押运,防止特殊药品在运输过程中被盗、被劫或者发生丢失。

第四章　社会公众的义务

第五十九条　任何单位或者个人不得实施下列危害铁路运输安全的行为：

（一）非法拦截列车、阻断铁路运输；

（二）扰乱铁路运输调度机构、运输指挥部门及车站、列车的正常秩序；

（三）毁坏铁路线路、站台等设施、设备及路基、护坡、排水沟和防护林木、护坡草坪；

（四）在铁路线路上放置、遗弃障碍物；

（五）击打列车；

（六）擅自移动线路上的机车车辆，或者擅自开启列车车门；

（七）拆盗、损毁或者擅自移动铁路设施、设备、机车车辆配件和安全标志；

（八）在铁路线路上行走、坐卧或者在未设平交道口、人行过道的铁路线路上通过；

（九）在未设置行人通道的铁路桥梁上、隧道内通行；

（十）翻越、损毁、移动铁路线路两侧防护围墙、栅栏或者其他防护设施和标桩；

（十一）开启、关闭列车中货车阀、盖及破坏施封状态；

（十二）开启列车中集装箱箱门，破坏箱体、盖、阀及施封状态；

（十三）松动、解开、移动列车中货物装载加固材料和加固装置；

（十四）钻车、扒车、跳车；

（十五）从列车上抛扔杂物；

（十六）非法出售或者收购铁路器材；

（十七）其他危害铁路运输安全的行为。

第六十条　任何单位或者个人不得实施下列危及铁路通信、信号设施安全的行为：

（一）在埋有地下光（电）缆设施的地面上方进行钻探，堆放重物、垃圾，焚烧物品，倾倒腐蚀性物质；

（二）在地下光（电）缆两侧各1米的范围内建造、搭建建筑物、构筑物；

（三）在地下光（电）缆两侧各1米的范围内挖砂、取土和设置可能引起光（电）缆腐蚀的设施；

（四）在设有过河光（电）缆标志两侧各100米内进行挖砂、抛锚及其他危及光（电）缆安全的作业；

（五）其他可能危及铁路通信、信号设施安全的行为。

第六十一条　任何单位或者个人不得实施下列危害电气化铁路设施的行为：

（一）向电气化铁路接触网抛掷物品；

（二）在铁路电力线路导线两侧各300米的区域内升放风筝、气球；

（三）攀登杆塔、铁路机车车辆或者在杆塔上架设、安装其他设施；

（四）在杆塔、拉线周围20米范围内取土、打桩、钻探或者倾倒有害化学物品；

（五）触碰电气化铁路接触网；

（六）其他危害铁路电力线路设施的行为。

第五章 监督检查

第六十二条 国务院铁路主管部门及铁路管理机构应当对有关铁路安全的法律、法规执行情况进行监督检查。

第六十三条 国务院铁路主管部门及铁路管理机构有权检查、制止各种侵占、损坏铁路运输的设施、设备、标志、用地及其他违反本条例的行为。

第六十四条 国务院铁路主管部门及铁路管理机构应当加强对铁路运输高峰时期的运输安全的监督检查,加强对铁路运输的关键环节、要害设施、设备的安全状况,及安全运输突发事件应急预案的建立和落实情况的监督检查。

第六十五条 国务院铁路主管部门及铁路管理机构和地方各级人民政府应当按照《地质灾害防治条例》的有关规定加强对铁路沿线地质灾害的预防、应急处理和治理等工作。

第六十六条 国务院铁路主管部门及铁路管理机构与国务院安全生产监督管理部门、县级以上地方人民政府安全生产监督管理部门应当建立相应的定期信息通报制度和运输安全生产协调机制。发现重大安全隐患,铁路运输企业应当及时向有关铁路管理机构和地方人民政府报告。地方人民政府获悉铁路沿线有危及铁路运输安全的重要情况,应当及时向有关的铁路运输企业和铁路管理机构通报。

第六十七条 国务院铁路主管部门及铁路管理机构对发现的安全隐患,应当责令立即排除。重大安全隐患排除前或者排除过程中无法保证运输安全的,应当责令从危险区域内撤出作业人员,责令暂时停产停业或者停止使用;重大安全隐患排除后方可恢复运输。

第六十八条 发生铁路运输安全事故,铁路运输企业应当按照国家有关规定及时报告。发生重大、特大铁路运输安全事故,应当立即报告铁路管理机构、国务院铁路主管部门和县级以上地方人民政府安全生产监督管理部门、国务院安全生产监督管理部门。

发生铁路运输安全事故,国务院铁路主管部门、铁路管理机构及县级以上地方人民政府、铁路运输企业应当按照有关规定及时启动事故处理应急预案。

事故调查处理按照国家有关事故调查处理的规定执行。

第六十九条 铁路运输安全监督检查人员履行安全检查职责时,任何单位和个人不得阻挠。

铁路运输安全监督检查人员执行公务,应当佩戴标志或者出示证件。

第六章 法律责任

第七十条 违反本条例第十一条规定的,由铁路管理机构责令改正,给予警告,对单位可以并处5 000元以上5万元以下的罚款,对个人可以并处200元以上2 000元以下的罚款。

第七十一条 违反本条例第十四条规定的,由国务院铁路主管部门或者铁路管理机构责令改正,处5 000元以上5万元以下的罚款。

第七十二条 违反本条例第十五条规定的,由铁路桥梁所在地的有关水行政主管部门依法给予行政处罚。

第七十三条 违反本条例第十六条规定的,由铁路桥梁所在地的有关部门责令改正,处1万元以上10万元以下的罚款;构成犯罪的,依法追究刑事责任。

第七十四条 违反本条例第十七条规定的,由铁路管理机构责令限期拆除;逾期不拆除的,强制拆除,对单位处2万元以上20万元以下的罚款,对个人处1万元以上10万元以下的罚款;构成犯罪的,依法追究刑事责任。

第七十五条 违反本条例第十八条规定,在铁路线路两侧路堤坡脚、路堑坡顶、铁路桥梁外侧起各1 000米范围内,及在铁路隧道上方中心线两侧各1 000米范围内,从事采矿的,由地质矿产主管部门依照国家有关矿产资源管理的法律、法规给予行政处罚;从事采石及爆破作业的,由铁路管理机构责令改正,处2万元以上10万元以下的罚款;构成犯罪的,依法追究刑事责任。

第七十六条 违反本条例第十九条规定的,由铁路管理机构或者上级道路管理部门责令改正;拒不改正的,由铁路管理机构或者上级道路管理部门指定其他单位进行养护和维修,养护和维修费用由拒不履行义务的道路管理部门、铁路运输企业或者道路经营企业承担。

第七十七条 违反本条例第二十一条规定的,由上级河道、航道管理部门责令改正,对直接负责的主管人员和其他直接责任人员,给予记大过直至撤职的行政处分。

第七十八条 违反本条例第二十三条规定的,由国务院铁路主管部门或者铁路管理机构责令改正,可以处2万元以上10万元以下的罚款。

第七十九条 违反本条例第二十四条第二款规定的,由国务院铁路主管部门或者上级交通主管部门责令改正,对直接负责的主管人员和其他直接责任人员,给予记过或者记大过的处分。

第八十条 违反本条例第二十五条第二款规定的,由公安机关交通管理部门依法给予行政处罚。

违反本条例第二十五条第三款规定的,由铁路管理机构责令改正,处1 000元以上5 000元以下的罚款。

第八十一条 道路经营企业不按照本条例第二十六条规定设置、维护安全防护设施的,由铁路管理机构责令改正,处1万元以上10万元以下的罚款。

道路管理部门不按照本条例第二十六条规定设置、维护安全防护设施的,由上级道路管理部门责令改正,对直接负责的主管人员和其他直接责任人员处500元以上5 000元以下的罚款。

第八十二条 违反本条例第二十八条第一款规定的,由公安机关责令限期拆除,依法给予行政处罚。

第八十三条 违反本条例第三十一条规定的,由铁路管理机构或者上级道路管理部门责令改正,对直接负责的主管人员和其他直接责任人员处500元以上5 000元以下的罚款。

第八十四条 违反本条例第三十二条、第三十三条规定的,由铁路管理机构处500元以上5 000元以下的罚款;构成犯罪的,依法追究刑事责任。

第八十五条 违反本条例第三十四条规定的,由国务院铁路主管部门责令铁路运输企业改正,处1 000元以上1万元以下的罚款。

第八十六条 违反本条例第三十六条规定的,由国务院铁路主管部门责令改正,处2万元以上20万元以下的罚款。

第八十七条 违反本条例第三十八条规定,使用未经检测、检验合格的铁路道岔及其转辙设备、铁路通信信号控制软件及控制设备、铁路牵引供电设备的,由国务院铁路主管部门责令改正,处2万元以上20万元以下的罚款。

第八十八条 违反本条例第三十九条规定,使用未经强制性产品认证的直接关系铁路运输安全的铁路专用设备、器材、工具和安全检测设备的,依照有关法律、行政法规的规定予以处罚。

第八十九条 违反本条例第四十条规定的,由国务院铁路主管部门或者铁路管理机构责令改正,处1万元以上10万元以下的罚款。

第九十条 违反本条例第四十七条规定,旅客违法携带、夹带或者随身托运危险物品、违禁物品进站、上车的,由公安机关依法给予行政处罚。

第九十一条 违反本条例第四十八条规定,铁路运输托运人托运货物、行李、包裹时匿报、谎报货物品名、性质,匿报、谎报货物重量或者装车、装箱超过规定重量,或者有其他危及铁路运输安全的行为的,由铁路管理机构处1 000元以上1万元以下的罚款;在普通货物中夹带危险货物,或者在危险货物中夹带禁止配装的货物的,处5 000元以上5万元以下的罚款;构成犯罪的,依法追究刑事责任。

第九十二条 违反本条例第四十九条规定的,由国务院铁路主管部门处2万元以上10万元以下的罚款。

第九十三条 违反本条例第五十二条规定,未经批准擅自承运、托运危险货物的,由国务院铁路主管部门或者铁路管理机构处2万元以上10万元以下的罚款。

第九十四条 违反本条例第五十四条规定,未经批准擅自办理超限、超长、超重、集重货物运输的,由国务院铁路主管部门或者铁路管理机构处2万元以上10万元以下的罚款。

第九十五条 违反本条例第五十五条规定的,由公安机关依法给予行政处罚。

第九十六条 违反本条例第五十七条、第五十八条规定的,由国务院铁路主管部门或者铁路管理机构处2万元以上10万元以下的罚款。

第九十七条 违反本条例第五十九条、第六十一条规定的,由公安机关对个人处警告,可以并处50元以上200元以下的罚款,情节严重的,处200元以上2 000元以下的罚款;对单位处警告,并处5 000元以上2万元以下的罚款,对直接负责的主管人员和其他直接责任人员处200元以上2 000元以下的罚款;构成违反治安管理行为的,由公安机关依法给予行政处罚;构成犯罪的,依法追究刑事责任。

第九十八条 违反本条例第六十条规定的,由公安机关责令改正,对违法的个人处200元以上2 000元以下的罚款;对违法的单位处5 000元以上5万元以下的罚款,对直接负责的主管人员和其他直接责任人员处200元以上2 000元以下的罚款;构成犯罪的,依法追究刑事责任。

第九十九条 违反本条例规定,给铁路运输企业或者其他单位、个人财产造成损失的,依法承担赔偿责任。

第一百条 铁路运输企业不履行本条例规定义务的,除本条例另有规定外,由国务院铁路主管部门或者铁路管理机构责令改正,根据情节轻重可以处1万元以上10万元以下的罚款,对直接负责的主管人员和其他直接责任人员,处1 000元以上1万元以下的罚款。

第一百零一条 违反本条例的规定,国务院铁路主管部门、铁路管理机构、公安机关、县级以上地方人民政府及其有关部门发现铁路运输安全隐患不及时依法处理,对违法行为不依法予以处罚，或者不履行本条例规定的其他职责的，对负有责任的主管人员和其他直接责任人员根据情节轻重，依法给予降级直至开除的行政处分；构成犯罪的，依法追究刑事责任。

第一百零二条 国务院铁路主管部门及铁路管理机构发现违反本条例规定的行为，但本部门无权处理的，应当及时移送或者通报有权处理的部门，有权处理的部门应当根据职责及时予以处理，并将处理情况通报移送部门。拒不依法处理的，对负有责任的主管人员和其他直接责任人员根据情节轻重，依法给予降级直至开除的行政处分；构成犯罪的，依法追究刑事责任。

第七章 附 则

第一百零三条 本条例自2005年4月1日起施行。1989年8月15日国务院发布的《铁路运输安全保护条例》同时废止。

中华人民共和国地名管理条例

1986年1月23日　国发[1986]11号

第一条　为了加强对地名的管理,适应社会主义现代化建设和国际交往的需要,制定本条例。

第二条　本条例所称地名,包括:自然地理实体名称,行政区划名称,居民地名称,各专业部门使用的具有地名意义的台、站、港、场等名称。

第三条　地名管理应当从我国地名的历史和现状出发,保持地名的相对稳定。必须命名和更名时,应当按照本条例规定的原则和审批权限报经批准。未经批准,任何单位和个人不得擅自决定。

第四条　地名的命名应遵循下列规定:

(一)有利于人民团结和社会主义现代化建设,尊重当地群众的愿望,与有关各方协商一致。

(二)一般不以人名作地名。禁止用国家领导人的名字作地名。

(三)全国范围内的县、市以上名称,一个县、市内的乡、镇名称,一个城镇内的街道名称,一个乡内的村庄名称,不应重名,并避免同音。

(四)各专业部门使用的具有地名意义的台、站、港、场等名称,一般应与当地地名统一。

(五)避免使用生僻字。

第五条　地名的更名应遵循下列规定:

(一)凡有损我国领土主权和民族尊严的,带有民族歧视性质和妨碍民族团结的,带有侮辱劳动人民性质和极端庸俗的,以及其他违背国家方针、政策的地名,必须更名。

(二)不符合本条例第四条第三、四、五款规定的地名,在征得有关方面和当地群众同意后,予以更名。

(三)一地多名、一名多写的,应当确定一个统一的名称和用字。

(四)不明显属于上述范围的、可改可不改的和当地群众不同意改的地名,不要更改。

第六条　地名命名、更名的审批权限和程序如下:

(一)行政区划名称的命名、更名,按照国务院《关于行政区划管理的规定》办理。

(二)国内外著名的或涉及两个省(自治区、直辖市)以上的山脉、河流、湖泊等自然地理实体名称,由省、自治区、直辖市人民政府提出意见,报国务院审批。

(三)边境地区涉及国界线走向和海上涉及岛屿归属界线以及载入边界条约和议定书中的自然地理实体名称和居民地名称,由省、自治区、直辖市人民政府提出意见,报国务院审批。

(四)在科学考察中,对国际公有领域新的地理实体命名,由主管部门提出意见,报国务院审批。

(五)各专业部门使用的具有地名意义的台、站、港、场等名称,在征得当地人民政府同意后,由专业主管部门审批。

(六)城镇街道名称,由直辖市、市、县人民政府审批。

(七)其他地名,由省、自治区、直辖市人民政府规定审批程序。

(八)地名的命名、更名工作,可以交地名机构或管理地名工作的单位承办,也可以交其他部门承办;其他部门承办的,应征求地名机构或管理地名工作单位的意见。

第七条 少数民族语地名的汉字译写,外国地名的汉字译写,应当做到规范化。译写规则,由中国地名委员会制定。

第八条 中国地名的罗马字母拼写,以国家公布的"汉语拼音方案"作为统一规范。拼写细则,由中国地名委员会制定。

第九条 经各级人民政府批准和审定的地名,由地名机构负责汇集出版。其中行政区划名称,民政部门可以汇集出版单行本。

出版外国地名译名书籍,需经中国地名委员会审定或由中国地名委员会组织编纂。

各机关、团体、部队、企业、事业单位使用地名时,都以地名机构或民政部门编辑出版的地名书籍为准。

第十条 地名档案的管理,按照中国地名委员会和国家档案局的有关规定执行。

第十一条 地方人民政府应责成有关部门在必要的地方设置地名标志。

第十二条 本条例在实施中遇到的具体问题,由中国地名委员会研究答复。

第十三条 本条例自发布之日起施行。

中华人民共和国无线电管理条例

1993年9月11日 国务院、中央军委第128号令

第一章 总 则

第一条 为了加强无线电管理,维护空中电波秩序,有效利用无线电频谱资源,保证各种无线电业务的正常进行,制定本条例。

第二条 在中华人民共和国境内设置、使用无线电台(站)和研制、生产、进口无线电发射设备以及使用辐射无线电波的非无线电设备,必须遵守本条例。

第三条 无线电管理实行统一领导、统一规划、分工管理、分级负责的原则,贯彻科学管理、促进发展的方针。

第四条 无线电频谱资源属国家所有。国家对无线电频谱实行统一规划、合理开发、科学管理、有偿使用的原则。

第五条 国家鼓励对无线电频谱资源的开发、利用和科学研究,努力推广先进技术,提高管理水平。

对在无线电管理工作和科学研究中作出重大贡献的单位和个人,应当给予奖励。

第二章 管理机构及其职责

第六条 国家无线电管理机构在国务院、中央军事委员会的领导下负责全国无线电管理工作,其主要职责是:

(一)拟订无线电管理的方针、政策和行政法规;

(二)制订无线电管理规章;

(三)负责无线电台(站)、频率的统一管理;

(四)协调处理无线电管理方面的事宜;

(五)制定无线电管理方面的行业标准;

(六)组织无线电管理方面的科学研究工作;

(七)负责全国的无线电监测工作;

(八)统一办理涉外无线电管理方面的事宜。

第七条 中国人民解放军无线电管理机构负责军事系统的无线电管理工作,其主要职责是:

(一)参与拟订并贯彻执行国家无线电管理的方针、政策、法规和规章,拟订军事系统的无线电管理办法;

(二)审批军事系统无线电台(站)的设置,核发电台执照;

(三)负责军事系统无线电频率的规划、分配和管理;

(四)核准研制、生产、销售军用无线电设备和军事系统购置、进口无线电设备的有关无线电管理的技术指标;

(五)组织军事无线电管理方面的科研工作,拟制军用无线电管理技术标准;

(六)实施军事系统无线电监督和检查;

(七)参与组织协调处理军地无线电管理方面的事宜。

第八条 省、自治区、直辖市和设区的市无线电管理机构在上级无线电管理机构和同级人民政府领导下负责辖区内除军事系统外的无线电管理工作，其主要职责是：

（一）贯彻执行国家无线电管理的方针、政策、法规和规章；

（二）拟订地方无线电管理的具体规定；

（三）协调处理本行政区域内无线电管理方面的事宜；

（四）根据审批权限审查无线电台（站）的建设布局和台址，指配无线电台（站）的频率和呼号，核发电台执照；

（五）负责本行政区域内无线电监测。

第九条 国务院有关部门的无线电管理机构负责本系统的无线电管理工作，其主要职责是：

（一）贯彻执行国家无线电管理的方针、政策、法规和规章；

（二）拟订本系统无线电管理的具体规定；

（三）根据国务院规定的部门职权和国家无线电管理机构的委托，审批本系统无线电台（站）的建设布局和台址，指配本系统无线电台（站）的频率、呼号，核发电台执照；

（四）国家无线电管理机构委托行使的其他职责。

第十条 国家无线电监测中心和各级无线电监测站、国家无线电频谱管理中心、国家无线电频谱管理研究所，分别承担电波监测、技术审查、新技术开发和科学研究等工作。

第三章 无线电台（站）的设置和使用

第十一条 设置、使用无线电台（站）的单位和个人，必须提出书面申请，办理设台（站）审批手续，领取电台执照。

第十二条 设置、使用无线电台（站），应当具备下列条件：

（一）无线电设备符合国家技术标准；

（二）操作人员熟悉无线电管理的有关规定，并具有相应的业务技能和操作资格；

（三）必要的无线电网络设计符合经济合理的原则，工作环境安全可靠；

（四）设台（站）单位或者个人有相应的管理措施。

第十三条 设置、使用下列无线电台（站），应当按照本条规定报请相应的无线电管理机构审批：

（一）通信范围或者服务区域涉及两个以上的省或者涉及境外的无线电台（站），中央国家机关（含其在京直属单位）设置、使用的无线电台（站），其他因特殊需要设置、使用的无线电台（站），由国家无线电管理机构审批。

（二）在省、自治区范围内跨地区通信或者服务的无线电台（站），省、自治区机关（含其在省、自治区人民政府所在地直属单位）设置使用的无线电台（站），由省、自治区无线电管理机构审批。

在直辖市范围内通信或者服务的无线电台（站），由直辖市无线电管理机构审批。

（三）在设区的市范围内通信或者服务的无线电台（站），由设区的市无线电管理机构审批。

依照前款规定申请设置固定无线电台(站)的,事先还应当经其上级业务主管部门同意。

设置、使用特别业务的无线电台(站),由国家无线电管理机构委托国务院有关部门审批。

第十四条 船舶、机车、航空器上的制式无线电台(站),必须按照有关规定领取电台执照并报国家无线电管理机构或者地方无线电管理机构备案。

第十五条 设置业余无线电台(站),应当按照国家有关业余无线电台(站)管理的规定办理设台(站)审批手续。

第十六条 位于城市规划区内的固定无线电台(站)的建设布局和选址,必须符合城市规划,服从规划管理。城市规划行政主管部门应当统一安排,保证无线电台(站)必要的工作环境。

第十七条 电台呼号由国家无线电管理机构编制和分配,并由国家无线电管理机构、地方无线电管理机构或者国家无线电管理机构委托的国务院有关部门指配。

经国务院有关部门指配的电台呼号,应当抄送无线电台(站)所在省、自治区、直辖市无线电管理机构备案。

经无线电管理机构指配的船舶电台呼号,应当抄送国务院交通主管部门备案。

第十八条 电台执照由国家统一印制,由国家无线电管理机构、地方无线电管理机构或者国家无线电管理机构委托的国务院有关部门核发。

第十九条 遇有危及人民生命财产安全的紧急情况,可以临时动用未经批准设置使用的无线电设备,但是应当及时向无线电管理机构报告。

第二十条 无线电台(站)经批准使用后,应当按照核定的项目进行工作,不得发送和接收与工作无关的信号;确需变更项目的,必须向原批准机构办理变更手续。

无线电台(站)停用或者撤销时,应当及时向原批准机构办理有关手续。

第二十一条 使用无线电台(站)的单位或者个人,必须严格遵守国家有关保密规定。

第四章 频率管理

第二十二条 国家无线电管理机构对无线电频率实行统一划分和分配。

国家无线电管理机构、地方无线电管理机构根据设台(站)审批权限对无线电频率进行指配。

国务院有关部门对分配给本系统使用的频段和频率进行指配,并同时抄送国家无线电管理机构或者有关的地方无线电管理机构备案。

第二十三条 指配和使用频率,必须遵守国家有关频率管理的规定。

业经指配的频率,原指配单位可以在与使用单位协商后调整或者收回。

频率使用期满,需要继续使用的,必须办理续用手续。

任何单位和个人未经国家无线电管理机构或者地方无线电管理机构批准,不得转让频率。禁止出租或者变相出租频率。

第二十四条 因国家安全和重大任务需要实行无线电管制时,管制区域内设有无线电发射设备和其他辐射无线电波设备的单位和个人,必须遵守有关管制的规定。

第二十五条 对依法设置的无线电台(站),无线电管理机构应当保护其使用的频率免受有害干扰。

处理无线电频率相互有害干扰，应当遵循带外让带内、次要业务让主要业务、后用让先用、无规划让有规划的原则；遇特殊情况时，由国家无线电管理机构根据具体情况协调、处理。

第五章 无线电发射设备的研制、生产、销售、进口

第二十六条 研制无线电发射设备所需要的工作频率和频段应当符合国家有关无线电管理的规定，并报国家无线电管理机构核准。

第二十七条 生产的无线电发射设备，其工作频率、频段和有关技术指标应当符合国家有关无线电管理的规定，并报国家无线电管理机构或者地方无线电管理机构备案。

第二十八条 研制、生产无线电发射设备时，必须采取措施有效抑制电波发射。进行实效发射试验时，须经国家无线电管理机构或者地方无线电管理机构批准。

第二十九条 进口的无线电发射设备，其工作频率、频段和有关技术指标应当符合国家有关无线电管理的规定，并报国家无线电管理机构或者省、自治区、直辖市无线电管理机构核准。

第三十条 企业生产、销售的无线电发射设备，必须符合国家技术标准和有关产品质量管理的法律、法规的规定。县级以上各级人民政府负责产品质量监督管理工作的部门应当依法实施监督、检查。

第六章 非无线电设备的无线电波辐射

第三十一条 工业、科学、医疗设备、电气化运输系统、高压电力线及其他电器装置产生的无线电波辐射，必须符合国家规定，不得对无线电业务产生有害干扰。

第三十二条 产生无线电波辐射的工程设施，可能对无线电台（站）造成有害干扰的，其选址定点应当由城市规划行政主管部门和无线电管理机构协商确定。

第三十三条 非无线电设备对无线电台（站）产生有害干扰时，设备所有者或者使用者必须采取措施予以消除；对航空器、船舶的安全运行造成危害时，必须停止使用。

第七章 涉外无线电管理

第三十四条 无线电频率划分、分配、协调的涉外事宜，以及我国电台和境外电台的相互有害干扰，由国家无线电管理机构统一与有关的国际组织或者国家、地区交涉。

第三十五条 外国驻中国使领馆、联合国及其专门机构和其他享有外交特权的国际组织驻中国代表机构设置、使用无线电台（站），携带或者运载无线电设备入境，必须事先通过外交途径向国家无线电管理机构申请批准。

其他驻华代表机构、来华团体、客商等外籍用户设置、使用无线电台（站），携带或者运载无线电设备入境，事先由业务主管部门或者接待单位根据本条例第十三条的规定报请国家无线电管理机构或者地方无线电管理机构批准。

第三十六条 外国船舶（含海上平台）电台、航空器电台、车载电台等在我国领域内使用时，应当遵守中华人民共和国缔结或者参加的国际条约以及中华人民共和

国的法律、法规和规章。

第三十七条 国际电信联盟要求提送的无线电台(站)资料,由有关部门报国家无线电管理机构统一办理。

第三十八条 未经国家无线电管理机构批准,外国组织或者人员不得运用电子监测设备在我国境内进行电波参数测试。

第八章 无线电监测和监督检查

第三十九条 国家无线电监测中心,国家无线电监测站,省、自治区、直辖市无线电监测站,以及设区的市无线电监测站,负责对无线电信号实施监测。

第四十条 各级无线电监测站的主要职责是:

(一)监测无线电台(站)是否按照规定程序和核定的项目工作;

(二)查找无线电干扰源和未经批准使用的无线电台(站);

(三)测定无线电设备的主要技术指标;

(四)检测工业、科学、医疗等非无线电设备的无线电波辐射;

(五)国家无线电管理机构、地方无线电管理机构规定的其他职责。

第四十一条 国务院有关部门的监测台(站)负责本系统的无线电监测和监督检查。

第四十二条 国家无线电管理机构、地方无线电管理机构应当设立无线电管理检查员,对无线电管理的各项工作进行监督检查。

国务院有关部门可以设立无线电管理检查员,对本系统的无线电管理工作进行监督检查。

无线电管理检查员在其职权范围内进行监督检查时,有关单位和个人应当积极配合。

第九章 罚 则

第四十三条 对有下列行为之一的单位和个人,国家无线电管理机构或者地方无线电管理机构可以根据具体情况给予警告、查封或者没收设备、没收非法所得的处罚;情节严重的,可以并处一千元以上、五千元以下的罚款或者吊销其电台执照:

(一)擅自设置、使用无线电台(站)的;

(二)违反本条例规定研制、生产、进口无线电发射设备的;

(三)干扰无线电业务的;

(四)随意变更核定项目,发送和接收与工作无关的信号的;

(五)不遵守频率管理的有关规定,擅自出租、转让频率的。

第四十四条 违反本条例规定,给国家、集体或者个人造成重大损失的,应当依法承担赔偿责任;国家无线电管理机构或者地方无线电管理机构并应当追究或者建议有关部门追究直接责任者和单位领导人的行政责任。

第四十五条 当事人对国家无线电管理机构或者地方无线电管理机构的处罚不服的,可以依法申请复议或者提起行政诉讼。

第四十六条 无线电管理人员滥用职权、玩忽职守的,由其所在单位或者上级机关给予行政处分;构成犯罪的,依法追究刑事责任。

第十章　附　　则

第四十七条　中国人民解放军(含民兵)的无线电管理办法,另行制定。

人防系统的无线电管理办法,另行制定。

第四十八条　公安机关、中国人民武装警察部队和国家安全机关无线电管理的特殊规定,分别由公安部、国家安全部会同国家无线电管理机构根据本条例另行制定。

第四十九条　本条例自发布之日起施行。

国务院对确需保留的行政审批项目设定行政许可的决定

2004年6月29日　　国务院令第412号

依照《中华人民共和国行政许可法》和行政审批制度改革的有关规定，国务院对所属各部门的行政审批项目进行了全面清理。由法律、行政法规设定的行政许可项目，依法继续实施；对法律、行政法规以外的规范性文件设定，但确需保留且符合《中华人民共和国行政许可法》第十二条规定事项的行政审批项目，根据《中华人民共和国行政许可法》第十四条第二款的规定，现决定予以保留并设定行政许可，共500项。

为保证本决定设定的行政许可依法、公开、公平、公正实施，国务院有关部门应当对实施本决定所列各项行政许可的条件等作出具体规定，并予以公布。有关实施行政许可的程序和期限依照《中华人民共和国行政许可法》的有关规定执行。

附件

国务院决定对确需保留的行政审批项目设定行政许可的目录（铁路部分）

序号	项 目 名 称	实 施 机 关
113	利用国外贷款的铁路项目立项审批	铁道部
114	开行客货直通列车、办理军事运输和特殊货物运输审批	铁道部
115	企业自备车辆参加铁路运输审批	铁道部
116	铁路工程建设消防设计审批	铁道公安消防部门
117	建筑企业铁道专业资质认定	铁道部
118	工程勘察、设计企业铁道专业资质认定	铁道部
119	工程监理企业铁道专业资质认定	铁道部
120	工程咨询单位铁道专业资质认定	铁道部
121	工程造价咨询单位铁道专业资质认定	铁道部
122	企业铁路专用线与国铁接轨审批	铁道部
123	铁路专用计量器具新产品技术认证	铁道部
124	铁路建设项目立项审批	铁道部
125	铁路企事业单位进口机电产品标准审批	铁道部

续上表

序号	项 目 名 称	实 施 机 关
126	铁路工程基桩检测单位资质及检测员资格认定	铁道部
127	铁道自轮运转特种设备准入许可	铁道部
128	铁路工业产品制造特许证核发	铁道部
129	铁道计算机联锁设备制造特许证核发	铁道部
130	铁路货物装载加固方案审批	铁道部
131	铁路运输企业设立、撤销、变更审批	铁道部
132	国家铁路大中型建设项目、限额以上更新改造项目和铁道部指定的项目初步设计、变更设计及总概算审批	铁道部

备注:1. 鉴于投资体制改革正在进行,涉及固定资产投资项目的行政许可仍按国务院现行规定办理。

2. 按规定应当由国务院决定的事项,按照规定程序办理。

3. 按规定应当由其他部门决定或者应经其他部门审核的事项,按照现行规定办理。

国务院办公厅关于保留部分非行政许可审批项目的通知

2004年8月2日　国办发[2004]62号

各省、自治区、直辖市人民政府，国务院各部委、各直属机构：

依据《中华人民共和国行政许可法》和行政审批制度改革的有关规定，国务院对所属各部门的行政审批项目进行了全面清理，先后分三批取消和调整1795项行政审批项目。同时，除现行法律、行政法规设定的继续实施外，依法保留并设定行政许可500项。在此基础上，对其他行政审批项目进行了严格审核和充分论证，根据现阶段政府全面履行职能和有效实施管理的需要，经国务院同意，对其中的211项暂予保留。这些项目，主要是政府的内部管理事项，不属于行政许可；随着社会主义市场经济体制的逐步完善，今后还将逐步取消或作必要的调整。

各地区、各部门要按照全面推进依法行政、建设法治政府的要求，建立健全监督制约机制和责任追究制度，进一步规范行政行为，正确有效地履行管理职责，巩固行政审批制度改革的成果，为建立和完善行为规范、运转协调、公正透明、廉洁高效的行政管理体制奠定更加坚实的基础。

附件

保留的非行政许可审批项目目录（铁路部分）

序号	项目名称	实施机关
87	铁路计算机信息系统安全保护措施审批	铁路公安机关
88	铁路基建大中型项目工程施工、监理、物资采购招标计划及评标结果审批	铁道部
89	铁路基本建设项目审批	铁道部
90	铁路企业国有资产产权变动审批	铁道部
91	铁路企业公司改制事项审批	铁道部
92	铁路工程及设备报废审批	铁道部
93	铁路日常清产核资项目审批	铁道部
94	铁路运价里程和货运计费办法审批	铁道部
95	印制铁路客货运输票据审批	铁道部
96	铁路企业设立境外企业、代表机构审批	铁道部

备注：1. 按照规定应当由党中央、国务院决定的事项，按照规定程序办理。

2. 按照规定应当由党中央有关部门、国务院其他部门决定或者审核的事项，按照现行规定办理。

国务院关于第四批取消和调整行政审批项目的决定

2007年10月9日　国办发[2007]33号

各省、自治区、直辖市人民政府,国务院各部委、各直属机构:

2007年4月以来,按照国务院的统一部署和行政审批制度改革的要求,国务院行政审批制度改革工作领导小组依据行政许可法的规定,组织对国务院部门的行政审批项目进行了新一轮集中清理。经严格审核和论证,国务院决定第四批取消和调整186项行政审批项目。其中,取消的行政审批项目128项,调整的行政审批项目58项(下放管理层级29项、改变实施部门8项、合并同类事项21项)。另有7项拟取消或者调整的行政审批项目是由有关法律设立的,国务院将依照法定程序提请全国人大常委会审议修订相关法律规定。

各地区、各部门要认真做好取消和调整行政审批项目的落实和衔接工作,切实加强后续监管。要深入贯彻科学发展观,适应完善社会主义市场经济体制、加强和改善宏观调控以及转变政府职能的要求,继续深化行政审批制度改革,依法对行政审批项目实行动态管理,加强对行政审批权的监督制约,努力在规范审批行为、创新审批方式、完善配套制度、建立长效机制等方面取得新的进展。

附件1

国务院决定取消的行政审批项目目录(128项)(铁路部分)

部门	序号	项目名称	设定依据	备注
铁道部	16	建筑企业铁道专业资质认定	《国务院对确需保留的行政审批项目设定行政许可的决定》(国务院令第412号)	
	17	工程勘察、设计企业铁道专业资质认定	《国务院对确需保留的行政审批项目设定行政许可的决定》(国务院令第412号)	
	18	工程监理企业铁道专业资质认定	《国务院对确需保留的行政审批项目设定行政许可的决定》(国务院令第412号)	
	19	工程造价咨询单位铁道专业资质认定	《国务院对确需保留的行政审批项目设定行政许可的决定》(国务院令第412号)	
	20	铁路工程基桩检测单位资质及检测员资格认定	《国务院对确需保留的行政审批项目设定行政许可的决定》(国务院令第412号)	
	21	工程咨询单位铁道专业资质认定	《国务院对确需保留的行政审批项目设定行政许可的决定》(国务院令第412号)	

续上表

部门	序号	项目名称	设定依据	备注
铁道部	22	铁路企事业单位进口机电产品标准审批	《国务院对确需保留的行政审批项目设定行政许可的决定》(国务院令第412号)	
	23	铁路中外合资、合作经营项目审核	《中华人民共和国中外合资经营企业法》(中华人民共和国主席令〔1990〕第27号)、《中华人民共和国中外合作经营企业法》(中华人民共和国主席令〔1988〕第4号)	
	24	铁路企业设立境外企业、代表机构审批	《国务院办公厅关于保留部分非行政许可审批项目的通知》(国办发〔2004〕62号)	

附件2

国务院决定调整的行政审批项目目录(58项)(铁路部分)

部门	序号	项目名称	设定依据	合并后项目名称	备注
铁道部	3	利用国外贷款的铁路项目立项审批	《国务院对确需保留的行政审批项目设定行政许可的决定》(国务院令第412号)	铁道固定资产投资项目审批	
	4	国家铁路大中型建设项目、限额以上更新改造项目和铁道部指定的项目初步设计、更新设计及总概算审批	《国务院对确需保留的行政审批项目设定行政许可的决定》(国务院令第412号)		
	5	铁路建设项目立项审批	《国务院对确需保留的行政审批项目设定行政许可的决定》(国务院令第412号)		

注:合并同类事项(212页,并为8项)。

国务院关于印发《全面推进依法行政实施纲要》的通知

2004年3月22日　　国办发[2004]10号

各省、自治区、直辖市人民政府，国务院各部委、各直属机构：

现将《全面推进依法行政实施纲要》印发给你们，请结合本地区、本部门实际，认真贯彻执行。

为适应全面建设小康社会的新形势和依法治国的进程，《全面推进依法行政实施纲要》（以下简称《纲要》）确立了建设法治政府的目标，明确规定了今后十年全面推进依法行政的指导思想和具体目标、基本原则和要求、主要任务和措施，是进一步推进我国社会主义政治文明建设的重要政策文件。地方各级人民政府和各部门都要从立党为公、执政为民的高度，充分认识《纲要》的重大意义，切实抓紧做好《纲要》的贯彻执行工作。一是认真学习、大力宣传《纲要》的基本精神、主要内容。二是认真组织制订落实《纲要》的具体办法和配套措施，确定不同阶段的重点，做到五年有规划、年度有安排，确保《纲要》得到全面正确执行。三是地方各级人民政府和各部门的主要负责同志要加强领导，切实担负起贯彻执行《纲要》、全面推进依法行政第一责任人的责任，一级抓一级，逐级抓落实。四是加强对贯彻执行《纲要》的监督检查，对贯彻执行不力的，要严肃纪律，追究责任。五是地方各级人民政府和各部门的法制机构要以高度的责任感和使命感，认真做好综合协调、督促指导、政策研究和情况交流工作，为本级政府和本部门贯彻执行《纲要》、全面推进依法行政，充分发挥参谋、助手和法律顾问的作用。

地方各级人民政府和各部门要及时总结贯彻执行《纲要》、推进依法行政的经验、做法，贯彻执行中的有关情况和问题要及时向国务院报告。

全面推进依法行政实施纲要

为贯彻落实依法治国基本方略和党的十六大、十六届三中全会精神，坚持执政为民，全面推进依法行政，建设法治政府，根据宪法和有关法律、行政法规，制定本实施纲要。

一、全面推进依法行政的重要性和紧迫性

1. 全面推进依法行政的重要性和紧迫性。党的十一届三中全会以来，我国社会主义民主与法制建设取得了显著成绩。党的十五大确立依法治国、建设社会主义法治国家的基本方略，1999年九届全国人大二次会议将其载入宪法。作为依法治国的重要组成部分，依法行政也取得了明显进展。1999年11月，国务院发布了《国务院关于全面推进依法行政的决定》（国发[1999]23号），各级政府及其工作部门加强制度建设，严格行政执法，强化行政执法监督，依法办事的能力和水平不断提高。党的十六大把发展社会主义民主政治，建设社会主义政治文明，作为全面建设小康社会的

重要目标之一，并明确提出“加强对执法活动的监督，推进依法行政”。与完善社会主义市场经济体制、建设社会主义政治文明以及依法治国的客观要求相比，依法行政还存在不少差距，主要是：行政管理体制与发展社会主义市场经济的要求还不适应，依法行政面临诸多体制性障碍；制度建设反映客观规律不够，难以全面、有效解决实际问题；行政决策程序和机制不够完善；有法不依、执法不严、违法不究现象时有发生，人民群众反映比较强烈；对行政行为的监督制约机制不够健全，一些违法或者不当的行政行为得不到及时、有效的制止或者纠正，行政管理相对人的合法权益受到损害得不到及时救济；一些行政机关工作人员依法行政的观念还比较淡薄，依法行政的能力和水平有待进一步提高。这些问题在一定程度上损害了人民群众的利益和政府的形象，妨碍了经济社会的全面发展。解决这些问题，适应全面建设小康社会的新形势和依法治国的进程，必须全面推进依法行政，建设法治政府。

二、全面推进依法行政的指导思想和目标

2. 全面推进依法行政的指导思想。全面推进依法行政，必须以邓小平理论和“三个代表”重要思想为指导，坚持党的领导，坚持执政为民，忠实履行宪法和法律赋予的职责，保护公民、法人和其他组织的合法权益，提高行政管理效能，降低管理成本，创新管理方式，增强管理透明度，推进社会主义物质文明、政治文明和精神文明协调发展，全面建设小康社会。

3. 全面推进依法行政的目标。全面推进依法行政，经过十年左右坚持不懈的努力，基本实现建设法治政府的目标：

——政企分开、政事分开，政府与市场、政府与社会的关系基本理顺，政府的经济调节、市场监管、社会管理和公共服务职能基本到位。中央政府和地方政府之间、政府各部门之间的职能和权限比较明确。行为规范、运转协调、公正透明、廉洁高效的行政管理体制基本形成。权责明确、行为规范、监督有效、保障有力的行政执法体制基本建立。

——提出法律议案、地方性法规草案，制定行政法规、规章、规范性文件等制度建设符合宪法和法律规定的权限和程序，充分反映客观规律和最广大人民的根本利益，为社会主义物质文明、政治文明和精神文明协调发展提供制度保障。

——法律、法规、规章得到全面、正确实施，法制统一，政令畅通，公民、法人和其他组织合法的权利和利益得到切实保护，违法行为得到及时纠正、制裁，经济社会秩序得到有效维护。政府应对突发事件和风险的能力明显增强。

——科学化、民主化、规范化的行政决策机制和制度基本形成，人民群众的要求、意愿得到及时反映。政府提供的信息全面、准确、及时，制定的政策、发布的决定相对稳定，行政管理做到公开、公平、公正、便民、高效、诚信。

——高效、便捷、成本低廉的防范、化解社会矛盾的机制基本形成，社会矛盾得到有效防范和化解。

——行政权力与责任紧密挂钩、与行政权力主体利益彻底脱钩。行政监督制度和机制基本完善，政府的层级监督和专门监督明显加强，行政监督效能显著提高。

——行政机关工作人员特别是各级领导干部依法行政的观念明显提高，尊重法律、崇尚法律、遵守法律的氛围基本形成；依法行政的能力明显增强，善于运用法律手段管理经济、文化和社会事务，能够依法妥善处理各种社会矛盾。

三、依法行政的基本原则和基本要求

4. 依法行政的基本原则。依法行政必须坚持党的领导、人民当家作主和依法治国三者的有机统一；必须把维护最广大人民的根本利益作为政府工作的出发点；必须维护宪法权威，确保法制统一和政令畅通；必须把发展作为执政兴国的第一要务，坚持以人为本和全面、协调、可持续的发展观，促进经济社会和人的全面发展；必须把依法治国和以德治国有机结合起来，大力推进社会主义政治文明、精神文明建设；必须把推进依法行政与深化行政管理体制改革、转变政府职能有机结合起来，坚持开拓创新与循序渐进的统一，既要体现改革和创新的精神，又要有计划、有步骤地分类推进；必须把坚持依法行政与提高行政效率统一起来，做到既严格依法办事，又积极履行职责。

5. 依法行政的基本要求。

——合法行政。行政机关实施行政管理，应当依照法律、法规、规章的规定进行；没有法律、法规、规章的规定，行政机关不得作出影响公民、法人和其他组织合法权益或者增加公民、法人和其他组织义务的决定。

——合理行政。行政机关实施行政管理，应当遵循公平、公正的原则。要平等对待行政管理相对人，不偏私、不歧视。行使自由裁量权应当符合法律目的，排除不相关因素的干扰；所采取的措施和手段应当必要、适当；行政机关实施行政管理可以采用多种方式实现行政目的的，应当避免采用损害当事人权益的方式。

——程序正当。行政机关实施行政管理，除涉及国家秘密和依法受到保护的商业秘密、个人隐私的外，应当公开，注意听取公民、法人和其他组织的意见；要严格遵循法定程序，依法保障行政管理相对人、利害关系人的知情权、参与权和救济权。行政机关工作人员履行职责，与行政管理相对人存在利害关系时，应当回避。

——高效便民。行政机关实施行政管理，应当遵守法定时限，积极履行法定职责，提高办事效率，提供优质服务，方便公民、法人和其他组织。

——诚实守信。行政机关公布的信息应当全面、准确、真实。非因法定事由并经法定程序，行政机关不得撤销、变更已经生效的行政决定；因国家利益、公共利益或者其他法定事由需要撤回或者变更行政决定的，应当依照法定权限和程序进行，并对行政管理相对人因此而受到的财产损失依法予以补偿。

——权责统一。行政机关依法履行经济、社会和文化事务管理职责，要由法律、法规赋予其相应的执法手段。行政机关违法或者不当行使职权，应当依法承担法律责任，实现权力和责任的统一。依法做到执法有保障、有权必有责、用权受监督、违法受追究、侵权须赔偿。

四、转变政府职能，深化行政管理体制改革

6. 依法界定和规范经济调节、市场监管、社会管理和公共服务的职能。推进政企分开、政事分开，实行政府公共管理职能与政府履行出资人职能分开，充分发挥市场在资源配置中的基础性作用。凡是公民、法人和其他组织能够自主解决的，市场竞争机制能够调节的，行业组织或者中介机构通过自律能够解决的事项，除法律另有规定的外，行政机关不要通过行政管理去解决。要加强对行业组织和中介机构的引导和规范。行政机关应当根据经济发展的需要，主要运用经济和法律手段管理经济，依法履行市场监管职能，保证市场监管的公正性和有效性，打破部门保护、地区封锁和

行业垄断，建设统一、开放、竞争、有序的现代市场体系。要进一步转变经济调节和市场监管的方式，切实把政府经济管理职能转到主要为市场主体服务和创造良好发展环境上来。在继续加强经济调节和市场监管职能的同时，完善政府的社会管理和公共服务职能。建立健全各种预警和应急机制，提高政府应对突发事件和风险的能力，妥善处理各种突发事件，维持正常的社会秩序，保护国家、集体和个人利益不受侵犯；完善劳动、就业和社会保障制度；强化公共服务职能和公共服务意识，简化公共服务程序，降低公共服务成本，逐步建立统一、公开、公平、公正的现代公共服务体制。

7. 合理划分和依法规范各级行政机关的职能和权限。科学合理设置政府机构，核定人员编制，实现政府职责、机构和编制的法定化。加强政府对所属部门职能争议的协调。

8. 完善依法行政的财政保障机制。完善集中统一的公共财政体制，逐步实现规范的部门预算，统筹安排和规范使用财政资金，提高财政资金使用效益；清理和规范行政事业性收费等政府非税收入；完善和规范行政机关工作人员工资和津补贴制度，逐步解决同一地区不同行政机关相同职级工作人员收入差距较大的矛盾；行政机关不得设立任何形式的“小金库”；严格执行“收支两条线”制度，行政事业性收费和罚没收入必须全部上缴财政，严禁以各种形式返还；行政经费统一由财政纳入预算予以保障，并实行国库集中支付。

9. 改革行政管理方式。要认真贯彻实施行政许可法，减少行政许可项目，规范行政许可行为，改革行政许可方式。要充分运用间接管理、动态管理和事后监督管理等手段对经济和社会事务实施管理；充分发挥行政规划、行政指导、行政合同等方式的作用；加快电子政务建设，推进政府上网工程的建设和运用，扩大政府网上办公的范围；政府部门之间应当尽快做到信息互通和资源共享，提高政府办事效率，降低管理成本，创新管理方式，方便人民群众。

10. 推进政府信息公开。除涉及国家秘密和依法受到保护的商业秘密、个人隐私的事项外，行政机关应当公开政府信息。对公开的政府信息，公众有权查阅。行政机关应当为公众查阅政府信息提供便利条件。

五、建立健全科学民主决策机制

11. 健全行政决策机制。科学、合理界定各级政府、政府各部门的行政决策权，完善政府内部决策规则。建立健全公众参与、专家论证和政府决定相结合的行政决策机制。实行依法决策、科学决策、民主决策。

12. 完善行政决策程序。除依法应当保密的外，决策事项、依据和结果要公开，公众有权查阅。涉及全国或者地区经济社会发展的重大决策事项以及专业性较强的决策事项，应当事先组织专家进行必要性和可行性论证。社会涉及面广、与人民群众利益密切相关的决策事项，应当向社会公布，或者通过举行座谈会、听证会、论证会等形式广泛听取意见。重大行政决策在决策过程中要进行合法性论证。

13. 建立健全决策跟踪反馈和责任追究制度。行政机关应当确定机构和人员，定期对决策的执行情况进行跟踪与反馈，并适时调整和完善有关决策。要加强对决策活动的监督，完善行政决策的监督制度和机制，明确监督主体、监督内容、监督对象、监督程序和监督方式。要按照“谁决策、谁负责”的原则，建立健全决策责任追究制度，实现决策权和决策责任相统一。

六、提高制度建设质量

14. 制度建设的基本要求。提出法律议案和地方性法规草案，制定行政法规、规章以及规范性文件等制度建设，重在提高质量。要遵循并反映经济和社会发展规律，紧紧围绕全面建设小康社会的奋斗目标，紧密结合改革发展稳定的重大决策，体现、推动和保障发展这个执政兴国的第一要务，发挥公民、法人和其他组织的积极性、主动性和创造性，为在经济发展的基础上实现社会全面发展，促进人的全面发展，促进经济、社会和生态环境的协调发展，提供法律保障；要根据宪法和立法法的规定，严格按照法定权限和法定程序进行。法律、法规、规章和规范性文件的内容要具体、明确，具有可操作性，能够切实解决问题；内在逻辑要严密，语言要规范、简洁、准确。

15. 按照条件成熟、突出重点、统筹兼顾的原则，科学合理制定政府立法工作计划。要进一步加强政府立法工作，统筹考虑城乡、区域、经济与社会、人与自然以及国内和对外开放等各项事业的发展，在继续加强有关经济调节、市场监管方面的立法的同时，更加重视有关社会管理、公共服务方面的立法。要把握立法规律和立法时机，正确处理好政府立法与改革的关系，做到立法决策与改革决策相统一，立法进程与改革进程相适应。

16. 改进政府立法工作方法，扩大政府立法工作的公众参与程度。实行立法工作者、实际工作者和专家学者三结合，建立健全专家咨询论证制度。起草法律、法规、规章和作为行政管理依据的规范性文件草案，要采取多种形式广泛听取意见。重大或者关系人民群众切身利益的草案，要采取听证会、论证会、座谈会或者向社会公布草案等方式向社会听取意见，尊重多数人的意愿，充分反映最广大人民的根本利益。要积极探索建立对听取和采纳意见情况的说明制度。行政法规、规章和作为行政管理依据的规范性文件通过后，应当在政府公报、普遍发行的报刊和政府网站上公布。政府公报应当便于公民、法人和其他组织获取。

17. 积极探索对政府立法项目尤其是经济立法项目的成本效益分析制度。政府立法不仅要考虑立法过程成本，还要研究其实施后的执法成本和社会成本。

18. 建立和完善行政法规、规章修改、废止的工作制度和规章、规范性文件的定期清理制度。要适应完善社会主义市场经济体制、扩大对外开放和社会全面进步的需要，适时对现行行政法规、规章进行修改或者废止，切实解决法律规范之间的矛盾和冲突。规章、规范性文件施行后，制定机关、实施机关应当定期对其实施情况进行评估。实施机关应当将评估意见报告制定机关；制定机关要定期对规章、规范性文件进行清理。

七、理顺行政执法体制，加快行政程序建设，规范行政执法行为

19. 深化行政执法体制改革。加快建立权责明确、行为规范、监督有效、保障有力的行政执法体制。继续开展相对集中行政处罚权工作，积极探索相对集中行政许可权，推进综合执法试点。要减少行政执法层次，适当下移执法重心；对与人民群众日常生活、生产直接相关的行政执法活动，主要由市、县两级行政执法机关实施。要完善行政执法机关的内部监督制约机制。

20. 严格按照法定程序行使权力、履行职责。行政机关作出对行政管理相对人、利害关系人不利的行政决定之前，应当告知行政管理相对人、利害关系人，并给予其

陈述和申辩的机会;作出行政决定后,应当告知行政管理相对人依法享有申请行政复议或者提起行政诉讼的权利。对重大事项,行政管理相对人、利害关系人依法要求听证的,行政机关应当组织听证。行政机关行使自由裁量权的,应当在行政决定中说明理由。要切实解决行政机关违法行使权力侵犯人民群众切身利益的问题。

21. 健全行政执法案卷评查制度。行政机关应当建立有关行政处罚、行政许可、行政强制等行政执法的案卷。对公民、法人和其他组织的有关监督检查记录、证据材料、执法文书应当立卷归档。

22. 建立健全行政执法主体资格制度。行政执法由行政机关在其法定职权范围内实施,非行政机关的组织未经法律、法规授权或者行政机关的合法委托,不得行使行政执法权;要清理、确认并向社会公告行政执法主体;实行行政执法人员资格制度,没有取得执法资格的不得从事行政执法工作。

23. 推行行政执法责任制。依法界定执法职责,科学设定执法岗位,规范执法程序。要建立公开、公平、公正的评议考核制和执法过错或者错案责任追究制,评议考核应当听取公众的意见。要积极探索行政执法绩效评估和奖惩办法。

八、积极探索高效、便捷和成本低廉的防范、化解社会矛盾的机制

24. 积极探索预防和解决社会矛盾的新路子。要大力开展矛盾纠纷排查调处工作,建立健全相应的制度。对矛盾纠纷要依法妥善解决。对依法应当由行政机关调处的民事纠纷,行政机关要依照法定权限和程序,遵循公开、公平、公正的原则及时予以处理。要积极探索解决民事纠纷的新机制。

25. 充分发挥调解在解决社会矛盾中的作用。对民事纠纷,经行政机关调解达成协议的,行政机关应当制作调解书;调解不能达成协议的,行政机关应当及时告知当事人救济权利和渠道。要完善人民调解制度,积极支持居民委员会和村民委员会等基层组织的人民调解工作。

26. 切实解决人民群众通过信访举报反映的问题。要完善信访制度,及时办理信访事项,切实保障信访人、举报人的权利和人身安全。任何行政机关和个人不得以任何理由或者借口压制、限制人民群众信访和举报,不得打击报复信访和举报人员,不得将信访、举报材料及有关情况透露或者转送给被举报人。对可以通过复议、诉讼等法律程序解决的信访事项,行政机关应当告知信访人、举报人申请复议、提起诉讼的权利,积极引导当事人通过法律途径解决。

九、完善行政监督制度和机制,强化对行政行为的监督

27. 自觉接受人大监督和政协的民主监督。各级人民政府应当自觉接受同级人大及其常委会的监督,向其报告工作、接受质询,依法向有关人大常委会备案行政法规、规章;自觉接受政协的民主监督,虚心听取其对政府工作的意见和建议。

28. 接受人民法院依照行政诉讼法的规定对行政机关实施的监督。对人民法院受理的行政案件,行政机关应当积极出庭应诉、答辩。对人民法院依法作出的生效的行政判决和裁定,行政机关应当自觉履行。

29. 加强对规章和规范性文件的监督。规章和规范性文件应当依法报送备案。对报送备案的规章和规范性文件,政府法制机构应当依法严格审查,做到有件必备、有备必审、有错必纠。公民、法人和其他组织对规章和规范性文件提出异议的,制定机关或者实施机关应当依法及时研究处理。

30. 认真贯彻行政复议法,加强行政复议工作。对符合法律规定的行政复议申请,必须依法受理;审理行政复议案件,要重依据、重证据、重程序,公正作出行政复议决定,坚决纠正违法、明显不当的行政行为,保护公民、法人和其他组织的合法权益。要完善行政复议工作制度,积极探索提高行政复议工作质量的新方式、新举措。对事实清楚、争议不大的行政复议案件,要探索建立简易程序解决行政争议。加强行政复议机构的队伍建设,提高行政复议工作人员的素质。完善行政复议责任追究制度,对依法应当受理而不受理行政复议申请,应当撤销、变更或者确认具体行政行为违法而不撤销、变更或者确认具体行政行为违法,不在法定期限内作出行政复议决定以及违反行政复议法的其他规定的,应当依法追究其法律责任。

31. 完善并严格执行行政赔偿和补偿制度。要按照国家赔偿法实施行政赔偿。严格执行《国家赔偿费用管理办法》关于赔偿费用核拨的规定,依法从财政支取赔偿费用,保障公民、法人和其他组织依法获得赔偿。要探索在行政赔偿程序中引入听证、协商和和解制度。建立健全行政补偿制度。

32. 创新层级监督新机制,强化上级行政机关对下级行政机关的监督。上级行政机关要建立健全经常性的监督制度,探索层级监督的新方式,加强对下级行政机关具体行政行为的监督。

33. 加强专门监督。各级行政机关要积极配合监察、审计等专门监督机关的工作,自觉接受监察、审计等专门监督机关的监督决定。拒不履行监督决定的,要依法追究有关机关和责任人员的法律责任。监察、审计等专门监督机关要切实履行职责,依法独立开展专门监督。监察、审计等专门监督机关要与检察机关密切配合,及时通报情况,形成监督合力。

34. 强化社会监督。各级人民政府及其工作部门要依法保护公民、法人和其他组织对行政行为实施监督的权利,拓宽监督渠道,完善监督机制,为公民、法人和其他组织实施监督创造条件。要完善群众举报违法行为的制度。要高度重视新闻舆论监督,对新闻媒体反映的问题要认真调查、核实,并依法及时作出处理。

十、不断提高行政机关工作人员依法行政的观念和能力

35. 提高领导干部依法行政的能力和水平。各级人民政府及其工作部门的领导干部要带头学习和掌握宪法、法律和法规的规定,不断增强法律意识,提高法律素养,提高依法行政的能力和水平,把依法行政贯穿于行政管理的各个环节,列入各级人民政府经济社会发展的考核内容。要实行领导干部的学法制度,定期或者不定期对领导干部进行依法行政知识培训。积极探索对领导干部任职前实行法律知识考试的制度。

36. 建立行政机关工作人员学法制度,增强法律意识,提高法律素质,强化依法行政知识培训。要采取自学与集中培训相结合、以自学为主的方式,组织行政机关工作人员学习通用法律知识以及与本职工作有关的专门法律知识。

37. 建立和完善行政机关工作人员依法行政情况考核制度。要把依法行政情况作为考核行政机关工作人员的重要内容,完善考核制度,制定具体的措施和办法。

38. 积极营造全社会遵法守法、依法维权的良好环境。要采取各种形式,加强普法和法制宣传,增强全社会尊重法律、遵守法律的观念和意识,积极引导公民、法人和其他组织依法维护自身权益，逐步形成与建设法治政府相适应的良好社会氛围。

十一、提高认识，明确责任，切实加强对推进依法行政工作的领导

39. 提高认识，加强领导。各级人民政府和政府各部门要从“立党为公、执政为民”的高度，充分认识全面推进依法行政的必要性和紧迫性，真正把依法行政作为政府运作的基本准则。各地方、各部门的行政首长作为本地方、本部门推进依法行政工作的第一责任人，要加强对推进依法行政工作的领导，一级抓一级，逐级抓落实。

40. 明确责任，严肃纪律。各级人民政府和政府各部门要结合本地方、本部门经济和社会发展的实际，制定落实本纲要的具体办法和配套措施，确定不同阶段的重点，有计划、分步骤地推进依法行政，做到五年有规划、年度有安排，将本纲要的规定落到实处。上级行政机关应当加强对下级行政机关贯彻本纲要情况的监督检查。对贯彻落实本纲要不力的，要严肃纪律，予以通报，并追究有关人员相应的责任。

41. 定期报告推进依法行政工作情况。地方各级人民政府应当定期向本级人大及其常委会和上一级人民政府报告推进依法行政的情况；国务院各部门、地方各级人民政府工作部门要定期向本级人民政府报告推进依法行政的情况。

42. 各级人民政府和政府各部门要充分发挥政府法制机构在依法行政方面的参谋、助手和法律顾问作用。全面推进依法行政、建设法治政府，涉及面广、难度大、要求高，需要一支政治强、作风硬、业务精的政府法制工作队伍，协助各级人民政府和政府各部门领导做好全面推进依法行政的各项工作。各级人民政府和政府各部门要切实加强政府法制机构和队伍建设，充分发挥政府法制机构在依法行政方面的参谋、助手和法律顾问的作用，并为他们开展工作创造必要的条件。

关于认真贯彻落实国务院《全面推进依法行政实施纲要》的通知

铁道部 2004 年 5 月 11 日　　铁政法[2004]56 号

部内各单位：

2004 年 3 月 22 日，国务院正式印发了《全国推进依法行政实施纲要》(国发[2004]10 号，以下简称《纲要》)。国务院办公厅、国务院法制办就此分别提出了贯彻实施意见(国办发[2004]24 号、国法[2004]19 号。现就我部学习贯彻落实《纲要》提出如下要求。

一、认真学习《纲要》，深刻领会基本精神和主要内容

《纲要》以邓小平理论和"三个代表"重要思想为指导，总结了近年来推进依法行政的基本经验，确立了建设法治政府的目标，明确规定了今后十年全面推进依法行政的指导思想和具体目标、基本原则和要求、主要任务和措施，是建设法治政府的纲领性文件，对进一步推进我国社会主义政治文明建设具有重大而深远的意义。

铁道部作为国务院组成部门，负有铁路行业管理的重要职责，依法行政是铁道部行使政府职能的基本准则。与《纲要》提出的依法行政基本要求和建设法治政府的目标相比，现阶段铁道部在管理体制、管理方式、管理手段以及机关干部法制观念等方面还有不小差距。部机关全体干部职工，要从立党为公、执政为民的高度，充分认识《纲要》的重大意义，通过认真学习贯彻落实《纲要》，全面推进铁道部依法行政，做到合法行政、合理行政、程序正当、高效便民、诚实守信、权责统一、为铁路跨越式发展提供强有力的法制保障，为实现建设法治政府的目标作出不懈努力。

近期，部内各单位要集中时间，认真学习《纲要》。领导干部要率先学好，并组织大家结合本单位工作实际，认真分析查找在行使行政管理职责中存在的不足和问题，研究提出解决问题的具体措施或建议。要把加强机关党建工作与贯彻落实《纲要》结合起来，做到敬业勤政、高效理政、依法行政、廉洁从政。在今年部机关干部培训计划中，要增加学习《纲要》的内容，使部机关全体工作人员全面掌握《纲要》的基本精神和主要内容。

二、明确责任分工，全面落实《纲要》提出的各项任务

部内各单位要把贯彻落实《纲要》作为当前和今后一个时期的一项重要任务，结合铁路实际，把《纲要》提出的各项任务落到实处，着力抓好以下几方面工作：

1. 完善铁道部行政决策程序和机制。严格执行铁道部工作规则中确定的岗位职责、决策程序、会议制度、公文审批等规定。逐步建立健全公众参与、专家论证和政府决定相结合的行政决策机制，实行依法决策、科学决策、民主决策，确保铁道部依法行使行政管理职责。(办公厅、人事司、监察局)

2. 加快铁路立法，提高立法质量。围绕国家法制建设的基本要求，按照条件成

熟、突出重点、统筹兼顾的原则,制定并督促落实铁道部立法工作计划。加强立法调研,建立健全专家咨询论证制度、立法征求意见制度,扩大公众对铁路立法的参与程度。建立健全铁道部规章、规范性文件修改和废止的工作制度以及规章、规范性文件的定期清理和定期评价制度。(政策法规司组织有关部门)

3. 建立健全铁道部政府信息公开制度。加快电子政务体系建设,不断完善充实铁道部政府网站内容。充分利用政府网站、政府公报及指定的新闻媒体,及时、准确对外公布铁路法律、法规、规章及铁路行业管理的重要文件,方便公众对公开的铁道部政府信息的获取、查询。(办公厅、信息办)

4. 加强对铁道部规章及规范性文件的监督审查。建立健全铁道部规章、规范性文件监督审查制度,做到有件必备、有备必审、有错必纠、保证铁道部规章、规范性文件合法有效。(政策法规司、办公厅)

5. 规范铁道部行政许可行为。根据国务院确定的铁道部行政证可项目,建立完善相应的配套制度,及时做好相关规章、规范性文件的废、改、立工作。规范铁道部行政许可实施主体。(政策法规司、办公厅、监察局)

6. 建立健全铁路安全质量和市场监管制度。依法强化铁路安全监管、服务质量监管、运输市场准入监管、铁路运价及收费监管、铁路建设市场监管。建立健全监管制度,改进监管方式,完善监管机制,确保监管的有效性和公正性。(安监司、运输局、建设局、财务司、监察局、多经中心)

7. 建立完善铁道部各类应急预警机制。建立铁路重大行车事故和路外伤亡事故、自然灾害及火灾事故、突发公共卫生事件、突发治安事件、网络信息系统事故以及危险货物运输等应急预警机制,完善铁路各级应急指挥和管理机构。(办公厅、安监司、劳卫司、运输局、公安局、多经中心)

8. 强化铁道部行政执法的内部监督。依法明确行政执法职责,规范执法程序和执法行为,按照权责明确、行为规范、监督有效、保障有力的要求,逐步完善行政执法体制。建立行政执法案卷评查制度、评议考核制度、执法过错或错案责任追究制度,形成有效的铁道部内部监督制约机制。(政策法规司、劳卫司、公安局、监察局)

9. 完善铁道部行政救济制度。制定铁道部行政许可申诉举报制度、行政复议和行政应诉制度。建立由各有关部门参加的联席会议制度,完善内部受理协调机制。严格依法履行铁道部行政救济职责,及时纠正铁道部违法或不当行政行为,切实维护公民、法人和其他组织的合法权益。(政策法规司、监察局)

10. 完善铁路信访制度。认真研究铁路信访规律,落实信访工作责任,及时办理信访事项,切实解决群众通过信访举报反映的问题,依法保障信访人、举报人的合法权利和人身安全。(办公厅、监察局、公安局)

11. 提高机关工作人员依法行政水平。研究建立部机关领导干部及机关工作人员学法制度和定期培训制度。要把依法行政情况作为部机关公务员考核的重要内容,建立完善考核制度,研究制定具体的措施和办法。加强铁道部法制机构建设,提高法制工作人员素质,充分发挥法制机构在依法行政方面的参谋,助手和法律顾问作用。(人事司、机关党委、政策法规司)

12. 深入开展铁路"四五"普法教育。采取各种形式,加强普法和法制宣传,增强机关工作人员及全路干部职工尊重法律、遵守法律的观念和意识,引导铁路职工、企业和各级组织依法维护自身权益,营造依法治路的良好环境。(政策法规司、政治部

宣传部、机关党委)

13. 清理整顿非行政机关的执法行为。严格依照国家法律法规,确定非行政机关的职权。抓紧清理整顿现有的非行政机关执法主体,规范执法行为。未经法律、法规授权或铁道部的合法委托,任何非行政机关的组织不得行使行政执法权。(计划司、建设司、运输局、政策法规司、监察局、公安局)

三、2004 年铁道部依法行政重点工作安排

1. 加快铁道部立法工作。配合国务院法制办抓紧修改完善已呈报的《铁路运输安全保护条例》和《铁路交通事故处理条例》,力争早日颁布施行;抓紧完成《铁路旅客运输条例》、《铁路货物运输条例》、《铁路建设条例》的起草,争取年内上报国务院法制办。继续抓紧修改《铁路法》,做好部内审议上报准备。(政策法规司、计划司、劳卫司、运输局、建设司)

2. 制定完成铁道部行政许可配套制度。5 月初完成五项配套制度的起草工作,5 月底前完成部内审议,6 月底前对外公布实施。(政策法规司、办公厅、监察局)

3. 做好行政许可清理的后续工作。6 月底前完成涉及行政许可的规章、规范性文件的修改或废止工作;完成调整规范铁道部行政许可实施主体的工作。(政策法规司、运输局、科技司、劳卫司、监察局)

4. 搞好重点法律、法规的学习宣传培训。以宪法、行政许可法、安全生产法等法律法规为重点,制定学习宣传培训计划。在全路组织开展各种形式的普法宣传教育,提高部机关工作人员及全路干部职工的法律意识,推动依法行政、依法治路。6 月底前完成部机关公务员行政许可法培训工作。(政治部宣传部、机关党委、人事司、政策法规司、铁路总工会、铁道团委)

5. 完善铁道部各项应急预案和预警机制。对已制定的 11 项应急预案,进一步研究细化配套机制,完善管理制度。继续抓紧制定《铁路旅客运输发生非正常情况应急办法》、《危险货物运输安全应急预案》、《非正常行车应急处理预案》等项制度,5 月底前完成。(运输局、安监司、公安局、劳卫司)

6. 加强铁道部执法监察和监督检查工作。重点加强运输服务质量监督检查、铁路用地管理执法监察、铁路有形建设市场和工程项目的专项检查,切实解决我部行政执法中存在的突出问题。(监察局、运输局、多经中心、建设司、计划司)

学习贯彻实施《纲要》,关系全面推进依法行政的进程,关系法治政府的建设,是一项具有全局性和长期性的系统工程,必须加强领导,精心规划,强化检查,落实责任,常抓不懈。部内各单位主要领导要切实担负起贯彻实施《纲要》、全面推进依法行政第一责任人的责任;各牵头单位要切实担负起统筹协调的责任,明确工作进度,认真抓好组织协调,重大问题要主动协商,共同研究;其他各有关责任单位要主动配合、积极参与,共同完成好所承担的任务。对贯彻落实《纲要》不力的,要严肃纪律,追究责任。部内各单位对铁道部依法行政面临的新情况、新问题要及时进行调查研究,分析对策,提出切实可行的政策建议;好的经验要及时总结上报,不断推进铁道部行政管理制度与机制创新。部办公厅、政策法规司要抓好协调服务、督促检查和相关政策法规的研究指导,定期汇总我部推进依法行政的情况,向国务院及国务院有关部门报告。

二、铁路行政许可实施办法

企业自备货车经国家铁路过轨运输许可办法

2003年7月12日　　铁道部令第9号

第一条　为规范企业自备货车管理,保证铁路运输安全,提高铁路运输效率,依据《中华人民共和国铁路法》、《中华人民共和国安全生产法》和国务院有关规定,制定本办法。

第二条　本办法所称企业自备货车是企业为满足自身生产需要自行购置的、经国家铁路过轨运输的货车车辆。

第三条　本办法所称过轨运输是企业自备货车进入或通过国家铁路所完成的运输过程。

第四条　企业自备货车在国家铁路过轨运输实行许可证制度。

第五条　铁道部为企业自备货车过轨运输许可审批机关。

企业自备货车过轨运输许可审批机关的职责为:

(一)受理企业自备货车过轨运输的申请;

(二)审核企业自备货车过轨运输的申请事项;

(三)将审核结果通知提出申请的企业;

(四)向批准过轨运输的企业颁发《企业自备货车过轨运输许可证》;

(五)负责《企业自备货车过轨运输许可证》年检工作;

(六)对违反本办法的企业按规定进行行政处罚。

第六条　企业申请办理自备货车过轨运输,应符合以下条件:

(一)自备货车必须达到铁道部规定的安全标准和技术条件;

(二)自备货车的过轨运输主要用于满足企业自身生产需要,并具有稳定的货源;

(三)拥有自备货车停放和作业所需的自有铁路线、必要的场地和设施。

第七条　企业申请办理自备敞车过轨运输,除符合第六条规定的条件外,还应同时具备以下条件:

(一)拥有自备敞车的企业注册资本额不得低于2亿元人民币;

(二)经由的国家铁路主要干线能力利用率低于80%。

第八条　企业申请办理自备货车过轨运输,须向审批机关提交下列文件:

(一)企业自备货车过轨运输申请;

(二)申请企业的法人营业执照和其他资信证明文件;

(三)国家铁路货车车辆验收部门出具的车辆安全技术状态证明;

(四)企业自备货车过轨运输满足企业自身生产需要的运输货源及货物流向的证明;

(五)自备货车停放和作业所需的自有线路、必要的场地和设施的证明;

（六）自备货车运输危险品的企业还应提交国家有关部门的批准文件；

（七）铁道部认为需要提交的其他文件资料。

第九条 铁道部自收到企业自备货车过轨运输申请之日起，于30个工作日内做出是否批准的决定。

第十条 经核准过轨运输的企业自备货车，由铁道部核发《企业自备货车过轨运输许可证》。

第十一条 取得《企业自备货车过轨运输许可证》的企业，须于30个工作日内与有关国家铁路运输企业签订过轨运输协议，报铁道部备案。

第十二条 取得《企业自备货车过轨运输许可证》的企业，须于每年11月15日至12月15日办理年检。年检内容包括：

（一）过轨运输许可证和自备货车车辆技术资料是否齐全；

（二）是否存在出借、出租、转让许可证的行为；

（三）自备货车是否检修合格；

（四）是否存在违法运输的行为；

（五）是否存在其他违反法律法规的行为。

第十三条 企业办理自备货车过轨运输许可证年检时，应提交下列文件资料：

（一）自检报告；

（二）自备货车过轨运输许可证；

（三）自备货车检修合格证明；

（四）企业法人营业执照。

第十四条 年检申报材料审查合格的，由铁道部在过轨运输许可证上签注年检合格的意见，并加盖年检合格印章。年检申报材料审查不合格的，由铁道部收回过轨运输许可证。年检不合格的企业，两年内不得重新申请办理过轨运输许可证。

第十五条 企业自备货车需终止过轨运输时，在终止过轨运输30个工作日前向铁道部备案，并交回《企业自备货车过轨运输许可证》。

第十六条 因企业自备货车财产所有权发生变更仍需过轨运输时，要依照本办法的规定，重新办理自备货车过轨运输申请审批手续。

第十七条 违反本办法规定，视情节轻重由铁道部给予警告、罚款的行政处罚。

第十八条 本办法发布前已签订过轨运输协议的，在协议期满后需继续办理过轨运输的，应在协议期满前60个工作日内，办理《企业自备货车过轨运输许可证》。未办理的，国家铁路运输企业不得再与其签订过轨运输协议。

第十九条 本办法发布前有关文件与此相抵触的，以本办法为准。具体实施细则由铁道部另行制定。

第二十条 本办法由铁道部负责解释。

第二十一条 本办法自2003年9月1日起施行。

铁路机车车辆设计生产维修进口许可管理办法

2005 年 4 月 1 日　　铁道部令第 14 号

《铁路机车车辆设计生产维修进口许可管理办法》已经 2005 年 3 月 29 日铁道部第三次部长办公会议通过，现予公布，自 2005 年 4 月 1 日起施行。

第一条　为加强对铁路机车车辆的管理，确保铁路运输安全，根据《铁路运输安全保护条例》，制定本办法。

第二条　本办法所称铁路机车车辆包括进入中国铁路使用的各类铁路机车、车辆、动车组、轨道车、大型养路机械、救援车及其他自轮运转特种设备。铁道部应当制定并公布铁路机车车辆类型目录，并根据需要对目录所列产品范围适时进行调整。

第三条　设计、生产、维修或者进口新型的铁路机车车辆，应当经铁道部许可。设计出新型的机车车辆，应当通过技术鉴定并取得型号合格证；取得型号合格证的产品，在投入批量生产之前，应当取得生产许可证；从事机车车辆维修业务，应当取得维修合格证；进口新型的机车车辆，在正式签订供货合同前，应当取得型号认可证。

第四条　设计、生产、维修或者进口新型的铁路机车车辆应当符合国家产业发展政策、技术发展政策及铁路装备现代化的要求，符合铁路用户的需求。

第五条　取得型号合格证应当具备下列条件：

（一）样车技术条件、设计方案通过审查；

（二）关键部件和整车通过型式试验；

（三）样车运行考核、作业考核及解体检查合格；

（四）样车技术鉴定合格；

（五）申请人应有相应的专业设计技术人员，有完备的产品质量保证体系和管理制度，有完备的技术条件和保证设计制造的能力；

（六）法律法规规定的其他条件。

第六条　申请型号合格证应当提交下列材料：

（一）行政许可申请书；

（二）样车技术条件论证报告、设计方案；

（三）专业技术人员基本情况，产品质量保证体系和管理制度等资料；

（四）生产设备等设计制造能力的说明材料；

（五）法律法规要求的其他材料。

第七条　取得生产许可证应当具备下列条件：

（一）拟生产的产品原则上必须是取得型号合格证的产品（含通过样车运行考核和作业考核及解体检查，铁道部批准生产的产品）；

（二）机车车辆生产及技术准备报告通过审查；

（三）型式试验合格（已取得型号合格证的产品除外）；

（四）通过生产样车的技术审查；

（五）申请人的主要管理人员应具备相应的生产管理能力和经验；

（六）申请人应具有相应的专业技术人员，有完备的产品质量保证体系和管理制度，有完备的技术条件和保证持续批量制造的能力；

（七）申请人已生产的相关产品近 3 年内无严重质量不良记录；

（八）符合法律法规规定的其他要求。

第八条 申请生产许可证应当提交下列材料：

（一）行政许可申请书；

（二）型号合格证复印件或技术转让证明材料；

（三）铁道部批准的定型图纸；

（四）生产及技术准备报告；

（五）主要管理人员基本情况；

（六）专业技术人员基本情况，产品质量保证体系和管理制度等资料；

（七）生产设备等制造能力的说明材料；

（八）企业法人营业执照（副本）；

（九）法律法规要求的其他材料。

第九条 取得维修合格证应当具备下列条件：

（一）通过拟维修型号的机车车辆维修技术准备报告审查；

（二）通过维修样车的相关试验；

（三）通过对该型号机车车辆的维修技术审查；

（四）申请人应具有相应的专业技术人员，有完备的产品质量保证体系和管理制度，有完备的技术条件和保证持续批量维修的能力；

（五）申请人已维修的相关产品近 3 年内无严重质量不良记录；

（六）法律法规规定的其他条件。

第十条 申请维修合格证应当提交下列材料：

（一）行政许可申请书；

（二）拟维修型号的机车车辆维修技术准备报告；

（三）专业技术人员基本情况，产品质量保证体系和管理制度等资料；

（四）维修设备等证明维修能力的说明材料；

（五）企业营业执照（副本）；

（六）法律法规要求的其他材料。

第十一条 取得型号认可证应当具备下列条件：

（一）申请人对产品的研发、设计、生产制造、检验、技术支持和售后服务能满足中国铁路运输需要和相关技术政策；

（二）申请人具有完备的产品质量保证体系、管理制度；

（三）申请人具备完善的计量器具和检验手段，能保证产品的质量稳定；

（四）具有相关产品的开发、生产、运用等良好业绩；

（五）拟进口的新型机车车辆通过样车技术审查；

（六）法律法规规定的其他条件。

第十二条 申请型号认可证应当提交下列材料：

（一）行政许可申请书；

（二）申请人关于产品的研发、设计、生产制造、检验、技术支持和售后服务能满足中国铁路运输需要的论证报告；

（三）产品质量保证体系、管理制度等资料；

（四）相关产品的销售记录；

（五）产品的技术条件、技术标准和图样；

（六）能够证明申请人合法身份的相关文件；

（七）法律法规要求的其他材料。

第十三条 行政许可申请书应当采用格式文本。格式文本由铁道部提供。

第十四条 铁道部行政许可管理机构负责受理型号合格证、生产许可证、维修合格证、型号认可证的申请和送达行政许可决定。型号合格证的申请由铁道部科技司会同运输局负责审查，生产许可证、型号认可证的申请由铁道部运输局会同科技司负责审查，维修合格证的申请由铁道部运输局负责审查。

第十五条 铁道部受理型号合格证的申请后，应及时对申请材料进行审查，对样车技术条件、设计方案可聘请专家评审。审查合格的，通知申请人进行关键部件、整车型式试验，样车运行考核、作业考核、解体检查及相关技术鉴定。如有必要，在相关技术鉴定前可进行小批量试制扩大运行考核。鉴定合格的，作出准予行政许可的决定；审查或鉴定不合格的，作出不予行政许可的决定，说明理由并通知申请人。

第十六条 铁道部受理生产许可证的申请后，应及时对申请材料及生产现场进行审查，对机车车辆生产及技术准备报告可聘请专家评审。审查合格的，通知申请人进行型式试验，并将相应结论提交铁道部，由铁道部组织专家进行技术审查。审查合格的，作出准予行政许可的决定；审查不合格的，作出不予行政许可的决定，说明理由并通知申请人。

第十七条 铁道部受理维修合格证的申请后，应及时对申请材料及维修现场进行审查，对维修技术准备报告可聘请专家评审。审查合格的，通知申请人进行维修样车的相关试验，并将相应结论提交铁道部，由铁道部组织专家进行技术审查。审查合格的，作出准予行政许可的决定；审查不合格的，作出不予行政许可的决定，说明理由并通知申请人。

第十八条 铁道部受理型号认可证的申请材料后，应及时对申请材料审查，并组织专家对样车进行技术审查，必要时提前对生产企业进行现场审核。审查合格的，作出准予行政许可的决定；审查不合格的，作出不予行政许可的决定，说明理由并通知申请人。

第十九条 铁道部应当自受理申请之日起20日内作出行政许可决定。20日内不能作出决定的，经铁道部主管领导批准，可以延长10日，并将延长期限的理由告知申请人。型式试验、运行考核、专家评审及鉴定所需时间不计算在前款规定的期限内。

第二十条 铁道部作出准予行政许可的决定后，应当自作出许可决定之日起10日内向申请人颁发相应的许可证书。

第二十一条 行政许可证书应当注明有效期。有效期满后，被许可人需要延续取得的行政许可有效期的，应当在该行政许可有效期满60日前向铁道部提出延期申请。

第二十二条 在行政许可证书的有效期内，企业必须在使用说明书和产品合格证上标明行政许可证书的有效期和编号。

第二十三条 生产、维修或者进口的铁路机车车辆，在投入使用前，应当经过铁道部验收合格。

第二十四条　铁道部应当加强对被许可人的监督检查。监督检查时被许可人应提交相关材料。

第二十五条　被许可人生产、维修的机车车辆因质量原因发生重大、特大事故并造成严重后果的，铁道部可视具体情况撤销其许可证。被撤销许可的，2 年内不得再次申请该项行政许可。

第二十六条　被许可生产的机车车辆技术标准发生较大变化的，被许可人应重新申请生产许可证。

第二十七条　本办法所称型式试验，是指按标准对产品所做的技术性能检验；所称运行考核，是指样车在营业线路上通过走行里程所进行的耐久试验。型式试验、运行考核由铁道部认可的专业技术机构实施。专业技术机构必须保证型式试验、运行考核结果的真实性，对所作出的结论承担法律责任。

第二十八条　专业技术机构对获悉的技术资料，应当遵守保密规定，不得利用获悉的保密技术资料从事相应的设计、制造、维修工作，不得与申请人有关联关系。

第二十九条　本办法由铁道部负责解释。

第三十条　本办法施行前，已通过铁道部鉴定定型的铁路机车车辆可申请补发型号合格证书；已通过铁道部批准、现正在生产和维修铁路机车车辆的企业，可申请补发相应许可证书。

第三十一条　本办法自 2005 年 4 月 1 日起施行。

附件

铁路机车车辆类型目录

序号	编号	产品名称	序号	编号	产品名称
1	1001	蒸汽机车	14	4002	敞车
2	1002	内燃机车	15	4003	平车
3	1003	电力机车	16	4004	冷藏车
4	2001	电力动车组	17	4005	矿石车
5	2002	内燃动车组	18	4006	罐车
6	3001	卧车	19	4007	家畜车
7	3002	座车	20	5001	特种车辆
8	3003	餐车	21	6001	重型轨道车
9	3004	行李车	22	6002	起重轨道车
10	3005	发电车	23	6003	发电轨道车
11	3006	邮政车	24	6004	轨道平车
12	3007	试验车	25	6005	起重轨道平车
13	4001	棚车	26	6006	收轨平车

续上表

序号	编号	产品名称	序号	编号	产品名称
27	7001	捣固车	36	7010	桥梁检修车
28	7002	清筛车(机)	37	7011	隧道检测车
29	7003	稳定车	38	8001	接触网架线作业车
30	7004	配碴整形车	39	8002	接触网放线车
31	7005	钢轨打磨车	40	8003	接触网检修车
32	7006	线路大修列车	41	8004	接触网检测车
33	7007	板结道床处理车(机)	42	8005	接触网立杆作业车
34	7008	物料输送车	43	8006	绝缘子水冲洗车
35	7009	钢轨探伤车			

铁路运输安全设备生产企业认定办法

2005年4月1日　铁道部令第15号

《铁路运输安全设备生产企业认定办法》已经2005年3月29日铁道部第三次部长办公会议通过,现予公布,自2005年4月1日起施行。

第一条　为加强铁路运输安全设备质量的监督管理,保障铁路运输安全,根据《铁路运输安全保护条例》,制定本办法。

第二条　本办法所称铁路运输安全设备是指铁路道岔及其转辙设备、铁路通信信号控制软件及控制设备、铁路牵引供电设备。铁道部制定该类铁路运输安全设备产品目录,并统一公布。铁道部根据需要适时对目录范围进行调整。

第三条　凡在中华人民共和国境内生产并销售列入目录产品的企业,应当向铁道部申请取得"铁路运输安全设备生产企业认定证书"(以下简称"认定证书")。取得认定证书的企业名录,由铁道部统一公布。

第四条　申请认定证书的企业应具备以下条件:

(一)有按照国家规定标准检测、检验合格的专业生产设备;

(二)有相应的专业技术人员;

(三)有完善的产品质量保证体系和管理制度;

(四)近3年内无产品质量责任事故。

第五条　申请认定证书时应提交下列材料:

(一)行政许可申请书;

(二)营业执照(副本);

(三)铁路运输安全设备生产企业认定审查表;

(四)专业生产设备、工艺装备及计量器具规格、名称、数量明细表;

(五)企业从事相关设备研发、设计和生产制造、检验等专业的技术人员名单、技术职务(称)、技术等级、所学专业和所从事的专业等资料;

(六)企业质量保证体系和企业质量管理制度等资料;

(七)技术标准或技术条件、设计图纸和工艺文件明细表;

(八)与所生产的产品相关的国家技术标准全文或有关条款内容;

(九)详细的技术说明(属知识产权保护的技术可注明后略去);

(十)已通过科技成果鉴定或技术审查的,还需提供相应的鉴定证书和审查意见;

(十一)法律法规要求的其他材料。

行政许可申请书、铁路运输安全设备生产企业认定审查表采用格式文本。格式文本由铁道部提供。

第六条　铁道部行政许可管理机构负责受理企业申请,作出是否受理的决定,并出具加盖铁道部行政许可专用章和注明日期的书面凭证。受理的,将申请材料转交铁道部运输局进行审查;不予受理的,应向企业说明理由。

第七条　铁道部运输局审查申请材料后,基本符合认定条件的,书面通知企业到符合国家规定条件并经铁道部认可的专业检测、检验机构进行一次性产品质量检测、检验。认为需要经过专家评审的,可聘请专家评审。

第八条 专业检测、检验机构检测、检验完毕后应将检测、检验报告转送铁道部运输局。

第九条 经审查合格的,铁道部作出准予行政许可的决定;不合格的,铁道部作出不予行政许可的决定,说明理由并及时送达申请企业。

第十条 铁道部应自受理企业申请之日起20日内作出行政许可决定;20日内不能作出决定的,经铁道部负责人批准可延长10日,并将延长期限的理由告知企业。

产品检测、检验和专家评审时间,不计算在前款规定期限之内。

第十一条 铁道部作出准予行政许可的决定,应自作出决定之日起10日内向申请人颁发认定证书。

第十二条 认定证书应注明有效期限。有效期届满,企业要继续生产的,应在有效期满60日前向铁道部提出延期申请。

第十三条 企业地点、名称发生变化的,应向铁道部申请办理认定证书变更手续。

第十四条 铁道部对取得认定证书的企业,应加强监督检查。监督检查不合格的企业,应进行整改,并在60日内向铁道部提出复查申请。复查申请需提供的材料由铁道部在作出整改决定时书面通知企业。

第十五条 监督、检查的主要内容包括:

(一)获得认定证书的企业应具备的条件;

(二)产品应具备的功能和应符合的标准;

(三)产品实际运用质量情况;

(四)证书使用情况;

(五)法律法规规定应实施监督检查的其他情形。

第十六条 取得认定证书的企业有下列情形之一的,铁道部可以撤销其认定证书:

(一)涂改、出租、出借、转让认定证书;

(二)在铁道部产品质量监督抽查中,抽查不合格、复查仍不合格,或连续两次抽查不合格;

(三)在监督检查中不合格、复查仍不合格,或逾期不申请复查;

(四)因产品质量导致重大事故,造成恶劣后果和严重影响的;

(五)依法可以撤销的其他情形。

被许可人以欺骗、贿赂等不正当手段取得行政许可的,应予以撤销。

第十七条 取得认定证书的企业有下列情形之一的,铁道部应注销其认定证书:

(一)不再生产认定证书中规定产品的;

(二)企业生产条件或相关产品技术标准发生重大变化,生产企业需重新申请许可的;

(三)认定证书有效期满,未继续提出申请或申请未获许可的;

(四)认定证书所列产品不再实行认定证书管理的;

(五)企业依法终止的;

(六)认定证书依据本办法需要变更的;

(七)法律法规规定应注销的其他情形。

第十八条 对被撤销认定证书或连续两次审查不合格的企业,在2年内不再受理其申请。

第十九条 专业检测、检验机构必须保证检测、检验结果的真实性,对所作出的结论承担法律责任。

第二十条 专业检测、检验机构不得从事制造和参与认定证书许可的产品的制造、销售等经营性活动,不得与认定证书的申请企业有关联关系。

第二十一条 专业检测、检验机构违反本办法第十九条、第二十条规定的,铁道部责令其改正;情节严重的,停止其承担检测、检验的资格。

第二十二条 《铁路运输安全设备生产企业认定实施细则》、《铁道部认可的专业检测、检验机构名录》另行发布。

第二十三条 本办法由铁道部负责解释。

第二十四条 本办法自2005年4月1日起施行。

附件1

铁路运输安全设备产品目录

序号	产品编号	产 品 名 称
1	1001	整组道岔
2	1002	道岔尖轨
3	1003	道岔基本轨
4	1004	道岔辙叉
5	1005	道岔护轨
6	1006	道岔混凝土枕
7	2001	分散自律调度集中(CTC)设备
8	2002	列车调度指挥系统(TDCS)设备
9	2003	列车运行控制系统 ATP 车载设备
10	2004	自动闭塞设备
11	2005	机车信号设备
12	2006	应答器及其车载接收设备
13	2007	车站电码化设备
14	2008	车站列控中心设备
15	2009	无线调车机车信号车载主机
16	2010	信号电源屏
17	2011	安全型继电器

续上表

序号	产品编号	产 品 名 称
18	2012	计轴设备
19	2013	信号数字电缆
20	2014	道口信号设备
21	2015	LED 信号机构
22	2016	车站计算机联锁设备
23	2017	信号微机监测设备
24	2018	道岔缺口监测设备
25	2019	25 周轨道电路接收设备
26	2020	道岔转辙机
27	2021	道岔外锁闭装置
28	2022	车辆缓行器
29	2023	驼峰溜放控制系统设备
30	3001	有线调度通信固定用户接入系统交换机
31	3002	有线调度通信固定用户接入系统专用终端
32	3003	常规无线通信固定台
33	3004	常规无线通信车载台
34	3005	常规无线通信手持电台(对讲机)
35	3006	列车安全预警系统车载台
36	3007	列车安全预警系统道口预警设备
37	3008	列车安全预警系统袖珍式和便携式预警器
38	3009	列车无线调度通信系统调度总机
39	3010	列车无线调度通信系统车站转接分机
40	3011	列车无线调度通信系统固定电台或车站电台
41	3012	列车无线调度通信系统车载(机车)电台
42	3013	列车无线调度通信系统手持电台(对讲机)
43	3014	铁路无线通信系统漏泄同轴电缆
44	3015	铁路无线通信系统区间中继设备

续上表

序号	产品编号	产 品 名 称
45	3016	列车无线调度通信系统车次号校核车站接收解码器
46	3017	列车无线调度通信系统车次号校核机车数据采集编码器
47	3018	列车无线调度通信系统调度命令传输车站转换器
48	3019	站场调车无线通信系统固定台
49	3020	站场调车无线通信系统车载(机车)电台
50	3021	站场调车无线通信系统手持电台
51	3022	列尾装置主机通信信道机
52	3023	GSM－R 数字移动通信交换子系统设备
53	3024	GSM－R 数字移动通信智能网子系统设备
54	3025	GSM－R 数字移动通信通用分组无线业务子系统设备
55	3026	GSM－R 数字移动通信基站子系统设备
56	3027	GSM－R 数字移动通信(通用)车载设备
57	3028	GSM－R 数字移动通信作业手持台
58	3029	GSM－R 数字移动通信调车手持台
59	3030	GSM－R 数字移动通信 SIM 卡
60	3031	机车综合无线通信设备
61	4001	重要接触网器材
62	4002	自动过分相装置
63	4003	接触网补偿装置
64	4004	各种类型牵引变压器
65	4005	牵引供电系统远动装置
66	4006	牵引供电系统动态无功补偿装置
67	4007	牵引供电系统专用电动隔离开关
68	4008	牵引供电系统专用断路器
69	4009	牵引供电综合自动化系统
70	4010	牵引供电牵引变电所交直流系统

附件 2

铁路运输安全设备生产企业认定审查表

序号	事　项	内　容
1	企业名称及印章	
2	地址及邮政编码	
3	企业联系人姓名、可靠联系方式、地址及邮编等	
4	请认定的产品编号、名称、型号	
5	拟定的产品检测检验机构名称	
6	应用和参照的国家标准名称	
7	应用和参照的铁路行业标准(或技术条件)名称	
8	所附材料目录	
9	年　月　日至　年　月　日(申请受理之日)是否发生过产品质量责任事故	
10	填表人姓名、单位、地址及联系方式	
	以下栏目内容由铁道部填写	
11	专业生产设备认定意见	
12	企业技术人员认定意见	
13	质量保证体系和管理制度认定意见	
14	近 3 年内无质量责任事故认定意见	
15	设备功能、质量、运用情况认定意见	
16	运输局审查意见	
17	铁道部审批意见	
18	认定证书编号	
19	认定证书有效期	至　年　月　日有效

填写说明：此表格采用 A4 纸张；用钢笔或签字笔填写，字迹清晰工整，可打印；各栏目尺寸不受限制。

铁路超限超长超重集重货物承运人资质许可办法

2005 年 4 月 1 日　　铁道部令第 16 号

《铁路超限超长超重集重货物承运人资质许可办法》已经 2005 年 3 月 29 日铁道部第三次部长办公会议通过，现予公布，自 2005 年 4 月 1 日起施行。

第一条　为加强超限、超长、超重、集重货物运输管理，保障铁路运输安全畅通，根据《铁路运输安全保护条例》，制定本办法。

第二条　本办法所称承运人，是指办理超限、超长、超重、集重货物运输的铁路运输企业。

超限货物是指货物装车后，在平直线路上停留时，货物的高度和宽度有任何部位超过机车车辆限界或特定区段装载限界者；或在平直线路上停留虽不超限，但行经半径为 300 米的曲线线路时，货物的计算宽度仍然超限者。

超长货物是指一车负重，突出车端装载，需要使用游车或跨装运输的货物。

超重货物是指货物装载后，重车总重活载效应超过桥涵设计活载标准（中—活载）效应者。

集重货物是指重量大于所装车辆负重面长度的最大容许载重量的货物。

第三条　凡在中华人民共和国境内，承运人在其每条铁路正线（区段）办理超限、超重货物运输业务，在其每个铁路车站办理超限、超长、超重、集重货物发送、到达业务的，均应向铁道部或铁路管理机构申请取得许可。

第四条　承运人在其每条铁路正线（区段）办理超限、超重货物运输，应具备下列条件：

（一）铁路正线（区段）已开通使用并办理普通货物运输；

（二）设施、设备符合国家有关技术标准，满足超限、超重货物运输安全要求；

（三）有符合国家规定条件的专业技术人员；

（四）有健全的超限、超重货物运输安全管理制度；

（五）有事故处理应急预案；

（六）法律法规规定的其他条件。

第五条　承运人在其每个铁路车站办理超限、超长、超重、集重货物发送、到达，应具备下列条件：

（一）所在铁路正线（区段）已开办超限、超重货物运输（仅办理超长、集重货物的除外）；

（二）发送、到达作业在专用铁路、铁路专用线的，专用铁路、铁路专用线须经验收合格并已开通货运业务；

（三）设施、设备符合国家有关技术标准，满足超限、超长、超重、集重货物运输安全要求；

（四）有符合国家规定条件的专业技术人员；

（五）有健全的超限、超长、超重、集重货物运输安全管理制度；

(六)有事故处理应急预案;

(七)法律法规规定的其他条件。

第六条 申请在其每条铁路正线(区段)办理超限、超重货物运输许可,应提交下列材料:

(一)行政许可申请书;

(二)铁路正线(区段)开通使用并办理普通货物运输的证明文件复印件;

(三)线路名称、起讫站、全长、线路等级、线路类型(单双线)、线路允许速度、电气化接触网最低高度、最小线间距、最大限制坡度、最小曲线半径、最大外轨超高值、钢轨类型、最小道岔、桥梁数量、隧道数量等铁路正线(区段)基本条件的有关材料;

(四)铁路正线(区段)全线超限车固定通行径路上的桥隧和其他设备及建筑物综合最小限界,以及侵限设施设备现状及整治措施;

(五)铁路正线(区段)全线超限车固定通行径路上的桥涵类型、数量、承载能力(活载系数及允许通过超重货物等级),以及病害桥涵现状及整治措施;

(六)相关专业技术人员、管理人员和作业人员的配备情况,铁道部认可的培训机构出具的培训合格证明复印件,相关专业技术及安全管理机构设置情况;

(七)相关业务和安全管理制度,包括限界管理、线桥涵承载能力管理、安全责任制、安全监督检查、作业程序及其质量控制标准以及结合实际制定的超限超重货物运输管理办法等;

(八)铁路正线(区段)沿途各车站接发超限车固定径路和铁路正线(区段)沿途超限车检查站设置情况;

(九)事故处理应急预案;

(十)铁道部认可的专业机构对承运人在其铁路正线(区段)办理超限、超重货物运输所做的安全综合分析报告;

(十一)法律法规要求的其他材料。

申请书应当采用格式文本。格式文本由铁道部提供。

第七条 申请在其每个铁路车站办理超限、超长、超重、集重货物发送、到达许可,应提交下列材料:

(一)行政许可申请书;

(二)所在铁路正线(区段)办理超限、超重货物运输证明文件复印件(仅办理超长、集重货物的除外);

(三)专用铁路、铁路专用线验收合格并已开通货运业务证明文件复印件、安全运输协议、设施设备安全质量保证制度(发送、到达作业在铁路车站货场的除外);

(四)车站(专用线、专用铁路)接发超限车固定线路、到发线有效长度、起重能力、装卸超限、超重货物作业场地面积及其承载能力、电气化接触网最低高度、最小线间距、最大限制坡度、最小曲线半径、最大外轨超高值、钢轨类型、最小道岔、桥梁数量、隧道数量等设备基本条件的有关材料(仅办理超长、集重货物的除外);

(五)车站(专用线、专用铁路)接发超限车固定线路上的桥隧和其他设备及建筑物综合最小限界,以及侵限设施设备现状及整治措施(仅办理超长、集重货物的除外);

(六)车站(专用线、专用铁路)接发超限车固定通行径路上的桥涵类型、数量、承载能力(活载系数及允许通过超重货物等级),以及病害桥涵现状及整治措施(仅办理超长、集重货物的除外)；

(七)相关专业技术人员、管理人员和作业人员的配备情况、铁道部或铁路管理机构认可的培训机构出具的培训合格证明复印件,相关专业技术及安全管理机构设置情况；

(八)相关业务及安全管理制度,包括作业程序及质量控制标准、安全责任制、安全监督检查以及结合实际制定的超限、超长、超重、集重货物运输管理办法等；

(九)事故处理应急预案；

(十)法律法规要求的其他材料。

申请书应当采用格式文本。格式文本由铁路管理机构提供。

第八条 承运人在其每条铁路正线(区段)办理超限、超重货物运输业务的资质许可,由承运人向铁道部申请；承运人在其每个铁路车站办理超限、超长、超重、集重货物运输业务的许可,由铁路车站向有管辖权的铁路管理机构申请。

第九条 铁道部运输局或铁路管理机构收到全部材料后,及时对申请人提交的材料进行审查,必要时可组织专家评审。

第十条 铁道部或铁路管理机构对材料齐全、符合法定形式的申请,应在 7 日内(专家评审时间不计,但应将所需时间书面通知申请人)作出批准或者不予批准的决定。批准的,自作出决定之日起 10 日内颁发许可证明文件。不予批准的,应书面通知申请人并说明理由。

第十一条 铁路管理机构应将批准的许可证明文件及时报送铁道部备案。铁道部统一公布取得许可的铁路正线(区段)和铁路车站名录。

第十二条 被许可人应严格按照铁道部或铁路管理机构的批准范围和铁路各项规章制度要求,办理超限、超长、超重、集重货物运输业务。

第十三条 铁道部、铁路管理机构应加强对被许可人行为的监督检查。实施监督检查时,被许可人应当如实反映情况并提供相关材料。

第十四条 铁道部、铁路管理机构监督检查时,发现有下列情形之一的,应责令被许可人暂停办理超限、超长、超重、集重货物运输业务,并限期改正:

(一)设施、设备存在安全隐患的；

(二)相关从业人员不符合国家规定要求的；

(三)相关安全管理制度不健全或者落实不到位的；

(四)发生相关安全责任事故的；

(五)存在其他重大安全隐患的。

发生上述情形,责令限期整改而未整改,或整改后仍不合格的,铁道部、铁路管理机构可以撤销被许可人的超限、超长、超重、集重货物运输许可。

第十五条 未经批准擅自办理超限、超长、超重、集重货物运输的,由铁道部或铁路管理机构责令改正,并可处 2 万元以上 10 万元以下的罚款。

第十六条 铁路军事运输按有关规定办理。

第十七条 前发文电与本办法有抵触的,以本办法为准。

第十八条 本办法由铁道部负责解释。

第十九条 本办法自 2005 年 4 月 1 日起施行。本办法施行前,已取得的相关资质继续有效。

铁路危险货物承运人资质许可办法

2005 年 4 月 14 日　　铁道部令第 17 号

《铁路危险货物承运人资质许可办法》已经 2005 年 3 月 29 日铁道部第三次部长办公会议通过,现予公布,自 2005 年 4 月 1 日起施行。

第一条　为规范铁路危险货物承运人资质管理,保障铁路运输安全,根据《铁路运输安全保护条例》和《危险化学品安全管理条例》,制定本办法。

第二条　本办法所称危险货物,是指具有爆炸、易燃、毒害、腐蚀、放射性等特性,在铁路运输、装卸和储存保管过程中,为避免造成人身伤亡和财产毁损,需要特别防护的货物。

危险货物分为爆炸品,压缩气体和液化气体,易燃液体,易燃固体、自燃物品和遇湿易燃物品,氧化剂和有机过氧化物,毒害品和感染性物品,放射性物品,腐蚀品和杂类共九类。具体品名由铁道部在《铁路危险货物品名表》中予以公布。

本办法所称铁路危险货物承运人是指办理危险货物运输的铁路运输企业。

第三条　凡在中华人民共和国境内从事铁路危险货物承运业务的承运人,应向有管辖权的铁路管理机构申请取得资质许可。

第四条　申请办理铁路危险货物承运人资质的,应当具备下列条件:

(一)危险货物办理站的储运仓库、作业站台、专用雨棚等专用设施、设备要与所办理危险货物的品类和运量相适应。耐火等级、防火、防爆、防雷、防静电、污水排放和污物处理等应符合国家有关规定及技术标准。

(二)危险货物专用线(专用铁路)办理的地点、场所应配备有关检测设备和报警装置;作业人员应配备相应的防护用品;装卸设备应具备防爆、防静电功能;装卸能力、计量方式、消防设施、安全作业防护应符合规定要求;专用线、专用铁路接轨方式、线路作业条件等铁路运输安全基本设施、设备,必须符合铁道部的规定。

(三)货运人员、技术管理人员、装卸及驾驶人员应经过铁路危险货物运输业务知识培训,熟悉本岗位的相关危险货物知识,掌握铁路危险货物运输规定。

(四)建立健全危险货物受理、承运、装卸、储存保管、消防、劳动安全防护等安全作业规程及管理制度。

(五)有铁路危险货物运输事故处理应急预案,配备应急救援人员和必要的救援器材和设备。

第五条　申请人需提交下列材料:

(一)行政许可申请书;

(二)国家安全生产监督管理部门认定的安全评价机构对专用线、专用铁路及其附属装置和设施作出的安全评价报告;

(三)申请人所在地设区的市级人民政府安全生产监督管理部门审查的意见;

(四)铁道部认可的培训机构对货运人员、技术管理人员、装卸及驾驶人员进行铁路危险货物运输培训的合格证明;

(五)铁道部认定的专业机构对危险货物办理站(专用线、专用铁路)作出的运输安全综合分析报告；

（六）危险货物运输事故处理应急预案。行政许可申请书应当采用格式文本。格式文本由铁路管理机构提供。

第六条　铁路管理机构收到全部材料后，应及时对申请人提交的材料进行审查，必要时可组织专家评审。

第七条　铁路管理机构对材料齐全、符合法定形式的申请，应在20日内（专家评审时间不计，但应将所需时间书面通知申请人）作出批准或者不予批准的决定。批准的，自作出决定之日起10日内颁发《铁路危险货物承运人资质证书》；不予批准的，书面通知申请人并说明理由。

第八条　铁路管理机构应将已批准的危险货物承运人资质许可证明文件及时抄报铁道部备案。由铁道部统一公布取得资质许可的危险货物承运人名录及相关内容。

第九条　被许可人应按照铁道部的规定，严格细化安全管理措施，严格执行铁道部《铁路危险货物运输管理规则》及有关规章文件规定。

第十条　铁路管理机构应加强对被许可人行为的监督检查。实施监督检查时，被许可人应如实反映情况并提供相关材料。

第十一条　铁路管理机构监督检查时，发现有下列情形之一的，应责令承运人暂停办理危险货物运输业务，并限期整改：

（一）设施设备存在安全隐患的；

（二）相关从业人员配备不齐或未取得培训合格证明的；

（三）危险货物运输管理制度不健全、不完善，存在严重漏洞的；

（四）事故处理应急预案不完备的。

第十二条　发现有下列情形之一的，铁路管理机构可撤销危险货物承运人资质：

（一）涂改、倒卖、出租、出借《铁路危险货物承运人资质证书》，或以其他形式非法转让《铁路危险货物承运人资质证书》的；

（二）弄虚作假或违反规定承运危险货物、造成严重后果的；

（三）设施、设备不符合危险货物运输安全要求的；

（四）存在重大安全隐患，要求限期整改未整改或整改后仍不合格的；

（五）造成危险货物运输安全重大责任事故的；

（六）法律、法规、规章规定的其他违法行为。

第十三条　违反本办法，未经批准擅自承运危险货物的，铁路管理机构应责令其改正，并可处2万元以上10万元以下的罚款。构成犯罪的，依法追究刑事责任。

第十四条　军用危险货物铁路运输按有关规定办理。

第十五条　本办法由铁道部负责解释。

第十六条　本办法自2005年4月1日起施行。本办法施行前，已取得的相关资质继续有效。

铁路危险货物托运人资质许可办法

2005年4月1日　铁道部令第18号

《铁路危险货物托运人资质许可办法》已经2005年3月29日铁道部第三次部长办公会议通过，现予公布，自2005年4月1日起施行。

第一条　为规范铁路危险货物托运人资质管理，保障铁路运输安全，根据《铁路运输安全保护条例》和《危险化学品安全管理条例》，制定本办法。

第二条　本办法所称危险货物，是指具有爆炸、易燃、毒害、腐蚀、放射性等特性，在铁路运输、装卸和储存保管过程中，为避免造成人身伤亡和财产毁损，需要特别防护的货物。

危险货物分为爆炸品，压缩气体和液化气体，易燃液体，易燃固体、自燃物品和遇湿易燃物品，氧化剂和有机过氧化物，毒害品和感染性物品，放射性物品，腐蚀品和杂类共九类。具体品名由铁道部在《铁路危险货物品名表》中予以公布。

本办法所称铁路危险货物托运人，是指经国家有关部门认定，取得危险货物生产、储存、使用、经营资格，从事铁路危险货物运输托运业务的单位。

第三条　凡在中华人民共和国境内从事铁路危险货物托运业务的托运人，应向有管辖权的铁路管理机构申请取得资质许可。

第四条　申请铁路危险货物托运人资质的，应当具备下列条件：

（一）具有国家规定的危险物品生产、储存、使用、经营的资格；

（二）危险货物自备货（罐）车、集装箱（罐）等运输工具的设计、制造、使用、充装、检修等符合铁道部的安全管理规定；

（三）危险货物容器及包装物的生产符合国家规定的定点生产条件并取得产品合格证书；

（四）需加固运输的危险货物，应按铁道部《铁路货物装载加固规则》制定加固技术方案；

（五）装运压缩气体和液化气体的，应按国家规定安装轨道衡等安全计量设备；

（六）办理危险货物作业场所的消防、防雷、防静电、安全检测、防护、装卸、充装等安全设施、设备应符合国家有关规定，储存仓库的耐火等级、防火间距应符合《建筑设计防火规范》等有关国家标准；

（七）相关专业技术人员、运输经办人员和押运人员应经过铁路危险货物运输业务知识培训，熟悉本岗位的相关危险货物知识，掌握铁路危险货物运输规定；

（八）有铁路危险货物运输事故处理应急预案，配备应急救援人员和必要的救援器材及设备。

第五条　申请人需提交下列材料：

（一）行政许可申请书；

（二）申请办理危险化学品、爆炸品、放射性物品托运人资质的，提供相应生产许可证或经营许可证；

（三）营业执照（副本）；

(四)铁道部或铁路管理机构认可的培训机构对专业技术人员、运输经办人员、押运人员进行培训的合格证明;申请办理压缩气体和液化气体托运人资质的,还需提交轨道衡年检合格证;

(五)危险货物运输事故处理应急预案。

行政许可申请书应当采用格式文本。格式文本由铁路管理机构提供。

第六条　铁路管理机构的相关业务部门收到全部材料后,应及时对申请人提交的材料进行审查,必要时可组织专家评审。

第七条　铁路管理机构对材料齐全、符合法定形式的申请,应在 20 日内(专家评审时间不计,但应将所需时间书面通知申请人)作出批准或者不予批准的决定。批准的,自作出决定之日起 10 日内颁发《铁路危险货物托运人资质证书》;不予批准的,书面通知申请人并说明理由。

第八条　铁路管理机构应将已批准的危险货物托运人资质许可证明文件及时抄报铁道部备案。由铁道部统一公布取得资质许可的危险货物托运人名录。

第九条　被许可人应严格按照铁路管理机构批准的许可事项范围和铁道部《铁路危险货物运输管理规则》等各项规章制度要求,办理危险货物托运业务。

第十条　铁路管理机构应加强对被许可人行为的监督检查。实施监督检查时,被许可人应如实反映情况并提供相关材料。

第十一条　铁路管理机构监督检查时,发现有下列情形之一的,应责令托运人暂停办理危险货物托运业务,并限期整改:

(一)设施、设备存在安全隐患的;

(二)相关专业技术人员、运输经办人员、押运人员配备不齐或未取得培训合格证的;

(三)危险货物托运业务安全管理制度不健全、不完善,存在严重漏洞的;

(四)事故处理应急预案不完备的。

第十二条　发现有下列情形之一的,铁路管理机构可撤销危险货物托运人资质:

(一)涂改、倒卖、出租、出借《托运人资质证书》,或以其他形式非法转让《托运人资质证书》的;

(二)弄虚作假或违反规定办理危险货物托运,造成严重后果的;

(三)设施、设备不符合危险货物运输安全要求的;

(四)存在重大安全隐患,要求限期整改而未整改,或整改后仍不合格的;

(五)造成危险货物运输安全重大责任事故的;

(六)法律、法规、规章规定的其他违法行为。

第十三条　违反本办法,未经批准擅自托运危险货物的,铁路管理机构应责令其改正,并可处 2 万元以上 10 万元以下的罚款。构成犯罪的,依法追究刑事责任。

第十四条　军用危险货物铁路运输按有关规定办理。

第十五条　本办法由铁道部负责解释。

第十六条　本办法自 2005 年 4 月 1 日起施行。本办法施行前,已取得的相关资质继续有效。

铁路机车和自轮运转车辆驾驶员资格许可办法

2005年4月1日　铁道部令第19号

《铁路机车和自轮运转车辆驾驶员资格许可办法》已经2005年3月29日铁道部第三次部长办公会议通过,现予公布自2005年4月1日起施行。

第一条　为规范铁路机车和自轮运转车辆驾驶员资格管理,保证铁路运输安全畅通,依据《铁路运输安全保护条例》,制定本办法。

第二条　在中华人民共和国境内的铁路线路上,驾驶各类铁路机车、动车、动车组、轨道车、大型养路机械、救援车及其他自轮运转特种设备人员,必须依照本办法经铁道部考试合格,并取得相应类别的驾驶证(以下简称驾驶证)。

第三条　驾驶证分A、B、C、D、E、F六类。A类:驾驶内燃、电力机车及动车组。B类:驾驶内燃机车及内燃动车组。C类:驾驶电力机车及电力动车组。D类:驾驶大型养路机械。E类:驾驶重型轨道车。F类:其他类别车辆。驾驶证使用年限为6年。

持A、B、C三类驾驶证中任何一种,经专门培训及分类考试合格后,准予驾驶200km/h及以上旅客列车的司机,其驾驶证为原驾驶证(正证)正面加盖"高"字水印;准予驾驶万吨及以上重载列车的司机,其驾驶证为原驾驶证(正证)正面加盖"重"字水印;准予单独执乘操纵列车的司机,其驾驶证为原驾驶证(正证)正面加盖"单"字水印。

第四条　申请驾驶证需要具备以下条件:

(一)年龄不超过45周岁,身体健康,符合"铁路机车乘务员职业健康检查规范"确定的标准,并能够熟练运用普通话交流;

(二)A、B、C类需要具有国家承认的相关中等专业以上学历,D、E、F类需要具有高中、技校及以上学历;

(三)报考高速、重载列车及单独执乘的司机,需担任司机职务2年以上,并安全乘务10万公里以上;

(四)经铁道部组织的驾驶员资格考试合格;

(五)国家和铁道部规定的其他需具备的条件。

第五条　驾驶员考试分理论考试和实作考试两部分。理论考试实行全国统考制,由铁道部统一组织编写考试大纲,统一命题,统一评分标准。理论考试成绩2年内有效。

经理论考试合格后,方准予参加实作考试。实作考试合格,由铁道部颁发相应类别的驾驶证。

第六条　驾驶证由铁道部统一印制。驾驶证记载内容:持证人的姓名、性别、出生年月、照片,驾驶证类别,发证机关印章、档案编号。

第七条　铁道部对取得驾驶证的人员,实行年鉴制度。每年由铁道部委托的机构对驾驶人员进行年鉴。凡没有加盖年度鉴定合格章或鉴定不合格者,不得继续使用其驾驶证。连续2年未进行年鉴或鉴定不合格者,吊销其驾驶证。

第八条 铁道部对取得驾驶证的从业人员,实行年度综合考评制度。具体考核办法按铁道部制定的执业管理细则执行。

第九条 取得驾驶证的人员,在走上驾驶员岗位、从事该项工作之前,应按照聘用企业要求,完成岗前培训。

第十条 驾驶员的驾驶证使用年限超过 6 年的,需向铁道部申请换发新证。经铁道部审核,符合本办法第四条规定条件的,给予换发新的驾驶证。

第十一条 驾驶员执业时,必须携带驾驶证。铁道部要严格依照有关规定监督检查驾驶人员的执业行为,对违法违章行为要及时纠正,依法查处。

第十二条 铁道部运输局负责制定铁路机车和自轮运转车辆驾驶员执业管理细则。

第十三条 本办法由铁道部负责解释。

第十四条 本办法自 2005 年 4 月 1 日起施行。前发文件与本办法有抵触的,以本办法为准。

设置或者拓宽铁路道口人行过道审批办法

2005 年 4 月 1 日　铁道部令第 20 号

《设置或者拓宽铁路道口人行过道审批办法》已经 2005 年 3 月 29 日铁道部第三次部长办公会议通过,现予公布,自 2005 年 4 月 1 日起施行。

第一条　为了加强对铁路道口、人行过道的管理,保障铁路运输安全,根据《铁路运输安全保护条例》,制定本办法。

第二条　本办法所称铁路道口,是指在铁路线路上铺面宽度在 2.5 米及以上,直接与道路贯通的平面交叉。所称人行过道,是指铁路线路上铺面宽度在 2.5 米以下,直接与道路贯通的平面交叉。其中:城市人行过道的宽度一般为 0.75 ~ 1.5 米,乡村人行过道的宽度一般为 0.4 ~ 1.2 米。人行过道禁止畜力车、机动车通行。

第三条　凡在中华人民共和国境内铁路线路上设置或者拓宽铁路道口、人行过道,应当经过批准。

第四条　设置或者拓宽铁路道口,应当符合以下条件:

(一)线路允许通过的旅客列车运行速度 120 km/h 以下,货物列车运行速度 80 km/h 以下,货物列车牵引质量 5 000 吨以下;

(二)Ⅱ、Ⅲ级铁路与道路交叉;

(三)道口之间距离大于 2 公里,并且无绕行条件;

(四)车辆或行人在距钢轨外侧不小于 50 米范围内的道路上,线路允许速度 120 km/h 以下时应能看到两侧各 400 米(双线各 500 米)以外的列车,线路允许速度 100 km/h 以下时应能看到两侧各 340 米以外的列车,线路允许速度 80 km/h 以下时应能看到两侧各 270 米以外的列车;列车驾驶员在 850 米以外可以看见道口;

(五)拟通过道口的道路与铁路平面交叉原则上为正交,斜交时交叉角应大于 45 度;

(六)拟通过道口的道路平面线形应为直线;从最外侧钢轨算起的道路最小直线长度不应小于 50 米,特殊情况下城市道路不应小于 30 米,乡村道路不应小于 20 米;衔接道口平台的道路纵坡不得大于 3%,困难条件下,通行铰接汽车的城市道路不得小于 3.5%,通行普通汽车的城市道路、公路及场外道路不得大于 5%,乡村道路不得大于 6%;

(七)铁路道口设置位置应在铁路车站以外,桥梁、隧道两端及进站信号机 100 米以外,区间或专用线道岔两端 50 米以外;

(八)符合当地城市规划及土地使用要求;

(九)符合国家有关铁路、道路设计规范;

(十)法律法规规定的其他要求。

第五条　设置或者拓宽人行过道,应当符合以下条件:

(一)线路允许通过的铁路旅客列车运行速度 120 km/h 以下;

(二)居民聚居地人行过道与既有穿越铁路通道间距大于 500 米且无绕行条件;

(三)瞭望条件良好;

（四）人行过道设置位置应在铁路车站以外，桥梁、隧道两端及进站信号机100米以外，区间或专用线道岔两端50米以外；

（五）符合当地城市规划、土地使用要求；

（六）法律法规规定的其他要求。

符合前款要求，铁路沿线村庄需设立与铁路交叉的人行过道的，原则上一个自然村只设一处。

但在人流集中、列车密度大、行人穿过铁路易发生事故的地段，设立人行过道可能危及铁路运输安全的，不得设置人行过道。

第六条　因特殊需要，可申请设置使用时间不超过1年的临时铁路道口。设置临时铁路道口应当比照本办法第四条规定的条件，制定有效、可靠的安全措施，设置必要的防护设施、设备，公告使用期限，并设人看守。

第七条　设置或拓宽铁路道口、人行过道，申请人应当向有管辖权的铁路管理机构提出申请。在新建、改建、扩建铁路线路上设置或拓宽铁路道口、人行过道的，应当在项目开工前由建设单位提出申请。

第八条　申请设置或拓宽铁路道口、人行过道时，应当提交下列材料：

（一）行政许可申请书；

（二）申请人身份证明；

（三）设置或拓宽的铁路道口、人行过道所处位置、宽度、安全防护措施、可行性分析等文件；

（四）拟设置或拓宽铁路道口、人行过道的平面示意图；

（五）新建、改建、扩建的道路或铁路，还需要提供符合国家规定程序的项目批准文件和设计文件；

（六）申请设置或拓宽铁路道口的，还需提供与相关产权单位的协商意见；

（七）法律法规要求的其他材料。

行政许可申请书采用格式文本。格式文本由铁路管理机构提供。

第九条　铁路管理机构收到申请材料后应当及时进行审查，作出是否受理的决定。受理的申请属于在城市内设置或者拓宽铁路道口、人行过道的，由铁路管理机构会同城市规划部门进行审查；受理的申请属于在城市外设置或者拓宽铁路道口、人行过道，由铁路管理机构会同当地人民政府进行审查。

进行前款规定的审查，必要时可聘请专家评审。

第十条　铁路管理机构对材料齐全、符合法定形式的申请，应会同城市规划部门或当地人民政府，在30日内作出批准或不予批准的决定。需要专家评审的，所需时间不计算在内，但应将所需时间书面通知申请人。

第十一条　铁路管理机构会同城市规划部门或当地人民政府决定予以批准的，由铁路管理机构发给批准文件；不予批准的，由铁路管理机构书面通知申请人并说明理由。

批准文件一般应包括以下内容：

（一）批准依据；

（二）批准的铁路道口或人行过道的宽度和设置地点；

（三）技术条件；

（四）道口类型；

(五)批准的铁路道口或人行过道的产权归属、管理单位。

第十二条 被许可人凭批准文件按有关规定设置或拓宽铁路道口、人行过道。施工完毕,应当办理验收、交接工作。

第十三条 对设置临时道口作出许可决定的,应当在批准文件中注明有效期。被许可人需要延长期限的,应当依本办法规定程序在行政许可有效期届满30日前提出延期申请。不予批准的,被许可人在期满后,应立即拆除临时道口,保证铁路运输安全畅通。

作出不予延长决定的,铁路管理机构应当书面告知申请人,并说明理由。逾期未作出决定的,视为准予延长。

第十四条 铁路管理机构和城市规划部门、地方人民政府应当建立健全监督制度,加强对被许可人行为的监督检查。监督检查时,被许可人应当提供相应材料。

第十五条 设置或拓宽铁路道口、人行过道的申请人隐瞒有关情况或提供虚假材料申请的,铁路管理机构不予受理,并给予警告;自处罚之日起申请人在1年内不得再次申请该行政许可。

第十六条 被许可人以欺骗、贿赂等不正当手段取得设置或拓宽铁路道口、人行过道许可的,铁路管理机构或城市规划部门(当地人民政府)应当依法撤销许可;自撤销之日起申请人在3年内不得再次申请该行政许可;构成犯罪的,依法追究刑事责任。

第十七条 擅自设置或拓宽铁路道口、人行过道的,由公安机关责令限期拆除,依法给予警告、罚款的行政处罚。对单位可处2 000元以上3万元以下、对个人可处200元以上1 000元以下的罚款。

第十八条 违反道口或人行过道的通行规定,由公安机关依法给予警告或处以50元以下的罚款;情节恶劣或造成后果的,由公安机关处200元以上1 000元以下罚款。

第十九条 本办法由铁道部负责解释。

第二十条 本办法自2005年4月1日起施行。

铁路专用线与国铁接轨审批办法

2005 年 4 月 1 日　铁道部令第 21 号

《铁路专用线与国铁接轨审批办法》已经 2005 年 3 月 29 日铁道部第三次部长办公会议通过，现予公布，自 2005 年 4 月 1 日起施行。

第一条　为加强铁路专用线与国铁接轨的管理，根据《中华人民共和国铁路法》、《中华人民共和国行政许可法》、《国务院对确需保留的行政审批项目设定行政许可的决定》及有关法律法规，制定本办法。

第二条　本办法适用于新建、改建的铁路专用线与国铁接轨的审批。

第三条　铁路专用线与国铁接轨必须经铁道部批准。铁道部行政许可管理机构负责受理铁路专用线与国铁接轨的申请和送达行政许可决定，铁道部运输局负责铁路专用线与国铁接轨的审查。

第四条　铁路专用线与国铁接轨，应由专用线拟投资人或所有权人向铁道部提出申请。与既有铁路接轨，可委托所在地铁路局向铁道部办理申请；与新建铁路接轨，可委托该新建国铁建设管理单位向铁道部办理申请。

第五条　专用线与国铁接轨应符合以下基本条件：

（一）专用线近期到、发运量一般不低于 30 万吨/年；情况特殊、修建理由充分，如涉及国防、科研以及危险、超限、鲜活货物和集装箱运输等，运量可少于 30 万吨/年；

（二）专用线技术标准、运输设备应满足《铁路技术管理规程》、铁路行业设计规范和铁路运输安全的要求；

（三）符合铁路技术政策和路网规划；

（四）相关线路、车站的运输能力和技术设备等运输条件能够满足专用线的运输需要；

（五）对专用线与国铁接轨的配套工程投资、建设、施工安全管理等问题，有关各方已达成一致意见；

（六）法律法规规定的其他条件。

第六条　申请专用线与国铁接轨时应提交下列材料：

（一）行政许可申请书；

（二）专用线可行性研究报告；

（三）拟接轨铁路所属铁路运输企业或拟接轨新建铁路建设管理单位参与的专用线可行性研究报告审查意见；

（四）拟接轨铁路所属铁路局或拟接轨新建铁路建设管理单位关于专用线接轨的书面意见；

（五）有关主管部门出具的专用线所属单位生产、经营、建设、科研等的批（核）准、审查文件（军事专用线另有规定的从其规定）；

（六）有关各方对专用线与国铁接轨配套工程相关问题的协商情况说明；

（七）法律法规规定的其他材料。

行政许可申请书应当采用格式文本。格式文本由铁道部提供。

第七条 专用线可行性研究报告应包括下列内容：

(一)拟接轨的铁路线路名称、车站站名、接轨点线路里程；

(二)专用线名称及其所有权人、经营使用人名称；

(三)有确切依据的近、远期运量、运输径路、货物品类及对铁路运输的特殊要求；

(四)运输组织方案(包括相关线路、车站的技术条件、运输能力,专用线车辆取送、交接等运输组织方式,对接轨车站作业、劳动组织的要求)；

(五)专用线与国铁接轨的配套工程实施方案；

(六)专用线技术标准、设备数量及相关设施的技术条件、方案；

(七)有关线路、枢纽、车站的示意图、专用线的比例尺图；

(八)其他需要说明的内容。

第八条 铁道部受理专用线与国铁接轨的申请后,及时对申请人提报的有关材料进行审查,自受理之日起20日内作出是否准予接轨的许可决定。

20日内不能作出决定的,经铁道部主管领导批准,可以延长10日,并将延长期限的理由告知申请人。

铁道部自作出专用线与国铁接轨的行政许可决定后10日内向申请人颁发、送达专用线与国铁“接轨许可证”。

第九条 专用线与国铁接轨工程竣工后,由专用线所有权人根据国家有关工程建设验收标准,组织对专用线验收。

验收合格,专用线所有权人凭专用线与国铁“接轨许可证”与铁路局签订有关安全协议、运输协议,制定相关的运输作业细则。验收不合格,铁路局不得与专用线所有权人签订任何运输、安全协议。

第十条 专用线具备开通运输业务的条件后,铁路局按规定报告铁道部运输局,经铁道部运输局公告开办运输业务;铁路局通知专用线所有权人,正式开办运输业务。

第十一条 违反本办法,专用线与国铁接轨的,铁路局不得开办运输业务。

第十二条 被许可人转让专用线使用权或拆除专用线的,须经接轨铁路所属铁路局同意并报铁道部备案。

第十三条 出现下列情况之一的,铁道部有权撤销许可：

(一)专用线与国铁接轨后实际运量、货物品类或运输条件与接轨标准有重大不符的；

(二)申请材料不真实的；

(三)被许可人未经备案转让使用权的；

(四)其他不符合接轨条件的情形。

第十四条 专用线与国铁接轨后的实际运量按被许可人与铁路局签订的运输协议执行。

第十五条 铁道部准予专用线接轨的行政许可决定有效期3年,自送达之日起计算。在有效期内未验收的,原行政许可自动失效。

第十六条 专用铁路与国铁接轨引起的变更设计,按铁道部有关建设管理规定办理。

第十七条 专用铁路与国铁接轨,铁路专用线、专用铁路与合资铁路接轨参照本办法执行。

第十八条 本办法由铁道部负责解释。

第十九条 本办法自2005年4月1日起实施。铁道部1999年印发的《铁路专用线、专用铁路与国铁接轨审批开通实施办法(试行)》(铁运〔1999〕64号)同时废止。

铁路专用计量器具新产品技术认证管理办法

2005年4月1日　铁道部令第22号

《铁路专用计量器具新产品技术认证管理办法》已经2005年3月29日铁道部第三次部长办公会议通过，现予公布，自2005年4月1日起施行。

第一条　为加强铁路专用计量器具新产品技术认证管理，依据《中华人民共和国行政许可法》、《国务院对确需保留的行政审批项目设定行政许可的决定》及有关法律法规，制定本办法。

第二条　本办法所称铁路专用计量器具（以下简称"铁专量具"）是指与铁路运输安全有直接关系的计量器具及具有计量特征的检测设备。铁道部制订铁专量具目录，并向社会公布。

第三条　本办法所称铁专量具新产品是指未经过技术认证的铁专量具（包括原有产品结构、性能、材质等方面做了重大改进的计量器具）；已通过技术认证的产品是指已通过新产品技术认证，并在铁路批量使用的铁专量具。

第四条　凡制造铁专量具新产品，须按本办法的规定程序申请技术认证，技术认证合格后方可用于铁路计量和检测。

第五条　铁专量具新产品技术认证工作由铁道部统一管理。铁道部行政许可管理机构负责受理铁专量具技术认证的申请和送达行政许可决定，铁道部科学技术司负责审查。

第六条　铁专量具技术认证的技术资料审查、样机试验、专家技术评价工作由具备相应技术能力并经铁道部认可的计量技术机构（以下简称"专业技术机构"）承担。

第七条　申请铁专量具新产品技术认证的企业应具备以下条件：

（一）具有企业法人资格；

（二）具有生产所必需的产品标准、图纸、工艺和检定规程（校准方法）；

（三）具有相应的工作计量器具和检测设备、生产工装设备；

（四）具有相应的技术人员和计量检定人员；

（五）具有健全的质量体系和计量管理制度；

（六）符合法律、行政法规规定的其他要求。

第八条　申请铁专量具新产品技术认证的企业应提交下列材料：

（一）行政许可申请书；

（二）铁专量具新产品技术认证审查表；

（三）工商行政管理部门核发的营业执照复印件；

（四）产品样机的彩色照片；

（五）主要计量检定设备量值溯源文件复印件；

（六）技术报告（含测量不确定度评定）；

（七）产品总装图、电路图和主要零部件图；

（八）产品技术标准（含检验方法或校准方法）；

（九）使用说明书（含安装说明、安全防护说明）；

(十)研制单位或技术机构所做的测试报告;

(十一)用户试用报告。

行政许可申请书、铁专量具新产品技术认证审查表应当采用格式文本。格式文本由铁道部提供。

第九条 铁道部行政许可管理机构收到企业的申请材料后应及时进行审查,作出是否受理的决定。受理的,将申请材料转给铁道部科学技术司;不予受理的,应向企业说明理由。

第十条 铁道部科学技术司审查申请材料后,基本符合技术要求的,通知企业到专业技术机构进行样机试验;不符合技术要求的,铁道部作出不予行政许可的书面决定,说明理由并送达企业。

第十一条 专业技术机构在样机试验时应先进行技术资料审查,全面分析申请企业提交的技术文件和资料,审查新产品的设计原理、结构、材质以及技术指标,包括对铁路具体使用环境及管理的适应性,提出技术资料审查意见,并完成技术审查大纲(包括技术审查内容、审查依据、样机试验大纲等)的编制。

样机试验大纲根据国家质量监督检验检疫总局制定的型式评价技术规范拟定,主要包括准确度、稳定性、可靠性和寿命等试验项目及其依据标准和试验方法。技术审查大纲须经专业技术机构的主管负责人批准,并报铁道部科学技术司备案。

第十二条 专业技术机构按照样机试验大纲规定的项目对申请企业提供的样机进行试验,并出具样机试验报告。试验后的样机应退还企业,或由双方协商处理。

第十三条 专业技术机构在样机试验后应将技术资料审查意见和样机试验报告提交给专家进行技术评价,由专家组提出技术评价意见。

专家技术评价采用书面或会议形式评价。参加技术评价的专家主要在铁路计量技术委员会委员中选择,必要时也可另聘专家。

第十四条 专业技术机构根据技术资料审查意见、样机试验报告和专家技术评价意见,形成认证技术报告报铁道部科学技术司。

第十五条 铁道部科学技术司对技术认证报告进行审核。审核合格的,铁道部作出准予行政许可的书面决定,送达企业。

审核不合格的,铁道部科学技术司通知企业。企业可自接到通知之日起60日内进行改进,改进后提出书面复审申请,并附修改的有关技术资料报铁道部科学技术司。复审仍未通过的,铁道部作出不予行政许可的书面决定,说明理由并送达企业。

第十六条 铁道部应自受理企业申请之日起20日内作出行政许可决定;20日内不能作出决定的,经铁道部主管领导批准可延长10日,并将延长期限的理由告知企业。

专业技术机构进行技术资料审查、样机试验、专家技术评价所需时间不计算在前款规定的期限内。

第十七条 已通过技术认证的计量器具有下列情形之一者,应按规定进行监督检查试验:

(一)连续生产时间达到3年时(产品标准另有规定的,按其规定执行);

(二)停产时间超过18个月再次恢复生产时;

(三)其他企业首次生产已通过技术认证的产品时。

试验样机由制造企业向专业技术机构提供,专业技术机构按照铁专量具新产品技术认证中样机试验大纲的要求进行试验，并按规定向委托试验的企业出具样机试验报告。

专业技术机构将试验报告汇总报铁道部科学技术司，铁道部科学技术司对监督检查试验结果定期予以通报。监督检查试验不合格或未按规定进行监督检查试验的铁专量具，不准在铁路销售、使用。

第十八条 任何企业制造的铁专量具，不得低于原通过认证的技术指标。铁道部对重要的铁专量具进行产品质量监督抽查，产品质量监督抽查不合格经复查仍不合格、或者连续两次监督抽查不合格的铁专量具，不准在铁路销售、使用。

第十九条 对已经不符合铁路计量管理要求和技术水平落后的铁专量具，专业技术机构应组织专家论证，并向铁道部提出处理建议。不适于继续在铁路销售、使用的，铁道部应及时公布废除原技术认证批准的铁专量具型式。

第二十条 专业技术机构必须保证技术审查结果、试验数据真实、可靠，对所作出的结论承担法律责任。

第二十一条 专业技术机构不得从事铁专量具产品的制造、销售等经营性活动，不得与铁专量具技术认证的申请企业有关联关系。

第二十二条 专业技术机构应保存完整的技术审查原始资料，保存期为 5 年。专业技术机构有责任为申请企业提供的技术文件、资料和样机保密，不得利用铁专量具技术审查、试验之便，研制、开发同类产品。

第二十三条 专业技术机构违反本办法第二十条、第二十一条、第二十二条规定的，铁道部责令其改正；情节严重的，停止其承担技术审查及试验的资格。

第二十四条 铁道部受理铁专量具新产品技术认证申请、进行形式审查不收取费用。专业技术机构进行铁专量具试验按有关规定收取费用。

第二十五条 本办法由铁道部负责解释。

第二十六条 本办法自 2005 年 4 月 1 日起施行。铁道部办公厅 2003 年印发的《铁路专用计量器具技术审查实施细则》（办科技发〔2003〕31 号）同时废止。

外商投资铁路货物运输业审批与管理暂行办法

2000 年 8 月 29 日　　铁道部、对外经济贸易合作部令第 4 号

第一条　为了推动铁路货物运输业的对外开放,促进铁路货物运输业的发展,保护投资者的合法权益,根据《中华人民共和国中外合资经营企业法》、《中华人民共和国中外合作经营企业法》和有关铁路行业的法律、法规,制定本办法。

第二条　外国投资者以合营方式(包括合资、合作两种方式)在中华人民共和国设立中外合营铁路货运公司,适用本办法。

第三条　中华人民共和国对外贸易经济合作部(以下简称外经贸部)和中华人民共和国铁道部(以下简称铁道部)负责中外合营铁路货运公司的审批。

第四条　国家依法保护中外合营铁路货运公司的合法权益。中外合营铁路货运公司经营铁路货运业务,必须遵守中华人民共和国法律、法规和其他有关规章,不得损害中国的社会公共利益和既有铁路运输企业的合法权益。中外合营铁路货运公司应当接受铁道部和国家其他有关部门的监督管理。

第五条　设立中外合营铁路货运公司,外国主要投资者应是从事货运业务 10 年以上的货物运输公司,并具备较强的资金实力和良好的经营业绩。中方主要投资者应是从事货运业务 10 年以上的铁路运输企业。在中国政府规定期限内,中方投资股比不低于 51% 。

第六条　设立的中外合营铁路货运公司应符合下列条件:

(一)拥有与经营规模相适应的货运车辆和其他运载工具,拥有办理铁路货运业务所必需的场地、设施;

(二)具有稳定的货源;

(三)具有从事经营业务所需要的专业技术和管理人员;

(四)注册资本额应满足从事业务的需要,最少不得低于 2 500 万美元。

第七条　设立中外合营铁路货运公司,申请者(以中方主要投资者作为代表,下同)应当提交下列文件:

(一)申请书和项目建议书;

(二)可行性研究报告;

(三)中外合营合同和公司章程;

(四)申请者的法律证明文件和资信证明文件;

(五)中外合营铁路货运公司法定代表人的委托书和董事会成员的名单及简历;

(六)外经贸部和铁道部要求的其他文件。

第八条　申请设立中外合营铁路货运公司,按以下程序办理:

(一)申请者向铁道部提出本办法第七条规定的全部文件。铁道部自接到全部文件之日起,2 个月内决定批准或者不批准。投资规模 3 000 万美元及其以上项目,由铁道部转报国家发展计划委员会审批立项。经审查符合中外合营铁路货运公司设立要求并批准立项的,由铁道部核发《铁路货物运输经营许可证》。

(二)申请者通过铁道部将合营合同和章程转报外经贸部审批。申请者凭批复

文件在外经贸部办理《外商投资企业批准证书》。

（三）申请者凭《铁路货物运输经营许可证》、《外商投资企业批准证书》，在规定的期限内，依照公司登记的有关规定，向工商行政管理机关办理企业注册登记。

（四）中外合营铁路货运公司需要在国内、国外和港澳地区设立分支机构的，应报铁道部和外经贸部批准。

第九条 铁道部根据铁路运输能力状况和铁路运输市场发展需要，审批立项及颁发《铁路货物运输经营许可证》。

第十条 中外合营铁路货运公司的经营期限由中外合营双方在合同中约定，一般不得超过20年。出资建设或购买线路和站场设施的中外合营铁路货运公司的合营期限可适当延长。

合营期满后，中外合营双方经协商同意继续经营的，应当报经原审批机关批准。

第十一条 中外合营铁路货运公司成立后，其合营合同、章程的修改，须通过铁道部转报外经贸部批准。

第十二条 中外合营铁路货运公司以自有及租用的货物列车经营大宗货物运输、冷冻和冷藏食品运输、罐状液体和气体运输、集装箱货物运输和其他货物运输，但关系中国国家安全及法律、行政法规另有规定的除外。

中外合营铁路货运公司从事危险货物运输等业务应符合中华人民共和国法律、法规及有关规定。

第十三条 中外合营铁路货运公司主要采取以下方式经营铁路货物运输业务：

（一）使用自有及租用的车辆和其他运载工具，租用其他铁路运输企业的机车、站场设施和线路通过能力，从事铁路货运业务；

（二）使用自有的机车车辆和其他运载工具，租用其他铁路运输企业站场设施和线路通过能力，从事铁路货运业务；

（三）使用自有的机车车辆和其他运载工具，通过出资建设或购买铁路支线、尽头线路和站场设施，在自有线路或其他铁路运输企业的线路上从事铁路货运业务。

第十四条 中外合营铁路货运公司要按照市场经济原则处理同其他铁路运输企业之间的关联交易和同业竞争关系。凡与关联公司之间相互提供的产品和服务，应按平等互利、成本补偿、利润合理的原则签订合同。

第十五条 国家提倡中外合营铁路货运公司与其他运输企业以及中外合营铁路货运公司之间实行联合运输。联合运输各方应当按照公平合理与平等互利的原则，签订联合运输协议，明确各方的权利和义务。

第十六条 中外合营铁路货运公司必须严格遵守中华人民共和国铁道部有关铁路运输安全的各项规定，运输设备和设施必须符合中华人民共和国的国家标准或者行业标准。

中外合营铁路货运公司必须接受铁道部及其授权的安全监督机构的安全监督。

第十七条 中外合营铁路货运公司从事货运业务必须服从全国路网的统一调度。

第十八条 中外合营铁路货运公司的货物运输价格及其管理办法，执行国家铁路运价政策。

第十九条 中外合营铁路货运公司依照中华人民共和国法律、法规缴纳税、费。

第二十条 中外合营铁路货运公司依法向有关部门提报统计资料。

第二十一条 中外合营铁路货运公司使用的重要运输单证和票据式样，应报铁道部核备。

第二十二条 中外合营铁路货运公司应于每年四月底前向外经贸部和铁道部报告上一年度运输经营情况。主要内容包括：

（一）具体运行径路和货运产品；

（二）从业人员总数，中国雇员数；

（三）承运的货运量（万吨、万吨公里）、集装箱数量（TEU）、运输收入以及使用的机车车辆和线路基础设施等方面的情况；

（四）当年的总营业额、利润额和纳税额；

（五）外经贸部和铁道部规定的其他资料。

第二十三条 中外合营铁路货运公司必须依法经营铁路货运业务。对违反法律、法规和规章规定的，铁道部可以给予警告、责令停业整顿；情节严重的，吊销其《铁路货物运输经营许可证》，取消经营铁路货运业务的资格。

第二十四条 中国香港特别行政区、澳门特别行政区和台湾地区的投资者在中国其他省、自治区和直辖市设立合营铁路货运公司，比照本办法办理。

第二十五条 本办法由外经贸部和铁道部负责解释。

第二十六条 本办法适用于现行铁路运输管理体制，自发布之日起施行。

关于修正《企业自备货车经国家铁路过轨运输许可办法》部分内容的通知

铁道部2004年11月24日　铁政法[2004]135号

按照《行政许可法》和国务院关于贯彻《行政许可法》的有关工作要求，现将《企业自备货车经国家铁路过轨运输许可办法》（铁道部令第九号）的部分内容进行修改。

一、第一条“为规范企业自备货车管理，保证铁路运输安全，提高铁路运输效率，依据《中华人民共和国铁路法》、《中华人民共和国安全生产法》和国务院有关规定，制定本办法。”修正为：“为规范企业自备货车管理，保证铁路运输安全，提高铁路运输效率，依据《中华人民共和国铁路法》、《中华人民共和国安全生产法》、《中华人民共和国行政许可法》和国务院有关规定，制定本办法。”

二、第九条“铁道部自收到企业自备货车过轨运输申请之日起，于30个工作日内做出是否批准的规定。”修正为：“铁道部应当自受理企业自备货车过轨运输申请之日起20个工作日内做出行政许可决定。20个工作日不能作出决定的，经铁道部主管领导批准，可延长10个工作日，并将延长期限的理由告知申请人。自备车检验所需时间不计算在规定的期限内。”

企业自备货车经国家铁路过轨运输许可办法实施细则

铁道部2004年11月11日　铁运[2004]123号

第一条　为规范企业自备货车经国家铁路过轨运输审批,依据《中华人民共和国行政许可法》、《国务院对确需保留的行政审批项目设定行政许可的决定》(国务院令第412号)、铁道部《企业自备货车经国家铁路过轨运输许可办法》(铁道部令第9号),制定本实施细则。

第二条　本细则适用于经国家铁路过轨运输的所有企业自备货车(包括军用自备货车)。本细则所称"国家铁路"系指各铁路局、广铁(集团)公司、青藏铁路公司(以下简称铁路局)所辖铁路。

第三条　企业自备货车经国家铁路过轨运输必须获得铁道部许可,取得"企业自备货车经国家铁路过轨运输许可证"(以下简称"过轨运输许可证"),并遵守各项法律、法规、规章及有关规定。

第四条　铁道部行政许可管理机构负责统一受理企业自备货车过轨运输申请和送达行政许可决定,铁道部运输局负责自备货车过轨运输审查。

第五条　提出企业自备货车过轨运输的申请人必须是企业法人或企业法人授权的分支机构。

第六条　申请办理自备货车过轨运输须提交"铁道部行政许可申请书",并附以下申请材料:

(一)企业自备货车过轨运输申请的正式公函;

(二)申请企业的法人营业执照(副本)。企业法人分支机构提出申请的,提交企业法人的授权书和营业执照(副本);

(三) 企业自备货车过轨运输基本条件审核表(附件1);

(四)申请运输危险货物的自备货车应提交新购危险货物自备货车技术审查表。

第七条　铁道部行政许可管理机构收到企业自备货车过轨运输的申请后,对申请材料齐全、符合法定形式的,应及时作出受理决定,并将全部材料转交铁道部运输局进行审查。

第八条　铁道部运输局收到全部材料后,及时对企业自备货车过轨运输基本条件进行审查:

(一)自备货车车种、车型是否符合铁路发展技术政策,过轨运输区间能力是否具备增加自备货车运行条件、符合铁路运输组织原则;

(二)自备货车的过轨运输是否主要用于满足企业自身生产、经营需要并具有稳定的货源;危险货物自备货车过轨运输单位是否具备危险货物托运人资格;

(三)企业是否有自备货车停放和作业所需的专用线路、必要的场地和设施。

经审查,对不符合过轨运输基本条件的申请,作出不予行政许可的决定,并说明理由,由铁道部行政许可管理机构统一送达;对符合过轨运输基本条件的申请,由运输局通知申请企业进行自备货车技术检验。

第九条 申请企业接到自备货车技术检验的通知后应尽快进行检验，并将取得的以下证明提交铁道部运输局：

（一）自备货车来历凭证：

1. 申请人购买的新造货车，其来历凭证为符合国家规定条件的制造企业出具的购车发票原件；

2. 申请人购买的既有自备货车，其来历凭证为买卖合同、购车发票和该自备货车的原"过轨运输许可证"；

3. 人民法院调解、裁定或判决所有权转移的企业自备车，其来历凭证是人民法院出具的已经生效的调解书、裁定书、判决书和该自备货车的原"过轨运输许可证"；

4. 协议抵偿债务的自备货车，其来历凭证是协议抵偿债务的相关文书和公证机关出具的公证书和该自备货车的原"过轨运输许可证"。

（二）自备货车符合铁道部规定的质量标准和技术要求的证明：

1. 新造自备货车提供铁道部指定的车辆验收机构出具的车辆验收记录（车统－1）和已经安装货车标签的证明；

2. 既有自备货车须提供铁路局出具的已签订有效《企业自备货车过轨技术检查协议》和已经安装货车标签的证明；

3. 运输危险货物的自备货车须交验铁路货运部门颁发的技术审查合格证明。

（三）《企业自备货车经国家铁路过轨运输许可证登记表》（附件2）。

第十条 铁道部运输局收到第九条规定的材料后，及时进行审核，对符合过轨运输基本条件并检验合格的自备车作出准予过轨运输的行政许可决定，由铁道部行政许可管理机构送达申请人。

第十一条 铁道部应当自受理企业自备货车过轨运输申请之日起二十个工作日内作出行政许可决定。二十日内不能作出决定的，经铁道部主管领导批准，可以延长十个工作日，并将延长期限的理由告知申请人。

自备车检验所需时间不计算在规定的期限内。

第十二条 经铁道部许可准予过轨运输的企业自备车，自作出决定之日起十个工作日内由铁道部颁发"过轨运输许可证"（附件3）。"过轨运输许可证"实行一车一证。

"过轨运输许可证"仅作为持证企业过轨运输凭证。企业使用自备车托运货物时，托运人（或收货人）须与持证单位一致，托运的货物，自备车的车种、车型、车号，自备货车车体标记，自备车运行区间必须与"过轨运输许可证"记载的项目相符。铁路运输企业承运货物时要查验"过轨运输许可证"。

第十三条 取得"过轨运输许可证"的企业，须与有关国家铁路运输企业就运输安全、双方责任和义务等事项签订过轨运输协议。

第十四条 "过轨运输许可证"每年11月15日至12月15日进行年检。年检内容包括：

（一）"过轨运输许可证"和自备货车车辆技术资料是否齐全；

（二）是否存在违反规定出借、出租、转让许可证的行为；

（三）自备货车是否检修合格；

（四）是否存在违法运输的行为；

（五）是否超出批准的装运货物品类和运输范围；

（六）是否存在其他违反法律法规的行为。

年检工作按区域和时间统一办理。铁道部运输局于当年11月1日前公布年检的地点和时间。

第十五条　年检时，企业需提供下列资料：

（一）“过轨运输许可证”；

（二）企业法人营业执照原件（企业法人分支机构提出申请的，提交企业法人的授权书和营业执照副本）；

（三）过轨运输许可证年检申请表（附件4）；

（四）铁路局出具的已办理企业自备货车注册登记，并签订了有效《企业自备货车过轨技术检查协议》和《定期检修合同》的证明；

（五）危险货物自备货车应出具铁路货运部门批准的技术审查合格证明。运输危险货物第三、四、五、六、八、九类的自备罐车应出具《容积检定证书》及铁路车辆部门已根据该检定证书正确涂打车体标记的证明。

第十六条　年检申报材料审查合格的，由铁道部在“过轨运输许可证”上签注年检合格的意见，并加盖年检合格印章。年检申报材料审查不合格的，由铁道部收回“过轨运输许可证”。

第十七条　企业自备货车需终止过轨运输时，在终止过轨运输三十个工作日前向铁道部备案，过轨运输终止时由铁道部注销该“过轨运输许可证”。

第十八条　因“过轨运输许可证”丢失、损坏等原因需要补发时，须提供下列资料：

（一）“过轨运输许可证”补领申请；

（二）铁道部批准的企业自备货车过轨运输许可决定；

（三）《企业自备货车过轨运输许可证登记表》。

第十九条　企业要求变更已经批准的过轨运输许可内容或更新自备货车车辆时应按本细则重新办理，并注销原审批的“过轨运输许可证”。只要求变更运行范围的，可以在年检时直接向铁道部运输局提出申请，经批准后，换发“过轨运输许可证”。

第二十条　在自备货车允许使用年限内，“过轨运输许可证”有效期为五年，企业应在许可证有效期满三十个工作日前申请换发。

第二十一条　本细则由铁道部运输局负责解释。

第二十二条　本细则自2005年1月1日起实行。

附件1

企业自备货车过轨运输基本条件审核表

（企业公章）　　　　　　　　　　年　　月　　日

申请企业名称					
申请过轨车辆情况	新造车		既有车		变更项目
	车种车型		车种车型		
	数量		数量		
装运货物品类					
运行范围					

续上表

满足自身生产需要情况	
货源货流情况	
停放或作业专用线及必要场地情况	
铁路局意见	××铁路局自备车管理专用章　　年　月　日
铁道部运输局意见	铁道部运输局自备车管理专用章　　年　月　日

此表为 A4 规格，一式五份，铁道部三份，铁路局、企业各一份。

附件 2

企业自备货车经国家铁路过轨运输许可证登记表

企业名称				企业编号	
通讯地址				邮政编码	
法人代表			电话号码		
营业执照注册号			危货准运证号		
部批准文号			许可证编号		
所在铁路局		所在分局		过轨车站	
企业经济性质		隶属系统		所在省、直辖市、自治区	
车种		车型		车号	
生产厂家		出厂日期		标记载重	
车体企业名称					
装运货物品类					
运行范围					
有效期	年　月至　年　月				
申请单位	公章 年　月　日			经办人：	
所在分局核实	自备车管理专用章 年　月　日			经办人：	
所在铁路局审核	自备车管理专用章 年　月　日			经办人：	
铁道部	自备车管理专用章 年　月　日			经办人：	

注：此表一车一份，一式四份。铁道部、铁路局、铁路分局，企业各一份；不设分局的铁路局此表一式三份。

附件3

企业自备货车经国家铁路过轨运输许可证式样

企业自备货车

经国家铁路过轨运输

许可证

中华人民共和国铁道部

(首页)

许可证编号:

企业名称					
通讯地址					
危货准运证号			企业编号		
所在铁路局		所在铁路分局		过轨车站	
车种车型		车　号		标记载重	
装运品类					
有效期限	年　月　日至　年　月　日				
发证机关 中华人民共和国铁道部 行政审批专用章 年　月　日					

年检合格及运行范围(次页)

年度	运行范围	年检章

附件4

(　　)年度许可证年检申请表

(申请企业公章)　　　　　　　　　　　　　　　　　　　　年　　月　　日

<table>
<tr><td colspan="2">企业名称</td><td colspan="3"></td><td>企业编号</td><td></td></tr>
<tr><td colspan="3">营业执照注册号</td><td colspan="3"></td><td></td></tr>
<tr><td colspan="3">货车年检总数</td><td colspan="4">其中:(各车种数量)</td></tr>
<tr><td>序号</td><td>车种车型</td><td>年号</td><td>许可证号</td><td>准运证号</td><td>运输品类</td><td>运行范围</td></tr>
<tr><td>1</td><td></td><td></td><td></td><td></td><td></td><td></td></tr>
<tr><td>2</td><td></td><td></td><td></td><td></td><td></td><td></td></tr>
<tr><td>3</td><td></td><td></td><td></td><td></td><td></td><td></td></tr>
<tr><td>4</td><td></td><td></td><td></td><td></td><td></td><td></td></tr>
<tr><td>5</td><td></td><td></td><td></td><td></td><td></td><td></td></tr>
<tr><td>6</td><td></td><td></td><td></td><td></td><td></td><td></td></tr>
<tr><td>7</td><td></td><td></td><td></td><td></td><td></td><td></td></tr>
<tr><td>8</td><td></td><td></td><td></td><td></td><td></td><td></td></tr>
<tr><td>9</td><td></td><td></td><td></td><td></td><td></td><td></td></tr>
<tr><td>10</td><td></td><td></td><td></td><td></td><td></td><td></td></tr>
<tr><td>11</td><td></td><td></td><td></td><td></td><td></td><td></td></tr>
<tr><td>12</td><td></td><td></td><td></td><td></td><td></td><td></td></tr>
<tr><td>13</td><td></td><td></td><td></td><td></td><td></td><td></td></tr>
<tr><td>14</td><td></td><td></td><td></td><td></td><td></td><td></td></tr>
<tr><td>15</td><td></td><td></td><td></td><td></td><td></td><td></td></tr>
<tr><td>16</td><td></td><td></td><td></td><td></td><td></td><td></td></tr>
<tr><td colspan="3">铁路分局
自备车管理专用章

审核人

年　月　日</td><td colspan="2">铁路局
自备车管理专用章

审核人

年　月　日</td><td colspan="2">铁道部自备车
过轨运输许可证年检专用章

审核人

年　月　日</td></tr>
</table>

注:1. 申请车辆超过此表容量时,可增加附页。

2. 此表一式四份,铁道部、铁路局、铁路分局、企业各一份;不设分局的铁路局此表一式三份。

铁路机车车辆产品设计许可实施细则

铁道部2006年9月7日　铁科技[2006]170号

第一章　总　　则

第一条　为加强对铁路机车车辆产品的管理,确保铁路运输安全,根据《铁路运输安全保护条例》、《铁路机车车辆设计生产维修进口许可管理办法》,制定本实施细则(以下简称为《细则》)。

第二条　本细则所称铁路机车车辆产品为《铁路机车车辆设计生产维修进口许可管理办法》附件《铁路机车车辆类型目录》中除编号首位为6、7的产品(见附件1)。

第三条　凡设计用于中国铁路使用的新型机车车辆(以下简称新车,进口新型的机车车辆除外),必须按照本细则规定的程序,经铁道部许可,取得型号合格证。

第四条　铁道部行政许可管理机构(以下简称行政许可机构)负责受理型号合格证的申请和送达行政许可决定。型号合格证的申请由铁道部科学技术司(以下简称部科技司)会同运输局负责审查。部科技司负责型号合格证的管理和监督工作。

第二章　取证条件和申报材料

第五条　取得型号合格证应当具备下列条件:

(一)新产品技术条件、设计方案符合国家产业发展政策、技术发展政策及装备现代化的要求;

(二)申请人的经营范围包括铁路机车车辆类产品设计、制造;

(三)样车技术条件、设计方案、技术设计通过审查;

(四)关键部件和整车通过型式试验;

(五)样车运行考核、作业考核及解体检查合格;

(六)样车技术鉴定或技术审查合格;

(七)申请人应有相应的专业设计技术人员,有完备的产品质量保证体系和管理制度,有完备的技术条件和保证设计制造的能力;

(八)法律法规规定的其他条件。

第六条　申请型号合格证应当提交下列材料:

(一)行政许可申请书(附件2);

(二)企业法人营业执照(副本)及复印件;

(三)铁路机车车辆产品型号合格证申请审查表(附件3);

(四)样车技术条件、研制开发的论证报告、设计方案和技术设计文件;

(五)专业技术人员基本情况,产品质量保证体系和技术管理制度等资料;

(六)生产设备、试验检验设备等设计制造能力的说明材料(含铁路机车车辆生产经历说明）；

申请压力容器类罐车型号合格证的，还应提供由国家相关部门核发的压力容器设计许可证和制造许可证；

（七）法律法规要求的其他材料。

第三章　申请和审查

第七条　行政许可机构受理型号合格证的申请后，部科技司会同运输局及时对申请材料进行审查，符合型式审查条件后，及时组织有关专家对样车设计任务建议书（技术条件）、设计方案进行评审。必要时对设计能力、现场生产条件（工装设备、试验检测手段、生产设施和工作环境等）进行考察及对重要部件和子系统进行专项审查。审查通过后，进行样车试制、型式试验、运用考核试验、解体检查及相关技术审查和鉴定。审查合格的，作出准予行政许可的决定；审查不合格的，作出不予行政许可的决定，说明理由并通知申请企业。

第八条　本细则所称型式试验，是指按标准和技术条件对机车车辆产品（样车及关键零部件样机）所做的基本参数、结构和技术性能检验；所称运用考核试验（含运行考核和作业考核），是指样车在营业线路上按实际运用要求通过规定的里程或时间、负荷率所进行的运用考核试验；所称的解体检查，是指机车车辆产品达到运用考核试验规定的里程或时间、负荷率后，对样车进行分解检查，测试评定工作。型式试验、运用考核试验及解体检查应按现行的相关技术规范和规程进行，由专业技术机构组织实施。

专业技术机构必须通过国家计量认证，并经铁道部认可。专业技术机构必须保证型式试验、运用考核试验、解体检查结果的真实性，对所作出的结论承担法律责任。

第四章　型 式 试 验

第九条　完成样车试制后，申请人向铁道部提交样车型式试验的有关技术资料（见附件4中第3.2条）。

第十条　型式试验由申请人与专业技术机构签订技术服务协议。型式试验包括部件型式试验和整车型式试验，具体内容和要求见《机车车辆型式试验规程》。

请求样车型式试验时，应完成主要部件的型式试验。确定主要部件型式试验的原则是：

（一）主要部件未完成型式试验的必须进行型式试验；

（二）如样车装备的部件已通过型式试验，应提供有效的型式试验报告；

（三）部件在型式试验后基本参数、结构、性能有重大修改的，需重新进行型式试验。

第十一条　专业技术机构应在样车型式试验前与申请人共同拟定型式试验大纲报铁道部科技司、运输局后实施。

第五章　样车运用考核试验与解体检查

第十二条　型式试验通过后，专业技术机构向铁道部提交型式试验报告。铁道部对型式试验和样车试制结果组织技术审查，并作出审查结论。对通过审查的样车安排运用考核试验。

第十三条　专业技术机构应在样车运用考核试验前与申请人及相关运用部门共同拟定运用考核试验大纲，并报送部科技司、运输局备案后实施。

运用考核试验大纲应对运用区段、考核里程、考核时间、试验速度、检修与维护要求、参加单位、工作分工等作出明确规定。

第十四条　样车运行考核应制订考核计划，按计划连续考核。如有必要，在相关技术鉴定前可进行小批量试制扩大运行考核。样车运行考核中发现技术问题进行重大技术修改（指可能影响机车车辆主要结构、性能参数的改变）时，须报铁道部备案。

第十五条　样车运行考核期间，按运用考核试验大纲的要求由相关单位进行详细记录。运用考核试验结束后，专业技术机构汇总、整理各参加单位运用考核试验结果，编制运用考核试验总结报告报送铁道部。

第十六条　对运用考核试验中进行了重大技术改进的样车，应就型式试验的相关内容进行补充试验。必要时，重新进行运用考核试验。

第十七条　运用考核试验结束后，专业技术机构会同申请人提出解体检查大纲，报送铁道部科技司、运输局安排实施。解体检查结束后，专业技术机构提出解体检查报告报送铁道部。解体检查的具体内容见《机车车辆运用考核试验后解体检查实施规则》（附件5）。

第六章　技术鉴定

第十八条　完成样车运用考核试验、解体检查后，申请人向铁道部提交技术鉴定申请。铁道部根据产品的具体情况组织技术鉴定或技术评审。

第十九条　技术鉴定应提交下列技术资料：

（一）设计任务书；

（二）研究设计报告；

（三）铁道部批复的设计方案和技术设计审查纪要；

（四）试制报告；

（五）工艺报告；

（六）检查报告；

（七）验收意见；

（八）产品主要技术条件及维修使用说明；

（九）产品主要图纸；

（十）主要部件与样车型式试验报告；

（十一）运行考核试验报告和解体检查报告；

（十二）标准化审查报告等。

第七章　型号合格证的批准

第二十条　铁道部应自受理申请之日起20日（工作日）内作出行政许可决定。20日内不能作出决定的，经铁道部主管领导批准，可以延长10日，并将延长期限的理由告知申请人。

设计方案评审、型式试验、运用考核试验与解体检查、技术鉴定所需时间不计算在前款规定的期限内。

第二十一条 对通过技术鉴定的机车车辆,铁道部作出准予行政许可的决定,并自作出许可决定之日起10日内向申请人颁发相应的型号合格证。型号合格证编号原则为:####—×××—A—%%%%,####——为铁路机车车辆产品名称汉语拼音(例如TLHC为铁路货车汉语拼音第一个字母),×××——被许可企业代码,%%%%——以每种证为单位的序号大排行。

第二十二条 对未通过审查的机车车辆,铁道部作出不予行政许可的决定,说明理由并通知申请人。申请人可在自收到不予行政许可决定之日起6个月之后重新提出申请。连续二次审查或鉴定不合格的,在2年内不再受理其申请。

第八章 管理与监督

第二十三条 铁路机车车辆型号合格证有效期一般为5年。有效期满后,被许可人需要延续取得的行政许可有效期的,应当在该行政许可有效期满60日前向铁道部提出延期申请。

第二十四条 在型号合格证的有效期内,企业必须在使用说明书、产品合格证、机车车辆履历簿上标明型号合格证的编号和有效期。

第二十五条 被许可人应接受铁道部组织的监督检查。企业应根据检查要求提交能充分证实产品一致性的相关证据,监督检查不合格的企业,由铁道部作出处理决定。需进行整改的,企业应在6个月内向铁道部提出复查申请。

第二十六条 取得型号合格证的机车车辆产品进行重大技术修改的,被许可人应在设计修改实施前就变更情况报铁道部审批。必要时按照本细则规定,重新进行相关试验、审查和技术鉴定。

第二十七条 被许可人变更企业名称,应提交有关部门的批准文件及工商行政管理部门核发的新的营业执照,在60内(以核发营业执照日期为准)向铁道部申请办理型号合格证变更手续。

第二十八条 取得型号合格证的机车车辆产品,因该产品设计缺陷发生铁路重大、特别重大质量事故并造成严重后果的,铁道部可视具体情况撤销相应的型号合格证。被撤销型号合格证的,2年内不得再次申请该项行政许可。

第二十九条 取得或撤销型号合格证的机车车辆产品和企业目录由铁道部予以公告。

第三十条 专业技术机构应保存完整的原始技术资料,保存期为10年。专业技术机构有责任对申请人提供的技术文件、资料保密。

第九章 附 则

第三十一条 本细则施行前,已通过铁道部鉴定定型的铁路机车车辆可申请补发型号合格证书。

第三十二条 本细则由部科技司负责解释。

第三十三条 本细则自印发之日起施行。

附件1

铁路机车车辆类型目录

编号	产品名称	依据的标准	备注
1001	蒸汽机车		
1002	内燃机车		
1003	电力机车		
2001	电力动车组		
2002	内燃动车组		
3001	卧车		
3002	座车		
3003	餐车		
3004	行李车		
3005	发电车		
3006	邮政车		
3007	试验车		
4001	棚车		
4002	敞车		
4003	平车		
4004	冷藏车		
4005	矿石车		
4006	罐车		
4007	家畜车		
5001	特种车辆		
8001	接触网架线作业车		
8002	接触网放线车		
8003	接触网检修车		
8004	接触网检测车		
8005	接触网立杆作业车		
8006	绝缘子水冲洗车		

附件2

铁道部行政许可申请书

个人申请	姓名		身份证号码	
	住址			
	联系电话		邮编	
	电子邮箱			
单位申请	单位名称		法人代表	
	单位地址			
	联系电话		邮编	
	电子邮箱			
	委托代理人		身份证号码	
	住址			
	联系电话		邮编	
	电了邮箱			
行政许可申请项目				
行政许可申请内容				
所附申请材料目录				

注:以下内容由受理机构填写。

受理人(审核人): 收到日期:

附件3

铁路机车车辆产品型号合格证申请审查表

产品型号名称:____________________

申请人名称:____________________(盖章)

通讯地址:____________________

联系电话:__________ 邮政编码:__________

电子邮箱:____________________

联系人:__________

申请日期: 年 月 日

填 写 说 明

1. 应用电脑制作,可用钢笔或签字笔填写。字迹应清晰、工整,不得涂改。根据填写内容,可自行调整表格各页。

2. 企业名称要与工商行政管理部门核发的企业工商营业执照名称相一致。

3. 产品型号、名称应与铁道部行业标准中的型号表示方法一致。

4. “七、与申证产品有关的生产设施”指基本固定的厂房、行车类设施。

5. “九、与申证产品有关的主要工装”中 ,有型号的请写明。

6. “七”“八”“九”“十”中“位置”列填写要求:属本企业的填“本企业”。

7. 封面须加盖企业公章(企业公章复印无效)。

8. 型式试验、运行考核大纲、解体检查大纲必须由铁道部认可的、有资质的专业技术机构提出并组织实施。

一、工商行政管理部门核发的允许经营相关产品的法人营业执照(复印件)
二、申证产品样车照片
三、申证产品应遵循的法规和技术标准(含经标准化主管部门备案和确认的企业标准)
四、产品研发设计能力确认 1. 研发设计人员状况(人员数量结构、教育背景、能力经验) 2. 本企业研发设计产品的范围(自主设计) 3. 与国内外联合设计开发产品的状况 4. 成熟设计的业绩 5. 现代先进设计方法的应用情况

续上表

五、技术管理制度主要文件目录和编号		
序　号	文 件 名 称	编　号
1		
2		
3		
4		
5		
6		
7		
8		
9		
10		
11		
12		

六、申证产品所执行的质量体系			
质量体系			
质量体系覆盖产品范围			
认证机构			
证书编码		证书有效期	
管理者代表		职　务	
质量管理部门			
专职从事质量管理人数		质量体系覆盖员工总数	
质量管理体系简述(附体系结构图)			

续上表

七、申证企业主要管理人员							
序号	姓　　名	性　　别	年　　龄	学　　历	职　　务	职　　称	从事本职务连续年限

八、专业工程技术人员、质量管理人员、熟练技术工人及计量、检验人员数量				
级别	工程技术人员	质量管理人员	检验、计量人员	技术工人(含技师)
初级				
中级				
高级				

九、申证产品必备的生产设施				
序号	生产设施	数量	情况描述	分布位置
1	应有与产品制造技术相适应的工作场地、环境条件、设施配置及和生产能力相适应的建筑和厂房面积			
2	整车和大型部件、构件生产场地、车间应有符合规定要求的起重设施			
3	有足够的供水、供电、供气设施			
4	有满足液压、气动、电气装置生产组装要求的专用场所			
5	具有防尘、保温、湿度控制的专用涂装车间			
6	具备申证产品落成要求的调试线路、性能试验线路和出厂前例行交验、运行试验线路			
7	材料、配件的存放应有专门的区域,满足相关规定的贮存条件和防护措施			
8	转运、传送重要零部件的专用设备			

续上表

十、申证产品必备的制造设备				
序号	设 备 名 称	型号、规格	数量	适用产品及工序
1	原材料下料设备、原材料处理设备			
(1)				
(2)				
2	重要零部件的机械加工设备			
(1)				
(2)				
3	自动焊接、切割设备			
(1)				
(2)				
4	架车机、零件清洗设备			
(1)				
(2)				
5	轮对加工、压装设备			
(1)				
(2)				
6	热处理设备			
(1)				
(2)				
7	表面处理设备			
(1)				
(2)				
8	铸、锻及成形设备			
(1)				
(2)				

十一、申证产品必备的工艺装备				
序号	工 艺 装 备 名 称	规格	数量	适用产品及工序
1	重要箱体、机体、重要零件机械加工专用工装			
(1)				
(2)				

续上表

序号	工 艺 装 备 名 称	规格	数量	适用产品及工序
2	重要铸、锻、冲压零件专用工装			
(1)				
(2)				
3	软(硬)管路制作模具			
(1)				
(2)				
4	车体、车架、转向架、罐体等重要结构件专用组焊工装			
(1)				
(2)				
5	司机室焊接、组装专用工装			
(1)				
(2)				
6	重要总成组装用工装			
(1)				
(2)				
7	整车、整机组装用台架			
(1)				
(2)				
8	其他			
(1)				
(2)				

十二、申证产品必备的计量与检验、试验手段

序号	设 备 名 称	型号规格	数量	位置
1	理化检测设备			
(1)				
(2)				
2	计量设备			
(1)				
(2)				
3	无损检测设备			
(1)				

续上表

序号	设 备 名 称	型号规格	数量	位置
(2)				
4	重要零部件机械加工检验设备			
(1)				
(2)				
5	重要结构件制造精度检验设备			
(1)				
(2)				
6	重要零部件及电气装置试验台			
(1)				
(2)				
7	整机性能检测、试验台位			
(1)				
(2)				

十三、三年以来同系列产品的设计制造业绩说明

至少应包括同系列产品出厂清单、至少三年顾客满意度调查报告、存在的主要问题及持续改进的措施。

十四、产品研制开发的论证报告

市场需求的前景及社会效益的预测，产品研制的基础和条件，系列产品现状和企业技术优势。产品设计方案，新技术、新工艺、新材料的采用，关键技术、核心技术的解决，技术创新、技术进步及自主知识产权的情况。

（可附页、附图）

续上表

十五、设计方案和技术设计 设计方案至少应提交： 1. 设计原则、产品型号、用途，整机总体布置，结构形式、结构特点，主要性能指标和技术参数，整机各系统及主要零部件的选型、与系列产品的主要区别和优化改进； 2. 技术可行性分析报告（工艺性、安全性、可靠性、环保性、经济合理性等）。 技术设计至少应提交： 1. 设计总图、主要零部件、结构件的设计图样，各系统的系统布置图及工作原理图； 2. 整机设计计算、各系统的设计计算、主要结构件（车体、车架、转向架构架）的强度计算。 （可附页、附图）
十六、技术条件 至少应包括设计依据、引用标准、运用条件、产品用途、技术特点、主要技术参数和技术要求、重要材料的选择、试验方法及检验、验收规则等。 （可附页、附图）
十七、试制工艺报告 至少应包括：(1)整机及主要部件的主要技术参数、性能要求、结构特点，制造工艺特点、组装要求、工艺技术难度，检验、试验与试制工艺验证等；(2)同系列产品在生产运行期间发生的质量问题及改进措施等；(3)工艺审查、标准化审查及改进情况。 （可附页、附图）

续上表

十八、型式试验大纲及先期完成试验项目的检测报告（静态检测、线路试运行及动力学试验等，用于客运专线铁路的机车或动车组，必要时提交先前的空气动力学试验报告） （可附页、附图）
十九、运行考核试验大纲 （可附页、附图）
二十、解体检查大纲 （可附页、附图）
二十一、其他应说明的问题 （已定型批量生产，申请补发型号合格证的需填写产品技术鉴定和技术评审的组织和主持单位，提交技术鉴定或技术评审的批准文件及附件。）

附件 4

机车车辆型式试验规程

1 总 则

1.1 本规程适用于电力、内燃机车,电力、内燃动车组、客车和货车(简称机车车辆)定型鉴定之前进行的整车型式试验。整车型式试验包括样机线路试验和实验室试验。

1.2 担当样机线路试验和实验室型式试验的专业技术机构(以下简称检验机构)应取得相关检测项目国家计量认证和实验室国家认可的资质。

1.3 各项试验的主要目的在于全面考核机车车辆的综合性能,主要包括动力学性能、制动性能、牵引性能、供电性能、冷却性能、隔热性能、空气调节性能、防寒采暖性能、能耗、噪声、电磁兼容性以及主要部件的工作特性等,为机车车辆鉴定提供依据。

2 试验依据

2.1 机车车辆设计任务书、技术条件或技术规格书、标书、合同等

2.2 IEC 1133《电力机车车辆和电传动热力机车车辆制成后投入使用前的试验方法》

2.3 GB/T 3314《内燃机车通用技术条件》

2.4 GB/T 3315《内燃机车制成后投入使用前的试验方法》

2.5 GB/T 3317《电力机车通用技术条件》

2.6 GB/T 3318《电力机车制成后投入使用前的试验方法》

2.7 GB/T 12817《铁道客车通用技术条件》

2.8 GB/T 5600《铁道货车通用技术条件》

2.9 GB/T 5601—1985《铁道货车组装后的检查与试验规则》

2.10 GB/T 12818—1991《铁道客车组装后的检查与试验规则》

3 试验准备

3.1 性能调整试验

在进行试验前,试验委托方(以下简称委托方)可以要求进行不能在制造商的工厂内做的性能调整试验项目,机车运行里程最大为 5 000 km。样车在正式试验过程中不得再进行调整,如必须进行调整时,应对可能影响的性能项目重新进行试验。

3.2 提交有关技术资料

进行整车型式试验前,委托方应向检验机构提交以下被试机车车辆相关技术资料:

(1)设计任务书、技术条件或技术规格书;

(2)主要部件(如主变压器、牵引变流机组、柴油机、主发电机、牵引电动机、液力传动装置、车体、塞拉门、车钩缓冲器、转向架(或构架)、制动系统、主要冷却部件、主要电器、各种电器柜、辅助系统、空气弹簧、受电弓、控制装置、车载计算机网络、空调装置等)的技术条件和型式试验报告;

(3)主要系统图纸(如机车车辆总体装配图,主要部件组装图,辅助系统、电气各系统、油、水、气系统、制动系统、转向架、网络等系统图);

(4)主要计算资料(如设计任务书、牵引特性计算、冷却装置设计计算、动力制动性能计算、制动距离计算、重量分配计算、车辆技术设计书和使用维护说明书等)。

3.3 试验大纲

检验机构应编写试验大纲,试验大纲应包括试验项目、试验方法、试验地点、试验条件和评定标准等。试验大纲应提交委托方确认。

4 机车车辆整车试验项目

机车车辆样车线路试验和型式试验项目按第2条所列标准、设计任务书及相关技术文件确定。试验项目的试验方法按相关试验方法标准执行。本规程对样车线路试验和型式试验主要项目进行说明。

动车组的试验内容包含在机车车辆、机车和客车的内容中,可根据动车组的类型、结构特点及控制方式选做相关内容。

样车线路试验和型式试验主要项目见附表。

4.1 机车车辆综合试验

4.1.1 外观尺寸与限界检查

机械试验主要是对机车车辆的表面涂装、车体和转向架结构参数、外形尺寸,联接件、限界以及需做调整的部件等进行检查,确认是否符合技术规格书或产品图样的要求。

4.1.2 曲线通过检查

机车、动车组、客车应通过规定的最小半径曲线检查,调车机车、货车应通过规定的最小曲线半径及驼峰通过检查。

4.1.3 称重试验

测量机车车辆在规定状态下的轮重、轴重及总重。

4.1.4 动力学性能试验

考核机车车辆在运行过程中的安全性和舒适性。

4.1.4.1 走行性能试验

通过测量机车车辆在直线、曲线、道岔等各种线路条件和运行工况的轮轨作用力,计算脱轨系数、轮重减载率等安全特性参数,评定其运行安全性。

4.1.4.2 乘坐运行舒适性试验

通过测量机车车辆在线路运行中的车体振动加速度和平稳性参数,评定其运行的舒适性。

4.1.4.3 走行部主要部件动荷特性

通过测量走行部主要部件的振动加速度和转向架构架相对车体、轴箱的位移等参数。

4.1.4.4 司机室振动环境试验

通过测量机车司机室地板面和司机坐椅的振动加速度,评定司机工作的振动环境。

4.1.5 制动性能试验

4.1.5.1 静置试验

(1)压缩空气系统气密性和运转试验

气密性试验:检查各种压缩空气设备－总风缸和其他贮气设备、气压装置、制动系统管路及其组合和升弓风缸的气密性。

压缩空气设备运转检查:对压缩空气设备包括空压机的供风能力试验,空气干燥器的净化能力,安全保护装置、压力调节装置、隔离塞门等正常功能的检查。

(2)空气制动机性能试验

☆ 制动和缓解试验

在不同的操纵条件下,进行制动和缓解的时间和制动缸的最大压力试验、包括初充风、阶段制动和阶段缓解、自动制动的单独缓解、常用全制动和缓解、紧急制动以及过充性能、过量减压位等性能试验。

☆ 车辆有载荷加权系统的试验

应按最小载荷、正常载荷、结构载荷条件下进行制动和缓解试验。

☆ 空气制动系统的其他试验

包括紧急制动阀、无火回送、断钩保护装置等。

(3)机车空气制动的重联试验

(4)机车空气制动与动力制动联锁试验

(5)防滑装置的试验

包括动作性能、排放时间、作用时间、缓解时间等。

(6)基础制动装置性能试验

包括静态传动效率的测定、手制动(停放制动)率的测定等。

4.1.5.2 线路制动试验

(1)制动距离试验

机车、动车组、客货列车应对所有不同的制动系统(如:紧急制动与常用制动、单独的空气制动或空电联合制动)进行制动距离测量。

客、货运的机车、动车还应在最小载荷、额定载荷状态进行试验。

(2)防滑系统试验

对制动系统的轮对防滑装置,应进行模拟低黏着状态的试验。

4.1.6 噪声及照度测量

按照相关标准规定,测量机车车辆内、外部的噪声和照度。

4.1.7 电磁兼容性试验

依据相关标准规定,进行机车、动车(组)、客车电磁兼容性试验。

4.1.7.1 机车、动车(组)、客车内部干扰试验

确认在机车、动车(组)、客车内部可能存在的干扰源产生干扰的大小(其中包括内部传导干扰和内部辐射干扰)与电气设备的抗干扰能力。

4.1.7.2 机车、动车(组)、客车对外部的射频骚扰试验

确认机车、动车(组)、客车产生的射频骚扰是否符合现行标准规定以及合同中的规定值。

4.1.7.3 静电放电抗扰度试验

确认机车、动车(组)、客车上的电子控制装置的静电放电抗扰度是否符合现行标准规定以及合同中的规定值。

4.2 机车性能试验

4.2.1 牵引性能试验

4.2.1.1 最大启动牵引力试验

测量速度为零时的最大牵引力。

4.2.1.2　运行阻力试验

采用推送法或溜放法进行,得出运行阻力与速度的关系曲线。

4.2.1.3　牵引特性试验

通过试验得出轮周牵引力与速度的关系曲线。除司机控制器最高手位必须进行试验外,其他手位可根据情况选做一部分。

4.2.1.4　启动和加速性能试验

列车由静态启动并加速到平衡速度或规定的速度,计算加速距离、加速时间及加速度等。

4.2.2　动力制动性能试验

根据机车、动车(组)的类型和传动方式的不同,以手动和自动接入方式对电阻制动、再生制动、液力制动及复合制动等不同制动形式分别进行制动性能试验。通过试验,得出动力制动力与速度的关系曲线。

4.2.3　能耗试验

测量电力机车的用电量及内燃机车的燃料消耗量等。

4.2.4　温升试验

测量主发电机电枢绕组、励磁绕组,牵引电动机电枢绕组、励磁绕组,主变压器牵引绕组等相关设备的温升。

4.2.5　辅助机组试验

包括辅助机组的功率试验、启动试验、过载保护试验、辅助回路接地保护试验等。

4.2.6　调速(调速器)试验

试验电力机车在网压变化时调速系统能否正常工作,观察网压变化对速度的影响。

检查内燃机车司机控制手柄位置与柴油机转速的关系,进行突然升、降柴油机转速试验,进行极限调速器动作试验。

4.2.7　主回路电气设备操作检查

包括检查机车、动车线路接触器的接通与分断功能,牵引变流器的控制信号,检查电气间隙和爬电距离等。此外,电力机车、电动车组还应检查受电弓升起与降落过程、检查真空断路器接通与分断功能,检查 AC 25 000V 电缆的固定情况等。

4.2.8　成套设备的正常操作检查

各种保护装置及继电器的整定值的检查;高压电气设备的安全联锁功能的检查;重联操作功能的检查。

4.2.9　故障显示诊断系统试验

设置人为故障,检查并保证所有故障显示功能都属正常。

4.2.10　电力机车受电弓特性试验

4.2.10.1　受电弓的静特性试验

包括静压力试验、升降弓时间特性试验、横向刚度等试验。

4.2.10.2　受电弓的受流性能试验

包括动态接触压力测试、弓头加速度测试、离线性能测试和空气动态力测试等。

4.2.11　电力机车过电压试验

包括冲击耐受试验。

4.2.12　电力机车绝缘试验

检查各等级电路的绝缘电阻和耐受电压。

4.2.13　电力机车功率因数及谐波试验

4.2.14　电力机车功率和总效率试验

在不向客车供电的情况下，测量电力机车轮周输出功率与机车交流侧输入有功功率。

4.2.15　供电中断试验

4.2.15.1　真空断路器通、断试验

在规定载荷条件下，以牵引方式运行，连续断开和合上真空断路器，保护装置应正常投入工作。

4.2.15.2　通过接触网电分相试验

通过接触网电分相时，检查自动过分相装置的动作状况。

4.2.16　内部过电压试验

利用真空断路器或其他各种开关（如继电器、接触器之类），使它们在不同的电路条件下开闭动作，测量产生的内部过电压峰值和持续时间。

4.2.17　短路试验

被试车停在牵引变电所供电区的出口处以及两变电所距离的1/4（或3/4）处，在车上使AC 25 000 V电路接地，迫使真空断路器跳闸，以确定真空断路器的分断能力。

4.2.18　内燃机车柴油机启动性能试验

试验时测量蓄电池电流、电压、柴油机转速、柴油机启动时间等参数。

4.2.19　内燃机车柴油机空转性能试验

在柴油机不加负荷的情况下测量柴油机的各项参数。绘制柴油机空转燃油消耗量与转速关系曲线。

4.2.20　电传动内燃机车柴油—发电机组负载性能试验

通过试验得出主发电机电压、功率与电流的关系曲线，柴油机各参数与主发电机功率的关系曲线。

4.2.21　内燃机车冷却装置性能试验

考核机车冷却装置在高温季节的工作性能。根据机车配属的地区选做。

4.2.22　内燃机车防寒保温性能试验

考核机车在寒冷季节的防寒保温性能。根据机车配属的地区选做。

4.2.23　机车、动车牵引电动机负荷分配不均匀度的测定

测量机车、动车牵引电动机负荷分配不均匀度。

4.2.24　直流传动机车、动车磁场削弱系数的测定

测量、计算直流传动机车、动车磁场削弱系数。

4.2.25　车体和外部设备箱的密封性（车体漏雨）试验

进行车体、车窗、车门、通风器和外部设备箱的水密性试验。

4.2.26　必要时，对用于高海拔地区的机车、动车组、客货车应选做因海拔影响的性能试验。

4.2.27　设置有机车重联装置的应进行重联运行试验。

4.3　客车性能试验

4.3.1　车门驱动系统试验和车窗装置

测量关门压力,检查驱动功能、微动开关的动作情况,检查活动车窗开启、闭合、锁紧情况等。

4.3.2 绝缘试验

检查客车电气设备及电缆状态。分别对AC、DC各种电压电路进行绝缘电阻试验和耐压试验。

4.3.3 辅助系统试验

进行辅助逆变器试验、低压电源试验、检查DC 110V、AC 380V列车线,检查每列车蓄电池正极和负极母线的电压降等。

4.3.4 接地和回流线检查

检查车辆上用于固定各种带电回路和机械部件的电气连接、轴承受电流腐蚀影响的电气连接、保护某些电路正常工作的电气连接等的接地线和回流线。

4.3.5 车底设备通风冷却系统检查

检查强迫冷却空气的输入和输出速度(或流量)、压力。

4.3.6 工作条件和舒适性检查

检查客室环境条件、照明、客室通信和音/视频系统、空调系统,客室内有害物质检测等。

检查应急通风系统、压力保护系统、采暖系统,测量隔热系数。

车内设备工作性能检查。给水装置及注水检验,集便装置功能检查及污物箱排污试验。

4.3.7 车体和外部设备箱的密封性(车体漏雨)试验

进行车体、车窗、车门、通风器和外部设备箱的水密性试验。

4.3.8 安全措施、安全设备及卫生设备检查

检查如电气设备的安全接地、危险警告标记、消防、卫生等安全措施和设备。

4.3.9 车钩缓冲装置检查与空气弹簧充气试验

4.3.10 列车有线通信系统试验

仅对有线通信和系统进行试验。

4.3.11 列车运行控制系统综合试验

在线路上进行列车运行控制系统综合试验。

4.3.12 列车无线系统综合试验

车载无线系统的综合试验在买方线路上由列车无线系统供方负责实施,卖方在试验中应给予协助。关于车载无线系统各种试验的细节,在该系统的技术规格书中规定。

4.4 货车(包括罐车、特种车等)性能试验

4.4.1 电路检查

具有电气装置的货车应进行回路接线状态、各种电器型号及结构参数、绝缘电阻及耐压试验。

4.4.2 车体漏雨检查

对棚车、保温车等的车体以淋雨方式进行人工降雨试验。

4.4.3 车钩及缓冲装置检查

确认车钩及缓冲器的形式与组装、车钩的三态、缓冲器容量等。

4.4.4 车门装置检查

检查车门开闭运作、车门缝间隙,必要时进行车门加载试验。

4.4.5　静强度及垂直弯曲刚度试验

按《铁道车辆强度设计及试验鉴定规范》进行垂直载荷、纵向力、扭转、顶车、罐车体内压力、侧墙承压等静强度试验。

4.4.6　车辆冲击试验

考核车体冲击强度和钩缓装置性能。

4.4.7　特殊试验

根据货车车型结构和性能要求可选做:气密性试验、罐体耐压试验、车电性能试验、隔热性能试验、空车静置性能试验、采暖和通风性能试验、液压系统性能试验等;特种车辆还可根据其特殊的功能、性能要求,依据相关标准和技术文件确定试验项目和试验内容。

5　试验报告

各项试验结束后,检验机构应编写试验报告并提出建议。试验报告应包括以下内容:

5.1　被试机车车辆主要技术参数

5.2　主要试验依据及评定标准

5.3　主要测试设备及仪表

5.4　试验项目和内容及试验结果

5.5　结论(一般只提出哪些项目符合标准技术要求、哪些项目不符合标准技术要求,不下样机合格或不合格的结论,由鉴定会做出结论)

附表

试验项目	条款		备注
	线路运行试验	试验室及专用试验线试验	
机车车辆综合试验			4.1
外观尺寸与限界检查		4.1.1	
曲线通过检查	4.1.2		
称重试验	4.1.3		
动力学性能试验	4.1.4		
制动性能试验	4.1.5		根据试验大纲选做
噪声及照度测量		4.1.6	
电磁兼容性试验		4.1.7	
机车性能试验			4.2
牵引性能试验			4.2.1
最大启动牵引力试验		4.2.1.1	

续上表

试 验 项 目	条 款		
	线路运行试验	试验室及专用试验线试验	备 注
运行阻力试验		4. 2. 1. 2	
牵引特性试验	4. 2. 1. 3		
启动加速性能试验	4. 2. 1. 4		
动力制动性能试验	4. 2. 2		
能耗试验	4. 2. 3	4. 2. 3	
温升试验		4. 2. 4	
辅助机组试验		4. 2. 5	
调速试验		4. 2. 6	
主回路电气设备操作检查		4. 2. 7	
成套设备的正常操作检查	4. 2. 8	4. 2. 8	
故障显示诊断系统试验		4. 2. 9	
电力机车受电弓特性试验	4. 2. 10	4. 2. 10	
电力机车过电压试验		4. 2. 11	
电力机车绝缘试验		4. 2. 12	
功率因数及谐波试验	4. 2. 13	4. 2. 13	
电力机车功率和总效率试验		4. 2. 14	
供电中断试验		4. 2. 15	
内部过电压试验		4. 2. 16	
短路试验		4. 2. 17	
内燃机车柴油机启动性能试验		4. 2. 18	
内燃机车柴油机空转性能试验		4. 2. 19	
电传动内燃机车柴油发电机组负载性能试验		4. 2. 20	
内燃机车冷却装置性能试验		4. 2. 21	
内燃机车防寒保温性能试验		4. 2. 22	
牵引电动机电流负荷分配不均匀度的测定		4. 2. 23	
直流传动机车、动车磁场削弱系数的测定		4. 2. 24	

续上表

试验项目	条款		
	线路运行试验	试验室及专用试验线试验	备注
车体和外部设备箱的密封性(车体漏雨)试验		4.2.25	
海拔影响的性能试验		4.2.26	
机车重联装置试验		4.2.27	
客车性能试验			4.3
门驱动系统试验		4.3.1	
绝缘试验		4.3.2	
辅助系统试验		4.3.3	
接地和回流线检查		4.3.4	
车底设备通风冷却系统检查		4.3.5	
工作条件和舒适性检查		4.3.6	
车体和外部设备箱的密封性试验		4.3.7	
安全措施和安全、卫生设备检查		4.3.8	
车钩缓冲装置检查与空气弹簧充气试验		4.3.9	
列车有线通信系统试验		4.3.10	
列车运行控制系统综合试验	4.3.11		
列车无线系统综合试验	4.3.12		
货车(罐车、特种车等)性能试验			4.4
电路检查		4.4.1	
车体漏雨检查		4.4.2	
车钩及缓冲装置检查		4.4.3	
车门装置检查		4.4.4	
静强度及垂直弯曲刚度试验		4.4.5	
车辆冲击试验		4.4.6	
特殊试验		4.4.6	

附件5

机车车辆运用考核后解体检查规则

1 总 则

本规程适用于电力、内燃机车,电力、内燃动车组、客车和货车(简称机车车辆)运用考核后的解体检查。

2 依 据

电力机车组装后的检查与试验规则(GB/T 3318—1982)

内燃机车组装后的检查与试验规则(GB/T 3315—1982)

铁道客车组装后的检查与试验规则(GB/T 12818—1991)

铁道货车组装后的检查与试验规则(GB/T 5601—1985)

3 电力机车的解体检查和测量范围

3.1 转向架部分检查项目:

3.1.1 轮对部分

3.1.2 车轴部分

3.1.3 齿轮箱和齿轮

3.1.4 基础制动装置

3.1.5 轴箱组装

3.1.6 牵引装置

3.1.7 构架

3.1.8 一系悬挂装置

3.1.9 二系悬挂装置

3.1.10 驱动单元悬挂

3.1.11 减振器检查

3.2 车体部分拆检检查项目:

3.2.1 车体各梁、底架、座焊缝探伤检查

3.2.2 车体挠度检查

3.2.3 车钩、缓冲器检查

3.2.4 对角线尺寸检查

3.3 主变压器拆检检查项目:

3.3.1 变压器油箱状态检查

3.3.2 变压器密封性能检查

3.3.3 变压器绝缘性能检查

3.3.4 变压器器身结构和引线检查

3.3.5 变压器各配件及紧固件装配检查

3.3.6 变压器各附件状态检查

3.3.7 变压器油检查

3.4 牵引变流装置拆检检查项目:

3.4.1 外观检查

3.4.2 主电路电气参数检查

3.4.3 变流装置相构件检查

3.4.4　变流装置冷却系统检查
3.5　牵引电机拆检检查项目:
3.5.1　电机总体检查
3.5.2　绝缘检查
3.5.3　轴承检查
3.5.4　转子状态检查
3.5.5　电机相电阻值检查
3.5.6　速度传感器
3.5.7　电机悬挂检查
3.5.8　电机试验
3.6　电器屏柜及微机控制系统拆检检查项目:
3.6.1　屏柜安装骨架检查
3.6.2　焊缝检查
3.6.3　各屏柜安装螺杆、屏柜各电器的安装螺栓检查
3.6.4　屏柜各接触器触头厚度检查
3.6.5　屏柜各接触器、继电器的辅助连锁动作检查
3.6.6　微机控制系统柜内设备检查
3.6.7　耐压试验
3.6.8　性能检测
3.7　空气管路系统拆检检查项目:
3.7.1　底架空气管路检查
3.7.2　司机室空气管路检查
3.7.3　控制管路检查
3.7.4　压缩机(含辅助压缩机)的检测
3.7.5　总风缸检查
3.7.6　空气制动柜检查
3.7.7　压力控制器检查
3.7.8　高压安全阀检查
说明:凡是机车采用的新部件,均应进行重点拆检和测量。

4　内燃机车的解体检查和测量范围

机车拆检前,首先对被拆检的内燃机车整车进行静态外观检查,确定机车的状态并作详细记录。然后起机进行动态外观检查,在全转速范围内检查辅助交流系统、直流供电、柴油机等有无异常并记录结果。另外机车进行自负荷试验,测量并记录机车主要参数。

4.1　柴油机拆检检查项目:
4.1.1　柴油机解体前检查和测量
4.1.1.1　喷油提前角
4.1.1.2　曲轴轴向间隙
4.1.1.3　凸轮轴轴向间隙
4.1.1.4　齿轮啮合间隙
4.1.1.5　检查主轴承盖螺母、气缸盖螺母及连杆螺钉有无松动

4.1.2 柴油机解体检查和测量
4.1.2.1 机体、主轴承盖
4.1.2.2 主轴瓦
4.1.2.3 凸轮轴铜套
4.1.2.4 气缸套
4.1.2.5 连接箱
4.1.2.6 机体支承
4.1.2.7 曲轴
4.1.2.8 卷簧减振器
4.1.2.9 大圆薄板连轴节
4.1.2.10 活塞组
4.1.2.11 连杆和连杆瓦
4.1.2.12 齿轮传动
4.1.2.13 气缸盖
4.1.2.14 凸轮轴
4.1.2.15 喷油泵
4.1.2.16 喷油器
4.1.2.17 调速器
4.1.2.18 高低温水泵
4.1.2.19 机油泵
4.1.2.20 增压器
4.1.2.21 中冷器
4.2 车体部分检查项目：
4.2.1 车体车架部分
4.2.2 燃油箱及蓄电池箱
4.2.3 电气室车顶进风及滤清装置
4.3 电机、制动电阻装置部分检查项目：
4.3.1 主发电机
4.3.2 牵引电动机
4.3.3 感应子励磁机
4.3.4 启动发电机
4.3.5 空压机电机(制动电阻通风机电机)
4.3.6 电阻制动装置
4.4 机车电器拆检检查项目：
4.4.1 蓄电池
4.4.2 主硅整流柜
4.4.3 转换开关
4.4.4 电空接触器
4.4.5 电磁接触器
4.5 转向架拆检检查项目：
4.5.1 转向架构架和附件

4.5.2　轴箱
4.5.3　轮对
4.5.4　旁承
4.5.5　牵引杆装置
4.5.6　基础制动
4.5.7　电机悬挂部分
4.5.8　油压减振器
4.6　辅助及传动部分拆检检查项目:
4.6.1　燃油泵电机组
4.6.2　空气滤清器
4.6.3　预热锅炉
4.6.4　膨胀水箱加压盖
4.6.5　冷却装置钢结构
4.6.6　散热器
4.6.7　机油滤清器
4.6.8　机油热交换器
4.6.9　启动机油泵

说明:凡是机车采用的新部件,均应进行重点拆检和测量。

5　客车、货车的解体检查和测量范围

对运用考核后的客车、货车应进行整体全面的检查与测量和必要的解体检查,记录各部磨耗、变形、破损、腐蚀及其他缺陷情况。

5.1　转向架拆检检查项目:
5.1.1　转向架构架和附件
5.1.2　轴箱
5.1.3　轮对
5.1.4　旁承
5.1.5　牵引杆装置
5.1.6　基础制动
5.1.7　空气弹簧
5.1.8　油压减振器
5.2　钩缓装置拆检检查项目:
5.2.1　车钩
5.2.2　尾框
5.2.3　缓冲器
5.3　车体部分检查项目:
5.3.1　车体牵引梁、枕梁、相关安装座焊缝检查
5.3.2　车体挠度检查
5.3.3　对角线尺寸检查
5.4　其他检查:

根据不同车种要求,在拆检试验大纲中确定。

6　动车组(电力、内燃)的解体检查和测量

定型鉴定前运车组的解体检查和测量比照相应的机车、客车拆检项目进行。

7 解体检查的实施

7.1 机车车辆的样车解体检查原则上在样车制造厂进行，由制造厂的检验人员进行操作。制造厂的技术部门提供样车装配前记录的相关组件、部件检查、试验和测量的原始数据。解体检查在运用部门（机务段、车辆段）进行时，由熟悉的检修人员进行操作，制造厂派有关技术人员携带技术资料配合工作，并提供样车装配前记录的原始测量数据。

7.2 拆检中发现的关键部件、关键部位存在重大缺陷和损坏的（如车架、转向架构架、轮轴、牵引杆件、传动齿轮发生裂纹、折断、破损，电器部件烧损等情况）应摄影记录实物状态，必要时保留样件至技术鉴定。

7.3 拆检用的计量器具和仪器设备应功能适用，状态良好，量值经检定或校准合格并在有效期内。

7.4 各项拆检原始记录须有测量，检查操作人员签字、部门负责人员审核签字及责任部门盖章。

7.5 拆检过程应在检验机构或其委托的机构监督进行。

8 机车车辆拆检报告

各项解体检查结束后，检验机构应编写拆检报告并提出建议。拆检报告应包括以下内容：

8.1 前言：前期运行考核的情况、拆检依据、项目范围、拆检时间、参加单位等；

8.2 各部件解体检查结果及分析；

8.3 拆检后的初步结论及改进建议。

轨道车和大型养路机械产品设计许可实施细则

铁道部2006年9月7日 铁科技[2006]171号

第一条 为加强对轨道车和大型养路机械产品的管理,确保铁路运输安全,根据《铁路运输安全保护条例》(国务院令第430号)、《铁路机车车辆设计生产维修进口许可管理办法》(铁道部令第14号),制定本细则。

第二条 本细则所称轨道车和大型养路机械产品为《铁路机车车辆设计生产维修和进口许可管理办法》附件"铁路机车车辆类型目录"中编号首位为6、7的产品。

第三条 凡在中华人民共和国境内设计用于中国铁路使用的新型轨道车和大型养路机械产品应当经铁道部许可,取得轨道车和大型养路机械型号合格证(以下简称型号合格证)。

任何企业不得生产、销售、使用无型号合格证的轨道车和大型养路机械产品。

第四条 铁道部行政许可管理机构负责受理型号合格证的申请和送达行政许可决定。铁道部科技司会同运输局负责型号合格证申请的审查。

新型轨道车和大型养路机械产品按TB/T1854《线路机械产品型号编制方法》规定命名。

第五条 取得型号合格证应当具备下列条件:

(一)样车技术条件、设计方案符合国家产业发展政策、技术发展政策及铁路装备现代化的要求;

(二)样车技术条件、设计方案不构成对既有知识产权的侵权;

(三)关键部件和样车通过型式试验;

(四)样车工业性考核合格;

(五)样车技术评审或鉴定合格;

(六)申请人应具有相应的专业设计技术人员;

(七)申请人具有完备的质量保证体系和管理制度;

(八)申请人具有足够的研究设计条件和手段;

(九)申请人具有确认设计质量的试验与检验测试条件和手段;

(十)申请人有完善的用户服务体系;

(十一)法律法规规定的其他条件。

第六条 申请型号合格证应当提交下列材料(书面和电子文本各一套):

(一)行政许可申请书一式三份;

(二)样车技术条件、设计方案审查意见;

(三)申请人基本情况;

(四)研发工作条件及水平业绩的说明材料;

(五)生产设备等设计制造能力的说明材料;

(六)型式试验、工业性考核大纲;

(七)法律法规要求的其他材料。

行政许可申请书应当采用格式文本。格式文本由铁道部提供。

第七条 行政许可管理机构受理型号合格证的申请后，铁道部科技司会同运输局及时对申请材料进行审查，对样车技术条件和设计方案可聘请专家审查。审查合格的，通知申请企业进行关键部件和样车型式试验（包括动力学试验）、样车工业性考核。型式试验、工业性考核合格的，进行产品技术评审或鉴定。评审或鉴定合格的，做出准予行政许可的决定；评审或鉴定不合格的，做出不予行政许可的决定，说明理由并通知申请人。

第八条 本细则所称型式试验，是指按标准对产品所做的技术性能检验；所称工业性考核，是指样车在线路上通过规定的作业时间或里程所进行的耐久试验。型式试验、工业性考核应按现行的相关技术规范和规程进行，由铁道部认可的专业技术机构实施。

第九条 专业技术机构必须通过国家计量认证，并经铁道部认可后，方可承担相应的型式试验和工业性考核任务。专业技术机构应根据型式试验和工业性考核的具体要求编制试验和考核大纲（必要时可聘请专家对大纲进行审查），报铁道部科技司、运输局备案后组织实施。样车经专业技术机构检测合格后，申请人可持准予上道试验通知单（附件2）或试验电报进入国家铁路进行试验和考核，试验和考核场地由申请人与铁路运输企业根据大纲要求商定。专业技术机构应按大纲内容逐项监督实施并对全过程控制，以确保型式试验和工业性考核大纲的完整性、准确性及结果的真实性，并对所做出的结论承担法律责任。

第十条 轨道车型式试验的主要项目包括：结构检查，机械性能检查，电气设备性能检查与试验，构造速度，在平直线路上、满载时紧急制动距离，整车结构安全性、动力学性能、制动性能、运行性能试验（包括单机制动距离、基本阻力、牵引性能、起动和加速性能试验）等。

第十一条 大型养路机械产品型式试验的主要项目包括：基础结构、动力传动系统、液压系统、制动系统、气动系统、电气系统等检查，作业性能测试，运行性能、牵引性能、制动距离、联挂、动力学性能试验等。

第十二条 轨道车工业性考核试验必须由同一台样车进行，实际运行里程（或时间）应符合有关技术文件规定，轨道平车使用环境条件应符合TB/T 2033《轨道平车通用技术条件》第3章规定，重型轨道车使用环境条件应符合 GB 10082《重型轨道车技术条件》第3章规定。试验期间应对下列事项做出记录：

（1）运行区段；

（2）作业种类；

（3）运行里程；

（4）最高速度；

（5）重型轨道车牵引吨位/轨道平车运载吨位；

（6）重型轨道车燃油、机油消耗量；

（7）运行中的问题；

（8）通过最小曲线半径。

工业性考核试验结束后，应检查传动、受力部件，并提出工业性考核试验报告。

第十三条 大型养路机械工业性考核试验必须由同一台样车进行，实际考核里程（或时间）应符合有关技术文件规定，大型养路机械使用环境条件应符合产品技术要求。试验期间应对下列事项做出记录：

(1)作业区段；

(2)作业模式；

(3)作业里程；

(4)天窗时间；

(5)纯作业时间；

(6)作业质量；

(7)作业中的问题。

运行考核试验结束后，应检查传动、受力部件和工作装置，并提出工业性考核试验报告。

第十四条 技术评审或鉴定时应提交下列资料：

(1)研究设计报告；

(2)试制报告；

(3)产品主要技术条件及使用、维修说明；

(4)产品主要图纸；

(5)型式试验报告；

(6)工业性考核报告；

(7)使用单位意见；

(8)标准化审查报告；

(9)技术查新报告等。

第十五条 不予许可的型号合格证申请，技术条件、设计方案没有实质性变化以同一理由再次申请的不予受理；隐瞒有关情况或提供虚假材料申请的，在1年内不得再次申请同一行政许可；以欺骗、贿赂等不正当手段取得行政许可的，在3年内不得再次申请同一行政许可。

第十六条 铁道部应自受理申请之日起20日内做出行政许可决定。20日内不能做出决定的，经铁道部主管领导批准，可以延长10日，并将延长期限的理由告知申请人。

型式试验、工业性考核、专家评审所需时间不计算在前款规定的期限内。

第十七条 铁道部做出准予行政许可的决定后，应当自做出许可决定之日起十日内向申请人颁发相应的型号合格证书。编号原则为：####000——××，####——为铁路机车车辆类型目录编号，000——为同类型不同型号顺序号，××——为获证人缩写拼音字母。

型号合格证有效期为5年，从批准之日起计算。

第十八条 在型号合格证的有效期内，被许可人必须在使用说明书、产品合格证上标明型号合格证的编号和有效期。

第十九条 取得型号合格证的企业名称变更，应提交有关部门的批准文件及工商行政管理部门核发的新的营业执照，在变更后30日内(以核发营业执照日期为准)向铁道部申请办理型号合格证变更手续。

第二十条 取得型号合格证的轨道车和大型养路机械的技术条件、技术性能、主要结构形式、主要材料、传动方式、制动系统等发生较大变化，足以影响过轨安全或改变作业性能时，获证企业应及时报铁道部科技司审查备案，必要时由铁道部进行相关核查和检验。

第二十一条 型号合格证有效期届满，获证企业需要延续取得的型号合格证的，应当在有效期满前60天内按照本办法向铁道部提出申请。

第二十二条 取得型号合格证的企业有下列情况之一者，铁道部注销其型号合格证：

（一）型号合格证有效期已过，未提出延期申请的。

（二）产品的技术条件、技术性能、主要结构形式、主要材料、传动方式、制动系统等发生较大变化时，未及时报铁道部科技司审查备案或未通过铁道部进行的相关核查和检验时。

（三）产品的技术性能已不能满足铁路运输要求和技术发展政策，或技术政策发生较大变化时。

（四）经查实，以欺骗、贿赂等不正当手段取得行政许可的。

第二十三条 技术专家、专业技术机构对获取的技术资料，应当遵守保密规定，不得利用获取的保密技术资料从事相应的设计、制造、维修工作，不得与申请人有关联关系。

第二十四条 铁道部科技司会同运输局组织专家进行技术评审和技术鉴定，专家从相关专家库中选取，与申请单位有利害关系的人员不得进入专家组。评审和鉴定应遵循科学、公正、客观的原则，严格遵守保密规定，评审和鉴定结束后，相关技术资料必须全部交回。

第二十五条 本细则由铁道部科技司负责解释。

第二十六条 本细则自发布之日起实行。

附件1

型号合格证申请资料审查表

产品型号名称：________________________________

申 请 人 名 称：________________________________（盖章）

通 讯 地 址：________________________________

联 系 电 话：________________邮政编码：________________

电 子 邮 箱：________________

申 请 日 期：　　　年　　　月　　　日

填 写 说 明

1. 应用电脑制作，可用钢笔或签字笔填写。字迹应清晰、工整，不得涂改。根据填写需要,可自行调整各页表格内容。

2. 企业名称要与工商行政管理部门核发的企业工商营业执照名称相一致。

3. 产品型号、名称应与铁道部行业标准中的型号表示方法一致。

4."十二、样车试制必备的工艺装备"中 ,有型号的请写明。

5."十一"、"十二"、"十三"中"位置"列填写要求:属本企业的填"本企业"。

6. 封面须加盖企业公章(企业公章复印无效)。

7. 型式试验、工业性考核大纲必须由铁道部认可的、有资质的专业技术机构提出并组织实施。

一、工商行政管理部门核发的允许经营相关产品的营业执照(复印件)
二、申证产品样车照片

续上表

三、申证产品应遵循的法规和技术标准(含经铁道行业标准化主管部门备案和确认的企业标准)

四、申证企业主要管理人员

姓名	性别	年龄	学历	职务	职称	从事本职务连续年限

五、申证产品所执行的质量体系及管理制度

质量体系			
质量体系覆盖产品范围			
认证机构			
证书编码		证书有效期	

续上表

<table>
<tr><td>管理者代表</td><td colspan="2"></td><td>职务</td><td colspan="2"></td></tr>
<tr><td>质量管理部门</td><td></td><td>专职从事质量管理人数</td><td></td><td>质量体系覆盖员工总数</td><td></td></tr>
<tr><td colspan="6">质量体系及管理制度简述(附体系结构图)</td></tr>
<tr><td colspan="6">六、研发工作场所</td></tr>
<tr><td colspan="6">七、专业技术人员情况(可统计列表逐人填写)</td></tr>
</table>

序号	专业	各级别人员数量		
		初级	中级	高级

续上表

<table>
<tr><td colspan="5">八、设计方案
至少应包括:(1)设计依据(原则)、引用标准、运用条件、产品用途、工作原理、技术特点、主要技术参数、关键技术及难点、整车设计计算、试验方法及检验规则等;(2)整车设计方案、各主要系统的设计方案及基本尺寸等;(3)结构设计的可靠性、安全性、经济性、环保性。</td></tr>
<tr><td colspan="5">九、样车技术条件及论证报告
至少应包括:(1)产品型号、总体布置图,车架、转向架、动力传动系统、工作装置、控制系统、液压系统、电气系统、气动系统、制动系统等重要结构件、零部件和系统的生产用总图;(2)主要功能指标、结构特点、主要设计参数、主要技术要求、各系统功能及工作原理、产品用途及技术优势、设计使用寿命及主要零部件的质量保证期等;(3)新技术说明。</td></tr>
<tr><td colspan="5">十、试制工艺报告
至少应包括:(1)主要部件的主要技术参数、功能及组成、制造工艺、结构特点、组装要求、工艺难度、检验与试制工艺验证等;(2)关键零部件及主要原材料清单(含型号、主参数、供应商等);⑶工艺审查、标准化审查。</td></tr>
<tr><td colspan="5">十一、样车试制必备的生产设备</td></tr>
<tr><td>序号</td><td>设备型号、名称</td><td>规格</td><td>数量</td><td>位置</td></tr>
<tr><td>1</td><td>原材料下料设备、原材料处理设备</td><td></td><td></td><td></td></tr>
<tr><td>2</td><td>切削设备</td><td></td><td></td><td></td></tr>
<tr><td>3</td><td>板料数控折弯设备</td><td></td><td></td><td></td></tr>
<tr><td>4</td><td>焊接、组装设备</td><td></td><td></td><td></td></tr>
<tr><td>5</td><td>架车机、零件清洗设备</td><td></td><td></td><td></td></tr>
<tr><td>6</td><td>液压、气动系统设备</td><td></td><td></td><td></td></tr>
<tr><td>7</td><td>轮对加工、压装设备</td><td></td><td></td><td></td></tr>
<tr><td>8</td><td>热加工设备</td><td></td><td></td><td></td></tr>
<tr><td>9</td><td>表面处理设备(涂装设备)</td><td></td><td></td><td></td></tr>
<tr><td></td><td></td><td></td><td></td><td></td></tr>
<tr><td></td><td></td><td></td><td></td><td></td></tr>
<tr><td></td><td></td><td></td><td></td><td></td></tr>
</table>

续上表

十二、样车试制必备的工艺装备

序号	工艺装备名称	规格	数量	位置
1	重要箱体、重要零部件专用机加工工装			
2	软(硬)管路制作模具			
3	转向架、车架等重要结构件专用组焊工装			
4	司机室加工、焊接、组装专用工装			
5	重要总成组装对位工装			
6	整机组装对位工装			

续上表

十三、试验与检验、测试设施和设备				
序号	计量与检验设备名称、型号	规格	数量	位置
1	热加工质量检测设备			
2	焊接质量无损检测设备			
3	重要零部件机加工工序检验设备			
4	重要结构件制造精度检验设备			
5	重要零部件试验台			
6	整机性能检测设备			
7	含精度要求的关于作业性能检测的专用设备(可列表分项填写)			
十四、型式试验大纲及先期完成试验项目的检测报告(静态检测、线路试运行及动力学检算等)				

续上表

十五、工业性考核大纲
十六、其他应说明的问题

附件 2

准予上道试验通知单

____________铁路局：

________设计的样车____________,已于____________经____________专业技术机构检测合格。经铁道部科技司会同运输局、安监司审查，同意按__________上报的____________试验大纲进入国铁进行型式试验和工业性考核。确因试验新技术原因引起的行车事故按《事规》第 5. 1. 10 条执行。

审查人　　　　　　审查人　　　　　　审查人

铁道部科技司〔盖章〕 铁道部运输局〔盖章〕 铁道部安监司〔盖章〕

年　月　日

轨道车辆和大型养路机械产品进口许可实施细则

铁道部2006年5月10日　铁运[2006]70号

第一条　为加强对轨道车辆和大型养路机械进口产品的管理,确保铁路运输安全,根据《铁路运输安全保护条例》(国务院令第430号)、《铁路机车车辆设计生产维修和进口许可管理办法》(铁道部令第14号),制定本细则。

第二条　本细则所称轨道车辆和大型养路机械产品为《铁路机车车辆设计生产维修和进口许可管理办法》附件《铁路机车车辆类型目录》中编号首位为6、7的产品。

第三条　凡向中华人民共和国出口新型的轨道车辆和大型养路机械产品,在正式签订供货合同前,应当经铁道部许可,取得轨道车辆和大型养路机械产品型号认可证(以下简称型号认可证)。

任何企业不得销售、使用无型号认可证的轨道车辆和大型养路机械产品。

第四条　铁道部行政许可管理机构负责受理型号认可证的申请和送达行政许可决定,铁道部运输局会同科技司负责型号认可证申请的审查、管理和监督工作。

第五条　取得型号认可证应当具备下列条件:

(一)申请人对产品的研发、设计、生产制造、检验、技术支持和售后服务能满足中国铁路的需要和相关技术政策。

(二)产品不构成对既有知识产权的侵权。

(三)产品符合中华人民共和国相关标准。

(四)产品样品通过技术审查。

(五)申请人或主要投资方已销售的相关产品近3年内无严重质量不良记录。

(六)具有完备的产品质量保证体系、管理制度。

(七)具有保证产品质量的生产设施、加工设备、工艺装备、计量与检验测试手段。

(八)具有完善的售后服务体系。

(九)法律法规规定的其他条件。

第六条　申请型号认可证应当提交下列材料(中文、英文书面和电子文本各一套):

(一)行政许可申请书。

(二)申请人的基本情况(附表)。

(三)产品满足中国铁路需要和相关技术政策的论证报告。

(四)申请人质量保证体系、管理制度说明材料。

(五)申请人的生产设施、加工设备、工艺装备、计量与检验测试手段说明材料。

(六)产品技术标准或技术要求。

(七)产品图片和产品使用说明书。

(八)中华人民共和国认可的检验机构、认证机构出具的产品符合中国铁路行车安全的有关标准和技术条件的证明材料。

(九)产品技术文件,包括:

1. 产品设计、制造中执行的技术标准(包括企业标准);

2. 整机零部件清单；

3. 整机外形图（运行及工作限界图）；

4. 车架（含牵引装置）、转向架、动力传动系统（含齿轮箱）、制动系统等重要零部件组装图及原理图。

（十）技术支持和售后服务能满足用户要求的论证报告。

（十一）相关产品的销售记录。

（十二）法律法规要求的其他材料。

行政许可申请书采用格式文本。格式文本由铁道部提供。

第七条 铁道部行政许可机构受理型号认可证的申请后，运输局会同科技司及时对申请材料进行审查，并组织专家对样车进行技术审查，必要时提前对生产企业进行现场审核。审查合格的，做出准予行政许可的决定；审查不合格的，做出不予行政许可的决定，并说明理由，通知申请人。

第八条 申请人同时进行多种产品型号认可证的申请，且各产品在同一场地生产，“申请人基本情况”可只提供一份，但应分别说明各种产品的销售业绩。

第九条 铁道部应自受理申请之日起20日内做出行政许可决定。20日内不能做出决定的，经铁道部主管领导批准，可以延长10日，并将延长期限的理由告知申请人。

专家评审所需时间不计算在上述期限内。

第十条 铁道部做出准予行政许可的决定后，应当自做出许可决定之日起10日内向申请人颁发相应的型号认可证书。型号认可证书的编号原则为：####000—××＊＊，####—为铁路机车车辆类型目录编号，000—为同类型不同型号顺序号，××—为获证人缩写英文字母（可多位），＊＊—为申请人已获得同类型型号认可证书顺序号。

轨道车辆和大型养路机械产品型号认可证从批准之日起有效期为5年。

第十一条 在型号认可证书的有效期内，被许可人必须在其产品的使用说明书、产品铭牌（合格证）上标明型号认可证的有效期和编号。

第十二条 取得型号认可证的产品在投入使用前，应当经过铁道部验收合格。

第十三条 经审查不予许可的申请人，申请条件没有发生实质变化再次以同一理由提出申请的不予受理；隐瞒有关情况或者提供虚假材料申请的在1年内不得再次申请同一行政许可；以欺骗、贿赂等不正当手段取得行政许可的，在3年内不得再次申请同一行政许可。

第十四条 在型号认可证有效期内，被许可人名称变更，应提交合法证明文件，在变更后60日内向铁道部申请办理型号认可证变更手续。

第十五条 被许可人需要延续依法取得的型号认可证有效期的，应当在有效期满前6个月向铁道部提出申请。

第十六条 铁道部应加强对进口的轨道车辆和大型养路机械产品的监督检查。被许可人生产的轨道车辆和大型养路机械产品因质量原因发生铁路重大、特大质量事故并造成严重后果的，铁道部可视具体情况撤销其型号认可证。

第十七条 本《细则》由铁道部运输局负责解释。

第十八条 本《细则》自发布之日起施行。

附表

申请人基本情况表

申请人名称：________________

代理人名称：________________

产品型号、名称：________________

____

中华人民共和国铁道部

一、申请人			
申请人名称			
申请人地址		电话	
E－mail		传真	
法人代表		电话	
联 络 人		电话	
二、申请代理人			
代理人名称			
代理人地址		电话	
E－mail		传真	

续上表

<table>
<tr><td>法人代表</td><td></td><td>电话</td><td></td></tr>
<tr><td>联 络 人</td><td></td><td>电话</td><td></td></tr>
<tr><td colspan="4">三、申请人概况：
（包括企业组成、企业规模、生产的主要产品及其技术水平、生产场所等）</td></tr>
<tr><td colspan="4">四、申证产品制造地点：</td></tr>
<tr><td colspan="4">五、申证产品生产周期：</td></tr>
<tr><td colspan="4">六、申证产品制造中的主要合作者</td></tr>
</table>

公司名称	公司地点	合作项目

续上表

七、申证产品和相关产品近3年销售业绩			
年度	采购国家、公司、单位	销售合同号	销售数量

说明:表格可根据填写内容调整。

轨道车辆和大型养路机械产品生产许可实施细则

铁道部 2006 年 5 月 10 日　　铁运[2006]71 号

第一条　为加强对轨道车辆和大型养路机械产品的管理，确保铁路运输安全，根据《铁路运输安全保护条例》(国务院令第 430 号)、《铁路机车车辆设计生产维修和进口许可管理办法》(铁道部令第 14 号)，制定本细则。

第二条　本细则所称轨道车辆和大型养路机械产品为《铁路机车车辆设计生产维修和进口许可管理办法》附件《铁路机车车辆类型目录》中编号首位为 6、7 的产品。

第三条　在中华人民共和国境内生产使用的铁路轨道车辆和大型养路机械产品应当经铁道部许可，取得相应型号的产品生产许可证(以下简称"生产许可证")。

任何企业不得销售、使用无生产许可证的轨道车辆和大型养路机械产品。

第四条　铁道部行政许可管理机构负责受理生产许可证的申请和送达行政许可决定。铁道部运输局会同科技司负责审查生产许可证申请。

第五条　取得生产许可证应当具备下列条件：

(一)拟生产的产品原则上必须取得型号合格证；

(二)产品《生产及技术准备报告》(见附件 2)通过审查；

(三)产品样品型式试验合格(申请人具有该产品型号合格证的不需进行)；

(四)产品样品工业性考核合格(申请人具有该产品型号合格证的不需进行)；

(五)产品样品技术审查合格；

(六)主要管理人员具备相应的生产管理能力和经验；

(七)具有能够保证产品质量的相应工作人员，包括：技术人员、技术工人及计量、检验人员；

(八)具有能够保证产品质量的生产设施、加工设备、工艺装备；

(九)具有能够保证产品质量的检验、试验手段；

(十)具有健全有效的质量管理制度和责任制度；

(十一)具有完备的技术条件和保证持续批量制造的能力；

(十二)申请人或主要投资方已生产的相关产品近 3 年内无严重质量不良记录；

(十三)有完善的用户服务体系；

(十四)符合法律、法规规定的其他要求。

第六条　申请生产许可证应当提交下列材料(书面和电子文本各一套)：

(一)行政许可申请书(一式三份)；

(二)企业法人营业执照(副本)；

(三)型号合格证或技术转让证明材料；

(四)申请企业基本情况(见附件 1)；

(五)生产及技术准备报告(见附件 2)；

(六)产品质量保证体系和管理制度材料；

(七)申请人或主要投资方已生产的相关产品近 3 年内使用状况报告；

(八)法律法规要求的其他材料。

申请人同时申请多种产品的生产许可证，如果产品在同一场地生产，《申请企业基本情况》提供一份即可。

申请人同时进行同类多种产品生产许可证的申请，且产品在同一场地生产，"生产及技术准备报告"提供一份即可，但在报告中应明示对各种产品有差异的专项准备。

行政许可申请书应当采用格式文本。格式文本由铁道部提供。

第七条 铁道部行政许可管理机构受理生产许可证的申请后，运输局会同科技司及时聘请专家对申请材料及生产现场进行审查，并对生产及技术准备报告评审。经审查合格的，通知申请人进行型式试验和工业性考核，并将相应结论提交铁道部，由铁道部组织专家进行技术审查。审查合格做出准予行政许可的决定；审查不合格做出不予行政许可的决定，并说明理由，通知申请人。

申请人同时申请多种产品的生产许可证，如各产品在同一场地生产，对生产现场审查可集中一次进行。

第八条 申请企业在6个月内多次申请同类产品的生产许可证，如企业生产条件无变化，从第二次申请起，《申请企业基本情况》可不提供，也可不再对生产现场进行审查。生产条件有变化时，仅对变化部分做出文字说明，铁道部视变化情况，确定对生产现场审查的内容。

第九条 型式试验、工业性考核应按现行的相关技术规范和规程进行，由通过国家计量认证并经铁道部认可的专业技术机构实施。

第十条 专业技术机构应根据型式试验和工业性考核项目的具体要求编制试验考核大纲并报铁道部备案。必要时铁道部运输局可会同科技司聘请专家对大纲进行审查。

该大纲应包括不同阶段、不同场地进行的检测项目，特别应明示进入国家铁路试验、考核前必须检测合格的项目。

需进入国家铁路试验的项目，由申请人依据专业技术机构出具的《检测合格通知书》按试验考核大纲要求联系试验场地。

专业技术机构应按大纲内容逐项监督实施，以确保型式试验、工业性考核（及解体检查）的完整性、准确性及结果的真实性，对所做出的结论承担法律责任。

第十一条 轨道车辆产品型式试验的主要项目：结构、机构性能检查；电气设备性能检查与试验；运行性能试验（满载时紧急制动距离、单机制动距离、基本阻力、牵引性能、动力学性能、起动和加速性能）等。

第十二条 大型养路机械产品型式试验主要项目：基础结构、动力传动系统、液压系统、制动系统、气动系统、电气系统等检查与试验；作业性能测试；运行性能、无火附挂试验等。

第十三条 轨道车辆工业性考核必须由同一样车进行，实际运行里程（或时间）应符合有关技术文件规定。轨道平车考核时应符合 TB/T 2033 的规定；轨道车考核时应符合 GB 10082 的规定。试验期间应对下列事项做出记录：

（一）运行区段；

（二）作业种类；

（三）运行里程；

（四）最高速度；

(五)轨道车牵引吨位/轨道平车运载吨位;

(六)轨道车燃油、机油消耗量;

(七)通过最小曲线半径的能力;

(八)运行中的问题。

工业性考核结束后,应检查产品的传动、受力部件,并提出工业性考核报告。

第十四条 大型养路机械工业性考核必须由同一样车进行,实际考核里程(或时间)应符合有关技术文件规定。工业性考核时使用环境条件应符合产品技术要求。考核期间应对下列事项做出记录:

(一)作业区段;

(二)作业模式;

(三)作业里程;

(四)天窗时间;

(五)纯作业时间;

(六)作业效率和质量;

(七)作业中的问题。

工业性考核结束后,应检查产品传动、受力部件和工作装置,并提出工业性考核报告。

第十五条 铁道部自受理申请之日起20日内做出行政许可决定。20日内不能做出决定的,经铁道部主管领导批准,可以延长10日,并将延长期限的理由告知申请人。

型式试验、工业性考核、专家评审所需时间不计算在上述期限内。

第十六条 铁道部做出准予行政许可的决定后,应当自做出许可决定之日起10日内向申请人颁发相应的生产许可证书。生产许可证的编号原则为:####000—××＊＊,####—为铁路机车车辆类型目录编号,000—为同类型不同型号顺序号,××—为获证人缩写拼音字母(可多位),＊＊—为申请人已获得同类型生产许可证书顺序号。

生产许可证的有效期为5年,从批准之日起计算。

第十七条 在生产许可证书的有效期内,持证企业必须在使用说明书、产品铭牌(合格证)上标明生产许可证的有效期和编号。

第十八条 经审查不予许可的申请人,生产条件没有发生实质变化再次以同一理由提出申请的不予受理;隐瞒有关情况或者提供虚假材料申请的,在1年内不得再次申请同一行政许可;以欺骗、贿赂等不正当手段取得行政许可的,在3年内不得再次申请同一行政许可。

第十九条 轨道车辆和大型养路机械产品在投入使用前,应当经过铁道部验收合格。

第二十条 取得生产许可证的企业在生产许可证的有效期内停产3年以上的,必须重新申请生产许可证方可生产。

第二十一条 取得生产许可证的企业在生产许可证有效期内企业名称发生变更,应提交有关部门的批准文件及工商行政管理部门核发新营业执照,在变更名称后30日内向铁道部申请办理生产许可证变更手续。

第二十二条 在生产许可证有效期内,产品的技术性能、技术标准、传动方式、主要结构形式等发生较大变化时，被许可企业应及时报铁道部运输局、科技司备案，必要时应依照本细则规定重新申请办理生产许可证。

第二十三条 在生产许可证有效期内，被许可企业生产条件、检验手段、生产技术或者工艺发生较大变化，可能影响行车安全或作业性能的，应当及时向铁道部备案，必要时运输局将会同科技司依照本细则规定重新组织审查。

第二十四条 铁道部应当加强对被许可企业从事生产活动的监督检查。监督检查时铁道部可对产品依法进行抽样检验、检测，对生产场所进行实地检查，依法查阅或者要求被许可企业报送企业情况、生产技术报告等材料。被许可企业应当如实提供有关情况和材料。

第二十五条 被许可企业应当保证生产质量稳定合格，并于每年底向铁道部运输局提交年度质量报告。企业对报告的真实性负责。

第二十六条 监督检查时发现下列情况之一的，应责令被许可人暂停生产业务，并限期整改：

(一)产品存在安全隐患的；

(二)主要管理人员、技术人员不符合本细则规定要求的；

(三)产品质量保证体系和管理制度不健全的；

(四)生产设施、设备、工艺不能保证产品质量的；

(五)检验、试验手段不能保证产品质量的；

(六)产品与技术条件符合性不能满足要求的；

(七)其他不能保证产品质量的情形。

第二十七条 取得生产许可证的企业有下列情形之一的，铁道部应当撤销生产许可：

(一)因产品质量导致重大、特大事故，造成恶劣后果和严重影响，经查属生产责任的；

(二)涂改、倒卖、出租、出借生产许可证，或者以其他形式非法转让生产许可证的；

(三)以欺骗、贿赂等不正当手段取得生产许可证的；

(四)责令限期整改未整改或整改后仍不合格的；

(五)法律法规规定应当撤销的其他情形。

第二十八条 取得生产许可证的企业有下列情形之一的，应当注销生产许可：

(一)被许可企业不再生产该产品的；

(二)生产许可证有效期已过，未提出延续申请的；

(三)被许可企业变更企业名称，未办理变更手续的；

(四)生产许可被撤销的；

(五)被许可企业依法终止的；

(六)其他应当注销许可证的情形。

第二十九条 铁道部实施轨道车辆和大型养路机械产品生产许可时需聘请专家评审的，所聘专家应从相关专家库中抽取，与申请单位有利害关系的人员不得进入专家组。专家评审应遵循科学、公正、客观的原则，严格遵守保密规定，审查结束后，相关资料须交回。

第三十条　专业技术机械对获悉的技术资料,应当遵守保密规定,不得利用获悉的保密技术资料从事相应的设计、制造、维修工作,不得与申请人有关联关系。

第三十一条　本《细则》由铁道部运输局负责解释。

第三十二条　本《细则》自发布之日起施行。

附件1

申请企业基本情况

企业名称:________________(盖章)

法人代表:________________

联 系 人:________________

填表日期:________________

中华人民共和国铁道部

编 制 说 明

1. 本表应用计算机制作,根据填写内容,可自行调整表格。

2. 企业名称要与工商行政管理部门核发的企业工商营业执照名称相一致。

3. 产品型号、名称应与"型号合格证"中的一致。

4. "五、生产基础设施"指基本固定的厂房、行车类设施。

5. "七、主要工装"中 ,有型号的请写明。

6. "五"、"六"、"七"、"八"中"位置"列,属本企业的填"本企业",属外包方的填"外包"。

7. 表中下述几处内容,说明的是填写范围,申证企业填表时应填入企业的实际情况。

①"五、生产基础设施"中"生产基础设施"列;

②"六、主要生产设备"中"设备型号、名称"列;

③"七、主要工装"中"工装名称"列;

④"八、主要检验、试验设备(含计量器具)"中"检验、试验设备名称、型号"列。

8. 封面须加盖企业公章(企业公章复印无效)。

一、企业概况

名称	（中文）		
	（英文或拼音缩写）		
法定代表人		职务	
地址		邮编	
电话		传真	
电子邮箱			
联系人		电话	

营业执照发证部门、编号、有效期、经营范围：

注册资金		固定资产		员工总数	
隶属关系					
企业性质	□ 国有 □ 集体 □ 个体 □ 股份制 □ 合作 □ 其他□ 合资 □ 独资 □ 台资				
行业类别					

近3年年生产产值：

生产铁路机车车辆产品的品种和历史、主要用户信息：

二、主要管理人员情况

姓名	性别	年龄	学历	职务	职称	从事本职务连续年限

续上表

三、质量管理状况					
质量体系					
质量体系覆盖产品范围					
认证机构					
证书编号			证书有效期		
管理者代表			职 务		
质量管理部门		专职从事质量管理人数		体系覆盖员工总数	
质量体系描述(附体系结构图)：					

四、专业技术人员、检验、计量人员、技术工人数量			
级别	技术人员	检验、计量人员	技术工人
初级			
中级			
高级			

五、生产基础设施			
序号	生产基础设施	所在工序	位置
1	厂房应满足产品生产装配的需要，特别应说明下料、焊接、组装、涂装和检验的车间或场所。组装车间、调试车间有地沟		

续上表

2	起吊能力满足生产需要,组装车间应具备双梁桥式起重机		
3	有足够的供水、供电、供气设施		
4	满足生产和组装液压、气动、电气装置要求的清洁、干燥的专用场所		
5	具有防尘、保温、湿度控制的专用涂装车间		
6	具备专用铁路线路,并与铁路正线连通。大型养路机械应具备符合产品性能和质量标准的调试线路和性能试验线路		
7	材料、配件的存放应有专门的区域,满足相关规定的贮存条件和具有完备的防护措施		
8	转运重要零部件的专用设备		

六、主要生产设备

序号	设备型号、名称	规格	用途	位置
1	原材料设备:材料预处理设备(喷丸机、喷砂机)、下料设备(带锯机、剪板机、仿形切割机)、材料校正设备等			
2	切削设备:各类加工中心、机床、坡口加工设备等			
3	焊接、组装设备:气体保护焊设备、埋弧焊设备、焊接变位器、硬管清洗设备、零件清洗设备等			
4	折弯设备:弯管机、数控弯管机、折弯机、数控板料折弯机等			
5	液压、气动系统设备:钢管卡套预扣机、胶管剥胶机、软管扣压设备、精细滤油设备等			
6	轮对加工、压装设备			
7	热加工设备			
8	表面处理设备、热处理设备			

续上表

七、主要工装				
序号	工装名称	用途	使用工序	位置
1	重要箱体及其他重要零部件专用机加工工装			
2	软(硬)管路制作模具			
3	转向架、车架等重要结构件专用组焊工装			
4	司机室加工、焊接、组装专用工装			
5	重要总成组装对位工装			
6	整机组装对位工装			
八、主要检验、试验设备(含计量器具)				
序号	检验、试验设备名称、型号	用途	使用工序	位置
1	轴承类、齿轮类、箱体类、轴类等重要机加工零件检验设备			
2	焊接质量无损检测设备(超声波探伤、磁粉探伤、裂纹深度测量等)			
3	重要零部件试验台:制动机试验台、轮对台架试验台、油压减震器试验台等。 轨道车和大型养路机械还应具有发动机试验台、液力变矩动力换挡齿轮箱测试台(仪)、齿轮箱试验装置等。 大型养路机械还应具有多功能液压试验台、传感器试验台、工作装置试验台等			
4	重要结构件制造精度检验设备			
5	运行性能检测仪器:三维加速度及平稳性指标仪、红外线测温仪、雷达测速仪、测距仪等			
6	其他整机性能检测设备:淋雨试验装置、限界检测、噪声测试、超声波测漏仪等、对有精度要求作业性能的检测专用设备			
九、主要供方清单				

续上表

序号	供方	供方质量体系情况

十、用户服务机构、用户服务程序和用户服务人员基本情况

用户服务机构		专职用户服务人员数量	
用户服务机构职能			

用户服务(含培训)程序、内容说明:

十一、近3年铁路机车车辆产品质量情况(自述并附用户意见)

附件 2

生产及技术准备报告

产品名称型号:________________________________

申请企业名称:________________________________(盖章)

企业通信地址:________________________________

联 系 电 话:______________邮政编码:____________

电 子 邮 箱:________________________________

联 系 人:________ 填表日期:____年__月__日

编 制 说 明

1. 用计算机制作。根据填写内容,可自行调整表格。
2. 企业名称要与工商行政管理部门核发的企业工商营业执照名称相一致。
3. 产品型号、名称应与“型号合格证”中表述一致。
4. “九、产品制造必备的生产基础设施”指基本固定的厂房、行车类设施。
5. “十一、产品制造必备的工装、模具”中 ,有型号的请写明。
6. “九”、“十”、“十一”、“十二”中“位置”列,属本企业的填“本企业”;属外包方的填“外包”。
7. 表中下述几处内容,说明的是填写范围,申证企业填表时应填入企业的实际情况。

① “九、产品制造必备的生产基础设施”中“生产基础设施”列;

② “十、产品制造必备的加工设备”中“设备型号、名称”列;

③ “十一、产品制造必备的工装、模具”中“工装、模具名称”列;

④ “十二、产品检测和试验手段”中“检验、试验设备名称、型号”列。

8. 封面须加盖企业公章(企业公章复印无效)。

一、产品外形照片

续上表

二、产品性能简述
三、产品生产中遵循的法规和技术标准（含经铁路行业标准化主管部门备案和确认的企业标准）
四、产品质量控制重点（包括对生产环境要求）

续上表

五、产品生产流程

六、产品生产过程执行的质量体系文件

七、产品制造过程人力资源配置

级别	技术人员	检验、计量人员	技术工人
初级			
中级			
高级			

续上表

<table>
<tr><td colspan="4">八、产品技术文件</td></tr>
<tr><td colspan="4"></td></tr>
<tr><td colspan="4">九、产品制造必备的生产基础设施</td></tr>
<tr><td>序号</td><td>生产基础设施</td><td>所在工序</td><td>位置</td></tr>
<tr><td>1</td><td>厂房情况,其中焊接车间和总装车间的厂房总面积应不少于2 000平方米。大型养路机械应具备符合产品性能和质量标准的调试台位</td><td></td><td></td></tr>
<tr><td>2</td><td>起吊能力满足申证产品生产需要,组装车间应具备双梁桥式起重机</td><td></td><td></td></tr>
<tr><td>3</td><td>有足够的供水、供电、供气设施</td><td></td><td></td></tr>
<tr><td>4</td><td>有满足液压、气动、电气装置生产组装要求的专用场所</td><td></td><td></td></tr>
<tr><td>5</td><td>具有防尘、保温、湿度控制的专用涂装车间</td><td></td><td></td></tr>
<tr><td>6</td><td>具备产品要求的调试线路、性能试验线路和出厂前例行运行试验线路</td><td></td><td></td></tr>
<tr><td>7</td><td>材料、配件的存放应有专门的区域,并满足相关规定的贮存条件和具有必要的防护措施</td><td></td><td></td></tr>
<tr><td>8</td><td>转运重要零部件的专用设备</td><td></td><td></td></tr>
<tr><td>9</td><td>其他设备</td><td></td><td></td></tr>
<tr><td></td><td></td><td></td><td></td></tr>
<tr><td></td><td></td><td></td><td></td></tr>
<tr><td></td><td></td><td></td><td></td></tr>
<tr><td></td><td></td><td></td><td></td></tr>
<tr><td colspan="4">十、产品制造必备的加工设备</td></tr>
</table>

续上表

序号	设备型号、名称	规格	用途	位置
1	原材料下料、原材料处理设备			
2	切削设备(液压通道块、精密箱体、精密轴类等采用加工中心加工)			
3	板料数控折弯设备			
4	气体保护焊焊接设备、焊接变位机、用于重要结构件的焊接机器手			
5	架车机、零件清洗设备			
6	液压、气动、电气系统生产设备			
7	轮对加工设备、轮对压装设备			
8	热加工设备			
9	表面处理设备			
十一、产品制造必备的工装、模具				
序号	工装、模具名称	用途	使用工序	位置
1	重要箱体、重要零部件专用机加工工装			
2	软(硬)管路制作模具			
3	转向架、车架等重要结构件专用组焊工装			
4	司机室加工、焊接、组装专用工装			
5	重要总成组装对位工装			
6	整机组装对位工装			
十二、产品检测和试验手段				
序号	检验、试验设备名称、型号	用途	使用工序	位置
1	重要零部件机加工工序检验设备			
2	焊接质量无损检测设备			
3	重要零部件试验台			
4	重要结构件制造精度检验设备			
5	整机性能检测设备			
十三、申证产品主要供方清单				

续上表

序号	外包项目	供方	供方质量体系情况
十四、生产资金对生产规模的保证能力			
十五、生产能力分析			
十六、其他应说明的问题			

轨道车辆和大型养路机械产品维修许可实施细则

铁道部 2006 年 5 月 10 日　　铁运[2006]72 号

第一条　为加强对轨道车辆和大型养路机械产品的管理,确保铁路运输安全,根据《铁路运输安全保护条例》(国务院令第 430 号)、《铁路机车车辆设计生产维修和进口许可管理办法》(铁道部令第 14 号),制定本细则。

第二条　本细则所称轨道车辆和大型养路机械产品为《铁路机车车辆设计生产维修和进口许可管理办法》附件《铁路机车车辆类型目录》中编号首位为 6、7 的产品。本细则所称维修是指轨道车辆和大型养路机械产品整机性能的恢复性修理(整车厂修)。

第三条　在中华人民共和国境内维修用于中国铁路使用的轨道车辆和大型养路机械产品应当经铁道部许可,取得相应型号轨道车辆和大型养路机械产品维修合格证(以下简称维修合格证)。

任何企业不得使用未取得维修合格证的企业维修的轨道车辆和大型养路机械产品。

第四条　铁道部行政许可管理机构负责受理维修合格证的申请和送达行政许可决定。铁道部运输局负责维修合格证申请的审查及对被许可企业的管理和监督工作。

第五条　申请维修合格证应当具备下列条件:

(一)《维修技术准备报告》(见附件 2)通过审查;

(二)维修样车通过相关试验;

(三)通过维修技术审查;

(四)主要管理人员应具备相应的维修生产管理能力和经验;

(五)具有能够保证维修质量的相应工作人员,包括技术人员、技术工人及计量、检验人员;

(六)具有能够保证产品维修质量的生产设施、加工设备、工艺装备;

(七)具有能够保证产品维修质量的检验、试验手段;

(八)具有完备的产品质量保证体系和责任制度;

(九)具有完备的技术文件和保证持续维修的能力;

(十)申请人或主要投资方已生产或维修的相关产品近 3 年内无严重质量不良记录;

(十一)有完善的用户服务体系;

(十二)符合法律、法规规定的其他条件。

第六条　申请维修合格证应当提交下列材料(书面和电子文本各一套):

(一)行政许可申请书(一式三份);

(二)企业营业执照(副本);

(三)申请企业基本情况(见附件 1);

(四)维修技术准备报告(见附件 2);

（五）质量保证体系和管理制度等材料；

（六）维修场地、设备等证明维修能力的说明材料；

（七）产品修理技术规范；

（八）总成维修资质材料；

（九）申请人或主要投资方已生产或维修的相关产品近3年内的使用报告；

（十）法律法规要求的其他材料。

申请人同时申请多种产品的维修合格证，且产品在同一场地维修，《申请企业基本情况》可仅提供一份。

申请人同时进行同类多种产品维修合格证的申请，且产品在同一场地维修，"维修技术准备报告"可只提供一份，但在报告中应明示对各种产品有差异的专项准备。

行政许可申请书应当采用格式文本。格式文本由铁道部提供。

第七条 铁道部受理维修合格证的申请后，运输局应及时对申请材料及维修现场进行审查，对维修技术报告可聘请专家评审。审查合格的，通知申请人进行维修样车的型式试验，并将相应结论提交铁道部，由铁道部组织专家进行技术审查。审查合格的，做出准予行政许可的决定；审查不合格的，做出不予行政许可的决定，并说明理由，通知申请人。

申请人同时申请多种产品的维修合格证，且产品在同一场地维修，维修现场审查可集中一次进行。

第八条 申请企业在6个月内多次申请同类产品的维修合格证，如企业综合维修条件无变化，从第二次申请起，《申请企业基本情况》可不提供，也可不再对企业维修现场进行审查。维修生产条件有变化的，仅对变化部分做出文字说明即可，铁道部视变化情况，确定对企业现场审查的内容。

第九条 型式试验应按现行的相关技术规范和规程进行，由铁道部认可的且通过国家计量认证的专业技术机构实施。

第十条 专业技术机构应根据型式试验的具体要求编制试验、考核大纲，必要时可聘请专家对大纲进行审查，报运输局备案后组织实施。

该大纲应包括不同阶段、不同场地应进行的检测项目，特别是应明示进入国家铁路试验、考核前必须检测合格的项目。

应进入国家铁路试验的项目，由申请人凭专业技术机构出具的《检测合格通知书》按试验和考核大纲要求联系试验场地。

专业技术机构应按大纲内容逐项监督实施，以确保型式试验的完整性、准确性及结果的真实性，对所做出的结论承担法律责任。

第十一条 轨道车辆型式试验主要项目：结构、机械性能检查，电气设备性能检查与试验，构造速度，在平直线路上、满载时紧急制动距离，整车结构安全、制动、运行性能试验（单机制动距离、基本阻力、牵引性能、启动和加速性能试验）等。

第十二条 大型养路机械型式试验的主要项目包括：基础结构、动力传动系统、液压系统、制动系统、气动系统、电气系统等检查；作业性能测试；运行性能、制动距离等。

第十三条 铁道部自受理申请之日起20日内做出行政许可决定。20日内不能做出决定的，经铁道部主管领导批准，可以延长10日，并将延长期限的理由告知申请人。

型式试验、专家评审所需时间不计算在上述期限内。

第十四条　铁道部做出准予行政许可的决定后，应当自做出许可决定之日起10日内向申请人颁发相应的维修合格证书。维修合格证编号原则为：####000—××＊＊，####—为铁路机车车辆类型目录编号，000—为同类型不同型号顺序号，××—为获证人缩写拼音字母（可多位），＊＊—为申请人已获得同类型维修合格证顺序号。

维修合格证有效期为5年，从批准之日起计算。

第十五条　在维修合格证书的有效期内，维修企业必须在产品前端外侧和产品履历书内标明维修合格证的有效期和编号。

第十六条　经审查不予许可的申请人，维修条件没有发生实质变化再次提出同一申请的不予受理；隐瞒有关情况或者提供虚假材料申请的，在1年内不得再次申请同一行政许可；以欺骗、贿赂等不正当手段取得行政许可的，在3年内不得再次申请同一行政许可。

第十七条　维修出厂的轨道车辆和大型养路机械产品在投入使用前，应当经过铁道部验收合格。

整机安全性能、运行性能、制动性能和有精度要求的作业性能应达到新造车性能；重要零部件和主要系统性能达到相关标准规定。

第十八条　取得维修合格证的企业停止维修相关产品3年以上重新维修时，应重新申请维修合格证。

第十九条　在维修合格证有效期内，被许可企业名称变更，应提交有关部门的批准文件及工商行政管理部门核发的新的营业执照，在变更后30日内向铁道部申请办理维修合格证变更手续。

第二十条　维修合格证有效期满，企业继续维修的，应当在有效期满前3个月内向铁道部提出延期申请。

提出延期申请的企业，应当提交原维修合格证。

第二十一条　在维修合格证有效期内，企业维修条件、检验手段、生产技术或者工艺发生较大变化的，可能影响行车安全或作业性能的，应当及时向铁道部提出申请，铁道部运输局将依照本细则规定重新组织审查。

第二十二条　铁道部应当加强对取得维修合格证的企业从事维修活动的监督检查。监督检查时可以对产品依法进行抽样检验、检测，对维修场所进行实地检查，依法查阅或者要求被许可企业报送企业情况、维修技术报告等材料。被许可企业应当如实提供有关情况和材料。

第二十三条　被许可企业应当保证产品维修质量稳定合格，并于每年年底向铁道部运输局提交年度质量报告。企业对报告的真实性负责。

第二十四条　监督检查时发现下列情况之一的，应责令被许可人暂停维修业务，并限期整改：

（一）维修产品存在安全隐患的；

（二）主要管理人员、技术人员不能符合申请要求的；

（三）产品质量保证体系和管理制度不健全的；

（四）维修设施、设备、工艺不能保证维修质量的；

（五）检验、试验手段不能保证维修产品质量的；

（六）维修产品与技术条件符合性不满足要求的；

(七)其他不能保证产品质量的情形。

第二十五条 取得维修合格证的企业有下列情形之一的,铁道部将撤销维修许可:

(一)因产品质量导致重大、特大事故,造成恶劣后果和严重影响,经查属维修责任的;

(二)涂改、倒卖、出租、出借维修合格证,或者以其他形式非法转让维修合格证的;

(三)以欺骗、贿赂等不正当手段取得维修合格证的;

(四)责令限期整改未整改或整改后仍不合格的;

(五)法律法规规定应当撤销的其他情形。

第二十六条 取得维修合格证的企业有下列情形之一的铁道部将注销维修许可:

(一)被许可企业不再维修该产品的;

(二)维修合格证有效期已过,未提出延续申请的;

(三)被许可企业变更企业名称,未办理变更手续的;

(四)维修许可被撤销的;

(五)被许可企业依法终止的;

(六)其他应当注销许可证的情形。

第二十七条 运输局组织专家评审时所聘专家从相关专家库中选取,与申请单位有利害关系的人员不得进入专家组。专家评审应遵循科学、公正、客观的原则,严格遵守保密规定,审查结束后,相关资料必须交回。

第二十八条 专业技术机构对获悉的技术资料,应当遵守保密规定,不得利用获悉的保密技术资料从事相应的设计、制造、维修工作,不得与申请人有关联关系。

第二十九条 本《细则》由铁道部运输局负责解释。

第三十条 本《细则》自发布之日起施行。

附件1

申请企业基本情况

申请企业:________________________(盖章)

法人代表或负责人:________________

联 系 人:________________________

填表日期:________________________

中华人民共和国铁道部

编制说明

1. 本表应用计算机制作，可用钢笔或签字笔填写。字迹应清晰、工整，不得涂改。根据填写内容，可自行调整表格。

2. 企业名称要与工商行政管理部门核发的企业工商营业执照名称相一致。

3. 产品型号、名称应与“型号合格证”中的表述一致。

4. “五、生产基础设施”指基本固定的厂房、行车类设施。

5. “七、主要工装”中，有型号的请写明。

6. “五”、“六”、“七”、“八”中“位置”列，属本企业的填“本企业”，属外包方的填“外包”。

7. 表中下述几处内容，说明的是填写范围，申请企业填表时应填写企业的实际情况。

①“五、生产基础设施”中“生产基础设施”列；

②“六、主要生产设备”中“设备型号、名称”列；

③“七、主要工装”中“工装名称”列；

④“八、主要检验、试验设备（含计量器具）”中“检验、试验设备名称、型号”列。

8. 封面须加盖企业公章（企业公章复印无效）。

一、企业概况					
名称	（中文）				
	（英文或拼音缩写）				
法定代表人			职务		
地址				邮编	
电话			传真		
电子邮箱					
联系人			电话		
营业执照编号、有效期、经营范围：					
注册资金		固定资产		员工总数	
隶属关系					

续上表

<table>
<tr><td>企业性质</td><td colspan="6">□ 国有 □ 集体 □ 个体 □ 股份制 □ 合作 □ 其他□ 合资 □ 独资 □ 台资</td></tr>
<tr><td>行业类别</td><td colspan="6"></td></tr>
<tr><td colspan="7">近 3 年年生产产值：</td></tr>
<tr><td colspan="7">生产、维修铁路机车车辆产品的品种和历史、主要用户信息：</td></tr>
<tr><td colspan="7">二、主要管理人员情况</td></tr>
<tr><td>姓名</td><td>性别</td><td>年龄</td><td>学历</td><td>职务</td><td>职称</td><td>从事本职务
连续年限</td></tr>
<tr><td></td><td></td><td></td><td></td><td></td><td></td><td></td></tr>
<tr><td></td><td></td><td></td><td></td><td></td><td></td><td></td></tr>
<tr><td></td><td></td><td></td><td></td><td></td><td></td><td></td></tr>
<tr><td></td><td></td><td></td><td></td><td></td><td></td><td></td></tr>
<tr><td colspan="7">三、质量管理状况</td></tr>
<tr><td>质量体系</td><td colspan="6"></td></tr>
<tr><td>质量体系覆盖
产品范围</td><td colspan="6"></td></tr>
<tr><td>认证机构</td><td colspan="6"></td></tr>
<tr><td>证书编号</td><td colspan="3"></td><td>证书有效期</td><td colspan="2"></td></tr>
<tr><td>管理者代表</td><td colspan="3"></td><td>职 务</td><td colspan="2"></td></tr>
<tr><td>质量管理部门</td><td></td><td>专职从事质量
管理人数</td><td></td><td>体系覆盖
员工总数</td><td colspan="2"></td></tr>
<tr><td colspan="7">质量体系描述（附体系结构图）：</td></tr>
</table>

续上表

四、专业技术人员、检验、计量人员、技术工人数量			
级别	技术人员	检验、计量人员	技术工人
初级			
中级			
高级			

五、生产基础设施			
序号	生产基础设施	所在工序	位置
1	厂房应满足轨道车辆和大型养路机械产品整机和总成维修的需要，具有解体、清洗、装配、焊接、组装、涂装和检测的车间或场所		
2	起吊能力满足生产需要，组装车间应具备双梁桥式起重机和顶升设备		
3	有足够的供水、供电、供气设施，解体和装配车间有地沟		
4	维修具有液压装置的产品，要具备无尘、无烟、干燥的液压系统专用检测、安装场所		
5	具有防尘、保温、湿度控制的专用涂装车间		
6	具备专用铁路线路，并与铁路正线连通。具备申证产品要求的调试线路、性能试验线路和出厂前例行运行试验线路		
7	材料、配件的存放应有专门的区域，满足相关规定的贮存条件和具有完备的防护措施		
8	具备必需的转运设备(如移车台、货车、叉车等)		

六、主要生产设备				
序号	设备型号、名称	规格	用途	位置
1	原材料设备：材料预处理设备、下料设备、材料校正设备等			
2	切削加工设备			

续上表

3	焊接设备:气体保护焊设备、埋弧焊设备、焊接变位器等			
4	清洗设备:硬管清洗设备、零件清洗设备等			
5	液压、气动系统生产设备:钢管卡套预扣机、胶管剥胶机、软管扣压设备、精细滤油设备等			
6	轮对加工、压装设备			
7	结构件校正设备			

七、主要工装

序号	工装名称	用途	使用工序	位置
1	软(硬)管路制作模具			
2	各类拆卸工装			
3	重要总成组装对位工装			
4	整机组装对位工装			

续上表

八、主要检验、试验设备(含计量器具)

序号	检验、试验设备名称、型号	用途	使用工序	位置
1	重要箱体零件精度检验设备			
2	焊缝无损检测设备(超声波探伤、磁粉探伤、裂纹深度测量等)			
3	重要结构件精度检验设备			
4	重要零部件试验台,包括:制动机试验台、轮对台架试验台、油压减振器试验台等。轨道车和大型养路机械还应具有发动机试验台、液力变矩动力换挡齿轮箱测试台(仪)、齿轮箱试验装置等。大型养路机械还应具有多功能液压试验台、传感器试验台、工作装置试验台等			
5	运行性能检测仪器,包括: 三维加速度及平稳性指标仪、红外线测温仪、雷达测速仪、测距仪等			
6	其他整机性能检测设备,包括: 淋雨试验装置、限界检测、噪声测试、超声波测漏仪、对有精度要求作业性能的检测专用设备等			

续上表

九、主要供方清单

序号	供方	供方质量体系情况

十、用户服务机构、用户服务程序和用户服务人员基本情况

用户服务机构		专职用户服务人员数量	
用户服务机构职能			

用户服务（含培训）程序、内容说明：

十一、近3年铁路机车车辆产品质量情况（自述和用户意见）

附件2

维修技术准备报告

产品名称型号:________________________

申证企业名称:________________________（盖章）

企业通信地址:________________________

联 系 电 话:____________邮政编码:____________

电 子 邮 箱:________________________

联　系　人:________ 申请日期:____年__月__日

编 制 说 明

1. 可用电子计算机制作。根据填写内容,可自行调整表格。

2. 企业名称要与工商行政管理部门核发的企业工商营业执照名称相一致。

3. 产品型号、名称应与"型号合格证"中的表述一致。

4. "七、与产品修理有关的生产基础设施"指基本固定的厂房、行车类设施。

5. "九、与产品修理相关的主要工装"中 ,有型号的请写明。

6. "七"、"八" 、"九"、"十"中"位置"列,属本企业的填"本企业",属外包方的填"外包"。

7. 封面须加盖企业公章(企业公章复印无效)。

一、产品外形照片

续上表

二、产品性能简述
三、产品修理中遵循的法规和技术标准(含经铁路行业标准化主管部门备案和确认的企业标准)
四、产品维修质量控制重点(包括对环境要求)

续上表

五、产品技术文件

六、产品维修过程中执行的质量体系文件

七、与产品修理有关的生产基础设施

序号	生产基础设施	所在工序	位置
1	厂房应满足轨道车辆和大型养路机械产品整机和总成维修的需要，具有解体、清洗、装配、焊接、组装、涂装和检测的车间或场所		
2	起吊能力满足申证产品维修需要；组装车间应具备双梁桥式起重机和顶升设备		
3	有足够的供水、供电、供气设施，解体和装配车间有地沟		
4	维修具有液压装置的产品，要具备无尘、无烟、干燥的液压系统专用检测、安装场所		
5	具有防尘、保温、湿度控制的专用涂装车间		
6	具备专用铁路线路，并与铁路正线连通；具备产品要求的调试线路、性能试验线路和出厂前例行运行试验线路		
7	材料、配件的存放应有专门的区域，满足相关规定的贮存条件和防护措施		
8	具备必需的转运设备（如移车台、货车、叉车等）		

续上表

八、与产品修理相关的主要生产设备

序号	设备型号、名称	规格	用途	位置
1	原材料设备:材料预处理设备、下料设备、材料校正设备等			
2	切削加工设备			
3	焊接设备:气体保护焊设备、埋弧焊设备、焊接变位器等			
4	清洗设备:硬管清洗设备、零件清洗设备等			
5	液压、气动系统生产设备:钢管卡套预扣机、胶管剥胶机、软管扣压设备、精细滤油设备等			
6	轮对加工、压装设备			
7	结构件校正设备			
8				

九、与产品修理相关的主要工装

序号	工装名称	用途	使用工序	位置
1	各类拆卸工装			
2	软(硬)管路制作模具			
3	重要总成组装对位工装			
4	整机组装对位工装			
5				
6				

续上表

十、与产品修理相关的主要检验、试验设备(含计量器具)				
序号	检验、试验设备名称、型号	用途	使用工序	位置
1	重要箱体零件精度检验设备			
2	焊缝无损检测设备(超声波探伤、磁粉探伤、裂纹深度测量等)			
3	重要结构件精度检验设备			
4	重要零部件试验台,包括:制动机试验台、轮对台架试验台、油压减振器试验台等。轨道车和大型养路机械还应具有发动机试验台、液力变矩动力换挡齿轮箱测试台(仪)、齿轮箱试验装置等。大型养路机械还应具有多功能液压试验台、传感器试验台、工作装置试验台等			
5	运行性能检测仪器,包括:三维加速度及平稳性指标仪、红外线测温仪、雷达测速仪、测距仪等			
6	其他整机性能检测设备,包括:淋雨试验装置、限界检测、噪声测试、超声波测漏仪、对有精度要求作业性能的检测专用设备等			

十一、主要供方清单和外包项目			
序号	外包项目	供方	供方质量体系情况

续上表

十二、维修生产能力分析			
十三、其他应说明的问题			

铁路车辆生产许可实施细则

铁道部 2008 年 8 月 18 日　铁运[2008]151 号

第一章　总　　则

第一条　为加强铁路车辆生产管理，确保铁路运输安全，根据《铁路运输安全保护条例》（国务院令第 430 号）、《铁路机车车辆设计生产维修进口许可管理办法》（铁道部令第 14 号），制定本细则。

第二条　本细则所称铁路车辆为《铁路机车车辆设计生产维修进口许可管理办法》（铁道部令第 14 号）附件《铁路机车车辆类型目录》及其补充文件中编号为 2001、2002 和编号首位为 3、4、5、9 的产品，以及编号为 2003、6004、6005、6006 和编号首位为 8 的产品中的车辆（铁路救援起重机吊臂平车除外，见附件 1，以下简称“车辆”）。

第三条　在中华人民共和国境内生产，并在中国铁路使用的车辆，车辆生产企业须按照本细则规定的程序，取得相应型号车辆的生产许可证。

第四条　生产的车辆应当符合国家产业发展政策、技术发展政策及铁路装备现代化的要求，符合铁路用户的需求。

第五条　铁道部行政许可管理机构（以下简称“行政许可机构”）负责受理生产许可证的申请和送达行政许可决定。铁道部运输局会同科技司负责生产许可申请的审查，运输局负责生产许可的管理和监督。

第二章　取证条件和申报材料

第六条　取得生产许可证应当具备下列条件：

（一）申请生产的车辆已取得铁道部颁发的型号合格证。

（二）申请人或主要出资人应具有与申请车辆相类似的铁路车辆生产资质，或具有连续 3 年以上生产大型机械产品经历。

（三）申请铁路车辆生产许可的申请人须具有独立法人资格。申请铁路货车生产许可的申请人，其注册资本原则上不低于上一年度铁路货车通用车型平均单价的 200 倍；申请铁路客车、动车组生产许可的申请人，其注册资本原则上不低于上一年度主型客车平均单价的 50 倍。

（四）申请人应具有完备的产品图样、技术文件和技术资料，具有产品图样的合法使用权。

（五）《生产技术准备报告》通过审查。

（六）整车和关键零部件按规定进行的型式试验合格。

（七）整车和关键零部件通过技术审查或生产质量认证。

（八）主要管理人员具备相应的生产管理能力和经验。

（九）具有能够满足批量生产要求、保证车辆制造质量的相应人员，包括车辆、机械制造、焊接等中高级专业技术人员，计量、理化等检验人员，以及机械加工、焊接、铆接、装配等技术操作人员；其中高级专业技术人员人数不低于员工总数的 1%，中高级专业技术人员总人数不低于员工总数的 4%。

(十)具有能够保证车辆制造质量和持续批量制造能力的生产设施、设备、工艺装备。

(十一)具有能够验证车辆制造质量的计量、检验、试验手段。

(十二)具有完善的质量管理体系、管理制度和用户服务体系。

(十三)具有良好的产品质量信誉,生产的相关产品近3年内无严重质量不良记录。

(十四)符合法律法规规定的其他要求。

第七条 申请人具有多个生产基地,申请时应明确生产地点。申请铁路货车生产许可的,其生产基地固定资产总额原则上不低于上一年度铁路货车通用车型平均单价的200倍;申请铁路客车、动车组生产许可的,其固定资产总额原则上不低于上一年度主型客车平均单价的50倍;同时还应符合第六条除第(三)款以外的规定。

第八条 申请生产许可证应提交下列材料(同时携带企业法人营业执照副本原件备查),所提供的材料应加盖申请人单位公章:

(一)行政许可申请书(一式二份,见附件2)。

(二)企业法人营业执照(副本复印件)。

(三)型号合格证(复印件)。

(四)铁道部批准的定型产品图样及其合法来源证明(复印件)。

(五)质量管理体系认证证书(复印件)。

(六)申请人基本情况(见附件3)。

(七)生产技术准备报告(见附件4)。

(八)申请人生产的相关产品近3年内使用情况报告。

(九)法律法规要求的其他材料。

第九条 申请压力容器类罐车生产许可的,还应提供本企业或压力容器合作生产企业的由国家相关部门核发的压力容器制造许可证。申请固定安装有起重设备的铁路施工机械用专用车辆生产许可证的,还应提供本企业或起重设备合作生产企业的由国家相关部门核发的相应型号起重设备的制造许可证。申请固定安装有专用设备的铁路施工机械用专用车辆生产许可证的,还应提供铁道部主管部门对固定专用设备审查材料。

第三章 申请和审查

第十条 符合本细则规定条件的申请人,可向行政许可机构提出车辆生产许可申请。

第十一条 铁道部运输局组织专家对申请内容进行审查,必要时对生产现场进行考察。申请人应完成样车试制、型式试验,由铁道部运输局组织技术审查或生产质量认证。审查合格的做出准予行政许可决定;审查不合格的做出不予行政许可决定,并说明理由。

第十二条 型式试验应按有关标准、规范和规定进行,由通过国家计量认证并经铁道部认可的专业技术机构实施。专业技术机构应根据有关标准、规范和规定及型式试验项目的具体要求编制试验大纲,试验大纲经铁道部审批后实施。

第十三条 专业技术机构应按大纲内容逐项进行试验,应保证型式试验的完整性、准确性和结果的真实性。专业技术机构应出具有明确结论的试验报告,并对所做出的结论承担法律责任。

第十四条　型式试验需进入铁路运营线时，应经铁道部批准。申请人应按图样、技术条件、铁道部有关标准和规定，对被试车辆进行检查，经铁道部驻厂车辆验收室查验合格。

第十五条　型号合格证持有者在取证后 3 个月内申请生产许可证的，已审查内容可不再审查。

第十六条　申请人完成样车试制、试验后，样车审查或生产质量认证时应提交下列技术资料：

（一）试制工艺工作报告。

（二）质量检测报告。

（三）生产能力测算报告。

（四）监督检验报告。

（五）型式试验报告。

（六）企业鉴定报告。

（七）产品技术条件及使用维护说明书。

（八）产品总图。

（九）其他需说明的材料。

第四章　生产许可决定

第十七条　铁道部自受理申请之日起 20 个工作日内作出行政许可决定。20 个工作日内不能作出决定的，经铁道部主管领导批准，可以延长 10 日，并将延长期限的理由告知申请人。

型式试验、专家评审（含申请材料审查、现场考察和样车审查或生产质量认证）所需时间不计算在上述期限内。

第十八条　铁道部作出准予行政许可的决定后，自作出许可决定之日起 10 个工作日内向申请人颁发相应的生产许可证书。

铁路车辆生产许可证书的编号方法为：####—×××—B—＊＊＊＊。####为铁路车辆种类代码，用汉语拼音首位字母表示（例如铁路货车为 TLHC）；×××为被许可人代号，用阿拉伯数字表示；B 表示生产许可证；＊＊＊＊为生产许可证书序列号。

第十九条　经审查不予许可的，申请人的条件没有发生实质变化，再次以同一理由提出申请的，不予受理；同一行政许可申请，连续两次审查不合格的，两年内不再受理该项行政许可；隐瞒有关情况或者提供虚假材料的，不得再次申请该项行政许可。

第五章　管理与监督

第二十条　生产许可证有效期为 5 年，从决定之日起计算。有效期满后，被许可人需要延续已取得的生产许可证有效期的，应在有效期满 60 日前向铁道部提出延期申请。提出延期申请的被许可人，应提交原生产许可证。

第二十一条　在生产许可证书的有效期内，被许可人必须在产品合格证、使用说明书上标明生产许可证的编号和有效期限。

第二十二条　有下列情形之一的，应重新申请生产许可：

（一）被许可人变更生产地点的。

（二）被许可人控股权或实际控制人发生改变的。

（三）被许可人停止生产相应型号车辆2年以上，恢复生产的。

（四）在生产许可证有效期内，产品的技术性能、技术标准、主要结构型式等发生较大变化的。

第二十三条 在生产许可证有效期内，被许可人的生产条件、检验手段或制造工艺发生较大变化时，应及时报铁道部运输局。被许可人应重新进行相关试验，铁道部运输局组织审查。

第二十四条 被许可人在生产许可证有效期内企业名称发生变更，应提交有关部门的批准文件及工商行政管理部门核发的新营业执照，在变更名称后60日内向铁道部申请办理生产许可证变更手续。变更后企业注册资本不得低于本细则第六条第（三）款的规定。

第二十五条 铁道部对被许可人从事被许可产品生产进行监督，被许可人应保证产品质量稳定，定期向铁道部运输局提交生产质量报告。铁道部依法对产品进行抽样检测，对生产现场进行实地检查，依法查阅或者要求被许可人提供企业情况、生产技术报告以及能充分证明产品符合铁道部批准的技术条件、图样、有关文件和标准的相关材料。产品在投入使用前，应经铁道部驻厂车辆验收室验收合格。

第二十六条 发现下列情况之一的，铁道部对被许可人提出警告，或责令暂停部分或全部车辆产品的生产、销售，被许可人应进行整改。被警告的被许可人在3个月内经审核仍不合格的，应暂停部分或全部车辆的生产、销售。暂停部分或全部车辆生产、销售的被许可人应在6个月内完成整改，并向铁道部提出复查申请。

（一）产品存在安全隐患的。

（二）主要管理人员、技术人员不符合规定要求的。

（三）质量管理体系和管理制度不健全的。

（四）生产设施、设备、工艺及产品检验、试验手段不能保证产品质量的。

（五）产品与技术条件及有关标准符合性不能满足要求的。

（六）其他原因不能保证产品质量的。

第二十七条 有下列情形之一的，铁道部可视具体情况撤销部分或全部车辆产品生产许可。法律法规规定应当撤销生产许可的，按规定执行。

（一）被许可人生产的车辆因质量原因导致发生特别重大、重大铁路交通事故的。

（二）涂改、倒卖、出租、出借生产许可证，或者以其他形式非法转让生产许可证的。

（三）以不正当手段取得生产许可证的。

（四）限期内未进行整改或整改后仍不合格的。

第二十八条 被撤销生产许可的，2年内不得再次申请该项行政许可；以不正当手段取得的生产许可被撤销的，不得再次申请该项行政许可。

第二十九条 有下列情形之一的，注销生产许可证：

（一）被许可人不再生产被许可产品的。

（二）生产许可证有效期已过，未提出延续申请的。

（三）被许可人变更企业名称，未办理变更手续的。

（四）被许可人破产或解散的。

（五）被许可人依法被终止生产、经营的。

（六）其他应当注销许可证的情形。

第三十条　进行生产许可审查需聘请专家时，专家应与申请人无直接利害关系。专家应对申请人的相关资料和信息保密，审查结束后，相关资料须交回。审查应遵循科学、公正、真实的原则。

第三十一条　铁道部负责对专业技术机构进行监督管理。专业技术机构应对获悉的技术资料及信息保密，不得利用获悉的技术资料从事相应的设计、制造、维修工作，不得与申请人有关联关系。

第六章　附　则

第三十二条　本细则由铁道部运输局负责解释。

第三十三条　本细则自发布之日起施行。

附件 1

铁路车辆类型目录

编号	产品名称
2001	电力动车组
2002	内燃动车组
3001	卧车
3002	座车
3003	餐车
3004	行李车
3005	发电车
3006	邮政车
3007	试验车
4001	棚车
4002	敞车
4003	平车
4004	冷藏车
4005	矿石车
4006	罐车
4007	家畜车

续上表

<table>
<tr><th>编号</th><th>产品名称</th></tr>
<tr><td>5001</td><td>特种车辆</td></tr>
<tr><td>9001</td><td>架桥机组车辆</td></tr>
<tr><td>9002</td><td>铺轨机组车辆</td></tr>
<tr><td colspan="2">编号为 2003、6004、6005、6006 的产品中的车辆(铁路救援起重机吊臂平车除外)</td></tr>
<tr><td colspan="2">编号首位为 8 的产品中的车辆</td></tr>
</table>

附件 2

行政许可申请书

<table>
<tr><td rowspan="4">个人申请</td><td>姓　　名</td><td></td><td>身份证号码</td><td></td></tr>
<tr><td>住　　址</td><td colspan="3"></td></tr>
<tr><td>联系电话</td><td></td><td>邮政编码</td><td></td></tr>
<tr><td>电子邮箱</td><td colspan="3"></td></tr>
<tr><td rowspan="8">单位申请</td><td>单位名称</td><td></td><td>法人代表</td><td></td></tr>
<tr><td>单位地址</td><td colspan="3"></td></tr>
<tr><td>联系电话</td><td></td><td>邮政编码</td><td></td></tr>
<tr><td>电子邮箱</td><td colspan="3"></td></tr>
<tr><td>委托代理人</td><td></td><td>身份证号码</td><td></td></tr>
<tr><td>住　　址</td><td colspan="3"></td></tr>
<tr><td>联系电话</td><td></td><td>邮政编码</td><td></td></tr>
<tr><td>电子邮箱</td><td colspan="3"></td></tr>
<tr><td colspan="2">行政许可申请项目</td><td colspan="3"></td></tr>
<tr><td colspan="2">行政许可申请内容</td><td colspan="3"></td></tr>
<tr><td colspan="2">所附申请材料目录
(标注页码)</td><td colspan="3"></td></tr>
</table>

注:以下内容由受理机构填写。

受理人(审核人):　　　　　　　　　　　　收到日期:

附件3

申请人基本情况

申请人名称：________________（盖章）

法 人 代 表：________________

联　系　人：________________

填 表 日 期：________________

填 写 说 明

1. 本表应用计算机制作，根据填写内容，可自行调整表格。

2. 企业名称应与工商行政管理部门核发的企业工商营业执照名称相一致。

3. 产品型号、名称应与“型号合格证”中的一致。

4. “五、生产基础设施”指基本固定的厂房等设施。

5. “七、主要工艺装备”中，有型号的应写明。

6. “五”、“六”、“七”、“八”中“位置”列，属本企业的填“本企业”，属外包方的填“外包”。

7. 表中下述几处内容，说明的是填写范围，申请人填表时应填入企业的实际情况。

（1）“五、生产基础设施”中“生产基础设施”列；

（2）“六、主要生产设备”中“设备型号规格、名称”列；

（3）“七、主要工艺装备”中“工艺装备名称”列；

（4）“八、主要检验、试验设备（含计量器具）”中“检验、试验设备名称、型号”列。

8. 封面及相关证明材料须加盖申请人单位公章（复印无效）。

一、企业概况				
名　称	（中文）			
	（英文或汉语拼音缩写）			
法定代表人		职　务		
地　址			邮　编	
电　话		传　真		
电子邮箱				
联　系　人		电　话		

续上表

<table>
<tr><td colspan="6">营业执照发证部门、编号、有效期、经营范围</td></tr>
<tr><td>注册资本</td><td></td><td>固定资产</td><td></td><td>员工总数</td><td></td></tr>
<tr><td>隶属关系</td><td colspan="5"></td></tr>
<tr><td>企 业 性 质</td><td colspan="5">□国有 □集体 □个体 □ 股份制 □合作 □其他
□合资 □独资 □台资</td></tr>
<tr><td>行业类别</td><td colspan="5"></td></tr>
<tr><td colspan="6">近3年每年产值</td></tr>
<tr><td colspan="6">生产车辆的品种和历史、主要用户信息</td></tr>
</table>

二、主要管理人员情况

姓 名	性 别	年 龄	学 历	职 务	职 称	从事本职务连续年限

三、质量管理状况

质量体系	

续上表

质量体系覆盖产品范围					
认证机构					
证书编号			证书有效期		
管理者代表			职　务		
质量管理部门		专职从事质量管理人数		体系覆盖员工总数	
质量体系描述(附体系结构图)					

四、专业技术人员、检验人员、技术操作人员数量

级　别	技术人员	检验人员	技术操作人员
初　级			
中　级			
高　级			

五、生产基础设施

序号	生产基础设施	所在工序	位　置
1	与产品制造技术相适应的工作场地、环境条件、设施,与生产能力相适应的建筑和厂房面积,应特别说明下料、焊接、组装、涂装和检验的车间或场所		
2	整机和大型部件、构件生产场地、车间应有符合规定要求的起重设施		
3	满足需要的供水、供电、供气设施		
4	满足液压、气动、电气装置生产组装要求的专用场所		
5	具有防尘、控制温度和湿度、满足环保要求的专用涂装车间		

续上表

6	申请生产许可产品落成所需的调试线路、性能试验线路和出厂前例行交验、运行试验线路		
7	材料、配件的存放应有专门的区域，满足相关规定的贮存条件和具有完备的防护措施		
8	整机及重要零部件的转运设备		
9	其他重要设施		

六、主要生产设备

序号	设备型号、规格、名称	数　量	用　途	位　置
1	原材料处理、下料设备			
2	重要零部件机械加工设备			
3	板料数控折弯设备、数控弯管设备			
4	气体保护焊焊接设备、焊接变位机、用于重要结构件的自动焊接设备			
5	轮对加工设备、轮对压装设备、轴承压装设备			
6	热加工设备			
7	零件清洗设备、表面处理设备			
8	铸、锻及成形设备			
9	架车机			
10	其他重要设备			

七、主要工艺装备

序号	工 艺 装 备 名 称	用　途	使用工序	位　置
1	重要零部件专用机械加工工装			
2	重要铸、锻、冲压零件专用工装			
3	软（硬）管路制作模具			
4	转向架、车体、司机室等重要部件专用组焊工装			

续上表

5	重要组成组对工装			
6	整车、整机组装用台架			
7	其他重要工装			

八、主要检验、试验设备(含计量器具)

序号	检验、试验设备名称、型号	用　途	使用工序	位　置
1	理化检验设备			
2	计量设备			
3	无损检测设备			
4	重要零部件试验台： 制动机试验台、轮对台架试验台、油压减震器试验台等			
5	整机性能检测设备：漏雨试验装置、单车试验器、限界检测、称重专用设备等			
6	其他重要检测、试验设备			

九、主要供方清单

序号	供方	供方质量体系情况

十、用户服务机构、用户服务程序和用户服务人员基本情况

用户服务机构		专职用户服务人员数量	
用户服务机构职能			

续上表

用户服务人员情况									
序号	姓　名	性别	年龄	职称	文化程度	所学专业	技术特长	相关工作年限	备　注
用户服务(含培训)程序、内容说明									

十一、生产的相关产品近3年内使用情况(自述并附用户意见)

十二、国家相关部门核发的允许经营相关产品的营业执照(副本复印件)

十三、国家相关部门核发的压力容器制造许可证(复印件,仅压力容器类罐车提供)

十四、国家相关部门核发的起重机械的制造许可证(复印件,仅固定安装有起重设备的铁路施工机械用专用车辆提供)

附件4

生产技术准备报告

产品型号名称:________________

申 请 人 名 称:________________(盖章)

企业通信地址:________________

联 系 电 话:__________邮政编码:__________

电 子 邮 箱:________________

联　系　人:________ 申请日期:____年__月__日

填写说明

1. 本报告用计算机制作,根据填写内容,可自行调整表格。

2. 企业名称应与工商行政管理部门核发的企业工商营业执照名称相一致。

3. 产品型号、名称应与"型号合格证"中表述一致。

4. "九、产品生产必备的生产基础设施"指基本固定的厂房等设施。

5. "十一、产品生产必备的工装、模具"中 ,有型号的应写明。

6. "九"、"十"、"十一"、"十二"中"位置"列,属本企业的填"本企业",属外包方的填"外包"。

7. 表中下述几处内容,说明的是填写范围,申请人填表时应填入企业的实际情况。

(1)"九、产品生产必备的生产基础设施"中"生产基础设施"列;

(2)"十、产品生产必备的设备"中"设备名称及型号规格"列;

(3)"十一、产品生产必备的工艺装备、模具"中"工艺装备、模具名称"列;

(4)"十二、产品生产必备的检测、试验手段"中"检验、试验设备名称、型号"列。

8. 封面及相关证明材料须加盖申请人单位公章(复印无效)。

一、产品外形照片
二、产品性能简述
三、产品生产中遵循的法规和技术标准(含铁道部主管部门确认的企业标准)

续上表

四、产品质量控制重点(包括对生产环境要求)			
五、产品生产流程			
六、产品生产过程执行的质量管理体系文件			
七、产品生产过程人力资源配置			
级别	技术人员	检验、计量人员	技术工人
初级			
中级			
高级			
八、产品技术文件			

续上表

九、产品生产必备的生产基础设施

序号	生产基础设施	所在工序	位置
1	与产品制造技术相适应的工作场地、环境条件、设施及和生产能力相适应的建筑和厂房面积，特别应说明下料、焊接、组装、涂装和检验的车间或场所		
2	整机和大型部件、构件生产场地、车间应有符合规定要求的起重设施		
3	有足够的供水、供电、供气设施		
4	有满足液压、气动、电气装置生产组装要求的专用场所		
5	具有防尘、保温、湿度控制的专用涂装车间		
6	具备申请生产许可产品落成要求的调试线路、性能试验线路和出厂前例行交验、运行试验线路		
7	材料、配件的存放应有专门的区域，满足相关规定的贮存条件和具有完备的防护措施		
8	转运重要零部件的专用设备		
9	其他重要设施		

十、产品生产必备的设备

序号	设备名称及型号规格	数量	用途	位置
1	原材料下料、原材料处理设备			
2	重要零部件机械加工设备			
3	板料数控切割、折弯设备			
4	气体保护焊焊接设备、焊接变位机、用于重要结构件的自动焊接设备			
5	轮对加工设备、轮对压装设备、轴承压装设备			
6	热加工设备			
7	表面处理设备			
8	铸、锻及成形设备			
9	架车机、零件清洗设备			
10	其他重要设备			

续上表

十一、产品生产必备的工艺装备、模具

序号	工艺装备、模具名称	用途	使用工序	位置
1	重要零部件专用机加工工装			
2	重要铸、锻、冲压零件专用工装			
3	软(硬)管路制作模具			
4	转向架、车体等重要结构件专用组焊工装			
5	司机室焊接、组装专用工装			
6	重要组成组对工装			
7	整车、整机组装用台架			
8	其他重要工装			

十二、产品生产必备的检测、试验手段

序号	检验、试验设备名称、型号	用途	使用工序	位置
1	理化检验设备			
2	计量设备			
3	无损检测设备			
4	重要零部件机械加工检验设备			
5	重要结构件制造精度检验设备			
6	重要零部件试验台			
7	整机性能检测设备			
8	其他重要检测、试验设备			

十三、申请生产许可产品的主要供方清单

序号	外包项目	供　方	供方质量管理体系情况

续上表

十四、资金对生产规模的保证能力
十五、生产能力分析
十六、其他应说明的问题

铁路车辆维修许可实施细则

铁道部 2008 年 8 月 18 日　　铁运[2008]151 号

第一章　总　　则

第一条　为加强铁路车辆维修管理,确保铁路运输安全,根据《铁路运输安全保护条例》(国务院令第 430 号)、《铁路机车车辆设计生产维修进口许可管理办法》(铁道部令第 14 号),制定本细则。

第二条　本细则所称铁路车辆为《铁路机车车辆设计生产维修进口许可管理办法》(铁道部令第 14 号)附件《铁路机车车辆类型目录》及其补充文件中编号为 2001、2002 和编号首位为 3、4、5、9 的产品,以及编号为 2003、6004、6005、6006 和编号首位为 8 的产品中的车辆(铁路救援起重机吊臂平车除外,见附件 1,以下简称"车辆")。本细则所称维修是指铁路车辆整机性能的恢复性修理或维护性修理。

第三条　在中华人民共和国境内维修,并在中国铁路使用的车辆,车辆维修企业须按照本细则规定的程序,取得相应的车辆维修合格证。

第四条　车辆的维修应当符合国家产业发展政策、技术发展政策及铁路装备现代化的要求,符合铁路用户的需求。

第五条　铁道部行政许可管理机构(以下简称"行政许可机构")负责受理维修合格证的申请和送达行政许可决定。铁道部运输局负责维修许可申请的审查及维修许可的管理和监督。

第二章　取证条件和申报材料

第六条　取得维修合格证应当具备下列条件:

(一) 申请人应具有维修产品的图样、工艺等相关技术文件和技术资料。

(二)申请人应具有铁路车辆生产或维修资质,或具有连续 3 年以上生产大型机械产品的经历,或列入铁道部发展规划的新建专用车辆维修基地。

(三)申请铁路车辆维修许可的申请人须具有独立法人资格。申请铁路货车维修许可的申请人,其注册资本原则上不低于上一年度铁路货车通用车型相应修程平均检修单价的 1 000 倍;申请铁路客车、动车组维修许可的申请人,其注册资本原则上不低于上一年度主型客车相应修程平均检修单价的 150 倍。

(四)《维修技术准备报告》通过审查。

(五)维修样车按规定进行的相关试验合格。

(六)维修样车通过生产质量鉴定。

(七)主要管理人员应具备相应的生产管理能力和经验。

(八)具有能够满足维修生产要求,并保证车辆维修质量的相应人员,包括车辆、机械制造、焊接等中高级专业技术人员,计量、理化等检验人员,以及机械加工、焊接、铆接、装配等技术操作人员;其中,中、高级专业技术人员总人数不低于员工总数的 1%。

(九)具有能够保证车辆维修质量和持续批量维修能力的生产设施、设备、工艺装备。

（十）具有能够验证车辆维修质量的计量、检验、试验手段。

（十一）具有完善的质量管理体系、管理制度和用户服务体系。

（十二）具有良好的产品质量信誉，维修、生产的相关产品近 3 年内无严重质量不良记录。

（十三）符合法律法规规定的其他要求。

第七条　申请人具有多个生产基地，申请时应明确维修地点。申请铁路货车维修许可的，其生产基地固定资产总额原则上不低于上一年度铁路货车通用车型相应修程平均检修单价的 1 000 倍；申请铁路客车、动车组维修许可的，其生产基地固定资产总额原则上不低于上一年度主型客车相应修程平均检修单价的 150 倍；同时还应符合第六条除第（三）款以外的规定。

第八条　申请维修合格证应提交下列材料（同时携带企业法人营业执照副本原件备查），所提供的材料应加盖申请人单位公章：

（一）行政许可申请书（一式二份，见附件 2）。

（二）企业法人营业执照（副本复印件，同时携带副本原件备查）。

（三）产品图样合法来源证明材料（复印件）。

（四）质量管理体系认证证书（复印件）。

（五）申请人基本情况（见附件 3）。

（六）维修技术准备报告（见附件 4）。

（七）车辆修理技术规范。

（八）证明维修能力的说明材料。

（九）申请人维修、生产的相关产品近 3 年内使用情况报告，列入铁道部发展规划的新建专用车辆维修基地除外。

（十）法律法规要求的其他材料。

第九条　申请压力容器类罐车维修许可的，还应提供本企业或压力容器合作维修企业的由国家相关部门核发的压力容器维修许可证。申请固定安装有起重设备的铁路施工机械用专用车辆维修许可的，还应提供本企业或起重设备合作维修企业的由国家相关部门核发的相应型号起重设备的维修许可证。申请固定安装有专用设备的铁路施工机械用专用车辆维修许可的，还应提供铁道部主管部门对固定专用设备维修审查材料。

第十条　申请人应对所提供资料的全面性、真实性、有效性负责。

第三章　申请和审查

第十一条　符合本细则规定条件的申请人，可向行政许可机构提出车辆维修许可申请。

第十二条　铁道部运输局组织专家对申请内容进行审查，必要时对生产现场进行考察。申请人应完成铁路车辆的试修及相关试验，铁道部运输局组织生产质量鉴定。审查合格的做出准予行政许可决定，审查不合格的做出不予行政许可决定，并说明理由。

相关试验应按现行的相关技术规范和规程进行，试验须有铁道部驻厂（局）车辆验收室参加。

第四章 维修许可决定

第十三条 铁道部自受理申请之日起20个工作日内做出行政许可决定。20个工作日内不能作出决定的，经铁道部主管领导批准，可以延长10日，并将延长期限的理由告知申请人。

专家评审（含申请材料审查、现场考察和生产质量鉴定）所需时间不计算在上述期限内。

第十四条 铁道部作出准予行政许可的决定后，自作出许可决定之日起10个工作日内向申请人颁发相应的维修合格证。

铁路车辆维修合格证的编号方法为：####—×××—C—****，####为铁路车辆种类代码，用汉语拼音首位字母表示（例如铁路货车为TLHC），×××为被许可人代号，用阿拉伯数字表示，C表示维修合格证，****为维修合格证序列号。

第十五条 经审查不予许可的，申请人的条件没有发生实质变化，再次提出同一申请的不予受理；同一行政许可申请，连续两次审查不合格的，两年内不再受理该项行政许可；隐瞒有关情况或者提供虚假材料的，不得再次申请该项行政许可。

第五章 管理与监督

第十六条 维修合格证有效期为5年，从决定之日起计算。有效期满后，被许可人需要延续已取得的维修合格证有效期的，应在有效期满60日前向铁道部提出延期申请。提出延期申请的被许可人，应提交原维修合格证。

第十七条 有下列情形之一的，被许可人应当重新申请维修许可：

（一）被许可人变更维修地点的。

（二）被许可人控股权或实际控制人发生改变的。

（三）被许可人停止维修相应车辆2年以上，恢复生产的。

第十八条 在维修合格证有效期内，被许可人维修条件、检验手段或维修工艺发生较大变化的，应及时报铁道部运输局，被许可人应重新进行相关试验，铁道部运输局组织审查。

第十九条 被许可人在维修合格证有效期内，企业名称发生变更，应提交有关部门的批准文件及工商行政管理部门核发的新的营业执照，在变更名称后60日内向铁道部申请办理维修合格证变更手续。变更后企业注册资本不得低于本细则第六条第（三）款的规定。

第二十条 铁道部对被许可人从事被许可车辆维修活动进行监督，依法对产品进行抽样检测，对维修现场进行实地检查，依法查阅或者要求被许可人报送企业情况、维修技术报告以及能充分证明产品符合铁道部批准的检修规程、有关文件、标准及产品技术条件、图样和能充分证明被许可人生产质量控制能力的相关材料。被许可人应当保证产品维修质量稳定，并于每年年底向铁道部运输局提交年度维修质量报告。经维修的车辆在投入使用前，应经铁道部驻厂（局）车辆验收室验收合格。

第二十一条 发现下列情况之一的，铁道部对被许可人提出警告，或暂停部分或全部车辆维修，被许可人应进行整改。被警告的被许可人在3个月内经审核仍不合格的，应暂停部分或全部车辆的维修。暂停部分或全部车辆维修的被许可人应在6个月内完成整改，并向铁道部提出复查申请。

(一)维修的产品存在安全隐患的。

(二)主要管理人员、技术人员不符合规定要求的。

(三)质量管理体系和管理制度不健全的。

(四)维修设施、设备、工艺及计量、检验、试验手段不能保证维修产品质量的。

(五)维修产品与技术条件及有关标准符合性不满足要求的。

(六)其他原因不能保证维修产品质量的。

第二十二条 有下列情形之一的,铁道部可视具体情况撤销其全部或部分车辆的维修许可。法律法规规定的其他情形应当撤销维修许可的,按规定执行。

(一)被许可人维修的车辆因质量原因导致发生特别重大、重大铁路交通事故的。

(二)涂改、倒卖、出租、出借维修合格证,或者以其他形式非法转让维修合格证的。

(三)以不正当手段取得维修合格证的。

(四)限期内未进行整改或整改后仍不合格的。

第二十三条 被撤销维修许可的,2 年内不得再次申请该项行政许可。以不正当手段取得维修许可被撤销的,不得再次申请该项行政许可。

第二十四条 有下列情形之一的,注销维修合格证:

(一)被许可人不再维修相应产品的。

(二)维修合格证有效期已过,未提出延续申请的。

(三)被许可人变更企业名称,未办理变更手续的。

(四)被许可人破产或解散的。

(五)被许可人依法被终止生产、经营的。

(六)其他应当注销维修合格证的情形。

第二十五条 进行维修许可审查需聘请专家时,专家应与申请人无直接利害关系。专家应对申请人的相关资料和信息保密,审查结束后,相关资料须交回。审查应遵循科学、公正、真实的原则。

第六章 附 则

第二十六条 本细则由铁道部运输局负责解释。

第二十七条 本细则自发布之日起施行。

附件 1

铁路车辆类型目录

编号	产品名称
2001	电力动车组
2002	内燃动车组
3001	卧 车
3002	座 车

续上表

编号	产品名称
3003	餐　车
3004	行李车
3005	发电车
3006	邮政车
3007	试验车
4001	棚　车
4002	敞　车
4003	平　车
4004	冷藏车
4005	矿石车
4006	罐　车
4007	家畜车
5001	特种车辆
9001	架桥机组车辆
9002	铺轨机组车辆
编号为 2003、6004、6005、6006 的产品中的车辆（铁路救援起重机吊臂平车除外）	
编号首位为 8 的产品中的车辆	

附件 2

行政许可申请书

<table>
<tr><td rowspan="4">个人申请</td><td>姓　　名</td><td></td><td>身份证号码</td><td></td></tr>
<tr><td>住　　址</td><td colspan="3"></td></tr>
<tr><td>联系电话</td><td></td><td>邮政编码</td><td></td></tr>
<tr><td>电子邮箱</td><td colspan="3"></td></tr>
<tr><td rowspan="8">单位申请</td><td>单位名称</td><td></td><td>法人代表</td><td></td></tr>
<tr><td>单位地址</td><td colspan="3"></td></tr>
<tr><td>联系电话</td><td></td><td>邮政编码</td><td></td></tr>
<tr><td>电子邮箱</td><td colspan="3"></td></tr>
<tr><td>委托代理人</td><td></td><td>身份证号码</td><td></td></tr>
<tr><td>住　　址</td><td colspan="3"></td></tr>
<tr><td>联系电话</td><td></td><td>邮政编码</td><td></td></tr>
<tr><td>电子邮箱</td><td colspan="3"></td></tr>
<tr><td colspan="2">行政许可申请项目</td><td colspan="3"></td></tr>
<tr><td colspan="2">行政许可申请内容</td><td colspan="3"></td></tr>
<tr><td colspan="2">所附申请材料目录
（标注页码）</td><td colspan="3"></td></tr>
</table>

注：以下内容由受理机构填写。

受理人（审核人）：　　　　　　　　　　　　收到日期：

附件 3

申请人基本情况

申请人名称：________________（盖章）

法 人 代 表：________________

联　系　人：________________

填 表 日 期：________________

填 写 说 明

1. 本表应用计算机制作，根据填写内容，可自行调整表格。
2. 企业名称应与政管理部门核发的企业工商营业执照名称相一致。
3. 产品型号、名称应与“型号合格证”中的表述一致。
4. “五、生产基础设施”指基本固定的厂房等设施。
5. “七、主要工装”中，有型号的应写明。
6. “五”、“六”、“七”、“八”中“位置”列，属本企业的填“本企业”，属外包方的填“外包”。
7. 表中下述几处内容，说明的是填写范围，申请人填表时应填写企业的实际情况。

(1)“五、生产基础设施”中“生产基础设施”列；

(2)“六、主要生产设备”中“设备型号、名称”列；

(3)“七、主要工艺装备”中“工艺装备名称”列；

(4)“八、主要检验、试验设备”中“检验、试验设备名称、型号”列。

8. 封面及相关证明材料须加盖申请人单位公章（复印无效）。

一、企业概况				
名　称	（中文）			
	（英文或拼音缩写）			
法定代表人		职　务		
地　址			邮　编	
电　话		传　真		
电子邮箱				
联 系 人		电　话		

续上表

营业执照编号、有效期、经营范围					
注册资本		固定资产		员工总数	
隶属关系					
企业性质	□国有 □集体 □个体 □ 股份制 □合作 □其他 □合资 □独资 □台资				
行业类别					
近3年每年产值					
维修、生产车辆的品种和历史、主要用户信息					
二、主要管理人员情况					

姓　名	性　别	年　龄	学　历	职　务	职　称	从事本职务连续年限

三、质量管理状况					
质量体系					
质量体系覆盖产品范围					
认证机构					
证书编号			证书有效期		
管理者代表			职　务		
质量管理部门		专职从事质量管理人数		体系覆盖员工总数	
质量体系描述(附体系结构图)					
四、专业技术人员、检验人员、技术操作人员数量					

级　别	技术人员	检验人员	技术操作人员
初　级			
中　级			
高　级			

续上表

五、生产基础设施

序号	生产基础设施	所在工序	位　置
1	满足铁路车辆产品整机维修需要的解体、清洗、装配、焊接、组装、涂装和检测的车间或场所		
2	满足维修需要的起重设备		
3	满足需要的供水、供电、供气设施		
4	具有防尘、控制温度和湿度、满足环保要求的专用涂装车间		
5	申请维修许可产品落成所需的调试线路、性能试验线路和出厂前例行交验、运行试验线路		
6	材料、配件的存放应有专门的区域，满足相关规定的贮存条件和具有完备的防护措施		
7	整机及重要零部件的转运设备		
8	其他重要设施		

六、主要生产设备

序　号	设备型号、名称	规　格	用　途	位　置
1	原材料处理、下料设备			
2	重要零部件机械加工设备			
3	板料折弯设备、弯管设备			
4	气体保护焊焊接设备、焊接变位机、用于重要结构件的自动焊接设备			
5	轮对加工设备、轮对压装设备、轴承压装设备			
6	零件清洗设备、表面处理设备			
7	架车机			
8	其他重要设备			

七、主要工艺装备

序　号	工艺装备名称	用　途	使用工序	位　置
1	各类拆卸工装			
2	重要部件调修工装			
3	重要零部件专用机械加工工装			
4	软(硬)管路制作模具			

续上表

5	整车、整机组装用台架			
6	其他重要工装			
八、主要检验、试验设备(含计量器具)				
序号	检验、试验设备名称、型号	用　途	使用工序	位　置
1	理化检验设备			
2	计量设备			
3	无损检测设备			
4	重要零部件试验台:制动机试验台、轮对台架试验台、油压减震器试验台等。			
5	整机性能检测设备:漏雨试验装置、单车试验器、限界检测、称重专用设备等			

九、主要供方清单

序　号	供　　方	供方质量体系情况

十、用户服务机构、用户服务程序和用户服务人员基本情况

用户服务机构		专职用户服务人员数量	
用户服务机构职能			
用户服务(含培训)程序、内容说明			

十一、维修、生产的相关产品近3年内使用情况(自述并附用户意见)

十二、国家相关部门核发的允许经营相关产品的营业执照(副本复印件)

十三、国家相关部门核发的压力容器维修许可证(复印件,仅压力容器类罐车提供)

十四、国家相关部门核发的起重机械的维修许可证(复印件,仅固定安装有起重设备的铁路施工机械用专用车辆提供)

附件 4

维修技术准备报告

产品型号名称：________________

申 请 人 名 称：________________（盖章）

企业通信地址：________________

联　系　电　话：________ 邮政编码：________

电　子　邮　箱：________________

联　　系　　人：________ 申请日期：____年__月__日

填 写 说 明

1. 本报告用电子计算机制作，根据填写内容，可自行调整表格。

2. 企业名称应与工商行政管理部门核发的企业工商营业执照名称相一致。

3. 产品型号、名称应与“型号合格证”中的表述一致。

4. “七、产品维修必备的生产基础设施”指基本固定的厂房等设施。

5. “九、与产品修理相关的主要工装”中，有型号的应写明。

6. “七”、“八”、“九”、“十”中“位置”列，属本企业的填“本企业”，属外包方的填“外包”。

7. 表中下述几处内容，说明的是填写范围，申请人填表时应填写企业的实际情况。

（1）“七、产品维修必备的生产基础设施”中“生产基础设施”列；

（2）“八、产品维修必备的主要生产设备”中“设备型号、名称”列；

（3）“九、产品维修必备的主要工艺装备”中“工艺装备名称”列；

（4）“十、产品维修必备的主要检验、试验设备（含计量器具）”中“检验、试验设备名称、型号”列。

8. 封面及相关证明材料须加盖申请人单位公章（复印无效）。

一、产品外形照片
二、产品性能简述
三、产品维修中遵循的法规和技术标准（含经铁道部主管部门确认的企业标准）

续上表

四、产品维修质量控制重点(包括对环境要求)		
五、产品技术文件		
六、产品维修过程中执行的质量管理体系文件		

七、产品维修必备的生产基础设施

序 号	生产基础设施	所在工序	位 置
1	满足铁路车辆产品整机维修需要的解体、清洗、装配、焊接、组装、涂装和检测的车间或场所		
2	满足维修需要的起重设备		
3	满足需要的供水、供电、供气设施		
4	具有防尘、控制温度和湿度、满足环保要求的专用涂装车间		
5	申请维修许可产品落成所需的调试线路、性能试验线路和出厂前例行交验、运行试验线路		
6	材料、配件的存放应有专门的区域,满足相关规定的贮存条件和具有完备的防护措施		
7	整机及重要零部件的转运设备		
8	其他重要设施		

八、产品维修必备的主要生产设备

序 号	设备型号、名称	规 格	用 途	位 置
1	原材料处理、下料设备			
2	重要零部件机械加工设备			
3	板料折弯设备、弯管设备			
4	气体保护焊焊接设备、焊接变位机、用于重要结构件的自动焊接设备			
5	轮对加工设备、轮对压装设备、轴承压装设备			
6	零件清洗设备、表面处理设备			
7	架车机			
8	其他重要设备			

续上表

九、产品维修必备的主要工艺装备				
序号	工艺装备名称	用　途	使用工序	位　置
1	各类拆卸工装			
2	重要部件调修工装			
3	重要零部件专用机械加工工装			
4	软(硬)管路制作模具			
5	整车、整机组装用台架			
6	其他重要工装			

十、产品维修必备的主要检验、试验设备(含计量器具)				
序号	检验、试验设备名称、型号	用　途	使用工序	位　置
1	理化检验设备			
2	计量设备			
3	无损检测设备			
4	重要零部件试验台:制动机试验台、轮对台架试验台、油压减震器试验台等			
5	整机性能检测设备:漏雨试验装置、单车试验器、限界检测、称重专用设备等			
6	其他重要检验、试验设备			

十一、主要供方清单和外包项目			
序　号	外包项目	供　　方	供方质量体系情况

十二、维修生产能力分析

十三、其他应说明的问题

铁路车辆进口许可实施细则

铁道部2008年8月18日 铁运[2008]151号

第一章 总 则

第一条 为加强铁路车辆进口管理,确保铁路运输安全,根据《铁路运输安全保护条例》(国务院令第430号)、《铁路机车车辆设计生产维修进口许可管理办法》(铁道部令第14号),制定本细则。

第二条 本细则所称铁路车辆为《铁路机车车辆设计生产维修进口许可管理办法》(铁道部令第14号)附件《铁路机车车辆类型目录》及其补充文件中编号为2001、2002和编号首位为3、4、5、9的产品,以及编号为2003、6004、6005、6006和编号首位为8的产品中的车辆(铁路救援起重机吊臂平车除外,见附件1,以下简称"车辆")。

第三条 在中华人民共和国境内使用在境外生产的车辆,在正式签订供货合同前,按照本细则规定的程序,进口车辆应取得型号认可证。型号认可证的申请人应为进口车辆的制造企业。

第四条 进口的车辆应当符合国家产业发展政策、技术发展政策及铁路装备现代化的要求,符合铁路用户的需求。铁路车辆的进口还应符合国家有关部门的规定。

第五条 铁道部行政许可管理机构(以下简称"行政许可机构")负责受理型号认可证的申请和送达行政许可决定,铁道部运输局会同科技司负责型号认可证申请的审查,运输局负责进口许可的管理和监督。

第二章 取证条件和申报材料

第六条 取得型号认可证应当具备下列条件:

(一)申请人的产品设计、生产制造、检验、技术支持和售后服务能满足中国铁路运输需要和相关技术政策。

(二)申请人具有所在国家或地区认可的申请型号认可车辆的生产资质或相关车辆的生产资质。

(三)申请人应具有3年以上生产车辆经历。

(四)申请人具有相关车辆的开发、生产、运用等良好业绩,销售的同种车辆近3年内无严重质量不良记录。

(五)申请人具有完备的质量保证体系、管理制度。

(六)申请人具有完备的生产设施、设备、工艺装备和计量、检验、试验手段。

(七)申请型号认可车辆不构成对知识产权的侵权。

(八)申请型号认可车辆符合相关的中华人民共和国国家标准和铁道行业标准及文件的规定。

(九)申请型号认可车辆整车和关键零部件按规定进行的型式试验合格。

(十)申请型号认可车辆通过中华人民共和国铁道部组织的样车技术审查。

(十一)符合法律法规规定的其他要求。

第七条 进口车辆的制造企业可委托进出口代理企业代理申请型号认可证。代理申请人应具备下列条件：

(一)具有完备的质量管理体系和管理制度。

(二)近5年内无严重信誉不良记录。

(三)代理的产品近3年内无严重质量不良记录。

(四)具有代理大型机电产品的良好业绩。

(五)符合法律法规规定的其他要求。

第八条 进口车辆的制造企业可委托国内合作生产铁路车辆企业代理申请型号认可证。代理申请人应具备下列条件：

(一)具有完备的质量管理体系和管理制度。

(二)生产的车辆近3年内无严重质量不良记录。

(三)具有与申请型号认可车辆相类似车辆的生产资质。

(四)符合法律法规规定的其他要求。

第九条 申请型号认可证应提交下列材料(所提供的材料除第(二)、(六)外应采用中文,并应加盖申请人单位公章)：

(一)行政许可申请书(一式二份,见附件2)。

(二)申请人合法经营证明(复印件,同时携带原件备查)。

(三)申请人基本情况(见附件3)。

(四)申请人关于产品的设计、生产制造、检验、技术支持和售后服务能满足中国铁路运输需要和相关技术政策的论证报告。

(五)产品不侵犯他人知识产权的声明。

(六)所在国家或地区颁发的申请型号认可车辆或相关车辆的生产资质证明(复印件)。

(七)申请人的质量管理体系、管理制度等材料。

(八)申请人的生产设施、设备、工艺装备和计量、检验、试验手段说明材料。

(九)产品图片和产品使用说明书。

(十)产品技术文件、技术标准和图样。其中包括：

1. 整机外形图(包括限界图)。
2. 车辆设备布置总图,客车电气、空调系统原理图。
3. 车体、转向架、车钩缓冲装置、制动系统等重要零部件组装图。
4. 车辆技术条件。
5. 车辆设计、制造中执行的技术标准清单(包括企业标准)。
6. 整机零部件清单。

(十一)申请型号认可车辆或相关车辆的销售记录。

(十二)能够证明申请型号认可车辆运行安全的证明材料及申请人需要说明的材料。

(十三)法律法规要求的其他材料。

第十条 进口车辆的制造企业委托进出口代理企业代理申请型号认可证时,还应提交下列材料：

(一)申请进口车辆制造企业委托授权书(授权书应有制造企业公章和法人代表签字)。

(二)代理申请人所在国家或地区颁发的企业合法经营的证明(复印件,同时携带原件备查)。

(三)代理申请人的质量管理体系认证证书(复印件)。

(四)代理申请人近五年内的业绩说明材料。

第十一条 进口车辆的制造企业委托国内合作生产铁路车辆企业代理申请型号认可证时,还应提交下列材料:

(一)申请进口车辆制造企业委托授权书(授权书应有制造企业公章和法人代表签字)。

(二)代理申请人的法人营业执照(副本复印件,同时携带副本原件备查)。

(三)质量管理体系认证证书(复印件)。

(四)与申请型号认可车辆相类似车辆的生产许可证(复印件)。

第十二条 申请人、代理申请人应对所提供资料的全面性、真实性、有效性负责。

第三章 申请和审查

第十三条 铁道部运输局组织专家对申请内容进行审查,必要时对申请人生产现场进行考察。申请人应完成样车试制、型式试验,由铁道部运输局组织专家对样车进行技术审查。审查合格的,做出准予行政许可的决定;审查不合格的,做出不予行政许可的决定,并说明理由。

第四章 型号认可决定

第十四条 铁道部自受理申请之日起20个工作日内作出行政许可决定。20个工作日内不能作出决定的,经铁道部主管领导批准,可以延长10日,并将延长期限的理由告知申请人。

专家评审(含申请材料审查、现场考察和样车审查)所需时间不计算在上述期限内。

第十五条 铁道部作出准予行政许可的决定后,自作出许可决定之日起10个工作日内向申请人颁发相应的型号认可证。

铁路车辆型号认可证的编号方法为:####—×××—D— ****,####为铁路车辆种类代码,用汉语拼音首位字母表示(例如铁路货车为TLHC),×××为被许可人代号,采用阿拉伯数字表示,D表示型号认可证,****为型号认可证序列号。

第十六条 经审查不予许可的,申请型号认可车辆技术或申请人的条件没有发生实质变化,再次以同一理由提出申请的,不予受理;同一行政许可申请,连续两次审查不合格的,两年内不再受理该项行政许可;隐瞒有关情况或者提供虚假材料的,不得再次申请该项行政许可。

第五章 管理与监督

第十七条 型号认可证有效期为5年,从决定之日起计算。有效期满后,被许可人需要延续取得的型号认可证有效期的,应当在有效期满60日前向铁道部提出延期申请。提出延期申请的被许可人,应当提交原型号认可证。

第十八条 在型号认可证的有效期内,被许可人必须在其产品合格证、使用说明书上标明型号认可证的编号和有效期限。

第十九条 取得型号认可证的车辆在投入使用前,应当经过铁道部车辆验收部门验收合格。

第二十条 有下列情形之一的,铁道部可视具体情况撤销部分或全部车辆产品进口许可,法律法规规定的其他情形应当撤销进口许可的,按规定执行。

(一)被许可人生产的车辆因质量原因导致发生特别重大、重大铁路交通事故的。

(二)以不正当手段取得型号认可证的。

第二十一条 被撤销进口许可的,2 年内不得再次申请该项行政许可;以不正当手段取得的行政许可被撤销的,不得再次申请该项行政许可。

第六章 附 则

第二十二条 本细则由铁道部运输局负责解释。

第二十三条 本细则自发布之日起施行。

附件 1

铁路车辆类型目录

编号	产品名称
2001	电力动车组
2002	内燃动车组
3001	卧 车
3002	座 车
3003	餐 车
3004	行李车
3005	发电车
3006	邮政车
3007	试验车
4001	棚 车
4002	敞 车
4003	平 车
4004	冷藏车
4005	矿石车
4006	罐 车
4007	家畜车

续上表

编号	产品名称
5001	特种车辆
9001	架桥机组车辆
9002	铺轨机组车辆
编号为2003、6004、6005、6006的产品中的车辆(铁路救援起重机吊臂平车除外)	
编号首位为8的产品中的车辆	

附件2

行政许可申请书

个人申请	姓　　名		身份证号码	
	住　　址			
	联系电话		邮政编码	
	电子邮箱			
单位申请	单位名称		法人代表	
	单位地址			
	联系电话		邮政编码	
	电子邮箱			
	委托代理人		身份证号码	
	住　　址			
	联系电话		邮政编码	
	电子邮箱			
行政许可申请项目				
行政许可申请内容				
所附申请材料目录(标注页码)				

注:以下内容由受理机构填写。

受理人(审核人):　　　　　　　　　　收到日期:

附件3

申请人基本情况

申请人名称:______________________（盖章）

代理人名称:______________________（盖章）

产 品 名 称:______________________

填 表 日 期:______________________

填 写 说 明

1. 本表应用计算机制作,根据填写内容,可自行调整表格。

2. 申请人、代理申请人的名称应与申请人、代理申请人合法经营证明材料中的名称一致。

3. 封面须加盖申请人单位公章,委托他人代理的还须加盖代理人单位公章(复印无效)。

一、申请人基本信息			
申请人名称			
申请人地址		电话	
电子邮箱		传真	
法人代表		电话	
联络人		电话	
二、代理申请人基本信息			
代理申请人名称			
代理申请人地址		电话	
电子邮箱		传真	
法人代表		电话	
联络人		电话	
三、申请人概况(包括企业组成、企业规模、生产的主要产品及其技术水平、生产场所等)			

续上表

四、申请型号认可车辆制造地点

五、申请型号认可车辆生产周期

六、申请型号认可车辆制造中的主要合作者

公司名称	公司地点	合作项目

七、申请型号认可车辆和相关车辆近3年销售业绩及运用情况

年　度	采购国家及公司	销售合同号	销售数量	运用情况

关于大型养路机械、架桥机组车辆、铺轨机组车辆、铁路救援起重机补充纳入《铁路机车车辆类型目录》的通知

铁道部 2007 年 8 月 1 日　　铁运[2007]149 号

各铁路局，各专业运输公司，铁道部驻局机车、车辆验收室，铁道部沈阳、北京、太原、武汉、南京、成都机车车辆验收办事处，铁科院：

为适应铁路建设和保证铁路运输安全需要，根据《铁路机车车辆设计生产维修进口许可管理办法》（铁道部令第 14 号），铁道部决定将大型养路机械、架桥机组车辆、铺轨机组车辆、铁路救援起重机补充纳入铁道部令第 14 号附件《铁路机车车辆类型目录》，并纳入行政许可管理。

附件

新增铁路机车车辆类型目录

序号	编号	名　　称
1	2003	铁路救援起重机
2	7012	道床吸污车
3	7013	钢轨铣磨车
4	7014	作业测量车
5	7015	移动式焊轨车
6	9001	架桥机组车辆
7	9002	铺轨机组车辆

铁路救援起重机生产许可实施细则

铁道部 2008 年 11 月 6 日　　铁运[2008]210 号

第一章　总　　则

第一条　为加强对铁路救援起重机的管理，确保铁路运输安全，根据《铁路运输安全保护条例》（国务院令第 430 号）、《铁路机车车辆设计生产维修进口许可管理办法》（铁道部令第 14 号）制定本细则（以下简称"细则"）。

第二条　本细则所称铁路救援起重机为《铁路机车车辆设计生产维修和进口许可管理办法》附件《铁路机车车辆类型目录》中编号为 2003 的产品（见附件 1）。

第三条　凡在中华人民共和国境内生产且在中国铁路使用的铁路救援起重机的企业，必须按照本细则规定的程序，经铁道部许可，取得相应型号的产品生产许可证（以下简称"生产许可证"）。

任何单位不得销售、使用无生产许可证的铁路救援起重机。

第四条　铁道部行政许可管理机构（以下简称"行政许可机构"）负责受理生产许可证的申请和送达行政许可决定。铁道部运输局会同科技司负责生产许可证申请的审查，运输局负责相关生产许可证的管理和监督。

第二章　取证条件和申报材料

第五条　取得生产许可证应当具备下列条件：

（一）申请人须具有独立法人资格，其注册资金（本）应不少于 1 000 万元人民币。

（二）申请生产的铁路救援起重机已取得铁道部颁发的型号合格证。

（三）产品《生产（维修）及技术准备报告》（见附件 5）通过审查。

（四）申请人应具有完备的产品图样、技术文件和技术资料，具有产品图样的合法使用权。产品样品技术审查合格。

（五）产品样品型式试验合格（申请人具有该产品型号合格证的不需进行）。

（六）产品样品动力学试验合格（申请人具有该产品型号合格证的不需进行）。

（七）主要管理人员具备相应的生产管理能力和经验。

（八）具有能够保证产品质量的相应工作人员，包括：技术人员、技术工人及计量、检验人员；其中高级专业技术人员人数不低于员工总数的 1%，中、高级专业技术人员总人数不低于员工总数的 4%。

（九）具有能够保证产品质量的生产设施、加工设备、工艺装备。

（十）具有能够保证产品质量的计量、检验、试验手段。

（十一）具有健全有效的质量管理制度和责任制度。

（十二）具有完备的技术条件和保证持续批量制造的能力。

（十三）申请人或主要投资方具有与申请救援起重机相类似的生产资质，或具有连续 3 年以上生产大型机械产品经历，生产的相关产品近 3 年内无严重质量不良记录。

（十四）有完善的用户服务体系。

（十五）符合法律、法规规定的其他要求。

第六条　申请生产许可证应当提交下列材料，所提供的材料应加盖申请人公章：

（一）行政许可申请书（一式二份，附件2）。

（二）生产企业合法有效的企业法人营业执照副本原件及加盖公章的复印件。

（三）申请企业基本情况（附件4）。

（四）铁道部批准的图纸的批文和合法来源证明材料（复印件）。

（五）质量管理体系认证证书（复印件）。

（六）铁道部颁发的型号合格证原件，型号合格证（复印件）及合法有效的技术转让证明材料原件及加盖公章的复印件。

（七）生产（维修）及技术准备报告（附件5）。

（八）申请人生产的相关产品近3年内使用状况报告。

（九）由国家相关部门核发的相应型号起重机械的制造许可证。

（十）法律法规要求的其他材料。

第七条　申请材料一式二份交铁道部行政许可机构。铁道部运输局会同科技司共同对相关资料进行审查。

第八条　申请人应对所提供资料的真实性、有效性负责。

第九条　申请人同时申请多个产品的生产许可证，且产品在同一场地生产，可仅提供一份《申请代理人基本情况》和《生产（维修）及技术准备报告》，但各产品有差异的部分应在《生产（维修）及技术准备报告》中明示。

第三章　申请和审查

第十条　符合本细则规定条件的申请人，可向行政许可机构提出铁路救援起重机生产许可申请。

第十一条　铁道部行政许可机构受理许可证的申请后，铁道部运输局会同科技司及时组织专家对相关申请材料、《生产（维修）及技术准备报告》进行审查，必要时对生产现场进行考察。审查合格的，通知申请人进行型式试验和工业性考核，并将相应结论提交铁道部，由铁道部组织专家进行技术审查，审查合格做出准予行政许可的决定，核发许可证书；审查不合格做出不予行政许可决定，并说明理由并通知申请人。

第十二条　生产的产品应按现行（GB/T 17426、TB/T 3081、TB/T 3082）中的规定进行型式试验，由通过国家计量认证并经铁道部认可的专业技术机构实施。

第十三条　专业技术机构应根据（GB/T 17426、TB/T 3081、TB/T 3082）要求编制试验大纲，并按铁道部审查批准的试验大纲实施，必要时铁道部运输局可会同科技司聘请专家对大纲进行审查。试验须有铁道部救援起重机验收机构参加。

需进入国家铁路试验的项目，由申请人依据专业技术机构出具的《试验大纲》按试验大纲要求联系试验场地。

第十四条　专业技术机构应按大纲内容逐项进行试验，应保证型式试验的完整性、准确性和结果的真实性。专业技术机构应出具有明确结论的试验报告，并对所做出的结论承担法律责任。

第十五条　申请人完成样车试制、试验后，样车审查或生产质量认证时应提交下列技术资料：

（一）试制工艺工作报告。

（二）质量检测报告。

（三）生产能力测算报告。

（四）监督检验报告。

（五）型式试验报告。

（六）企业鉴定报告。

（七）产品技术条件及使用维护说明书。

（八）产品总图。

（九）其他需说明的材料。

第四章　生产许可决定

第十六条　铁道部自受理申请之日起20个工作日内做出行政许可决定。20个工作日内不能做出决定的，经铁道部主管领导批准，可以延长10个工作日，并将延长期限的理由告知申请人。

型式试验和专家评审所需时间不计算在上述期限内。

第十七条　铁道部做出准予行政许可的决定后，自做出许可决定之日起10个工作日内向申请人颁发相应的生产许可证书。

铁路救援起重机生产许可证书的编号方法为TLJYQZJ—×××—A—%%%%，TLJYQZJ——为铁路救援起重机产品名称汉语拼音，×××——许可企业代码，A——表示生产许可证，%%%%——生产许可证的序列号。

第十八条　经审查不予许可的，申请人的条件没有发生实质变化，再次以同一理由提出申请的，不予受理；同一行政许可申请，连续两次审查不合格的，两年内不再受理该项行政许可；隐瞒有关情况或者提供虚假材料的，不得再次申请该项行政许可。

第五章　管理与监督

第十九条　生产许可证从批准之日起计算，有效期为5年。有效期满后，被许可人需要延续已取得的生产许可证有效期的，应在有效期满前60日到铁道部行政许可机构提出延期申请。提出延期申请的被许可人，应提交原生产许可证。

第二十条　在生产许可证书的有效期内，被许可人必须在铁路救援起重机履历簿中标明生产许可证的编号和有效期。

第二十一条　被许可人企业在停产2年以上的，已颁发的生产许可证予以注销，必须重新取得生产许可证方可再次生产、销售。

第二十二条　在生产许可证有效期内，被许可人的生产条件、检验手段、制造工艺和铁路救援起重机技术性能、技术标准、主要结构型式等发生较大变化时，应及时报铁道部备案，必要时重新进行相关试验直至重新进行审查。

第二十三条　被许可人在生产许可证有效期内企业名称发生变更，应提交有关部门的批准文件及工商行政管理部门核发的新营业执照，并重新填写行政许可申请书，在变更名称后60天内向铁道部申请办理生产许可变更手续。

第二十四条　铁道部对被许可人从事产品生产进行监督，被许可人应保证生产质量稳定。铁道部可依法对产品进行抽样检验、检测，对生产场所进行实地检查，依法查阅或者要求被许可人提供企业情况、生产技术报告以及能充分证明产品一致性的相关材料。铁路救援起重机产品在投入使用前，应当经过铁道部驻厂验收室验收合格。

第二十五条　监督检查时发现下列情况之一的，由铁道部做出限期整改决定，被许可人应暂停生产、销售，并在6个月内向铁道部提出复查申请。产品再投入使用前，须经过铁道部验收合格。

（一）生产产品存在安全隐患的。

（二）主要管理人员、技术人员不符合规定要求的。

（三）产品质量保证体系和管理制度不健全的。

（四）生产设施、设备、工艺及产品检验、实验手段不能保证产品质量的。

（五）产品与技术条件符合性不能满足要求的。

（六）其他原因不能保证产品质量的。

第二十六条　取得生产许可证的企业有下列情形之一的，铁道部应当撤销生产许可：

（一）因产品质量原因造成一般B类以上责任事故的。

（二）因产品质量原因导致设备瘫痪，或一般C类事故、一般D类事故多发或故障频发并严重影响运输安全生产的。

（三）涂改、倒卖、出租、出借生产许可证，或者以其他形式非法转让生产许可证的。

（四）以欺骗、贿赂等不正当手段取得生产许可证的。

（五）责令限期整改未整改或整改后仍不合格的。

（六）法律法规规定应当撤销的其他情形。

第二十七条　被撤销生产许可的，2年内不得再次申请该项行政许可；以不正当手段取得的生产许可被撤销的，不得再次申请该项行政许可。

第二十八条　取得生产许可证的企业有下列情形之一的，应当注销生产许可：

（一）被许可企业不再生产该产品的。

（二）生产许可证有效期已过，未提出延续申请的。

（三）被许可企业变更企业名称，未办理变更手续的。

（四）被许可企业依法终止的。

（五）其他应当注销许可证的情形。

第二十九条　进行生产许可审查需聘请专家时，专家应与申请人无直接利害关系。专家应对申请人的相关资料和信息保密，审查结束后，相关资料须交回。审查应遵循科学、公正、真实的原则。

第三十条　铁道部负责对专业技术机构进行监督管理。专业技术机构应对获悉的技术资料及信息保密，不得利用获悉的技术资料从事相应的设计、制造、维修工作，不得与申请人有关联关系。

第六章　附　则

第三十一条　已经铁道部批准且仍在生产铁路救援起重机的企业，应在本细则公布起3个月内申请补办相应的生产许可证。

第三十二条　本细则由铁道部运输局负责解释。

第三十三条　本细则自公布之日起施行。

铁路救援起重机维修许可实施细则

铁道部2008年11月6日　　铁运[2008]210号

第一章　总　　则

第一条　为加强对铁路救援起重机维修管理,确保铁路运输安全,根据《铁路运输安全保护条例》(国务院令第430号)、《铁路机车车辆设计生产维修进口许可管理办法》(铁道部令第14号)制定本细则(以下简称"细则")。

第二条　本细则所称铁路救援起重机产品为《铁路机车车辆设计生产维修进口许可管理办法》附件《铁路机车车辆类型目录》中编号为2003的产品(见附件1)。本细则所称维修是对铁路救援起重机性能的恢复性修理。

第三条　凡在中华人民共和国境内维修铁路救援起重机的企业,应按照本细则规定的程序,经铁道部许可,取得相应型号的救援起重机维修合格证(以下简称"维修合格证"),任何单位不得使用无相应维修合格证企业维修的铁路救援起重机产品。

第四条　铁道部行政许可管理机构(以下简称"行政许可机构")负责受理维修合格证的申请和送达行政许可决定。铁道部运输局负责维修合格证申请的审查及管理和监督。

第二章　取证条件和申报材料

第五条　取得维修合格证应当具备下列条件:

(一)申请人须具有独立法人资格,其注册资金(本)应不少于1 000万元人民币。

(二)申请人或主要投资方已生产或维修的相关产品近3年内无严重质量不良记录。

(三)《生产(维修)及技术准备报告》(见附件5)通过审查。

(四)申请人应具有维修产品的图样、工艺等技术文件和相关技术资料。

(五)维修样车按规定进行的相关试验合格。

(六)通过维修技术审查。

(七)主要管理人员应具备相应的维修生产管理能力和经验。

(八)具有能够满足维修生产要求,并保证维修质量的相应工作人员,包括技术人员、技术工人及计量、检验人员,其中高、中级专业技术人员总人数不低于员工总数的1%。

(九)具有能够保证产品维修质量和持续批量维修能力的生产设施、加工设备、工艺装备。

(十)具有完备的产品质量保证体系、责任制度和完善的用户服务体系。

(十一)具有能够保证产品维修质量的计量、检验、试验手段。

(十二)符合法律、法规规定的其他条件。

第六条　申请维修合格证应当提交下列材料(同时携带企业法人营业执照副本原件备查),所提供的材料应加盖申请人公章:

（一）行政许可申请书（附件 2）。

（二）维修企业合法有效的企业法人营业执照（副本复印件）。

（三）申请企业基本情况（附件 4）。

（四）产品图样合法来源证明材料（复印件）。

（五）生产（维修）及技术准备报告（附件 5）。

（六）质量保证体系认证证书（复印件）。

（七）申请人已生产或维修的相关产品近 3 年内的使用报告。

（八）法律法规要求的其他材料。

第七条　申请材料一式二份交铁道部行政许可机构。铁道部运输局会同科技司共同对相关资料进行审查。申请人应对所提供资料的全面性、真实性、有效性负责。

第三章　申请和审查

第八条　符合本细则规定条件的申请人，可向行政许可机构提出维修许可申请。

第九条　申请人同时申请多个产品的维修合格证，且产品在同一场地维修。可仅提供一份《申请代理人基本情况》和《生产（维修）及技术准备报告》，但各产品有差异的部分应在《生产（维修）及技术准备报告》中明示。

第十条　铁道部行政许可机构受理维修合格证的申请后，由铁道部运输局会同科技司组织专家对申请材料、《生产（维修）及技术准备报告》进行审查，必要时对生产现场进行考察。审查合格的，通知申请人进行维修样车的型式试验，并将相应结论提交铁道部，由铁道部组织专家进行技术审查。审查合格的，做出准予行政许可的决定；审查不合格的做出不予行政许可决定，并说明理由，通知申请人。

相关试验应按现行的相关技术规范和规程进行，试验须有铁道部驻厂（局）车辆验收室参加。

第十一条　维修后的产品应按现行（TB/T 3081、TB/T 3082）的规定进行例行试验、回送试验。例行试验、回送试验应由通过国家计量认证并经铁道部认可的专业技术机构实施。

第十二条　专业技术机构应根据（TB/T 3081、TB/T 3082）要求编制试验大纲。试验须有铁道部救援起重机验收机构参加。必要时铁道部运输局可会同科技司聘请专家对大纲进行审查。

需进入国家铁路试验的项目，由申请人依据专业技术机构出具的《试验大纲》并按试验大纲要求联系试验场地。

专业技术机构应按大纲内容逐项监督实施，以确保试验的完整性、准确性及结果的真实性，对所做出的结论承担法律责任。

第四章　维修许可决定

第十三条　铁道部自受理申请之日起 20 个工作日内做出行政许可决定。20 个工作日内不能做出决定的，经铁道部主管领导批准，可以延长 10 个工作日，并将延长期限的理由告知申请人。

例行试验、回送试验和专家评审所需时间不计算在上述期限内。

第十四条　铁道部做出准予行政许可的决定后，自做出许可决定之日起 10 个工作日内向申请人颁发相应的维修合格证书。

铁路救援起重机维修合格证书的编号方法为：TLJYQZJ—×××—B—％％％％，TLJYQZJ——为铁路救援起重机产品名称汉语拼音，×××——许可企业代码，B——表示维修合格证，％％％％——维修合格证书的序列号。

第十五条 经审查不予许可的申请人，维修条件没有发生实质变化时（专家组确认），再次提出同一申请的不予受理；隐瞒有关情况或者提供虚假材料申请的，在2年内不再受理同一行政许可申请；同一行政许可连续两次审查不合格的，2年内不再受理。

第五章 管理与监督

第十六条 维修合格证从批准之日起计算，有效期为5年。有效期满后，被许可人需要延续取得的行政许可有效期的，应在该行政许可有效期满前60日到铁道部行政许可机构提出延期申请。提出延期申请的被许可人，应提交原维修合格证。

第十七条 在维修合格证书的有效期内，被许可人必须在铁路救援起重机履历簿中标明维修合格证的编号和有效期。

第十八条 在维修合格证有效期内，被许可人停止维修相应种类起重机2年以上，恢复生产的，被许可人应当重新申请维修合格证。

第十九条 在维修合格证有效期内，被许可人维修条件、检验手段、生产技术或者工艺发生较大变化时，应及时向铁道部备案，必要时重新进行相关试验直至重新进行审查。

第二十条 被许可人在维修合格证有效期内，企业名称发生变更，应提交有关部门的批准文件及工商行政管理部门核发的新的营业执照，并重新填写行政许可申请书，在变更名称后60日内向铁道部申请办理维修合格证变更手续。

第二十一条 铁道部对被许可人从事维修活动进行监督。可依法对产品进行抽样检验、检测，对维修场所进行实地检查，查阅或者要求被许可人报送企业情况、维修技术报告以及能充分证明产品一致性的相关材料。

第二十二条 监督检查时发现下列情况之一的，铁道部做出限期整改决定，被许可人应暂停维修，并在6个月内向铁道部提出复查申请。对要求暂停维修的被许可人，应收回相应的维修合格证，待验收合格后予以发还，方可再进行维修。

（一）维修产品存在安全隐患的。

（二）主要管理人员、技术人员不符合规定要求的。

（三）产品质量保证体系和管理制度不健全的。

（四）维修设施、设备、工艺及计量、检验、试验手段不能保证维修质量的。

（五）维修产品与技术条件及有关标准符合性不能满足要求的。

（六）其他不能保证产品质量的。

第二十三条 取得维修合格证的企业有下列情形之一的，铁道部应当撤销维修许可：

（一）因产品质量原因造成一般B类以上责任事故的。

（二）因产品质量原因导致设备瘫痪，或一般C类事故、一般D类事故多发或故障频发并严重影响运输安全生产的。

（三）涂改、倒卖、出租、出借维修合格证，或者以其他形式非法转让维修合格证的。

(四)以欺骗、贿赂等不正当手段取得维修合格证的。

(五)责令限期整改未整改或整改后仍不合格的。

(六)法律法规规定应当撤销的其他情形。

第二十四条　被撤销维修许可的企业,2 年内不得再次申请该项行政许可。以不正当手段取得维修许可被撤销的,不得再次申请该项行政许可。

第二十五条　取得维修许可证的企业有下列情形之一的,应当注销维修许可:

(一)被许可企业不再维修该产品的。

(二)生产许可证有效期已过,未提出延续申请的。

(三)被许可企业变更企业名称,未办理变更手续的。

(四)被许可人依法被终止生产、经营的。

(五)其他应当注销许可证的。

第二十六条　进行产品维修许可审查需聘请专家时,应从相关专家库中抽取与申请人无利害关系的专家。评审应遵循科学、公正、客观的原则。相关人员应严格保密,审查结束后,相关资料须交回。

第二十七条　维修出厂的铁路起重机产品在投入使用前,应当经过铁道部验收合格。

第二十八条　被许可企业应当保证生产质量稳定合格,并于每年底向铁道部运输局提交年度质量报告。企业对报告的真实性负责。

第六章　附　　则

第二十九条　已经铁道部批准且仍在维修铁路救援起重机的企业,应在本细则公布起 3 个月内申请补办相应的维修许可证。

第三十条　本细则由铁道部运输局负责解释。

第三十一条　本细则自公布之日起施行。

铁路救援起重机进口许可实施细则

铁道部2008年11月6日　铁运[2008]210号

第一章　总　　则

第一条　为加强对铁路救援起重机的管理,确保铁路运输安全,根据《铁路运输安全保护条例》(国务院令第430号)、《铁路机车车辆设计生产维修进口许可管理办法》(铁道部令第14号)制定本细则(以下简称"细则")。

第二条　本细则所称铁路救援起重机为《铁路机车车辆设计生产维修进口许可管理办法》附件《铁路机车车辆类型目录》中编号为2003的产品(见附件1)。

第三条　凡在中华人民共和国境内使用而由境外企业生产的铁路救援起重机,在正式签订供货合同前,应按照本细则规定的程序,取得产品型号认可证(以下简称"型号认可证")。

任何企业不得使用或销售境外企业生产的无型号认可证的进口铁路救援起重机。

第四条　铁道部行政许可管理机构(以下简称"行政许可机构")负责受理型号认可证的申请和送达行政许可决定。铁道部运输局会同科技司共同负责型号认可证申请的审查,运输局负责型号认可证的监督。

第二章　取证条件和申报材料

第五条　取得型号认可证应当具备下列条件:

(一)申请人须具有独立法人资格。

(二)申请人对产品的研发、设计、生产制造、检验、技术支持和售后服务能满足中国铁路的需要和相关技术政策。

(三)产品不构成对既有知识产权的侵权。

(四)产品符合相关的中华人民共和国国家标准和铁道行业标准及相关规定。

(五)申请人具有所在国家或地区认可的铁路起重机生产资质。

(六)申请人已生产或销售的起重机械产品近3年内无严重质量不良记录。

(七)申请人具有完备的产品质量保证体系、管理制度。有保证产品质量的生产设施、加工设备、工艺装备、计量与检验测试手段。

(八)申请人具有完善的售后服务体系。

(九)通过中华人民共和国铁道部组织的样车技术审查。

(十)法律法规规定的其他条件。

第六条　进口铁路救援起重机的制造企业可委托进出口代理企业代理申请型号认可证。代理申请人应具备下列条件:

(一)具有完备的质量管理体系和管理制度。

(二)近5年内无严重信誉不良记录。

(三)近3年内代理的产品无严重质量不良记录。

(四)具有代理大型机电产品的良好业绩。

（五）符合法律法规规定的其他条件。

第七条 进口铁路救援起重机的制造企业可委托国内合作生产铁路救援起重机企业代理申请型号认可证。代理申请人应具备下列条件：

（一）具有完备的质量管理体系和管理制度。

（二）近3年内生产的起重机无严重质量不良记录。

（三）具有与申证起重机相类似产品的生产资质。

（四）符合法律法规规定的其他条件。

第八条 申请型号认可证应当提交下列材料（中、英文书面和电子文本各一套）：

（一）行政许可申请书（附件2）。

（二）申请人合法身份证明材料，如所在国家或地区颁发的企业合法经营证明（复印件，同时携带原件备查）。

（三）申请代理人的基本情况（附件3）。

（四）中华人民共和国认可的检验机构、认证机构出具的产品符合中国铁路行车安全的有关标准和技术条件的证明材料。（也可由进口代理人提交）

（五）申请人质量保证体系、管理制度说明材料。

（六）申请人的生产设施、加工设备、工艺装备、计量与检验测试手段说明材料。

（七）代理人在国内合法有效的法人营业执照副本原件及加盖公章的复印件。

（八）所在国家或地区颁发的申证产品或相关产品的生产资质证明（复印件）。

（九）技术支持和售后服务能满足用户要求的论证报告。

（十）产品图片、使用说明书、维护保养手册、故障诊断手册。

（十一）产品技术文件包括：

1. 产品设计、制造中执行的技术标准（包括企业标准）。

2. 整机零部件清单。

3. 整机外形图（运行及工作限界图）。

4. 检修用图纸，液压、空气制动、电气系统原理图，管路、线路布置图以及重要零部件组装图及原理图。

（十二）相关产品的销售记录。

（十三）法律法规要求的其他材料。

第九条 进口铁路救援起重机的制造企业委托进出口代理企业代理申请型号认可证时，还应提交下列材料：

（一）申请进口铁路救援起重机制造企业委托授权书（授权书应有制造企业公章和法人代表签字）。

（二）代理申请人所在国家或地区颁发的企业法人资格证明文件（复印件，同时携带原件备查）。

（三）代理申请人的质量管理体系认证证书（复印件）。

（四）代理申请人近5年内的业绩说明材料。

第十条 进口铁路救援起重机的制造企业委托国内合作生产铁路起重机企业代理申请型号认可证时，还应提交下列材料：

（一）申请进口铁路救援起重机制造企业委托授权书（授权书应有制造企业公章和法人代表签字）。

（二）代理企业的法人营业执照（副本复印件，同时携带副本原件备查）。

（三）质量管理体系认证证书（复印件）。

（四）与申证铁路起重机相类似铁路起重机的生产许可证（复印件）。

第十一条 申请人同时进行多个产品型号认可证的申请，且各产品在同一场地生产，可只提供一份《申请代理人基本情况》，但各产品有差异的部分应在《申请代理人基本情况》中说明。

第十二条 申请人、申请代理人应对所提供资料的全面性、真实性、有效性负责。

第三章 申请和审查

第十三条 境外符合条件的申请人，应由其在境内的代理人作为申请人向铁路行政许可管理机构提出型号认可申请。

第十四条 申请材料一式二份交铁道部行政许可机构。铁道部运输局会同科技司对相关资料进行审查。

第十五条 铁道部行政许可机构受理型号认可证的申请后，铁道部运输局会同科技司及时对申请材料进行审查，并组织专家进行技术审查，必要时提前对生产企业进行现场考察。审查合格的，做出准予行政许可的决定，核发型号认可证；审查不合格的，做出不予行政许可的决定，并说明理由，通知申请人。

第四章 型号认可决定

第十六条 铁道部自受理申请之日起20个工作日内做出行政许可决定。20个工作日内不能做出决定的。经铁道部主管领导批准，可以延长10个工作日，并将延长期限的理由告知申请人。因特殊情况需组织专家评审（含技术审查和现场考察）所需时间不计算在上述期限内。

第十七条 铁道部做出准予行政许可的决定后，自做出许可决定之日起10个工作日内向申请人颁发相应的型号认可证书。

铁路救援起重机型号认可证书的编号方法为：TLJYQZJ—×××—C—%%%%，TLJYQZJ——为铁路救援起重机产品名称汉语拼音，×××——许可企业代码，C——表示型号认可证，%%%%——型号认可证书的序列号。

第十八条 经审查不予许可的申请人，申请条件没有发生实质变化再次以同一理由提出申请的不予受理；隐瞒有关情况或者提供虚假材料的在1年内不得再次申请同一行政许可。

第五章 管理与监督

第十九条 型号认可证从批准之日起计算，有效期为5年。有效期满后，被许可人需要延续有效期的，应当在有效期满前60日到铁道部行政许可机构提出申请，核发新的型号认可证并交回原型号认可证。

第二十条 在型号认可证书的有效期内，被许可人必须在救援起重机履历簿上标明型号认可证的编号和有效期。

第二十一条 在型号认可证有效期内，被许可的企业名称变更时，应提交合法证明文件，并重新填写行政许可申请书，在变更后60日内向铁道部申请办理型号认可证变更手续。

第二十二条 取得型号认可证的产品在投入使用前,须经过铁道部验收合格。

第二十三条 取得型号认可证的企业有下列情形之一的,撤销其型号认可证:

(一)因产品质量原因造成一般B类以上责任事故的。

(二)因产品质量原因导致设备瘫痪,或一般C类事故、一般D类事故多发或故障频发并严重影响运输安全生产的。

(三)涂改、倒卖、出租、出借型号认可证,或者以其他形式非法转让型号认可证的。

(四)以欺骗、贿赂等不正当手段取得型号认可证的。

(五)责令限期整改未整改或整改后仍不合格的。

(六)法律法规规定应当撤销的。

第二十四条 被撤销进口许可的,2年内不得再次申请该项行政许可;以不正当手段取得的行政许可被撤销的,不得再次申请该项行政许可。

第二十五条 取得型号认可证的企业有下列情形之一的,应当注销其型号认可证:

(一)被许可企业不再生产该产品的。

(二)型号认可证有效期已过,未提出延续申请的。

(三)被许可企业的企业名称变更,未办理变更手续的。

(四)被许可企业依法终止的。

(五)其他应当注销型号认可证的。

第二十六条 取得型号认可证的车辆在投入使用前,应当经过铁道部验收部门验收合格。

第二十七条 被许可企业应当保证生产质量稳定合格,并于每年底向铁道部运输局提交年度质量报告(中文、英文书面和电子文本各一套)。企业对报告的真实性负责。

第六章 附 则

第二十八条 本细则由铁道部运输局负责解释。

第二十九条 本细则自公布之日起施行。

附件1

铁路机车车辆类型(部分)目录

编号	产品名称
1001	蒸汽机车
1002	内燃机车
1003	电力机车
2001	电力动车组
2002	内燃动车组
2003	铁路救援起重机
3001	卧 车
3002	座 车

续上表

编号	产品名称
3003	餐　车
3004	行李车
3005	发电车
3006	邮政车
3007	试验车
4001	棚　车
4002	敞　车
4003	平　车
4004	冷藏车
4005	矿石车
4006	罐　车
4007	家畜车
5001	特种车辆
9001	架桥机用平车
9002	架桥机用平车

附件 2

铁道部行政许可申请书

<table>
<tr><td rowspan="9">申请企业</td><td>单位名称</td><td></td><td>法人代表</td><td></td></tr>
<tr><td>单位地址</td><td colspan="3"></td></tr>
<tr><td>企业性质</td><td colspan="3"></td></tr>
<tr><td>联系电话</td><td></td><td>邮　编</td><td></td></tr>
<tr><td>电子邮箱</td><td colspan="3"></td></tr>
<tr><td>委托代理人</td><td></td><td>身份证号码</td><td></td></tr>
<tr><td>住　址</td><td colspan="3"></td></tr>
<tr><td>联系电话</td><td></td><td>邮　编</td><td></td></tr>
<tr><td>电子邮箱</td><td colspan="3"></td></tr>
<tr><td colspan="2">行政许可申请项目</td><td colspan="3"></td></tr>
<tr><td colspan="2">行政许可申请内容</td><td colspan="3"></td></tr>
<tr><td colspan="2">所附申请材料目录</td><td colspan="3"></td></tr>
</table>

注:以下内容由受理机构填写。

受理人(审核人):　　　　　　　　　　　　　　　收到日期:

附件 3

申请代理人基本情况表

申请人名称:________________

代理人名称:________________

产 品 名 称:________________

中华人民共和国铁道部印制

一、申请人			
申请人名称		国　别	
申请人地址		电　话	
电子邮箱		传　真	
法人代表		电　话	
联络人		电　话	
二、申请代理人			
代理人名称			
代理人地址		电　话	
电子邮箱		传　真	
法人代表		电　话	
联络人		电　话	
三、申请人概况: （包括企业组成、企业规模、生产的主要产品及其技术水平、生产场所等）			
四、申证产品制造地点:			
五、申证产品生产周期:			

续上表

六、申证产品制造中的主要合作者

公司名称	公司地点	合作项目

七、申证产品和相关产品近3年销售业绩

年　度	采购国家、单位	销售合同号	销售数量

说明:表格可根据填写内容调整。

附件4

申请企业基本情况

申请企业:________________________（盖章）

法人代表:________________________

联 系 人:________________________

填表日期:________________________

中华人民共和国铁道部印制

编制说明

1. 本表应用计算机制作,可用钢笔或签字笔填写。字迹应清晰、工整,不得涂改。根据填写内容,可自行调整表格。

2. 企业名称要与工商行政管理部门核发的企业工商营业执照名称一致。

3. 产品型号、名称应与"型号合格证"表述一致。

4."五、生产基础设施、设备"指基本固定的厂房、起运类设备和生产所用的主要工装、设备。

5. 封面须加盖企业公章(企业公章复印无效)。

一、企业概况					
名　　称	(中文)				
	(英文或拼音缩写)				
法定代表人		职　务			
地　　址			邮　编		
电　　话		传　真			
电子邮箱					
联 系 人		电　话			
营业执照编号、有效期、经营范围:					
注册资金		固定资产		员工总数	
隶属关系					
企业性质	□国有　□集体　□个体　□ 股份制　□合作　□其他 □合资　□独资　□台资				
行业类别					
近3年年生产产值:					
生产(维修)铁路救援起重机产品的品种和历史、主要用户信息:					

续上表

二、主要管理人员情况

姓　名	性　别	年　龄	学　历	职　务	职　称	从事本职务连续年限

三、质量管理状况

质量体系					
质量体系覆盖产品范围					
认证机构					
证书编号		证书有效期			
管理者代表		职　务			
质量管理部门		专职从事质量管理人数		体系覆盖员工总数	

质量体系描述(附体系结构图):

四、专业技术人员、检验人员、技术工人数量

级　别	技术人员	检验、计量人员	技术工人
初　级			
中　级			
高　级			

五、生产(维修)基础设施、设备情况

六、主要零部件供给方清单

序号	供　　方	供方质量体系情况

续上表

<table>
<tr><td colspan="4">七、用户服务机构、用户服务程序和用户服务人员基本情况</td></tr>
<tr><td>用户服务机构</td><td></td><td>专职用户服务人员数量</td><td></td></tr>
<tr><td>用户服务机构职能</td><td colspan="3"></td></tr>
<tr><td colspan="4">用户服务(含培训)程序、内容说明:</td></tr>
</table>

八、近3年铁路救援起重机产品质量情况

九、国家相关部门核发的允许经营相关产品的营业执照(复印件)

十、国家相关部门核发的组织机构代码证(复印件)

十一、国家相关部门核发的起重机械的生产(维修)许可证(复印件)

附件5

生产(维修)及技术准备报告

产品型号名称:____________________

申请企业名称:____________________(盖章)

企业通信地址:____________________

联 系 电 话:__________邮政编码:__________

电 子 邮 箱:____________________

联　系　人:________ 申请日期:____年__月__日

编 制 说 明

1. 用计算机制作。可用钢笔或签字笔填写。字迹应清晰、工整,不得涂改。根据填写内容,可自行调整表格。

2. 企业名称要与工商行政管理部门核发的企业工商营业执照名称一致。

3. 产品型号、名称应与“型号合格证”中表述一致。

4. “八、生产(维修)基础设施、设备”指基本固定的厂房、起运类设备和生产所用的主要工装、设备。

5. 封面须加盖企业公章(企业公章复印无效)。

一、产品外形照片			
二、产品性能简述			
三、产品遵循的法规和技术标准(含铁道部主管部门确认的企业标准)			
四、产品质量控制重点(包括对生产环境要求)			
五、产品生产过程执行的质量管理体系文件			
六、产品生产(维修)过程人力资源配置			
级别	技术人员	检验、计量人员	技术工人
初级			
中级			
高级			
七、产品技术文件、重要部件和整机的检验标准			
八、产品制造必备的生产基础设施、设备情况:			
九、主要零部件供给方清单			
序号	外包项目	供　方	供方质量管理体系情况
十、资金对生产规模的保证能力			

续上表

十一、生产能力分析
十二、其他应说明的资料(生产企业需提供) 1. 设计方案审查意见 2. 检测报告 3. 验收报告 4. 铁道部认可的专业技术机构出具的型式实验报告 5. 铁道部认可的专业技术机构出具的动力学实验报告 6. 铁道部认可的专业技术机构出具的运行考核报告

铁路机车生产许可实施细则

铁道部2008年12月11日　　铁运[2008]249号

第一章　总　　则

第一条　为加强对铁路机车的管理,确保铁路运输安全,根据《铁路运输安全保护条例》(国务院令第430号)、《铁路机车车辆设计生产维修进口许可管理办法》(铁道部令第14号),制定本细则。

第二条　本细则所称铁路机车为《铁路机车车辆设计生产维修进口许可管理办法》(铁道部令第14号)附件《铁路机车车辆类型目录》中的1001蒸汽机车、1002内燃机车、1003电力机车。

第三条　凡在中华人民共和国境内生产且在中国铁路使用的铁路机车,必须按照本细则规定的程序,取得相应型号机车的生产许可证。

第四条　生产的机车应当符合国家产业发展政策、技术发展政策及铁路装备现代化的要求,符合铁路用户的需求。

第五条　铁道部行政许可管理机构负责受理生产许可证的申请和送达行政许可决定。铁道部运输局会同科技司负责生产许可申请的审查,运输局负责生产许可的监督管理。

第二章　取证条件和申报材料

第六条　取得生产许可证应当具备下列条件:

(一)申请生产的机车已取得铁道部颁发的型号合格证;

(二)申请人应具有与申请机车相类似的铁路机车生产资质。新设立的机车生产企业主要投资人应当具有连续3年以上生产铁路机车经历;

(三)申请人须具有独立企业法人资格;

(四)申请人应具有完备的产品图样、技术文件和技术资料,且具有其合法使用权;

(五)《生产技术准备报告》通过审查;

(六)整车和主要零、部件按规定进行的型式试验合格;

(七)整车和主要零、部件通过技术审查或生产质量认证;

(八)主要管理人员具备相应的生产管理能力和经验;

(九)具有能够保证机车批量制造质量的专业技术人员、技术工人及计量、检验人员;

(十)具有能够保证机车持续批量制造质量的生产设施、加工设备、工艺装备;

(十一)具有能够验证机车制造质量的计量、检验、试验手段;

(十二)具有完善的质量管理体系和用户服务体系;

(十三)具有良好的产品质量信誉,生产的相关产品近3年内无严重质量不良记录;

(十四)符合法律、法规规定的其他要求。

第七条　申请人具有多个生产基地的,申请时应明确生产地点。

第八条　申请生产许可证应当提交下列材料并加盖单位公章:

(一)行政许可申请书(一式二份,见附件1);

(二)企业法人营业执照(副本复印件,携带原件备查);

(三)申请产品的型号合格证;

(四)铁道部批准的定型产品图样及其合法来源证明(复印件);

(五)质量管理体系认证证书;

(六)申请人基本情况(见附件2);

(七)生产技术准备报告(见附件3);

(八)申请人生产的相关产品近3年内使用情况报告;

(九)法律法规要求的其他材料。

第九条　申请人同时申请多机型产品生产许可证的,且产品在同一场地生产,可仅提供一份《申请人基本情况》和《生产及技术准备报告》,但在《生产技术准备报告》中应明确说明对各机型有差异的专项设备。

第十条　申请人应对所提供资料的全面性、真实性、有效性负责。

第三章　申请和审查

第十一条　符合本细则规定条件的申请人,可向行政许可机构提出铁路机车生产许可申请。

第十二条　铁道部行政许可管理机构受理生产许可证的申请后,铁道部运输局组织专家对申请内容进行审查,必要时对生产现场进行考察和生产质量认证。审查合格的做出准予行政许可决定;审查不合格的做出不予行政许可决定,并说明理由。

第四章　生产许可决定

第十三条　铁道部自受理申请之日起20个工作日内做出行政许可决定。20个工作日内不能做出决定的,经铁道部主管领导批准,可以延长10个工作日,并将延长期限的理由告知申请人。

专家评审、相关试验、质量认证等所需时间不计算在上述期限内。

第十四条　铁道部做出准予行政许可的决定后,自做出许可决定之日起10个工作日内向申请人颁发相应的生产许可证书。

第十五条　铁路机车生产许可证书的编号方法为:TLJC—×××—B—****,TLJC为"铁路机车"的汉语拼音首位字母,×××为被许可人代号,用阿拉伯数字表示,B表示生产许可证,****为生产许可证序列号。

第十六条　经审查不予许可的,申请人的条件没有发生实质变化,再次以同一理由提出申请的,不予受理;同一行政许可申请,连续两次审查不合格的,2年内不再受理该项行政许可;隐瞒有关情况或者提供虚假材料的,不得再次申请该项行政许可。

第五章　监 督 管 理

第十七条　生产许可证有效期为5年,从决定之日起计算。有效期满后,被许可人需要延续已取得的生产许可证有效期的,应在有效期满60日前向铁道部提出延期申请。提出延期申请的被许可人,应提交原生产许可证。

第十八条 在生产许可证有效期内,被许可人必须在产品合格证(含机车履历簿)、使用说明书上标明生产许可证的有效期限和编号。

第十九条 在生产许可证有效期内,被许可人名称变更,应提交有关部门的批准文件及工商行政管理部门核发的新的营业执照,在变更后60日内向铁道部申请办理生产许可证变更手续。

第二十条 在生产许可证有效期内,被许可人的生产条件、检验手段或制造工艺发生较大变化时,应及时报铁道部运输局。被许可人应重新进行相关试验,铁道部运输局组织审查。

第二十一条 有下列情形之一的,应依照本细则重新申请生产许可:

(一)被许可人变更生产地点的;

(二)被许可人控股权或实际控制人发生改变的;

(三)被许可人停止生产相应型号机车2年以上,恢复生产的;

(四)在生产许可证有效期内,产品的技术性能、技术标准、主要结构型式等发生较大变化的。

第二十二条 铁道部对被许可人从事被许可产品生产进行监督,被许可人应保证产品质量稳定,定期向铁道部运输局提交生产质量报告。铁道部依法对产品进行抽样检测,对生产现场进行实地检查,依法查阅或者要求被许可人提供企业情况、生产技术报告以及能充分证明产品符合铁道部批准的技术条件、图样、有关文件和标准的相关材料。

第二十三条 铁路机车在投入使用前,应当经过铁道部机车验收部门验收合格。

第二十四条 发现下列情况之一的,铁道部对被许可人提出警告,或责令暂停相关机车的生产、销售,被许可人应进行整改。暂停相关机车生产、销售的被许可人应在6个月内完成整改,并向铁道部提出复查申请。

(一)产品存在安全隐患的;

(二)主要管理人员、技术人员不符合规定要求的;

(三)产品质量保证体系和管理制度不健全的;

(四)生产设施、设备、工艺不能保证产品质量的;

(五)检验、试验手段不能保证产品质量的;

(六)产品不能满足技术条件及有关标准要求的;

(七)其他不能保证产品质量的情形。

第二十五条 有下列情形之一的,铁道部可撤销相关机车生产许可。

(一)因产品质量原因导致发生特别重大、重大和较大铁路交通事故的;

(二)涂改、倒卖、出租、出借生产许可证,或者以其他形式非法转让生产许可证的;

(三)以不正当手段取得生产许可证的;

(四)限期内未整改或整改后仍不合格的;

(五)法律法规规定应当撤销生产许可的其他情形。

第二十六条 有下列情形之一的,注销生产许可证:

(一)被许可人不再生产被许可产品的;

(二)生产许可证有效期已过,未提出延续申请的;

(三)被许可人变更名称,未办理变更手续的;

（四）被许可人依法终止生产、经营的；

（五）法律法规规定应当注销许可证的其他情形。

第二十七条　被撤销生产许可的，2年内不得再次申请该项行政许可；以不正当手段取得的生产许可被撤销的，不得再次申请该项行政许可。

第二十八条　铁道部实施铁路机车生产许可需聘请专家评审的，所聘专家应与申请人没有直接利害关系。专家评审应遵循科学、公正、真实的原则，严格遵守保密规定，审查结束后，相关资料须交回。

第二十九条　实施铁路机车生产许可需要进行技术检测、检验的，应由铁道部指定的专业技术机构进行。该专业技术机构应对获悉的技术资料及信息保密，不得利用获悉的技术资料从事相应的设计、制造、维修工作，不得与申请人有直接利害关系。

第六章　附　　则

第三十条　本细则施行前，铁道部已批准生产的铁路机车的相关生产企业可申请补发生产许可证书。

第三十一条　本细则由铁道部运输局负责解释。

第三十二条　本细则自发布之日起施行。

附件1

行政许可申请书

<table>
<tr><td rowspan="4">个人申请</td><td>姓　　名</td><td></td><td>身份证号码</td><td></td></tr>
<tr><td>住　　址</td><td colspan="3"></td></tr>
<tr><td>联系电话</td><td></td><td>邮政编码</td><td></td></tr>
<tr><td>电子邮箱</td><td colspan="3"></td></tr>
<tr><td rowspan="5">单位申请</td><td>单位名称</td><td></td><td>法人代表</td><td></td></tr>
<tr><td>单位地址</td><td colspan="3"></td></tr>
<tr><td>联系电话</td><td></td><td>邮政编码</td><td></td></tr>
<tr><td>电子邮箱</td><td colspan="3"></td></tr>
<tr><td></td><td colspan="3"></td></tr>
<tr><td colspan="2">行政许可申请项目</td><td colspan="3"></td></tr>
<tr><td colspan="2">行政许可申请内容</td><td colspan="3"></td></tr>
<tr><td colspan="2">所附申请材料目录
（标注页码）</td><td colspan="3"></td></tr>
</table>

注：以下内容由受理机构填写。

受理人（审核人）：　　　　　　　　　　　　　　收到日期：

附件 2

申请人基本情况

申请人名称：________________（盖章）

法 人 代 表：________________

联　系　人：________________

填 表 日 期：________________

编 制 说 明

1. 本表应用计算机制作，根据填写内容，可自行调整表格。

2. 申请人名称要与工商行政管理部门核发的企业工商营业执照名称相一致。

3. 产品型号、名称应与"型号合格证"中的一致。

4. "五、生产基础设施"指基本固定的厂房、行车类设施。

5. "七、主要工装"中，有型号的请写明。

6. 下述表中给出的是应填写范围和内容的说明，申证企业填表时应填入企业的实际情况：

①"五、生产基础设施"中"生产基础设施"列；

②"六、主要生产设备"中"设备名称、型号、规格"列；

③"七、主要工装"中"工装名称"列；

④"八、主要检验、试验设备（含计量器具）"中"检验、试验设备名称、型号"列。

7. 封面须加盖单位公章（复印无效）。

一、企业概况			
名　　称	（中文）		
	（英文或汉语拼音缩写）		
法定代表人		职　　务	
地　　址		邮　　编	
电　　话		传　　真	
电子邮箱			
联 系 人		电　　话	

续上表

<table>
<tr><td colspan="6">营业执照发证部门、编号、有效期、经营范围：</td></tr>
<tr><td>注册资金</td><td></td><td>固定资产</td><td></td><td>员工总数</td><td></td></tr>
<tr><td>隶属关系</td><td colspan="5"></td></tr>
<tr><td>企业性质</td><td colspan="5">□国有　□集体　□个体　□ 股份制　□合作　□其他
□合资　□独资　□台资</td></tr>
<tr><td>行业类别</td><td colspan="5"></td></tr>
<tr><td colspan="6">近 3 年年生产产值：</td></tr>
<tr><td colspan="6">生产铁路机车的品种和历史、主要用户信息：</td></tr>
</table>

<table>
<tr><td colspan="7">二、主要管理人员情况</td></tr>
<tr><td>姓名</td><td>性别</td><td>年龄</td><td>学历</td><td>职务</td><td>职称</td><td>从事本职务连续年限</td></tr>
<tr><td></td><td></td><td></td><td></td><td></td><td></td><td></td></tr>
<tr><td></td><td></td><td></td><td></td><td></td><td></td><td></td></tr>
<tr><td></td><td></td><td></td><td></td><td></td><td></td><td></td></tr>
<tr><td></td><td></td><td></td><td></td><td></td><td></td><td></td></tr>
</table>

<table>
<tr><td colspan="6">三、质量管理状况</td></tr>
<tr><td>质量体系</td><td colspan="5"></td></tr>
<tr><td>质量体系覆盖产品范围</td><td colspan="5"></td></tr>
<tr><td>认证机构</td><td colspan="5"></td></tr>
<tr><td>证书编号</td><td colspan="2"></td><td>证书有效期</td><td colspan="2"></td></tr>
<tr><td>管理者代表</td><td colspan="2"></td><td>职　　务</td><td colspan="2"></td></tr>
<tr><td>质量管理部门</td><td></td><td>专职从事质量管理人数</td><td></td><td>体系覆盖员工总数</td><td></td></tr>
<tr><td colspan="6">质量体系描述(附体系结构图)：</td></tr>
</table>

续上表

四、专业技术人员、检验人员、技术工人数量			
级　别	技术人员	检验、计量人员	技术工人
初　级			
中　级			
高　级			

五、生产基础设施

序号	生产基础设施	所在工序	位置
1	应有与产品制造技术相适应的工作场地、环境条件、设施配置及和生产能力相适应的建筑和厂房面积,特别应说明下料、焊接、铸造、机加工、热处理、组装、涂装和检验的车间或场所		
2	整机和大型部件、构件生产场地、车间应有符合规定要求的起重设施		
3	有足够的供水、供电、供气设施		
4	有满足液压、气动、电气装置生产组装要求的专用场所		
5	具有防尘、保温、湿度控制的专用涂装车间		
6	具备申证产品落成要求的调试线路、性能试验线路和出厂前例行交验、运行试验线路		
7	材料、配件的存放应有专门的区域,满足相关规定的储存条件和具有完备的防护措施		
8	转运重要零部件的专用设备		
9	其他重要设备		

六、主要生产设备

序　号	设备名称、型号、规格	数　量	用　途	位　置
1	原材料下料、原材料处理设备			
2	重要零部件机械加工设备			
3	板料数控折弯设备、数控弯管设备			
4	气体保护焊焊接设备、用于重要结构件的焊接机器手			
5	热加工设备			
6	表面处理设备			

续上表

序　号	设备名称、型号、规格	数　量	用　途	位　置
7	铸、锻及成形设备			
8	清洗设备			
9	其他重要设备			

七、主要工装

序　号	工　装　名　称	用　途	使用工序	位　置
1	重要零部件专用机加工工装			
2	重要零件铸、锻、冲压专用工装			
3	转向架、车体等重要结构件专用组焊工装			
4	焊接、组装专用工装			
5	重要组成组对工装			
6	整车、整机组装用台架			
7	其他重要工装			

八、主要检验、试验设备(含计量器具)

序　号	检验、试验设备名称、型号	用　途	使用工序	位　置
1	理化检验设备			
2	计量设备			
3	无损检测设备			
4	重要零、部件试验台			
5	整机性能试验、调试设备			

续上表

序　号	检验、试验设备名称、型号	用　途	使用工序	位　置
6	整机性能检测设备：淋雨试验装置、称重、限界检测专用设备			
7	其他重要检验、试验设备			

九、主要供方清单

序　　号	供方名称	部件名称	供方质量体系情况

续上表

<table>
<tr><td colspan="10">十、用户服务机构、用户服务程序和用户服务人员基本情况</td></tr>
<tr><td colspan="3">用户服务机构</td><td colspan="3"></td><td colspan="3">专职用户服务人员数量</td><td></td></tr>
<tr><td colspan="3">用户服务机构职能</td><td colspan="7"></td></tr>
<tr><td colspan="10">用户服务人员情况</td></tr>
<tr><td>序号</td><td>姓名</td><td>性别</td><td>年龄</td><td>职称</td><td>文化程度</td><td>所学专业</td><td>工作特长</td><td>相关工作年限</td><td>备注</td></tr>
<tr><td></td><td></td><td></td><td></td><td></td><td></td><td></td><td></td><td></td><td></td></tr>
<tr><td></td><td></td><td></td><td></td><td></td><td></td><td></td><td></td><td></td><td></td></tr>
<tr><td></td><td></td><td></td><td></td><td></td><td></td><td></td><td></td><td></td><td></td></tr>
<tr><td></td><td></td><td></td><td></td><td></td><td></td><td></td><td></td><td></td><td></td></tr>
<tr><td></td><td></td><td></td><td></td><td></td><td></td><td></td><td></td><td></td><td></td></tr>
<tr><td></td><td></td><td></td><td></td><td></td><td></td><td></td><td></td><td></td><td></td></tr>
<tr><td></td><td></td><td></td><td></td><td></td><td></td><td></td><td></td><td></td><td></td></tr>
<tr><td colspan="10">用户服务（含培训）程序、内容说明：</td></tr>
<tr><td colspan="10">十一、近3年铁路机车产品制造质量情况（自述和用户意见）</td></tr>
</table>

十二、工商行政管理部门核发的允许经营相关产品的营业执照（复印件）

附件3

生产技术准备报告

产品型号名称：________________________

申 请 人 名 称：________________（盖章）

通 信 地 址：________________________

联 系 电 话：____________邮政编码：__________

电 子 邮 箱：________________________

联 系 人：________ 申请日期： 年 月 日

填 写 说 明

1. 本报告用计算机制作。根据填写内容，可自行调整表格。

2. 申请人名称要与工商行政管理部门核发的企业工商营业执照名称相一致。

3. 产品型号、名称应与“型号合格证”中表述一致。

4. “九、产品制造必备的生产基础设施”指基本固定的厂房、行车类设施。

5. “十一、产品制造必备的工装、模具”中，有型号的请写明。

6. 下述表中给出的是应填写范围和内容的说明，申证企业填表时应填入企业的实际情况：

① “九、产品制造必备的生产基础设施“中”生产基础设施”列；

② “十、产品制造必备的加工设备“中”设备名称及型号规格”列；

③ “十一、产品制造必备的工装、模具“中”工装、模具名称”列；

④ “十二、产品必备的检测和试验手段“中”检验、试验设备名称、型号”列。

7. 封面须加盖企业公章（企业公章复印无效）。

一、产品外形照片

续上表

二、产品性能简述

三、产品应遵循的法规和技术标准（含铁道部主管部门备案和确认的企业标准）

四、产品质量控制重点（包括对生产环境要求）

五、产品生产流程

六、产品生产过程执行的质量体系文件

七、产品生产过程人力资源配置

级　别	技术人员	检验、计量人员	技术工人
初　级			
中　级			
高　级			

续上表

八、产品技术文件			
九、产品生产必备的生产基础设施			
序号	生产基础设施	所在工序	位置
1	应有与产品制造技术相适应的工作场地、环境条件、设施配置及和生产能力相适应的建筑和厂房面积，特别应说明下料、焊接、机加工、热处理、组装、涂装和检验的车间或场所		
2	整机和大型部件、构件生产场地、车间应有符合规定要求的起重设施		
3	有足够的供水、供电、供气设施		
4	有满足液压、气动、电气装置生产组装要求的专用场所		
5	具有防尘、保温、湿度控制的专用涂装车间		
6	具备申证产品落成要求的调试线路、性能试验线路和出厂前例行交验、运行试验线路		
7	材料、配件的存放应有专门的区域，满足相关规定的储存条件和具有完备的防护措施		
8	转运重要零部件的专用设备		
9	其他重要设施		

十、产品生产必备的加工设备				
序　号	设备名称及型号规格	数　量	用　途	位　置
1	原材料下料、原材料处理设备			
2	重要零部件机械加工设备			
3	板料数控折弯、数控弯管设备			

续上表

序　号	设备名称及型号规格	数　量	用　途	位　置
4	气体保护焊焊接设备、焊接变位机、用于重要结构件的焊接机器手			
5	热加工设备			
6	表面处理设备			
7	铸、锻及成形设备			
8	清洗设备			
9	其他重要设备			

十一、产品生产必备的工装、模具

序　号	工装、模具名称	用　途	使用工序	位　置
1	重要零部件专用机加工工装			
2	重要铸、锻、冲压零件专用工装			
3	转向架、车体等重要结构件专用组焊工装			
4	焊接、组装专用工装			
5	重要组成组对工装			
6	整车、部件组装台架			
7	其他重要工装、模具			

十二、产品生产必备的检测、试验手段

序号	检验、试验设备名称、型号	用　途	使用工序	位　置
1	理化检验设备			
2	计量设备			
3	无损检测设备			
4	重要零部件机械加工检验设备			
5	重要结构件制造精度检验设备			
6	重要零部件试验台			
7	整机性能检测设备			
8	其他重要检测、试验设备			

续上表

十三、申证生产许可产品的主要供方清单			
序　　号	外包项目	供　　方	供方质量体系情况
十四、资金对生产规模的保证能力			
十五、生产能力分析			
十六、其他应说明的问题			

进口新型铁路机车型号认可实施细则

铁道部2008年12月11日　铁运[2008]249号

第一章　总　　则

第一条　为加强对铁路机车进口管理,确保铁路运输安全,根据《铁路运输安全保护条例》(国务院令第430号)、《铁路机车车辆设计生产维修进口许可管理办法》(铁道部令第14号),制定本细则。

第二条　本细则所称铁路机车为《铁路机车车辆设计生产维修进口许可管理办法》(铁道部令第14号)附件《铁路机车车辆类型目录》中的1001蒸汽机车、1002内燃机车、1003电力机车。

第三条　在中华人民共和国境外生产,在中国铁路使用的新型铁路机车,应符合国家有关部门的规定、国家产业发展政策、技术发展政策及铁路装备现代化的要求,并在正式签订供货合同前,按照本细则规定的程序,取得型号认可证。型号认可证的申请人应为进口新型机车的制造企业。

第四条　铁道部行政许可管理机构(以下简称"行政许可机构")负责受理型号认可申请和送达行政许可决定,铁道部运输局会同科技司负责型号认可证申请的审查,运输局负责许可的监督管理。

第二章　取证条件和申报材料

第五条　取得型号认可证应当具备下列条件:

(一)申请人的产品研发、设计、生产制造、检验、技术支持和售后服务能满足中国铁路的需要和相关技术政策;

(二)申请人具有所在国家或地区认可的申请型号认可机车的生产资质或相关机车的生产资质;

(三)申请人应具有3年以上生产机车经历;

(四)申请人具有相关机车的开发、生产、运用等良好业绩,销售的同种机车近3年内无严重质量不良记录;

(五)申请人具有完备的质量保证体系、管理制度和售后服务体系;

(六)申请人具有完备的生产设施、设备、工艺装备和计量、检验、试验手段;

(七)申请型号认可机车不构成对知识产权的侵权;

(八)申请型号认可机车符合相关的中华人民共和国国家标准和铁道行业标准及规定;

(九)申请型号认可机车整车和关键零部件按规定进行的型式试验合格;

(十)申请型号认可机车通过中华人民共和国铁道部组织的样车技术审查;

(十一)符合法律法规规定的其他要求。

第六条　申请型号认可证应当提交下列材料(所提供的材料除第(二)、(六)外,为中文、英文书面和电子文本各一套):

(一)行政许可申请书(一式二份,见附件1);

(二)申请人合法经营证明(复印件,同时携带原件备查);

(三)申请人的基本情况(见附件2);

(四)申请人关于产品的设计、生产制造、检验、技术支持和售后服务能满足中国铁路需要和相关技术政策的论证报告;

(五)产品不侵犯他人知识产权的声明;

(六)申请人质量保证体系、管理制度等材料;

(七)所在国家或地区颁发的申请型号认可机车或相关机车的生产资质证明(复印件);

(八)申请人的生产设施、设备、工艺装备、计量、检验、试验手段说明材料;

(九)产品图片和产品使用说明书;

(十)产品技术条件、技术标准和图样。包括:

1. 机车技术条件;

2. 整机外形图(包括限界图);

3. 机车总体布置图;

4. 柴油发电机组/主变压器、车体、转向架、车钩缓冲装置总图;

5. 机车控制系统、主电路、冷却、空气、燃油、润滑、辅助传动、空气制动系统原理图;

6. 产品设计、制造中执行的技术标准(包括企业标准);

7. 整机零部件清单。

(十一)能够证明申请型号认可机车运行安全的证明材料;

(十二)申请型号认可机车或相关机车的销售记录;

(十三)法律法规要求的其他材料。

第七条 申请人应对所提供资料的全面性、真实性、有效性负责。

第三章 申请和审查

第八条 铁道部行政许可管理机构受理型号认可申请后,铁道部运输局组织专家对申请内容进行审查,必要时对申请人生产现场进行考察。申请人应完成样车试制、型式试验,由铁道部运输局组织专家对样车进行技术审查。

审查合格的,做出准予行政许可的决定;审查不合格的,做出不予行政许可的决定,并说明理由。

第九条 申请人同时进行多种产品型号认可证的申请,且各产品在同一场地生产,“申请人基本情况”可只提供一份,但应分别说明各种产品的销售业绩。

第四章 型号认可决定

第十条 铁道部应自受理申请之日起20个工作日内做出行政许可决定。20个工作日内不能做出决定的,经铁道部主管领导批准,可以延长10个工作日,并将延长期限的理由告知申请人。

专家评审、相关试验、质量认证等所需时间不计算在上述期限内。

第十一条 铁道部做出准予行政许可的决定后,自做出许可决定之日起10个工作日内向申请人颁发相应的型号认可证。

第十二条 铁路机车型号认可证的编号方法为:TLJC—×××—D—****,TLJC

为“铁路机车”的汉语拼音首位字母，×××为被许可人代号，用阿拉伯数字表示，D表示型号认可证，**** 为型号认可证序列号。

第十三条 经审查不予许可的，申请型号认可机车技术或申请人的条件没有发生实质变化，再次以同一理由提出申请的，不予受理；同一行政许可申请，连续两次审查不合格的，2年内不再受理该项行政许可；隐瞒有关情况或者提供虚假材料的，不得再次申请该项行政许可。

第五章 监督管理

第十四条 型号认可证有效期为5年，从决定之日起计算。有效期满后，被许可人需要延续型号认可证有效期的，应当在有效期满60日前向铁道部提出申请。提出延续型号认可证有效期申请的被许可人，应当提交原型号认可证。

第十五条 在型号认可证有效期内，被许可人名称变更，应提交合法证明文件，在变更后60日内向铁道部申请办理型号认可证变更手续。

第十六条 在型号认可证的有效期内，被许可人必须在其产品合格证（含机车履历簿）、使用说明书上标明型号认可证的编号和有效期。

第十七条 取得型号认可证的机车在投入使用前，应当经过铁道部机车验收部门验收合格。

第十八条 有下列情形之一的，铁道部可撤销相关产品型号认可。

（一）被许可人生产的铁路机车因质量原因导致发生特别重大、重大和较大铁路交通事故的；

（二）以不正当手段取得型号认可证的；

（三）涂改、倒卖、出租、出借型号认可证，或者以其他形式非法转让型号认可证的；

（四）法律法规规定应当撤销许可的其他情形。

第十九条 被撤销进口许可的，2年内不得再次申请该项行政许可；以不正当手段取得的行政许可被撤销的，不得再次申请该项行政许可。

第六章 附 则

第二十条 本细则由铁道部运输局负责解释。

第二十一条 本细则自发布之日起施行。

附件1

行政许可申请书

<table>
<tr><td rowspan="4">个人申请</td><td>姓　　名</td><td></td><td>身份证号码</td><td></td></tr>
<tr><td>住　　址</td><td colspan="3"></td></tr>
<tr><td>联系电话</td><td></td><td>邮政编码</td><td></td></tr>
<tr><td>电子邮箱</td><td colspan="3"></td></tr>
<tr><td rowspan="5">单位申请</td><td>单位名称</td><td></td><td>法人代表</td><td></td></tr>
<tr><td>单位地址</td><td colspan="3"></td></tr>
<tr><td>联系电话</td><td></td><td>邮政编码</td><td></td></tr>
<tr><td>电子邮箱</td><td colspan="3"></td></tr>
<tr><td colspan="4"></td></tr>
<tr><td colspan="2">行政许可申请项目</td><td colspan="3"></td></tr>
<tr><td colspan="2">行政许可申请内容</td><td colspan="3"></td></tr>
<tr><td colspan="2">所附申请材料目录
（标注页码）</td><td colspan="3"></td></tr>
</table>

注：以下内容由受理机构填写。

受理人（审核人）：　　　　　　　　　　收到日期：

附件2

申请人基本情况表

申请人名称：____________________（盖章）

产 品 名 称：____________________

填 表 日 期：____________________

填 写 说 明

1. 本表应用计算机制作，根据填写内容，可自行调整表格。
2. 申请人的名称应与申请人合法经营证明材料中的名称一致。
3. 封面须加盖申请人单位公章（复印无效）。

<table>
<tr><td colspan="5">一、申请人基本信息</td></tr>
<tr><td colspan="5">申请人名称</td></tr>
<tr><td>申请人地址</td><td></td><td>电　话</td><td colspan="2"></td></tr>
<tr><td>电子邮箱</td><td></td><td>传　真</td><td colspan="2"></td></tr>
<tr><td>法人代表</td><td></td><td>电　话</td><td colspan="2"></td></tr>
<tr><td>联络人</td><td></td><td>电　话</td><td colspan="2"></td></tr>
<tr><td colspan="5">二、申请人概况（包括企业组成、企业规模、生产的主要产品及其技术水平、生产场所等）</td></tr>
<tr><td colspan="5">三、申请型号认可机车制造地点</td></tr>
<tr><td colspan="5">四、申请型号认可机车生产周期</td></tr>
</table>

续上表

五、申请型号认可机车制造中的主要合作者

单位名称	地　点	合作项目

六、申请型号认可机车近3年销售业绩及运用情况

年度	采购国家及公司	销售合同号	销售数量	运用情况

铁路机车维修许可实施细则

铁道部2008年12月11日 铁运[2008]249号

第一章 总 则

第一条 为加强对铁路机车的管理,确保铁路运输安全,根据《铁路运输安全保护条例》(国务院令第430号)、《铁路机车设计生产维修进口许可管理办法》(铁道部令第14号),制定本实施细则。

第二条 本细则所称铁路机车为《铁路机车设计生产维修进口许可管理办法》中附件《铁路机车车辆类型目录》中的1001蒸汽机车、1002内燃机车、1003电力机车。本细则所称维修是铁路机车整体基本性能的恢复性修理(整车大修)。

第三条 凡在中华人民共和国境内维修,并用于中国铁路使用的机车,机车维修企业须按照本细则规定的程序,取得机车维修合格证(以下简称维修合格证)。

第四条 铁道部行政许可管理机构负责受理维修合格证的申请和送达行政许可决定。铁道部运输局负责维修合格证申请的审查及维修许可的监督管理。

第二章 申请取证条件和申报材料

第五条 取得维修合格证应当具备下列条件:

(一)申请人须具有独立企业法人资格,并具备一定规模的注册资本;

(二)具有申证机车完整的图样、技术文件和资料,并编制了相应的工艺和生产流程文件;

(三)具有能够保证机车维修质量和持续维修能力的生产设施、加工设备、工艺装备、互换配件;

(四)具有能够保证机车维修质量的计量、检验、试验手段和器具;

(五)主要管理人员具备相应的维修生产管理能力和经验;

(六)具有保证申证机车正常维修的相应人员,包括专业技术人员、计量、检验人员及技术工人,并进行了针对申证机车维修的培训和教育;

(七)具有完善的质量管理体系和管理制度;

(八)具有完善的用户服务体系;

(九)申请人已生产或维修的相关机车产品近3年内无严重质量不良记录;

(十)《维修技术准备报告》(见附件3)通过审查;

(十一)维修样车通过相关试验和质量鉴定;

(十二)符合法律法规规定的其他要求。

第六条 申请维修合格证应当提交下列材料(书面和电子文本各一套):

(一)行政许可申请书(一式二份,见附件1);

(二)企业营业执照(副本复印件,携副本原件备查);

(三)申请人基本情况(见附件2);

(四)维修技术准备报告(见附件3);

(五)产品图样、技术资料及其合法性来源证明材料(复印件);

(六)质量管理体系认证证书或其他相关证书(复印件);

(七)机车修理技术规范;

(八)申请人已生产或维修的相关机车产品近3年内的使用报告;

(九)法律法规要求的其他材料。

申请人同时申请多种型号机车的维修合格证,且在同一场地维修,《申请人基本情况》可提供一份。

第七条 申请人应对所提供资料的全面性、真实性、有效性负责。

第三章 申请和审查

第八条 符合本细则规定条件的申请人,可向行政许可机构提出铁路机车维修许可申请。

第九条 铁道部行政许可管理机构受理维修许可申请后,铁道部运输局组织专家对申请材料进行初审,必要时对生产现场进行考察。初审合格的,通知申请人进行维修样车的试修和相关试验,并由铁道部运输局组织专家进行质量鉴定。审查合格的,做出准予行政许可的决定;审查不合格的,做出不予行政许可的决定,并说明理由。

相关试验应按现行的相关技术规范和规程进行,试验须有铁道部驻厂(局)机车验收室参加。

第四章 维修许可决定

第十条 铁道部自受理申请之日起20个工作日内做出行政许可决定。20个工作日内不能做出决定的,经铁道部主管领导批准,可以延长10日,并将延长期限的理由告知申请人。

专家评审、机车试修、相关试验所需时间不计算在上述期限内。

第十一条 铁道部做出准予行政许可的决定后,应当自做出许可决定之日起10个工作日内向申请人颁发相应的维修合格证书。

第十二条 铁路机车维修合格证的编号方法为:TLJC-####-C-××××。其中,TLJC表示铁路机车;###为被许可人代号,用阿拉伯数字表示,铁道部统一规定被许可人代号;C表示维修合格证;××××为维修合格证序列号。

第十三条 经审查不予许可的,申请人的维修条件没有发生实质变化,再次提出同一申请的不予受理;同一维修许可申请连续两次审查不合格的,2年内不再受理该项行政许可;隐瞒有关情况或者提供虚假申请材料的,不得再次申请该项行政许可。

第五章 监督管理

第十四条 维修合格证有效期为5年,从批准之日起计算。维修合格证有效期满,企业继续维修的,应当在有效期满前60天内向铁道部提出延续申请。提出申请的企业,应当提交原维修合格证。

第十五条 在维修合格证有效期内,被许可人必须在机车履历簿内标明维修合格证的有效期和编号。

第十六条　有下列情形之一时,被许可人应当重新申请维修许可:

(一)被许可人变更维修地点的;

(二)被许可人控股权或实际控制人发生改变的;

(三)在维修合格证有效期内,被许可人维修条件、检验手段、生产技术或者工艺发生较大变化的;

(四)被许可人停止维修相应机型2年以上,恢复维修该机型的。

第十七条　在维修合格证有效期内,被许可人名称变更,应提交有关部门的批准文件及工商行政管理部门核发的新的营业执照,在变更后60日内向铁道部申请办理维修合格证变更手续。

第十八条　机车维修后在投入使用前,须经铁道部驻厂(局)机车验收室验收合格。

第十九条　被许可人应当保证产品维修质量稳定合格,并于每年年底向铁道部运输局提交年度质量报告。

第二十条　铁道部对被许可人从事被许可机车的维修活动进行监督检查。可依法进行抽样检验、检测,对维修场所进行实地检查,依法查阅或者要求被许可人报送企业情况、维修技术报告等材料。

第二十一条　发现下列情况之一的,铁道部可暂停被许可人相关机车产品维修,并限期整改,按期完成整改后,被许可人向铁道部提出复查申请:

(一)维修产品存在安全隐患的;

(二)主要管理人员、技术人员不符合规定要求的;

(三)质量保证体系和管理制度不健全的;

(四)维修设施、设备、工艺不能保证维修质量的;

(五)检验、试验手段不能保证维修质量的;

(六)维修产品不能满足技术条件要求的;

(七)其他不能保证所维修机车质量的情形。

第二十二条　有下列情形之一的,铁道部可撤销被许可人相关机车维修合格证:

(一)因产品质量导致特别重大、重大和较大铁路交通事故,造成恶劣后果和严重影响的;

(二)涂改、倒卖、出租、出借维修合格证,或者以其他形式非法转让维修合格证的;

(三)以不正当手段取得维修合格证的;

(四)责令限期整改未整改或整改后仍不合格的;

(五)法律法规规定的应当撤销的其他情形。

第二十三条　被撤销行政许可的,2年内不得再次申请该项行政许可。以不正当手段取得维修合格证的,不得再次申请该项行政许可。

第二十四条　被许可人有下列情形之一的,铁道部将注销维修合格证:

(一)被许可企业不再维修该产品的;

(二)维修合格证有效期已过,未提出延续申请的;

(三)被许可企业变更企业名称,未办理变更手续的;

(四)被许可人破产或解散的;

(五)被许可人依法终止生产、经营的;

(六)其他应当注销许可证的情形。

第二十五条 铁道部组织专家评审时所聘专家应与申请单位无利害关系。专家评审应遵循科学、公正、真实的原则,专家应对申请人的信息和资料保密,审查结束后,相关资料须交回。

第六章 附 则

第二十六条 本细则施行前,已通过铁道部许可维修的企业可申请补发维修合格证书。

第二十七条 本细则由铁道部运输局负责解释。

第二十八条 本细则自发布之日起施行。

附件1

行政许可申请书

<table>
<tr><td rowspan="4">个人申请</td><td>姓　　名</td><td></td><td>身份证号码</td><td></td></tr>
<tr><td>住　　址</td><td colspan="3"></td></tr>
<tr><td>联系电话</td><td></td><td>邮政编码</td><td></td></tr>
<tr><td>电子邮箱</td><td colspan="3"></td></tr>
<tr><td rowspan="8">单位申请</td><td>单位名称</td><td></td><td>法人代表</td><td></td></tr>
<tr><td>单位地址</td><td colspan="3"></td></tr>
<tr><td>联系电话</td><td></td><td>邮政编码</td><td></td></tr>
<tr><td>电子邮箱</td><td colspan="3"></td></tr>
<tr><td>委托代理人</td><td></td><td>身份证号码</td><td></td></tr>
<tr><td>住　　址</td><td colspan="3"></td></tr>
<tr><td>联系电话</td><td></td><td>邮政编码</td><td></td></tr>
<tr><td>电子邮箱</td><td colspan="3"></td></tr>
<tr><td colspan="3">行政许可申请项目</td><td colspan="2"></td></tr>
<tr><td colspan="3">行政许可申请内容</td><td colspan="2"></td></tr>
<tr><td colspan="3">所附申请材料目录
(标注页码)</td><td colspan="2"></td></tr>
</table>

注:以下内容由受理机构填写。

受理人(审核人): 收到日期:

附件2

申请人基本情况

申请人名称：________________（盖章）

法 人 代 表：________________

联　系　人：________________

填 表 日 期：________________

编 写 说 明

1. 本表应用计算机制作，根据填写内容，可自行调整表格。
2. 企业名称须与工商行政管理部门核发的企业工商营业执照名称相一致。
3. 产品型号、名称应与“型号合格证”中的表述一致。
4. “五、生产基础设施”指基本固定的厂房、行车类设施。
5. “七、主要工装”中，有型号的请写明。
6. “五”、“六”、“七”、“八”中“位置”列，属本企业的填“本企业”，属外包方的填“外包”。
7. 表中下述几处内容，说明的是填写范围，申请人填表时应填写企业的实际情况。

(1)“五、生产基础设施”中“生产基础设施”列；

(2)“六、主要生产设备”中“设备型号、名称”列；

(3)“七、主要工装”中“工装名称”列；

(4)“八、主要检验、试验设备（含计量器具）”中“检验、试验设备名称、型号”列。

8. 封面及相关证明材料须加盖申请人单位公章（企业公章复印无效）。

<table>
<tr><td colspan="5">一、企业概况</td></tr>
<tr><td rowspan="2">名　　称</td><td colspan="4">（中文）</td></tr>
<tr><td colspan="4">（英文或拼音缩写）</td></tr>
<tr><td>法定代表人</td><td></td><td>职　务</td><td colspan="2"></td></tr>
<tr><td>地　　址</td><td colspan="2"></td><td>邮　编</td><td></td></tr>
<tr><td>电　　话</td><td></td><td>传　真</td><td colspan="2"></td></tr>
</table>

续上表

<table>
<tr><td>电子邮箱</td><td colspan="5"></td></tr>
<tr><td>联系人</td><td colspan="2"></td><td>电　话</td><td colspan="2"></td></tr>
<tr><td colspan="6">营业执照编号、有效期、经营范围：</td></tr>
<tr><td>注册资金</td><td></td><td>固定资产</td><td></td><td>员工总数</td><td></td></tr>
<tr><td>隶属关系</td><td colspan="5"></td></tr>
<tr><td>企业性质</td><td colspan="5">□ 国有 □ 集体 □ 个体 □ 股份制 □ 合作 □ 其他
□ 合资 □ 独资 □ 台资</td></tr>
<tr><td>行业类别</td><td colspan="5"></td></tr>
<tr><td colspan="6">近3年年生产产值：</td></tr>
<tr><td colspan="6">生产、维修铁路机车产品的品种和历史、主要用户信息：</td></tr>
</table>

续上表

<table>
<tr><td colspan="7">二、主要管理人员情况</td></tr>
<tr><td>姓名</td><td>性别</td><td>年龄</td><td>学历</td><td>职务</td><td>职称</td><td>从事本职务连续年限</td></tr>
<tr><td></td><td></td><td></td><td></td><td></td><td></td><td></td></tr>
<tr><td></td><td></td><td></td><td></td><td></td><td></td><td></td></tr>
<tr><td></td><td></td><td></td><td></td><td></td><td></td><td></td></tr>
<tr><td></td><td></td><td></td><td></td><td></td><td></td><td></td></tr>
<tr><td colspan="7">三、质量管理状况</td></tr>
</table>

<table>
<tr><td>质量体系</td><td colspan="5"></td></tr>
<tr><td>质量体系覆盖产品范围</td><td colspan="5"></td></tr>
<tr><td>认证机构</td><td colspan="5"></td></tr>
<tr><td>证书编号</td><td colspan="2"></td><td>证书有效期</td><td colspan="2"></td></tr>
<tr><td>管理者代表</td><td colspan="2"></td><td>职　务</td><td colspan="2"></td></tr>
<tr><td>质量管理部门</td><td></td><td>专职从事质量管理人数</td><td></td><td>体系覆盖员工总数</td><td></td></tr>
<tr><td colspan="6">质量体系描述(附体系结构图)：</td></tr>
</table>

续上表

四、专业技术人员、计量、检验人员、技术工人数量

级别	技术人员	检验、计量人员	技术工人
初级			
中级			
高级			

五、生产基础设施

序号	生产基础设施	所在工序	位置
1	满足铁路机车整机维修需要的解体、清洗、装配、焊接、组装的车间或场所		
2	满足维修需要的起吊设备		
3	供水、供电、供气设施		
4	具有防尘、控制温度和湿度、满足环保要求的专用涂装车间		
5	具备整机性能试验的试验站		
6	具备专用铁路线路,并与铁路正线连通。具备申请维修产品需要的调试线路		
7	材料、配件的存放应有专门的区域,满足相关规定的储存条件和具有完备的防护措施		
8	整机及重要零部件的转运设备		
9	其他重要和必须的设施		

续上表

六、主要生产设备

序号	设备型号、名称	规　格	用　途	位　置
1	整机、零件清洗设备			
2	切削加工设备			
3	焊接设备:气体保护焊设备、埋弧焊设备等			
4	整机、重要部件试验设备			
5	轮对加工、压装设备			
6	结构件校正设备			
7	起重设备			
8	其他重要设备			

续上表

七、主要工艺装备				
序号	工装名称	用途	使用工序	位置
1	软(硬)管路制作模具			
2	各类拆卸工装			
3	重要零部件专用机械加工工装			
4	重要部件调校工装			
5	其他重要工装			

续上表

八、主要检验、试验设备(含计量器具)				
序号	检验、试验设备名称、型号	用途	使用工序	位置
1	无损检测设备			
2	计量设备			
3	重要零部件试验台,包括:制动机试验台、轮对台架试验台、油压减振器试验台等			
4	其他整机性能检测设备,包括:淋雨试验装置、限界检测、水阻试验等专用设备等			

续上表

<table>
<tr><td colspan="4">九、主要供方清单</td></tr>
<tr><td>序号</td><td colspan="2">供　方</td><td>供方质量体系情况</td></tr>
<tr><td></td><td colspan="2"></td><td></td></tr>
<tr><td></td><td colspan="2"></td><td></td></tr>
<tr><td></td><td colspan="2"></td><td></td></tr>
<tr><td></td><td colspan="2"></td><td></td></tr>
<tr><td></td><td colspan="2"></td><td></td></tr>
<tr><td></td><td colspan="2"></td><td></td></tr>
<tr><td></td><td colspan="2"></td><td></td></tr>
<tr><td colspan="4">十、用户服务机构、用户服务程序和用户服务人员基本情况</td></tr>
<tr><td>用户服务机构</td><td></td><td>专职用户服务人员数量</td><td></td></tr>
<tr><td>用户服务机构职能</td><td colspan="3"></td></tr>
<tr><td colspan="4">用户服务(含培训)程序、内容说明:</td></tr>
</table>

十一、近3年铁路机车产品质量情况(自述和用户意见)

十二、工商行政管理部门核发的允许经营相关产品的营业执照(复印件)

附件3

维修技术准备报告

产品名称型号：____________________

申请人名称：____________________（盖章）

企业通信地址：____________________

联系电话：__________ 邮政编码：__________

电子邮箱：____________________

联系人：________ 申请日期：____年__月__日

编写说明

1. 可用电子计算机制作。根据填写内容，可自行调整表格。

2. 企业名称要与工商行政管理部门核发的企业工商营业执照名称相一致。

3. 产品型号、名称应与"型号合格证"中的表述一致。

4. "七、与产品修理有关的生产基础设施"指基本固定的厂房、行车类设施。

5. "九、与产品修理相关的主要工艺装备"中，有型号的请写明。

6. "七"、"八"、"九"、"十"中"位置"列，属本企业的填"本企业"，属外包方的填"外包"。

7. 表中下述几处内容，说明的是填写范围，申请人填表时应填写企业的实际情况。

（1）"七、与产品修理有关的生产基础设施"中"生产基础设施"列；

（2）"八、与产品修理相关的主要生产设备"中"设备型号、名称"列；

（3）"九、与产品修理相关的主要工装"中"工装名称"列；

（4）"十、与产品修理相关的主要检验、试验设备（含计量器具）"中"检验、试验设备名称、型号"列。

8. 封面及相关证明材料须加盖企业公章（企业公章复印无效）。

一、产品外形照片

续上表

二、产品性能简述
三、产品维修中遵循的法规和技术标准（含经铁路行业标准化主管部门备案和确认的企业标准）
四、产品维修质量控制重点（包括对环境要求）
五、产品技术文件
六、产品维修过程中执行的质量体系文件

续上表

七、与产品维修有关的生产基础设施			
序号	生产基础设施	所在工序	位置
1	满足铁路机车整机维修需要的解体、清洗、装配、焊接、组装的车间或场所		
2	满足维修需要的起吊设备		
3	供水、供电、供气设施		
4	具有防尘、控制温度和湿度、满足环保要求的专用涂装车间		
5	具备整机性能试验的试验站		
6	具备专用铁路线路，并与铁路正线连通。具备申请维修产品需要的调试线路		
7	材料、配件的存放应有专门的区域，满足相关规定的储存条件和具有完备的防护措施		
8	整机及重要零部件的转运设备		
9	其他重要和必须的设施		

续上表

八、与产品维修相关的主要生产设备				
序号	设备型号、名称	规格	用途	位置
1	整机、零件清洗设备			
2	切削加工设备			
3	焊接设备:气体保护焊设备、埋弧焊设备等			
4	整机、重要部件试验设备			
5	轮对加工、压装设备			
6	结构件校正设备			
7	起重设备			
8	其他重要设备			

九、与产品维修相关的主要工装				
序号	工装名称	用途	使用工序	位置
1	软(硬)管路制作模具			
2	各类拆卸工装			
3	重要零部件专用机械加工工装			
4	重要部件调校工装			
5	其他重要工装			

续上表

十、与产品维修相关的主要检验、试验设备（含计量器具）				
序号	检验、试验设备名称、型号	用途	使用工序	位置
1	无损检测设备			
2	计量设备			
3	重要零部件试验台，包括：制动机试验台、轮对台架试验台、油压减振器试验台等			
4	其他整机性能检测设备，包括：淋雨试验装置、限界检测、水阻试验等专用设备等			

十一、主要互换配件准备情况				
序号	配件名称	型号	数量	供方企业名称

续上表

十二、主要供方清单和外包项目			
序号	外包项目	供　　方	供方质量体系情况

续上表

十三、维修生产能力分析
十四、其他应说明的问题

铁路道岔产品生产企业认定细则

铁道部2005年9月24日　铁运[2005]167号

第一条　为加强铁路道岔产品质量的监督管理,保障铁路运输安全,根据《铁路运输安全保护条例》和《铁路运输安全设备生产企业认定办法》(中华人民共和国铁道部令第15号)制定本细则。

第二条　本细则所称铁路道岔产品是指整组道岔、道岔尖轨、道岔基本轨、道岔辙叉、道岔护轨和道岔混凝土枕产品。

第三条　凡在中华人民共和国境内生产并销售铁路道岔产品的企业,必须经铁道部认定,获得铁路道岔产品生产企业认定证书。

第四条　企业可根据铁路道岔产品的适用范围(速度等级、轨型、辙叉号等),按照以快代慢、以大代小的原则选择申请认定。

第五条　申请认定的企业应具备以下条件:

(一)有符合本细则附件2要求的专业生产设备;

(二)有符合本细则附件2要求的专业技术人员;

(三)有符合本细则附件2要求的产品质量保证体系和管理制度;

(四)近3年内无产品质量责任事故。

第六条　生产整组道岔产品的企业申请认定,必须先获得铁道部对于整组道岔产品的关键部件辙叉、尖轨、基本轨、护轨中任意三种产品的生产认定,外购的作为整组道岔产品组成部件的道岔产品其生产企业也必须获得铁道部认定。

第七条　已获得下列整组道岔产品生产认定的企业可生产相对应的复式交分道岔:

(一)获得直向容许速度超过120 km/h整组道岔认定的企业可生产直向容许速度不超过90 km/h的复式交分道岔;

(二)获得直向容许速度超过160 km/h整组道岔认定的企业可生产直向容许速度超过90 km/h的复式交分道岔。

第八条　申请认定的企业应提交下列材料:

(一)铁道部行政许可申请书(一式两份);

(二)营业执照(副本)及复印件;

(三)铁路运输安全设备生产企业认定证书审查表;

(四)专业生产设备、工艺装备及计量器具规格、名称、数量明细表(格式文本见附件4);

(五)企业从事铁路运输安全设备研发、设计和生产制造、检验等相关专业的技术人员名单、技术职务(称)、技术等级、所学专业和所从事的专业等资料(格式文本见附件5);

(六)企业质量保证体系和企业质量管理制度等资料,已取得ISO9000系列认证证书的应提供证书复印件;

(七)企业标准、设计图纸和工艺文件明细表;

（八）遵照的国家技术标准全文或有关条款内容；

（九）详细技术说明（属知识产权保护的技术可注明后略去）；

（十）已通过科技成果鉴定或技术审查的，须提供相应的鉴定证书和审查意见；

（十一）近 3 年无产品质量事故的说明（加盖本单位印章）或用户提供的使用报告；

（十二）法律法规要求的其他材料。

道岔产品的生产技术属受让的知识产权，申请认定的企业应提供技术转让等有关材料。

第九条 铁道部行政许可管理机构负责受理企业的申请，对申请材料齐全，符合法定形式的申请予以受理，受理后将申请资料转铁道部运输局进行审查；不予受理的，向企业说明理由。

第十条 铁道部运输局审查企业的申请材料后，符合申请条件的，书面通知企业到符合国家规定条件并经铁道部认可的专业检验机构进行一次性产品质量检验。

第十一条 生产企业收到铁道部运输局关于产品检验的书面通知后，应与符合国家规定条件并经铁道部认可的专业检验机构签订检验合同。

第十二条 检验合同生效后，由专业检验机构组织检验组，检验组应为 2 人以上，实行组长负责制。

第十三条 检验机构按《道岔产品检验办法》（见附件 2）的要求，进行道岔产品认定企业的质量保证能力检验和认定产品质量检验。

特种规格型号的产品的抽样基数不符合要求时，由检验机构提出抽样方案，提交铁道部运输局核准。

第十四条 专业检测、检验机构检测、检验完毕后应将经主管负责人审核并加盖公章的检测、检验报告转送铁道部运输局。

第十五条 铁道部审查铁路道岔产品的生产企业认定时，对未经铁道部技术鉴定或评审的，应聘请专家进行技术评审。评审前通知企业做好相应准备。

第十六条 经审查合格的，铁道部作出准予行政许可的决定；不合格的，铁道部作出不予行政许可的决定，说明理由并及时送达申请企业。

第十七条 铁道部应自受理企业申请之日起20 日内作出行政许可决定；20 日内不能作出决定的，经铁道部负责人批准可延长 10 日，并将延长期限的理由告知企业。

产品检测、检验和专家评审时间，不计算在前款规定期限之内。

第十八条 检验机构应对检验报告的真实性负责，对所作出的结论承担法律责任。

第十九条 铁道部应当在作出准予行政许可的决定后 10 日内向申请人颁发铁路道岔产品生产企业认定证书。铁路道岔产品生产企业认定证书的有效期为 4 年。

第二十条 认定证书采用统一格式，证书编号为：REAC####—×××××。

（一）REAC—认定证书标记，其中 R 代表铁路（Railway）、E 代表设备（Equipment）、A 代表认定（Authentication）、C 代表证书（Certificate）；

（二）####— 产品编号，按产品类别编排的四位阿拉伯数字，不再实行认定证书管理产品的编号不再重复使用；

（三）××××× —认定证书序号，按发证先后顺序编排的五位阿拉伯数字，已撤销或注销的证书序号不再重复使用。

第二十一条 本细则由铁道部运输局负责解释。

第二十二条 本细则自印发之日起实行。

附件 1

认定范围及执行标准

<table>
<tr><th rowspan="2">产品编号</th><th rowspan="2" colspan="2">产品名称</th><th colspan="4">适　用　范　围</th><th rowspan="2">执行标准</th></tr>
<tr><th colspan="2">直向容许通过速度（km/h）</th><th colspan="2">规　格　型　号</th></tr>
<tr><td rowspan="7">1001</td><td rowspan="7">整组道岔</td><td rowspan="5">固定型辙叉道岔</td><td rowspan="3" colspan="2">$v \leqslant 120$</td><td>一级辙叉</td><td>50、60、75 kg/m；9、12、18 号</td><td rowspan="3">TB/T412
TB/T447
TB/T3109
TB/T3110
运基线路［2005］230 号</td></tr>
<tr><td>二级辙叉</td><td>43、50、60、75 kg/m；9、12、18 号</td></tr>
<tr><td>合金钢辙叉</td><td>50、60、75 kg/m；9、12、18 号</td></tr>
<tr><td rowspan="2" colspan="2">$120 < v \leqslant 160$</td><td>一级辙叉</td><td>50、60、75 kg/m；9、12、18 号</td><td rowspan="2">TB/T412
TB/T447
TB/T3109
TB/T3110
运基线路［2005］230 号</td></tr>
<tr><td>合金钢辙叉</td><td>50、60、75 kg/m；9、12、18 号</td></tr>
<tr><td rowspan="2">可动心轨辙叉道岔</td><td colspan="2">$v \leqslant 160$</td><td>组合式辙叉</td><td>50、60、75 kg/m；9、12、18 号</td><td>TB/T412
TB/T3109
TB/T3110</td></tr>
<tr><td colspan="2">$160 < v \leqslant 200$</td><td>组合式辙叉</td><td>60、75 kg/m；12、18、30、38 号</td><td>TB/T412
TB/T3109
TB/T3110
运基线路［2005］230 号</td></tr>
<tr><td rowspan="4">1002</td><td rowspan="4" colspan="2">道岔尖轨</td><td rowspan="2">$v \leqslant 120$</td><td>普通断面</td><td colspan="2">43、50、60、75 kg/m；9、12 号</td><td>TB/T412
TB/T1779</td></tr>
<tr><td>特种断面</td><td colspan="2">50、60、75 kg/m；9、12、18 号</td><td rowspan="2">TB/T412
TB/T1779
TB/T3109</td></tr>
<tr><td colspan="2">$120 < v \leqslant 160$</td><td colspan="2">50、60、75 kg/m；9、12、18 号</td></tr>
<tr><td colspan="2">$160 < v \leqslant 200$</td><td colspan="2">60、75 kg/m；12、18、30、38 号</td><td>TB/T412
TB/T1779
TB/T3109
运基线路［2005］230 号</td></tr>
<tr><td rowspan="3">1003</td><td rowspan="3" colspan="2">道岔基本轨</td><td colspan="2">$v \leqslant 120$</td><td colspan="2"></td><td rowspan="3">TB/T412
TB/T1779
运基线路［2005］230 号</td></tr>
<tr><td colspan="2">$120 < v \leqslant 160$</td><td colspan="2"></td></tr>
<tr><td colspan="2">$160 < v \leqslant 200$</td><td colspan="2"></td></tr>
</table>

续上表

产品编号	产品名称		适用范围：直向容许通过速度（km/h）	适用范围：规格型号		执行标准
1004	道岔辙叉	高锰钢辙叉	$v \leq 120$	一级	50、60、75 kg/m;9、12、18 号	TB/T447
				二级	43、50、60、75 kg/m;9、12、18 号	
			$120 < v \leq 160$	一级	50、60、75 kg/m;9、12、18 号	TB/T447
		合金钢辙叉	$v \leq 120$	50、60、75 kg/m;9、12、18 号		运基线路［2005］230 号
			$120 < v \leq 160$	50、60、75 kg/m;9、12、18 号		运基线路［2005］230 号
		钢轨组合式可动心轨辙叉	$v \leq 160$	60、75 kg/m;9、12、18 号		TB/T412 TB/T3109
			$160 < v \leq 200$	60、75 kg/m;12、18、30、38 号		TB/T412 TB/T3109 运基线路［2005］230 号
1005	道岔护轨			槽型钢护轨		TB/T412 TB/T1779 TB/T3110 运基线路［2005］230 号
				普通钢轨护轨		
1006	道岔混凝土枕			各种型号		TB/T3080

注：企业在申请认定时应根据本细则第四条要求并按上表选择申请认定。例如：企业申请直向容许通过速度 $120 < v \leq 160$ kg/h 的 60 km/m 钢轨一级高锰钢 12 号道岔认定，若通过认定便可生产直向容许通过速度 $v \leq 160$ kg/m 的 43、50、60 kg/m 钢轨一级高锰钢 12 号及以下所有型号道岔。

附件 2

道岔产品检验办法

目　录

1　适用范围

本办法适用于道岔产品认定企业的质量保证能力检验和认定产品质量检验。

2　道岔产品认定企业的质量保证能力检验

2.1　在企业进行现场质量保证能力检验时,与认定产品有关的生产线必须是正在运行的,否则立即结束现场质量保证能力检验。

2.2　道岔产品认定企业的生产设备和检验设备必须符合表 1 - 1 ~ 表 1 - 8 的要求,且相关生产设备和检验设备的精度满足生产要求,相关仪表、量具在检定有效期内。

2.3　道岔产品认定企业的生产专业技术人员必须是适龄的在职人员,并符合表 2 - 1 ~ 表 2 - 8 的要求(对专业技术工程师、检验人员考核:查验其相关专业资质证书和检验员证书)。

2.4　企业对认定产品应建立完善的质量保证体系,体系符合 ISO 9001 标准的要求。若企业未通过 ISO 9001 体系认证,或已通过 ISO 9001 体系认证,但体系运行的有效性不符合要求时,则按 ISO 9001 标准内容进行检验。

2.5　道岔生产企业质量保证能力要求必须符合表 2 - 9 的要求。

3　认定产品质量检验

3.1　检验依据(见表 2 - 10)

3.2 产品抽样

3.2.1 抽样原则:a. 应抽取生产企业检验合格的近期产品,企业应提供必要的抽样条件;按规定的样本数,从企业逐批检查合格的某个批或若干批中抽取样本进行检查,抽取样本的方法应满足所得到的样本能代表本周期的制造水平。

b. 检验机构核对检验项目时,遇特种规格型号认定产品的抽样基数不符合要求时,要求企业按(表2-11)格式提出书面说明,由检验机构负责拟定抽样方案和判定原则以书面形式提交审查部门核准签认。

3.2.2 抽样要求

a. 抽样工作由检验组负责,需至少2名人员参加。

b. 应核查所抽道岔产品的生产企业标志或出厂合格证明书。

c. 抽取的样品,应立即作好标记或封存,所有标记必须清晰可靠。

d. 所查道岔各部件产品不允许更换、调整和再加工。

e. 抽样完毕后立即填写"产品抽样登记表"一式四份。各方按规定格式签字并加盖公章。

f. 所抽样品一般应由抽样人员负责带至检验地点。对不便携带的样品由被抽查企业在规定的时间内寄、送至指定的检验地点。

3.3 检验条件

检验环境条件按所执行标准规定的试验条件执行。

3.4 使用现场的检测仪器仪表及设备

使用现场的检测仪器仪表及设备前,应检查其是否处于正常的工作状态,是否具有计量检定证书,是否在检定有效期内,满足规定方可使用,同时填写现场检测用仪器设备登记表。

3.5 检验程序

3.5.1 检验开始前,检验单位必须作好下列准备工作:

a. 检验负责人对样品标记、状态进行认真检查、确认,并对样品进行标识;

b. 检验负责人对检验场所的环境条件进行检查、确认并作好记录;

c. 检验负责人对仪器设备状态、性能、联结方式、计量检定证书进行检查、调试、确认并作好记录;

d. 检验负责人对试样的安装/安放状态进行检查;确认以上无误后方能进行正式检验。

3.5.2 检验操作程序

3.5.2.1 检验工作应由经过培训有资格的人员进行。

3.5.2.2 检验操作严格按本细则所依据的标准及检验方法进行。

3.5.3 检验结束后的处理

3.5.3.1 检验结束后应对被检试件状况、仪器设备状态进行认真检查,并作好记录。

3.5.3.2 检验后的样品经企业确认后退还企业。

3.6 数据处理

3.6.1 原始记录中数值有效位的选择

该有效位的选择一般按检测仪器设备的最小分度来读数。需要做进一步运算的数值,应在按最小分度值读数后再估读一位。读数时,小数末尾零不能随意取舍。

3.6.2　计算过程中有效位的选择

加减:以小数部分位数最少的一数为准,其余各数均修约成比该数多一位,然后计算;

乘除:以有效位数最少的一数为准,其余各数均修约成比该数多一位,然后计算;

乘方或开方:计算结果保留原有有效位数,若还参加计算,则多保留一位;

常数:如 π、e 可根据需要确定有效位数。

3.6.3　最终检验结果的确定:由测定值或其计算值确定的最终结果,按修约规则修约到与标准上所列数值的有效位相一致为止。

3.6.4　数值修约规则:遵循口诀:"四舍六入五考虑,五后非零则进一,五后皆零视奇偶,五前为偶应舍去,五前为奇则进一"。

3.7　整组道岔

3.7.1　抽样方案:分别从四种道岔关键部件(附件 1 中产品编号为:1002 ~ 1005)中随机各抽取(抽样基数符合相应关键部件抽样要求)一件并作标记,所抽取的关键部件不允许更换、调整和再加工(电务孔除外),在规定的 48 小时内完成一组整组道岔的组装。如在规定的 48 小时内完不成一组整组道岔的组装,则判为不合格。产品质量检验的样本按 GB/T 2829—2002《周期检查计数抽样程序及表》中判别水平Ⅱ的一次抽样方案抽取(见表 3 – 1)。

表　3 – 1

判别水平 DL	不合格质量水平 RQL	样本数 n	判定数组	
			合格判定数 Ac	不合格判定数 Re
Ⅱ	80	1	0	1

3.7.2　抽样地点:在生产企业成品库和试铺场地。

3.7.3　检验用仪器仪表及设备要求见表 3 – 2。

表　3 – 2

序号	仪器设备名称	型号	单位	规格(量程/准确度/分度值)	编号	备注
1	钢卷尺					
2	钢板尺					
3	游标卡尺					
4	塞　尺					
5	宽座直角尺					
6	轨距尺					
7	扭力扳手					
8	支距尺					
9	检验专用量具					

注:检验用仪器设备应符合 TB/T 412—2004/运基线路〔2005〕230 号。

3.7.4 检验内容及检验方法

检验内容、检验方法、执行标准条款及检验类别划分见附表3－4。

注:执行标准未注明者皆为TB/T 412—2004/运基线路〔2005〕230号。

3.7.5 检验结果的判定(见附表3－3)

a.单项判定

A类项点判定:合格率为100%时,判定A类项点合格;

B类项点判定:合格率为90%时,判定B类项点合格;

C类项点判定:合格率为80%时,判定C类项点合格。

b.综合判定:当同时满足3.7.5a.条中A类项点、B类项点和C类项点合格判定时,判定该次道岔(整组道岔)产品质量检验为合格,否则为不合格。

3.8 道岔尖轨

3.8.1 抽样方案:抽样基数不少于10件。产品质量检验的样本按GB/T 2829—2002《周期检查计数抽样程序及抽样表》中判别水平Ⅱ的一次抽样方案抽取(见附表3－6、3－7)。

a.表面质量外形尺寸、疲劳样本

从企业逐批检查合格的成品中按附表3－6、3－7中规定的样本数随机抽取,并尽量从本周期各个不同时间里分散抽取样本(疲劳样本从表面质量外形尺寸检验合格的样本中随机抽取)。

b.表面硬度试验

按附表3－6、3－7中规定样本抽取尖轨实物。

c.淬火层形状、深度、脱碳层深度、断面硬度及硬度分布和显微组织试样

试样取自同轨型、同材质、同工艺的淬火试件作为检验轨,样本数量按附表3－6、3－7中所列样本数抽取。

3.8.2 抽样地点:在生产企业成品库或生产线终端抽样。

3.8.3 检验用仪器仪表及设备要求见表3－5。

表 3－5

序号	仪器设备名称	型号	单位	规格(量程/准确度/分度值)	编号	备注
1	金相显微镜					
2	洛氏硬度计					
3	便携式布氏硬度计					
4	专用测试平台					
5	一米直尺					
6	钢卷尺					
7	塞　尺					
8	宽座直角尺					

续上表

序号	仪器设备名称	型号	单位	规格(量程/准确度/分度值)	编号	备注
9	游标卡尺					
10	深度尺					
11	落锤试验机					
12	疲劳试验机					

注:检验用仪器设备应符合 TB/T 412—2004/运基线路〔2005〕230 号。

3.8.4　检验内容及检验方法

检验内容、检验方法、执行标准条款及检验类别划分见附表 3－8、3－9。

注:执行标准未注明者皆为 TB/T 412—2004/运基线路〔2005〕230 号。

3.8.5　检验结果的判定(见附表 3－6、3－7)

a. 表面质量及外形尺寸检验

A 类项点的判定方案为[5;0,1]

B 类项点的判定方案为[5;1,2]及[5;2,3]

当同时满足 A 类项点、B 类项点的判定方案时,判该次表面质量及外形尺寸检验合格,否则为不合格。

b. 淬火层形状、深度

B 类项点的判定方案为[3;1,2]

当满足 B 类项点的判定方案时,判该次淬火层形状、深度检验合格,否则为不合格。

c. 淬火层硬度

A 类项点的判定方案为[3;0,1],[5;0,1]

当满足 A 类项点的判定方案时,判该次淬火层硬度检验合格,否则为不合格。

d. 淬火层显微组织

A 类项点的判定方案为[3;0,1]

当满足 A 类项点判定方案时,判该次淬火层显微组织检验合格,否则为不合格。

e. AT 尖轨跟端过渡段疲劳试验、脱碳层深度、跟端淬火层形状

A 类项点的判定方案为[3;0,1],B 类项点的判定方案为[3;1,2]

当满足 A 类项点、B 类项点判定方案时,判该次检验合格,否则为不合格。

g. 综合判定

道岔(AT 尖轨):当同时满足上述 3.8.5a. ～e. 条中 A 类项点、B 类项点的判定方案时,判该次道岔(AT 尖轨)产品质量检验为合格,否则为不合格。

道岔(普通尖轨):当同时满足上述 3.8.5a. ～d. 条中 A 类项点、B 类项点的判定方案时,判该次道岔(普通尖轨)产品质量检验为合格,否则为不合格。

3.9　道岔基本轨

3.9.1　抽样方案:抽样基数不少于 10 件。产品质量检验的样本按 GB 2829—2002《周期检查计数抽样程序及抽样表》中判别水平Ⅱ的一次抽样方案抽取(见附表

3－11）。

a. 表面质量外形尺寸样本

从企业逐批检查合格的成品中按附表3－11中规定的样本数随机抽取，并尽量从本周期各个不同时间里分散抽取样本。

b. 表面硬度试验

按表3－11中规定样本抽取钢轨实物。

c. 淬火层形状、深度、断面硬度及硬度分布和显微组织试样

试样取自同轨型、同材质、同工艺的淬火试件作为检验轨，样本数量按附表3－11中所列样本数抽取。

3.9.2 抽样地点

在生产企业成品库或生产线终端抽样。

3.9.3 检验用仪器仪表及设备要求（见表3－10）

表 3－10

序号	仪器设备名称	型号	单位	规格（量程/准确度/分度值）	编号	备注
1	金相显微镜					
2	洛氏硬度计					
3	便携式布氏硬度计					
4	专用测试平台					
5	一米直尺					
6	钢卷尺					
7	塞　尺					
8	宽座直角尺					
9	游标卡尺					
10	深度尺					

注：检验用仪器设备应符合TB/T 412—2004/运基线路〔2005〕230号。

3.9.4 检验内容及检验方法

检验内容、检验方法、执行标准条款及检验类别划分见附表3－12。

注：执行标准未注明者皆为TB/T 412—2004/运基线路〔2005〕230号。

3.9.5 检验结果的判定（见附表3－11）

a. 表面质量及外形尺寸检验

A类项点的判定方案为［5;0,1］

B类项点的判定方案为［5;1,2］及［5;2,3］

当同时满足A类项点、B类项点的判定方案时，判该次表面质量及外形尺寸检验合格，否则为不合格。

b. 淬火层形状、深度

B类项点的判定方案为［3;1,2］

当满足 B 类项点的判定方案时，判该次淬火层形状、深度检验合格，否则为不合格。

c. 淬火层硬度

A 类项点的判定方案为[3;0,1]及[5;0,1]

当满足 A 类项点的判定方案时，判该次淬火层硬度检验合格，否则为不合格。

d. 淬火层显微组织

A 类项点的判定方案为[3;0,1]

当满足 A 类项点判定方案时，判该次淬火层显微组织检验合格，否则为不合格。

e. 综合判定

当同时满足上述 3.9.5a. ~d. 条中 A 类项点、B 类项点的判定方案时，判该次道岔（基本轨）产品质量检验为合格，否则为不合格。

3.10 道岔（高锰钢）辙叉

3.10.1 抽样方案：

产品质量检验的样本按 GB 2829—2002《周期检查计数抽样程序及抽样表》中判别水平Ⅱ的一次抽样方案抽取（见附表 3－14），其中同一适用范围的辙叉成品抽样基数不得少于 20 件，其中包含炉次的抽样基数不少于 5 炉次，需做外形尺寸检验的相同型号的辙叉抽样基数不得少于 10 件。

a. 表面质量外形尺寸样本

从企业逐批检查合格的成品中按附表 3－14 中规定的样本数随机抽取，并尽量从本周期各个不同时间里分散抽取样本，所抽样本不得有相同炉次的产品。

b. 力学性能样本

1. 拉力试样（做抗拉强度、断后伸长率）

从保留的合格辙叉炉次的试样（或试块）中，抽取附表 3－14 所列样本数（指炉次），每一炉次抽取 3 根拉力试棒。

2. 冲击试样

从保留的合格辙叉炉次的试样（或试块）中，抽取附表 3－14 所列样本数（指炉次），每一炉次抽取 3 个试样。

3. 硬度样本

实物硬度试验样本：从所抽外形尺寸样本（辙叉）中，随机抽取附表 3－14 所规定的样本（辙叉），测定道岔咽喉处的翼轨及轨头宽 40 mm 处的心轨硬度。

试样硬度试验样本：样本抽取方法与拉力试样相同。

c. 化学分析样本（试样）

从保留的合格辙叉炉次的试样（或试块）中，抽取附表 3－14 所列样本数（指炉次），每一炉次抽取 1 个试样。

d. 金相样本（试样）

从保留的合格辙叉炉次的试样（或试块）中，抽取附表 3－14 所列样本数（指炉次），每个炉次制取一个试样。

e. 探伤样本

从表面质量外形尺寸检查用的样本（辙叉）中抽取探伤检查用样本。

3.10.2 抽样地点

在生产企业成品库或生产线终端抽样。

3.10.3 检验用仪器仪表及设备要求见表3－13。

表 3－13

序号	仪器设备名称	型号	单位	规格(量程/准确度/分度值)	编号	备注
1	万能试验机					
2	布氏硬度计					
3	便携式硬度计					
4	冲击试验机					
5	红外碳硫仪					
6	直读光谱仪					
7	金相显微镜					
8	超声波探伤仪					
9	游标卡尺					
10	钢直尺					
11	塞　尺					
12	钢卷尺					
13	宽座直角尺					

注:检验用仪器设备应符合 TB/T 447—2004 要求。

3.10.4 检验内容及检验方法

检验内容、检验方法、执行标准条款及检验类别划分见附表3－15。

注:执行标准未注明者皆为 TB/T 447—2004。

3.10.5 检验结果的判定(见附表3－14)

a. 力学性能

A类项点的判定方案为[3;0,1]

B类项点的判定方案为[3;1,2]

当同时满足A类项点、B类项点的判定方案时,判该次力学性能检验合格,否则为不合格。

b. 材质检验

A类项点的判定方案为[3;0,1]

B类项点的判定方案为[3;1,2]

当同时满足A类项点、B类项点的判定方案时,判该次材质检验合格,否则为不合格。

c. 表面质量外形尺寸检验

A类项点的判定方案为[5;0,1]

B类项点的判定方案为[5;1,2]、[5;2,3]

当同时满足A类项点、B类项点的判定方案时,判该次表面质量外形尺寸检验合格,否则为不合格。

d. 显微组织及非金属夹杂物检验

A 类项点的判定方案为[3;0,1]

当满足 A 类项点判定方案时,判该次显微组织及非金属夹杂物检验合格,否则为不合格。

e. 内部缺陷限值检验

B 类项点的判定方案为[5;1,2]

当满足 B 类项点判定方案时,判该次内部缺陷限值检验合格,否则为不合格。

f. 综合判定

当同时满足上述 3.10.5a. ~e. 条中 A 类项点、B 类项点的判定方案时,判该次道岔(高锰钢辙叉)产品质量检验为合格,否则为不合格。

3.11　道岔(合金钢)辙叉

3.11.1　抽样方案:抽样基数不少于抽样数的 2 倍。产品质量检验的样本按 GB/T 2829—2002《周期检查计数抽样程序及抽样表》中判别水平Ⅱ的一次抽样方案抽取,随机抽取三组进行检验。(见表 3-16)

表　3-16

判别水平 DL	不合格质量水平 RQL	样本数 n	判定数组	
			合格判定数 Ac	不合格判定数 Re
Ⅱ	50	3	0	1

3.11.2　抽样地点

在生产企业成品库或生产线终端抽样。

3.11.3　检验用仪器仪表及设备要求见表 3-17。

表　3-17

序号	仪器设备名称	型号	单位	规格(量程/准确度/分度值)	编号	备注
1	万能材料试验机					
2	冲击试验机					
3	布氏硬度计					
4	便携式硬度计					
5	金相显微镜					
6	无损探伤设备					
7	检验专用量具					

注:检验用仪器设备应符合 TB/T 412—2004/运基线路〔2005〕230 号。

3.11.4　检验内容及检验方法

检验内容、检验方法、执行标准条款及检验类别划分见附表 3-19。

注:执行标准未注明者皆为 TB/T412-2004/运基线路〔2005〕230 号。

3.11.5 检验结果的判定

a. 单项判定(见附表3－18)

A类项点判定:合格率为100%时,判定A类项点合格;

B类项点判定:合格率为90%时,判定B类项点合格;

C类项点判定:合格率为80%时,判定C类项点合格。

当同时满足3.11.5a.条中A类项点、B类项点和C类项点合格判定时,判定该组道岔(合金钢)辙叉产品质量检验为合格,否则为不合格。

b. 综合判定

当满足表3－16判定方案时,判定该次道岔(合金钢辙叉)产品质量检验为合格,否则为不合格。

3.12 道岔(可动心轨)辙叉

3.12.1 抽样方案:抽样基数不少于抽样数的1.5倍。产品质量检验的样本按GB/T 2829—2002《周期检查计数抽样程序及抽样表》中判别水平Ⅱ的一次抽样方案抽取(见附表3－21～3－24)。

a. 表面质量外形尺寸样本:从企业逐批检查合格的成品中按附表3－21～3－24中规定的样本数随机抽取,并尽量从本周期各个不同时间里分散抽取样本。

b. 表面硬度试验

按附表3－21～3－24中规定样本抽取实物(翼轨在理论尖端处)。

c. 淬火层形状、深度、断面硬度及硬度分布和显微组织试样

试样取自同轨型、同材质、同工艺的淬火试件作为检验轨,样本数量按附表3－21～3－24中所列样本数抽取。

d. 跟端实物疲劳试验:试样取自同轨型、同材质、同工艺的锻制轨。样本数量按附表3－21、3－24中所列样本数抽取。

e. AT轨锻压段、翼轨特种断面及端头标准轨成型段、变形段及热影响区机械性能:试样取自同轨型、同材质、同工艺的锻制轨。样本数量按附表3－21、3－24中所列样本数抽取。

f. AT轨锻压段及热影响区脱碳层深度:试样取自同轨型、同材质、同工艺的锻制轨。样本数量按附表3－21、3－24中所列样本数抽取。

g. 钢轨焊接:试样符合TB/T 1632.1～.2－2005型式试验要求。

h. 组装检验:组装检验样本按GB/T 2829—2002《周期检查计数抽样程序及抽样表》中判别水平Ⅱ,不合格质量水平50确定一次抽样方案[3;0,1],从不少于五组中随机抽取三组进行检验。

3.12.2 抽样地点:在生产企业成品库或生产线终端抽样。

3.12.3 检验用仪器仪表及设备要求见表3－20。

表 3－20

序号	仪器设备名称	型号	单位	规格(量程/准确度/分度值)	编号	备注
1	金相显微镜					
2	洛氏硬度计					
3	便携式布氏硬度计					

续上表

序号	仪器设备名称	型号	单位	规格(量程/准确度/分度值)	编号	备注
4	专用测试平台					
5	一米直尺					
6	钢卷尺					
7	塞　尺					
8	宽座直角尺					
9	疲劳机					
10	落锤试验机					
11	游标卡尺					
12	深度尺					

注:检验用仪器设备应符合 TB/T 412—2004/运基线路〔2005〕230 号。

3.12.4　检验内容及检验方法

检验内容、检验方法、执行标准条款及检验类别划分见附表 3－25～3－29。

注:执行标准未注明者皆为 TB/T 412—2004/运基线路〔2005〕230 号。

3.12.5　检验结果的判定(见附表 3－21～3－24)

a. 表面质量及外形尺寸检验

A 类项点的判定方案为[5;0,1]

B 类项点的判定方案为[5;1,2]及[5;2,3]

当同时满足 A 类项点、B 类项点的判定方案时,判该次表面质量及外形尺寸检验合格,否则为不合格。

b. 淬火层形状、深度

B 类项点的判定方案为[3;1,2]

当满足 B 类项点的判定方案时,判该次淬火层形状、深度检验合格,否则为不合格。

c. 淬火层硬度

A 类项点的判定方案为[3;0,1],[5;0,1]

当满足 A 类项点的判定方案时,判该次淬火层硬度检验合格,否则为不合格。

d. 淬火层显微组织

A 类项点的判定方案为[3;0,1]

当满足 A 类项点判定方案时,判该次淬火层显微组织检验合格,否则为不合格。

e. AT 轨跟端过渡段疲劳试验

A 类项点的判定方案为[3;0,1]

当满足 A 类项点判定方案时,判该次疲劳检验合格,否则为不合格。

f. 翼轨特种断面及端头标准轨成型段、变形段及热影响区的机械性能

A 类项点的判定方案为[3;0,1]

当满足 A 类项点判定方案时,判该次机械性能检验合格,否则为不合格。

g. AT 轨锻压段及热影响区机械性能

A 类项点的判定方案为[3;0,1]

当满足 A 类项点判定方案时,判该次机械性能检验合格,否则为不合格。

h. AT 轨锻压段及热影响区脱碳层深度

A 类项点的判定方案为[3;0,1]

当满足 A 类项点判定方案时,判该次脱碳层深度检验合格,否则为不合格。

i. 钢轨焊接

符合 TB/T 1632.1 ~ .2—2005 型式试验要求。

j. 组装检验

① 单项判定

A 类项点判定:合格率为 100% 时,判定 A 类项点合格;

B 类项点判定:合格率为 90% 时,判定 B 类项点合格;

C 类项点判定:合格率为 80% 时,判定 C 类项点合格。

(计算合格率时,检查项点中某一项点若有多处,按多个项点计)

当同时满足 3.12.5j. ①条中 A 类项点、B 类项点和 C 类项点合格判定时,判定该组道岔(可动心轨)辙叉组装检验为合格,否则为不合格。

② 综合判定

当三组同时满足 A 类项点、B 类项点和 C 类项点合格判定时,判定该次道岔(可动心轨)辙叉组装检验为合格,否则为不合格。

k. 检验结果的判定

当同时满足上述 3.12.5a. ~j. 条的判定方案时,判定该次道岔(可动心轨辙叉)产品质量检验为合格,否则为不合格。

3.13 道岔护轨

3.13.1 抽样方案:抽样基数不少于 10 件。产品质量检验的样本按 GB 2829—2002《周期检查计数抽样程序及抽样表》中判别水平Ⅱ的一次抽样方案抽取(见附表 3 - 31)。

a. 表面质量外形尺寸样本

从企业逐批检查合格的成品中按附表 3 - 31 中规定的样本数随机抽取,并尽量从本周期各个不同时间里分散抽取样本。

b. 表面硬度试验

按附表 3 - 31 中规定样本抽取钢轨实物。

c. 淬火层形状、深度、断面硬度及硬度分布和显微组织试样

试样取自同轨型、同材质、同工艺的淬火试件作为检验轨,样本数量按附表 3 - 31 中所列样本数抽取。

3.13.2 抽样地点:在生产企业成品库或生产线终端抽样。

3.13.3 检验用仪器仪表及设备要求见表 3 - 30。

表 3 - 30

序号	仪器设备名称	型号	单位	规格(量程/准确度/分度值)	编号	备注
1	金相显微镜					
2	洛氏硬度计					

续上表

序号	仪器设备名称	型号	单位	规格(量程/准确度/分度值)	编号	备注
3	便携式布氏硬度计					
4	专用测试平台					
5	一米直尺					
6	钢卷尺					
7	塞　尺					
8	宽座直角尺					
9	游标卡尺					
10	深度尺					

注:检验用仪器设备应符合 TB/T 412—2004/运基线路〔2005〕230 号要求。

3.13.4 检验内容及检验方法

检验内容、检验方法、执行标准条款及检验类别划分见附表 3-32。

注:执行标准未注明者皆为 TB/T 412—2004/运基线路〔2005〕230 号。

3.13.5 检验结果的判定(见附表 3-31)

a. 表面质量及外形尺寸检验

A 类项点的判定方案为[5;0,1]

B 类项点的判定方案为[5;1,2]及[5;2,3]

当同时满足 A 类项点、B 类项点的判定方案时,判该次表面质量及外形尺寸检验合格,否则为不合格。

b. 淬火层形状、深度

B 类项点的判定方案为[3;1,2]

当满足 B 类项点的判定方案时,判该次淬火层形状、深度检验合格,否则为不合格。

c. 淬火层硬度

A 类项点的判定方案为[3;0,1]及[5;0,1]

当满足 A 类项点的判定方案时,判该次淬火层硬度检验合格,否则为不合格。

d. 淬火层显微组织

A 类项点的判定方案为[3;0,1]

当满足 A 类项点判定方案时,判该次淬火层显微组织检验合格,否则为不合格。

e. 综合判定:当同时满足上述 3.13.5a. ~d. 条中 A 类项点、B 类项点的判定方案时,判该次道岔(护轨)产品质量检验为合格,否则为不合格。

3.14 道岔混凝土枕

3.14.1 抽样方案:受检厂家应具备 3 组以上经生产企业检验合格的产品库存量。随机抽取 20 根组成检验样本,且所抽岔枕应尽量覆盖各长度段。

3.14.2 抽样地点:在生产企业成品库抽样。

3.14.3 检验用仪器仪表及设备要求见表 3-33

表 3－33 检验用仪器仪表及设备一览表

序号	仪器设备名称	型号	单位	规格(量程/准确度/分度值)	编号	备注
1	轨枕静载试验机		kN	300/精度 ±1%；恒载波动±0.5%		静载抗裂强度
2	压力试验机		kN	2 000/±1%		混凝土强度
3	轨枕专用检具、3 m盒尺、钢板尺、卡尺等					
4	疲劳试验机		kN	±1%		轨枕疲劳试验

注:检验用仪器设备应符合 TB/T 3080—2003 要求。

3.14.4 检验内容及检验方法

检验内容、检验方法、执行标准条款及检验类别划分见附表 3－34、附表 3－35。

注:执行标准未注明者皆为 TB/T 3080—2003。

3.14.5 检验结果的判定:当满足附表 3－36 判定方案时,判该次该种预应力混凝土岔枕产品质量检验为合格,否则为不合格。

表 1－1 道岔(整组道岔)产品生产企业必备设备和计量器具

序号	工艺类别	设备名称	设备能力			备注
			$v \leqslant 120$	$120 < v \leqslant 160$	$160 < v \leqslant 200$	
1	生产过程	试铺场地	≥80 m	≥120 m	≥120 m	
2	检验过程	轨距尺	√	√	√	
3	检验过程	支距尺	√	√	√	
4	检验过程	塞尺	√	√	√	
5	检验过程	板尺	300 mm	300 mm	300 mm	
6	检验过程	钢卷尺	≥50 m	≥50 m	≥50 m	
7	检验过程	扭力扳手	√	√	√	

注:申请整组道岔认定的企业必须具备相应适用范围内道岔关键部件(辙叉、尖轨、基本轨、护轨中任意三种产品)的必备设备和计量器具。

表 1－2 道岔(尖轨)产品生产企业必备设备和计量器具

序号	工艺类别	设备名称	设备能力			备注
			$v \leqslant 120$	$120 < v \leqslant 160$	$160 < v \leqslant 200$	
1	生产过程	数控铣床	—	≥9 m	≥14 m	
2	生产过程	机加工铣/刨床	≥9 m 铣/刨床	≥9 m 铣床	≥9 m 铣床	
3	生产过程	机加工钻床	√	√	√	

续上表

序号	工艺类别	设备名称	设备能力			备注
			v≤120	120<v≤160	160<v≤200	
4	生产过程	锯切设备	√	√	√	
5	生产过程	压力机	≥2 000 t	≥2 000 t	≥2 000 t	生产AT尖轨适用
6	生产过程	调直设备	≥315 t	≥315 t	≥315 t	
7	生产过程	吊装设备	≥5 t	≥5 t	≥5 t	
8	生产过程	中频淬火设备	√	√	√	
9	生产过程	正火设备	√	√	√	
10	生产过程	组装平台	≥12 m	≥14 m	≥16 m	
11	检验过程	检验平台	≥12 m	≥14 m	≥16 m	
12	检验过程	硬度计	√	√	√	
13	检验过程	测温仪	√	√	√	
14	检验过程	金相显微镜	500倍	500倍	500倍	
15	检验过程	无损探伤设备	√	√	√	
16	检验过程	检验专用量具	√	√	√	

表1-3 道岔(基本轨)产品生产企业必备设备和计量器具

序号	工艺类别	设备名称	设备能力			备注
			v≤120	120<v≤160	160<v≤200	
1	生产过程	锯切设备	√	√	√	
2	生产过程	机加工钻床	√	√	√	
3	生产过程	调直设备	≥315 t	≥315 t	≥315 t	
4	生产过程	机加工铣/刨床	≥9 m铣/刨床	≥9 m铣床	≥9 m铣床	
5	生产过程	中频淬火设备	√	√	√	
6	生产过程	吊装设备	≥5 t	≥5 t	≥5 t	
7	生产过程 检验过程	组装平台	≥20 m	≥25 m	≥40 m	

续上表

序号	工艺类别	设备名称	设备能力			备注
			v≤120	120<v≤160	160<v≤200	
8	检验过程	检验平台	≥20 m	≥25 m	≥40 m	
9	检验过程	金相显微镜	500倍	500倍	500倍	
10	检验过程	硬度计	√	√	√	

注:a.表1-1~1-3所列产品生产企业必备设备和计量器具应满足生产需要和符合TB/T 412—2004/运基线路〔2005〕230号。

b.速度v单位为:km/h。

表1-4 道岔(高锰钢辙叉)产品生产企业必备设备和计量器具

序号	工艺类别	设备名称	设备能力		备注
			v≤120 km/h	120<v≤160 km/h	
1	生产过程	电弧炼钢炉	≥1.5 t	≥1.5 t	
2	生产过程	配料衡器	√	√	
3	生产过程 检验过程	化学成分分析设备	五元素	光谱	
4	生产过程	钢水测温装置	≥0.5级	≥0.5级	
5	生产过程 检验过程	吊装设备	≥2 t	≥10 t	
6	生产过程	钢水包	≥1.5 t	≥1.5 t	
7	生产过程	铸造造型用模板	√	√	
8	生产过程	铸造造型用砂箱	√	√	
9	生产过程	混砂机	√	√	
10	生产过程	起模翻箱装置	√	√	
11	生产过程	造型生产线	普法	真空或部分真空	
12	生产过程	水韧池	L≥6 m	L≥6.5 m	
13	生产过程	热处理炉	L≥6 m	L≥6.5 m	
14	生产过程	双向调直设备	≥300/500(t)	≥300/500(t)	
15	生产过程	机加工铣/刨设备	≥6 m铣/刨	≥6 m铣	
16	生产过程	机加工钻床	√	√	
17	生产过程	闪光焊机	—	10 000 mm^2	※
18	检验过程	检验平台	≥6.5 m	≥6.5 m	

续上表

序号	工艺类别	设备名称	设备能力		备注
			v≤120 km/h	120＜v≤160 km/h	
19	检验过程	万能材料试验机	√	√	
20	检验过程	冲击试验机	√	√	
21	检验过程	硬度计	√	√	
22	检验过程	金相显微镜	500 倍	500 倍	
23	检验过程	无损探伤设备	√	√	
24	检验过程	检验专用量具	√	√	

注：表 1－4 所列产品生产企业必备设备和计量器具应满足生产需要和符合 TB/T 447—2004 要求。带※项为要求焊接的超长无缝线路用产品。

表 1－5　道岔（合金钢辙叉）产品生产企业必备设备和计量器具

序号	工艺类别	设备名称	设备能力		备注
			v≤120 km/h	120＜v≤160 km/h	
1	生产过程	压力机	≥2 000 t	≥2 000 t	
2	生产过程	机加工铣刨设备	≥6 m	≥6 m 数控铣	
3	生产过程	调直设备	≥315 t	≥315 t	
4	生产过程	锯切设备	√	√	
5	生产过程	机加工钻床	√	√	
6	生产过程	电焊机	√	√	
7	生产过程	热处理池（井）	√	√	
8	生产过程	热处理炉（井）	√	√	
9	生产过程	测温装置	√	√	
10	生产过程 检验过程	吊装设备	√	√	
11	生产过程 检验过程	扭矩扳手	√	√	
12	生产过程 检验过程	组装、检验平台	≥6 m	≥6 m	
13	检验过程	万能材料试验机	√	√	

续上表

序号	工艺类别	设备名称	设备能力		备注
			v≤120 km/h	120 < v≤160 km/h	
14	检验过程	冲击试验机	√	√	
15	检验过程	硬度计	√	√	
16	检验过程	无损探伤设备	√	√	
17	检验过程	检验专用量具	√	√	

注：表1－5所列产品生产企业必备设备和计量器具应满足生产需要和符合运基线路〔2005〕230号要求。

表1－6　道岔（可动心轨辙叉）产品生产企业必备设备和计量器具

序号	工艺类别	设备名称	设备能力		备注
			120 < v≤160 km/h	160 < v≤200 km/h	
1	生产过程	数控铣床	≥8 m	≥10 m	
2	生产过程	机加工刨床	≥9 m	≥9 m	
3	生产过程	机加工钻床	√	√	
4	生产过程	锯切设备	√	√	
5	生产过程	压力机	≥3 000 t	≥3 000 t	
6	生产过程	调直设备	≥315 t	≥315 t	
7	生产过程	吊装设备	≥10 t	≥10 t	
8	生产过程	中频淬火设备	√	√	
9	生产过程	正火设备	√	√	
10	生产过程	闪光焊机	10 000 mm^2	10 000 mm^2	
11	生产过程	组装平台	≥14 m	≥18 m	
12	检验过程	检验平台	≥14 m	≥18 m	
13	检验过程	硬度计	√	√	
14	检验过程	测温仪	√	√	
15	检验过程	金相显微镜	500倍	500倍	
16	检验过程	无损探伤设备	√	√	
17	检验过程	检验专用量具	√	√	

表 1－7 道岔(护轨)产品生产企业必备设备和计量器具

序号	工艺类别	设备名称	设备能力			备注
			v≤120 km/h	120＜v≤160 km/h	160＜v≤200 km/h	
1	生产过程	锯切设备	√	√	√	
2	生产过程	机加工钻床	√	√	√	
3	生产过程	调直设备	≥315 t	≥31 5t	≥315 t	
4	生产过程	机加工铣/刨床	≥9 m	≥9 m	≥9 m	
	生产过程	中频淬火设备	√	√	√	
5	生产过程	吊装设备	√	√	√	
6	生产过程 检验过程	组装平台	≥10 m	≥10 m	≥20 m	
7	检验过程	检验平台	≥8 m	≥10 m	≥20 m	
8	检验过程	金相显微镜	500 倍	500 倍	500 倍	
9	检验过程	硬度计	√	√	√	

注:表 1－6～1－7 所列产品生产企业必备设备和计量器具应满足生产需要和符合 TB/T 412—2004/运基线路〔2005〕230 号要求。

表 1－8 道岔(混凝土枕)产品生产企业必备设备和计量器具

序号	工艺类别	设备名称	设备能力	备注
1	生产过程	混凝土搅拌站	电子秤自动称量并实现自动控制;水泥、水、减水剂 ±1%,骨料 ±2%	
2	生产过程	张拉及缓慢放张设备	自动控制:±1%;放张速度:长线台座≤8 kN/s,流水机组≤80 kN/s	
3	生产过程	混凝土养护装置	计算机自动控制并记录:±2℃;数据保存一年升降温速度:≤2.5 ℃/10 min	
4	生产过程	轨枕模型	√	
5	生产过程	混凝土灌造成型设备	√	
6	生产过程	模型移位装置	√	仅限流水机组
7	生产过程	脱模设备	√	
8	生产过程	成品库吊装设备	√	
9	检验过程	2 000 kN 压力试验机	±1%	

续上表

序号	工艺类别	设备名称	设 备 能 力	备注
10	检验过程	100 kN 或 50 kN 万能试验机	±1%	
11	检验过程	钢筋反复弯曲试验机	√	
12	检验过程	烘箱	±1 ℃	
13	检验过程	水泥物理检验全套设备	√	
14	检验过程	混凝土试模	必备 15×15×15 cm 试模	
15	检验过程	试验室用振动台	√	
16	检验过程	台秤	±1%	
17	检验过程	跳桌增实仪	√	
18	检验过程	砂、石成套筛	√	
19	检验过程	试验用强制式搅拌机	√	
20	检验过程	标准养护室	相对湿度:≥95%,温度:20±2 ℃	
21	检验过程	轨枕静载试验机	精度±1%;恒载波动±0.5%	
22	检验过程	轨枕专用检具	√	
22	检验过程	3 m 盒尺及钢板尺、卡尺	√	

注:表 1-8 所列产品生产企业必备设备和计量器具应满足生产需要和符合 TB/T 3080—2003 要求。

表 2-1 道岔(整组道岔)产品生产企业专业技术人员要求

序号	专业类别		人员要求						备注
			v≤120 km/h		120<v≤160 km/h		160<v≤200 km/h		
			中	高	中	高	中	高	
1	专业技术工程师	机械	√			√		√	
2		检验	√			√		√	
3	关键岗位技术工人	道岔钳工	√			√		√	
4		检验工	√		√		√		

注:1. 申请整组道岔认定的企业必须具备相应适用范围内道岔关键部件(辙叉、尖轨、基本轨、护轨中任意三种产品)要求的专业技术人员。

表 2-2 道岔(尖轨)产品生产企业专业技术人员要求

序号	专业类别		人员要求						备注
			$v \leqslant 120$ km/h		$120 < v \leqslant 160$ km/h		$160 < v \leqslant 200$ km/h		
			中	高	中	高	中	高	
1	专业技术工程师	机械	√			√		√	
2		锻压	√			√		√	生产AT尖轨适用
3		热处理	√			√		√	
4		检验	√		√		√		
5	关键岗位技术工人	锻　工	√		√		√		生产AT尖轨适用
6		道岔钳工	√		√			√	
7		铣　工				√		√	
8		刨　工	√		√			√	
9		探伤工	二级及以上		二级及以上		二级及以上		
10		热处理工	√		√			√	
11		技　师	√			√		√	
12		检验工	√		√		√		

表 2-3 道岔(基本轨)产品生产企业专业技术人员要求

序号	专业类别		人员要求						备注
			$v \leqslant 120$ km/h		$120 < v \leqslant 160$ km/h		$160 < v \leqslant 200$ km/h		
			中	高	中	高	中	高	
1	专业技术工程师	机械	√			√		√	
3		热处理	√			√		√	
4		检验	√		√		√		
6	关键岗位技术工人	道岔钳工	√		√			√	
7		铣工			√			√	
8		刨工	√						
9		热处理工	√		√		√		
10		检验工	√		√		√		

表 2－4　道岔(高锰钢辙叉)产品生产专业技术人员要求

序号	专业类别		人员要求				备注
			v≤120 km/h		120＜v≤160 km/h		
			中	高	中	高	
1	专业技术工程师	机　械	√			√	
2		冶　金	√			√	
3		铸　造	√			√	
4		焊　接	√		√		
5		热处理	√		√		
6		检　验	√		√		
7	关键岗位技术工人	冶炼工	√			√	部发证为：熔化工
8		铸造工	√			√	
9		热处理工	√			√	
10		焊接工	√		√		
11		模型工	√			√	
12		探伤工	二级及以上		二级及以上		
13		道岔钳工	√		√		
14		刨　工	√			√	
15		铣　工	√			√	
16		技　师	√			√	
17		检验工	√		√		

表 2－5　道岔(合金钢辙叉)产品生产企业专业技术人员要求

序号	专业类别		人员要求				备注
			v≤120 km/h		120＜v≤160 km/h		
			中	高	中	高	
1	专业技术工程师	机　械	√			√	
2		锻　压		√		√	
3		热处理		√		√	
4		焊　接	√		√		
5		检　验	√		√		

续上表

序号	专业类别		人员要求				备注
			v≤120 km/h		120 < v≤160 km/h		
			中	高	中	高	
6	关键岗位技术工人	机械工	√		√		
7		锻压工		√		√	
8		热处理工		√		√	
9		焊接工	√		√		
10		技　师		√		√	
11		检验工	√		√		
12		探伤工	二级及以上		二级及以上		

表2－6　道岔(可动心轨辙叉)产品生产企业专业技术人员要求

序号	专业类别		人员要求				备注
			120 < v≤160 km/h		160 < v≤200 km/h		
			中	高	中	高	
1	专业技术工程师	机　械	√			√	
2		锻　压		√		√	
3		热处理	√			√	
4		焊　接	√		√		
5		检　验	√		√		
6	关键岗位技术工人	锻　工	√			√	
7		道岔钳工	√			√	
8		铣　工		√		√	
9		刨　工	√			√	
10		钢轨焊接工		√		√	
11		电焊工		√		√	
12		技　师		√		√	
13		探伤工	二级及以上		二级及以上		

表2-7　道岔(护轨)产品生产企业专业技术人员要求

<table>
<tr><th rowspan="3">序号</th><th rowspan="3" colspan="2">专业类别</th><th colspan="6">人　员　要　求</th><th rowspan="3">备注</th></tr>
<tr><th colspan="2">v≤120 km/h</th><th colspan="2">120<v≤160 km/h</th><th colspan="2">160<v≤200 km/h</th></tr>
<tr><th>中</th><th>高</th><th>中</th><th>高</th><th>中</th><th>高</th></tr>
<tr><td>1</td><td rowspan="3">专业技术工程师</td><td>机　械</td><td>√</td><td></td><td></td><td>√</td><td></td><td>√</td><td></td></tr>
<tr><td>2</td><td>热处理</td><td>√</td><td></td><td>√</td><td></td><td></td><td>√</td><td></td></tr>
<tr><td>3</td><td>检　验</td><td>√</td><td></td><td></td><td></td><td>√</td><td></td><td></td></tr>
<tr><td>4</td><td rowspan="4">关键岗位技术工人</td><td>道岔钳工</td><td>√</td><td></td><td>√</td><td></td><td></td><td>√</td><td></td></tr>
<tr><td>5</td><td>铣/刨工</td><td>√</td><td></td><td>√</td><td></td><td>√</td><td></td><td></td></tr>
<tr><td>6</td><td>热处理工</td><td>√</td><td></td><td>√</td><td></td><td>√</td><td></td><td></td></tr>
<tr><td>7</td><td>检验工</td><td colspan="2">√</td><td colspan="2">√</td><td colspan="2">√</td><td></td></tr>
</table>

表2-8　道岔(混凝土枕)产品生产企业专业技术人员要求

<table>
<tr><th rowspan="2">序号</th><th rowspan="2" colspan="2">专　业　类　别</th><th colspan="2">人　员　要　求</th><th rowspan="2">备　注</th></tr>
<tr><th>中</th><th>高</th></tr>
<tr><td>1</td><td rowspan="3">专业技术工程师</td><td>混凝土制品/建材</td><td></td><td>√</td><td></td></tr>
<tr><td>2</td><td>机械/机电一体化</td><td></td><td>√</td><td></td></tr>
<tr><td>3</td><td>检　验</td><td>√</td><td></td><td></td></tr>
<tr><td>4</td><td rowspan="9">关键岗位技术工人</td><td>混凝土搅拌工</td><td></td><td>√</td><td></td></tr>
<tr><td>5</td><td>张拉/放张工</td><td>√</td><td></td><td></td></tr>
<tr><td>6</td><td>养护工</td><td></td><td>√</td><td></td></tr>
<tr><td>7</td><td>试验工</td><td>√</td><td></td><td></td></tr>
<tr><td>8</td><td>锅炉工</td><td>√</td><td></td><td></td></tr>
<tr><td>9</td><td>水处理工</td><td>√</td><td></td><td></td></tr>
<tr><td>10</td><td>熔结工</td><td>√</td><td></td><td></td></tr>
<tr><td>11</td><td>电　工</td><td>√</td><td></td><td></td></tr>
<tr><td>12</td><td>技　师</td><td></td><td>√</td><td></td></tr>
</table>

表 2－9　道岔生产企业质量保证能力要求

序号	项目名称	要　求	查验方法	判定原则	备注
1	铁道部鉴定或技术审查报告	必须具有铁道部鉴定或技术审查报告	全检	符合要求判为合格	关键项
2	质量业绩	近三年内无产品质量责任事故	全检	全面核实，符合要求判为合格	关键项
3	生产设备和检验设备	必须符合表 1－1～表 1－8 的要求，且相关生产设备和检验设备的精度满足生产要求，相关仪表、量具在检定有效期内	全检	设备数量精度和规格满足要求，仪表、量具在检定有效期内判为合格，符合要求判为合格	关键项
4	专业技术人员	专业技术人员必须符合表 2－1～表 2－8 的要求	全检	符合要求判为合格	关键项
5	质量保证体系	企业对认定产品应建立完善的质量保证体系，体系符合 ISO9001 标准的要求	全检	查质量体系认证证书，并检验质量保证体系的实施情况，或按 ISO9001 标准进行全项检验。符合要求判为合格	关键项
6	产品标准	企业应具备表 2－10 中规定的相关标准及技术条件，文件齐全、管理有序	全检	适用范围有关标准齐全，并贯彻执行。符合要求判为合格	关键项
7	产品图纸	产品图纸应是按规定程序批准的，涉及知识产权的文件资料、图纸要有正式的转让手续	全检	符合要求判为合格	关键项
8	关键零部件及主要原材料控制	企业应制定关键零部件及主要原材料控制制度，并有效实施	全检	符合要求判为合格	关键项
9	组成部件（适用于整组道岔）	申请整组道岔认定的企业其作为整组道岔产品组成部件的道岔产品（含外购件）均必须获得铁道部认定	全检	符合要求判为合格	关键项
10	内控标准	企业编制认定产品的企业内控标准应不低于相应的国家标准或行业标准，没有上级标准时须经标准化主管部门备案	全检	符合要求判为合格	一般项

续上表

序号	项目名称	要　求	查验方法	判定原则	备注
11	设计文件	企业的设计文件应具有正确性，设计文件的绘制、标注、技术指标、编号、图面质量等符合有关标准和规定要求，且签署、更改手续正规完备；企业的设计文件应具有完整性，文件必须齐全配套；企业的设计文件应具有统一性，企业各车间、部门使用的文件必须完全一致	从三个部门每适用范围各抽一套文件和图纸检查	按每适用范围考核，一般错误和缺漏项均不超过10处，且设计文件签署、更改手续正规完备，抽查的在用图样中，有3张以下不一致（含图样与实物不一致）；符合要求该适用范围判为合格	一般项
12	工艺文件	企业应具备生产所需的各种工艺文件，企业的工艺文件应正确、完整、统一，且签署、更改手续正规完备	从三个部门每适用范围各抽一套文件和图纸检查	按适用范围考核，抽查的工艺文件中有小于10%的张数存在正确性、完整性、一致性方面的错误，或签署不全，或更改手续不全，判为合格	一般项
13	采购控制	企业应制定采购质量控制制度；企业如有外协加工等委托服务项目，应制定相应的质量管理控制办法	全检	按适用范围考核，抽查的采购文件中错误小于5个，判为合格	一般项
14	检验文件	企业应制定质量检验管理制度以及检验、试验、计量设备管理制度和过程检验、出厂检验规程	全检	符合要求判为合格	关键项
15	记录文件	企业应具备并保持采购物资检验/验证记录，工艺过程记录，例行检验记录，选定型式试验记录，检验和测试设备校准记录，检验和测试设备功能检查记录，顾客投诉及纠正措施记录，对不合格品采取措施的记录，内部质量审核记录	每适用范围每种记录各随机抽取3份	抽查的记录中错误小于5个，判为合格	一般项
16	生产线运行情况	与认定产品有关的生产线必须是正在正常运行的（岔枕必须是非露天生产）	全检	符合要求判为合格	关键项
判定原则		关键项：[10;0,1]（整组道岔关键项：[11;0,1]） 一般项：[5;1,2]			

注：ISO 9001标准判定原则：企业存在1项以上（含1项）严重不合格项或存在10项以上（含10项）轻微不合格项，结论确定为不合格。其中轻微不合格是指企业生产过程中所出现的不合格项是偶然的、孤立的性质的不合格；严重不合格是指企业出现了区域性的或系统性的不合格项。

表2－10　检　验　依　据

序号	标准号	标准名称	整组道岔		道岔尖轨	道岔基本轨	道岔辙叉			道岔护轨	道岔混凝土枕
			固定型道岔	可动心轨道岔			高锰钢辙叉	合金钢	钢轨组合式可动心轨		
1	TB/T 412—2004	标准轨距铁路道岔技术条件	√	√	√	√		√	√	√	
2	TB/T 1779—1993	道岔钢轨件淬火技术条件	√	√	√	√		√	√	√	
3	GB/T 226	钢的低倍组织及缺陷酸浸检验法	√	√	√	√		√	√	√	
4	GB/T 230.1—2004	金属洛氏硬度试验第一部分:试验方法	√	√	√	√		√	√	√	
5	GB/T 231.1	金属布氏硬度试验 第一部分:试验方法	√	√	√	√	√	√	√	√	
6	GB/T 13298	金属显微组织检验方法	√	√	√	√			√	√	
7	TB/T 2344 -2003	43 kg/m ~ 75 kg/m 热轧钢轨订货技术条件	√	√	√	√		√	√	√	
8	TB/T 447—2004	高锰钢辙叉技术条件	√				√				
9	GB/T 223.1—1981	钢铁及合金中碳量的测定	√				√				
10	GB/T 223.2—1981	钢铁及合金中硫量的测定	√				√				
11	GB/T 223.4—1988	钢铁及合金化学分析方法硝酸铵氧化容量法测定锰量	√				√				
12	GB/T 223.5—1997	钢铁及合金化学分析方法还原型硅钼酸盐光度法测定酸溶硅含量	√				√				
13	GB/T 223. 61—1988	钢铁及合金化学分析方法磷钼酸铵容量法测定磷量	√				√				
14	GB/T 228	金属材料室温拉伸试验方法	√		√		√	√	√		
15	GB/T 229	金属夏比缺口冲击试验方法	√				√	√			
16	GB/T 6402	锻钢件超声波检验方法	√					√			

续上表

序号	标准号	标准名称	整组道岔		道岔尖轨	道岔基本轨	道岔辙叉			道岔护轨	道岔混凝土枕
			固定型道岔	可动心轨道岔			高锰钢辙叉	合金钢	钢轨组合式可动心轨		
17	GB/T 4336	碳素钢和中低合金钢火花源原子发射光谱分析法（常规法）	√				√				
18	GB/T 5680—1998	高锰钢铸件	√				√				
19	GB/T 6414	铸件尺寸公差及机械加工余量	√	√			√	√			
20	GB/T 13925—1992	铸造高锰钢金相	√				√				
21	JB/T 9214—1999	A 型脉冲反射式超声波探伤系统工作性能的测试方法	√				√				
22	JB/T 10061—1999	A 型脉冲反射式超声波探伤仪通用技术条件	√				√				
23	TB/T 1632.1～.2	钢轨焊接		√	√				√		
24	GB/T 224	钢的脱碳层深度测定法	√	√	√				√		
25	TB/T 3080—2003	混凝土岔枕技术条件	√	√							√
26	TB/T 2635—2004	热处理钢轨技术条件	√	√	√	√		√	√	√	
27	TB/T 3109—2005	AT 钢轨	√	√	√				√		
28	TB/T 3110—2005	33 kg/m 护轨用槽型钢	√	√						√	
29	TB/T 1354	钢轨实物弯曲疲劳试验方法		√	√				√		
30	运基线路［2005］230 号	合金钢心轨组合辙叉技术条件（暂行）	√					√			
31	运基线路［2005］230 号	时速 200 公里铁路道岔技术条件（暂行）		√	√	√			√	√	
32	GB/T 2829—2002	《周期检验计数抽样程序及抽样表》（适用于对过程稳定性的检验）	√	√	√	√	√	√	√	√	
33		产品图纸	√	√	√	√	√	√	√	√	√

表2-11 特种规格型号铁路道岔产品抽样方案申请表

<table>
<tr><td rowspan="5">企业填写</td><td>企业名称:</td><td colspan="2"></td></tr>
<tr><td>生产地址:</td><td colspan="2"></td></tr>
<tr><td>适用范围:</td><td colspan="2"></td></tr>
<tr><td>抽样基数不符合要求原因:</td><td colspan="2"></td></tr>
<tr><td colspan="3">申请人:签字(盖章)　　　　年　月　日</td></tr>
<tr><td rowspan="3">检验机构填写</td><td>抽样原则:</td><td colspan="2"></td></tr>
<tr><td>判定原则:</td><td colspan="2"></td></tr>
<tr><td>检验机构:</td><td>签字(盖章)</td><td>年　月　日</td></tr>
<tr><td>审查部门填写</td><td>审查部门核准意见:</td><td>签字(盖章)</td><td>年　月　日</td></tr>
</table>

附表3-3 整组道岔厂内铺设检验基本项点表

未注明单位为毫米

序号	检测项目	偏差要求	检验项点分类	备注
1	道岔水平	水平≤3,导曲线(侧股)不得有反超高	C	
2	道岔高低	用10 m弦量≤3	B	
3	道岔方向	目视成直线,用10 m弦量≤3	C	
4	道岔始端轨距	+3 -2	B	
5	尖轨尖端轨距	±1	A	
6	直尖轨轨头刨切起点处轨距	±1	B	
7	直尖轨尖端至第一牵引点间与曲基本轨密贴	缝隙≤0.2	A	
8	直尖轨其余部分与基本轨密贴	缝隙≤1.0	B	

续上表

序号	检 测 项 目	偏 差 要 求	检验项点分类	备注
9	直尖轨工作边直线度	密贴段1.0,全长2.0。全长为两段直线时,均为1.0	C	
10	尖轨与基本轨间顶铁缝隙(直、曲)	≤1.0	C	
11	尖轨各牵引点前后各一块台板与轨底缝隙(直、曲)	≤0.5	A	
12	尖轨其余台板与轨底缝隙(直、曲)	≤1.0	B	
13	尖轨跟距(直、曲)	v > 120 km/h 时 ± 1; v ≤ 120 km/h时	B	
14	尖轨起始固定位置支距(直、曲)	v > 120 km/h 时 ± 1; v ≤ 120 km/h时	B	
15	尖轨限位器间隙偏差(直、曲)	±1.5	B	
16	尖轨跟端轨距	+3 −2	B	
17	导曲线支距	±2	C	
18	辙叉趾宽、跟宽	±2	B	
19	固定型锐角辙叉咽喉宽度	+3.0 −1.0	B	
20	可动心轨辙叉咽喉宽度	+2.0 −1.0	B	
21	可动心轨尖端至第一牵引点处密贴(直、曲)	缝隙≤0.5	A	
22	可动心轨其余部位与翼轨密贴(直、曲)	缝隙≤1.0	B	
23	叉跟尖轨尖端(100 mm 范围)与短心轨密贴	缝隙≤0.5	B	
24	叉跟尖轨其余部位与短心轨密贴	缝隙≤0.5(开通侧股时)	C	
25	可动心轨牵引点处轨底与台板部分缝隙	≤0.5	A	
26	可动心轨轨底与其余台板缝隙	≤0.5	B	
27	可动心轨直股工作边应成直线	直线度每米0.5,全长2.5,心轨尖端前后各1 m内不允许抗线	B	
28	可动心长、短心轨、叉跟尖轨轨腰与顶铁的缝隙	缝隙≤1.0(工作状态)	C	
29	可动心轨实际尖端至翼轨趾端距离(直股)	+4.0 0	B	

续上表

序号	检 测 项 目	偏 差 要 求	检验项点分类	备注
30	可动心轨尖端前 1 m 处轨距	+3 −2	B	
31	可动心轨可弯中心后 500 mm 处轨距	+3 −2	B	
32	护轨平直段轮缘槽宽	+1.0 −0.5	A	
33	查照间隔及护背距离	查照间隔≥1 391 护背距离≤1 348	A	
34	导曲线部分 3 处轨距（分别在尖轨跟端至导曲线终点或辙叉趾端总长的 1/4、1/2、3/4 处）	+3 −2	C	
35	可动心轨辙叉跟端轨距	+3 −2	B	
36	可动心轨辙叉趾端轨距	+3 −2	B	
37	各牵引点处开口值	±3	B	
38	道岔全长	±20	C	
39	岔枕间距	混凝土枕道岔可动心轨辙叉部分为 ±5，其他为 ±10	C	
40	高强度螺栓扭矩	超过设计要求的 0～10%	A	
41	螺栓无松动，无缺油		C	
42	标记正确齐全		A	
43	整组道岔组装	≤48 h	A	

注 1：计算合格率时，检查项点中某一项点若有多处，按多个项点计。

注 2：表中 v 指道岔容许通过速度。

附表 3－3－1　整组道岔厂内铺设检验基本项点表（适用于时速 200 公里铁路道岔）

未注明单位为毫米

序号	检 测 项 目	偏差要求	检验项点分类[a]	备注
1	道岔平面度	水平≤3，不应有反超高，用 10m 弦量高低≤2	C	
2	道岔方向	目测成直线，用 10 m 弦量≤2.0	C	
3	道岔前后轨缝相错量	≤2.0	B	
4	两尖轨相错量	≤2.0	B	
5	道岔始端轨距	±1.0	B	

续上表

序号	检测项目		偏差要求	检验项点分类[a]	备注
6	尖轨尖端轨距		±1.0	A	
7	直股尖轨竖切点基本轨内侧距		±1.0	A	
8	尖轨牵引点动程	定位	±3.0	B	
		反位	±3.0	B	
9	尖轨牵引点处开口值		±3.0	A	
10	辙叉咽喉处开口值		±2.0	A	
11	直股尖轨与侧股基本轨密贴	第1牵引点前	≤0.2	A	
		其余部分	<1.0	A	
12	侧股尖轨与直股基本轨密贴	第1牵引点前	≤0.2	A	
		其余部分	<1.0	A	
13	直线型尖轨工作边直线度		<0.3/1 m,≤1.0/全长	B	
14	曲线型尖轨正矢		<1.0	B	
15	直股尖轨与侧股基本轨顶铁缝隙		<1.0	C	
16	侧股尖轨与直股基本轨顶铁缝隙		<1.0	C	
17	尖轨轨底与滑床台缝隙	牵引点前后各1块	<0.5	A	
		其余部分	<1.0,缝隙≥0.5的不应连续出现	B	
18	尖轨限位器两侧缝隙		<1.5	C	
19	直股尖轨跟距及弹性可弯尖轨起始固定位置支距		±1.0	B	
20	侧股尖轨跟距及弹性可弯尖轨起始固定位置支距		±1.0	B	
21	尖轨跟端轨距		±1.0	B	
22	尖轨中部轨距		±1.0	B	
23	可动心轨辙叉翼轨趾端开口距		±1.5	C	
24	可动心轨辙叉心轨(叉跟轨)跟端开口距		±1.5	C	
25	可动心轨实际尖端至直股翼轨前端距离			B	

续上表

序号	检测项目		偏差要求	检验项点分类[a]	备注
26	可动心轨实际尖端至咽喉的距离		+4.0 0	A	
27	可动心轨辙叉咽喉宽度		±1.0	B	
28	可动心轨尖端至第一牵引点处与翼轨的缝隙	直股	≤0.2	A	
		侧股	≤0.2	A	
29	可动心轨与翼轨密贴部分(尖端至第一牵引点处除外)的缝隙	直股	<1.0	B	
		侧股	<1.0	B	
30	可动心轨长、短心轨轨头贴合部分的缝隙		<0.5	A	
31	可动心轨叉跟尖轨尖端 100 mm 长范围内与短心轨的缝隙		<0.5	A	
32	可动心轨叉跟尖轨其余部位与短心轨的缝隙		$v_{侧}$ < 80 km/h 时，≤1.5 $v_{侧}$ ≥80 km/h 时，≤1.0	B	
33	可动心轨轨底与滑床台缝隙	牵引点前后各一块	<0.5	A	
		其余部分	<1.0，缝隙≥0.5 的不应连出现	B	
34	可动心轨辙叉直股工作边直线度		<0.3/m，全长 2.5，心轨前后各 1 m 范围内不允许抗线	B	
35	顶铁与可动心轨轨腰间缝隙		<1.0	C	
36	可动心轨尖端前 1 m 处轨距		±1.0	B	
37	可动心轨可弯中心后 500 mm 处轨距		±1.0	C	
38	长心轨全长 1/2 处轨距		±1.0	B	
39	侧股护轨轮缘槽宽度[b]		+1.0 −0.5	B	
40	转辙器部分最小轮缘槽宽度		≥65	A	
41	可动心轨尖端轨距		±1.0	B	
42	可动心轨跟端轨距		±1.0	B	
43	导曲线支距		±1.0	B	

续上表

序号	检测项目		偏差要求	检验项点分类[a]	备注
44	道岔连接部分轨距(在尖轨跟端至导曲线终点总长的1/4、1/2、3/4处测量)	直股	±1.0	B	
		侧股	+2.0 -1.0	B	
45	辙叉长度(沿工作边的长度)		±4.0	B	
46	道岔全长(不含两端轨缝)[c]		±8,±12,±15	C	
47	铁垫板间距	可动心轨辙叉部分	±2.5	B	
		其余部分	±5.0	B	
48	岔枕间距及位置偏差		±5.0	B	
49	混凝土岔枕偏斜量	牵引点两侧和心轨部分	±2.0	C	
		其余部分	±5.0	C	
50	60AT尖轨0~40 mm断面范围内顶面不允许高于基本轨顶面			A	
51	螺栓无缺少、无松动、无缺油			C	
52	轨距块一般按规定号数安装			C	
53	弹片安装正确,安装销钉时应涂抹润滑脂			C	
54	金属垫板、橡胶垫板或塑料垫片齐全			C	
55	轨撑的顶面应与基本轨轨头下腭密贴,局部允许有小于0.5 mm的缝隙			B	
56	扣件齐全密靠,离缝>1 mm不超过3%,连续离缝>1 mm不超过2根轨枕,最大离缝≤2 mm			B	
57	标记正确齐全			A	
58	整组道岔组装		≤48 h	A	

a. 分类是指铺设质量对运营影响的重要程度;

b. 可动心轨辙叉与侧股护轨查照间隔均不应小于1 391 mm;

c. 道岔全长允许偏差视不同道岔号数而异

1. 计算合格率时,检查项点中某一项点若有多处,按多个项点计。

2. 表中 $v_{侧}$ 指道岔侧向容许通过速度,单位:km/h

附表3-4　整组道岔厂内铺设检验内容、检验方法、执行标准及检验类别

未注明单位为毫米

序号	检验项目	项点类别	质量指标		检验方法		仪器设备名称	备注
			执行标准条款	技术要求	执行标准条款	检验方法要点说明		
1	道岔水平	C	TB/T 412	水平≤3，导曲线不得有反超高	TB/T 412	按TB/T 412规定精度，用通用量具及有关专用工具进行测量	检验专用量具、钢卷尺、直尺、游标卡尺、塞尺、宽座直角尺、轨距尺、弦线等	
2	道岔高低	B		用10 m弦量≤3				
3	道岔方向	C		目视成直线，用10 m弦量≤3				
4	道岔始端轨距	B		$^{+3}_{-2}$				
5	尖轨尖端轨距	A		±1				
6	直尖轨轨头刨切起点处轨距	B		±1				
7	直尖轨尖端至第一牵引点间与曲基本轨密贴	A		缝隙≤0.2				
8	直尖轨其余部分与基本轨密贴	B		缝隙≤1.0				
9	直尖轨工作边直线度	C		密贴段1.0，全长2.0。全长为两段直线时，均为1.0				
10	尖轨与基本轨间顶铁缝隙（直、曲）	C		≤1.0				
11	尖轨各牵引点前后各一块台板与轨底缝隙（直、曲）	A		≤0.5				
12	尖轨其余台板与轨底缝隙（直、曲）	B		≤1.0				
13	尖轨跟距（直、曲）	B		$v>120$ km/h时±1；$v\leq120$ km/h时$^{+2}_{-1}$				
14	尖轨起始固定位置支距（直、曲）	B		$v>120$ km/h时±1；$v\leq120$ km/h时$^{+2}_{-1}$				

续上表

序号	检验项目	项点类别	质量指标		检验方法		仪器设备名称	备注
			执行标准条款	技术要求	执行标准条款	检验方法要点说明		
15	尖轨限位器间隙偏差（直、曲）	B		±1.5				
16	尖轨跟端轨距	B		+3 −2				
17	导曲线支距	C		±2				
18	辙叉趾宽、跟宽	B		±2				
19	固定型锐角辙叉咽喉宽度	B		+3.0 −1.0				
20	可动心轨辙叉咽喉宽度	B		+2.0 −1.0				
21	可动心轨尖端至第一牵引点处密贴（直、曲）	A		缝隙≤0.5				
22	可动心轨其余部位与翼轨密贴（直、曲）	B	TB/T 412	缝隙≤1.0	TB/T 412	按TB/T 412规定精度，用通用量具及有关专用工具进行测量	检验专用量具、钢卷尺、直尺、游标卡尺、塞尺、宽座直角尺、轨距尺、弦线等	
23	叉跟尖轨尖端（100 mm范围）与短心轨密贴	B		缝隙≤0.5				
24	叉跟尖轨其余部位与短心轨密贴	C		缝隙≤0.5				开通侧股时
25	可动心轨牵引点处轨底与台板部分缝隙	A		≤0.5				
26	可动心轨轨底与其余台板缝隙	B		≤0.5				
27	可动心轨直股工作边应成直线	B		直线度每米0.5，全长2.5，心轨尖端前后各1 m内不允许抗线				
28	可动心轨、短心轨、叉跟尖轨轨腰与顶铁的缝隙	C		缝隙≤1.0				工作状态

续上表

序号	检验项目	项点类别	质量指标		检验方法		仪器设备名称	备注
			执行标准条款	技术要求	执行标准条款	检验方法要点说明		
29	可动心轨实际尖端至翼轨趾端距离(直股)	B	TB/T 412	+4.0 0	TB/T 412	按 TB/T 412 规定精度,用通用量具及有关专用工具进行测量	检验专用量具、钢卷尺、直尺、游标卡尺、塞尺、宽座直角尺、轨距尺、弦线等	
30	可动心轨尖端前 1 m 处轨距	B		+3 −2				
31	可动心轨可弯中心后 500 mm处轨距	B		+3 −2				
32	护轨平直段轮缘槽宽	A		+1.0 −0.5				
33	查照间隔及护背距离	A		查照间隔≥1 391 护背距离≤1 348				
34	导曲线部分 3 处轨距(分别在尖轨跟端至导曲线终点或辙叉趾端总长的 1/4、1/2、3/4 处)	A		+3 −2				
35	可动心轨辙叉跟端轨距	A		+3 −2				
36	可动心轨辙叉趾端轨距	C		+3 −2				
37	各牵引点处开口值	B		±3				
38	道岔全长	B		±20				
39	岔枕间距	B		混凝土枕道岔可动心轨辙叉部分为 ±5,其他为 ±10				开通侧股时
40	高强度螺栓扭矩	C		超过设计要求的 0 ~ 10%				
41	螺栓无松动,无缺油	C		螺栓无松动,无缺油				
42	标记正确齐全	A		标记正确齐全				
43	整组道岔组装	A		≤48 h		目测		

附表 3－4－1 整组道岔厂内铺设检验内容、检验方法、执行标准及检验类别(适用于时速 200 公里铁路道岔)

未注明单位为毫米

序号	检测项目		项点类别	质量指标		检验方法		仪器设备名称	备注
				执行标准条款	技术要求	执行标准条款	检验方法要点说明		
1	道岔平面度		C	运基线路〔2005〕230 号	水平≤3,不应有反超高,用 10 m 弦量高低≤2	运基线路〔2005〕230 号	按运基线路〔2005〕230 号规定精度,用通用量规,量具及有关专用工具进行	检验专用量具、钢卷尺、直尺、游标卡尺、塞尺、宽座直角尺、轨距尺、弦线等	
2	道岔方向		C		目测成直线,用 10 m 弦量≤2.0				
3	道岔前后轨缝相错量		B		≤2.0				
4	两尖轨相错量		B		≤2.0				
5	道岔始端轨距		B		±1.0				
6	尖轨尖端轨距		A		±1.0				
7	直股尖轨竖切点基本轨内侧距		A		±1.0				
8	尖轨牵引点动程	定位	B		±3.0				
		反位	B		±3.0				
9	尖轨牵引点处开口值		A		±3.0				
10	辙叉咽喉处开口值		A		±2.0				
11	直股尖轨与侧股基本轨密贴	第 1 牵引点前	A		≤0.2				
		其余部分	A		<1.0				
12	侧股尖轨与直股基本轨密贴	第 1 牵引点前	A		≤0.2				
		其余部分	A		<1.0				
13	直线型尖轨工作边直线度		B		<0.3/1 m,≤1.0/全长				

续上表

序号	检测项目		项点类别	质量指标		检验方法		仪器设备名称	备注
				执行标准条款	技术要求	执行标准条款	检验方法要点说明		
14	曲线型尖轨正矢		B	运基线路〔2005〕230号	<1.0	运基线路〔2005〕230号	按运基线路〔2005〕230号规定精度，用通用量规，量具及有关专用工具进行	检验专用量具、钢卷尺、直尺、游标卡尺、塞尺、宽座直角尺、轨距尺、弦线等	
15	直股尖轨与侧股基本轨顶铁缝隙		C		<1.0				
16	侧股尖轨与直股基本轨顶铁缝隙		C		<1.0				
17	尖轨轨底与滑床台缝隙	牵引点前后各1块	A		<0.5				
		其余部分	B		<1.0，缝隙≥0.5的不应连续出现				
18	尖轨限位器两侧缝隙		C		<1.5				
19	直股尖轨跟距及弹性可弯尖轨起始固定位置支距		B		±1.0				
20	侧股尖轨跟距及弹性可弯尖轨起始固定位置支距		B		±1.0				
21	尖轨跟端轨距		B		±1.0				
22	尖轨中部轨距		B		±1.0				
23	可动心轨辙叉翼轨趾端开口距		C		±1.5				
24	可动心轨辙叉心轨(叉跟轨)跟端开口距		C		±1.5				
25	可动心轨实际尖端至直股翼轨前端距离		B		+4.0 0				
26	可动心轨实际尖端至咽喉的距离		A		+4.0 0				
27	可动心轨辙叉咽喉宽度		B		±1.0				

续上表

序号	检测项目		项点类别	质量指标		检验方法		仪器设备名称	备注
				执行标准条款	技术要求	执行标准条款	检验方法要点说明		
28	可动心轨尖端至第一牵引点处与翼轨的缝隙	直股	A	运基线路〔2005〕230 号	≤0.2	运基线路〔2005〕230 号	按运基线路〔2005〕230 号规定精度，用通用量规，量具及有关专用工具进行	检验专用量具、钢卷尺、尺、直尺、游标卡尺、塞尺、宽座直角尺、轨距尺、弦线等	
		侧股	A		≤0.2				
29	可动心轨与翼轨密贴部分（尖端至第一牵引点处除外）的缝隙	直股	B		<1.0				
		侧股	B		<1.0				
30	可动心轨长、短心轨轨头贴合部分的缝隙		A		<0.5				
31	可动心轨叉跟尖轨尖端 100 mm 长范围内与短心轨的缝隙		A		<0.5				
32	可动心轨叉跟尖轨其余部位与短心轨的缝隙		B		$v_{侧}$<80 km/h 时，≤1.5 $v_{侧}$≥80 km/h 时，≤1.0				
33	可动心轨轨底与滑床台缝隙	牵引点前后各一块	A		<0.5				
		其余部分	B		<1.0，缝隙≥0.5 的不应连出现				
34	可动心轨辙叉直股工作边直线度		B		<0.3/m，全长 2.5，心轨前后各 1 m 范围内不允许抗线				
35	顶铁与可动心轨轨腰间缝隙		C		<1.0				
36	可动心轨尖端前 1 m 处轨距		B		±1.0				
37	可动心轨可弯中心后 500 mm 处轨距		C		±1.0				

续上表

序号	检测项目		项点类别	质量指标：执行标准条款	质量指标：技术要求	检验方法：执行标准条款	检验方法：检验方法要点说明	仪器设备名称	备注
38	长心轨全长 1/2 处轨距		B	运基线路〔2005〕230 号	±1.0	运基线路〔2005〕230 号	按运基线路〔2005〕230 号规定精度，用通用量规，量具及有关专用工具进行	检验专用量具、钢卷尺、尺、直尺、游标卡尺、塞尺、宽座直角尺、轨距尺、弦线等	
39	侧股护轨轮缘槽宽度		B		+1.0 −0.5				
40	转辙器部分最小轮缘槽宽度		A		≥65				
41	可动心轨尖端轨距		B		±1.0				
42	可动心轨跟端轨距		B		±1.0				
43	导曲线支距		B		±1.0				
44	道岔连接部分轨距（在尖轨跟端至导曲线终点总长的 1/4、1/2、3/4 处测量）	直股	B		±1.0				
		侧股	B		+2.0 −1.0				
45	辙叉长度（沿工作边的长度）		B		±4.0				
46	道岔全长（不含两端轨缝）		C		±8，±12，±15				
47	铁垫板间距	可动心轨辙叉部分	B		±2.5				
		其余部分	B		±5.0				
48	岔枕间距及位置偏差		B		±5.0				
49	混凝土岔枕偏斜量	牵引点两侧和心轨部分	C		±2.0				
		其余部分	C		±5.0				

续上表

序号	检测项目	项点类别	质量指标		检验方法		仪器设备名称	备注
			执行标准条款	技术要求	执行标准条款	检验方法要点说明		
50	60AT 尖轨 0 ~ 40 mm 断面范围内顶面不允许高于基本轨顶面	A	运基线路〔2005〕230 号	不允许高于基本轨顶面	运基线路〔2005〕230 号	按运基线路〔2005〕230 号规定精度，用通用量规，量具及有关专用工具进行	检验专用量具、钢卷尺、直尺、游标卡尺、塞尺、宽座直角尺、轨距尺、弦线等	
51	螺栓无缺少、无松动、无缺油	C		螺栓无缺少、无松动、无缺油				
52	轨距块一般按规定号数安装	C		轨距块一般按规定号数安装				
53	弹片安装正确，安装销钉时应涂抹润滑脂	C		弹片安装正确，安装销钉时应涂抹润滑脂				
54	金属垫板、橡胶垫板或塑料垫片齐全	C		金属垫板、橡胶垫板或塑料垫片齐全				
55	轨撑的顶面应与基本轨轨头下腭密贴，局部允许有小于 0.5 mm 的缝隙	B		轨撑的顶面应与基本轨轨头下腭密贴，局部允许有小于 0.5 mm 的缝隙				
56	扣件齐全密靠，离缝 > 1 mm 不超过 3%，连续离缝 > 1 mm 不超过 2 根轨枕，最大离缝 ≤ 2 mm	B		扣件齐全密靠，离缝 > 1 mm 不超过 3%，连续离缝 > 1 mm 不超过 2 根轨枕，最大离缝 ≤ 2 mm				
57	标记正确齐全	A		标记正确齐全				
58	整组道岔组装	A		≤48 h		目测		

附表 3－6　道岔(AT)尖轨检验项目与判定原则

未注明单位为毫米

组别	序号	检验项目	技术要求	不合格类别	判别水平 DL	不合格质量水平 RQL	抽样方案	样本量 n	判定数 Ac	判定数 Re
表面质量及外形尺寸	1	钢轨锻压段非加工表面质量	3. 9. 5/3. 4. 5. 4f	A	Ⅱ	30	一次	5	0	1
	2	标志	5. 1、5. 3				一次	5	0	1
	3	尖轨工作边直线度	3. 5. 1/3. 4. 4. 1	B	Ⅱ	65	一次	5	1	2
	4	不加工轨顶面直线度	≤0. 4/3. 4. 4. 2 ~. 3				一次	5	1	2
	5	轨底直线度和平面度	≤1. 0/3. 4. 4. 4				一次	5	1	2
	6	跟端成型段轨底平面度	≤0. 5/≤0. 3				一次	5	1	2
	7	跟端加工的轨顶直线度	≤0. 3;过渡段轨顶不应下凹	A	Ⅱ	30	一次	5	0	1
	8	长度	0 −4. 0/3. 4. 1. 1	B	Ⅱ	80	一次	5	2	3
	9	螺栓孔径	+1. 0 0				一次	5	2	3
	10	螺栓孔中心位置(上下)	±1. 0/ ±0. 8				一次	5	2	3
	11	两相邻螺栓孔中心距离					一次	5	2	3
	12	两最远螺栓孔中心距离(l)	l<1 500, ±1. 0/3. 4. 2. 5 l≥1 500, ±2. 0/3. 4. 2. 5				一次	5	2	3
	13	接头螺栓孔中心至轨端距离	±1. 0				一次	5	2	3
	14	螺栓孔倒棱	(0. 8 ~1. 5) ×45°3. 4. 2. 6				一次	5	2	3
	15	螺栓孔壁粗糙度	≤25 μm				一次	5	2	3
	16	尖轨经机加工后棱角	打磨				一次	5	2	3
	17	钢轨顶弯支距偏差/校直	+2. 0 0/3. 4. 3. 1				一次	5	2	3
	18	曲尖轨顶弯	压痕深度≤1. 0,不允许裂纹/3. 4. 3. 2	A	Ⅱ	30	一次	5	0	1

续上表

组别	序号	检验项目	技术要求	不合格类别	判别水平 DL	不合格质量水平 RQL	抽样方案	样本量 n	判定数 Ac	判定数 Re
表面质量及外形尺寸	19	轨头 5 mm 断面宽度(b)	$^{0}_{-0.5}$	B	Ⅱ	80	一次	5	2	3
							一次	5	2	3
	20	轨头 10 mm 断面宽度(b)	±0. 5				一次	5	2	3
	21	轨头 20 mm 断面宽度(b)					一次	5	2	3
	22	轨头 50 mm 断面宽度(b)					一次	5	2	3
	23	轨头 5 mm 断面高度(H)	$^{0}_{-2.0}$				一次	5	2	3
	24	轨头 10 mm 断面高度(H)					一次	5	2	3
	25	轨头 20 mm 断面高度(H)					一次	5	2	3
	26	轨头 50 mm 断面高度(H)	±0. 5				一次	5	2	3
	27	跟端成型段轨高	±0. 5　/3. 4. 5. 4d				一次	5	2	3
	28	跟端成型段轨头高	±0. 5　/3. 4. 5. 4d				一次	5	2	3
	29	跟端成型段轨底厚	±0. 5　/3. 4. 5. 4d				一次	5	2	3
	30	跟端成型段轨底宽	$^{+0.8}_{-1.0}$　/3. 4. 5. 4d				一次	5	2	3
	31	跟端成型段轨腰厚	$^{+1.0}_{-0.5}$　/3. 4. 5. 4d				一次	5	2	3
	32	跟端面垂直度	1. 0　/3. 4. 5. 4d				一次	5	2	3
淬火形状及深度	33	10 mm 横断面淬火层形状	帽　形	B	Ⅱ	100	一次	3	1	2
	34	50 mm 横断面淬火层形状					一次	3	1	2
	35	10 mm 断面淬火深度(a)	≥8				一次	3	1	2
	36	50 mm 断面淬火深度(a)					一次	3	1	2
	37	50 mm 断面淬火深度(b)	≥6				一次	3	1	2

续上表

组别	序号	检验项目	技术要求	不合格类别	判别水平DL	不合格质量水平RQL	抽样方案	样本量n	判定数 Ac	判定数 Re
硬度	38	10 mm 横断面淬火层硬度	HRC32.0~43.0	A	Ⅱ	50	一次	3	0	1
	39	50 mm 横断面淬火层硬度					一次	3	0	1
	40	轨头表面硬度	HBW298~401	A	Ⅱ	30	一次	5	0	1
脱碳层	41	轨头脱碳层深度	≤0.5/≤0.3	A	Ⅱ	50	一次	3	0	1
跟端淬火形状和尺寸	42	跟端横断面淬火层深度	a. ≥10	B	Ⅱ	100	一次	3	1	2
	43		b. ≥6	B	Ⅱ	100	一次	3	1	2
淬火层显微组织	44	10 mm 断面显微组织	淬火索氏体,不得出现马氏体或明显的贝氏体组织	A	Ⅱ	50	一次	3	0	1
	45	50 mm 断面显微组织					一次	3	0	1
实物使用性能试验	46	过渡段疲劳试验	运基线路〔2005〕230 号 4.7 条			50	一次	3	0	1

注:对具有多个同一单项的项目(B 类项点),以多于该项点总数目的 40%(个数)时,判为不合格。

附表 3－7　道岔(普通)尖轨检验项目与判定原则

未注明单位为毫米

组别	序号	项目	技术要求	不合格类别	判别水平 DL	不合格质量水平 RQL	抽样方案	样本量 n	判定数 Ac	判定数 Re
表面质量及外形尺寸	1	表面质量	TB/T2344　5.12 条	A	Ⅱ	30	一次	5	0	1
	2	标志	5.1、5.3 条				一次	5	0	1
	3	尖轨工作边直线度	密贴段≤1.0	B	Ⅱ	65	一次	5	1	2
	4	不加工轨顶面直线度	≤0.4				一次	5	1	2
	5	轨底直线度和平面度	≤1.0				一次	5	1	2
	6	长度	0 −4.0	B	Ⅱ	80	一次	5	2	3
	7	螺栓孔径	+1.0 0				一次	5	2	3
	8	螺栓孔中心位置(上下)	±1.0				一次	5	2	3
	9	两相邻螺栓孔中心距离					一次	5	2	3
	10	两最远螺栓孔中心距离(l)	l<1 500，±1.0 l≥1 500，±2.0				一次	5	2	3
	11	接头螺栓中心至轨端距离	±1.0				一次	5	2	3
	12	螺栓孔倒棱	(0.8～1.5)×45°				一次	5	2	3
	13	螺栓孔型粗糙度	≤25 μm				一次	5	2	3
	14	尖轨经机加工后棱角	打　磨				一次	5	2	3
	15	钢轨轨端轨头	(0.8～2.0)×45°				一次	5	2	3
	16	曲尖轨顶弯支距偏差	2.0 0				一次	5	2	3
	17	曲尖轨顶弯	压痕深度≤1.0,不允许裂纹	A	Ⅱ	30	一次	5	0	1

续上表

组别	序号	检验项目	技术要求	不合格类别	判别水平 DL	不合格质量水平 RQL	抽样方案	样本量 n	判定数 Ac	判定数 Re
表面质量及外形尺寸	18	轨头 5 mm 断面宽度(*b*)	$^{0}_{-0.5}$	B	Ⅱ	80	一次	5	2	3
	19	轨头 10 mm 断面宽度(*b*)	±0.5				一次	5	2	3
	20	轨头 20 mm 断面宽度(*b*)					一次	5	2	3
	21	轨头 50 mm 断面宽度(*b*)					一次	5	2	3
	22	轨头 5 mm 断面高度(*H*)	$^{0}_{-2.0}$				一次	5	2	3
	23	轨头 10 mm 断面高度(*H*)					一次	5	2	3
	24	轨头 20 mm 断面高度(*H*)					一次	5	2	3
	25	轨头 50 mm 断面高度(*H*)	±0.5				一次	5	2	3
	26	钢轨端面垂直度	≤1.0				一次	5	2	3
淬火形状及深度	27	轨头宽 10 mm 横断面形状	帽 形	B	Ⅱ	100	一次	3	1	2
	28	轨头宽 50 mm 横断面形状					一次	3	1	2
	29	轨头宽 10 mm 横断面淬火深度(*a*)	≥8				一次	3	1	2
	30	轨头宽 50 mm 横断面淬火深度(*a*)					一次	3	1	2
	31	轨头宽 50 mm 横断面淬火深度(*b*)	≥6				一次	3	1	2
硬度	32	轨头宽 10 mm 横断面硬度	HRC32.0～43.0	A	Ⅱ	50	一次	3	0	1
	33	轨头宽 50 mm 横断面硬度					一次	3	0	1
	34	轨头顶面表面硬度	HBW298～401	A	Ⅱ	30	一次	5	0	1
淬火层显微组织	35	轨头宽 10 mm 横断面显微组织	淬火索氏体，不得出现马氏体或明显的贝氏体组织	A	Ⅱ	50	一次	3	0	1
	36	轨头宽 50 mm 横断面显微组织					一次	3	0	1

注：对具有多个同一单项的项目（B 类项点），以多于该项点总数目的 40%（个数）时，判为不合格。

附表 3－8　道岔(AT)尖轨类产品检验内容、检验方法、执行标准条款及检验类别

未注明单位为毫米

组别	序号	检验项目	项点类别	质量指标		检验方法		仪器设备名称	备注
				执行标准条款	技术要求	执行标准条款	检验方法要点说明		
表面质量及外形尺寸	1	钢轨锻压段非加工表面质量	A	3.9.5/3.4.5.4f	3.9.5/3.4.5.4f	3.9.5/3.4.5.4f	目测，通用量规测量	深度尺	
	2	标志	A	5/5	5.1、5.3	5/5	目测		
	3	尖轨工作边直线度	B	3.5.1/3.4.4.1	3.5.1/3.4.4.1	3.5.1/3.4.4.1	按 TB/T 412/运基线路〔2005〕230 号规定精度，用通用量规，量具及有关专用工具进行	专用测试平台，米尺，塞尺，游标卡尺，直尺，直角尺	
	4	不加工轨顶面直线度		3.5.2/3.4.4.2～.3	≤0.4/3.4.4.2～.3	3.5.2/3.4.4.2～.3			
	5	轨底直线度和平面度		3.5.3/3.4.4.4	≤1.0/3.4.4.4	3.5.3/3.4.4.4			
	6	跟端成型段轨底平面度	A	3.9.2/3.4.5.4c	≤0.5　3.9.2/3.4.5.4c	3.9.2			
	7	跟端加工的轨顶直线度			≤0.3；过渡段轨顶不应下凹				
	8	长度		3.2.2/3.4.1.1	0 －4.0/3.4.1.1	3.2.2/3.4.1.1			
	9	螺栓孔径		3.3.1/3.4.2.1	＋1.0 0	3.3.1/3.4.2.1			
	10	螺栓孔中心位置(上下)		3.3.3/3.4.2.3	±1.0/ ±0.8	3.3.3/3.4.2.3			
	11	两相邻螺栓孔中心距离		3.3.5/3.4.2.4		3.3.5/3.4.2.4			
	12	两最远螺栓孔中心距离(l)		3.3.6/3.4.2.5	l＜1 500，±1.0/3.4.2.5 l≥1 500，±2.0/3.4.2.5	3.3.6/3.4.2.5			
	13	接头螺栓孔中心至轨端距离		3.3.4	±1.0	3.3.4			
	14	螺栓孔倒棱		3.3.7/3.4.2.6	(0.8～1.5)×45°/3.4.2.6	3.3.7/3.4.2.6			

续上表

组别	序号	检验项目	项点类别	质量指标		检验方法		仪器设备名称	备注
				执行标准条款	技术要求	执行标准条款	检验方法要点说明		
表面质量及外形尺寸	15	螺栓孔壁粗糙度	B	3.3.2/3.4.2.2	≤25 μm	3.3.2/3.4.2.2	按 TB/T 412/运基线路〔2005〕230 号规定精度，用通用量规，量具及有关专用工具进行	专用测试平台，米尺，塞尺，游标卡尺，直尺，直角尺	
	16	尖轨经机加工后棱角		3.5.5/3.4.4.6	打磨	3.5.5/3.4.4.6			
	17	钢轨顶弯支距偏差/校直		3.4.2/3.4.3.1	+2.0 0/3.4.3.1	3.4.2/3.4.3.1			
	18	曲尖轨顶弯	A	3.4.1/3.4.3.2	压痕深度≤1.0，不允许裂纹/3.4.3.2	3.4.1/3.4.3.2			
	19	轨头 5 mm 断面宽度(*b*)	B	3.6.2	0 −0.5	3.6.2			
	20	轨头 10 mm 断面宽度(*b*)			±0.5				
	21	轨头 20 mm 断面宽度(*b*)							
	22	轨头 50 mm 断面宽度(*b*)							
	23	轨头 5 mm 断面高度(*H*)			0 −2.0				
	24	轨头 10 mm 断面高度(*H*)							
	25	轨头 20 mm 断面高度(*H*)							
	26	轨头 50 mm 断面高度(*H*)			±0.5				
	27	跟端成型段轨高		3.9.3/3.4.5.4d	±0.5 /3.4.5.4d	3.9.3/3.4.5.4d			
	28	跟端成型段轨头高							

续上表

组别	序号	检验项目	项点类别	质量指标			检验方法		仪器设备名称	备注
				执行标准条款	技术要求		执行标准条款	检验方法要点说明		
表面质量及外形尺寸	29	跟端成型段轨底厚	B	3.9.3/3.4.5.4d	±0.5	/3.4.5.4d	3.9.3/3.4.5.4d	按TB/T 412/运基线路〔2005〕230号规定精度，用通用量规，量具及有关专用工具进行	专用测试平台，米尺，塞尺，游标卡尺，直尺，直角尺	
	30	跟端成型段轨底宽			+0.8 −1.0					
	31	跟端成型段轨腰厚			+1.0 −0.5					
	32	跟端面垂直度			≤1.0					
淬火层形状及深度	33	10 mm横断面淬火层形状	B	TB/T 1779 3.2.2 3.2.4 TB/T 2635 4.5 TB/T 412 3.9.7	帽　形		GB/T 226	试件分别从三件淬火AT尖轨样轨上制取。试件横截面按GB/T 226浸蚀后，目视淬火层形状及用直尺测量淬火层深度	深度尺	
	34	50 mm横断面淬火层形状								
	35	10 mm断面淬火深度(*a*)			≥8					
	36	50 mm断面淬火深度(*a*)								
	37	50 mm断面淬火深度(*b*)			≥6					
硬度	38	10 mm横断面淬火层硬度	A		HRC32.0～43.0		GB/T 230.1	在观察淬火层形状试件上测量，测量位置按TB/T 1779进行	洛氏硬度计	
	39	50 mm横断面淬火层硬度								
	40	轨头表面硬度			HBW298～401		GB/T 231.1	在AT尖轨轨头宽30 mm、50 mm处和跟端热加工过渡段各测一点	便携式布氏硬度	
脱碳层	41	轨头脱碳层深度	A		≤0.5/≤0.3		GB/T 224	GB/T 224	金相显微镜	

续上表

组别	序号	检验项目	项点类别	质量指标		检验方法		仪器设备名称	备注
				执行标准条款	技术要求	执行标准条款	检验方法要点说明		
跟端淬火形状和尺寸	42	跟端横断面淬火层深度	B	TB/T 17793. 2. 2 3. 2. 4 TB/T 26354. 5 TB/T 4123. 9. 7	a. ≥10	TB/T 1779	TB/T 1779	直尺	
	43		B		b. ≥6	TB/T 1779	TB/T 1779	直尺	
淬火层显微组织	44	10 mm 断面显微组织	A		淬火索氏体，不得出现马氏体或明显的贝氏体组织	GB/T 13298	利用观察淬火层形状试件进行显微组织检查	金相显微镜	
	45	50 mm 断面显微组织							
实物使用性能试验	46	过渡段疲劳试验		运基线路［2005］230 号 4. 7 条	支距 1 m、荷载 390 kN/78 kN，疲劳次数≥200 万次不断裂	运基线路［2005］230 号 4. 7 条	运基线路［2005］230 号 4. 7 条	疲劳试验机	

附表 3－9　道岔(普通)尖轨类产品检验内容、检验方法、执行标准条款及检验类别

未注明单位为毫米

组别	序号	检验项目	项点类别	质量指标		检验方法		仪器设备名称	备注
				执行标准条款	技术要求	执行标准条款	检验方法要点说明		
表面质量及外形尺寸	1	表面质量	A	TB/T 2344 5.12	TB/T 2344　5.12 条	3.9.5	目测,通用量规测量	深度尺	
	2	标志	A	5	5.1、5.3 条	5	目测		
	3	尖轨工作边直线度	B	3.5.1	3.5.1	3.5.1	按 TB/T 412 规定精度,用通用量规,量具及有关专用工具进行	专用测试平台,米尺,塞尺,游标卡尺,直尺,直角尺	
	4	不加工轨顶面直线度		3.5.2	≤0.4	3.5.2			
	5	轨底直线度和平面度		3.5.3	≤1.0	3.5.3			
	6	长度		3.2.2	$^{0}_{-4.0}$	3.9.2			
	7	螺栓孔径		3.3.1	$^{+1.0}_{0}$				
	8	螺栓孔中心位置(上下)		3.3.3	±1.0	3.2.2			
	9	两相邻螺栓孔中心距离		3.3.5		3.3.1			
	10	两最远螺栓孔中心距离(l)		3.3.6	l<1 500,±1.0 l≥1 500,±2.0	3.3.6			
	11	接头螺栓孔中心至轨端距离		3.3.4	±1.0	3.3.3			
	12	螺栓孔倒棱		3.3.7	(0.8～1.5)×45°	3.3.5			
	13	螺栓孔壁粗糙度		3.3.2	≤25 μm	3.3.2			
	14	尖轨经机加工后棱角		3.5.5	打磨	3.3.5			

续上表

组别	序号	检验项目	项点类别	质量指标		检验方法		仪器设备名称	备注
				执行标准条款	技术要求	执行标准条款	检验方法要点说明		
表面质量及外形尺寸	15	钢轨轨端轨头	B	3.2.6	(0.8～2.0)×45°	3.2.6	按 TB/T 412 规定精度，用通用量规，量具及有关专用工具进行	专用测试平台，米尺，塞尺，游标卡尺，直尺，直角尺	
	16	曲尖轨顶弯支距偏差		3.4.2	+2.0 0	3.4.2			
	17	曲尖轨顶弯	A	3.4.1	压痕深度≤1.0，不允许裂纹	3.4.1			
	18	轨头 5 mm 断面宽度(*b*)	B	3.6.2	0 -0.5	3.6.2			
	19	轨头 10 mm 断面宽度(*b*)			±0.5				
	20	轨头 20 mm 断面宽度(*b*)							
	21	轨头 50 mm 断面宽度(*b*)							
	22	轨头 5 mm 断面高度(*H*)			0 -2.0				
	23	轨头 10 mm 断面高度(*H*)							
	24	轨头 20 mm 断面高度(*H*)							
	25	轨头 50 mm 断面高度(*H*)			±0.5				
	26	钢轨端面垂直度		3.9.3	≤0.1	3.9.3			

续上表

组别	序号	检验项目	项点类别	质量指标		检验方法		仪器设备名称	备注
				执行标准条款	技术要求	执行标准条款	检验方法要点说明		
淬火层形状及深度	27	轨头宽 10 mm 横断面形状	B	TB/T 1779 3.2.2 3.2.4 TB/T 2635 4.5	帽形	GB/T 226	试件分别从三件淬火尖轨样轨上制取。试件横截面按 GB/T 226 浸蚀后，目视淬火层形状及用直尺测量淬火层深度	直尺	
	28	轨头宽 50 mm 横断面形状							
	29	轨头宽 10 mm 横断面淬火深度（a）			≥8				
	30	轨头宽 50 mm 横断面淬火深度（a）							
	31	轨头宽 50 mm 横断面淬火深度（b）			≥6				
硬度	32	轨头宽 10 mm 横断面硬度	A		HRC32.0～43.0	GB/T 230.1	在观察淬火层形状试件上测量，测量位置按 TB/T 1779 进行	洛氏硬度计	
	33	轨头宽 50 mm 横断面硬度							
	34	轨头顶面表面硬度			HBW298～401	GB/T 231.1	在尖轨轨头宽 30 mm、50 mm 处测量	便携式布氏硬度计	
淬火层显微组织	35	轨头宽 10 mm 横断面显微组织	A		淬火索氏体，不得出现马氏体或明显的贝氏体组织	GB/T 13293	利用观察淬火层形状试件进行显微组织检查	金相显微镜	
	36	轨头宽 50 mm 横断面显微组织							

附表 3－11　道岔基本轨检验项目与判定原则

未注明单位为毫米

组别	序号	项　目	技术要求	不合格类别	判别水平 DL	不合格质量水平 RQL	抽样方案	样本量 n	判定数 Ac	判定数 Re
表面质量外形及尺寸	1	表面质量	TB/T 2344　5.12 条 TB/T 1779　3.2.5 条	A	Ⅱ	30	一次	5	0	1
	2	标志	5.1、5.3 条				一次	5	0	1
	3	轨顶面直线度	≤0.4/3.4.4.2～.3	B	Ⅱ	65	一次	5	1	2
	4	直密贴边直线度	3.5.4/3.4.4.5				一次	5	1	2
	5	长度（L）	±3.0（L≤12.5 m）/±2.0 ±0.25‰L（L>12.5 m）/±4.0	B	Ⅱ	80	一次	5	2	3
	6	螺栓孔径	$^{+1.0}_{0}$				一次	5	2	3
	7	螺栓孔中心位置（上下）	±1.0/±0.8				一次	5	2	3
	8	两相邻螺栓孔中心距离					一次	5	2	3
	9	两最远螺栓孔中心距离（l）	l<1 500，±1.0 l≥1 500，±2.0　/3.4.2.5				一次	5	2	3
	10	接头螺栓孔中心至轨端距离	±1.0				一次	5	2	3
	11	螺栓孔倒棱	（0.8～1.5）×45°/3.4.2.6				一次	5	2	3
	12	螺栓孔壁粗糙度	≤25 μm				一次	5	2	3
	13	钻孔钢轨轨端轨头	（0.8～2.0）×45°				一次	5	2	3
	14	钢轨端面斜度	≤1.0/≤0.5				一次	5	2	3
	15	曲基本轨顶弯支距偏差	$^{+2}_{0}$/3.4.3.1				一次	5	2	3
	16	曲基本轨顶弯	压痕深度≤1.0，不允许裂纹/3.4.3.2	A	Ⅱ	30	一次	5	0	1

续上表

组别	序号	项目	技术要求	不合格类别	判别水平 DL	不合格质量水平 RQL	抽样方案	样本量 n	判定数 Ac	判定数 Re
淬火形状及深度	17	轨头横断面淬火层形状	帽形	B	Ⅱ	100	一次	3	1	2
	18	轨头横断面淬火层深度(*a*)	≥8				一次	3	1	2
	19	轨头横断面淬火层深度(*b*)	≥6				一次	3	1	2
硬度	20	轨顶表面硬度	HBW298～401	A	Ⅱ	30	一次	5	0	1
	21	轨头横断面淬火层硬度	HRC32.0～40.0	A	Ⅱ	50	一次	3	0	1
淬火层显微组织	22	轨头横断面淬火层组织	淬火索氏体,不得出现马氏体或明显的贝氏体组织	A	Ⅱ	50	一次	3	0	1

注:对具有多个同一单项的项目(B 类项点),以多于该项点总数目的40%(个数)时,判为不合格。

附表 3-12　道岔基本轨产品检验内容、检验方法、执行标准条款及检验类别

未注明单位为毫米

组别	序号	检验项目	项点类别	质量指标		检验方法		仪器设备名称	备注
				执行标准条款	技术要求	执行标准条款	检验方法要点说明		
表面质量及外形尺寸	1	表面质量	A	TB/T23445.12 TB/T17793.2.5	TB/T2344 5.12 条	TB/T2344 5.12 TB/T1779 3.2.5	目测，通用量规测量	深度尺	
	2	标志	A	5.1	5.1、5.3 条	5.1	目测		
	3	轨顶面直线度	B	3.5.2/3.4.4.2~.3	≤0.4/3.4.4.2~.3	3.5.2/3.4.4.2~.3	按 TB/T412/运基线路〔2005〕230 号规定精度，用通用量规，量具及有关专用工具进行	米尺，塞尺，游标卡尺，直尺，直角尺，粗糙度比较样块等	
	4	直密贴边直线度		3.5.4/3.4.4.5	≤0.2（藏尖式）；≤0.5（贴尖式）；曲密贴边应圆顺无硬弯/3.4.4.5	3.5.4/3.4.4.5			
	5	长度（L）		3.2.4/3.4.1.1	±3.0/±2.0（L≤12.5 m）；±0.25‰L/±4.0（L>12.5 m）	3.2.4/3.4.1.1			
	6	螺栓孔径		3.3.1/3.4.2.1	$^{+1.0}_{0}$	3.3.1/3.4.2.1			
	7	螺栓孔中心位置（上下）		3.3.3/3.4.2.3	±1.0/±0.8	3.3.3/3.4.2.3			
	8	两相邻螺栓孔中心距离		3.3.5/3.4.2.4		3.3.5/3.4.2.4			
	9	两最远螺栓孔中心距离（l）		3.3.6/3.4.2.5	l<1500，±1.0/3.4.2.5 l≥1500，±2.0/3.4.2.5	3.3.6/3.4.2.5			
	10	接头螺栓孔中心至轨端距离		3.3.4	±1.0	3.3.4			
	11	螺栓孔倒棱		3.3.7/3.4.2.6	（0.8~1.5）×45°/3.4.2.6	3.3.7/3.4.2.6			
	12	螺栓孔壁粗糙度		3.3.2/3.4.2.2	≤25 μm	3.3.2/3.4.2.2			

续上表

组别	序号	检验项目	项点类别	质量指标：执行标准条款	质量指标：技术要求	检验方法：执行标准条款	检验方法：检验方法要点说明	仪器设备名称	备注
表面质量及外形尺寸	13	钻孔钢轨轨端轨头	B	3. 2. 6/3. 4. 1. 3	(0. 8～2. 0)×45°	3. 2. 6/3. 4. 1. 3	按 TB/T412/运基线路〔2005〕230 号规定精度，用通用量规，量具及有关专用工具进行	米尺，塞尺，游标卡尺，直尺，直角尺，粗糙度比较样块等	
	14	钢轨端面斜度		3. 2. 1/3. 4. 1. 2	≤1. 0/≤0. 5	3. 2. 1/3. 4. 1. 2			
	15	钢轨顶弯支距偏差/校直		3. 4. 2/3. 4. 3. 1	+2 0/3. 4. 3. 1	3. 4. 2/3. 4. 3. 1			
	16	钢轨顶弯	A	3. 4. 1/3. 4. 3. 2	压痕深度≤1. 0，不允许裂纹/压痕深度≤0. 8，不允许裂纹	3. 4. 1/3. 4. 3. 2			
淬火形状及深度	17	轨头横断面淬火层形状	B	TB/T1779 3. 2. 2 3. 2. 4 TB/T2635 4. 5	帽形	GB/T226	试件横截面按 GB/T226 浸蚀后，目视淬火层形状及用直尺测量淬火层深度	直尺	
	18	轨头横断面淬火层深度(*a*)			≥8				
	19	轨头横断面淬火层深度(*b*)			≥6				
硬度	20	轨顶表面硬度	A		HBW298～401	GB/T231. 1	在轨顶面测三点，间隔大于 1 米	便携式布氏硬度计	
	21	轨头横断面淬火层硬度			HRC32. 0～43. 0	GB/T230. 1	试件横断面经加工后，测量硬度及检查显微组织	洛氏硬度计	
淬火形状及深度	22	轨头横断面淬火层组织	A		淬火索氏体，不得出现马氏体或明显的贝氏体组织	GB/T13298		金相显微镜	

附表 3－14　道岔(高锰钢)辙叉检验项目及判定原则

未注明单位为毫米

组别	序号	检验项目		技术要求		不合格类别	判别水平 DL	不合格质量水平 RQL	抽样方案	样本量 n	判定数	
				不机加工	机加工						Ac	Re
一力学性能	1	抗拉强度(MPa)		$R_m \geqslant 735$		A	Ⅱ	50	一次	3	0	1
	2	断后伸长率(%)		$A \geqslant 35$					一次	3	0	1
	3	冲击吸收功(J)		$A_{KU2} \geqslant 118$		B	Ⅱ	100	一次	3	1	2
	4	硬度(HBW)	实物	≥170,预硬化为 250～350					一次	3	1	2
	5		试样	≤229					一次	3	1	2
二材质	6	化学成分(%):	C	0.95～1.35		A	Ⅱ	50	一次	3	0	1
	7		Mn	11.0～14.0					一次	3	0	1
	8		Si	0.30～0.80					一次	3	0	1
	9		P	≤0.045(一级),≤0.060(二级)					一次	3	0	1
	10		S	≤0.030(一级),≤0.035(二级)					一次	3	0	1
	11	锰碳比		≥10		B	Ⅱ	100	一次	3	1	2
三表面质量外形尺寸	12	轨距线偏差(全长)		$^{0}_{-2}$	$^{0}_{-2}$	A	Ⅱ	30	一次	5	0	1
	13	轮缘槽深度		≥47.0	≥47.0				一次	5	0	1
	14	标志		TB/T4476.1 条	标志				一次	5	0	1
	15	趾跟端高度		±2.0	$^{+0.8}_{-0.5}$	B	Ⅱ	65	一次	5	1	2
	16	道岔趾宽、跟宽		±3.0	±2.0				一次	5	1	2
	17	咽喉及轨头宽 50mm 断面前轮缘槽宽		$^{+3.0}_{0}$	$^{+2.0}_{0}$				一次	5	1	2
	18	轨顶面直线度		全长 L≤5 m 为≤2.0 且 1 mm/1 m 全长 L>5 m 为≤3.0 且 1 mm/1 m	全长 L≤5 m 为≤1.5 且 0.5 mm/1 m 全长 L>5 m 为≤2.0 且 0.5 mm/1 m				一次	5	1	2

续上表

组别	序号	检验项目	技术要求		不合格类别	判别水平 DL	不合格质量水平 RQL	抽样方案	样本量 n	判定数	
			不机加工	机加工						Ac	Re
三表面质量外形尺寸	19	趾、跟端对工作边及轨顶面的垂直度	≤2.0	≤1.0	B	Ⅱ	65	一次	5	1	2
	20	第一螺栓孔距端头	±4.0	±2.0				一次	5	1	2
	21	轨端工作边和轨面错牙	≤1.0	≤0.50				一次	5	1	2
	22	接头夹板组装间隙	≤1.0(长 50 mm 内)	≤0.50				一次	5	1	2
	23	螺栓孔倒角	倒角不小于 1.0	倒角不小于 1.0				一次	5	1	2
	24	沿工作边全长	±6.0	±4.0	B	Ⅱ	80	一次	5	2	3
	25	翼轨与心轨高度差	<1	不检查				一次	5	2	3
	26	轨底平面度	≤3.0	≤2.0				一次	5	2	3
	27	轨底边至道岔中心线距离	不检查	±2.0				一次	5	2	3
	28	轨腰厚度	±2.0	±2.0				一次	5	2	3
	29	耳板厚度	-	+2.0 -0.5				一次	5	2	3
	30	轨墙厚度	+5.0 -3.0	+5.0 -3.0				一次	5	2	3
	31	表面质量	TB/T4473.6 条	表面质量				一次	5	2	3
四	32	显微组织及非金属夹杂物	TB/T4473.4 条		A	Ⅱ	50	一次	3	0	1
五	33	内部缺陷限值	TB/T4473.8 条		B		65	一次	5	1	2

注 1:表中一组、二组及四组中的样本量 n 均为炉次数;

注 2:力学性能(实物硬度除外)试验:每一炉次中 3 个试样均达到标准要求,判该炉次该项力学性能检验合格,否则为不合格。

附表 3－15　道岔(高锰钢)辙叉产品检验内容、检验方法、执行标准条款及检验类别

未注明单位为毫米

组别	序号	检验项目		项点类别	质量指标：执行标准条款	质量指标：技术要求：不机加工	质量指标：技术要求：机加工	检验方法：执行标准条款	检验方法：检验方法要点说明	仪器设备名称	备注
一力学性能	1	抗拉强度(MPa)		A	3.3.1	$R_m \geqslant 735$		BG/T228	拉伸试验按 GB/T228 的规定进行	万能试验机	试棒直径 Φ 为 10 mm
	2	断后伸长率(%)				$A \geqslant 35$					
	3	冲击吸收功(J)		B		$A_{KU2} \geqslant 118$		BG/T229	冲击试验按 GB/T229 的规定进行	冲击试验机	
	4	硬度(HBW)	实物		3.3.1～3.3.3	≥170HB，预硬化为 250～350		4.5	硬度试验按 TB/T447 的规定进行	便携式硬度仪 布氏硬度试验仪	试块尺寸 50×30×15
	5		试样			≤229					
二材质	6	化学成分(%)：	C	A	3.2	0.95～1.35		GB/T223	随炉浇注，中途制取，利用化学分析仪器进行检查	红外碳硫仪、直读光谱仪	
	7		Mn			11.0～14.0					
	8		Si			0.30～0.80					
	9		P			≤0.045(一级)，≤0.060(二级)					
	10		S			≤0.030(一级)，≤0.035(二级)					
	11	锰碳比		B		≥10					
三表面质量外形尺寸	12	轨距线偏差(全长)		A	3.5	0 －2.0	0 －2.0	3.5	按 TB/T447 规定精度，用通用量规、量具及有关专用工具进行	游标卡尺、直尺、钢卷尺、塞尺等	
	13	轮缘槽深度				≥47.0	≥47.0				
	14	沿工作边全长		B		±6.0	±4.0				
	15	趾跟端高度				±2.0	+0.8 －0.5				
	16	道岔趾宽、跟宽				±3.0	±2.0				
	17	咽喉及轨头宽 50 mm 断面前轮缘槽宽				+3.0 0	+2.0 0				
	18	翼轨与心轨高度差				<1	不检查				
	19	轨底平面度				≤3.0	≤2.0				

续上表

组别	序号	检验项目	项点类别	质量指标			检验方法		仪器设备名称	备注
				执行标准条款	技术要求		执行标准条款	检验方法要点说明		
					不机加工	机加工				
三表面质量外形尺寸	20	轨顶面直线度	B	3.5	全长 $L \leqslant 5$ m 为≤2.0 且 1 mm/1 m 全长 $L > 5$ m 为≤3.0 且 1 mm/1 m	全长 $L \leqslant 5$ m 为≤1.5 且0.5 mm/1 m全长 $L > 5$ m 为 ≤ 2.0 且 0.5 mm/1 m	3.5	按 TB/T447 规定精度，用通用量规、量具及有关专用工具进行	游标卡尺、直尺、钢卷尺、塞尺等	
	21	轨底边至道岔中心线距离			不检查	±2.0				
	22	轨腰厚度			±2.0	±2.0				
	23	耳板厚度			–	+2.0 −0.5				
	24	轨墙厚度			+5.0 −3.0	+5.0 −3.0				
	25	趾、跟端对工作边及轨顶面的垂直度			≤2.0	≤1.0				
	26	第一螺栓孔距端头			±4.0	±2.0				
	27	螺栓孔倒角			倒角不小于1.0	倒角不小于1.0				
	28	轨端工作边和轨面错牙			≤1.0	≤0.50				
	29	接头夹板组装间隙			≤1.0（长50 mm内）	≤0.50				
	30	表面质量		3.6	TB/T4473.6 条		3.6	目测，通用量规直接测量	深度尺、游标卡尺、直尺	
	31	标志	A	6.1	TB/T4476.1 条		6.1	目测		

续上表

<table>
<tr><th rowspan="3">组别</th><th rowspan="3">序号</th><th rowspan="3">检验项目</th><th rowspan="3">项点类别</th><th colspan="6">质量指标</th><th colspan="2">检验方法</th><th rowspan="3">仪器设备名称</th><th rowspan="3">备注</th></tr>
<tr><th rowspan="2">执行标准条款</th><th colspan="5">技术要求</th><th rowspan="2">执行标准条款</th><th rowspan="2">检验方法要点说明</th></tr>
<tr><th colspan="3">不机加工</th><th colspan="2">机加工</th></tr>
<tr><td>四</td><td>32</td><td>显微组织及非金属夹杂物</td><td>A</td><td>3.4</td><td colspan="5">未溶碳化物不大于 W3 级；
析出碳化物不大于 X3 级；
过热碳化物不大于 G2 级；
非金属夹杂物总和：不大于 4A、4B</td><td>GB/T13925—1992</td><td>金相试样可在力学性能用试块中铸取，利用金相显微镜检验</td><td>金相显微镜</td><td></td></tr>
<tr><td rowspan="5">五</td><td rowspan="5">33</td><td rowspan="5">内部缺陷限值</td><td rowspan="5">B</td><td rowspan="5">3.8</td><td rowspan="2">产品级别</td><td colspan="4">缺陷位置及大小</td><td rowspan="5">3.8</td><td rowspan="5">1. 人员资格：探伤人员应取得超声Ⅱ级或以上资格证书，并有一定道岔探伤实际经验；
2. 探伤仪：应符合 JB/T9214—1999 的规定，并具有定期检定证书；
3. 探头：使用双晶探头或直探头，探伤盲区应小于 12 mm；
4. 试块：应具有相应的标准试块及对比试块；
5. 探伤灵敏度及扫查判伤方法：应符合 TB/T447 要求；
6. 探伤报告：应符合 TB/T447 附录 A 要求</td><td rowspan="5">超声波探伤仪</td><td rowspan="5"></td></tr>
<tr><td>距轨顶面深度</td><td>距工作边侧距离</td><td>缺陷宽度</td><td>缺陷连续长度</td></tr>
<tr><td>一级</td><td>>20</td><td>>15</td><td><½轨面宽</td><td><100</td></tr>
<tr><td>二级</td><td>>16</td><td>>12</td><td><½轨面宽</td><td><150</td></tr>
<tr><td colspan="5">注：两相邻缺陷间隔距离小于 12 mm 者按连续缺陷处理</td></tr>
</table>

附表3-18 道岔(合金钢)辙叉检验基本项点

未注明单位为毫米

序号	检验项目		技术要求	检验项点分类	备注
1	心轨机械性能	拉伸强度	≥1 240 MPa	A	
2		常温冲击韧性	≥70 J/cm^2(+20°)	A	
3		低温冲击韧性	≥35J/cm^2(-40°)	A	型式检验
4		硬度	HRC38~45	A	
5	心轨缺陷		无夹渣、裂纹	A	超声波探伤
6	心轨外观(黑皮)		顶面:无黑皮 底面:≤1×50,间隔≥200 侧面:≤0.5×50,间隔≥150	A	深度×长度
7	心轨实际尖端至叉跟轨贴合面起点长度		±2.0	B	
8	心轨各断面宽度		±0.5	B	10,20,50 mm断面
9	心轨各断面高度		±0.5	B	10,20,50 mm断面
10	钢轨端面斜度(水平、垂直)		≤1.0	B	
11	叉跟轨长度		±2.0	C	
12	翼轨长度		±3.0	C	
13	轨底宽		0,-2.0	C	弯折点除外
14	轨头宽度		±0.5	C	弯折点除外
15	螺栓孔径		+1.0,0	C	
16	螺栓孔中心位置(上下)		±1.0	C	
17	接头螺栓中心至轨端距离		±1.0	B	
18	两相邻螺栓孔中心距离		±1.0	C	
19	两最远螺栓孔中心距离		±1.5	B	
20	心轨及钢轨件螺栓孔倒棱		1.5×45°	B	
21	垫板长度		±3.0	C	
22	垫板宽度		±2.0	C	
23	垫板厚度		±0.5	C	

续上表

序号	检验项目		技术要求	检验项点分类	备注
24	垫板孔径		+1,0	C	
25	垫板孔距		±1.0	C	
26	铁垫板螺栓孔倒角		2×45°或R2	B	螺栓孔上表面
27	铁垫板螺栓孔周围及孔壁		无残余焊瘤、焊渣、飞边和毛刺	B	
28	整组辙叉	间隔铁与心轨、翼轨及叉跟轨密贴，	缝隙≤0.5	A	
29	整组辙叉	心轨与叉跟轨密贴	缝隙≤0.5	A	
30	整组辙叉	高强度螺栓扭矩偏差	设计值的0~10%	A	
31	整组辙叉	轨底坡扭转角度	≤1:320	B	
32	整组辙叉	辙叉全长	±4	B	
33	整组辙叉	趾端开口距	±2	B	
34	整组辙叉	跟端开口距	±2	B	
35	整组辙叉	咽喉宽度	+2.0,0	B	
36	整组辙叉	心轨20、50断面处轮缘槽宽度	+1.5,0	C	
37	整组辙叉	辙叉工作边应成直线	允许有不大于2.0 mm的空线，不允许抗线	B	
38	整组辙叉	轮缘槽深	≥47	C	
39	标识正确齐全			A	

项点分类	判定规则	项点总数	合格项点数	合格率
A类项点	合格率100%			
B类项点	合格率90%			
C类项点	合格率80%			
检验结论				

注：计算合格率时，检查项点中某一项点若有多处，按多个项点计。

附表3－19　道岔(合金钢)辙叉检验内容、检验方法、执行标准及检验类别

未注明单位为毫米

序号	检验项目		检验类别	质量要求		检验方法		仪器设备	备注
				执行标准条款	技术要求	执行标准条款	检验方法要点说明		
1	心轨机械性能	拉伸强度	A	3.2.1	≥1 240 MPa	4.2.6.2	热处理后，母体取样 GB/T228	拉力试验机	
2	心轨机械性能	常温冲击韧性	A	3.2.1	≥70J/cm^2(＋20°)	4.2.6.2	热处理后，母体取样 GB/T229	冲击试验机	
3	心轨机械性能	低温冲击韧性	A	3.2.1	≥35J/cm^2(－40°)	4.2.6.2	热处理后，母体取样 GB/T229	冲击试验机	型式检验
4	心轨机械性能	硬度	A	3.2.1	HRC38～45	4.2.6.2	心轨宽40 mm、70 mm断面，两处各取3点，取平均值 GB/T230	硬度试验机	
5	心轨缺陷		A	3.2.8	无夹渣、裂纹	4.2.4	4.2.4	超声波探仪	超声波探伤
6	心轨外观(黑皮)		A	3.2.6	顶面：无黑皮 底面：≤1×50，间隔≥200 侧面：≤0.5×50，间隔≥150	4.1	目测，通用量规测量，按运基线路〔2005〕230号。规定精度，用通用量规，量具及有关专用工具进行	深度尺专用测试平台，米尺，塞尺，游标卡尺，直尺，直角尺	深度×长度
7	心轨实际尖端至叉跟轨贴合面起点长度		B	3.2.3	±2.0	4.1	目测，通用量规测量，按运基线路〔2005〕230号。规定精度，用通用量规，量具及有关专用工具进行	深度尺专用测试平台，米尺，塞尺，游标卡尺，直尺，直角尺	
8	心轨各断面宽度		B	3.2.4	±0.5	4.1	目测，通用量规测量，按运基线路〔2005〕230号。规定精度，用通用量规，量具及有关专用工具进行	深度尺专用测试平台，米尺，塞尺，游标卡尺，直尺，直角尺	10，20，50 mm断面
9	心轨各断面高度		B	3.2.5	±0.5	4.1	目测，通用量规测量，按运基线路〔2005〕230号。规定精度，用通用量规，量具及有关专用工具进行	深度尺专用测试平台，米尺，塞尺，游标卡尺，直尺，直角尺	10，20，50 mm断面
10	钢轨端面斜度(水平、垂直)		B	3.3.2	≤1.0	4.1	目测，通用量规测量，按运基线路〔2005〕230号。规定精度，用通用量规，量具及有关专用工具进行	深度尺专用测试平台，米尺，塞尺，游标卡尺，直尺，直角尺	
11	叉跟轨长度		C	3.3.3	±2.0	4.1	目测，通用量规测量，按运基线路〔2005〕230号。规定精度，用通用量规，量具及有关专用工具进行	深度尺专用测试平台，米尺，塞尺，游标卡尺，直尺，直角尺	
12	翼轨长度		C	3.3.4	±3.0	4.1	目测，通用量规测量，按运基线路〔2005〕230号。规定精度，用通用量规，量具及有关专用工具进行	深度尺专用测试平台，米尺，塞尺，游标卡尺，直尺，直角尺	
13	轨底宽		C	3.3.4	0，－2.0	4.1	目测，通用量规测量，按运基线路〔2005〕230号。规定精度，用通用量规，量具及有关专用工具进行	深度尺专用测试平台，米尺，塞尺，游标卡尺，直尺，直角尺	弯折点除外

续上表

序号	检验项目	检验类别	质量要求		检验方法		仪器设备	备注
			执行标准条款	技术要求	执行标准条款	检验方法要点说明		
14	轨头宽度	C	3.3.3	±0.5				弯折点除外
15	螺栓孔径	C	3.4.1	+1.0,0				
16	螺栓孔中心位置(上下)	C		±1.0				
17	接头螺栓中心至轨端距离	B	3.4.1	±1.0				
18	两相邻螺栓孔中心距离	C		±1.0				
19	两最远螺栓孔中心距离	B	3.4.2	±1.5				
20	心轨及钢轨件螺栓孔倒棱	B	3.4.3	15×45°	4.1	目测,通用量规测量,按运基线路〔2005〕230号。规定精度,用通用量规,量具及有关专用工具进行	深度尺专用测试平台,米尺,塞尺,游标卡尺,直尺,直角尺	
21	垫板长度	C		±3.0				
22	垫板宽度	C		±2.0				
23	垫板厚度	C	3.6.4	±0.5				
24	垫板孔径	C		+1,0				
25	垫板孔距	C		±1.0				
26	铁垫板螺栓孔倒角	B	3.6.3	2×45°或R2				螺栓孔上表面
27	铁垫板螺栓孔周围及孔壁	B	3.6.3	无残余焊瘤、焊渣、飞边和毛刺				

续上表

序号	检验项目	检验类别	质量要求		检验方法		仪器设备	备注
			执行标准条款	技术要求	执行标准条款	检验方法要点说明		
28	间隔铁与心轨、翼轨及叉跟轨密贴	A	3. 7. 4	缝隙≤0. 5	4. 1	目测，通用量规测量，按运基线路〔2005〕230 号。规定精度，用通用量规，量具及有关专用工具进行	深度尺专用测试平台，米尺，塞尺，游标卡尺，直尺，直角尺	
29	心轨与叉跟轨密贴	A		缝隙≤0. 5				
30	高强度螺栓扭矩偏差	A	3. 7. 3	设计值的 0～10%	3. 7. 3	扭矩扳手	扭矩扳手	
31	轨底坡扭转角度	B	3. 3. 7	≤1∶320	4. 1	目测，通用量规测量，按运基线路〔2005〕230 号。规定精度，用通用量规，量具及有关专用工具进行	深度尺专用测试平台，米尺，塞尺，游标卡尺、直尺，直角尺	
32	辙叉全长	B	3.7.5.1	±4				
33	趾端开口距	B	3.7.5.2	±2				
34	跟端开口距	B		±2				
35	咽喉宽度	B	3.7.5.3	+2. 0,0				
36	心轨 20、50 断面处轮缘槽宽度	C	3.7.5.4	+1. 5,0				
37	辙叉工作边应成直线	B	3.7.5.5	允许有不大于 2. 0 mm 的空线，不允许抗线				
38	轮缘槽深	C	3.7.5.6	≥47				
39	标识正确齐全	A	5. 1	缝隙≤0. 5				

附表 3－21　道岔(可动心轨)辙叉长心轨抽样方案及判定表　未注明单位为毫米

组别	序号	检验项目	技术要求	不合格类别	判别水平 DL	不合格质量水平 RQL	抽样方案	样本量 n	判定数 Ac	判定数 Re
表面质量外形尺寸	1	轨底直线度和平面度	≤1.0/3.4.4.4	B	Ⅱ	65	一次	5	1	2
	2	长心轨长度	$^{0}_{-4.0}$/3.4.1.1				一次	5	2	3
	3	螺栓孔径	$^{+10}_{0}$				一次	5	2	3
	4	螺栓孔壁粗糙度	≤25μm				一次	5	2	3
	5	螺栓孔中心位置(上下)	±1.0/±0.8				一次	5	2	3
	6	两最远螺栓孔中心距离(l)	l<1 500,±1.0/3.4.2.5 l≥1 500,±2.0/3.4.2.5	B	Ⅱ	80	一次	5	2	3
	7	接头螺栓孔中心至轨端距离	±1.0				一次	5	2	3
	8	螺栓孔倒棱	(0.8～1.5)×45°/3.4.2.6				一次	5	2	3
	9	两相邻螺栓孔中心距离	±1.0/±0.8				一次	5	2	3
	10	经机加工后棱角	打磨				一次	5	2	3
	11	顶弯支距偏差	$^{+2.0}_{0}$/3.4.3.1				一次	5	2	3
	12	顶弯压痕	≤1.0,无裂纹/3.4.3.2	A	Ⅱ	30	一次	5	0	1
	13	心轨实际尖端(b)	$^{0}_{-0.5}$				一次	5	2	3
	14	轨头5 mm断面宽度(b)	±0.5				一次	5	2	3
	15	轨头10 mm断面宽度(b)					一次	5	2	3
	16	轨头20 mm断面宽度(b)					一次	5	2	3
	17	轨头50 mm断面宽度(b)					一次	5	2	3
	18	心轨实际尖端(H)	$^{0}_{-1}$				一次	5	2	3
	19	轨头5 mm断面高度(H)					一次	5	2	3
	20	轨头10 mm断面高度(H)					一次	5	2	3
	21	轨头20 mm断面高度(H)	±0.5				一次	5	2	3
	22	轨头50 mm断面高度(H)					一次	5	2	3
	23	轨头70 mm断面高度(H)					一次	5	2	3
	24	心轨顶面需切削成1∶40轨顶坡时	角度允许偏差为1∶320				一次	5	2	3
	25	心轨侧面内倾偏差	≤1∶80				一次	5	2	3
	26	AT心轨跟端成型段及过渡段尺寸及孔加工偏差：轨高	±0.5				一次	5	2	3
	27	轨头宽	±0.5				一次	5	2	3
	28	轨底宽	$^{+0.8}_{-1.0}$				一次	5	2	3
	29	轨底厚	±0.5				一次	5	2	3
	30	轨头高	±0.5　/3.4.5.4 d				一次	5	2	3
	31	轨腰厚	$^{+1.0}_{-0.5}$				一次	5	2	3
	32	轨头端面对称度	±0.5				一次	5	2	3
	33	轨底端面对称度	1.0				一次	5	2	3
	34	端面垂直度	1.0				一次	5	2	3
	35	夹板安装面高度	±0.5				一次	5	2	3

续上表

组别	序号	检验项目		技术要求		不合格类别	判别水平 DL	不合格质量水平 RQL	抽样方案	样本量 n	判定数 Ac	判定数 Re
表面质量外形尺寸	36	AT 心轨跟端扭转		偏差为 1:320		B	Ⅱ	65	一次	5	1	2
	37	AT 心轨跟端成型段直线度	心轨跟端成型段的轨底平面度为	0.5 mm	/3.4.5.4 c				一次	5	1	2
	38		跟端成型段轨底面与 AT 轨轨底面的平行度为	0.5 mm					一次	5	1	2
	39		跟端加工的轨顶直线度为	0.3 mm/m					一次	5	1	2
	40		过渡段轨顶	不应下凹					一次	5	1	2
	41	AT 钢轨锻压段非机加工表面		3.9.5 条/3.4.5.4 f		A	Ⅱ	30	一次	5	0	1
	42	AT 钢轨锻压过渡段形状特性		3.9.6 条		B	Ⅱ	80	一次	5	2	3
淬火形状及深度	43	10 mm 横断面淬火层形状		帽形		B	Ⅱ	100	一次	3	1	2
	44	50 mm 横断面淬火层形状							一次	3	1	2
	45	10 mm 断面淬火深度(*a*)		≥8					一次	3	1	2
	46	50 mm 断面淬火深度(*a*)							一次	3	1	2
	47	50 mm 断面淬火深度(*b*)		≥6					一次	3	1	2
硬度	48	10 mm 横断面淬火层硬度		HRC32.0~43.0		A	Ⅱ	50	一次	3	0	1
	49	50 mm 横断面淬火层硬度							一次	3	0	1
	50	轨头表面硬度		HBW298~401		A	Ⅱ	30	一次	5	0	1
淬火层显微组织	51	10 mm 断面显微组织		淬火索氏体，不得出现马氏体或明显的贝氏体组织		A	Ⅱ	50	一次	3	0	1
	52	50 mm 断面显微组织							一次	3	0	1
实物使用性能试验	53	过渡段疲劳试验(仅限于时速 200 公里铁路道岔)		支距 1 m、荷载 390 kN/78 kN，疲劳次数≥200 万次不断裂		A	Ⅱ	50	一次	3	0	1
机械性能	54	锻压段及热影响区		不低于母材		A	Ⅱ	50	一次	3	0	1
脱碳层深度	55	AT 轨锻压段及热影响区		≤0.5/≤0.3		A	Ⅱ	50	一次	3	0	1
钢轨焊接	56	钢轨焊接性能		符合 TB/T1632.1~.2 规定		A	一次型式试验合格					

注：对具有多个同一单项的项目(B 类项点)，以多于该项点总数目的 40%(个数)时，判为不合格。

附表 3 – 22　道岔（可动心轨）辙叉短心轨抽样方案及判定表　　未注明单位为毫米

组别	序号	检验项目	技术要求	不合格类别	判别水平 DL	不合格质量水平 RQL	抽样方案	样本量 n	判定数	
									Ac	Re
表面质量外形尺寸	1	轨底直线度和平面度	≤1.0/3.4.4.4	B	Ⅱ	65	一次	5	1	2
	2	长度	$^{0}_{-4.0}$/3.4.1.1	B	Ⅱ	80	一次	5	2	3
	3	螺栓孔径	$^{+1.0}_{0}$				一次	5	2	3
	4	螺栓孔壁粗糙度	≤25 μm				一次	5	2	3
	5	螺栓孔中心位置（上下）	±1.0/±0.8				一次	5	2	3
	6	两最远螺栓孔中心距离（l）	l<1 500，±1.0 l≥1 500，±2.0/±1.5				一次	5	2	3
	7	接头螺栓孔中心至轨端距离	±1.0				一次	5	2	3
	8	螺栓孔倒棱	(0.8～1.5)×45°/3.4.2.6				一次	5	2	3
	9	两相邻螺栓孔中心距离	±1.0/±0.8				一次	5	2	3
	10	经机加工后棱角	打磨				一次	5	2	3
	11	顶弯支距偏差	$^{+2.0}_{0}$/3.4.3.1				一次	5	2	3
	12	顶弯压痕	≤1.0，无裂纹/3.4.3.2	A	Ⅱ	30	一次	5	0	1
	13	心轨实际尖端（b）	$^{0}_{-0.5}$	B	Ⅱ	80	一次	5	2	3
	14	轨头 5 mm 断面宽度（b）	±0.5				一次	5	2	3
	15	轨头 10 mm 断面宽度（b）					一次	5	2	3
	16	轨头 20 mm 断面宽度（b）					一次	5	2	3
	17	轨头 50 mm 断面宽度（b）					一次	5	2	3
	18	心轨实际尖端（H）	$^{0}_{-1}$				一次	5	2	3
	19	轨头 5 mm 断面高度（H）					一次	5	2	3
	20	轨头 10 mm 断面高度（H）	±0.5				一次	5	2	3
	21	轨头 20 mm 断面高度（H）					一次	5	2	3
	22	轨头 50 mm 断面高度（H）					一次	5	2	3
	23	轨头 70 mm 断面高度（H）					一次	5	2	3
	24	心轨顶面需切削成 1:40 轨顶坡时	角度允许偏差为 1:320				一次	5	2	3
	25	心轨侧面内倾偏差	≤1:80				一次	5	2	3

续上表

组别	序号	检验项目	技术要求	不合格类别	判别水平 DL	不合格质量水平 RQL	抽样方案	样本量 n	判定数	
									Ac	Re
淬火形状及深度	26	10 mm 横断面淬火层形状	帽形	B	Ⅱ	100	一次	3	1	2
	27	50 mm 横断面淬火层形状					一次	3	1	2
	28	10 mm 断面淬火深度(a)	≥8				一次	3	1	2
	29	50 mm 断面淬火深度(a)					一次	3	1	2
	30	50 mm 断面淬火深度(b)	≥6				一次	3	1	2
硬度	31	10 mm 横断面淬火层硬度	HRC32.0～43.0	A	Ⅱ	50	一次	3	0	1
	32	50 mm 横断面淬火层硬度					一次	3	0	1
	33	轨头表面硬度	HBW298～401	A	Ⅱ	30	一次	5	0	1
淬火层显微组织	34	10 mm 断面显微组织	淬火索氏体，不得出现马氏体或明显的贝氏体组织	A	Ⅱ	50	一次	3	0	1
	35	50 mm 断面显微组织					一次	3	0	1

注：对具有多个同一单项的项目（B 类项点），以多于该项点总数目的 40%（个数）时，判为不合格。

附表 3－23　道岔（可动心轨）辙叉叉跟尖轨类抽样方案及判定　未注明单位为毫米

组别	序号	检验项目	技术要求	不合格类别	判别水平 DL	不合格质量水平 RQL	抽样方案	样本量 n	判定数	
									Ac	Re
表面质量外形尺寸	1	轨底直线度和平面度	≤1.0/3.4.4.4	B	Ⅱ	65	一次	5	1	2
	2	不加工轨顶面直线度	≤0.4/≤0.3	B	Ⅱ	80	一次	5	2	3
	3	尖轨工作边直线度	密贴段≤1.0/3.4.4.1				一次	5	2	3
	4	长度	±2.0/3.4.1.1				一次	5	2	3
	5	螺栓孔径	$^{+1.0}_{0}$				一次	5	2	3
	6	螺栓孔中心位置（上下）	±1.0/±0.8				一次	5	2	3
	7	两相邻螺栓孔中心距离	±1.0/±0.8				一次	5	2	3
	8	两最远螺栓孔中心距离(l)	l<1 500，±1.0/3.4.2.5 l≥1 500，±2.0/3.4.2.5				一次	5	2	3
	9	接头螺栓孔中心至轨端距离	±1.0				一次	5	2	3
	10	螺栓孔倒棱	(0.8～1.5)×45°/3.4.2.6				一次	5	2	3

续上表

组别	序号	检验项目	技术要求	不合格类别	判别水平 DL	不合格质量水平 RQL	抽样方案	样本量 n	判定数	
									Ac	Re
表面质量外形尺寸	11	螺栓孔壁粗糙度	≤25 μm	B	Ⅱ	80	一次	5	2	3
	12	尖轨经机加工后棱角	打磨				一次	5	2	3
	13	尖轨顶弯支距偏差	+2.0 0/3.4.3.1				一次	5	2	3
	14	尖轨顶弯压痕	≤1.0,无裂纹/3.4.3.2	A	Ⅱ	30	一次	5	0	1
	15	轨头 5 mm 断面宽度(*b*)	±0.5				一次	5	2	3
	16	轨头 10 mm 断面宽度(*b*)					一次	5	2	3
	17	轨头 20 mm 断面宽度(*b*)					一次	5	2	3
	18	轨头 50 mm 断面宽度(*b*)					一次	5	2	3
	19	轨头 5 mm 断面高度(*H*)	0 −1				一次	5	2	3
	20	轨头 10 mm 断面高度(*H*)					一次	5	2	3
	21	轨头 20 mm 断面高度(*H*)	±0.5				一次	5	2	3
	22	轨头 50 mm 断面高度(*H*)					一次	5	2	3
	23	轨头 70 mm 断面高度(*H*)					一次	5	2	3
	24	尖轨贴合面内倾偏差	≤1∶80,不允许外倾				一次	5	2	3
	25	尖轨其他切削面外倾偏差	≤1∶80				一次	5	2	3
	26	尖轨顶面需切削成1∶40 轨顶坡时	角度允许偏差为 1∶320				一次	5	2	3
淬火形状及深度	27	10 mm 横断面淬火层形状	帽形	B	Ⅱ	100	一次	3	1	2
	28	50 mm 横断面淬火层形状					一次	3	1	2
	29	10 mm 断面淬火深度(*a*)	≥8				一次	3	1	2
	30	50 mm 断面淬火深度(*a*)					一次	3	1	2
	31	50 mm 断面淬火深度(*b*)	≥6				一次	3	1	2
硬度	32	10 mm 横断面淬火层硬度	HRC32.0～43.0	A	Ⅱ	50	一次	3	0	1
	33	50 mm 横断面淬火层硬度					一次	3	0	1

续上表

组别	序号	检验项目	技术要求	不合格类别	判别水平 DL	不合格质量水平 RQL	抽样方案	样本量 n	判定数 Ac	判定数 Re
硬度	34	轨头表面硬度	HBW298～401	A	Ⅱ	30	一次	3	0	1
淬火层显微组织	35	10 mm 断面显微组织	淬火索氏体，不得出现马氏体或明显的贝氏体组织	A	Ⅱ	50	一次	3	0	1
	36	50 mm 断面显微组织					一次	3	0	1

注：对具有多个同一单项的项目（B 类项点），以多于该项点总数目的 40%（个数）时，判为不合格。

附表 3－24　道岔（可动心轨）辙叉翼轨抽样方案及判定表　　未注明单位为毫米

组别	序号	检验项目		技术要求	不合格类别	判别水平 DL	不合格质量水平 RQL	抽样方案	样本量 n	判定数 Ac	判定数 Re
表面质量外形尺寸	1	长度		±6.0/±4.0				一次	5	2	3
	2	螺栓孔径		$^{+1.0}_{0}$				一次	5	2	3
	3	螺栓孔壁粗糙度		≤25 μm				一次	5	2	3
	4	螺栓孔中心位置（上下）		±1.0/±0.8				一次	5	2	3
	5	两最远螺栓孔中心距离（l）		l＜1500，±1.0/3.4.2.5 l≥1500，±2.0/3.4.2.5	B	Ⅱ	80	一次	5	2	3
	6	接头螺栓孔中心至轨端距离		±1.0				一次	5	2	3
	7	螺栓孔倒棱		（0.8～1.5）×45°/3.4.2.6				一次	5	2	3
	8	两相邻螺栓孔中心距离		±1.0/±0.8				一次	5	2	3
	9	经机加工后棱角		打磨				一次	5	2	3
	10	顶弯支距偏差		$^{+2.0}_{0}$/3.4.3.1				一次	5	2	3
	11	顶弯压痕		≤1.0，无裂纹/3.4.3.2	A	Ⅱ	30	一次	5	0	1
	12	可动心轨辙叉翼轨与心轨间的贴合面切削斜度内倾允许偏差为		1:80/3.4.7.5				一次	5	2	3
	13	可动心轨辙叉翼轨的直密贴边直线度		≤0.2/3.4.4.5				一次	5	2	3
	14		轨高	±0.6/±0.5				一次	5	2	3
	15		轨头宽	±0.5				一次	5	2	3
	16	翼轨特种断面段的断面型式尺寸偏差	轨底宽	$^{+0.8}_{-1.0}$	B	Ⅱ	80	一次	5	2	3
	17		轨底厚	±0.5				一次	5	2	3
	18		轨头高	±0.5				一次	5	2	3
	19		轨腰厚	$^{+1.5}_{-0.5}$				一次	5	2	3
	20		轨头、轨底对轨腰中心线的位置度	左右方向应小于 0.5 mm				一次	5	2	3

续上表

组别	序号	检验项目			技术要求	不合格类别	判别水平 DL	不合格质量水平 RQL	抽样方案	样本量 n	判定数 Ac	判定数 Re
表面质量外形尺寸	21	翼轨特种断面成型段端头的断面型式尺寸偏差	轨高		±0.6				一次	5	2	3
	22		轨头宽		±0.5				一次	5	2	3
	23		轨底宽		+1.0 −1.5							
	24		轨腰厚		+1.5 −0.5							
	25		轨底边缘厚度		+0.75 −0.5							
	26		断面不对称		±1.2							
	27		接头夹板安装面斜度		+1.0 −0.5							
	28		接头夹板安装面高度		+0.6 −0.5							
	29		轨底凹入或凸出		≤0.4							
	30		端面斜度（垂直、水平方向		≤0.8							
	31		端部弯曲）轨距端1 m内	向上	≤0.5							
	32			向下	≤0.2							
	33			左右	≤0.5	B	Ⅱ	80				
	34	翼轨特种断面成型段和过渡段表面			3.9.5 条 /3.4.5.4f				一次	5	2	3
	35	翼轨特种断面过渡段部位形状特性			3.9.6 条 /3.4.5.4g							
	36	AT 轨跟端成型段及过渡段尺寸及加工孔偏差	轨高		±0.5							
	37		轨头宽		±0.5/±0.3							
	38		轨底宽		+0.8 −1.0 / +0.5 −1.0							
	39		轨底厚		±0.5							
	40		轨头高		±0.5							
	41		轨腰厚		+1.0 −0.5							
	42		轨头端面对称度		±0.5							
	43		轨底端面对称度		1.0/0.5							
	44		端面垂直度		1.0/0.5							
	45		夹板安装面高度		±0.5/±0.3							
	46	AT 轨跟端扭转			偏差为 1:320 /3.4.5.4b							

续上表

组别	序号	检验项目		技术要求	不合格类别	判别水平DL	不合格质量水平RQL	抽样方案	样本量n	判定数	
										Ac	Re
表面质量及外形尺寸	47	AT轨跟端成型段直线度	跟端成型段的轨底平面度为	0.5/0.3	B	Ⅱ	65	一次	5	1	2
	48		跟端成型段轨底面与AT轨轨底面的平行度为	0.5				一次	5	1	2
	49		跟端加工的轨顶直线度为	0.3(mm/m)				一次	5	1	2
	50		过渡段轨顶	不应下凹				一次	5	1	2
	51	AT钢轨锻压段非机加工表面		3.9.5条/3.4.5.4f	A	Ⅱ	30	一次	5	0	1
	52	AT钢轨锻压过渡段形状特性		3.9.6条/3.4.5.4g	B	Ⅱ	80	一次	5	2	3
淬火形状及深度	53	横断面淬火层形状		帽形	B	Ⅱ	100		3	1	2
	54	断面淬火深度(a)		≥8				一次	3	1	2
	55	工作边淬火深度		≥25				一次	3	1	2
	56	断面淬火层硬度		HRC32.0~43.0	A	Ⅱ	50	一次	3	0	1
硬度	57	轨头表面硬度		HBW298~401	A	Ⅱ	30	一次	5	0	1
淬火层显微组织	58	断面显微组织		淬火索氏体,不得出现马氏体或明显的贝氏体组织	A	Ⅱ	50	一次	3	0	1
实物使用性能试验	59	过渡段疲劳试验(仅限于时速200公里铁路道岔)		支距1 m、荷载390 kN/78 kN,疲劳次数≥200万次不断裂	A	Ⅱ	50	一次	3	0	1
机械性能	60	成型段的机械性能	特种断面	符合TB/T2344	A	Ⅱ	50	一次	3	0	1
			标准轨断面						3	0	1
	61	变形段、锻压段及热影响区		不低于母材/3.4.5.4i	A	Ⅱ	50	一次	3	0	1
脱碳层深度	62	AT轨锻压段及热影响区		≤0.5/≤0.3	A	Ⅱ	50	一次	3	0	1
钢轨焊接	63	钢轨焊接性能		符合TB/T1632.1~.2规定	A	一次型式试验合格					

注:对具有多个同一单项的项目(B类项点),以多于该项点总数目的40%(个数)时,判为不合格。

附表 3－25　可动心轨辙叉长心轨类产品检验内容、检验方法、执行标准条款

未注明单位为毫米

组别	序号	检验项目	项点类别	质量指标			检验方法		仪器设备	备注
				执行标准条款	技术要求	单位	执行标准条款	检验方法要点说明		
表面质量外形尺寸检验	1	轨底直线度和平面度	B	3.5.3/3.4.4.4	≤1.0/3.4.4.4	mm	3.5.3/3.4.4.4	目测，通用量规测量，按TB/T 412/运基线路〔2005〕230号规定精度，用通用量规，量具及有关专用工具进行	深度尺专用测试平台，米尺，塞尺，游标卡尺，直尺，直角尺	
	2	长心轨长度	B	3.2.2/3.4.1.1	0 −40/3.4.1.1	mm	3.2.2/3.4.1.1			
	3	螺栓孔径	B	3.3.1/3.4.2.1	+1.0 0	mm	3.3.1/3.4.2.1			
	4	螺栓孔壁粗糙度	B	3.3.2 条	≤25 μm	/	3.3.2 条			
	5	螺栓孔中心位置(上下)	B	3.3.3/3.4.2.3	±1.0/±0.8	mm	3.3.3/3.4.2.3			
	6	两最远螺栓孔中心距离(l)	B	3.3.6/3.4.2.5	l<1500，±1.0/3.4.2.5	mm	3.3.6/3.4.2.5			
	7	接头螺栓孔中心至轨端距离	B	3.3.4 条	±1.0	mm	3.3.4 条			
	8	螺栓孔倒棱	B	3.3.7/3.4.2.6	(0.8～1.5)×45°	/	3.3.7/3.4.2.6			
	9	两相邻螺栓孔中心距离	B	3.3.5/3.4.2.4	±1.0/±0.8	mm	3.3.5/3.4.2.4			
	10	经机加工后棱角	B	3.5.5/3.4.4.6	打磨	/	3.5.5/3.4.4.6			
	11	钢轨顶弯支距偏差/校直	B	3.4.2/3.4.3.1	+2.0 0/3.4.3.1	mm	3.4.2/3.4.3.1			
	12	顶弯压痕	A	3.4.1/3.4.3.2	≤1.0，无裂纹/3.4.3.2	mm	3.4.1/3.4.3.2			
	13	心轨实际尖端(b)	B	3.6.3 条/3.4.7.3	0 −0.5	mm	3.6.3 条/3.4.7.3			
	14	轨头 5 mm 断面宽度(b)	B		±0.5					
	15	轨头 10 mm 断面宽度(b)	B							
	16	轨头 20 mm 断面宽度(b)	B							
	17	轨头 50 mm 断面宽度(b)	B							
	18	心轨实际尖端(H)	B		0 −1					
	19	轨头 5 mm 断面高度(H)	B							
	20	轨头 10 mm 断面高度(H)	B							
	21	轨头 20 mm 断面高度(H)	B							
	22	轨头 50 mm 断面高度(H)	B		±0.5					
	23	轨头 70 mm 断面高度(H)	B							
	24	心轨顶面需切削成1:40轨顶坡时	B	3.6.3 条/3.4.7.3	角度允许偏差为1:320	/	3.6.3 条/3.4.7.3			
	25	心轨侧面内倾偏差	B	3.6.3 条/3.4.7.3	≤1:80		3.6.3 条/3.4.7.3			

续上表

组别	序号	检验项目		项点类别	质量指标：执行标准条款	质量指标：技术要求		检验方法：单位	检验方法：执行标准条款	检验方法：检验方法要点说明	仪器设备	备注
表面质量外形尺寸检验	26	AT心轨跟端成型段及过渡段尺寸及孔加工偏差	轨高	B	3.9.3条/3.4.5.4d	±0.5	/3.4.5.4d	mm	3.9.3条/3.4.5.4d	目测，通用量规测量，按TB/T 412/运基线路〔2005〕230号规定精度，用通用量规，量具及专用量具有关工具进行	深度尺专用测试平台，米尺，塞尺，游标卡尺，直尺，直角尺	
	27		轨头宽	B		±0.5						
	28		轨底宽	B		+0.8 −1.0						
	29		轨底厚	B		±0.5						
	30		轨头高	B		±0.5						
	31		轨腰厚	B		+1.0 −0.5						
	32		轨头端面对称度	B		±0.5						
	33		轨底端面对称度	B		1.0						
	34		端面垂直度	B		1.0						
	35		夹板安装面高度	B		±0.5						
	36	AT心轨跟端扭转		B	3.9.1条/3.4.5.4b	偏差为1:320		/	3.9.1条/3.4.5.4b			
	37	AT心轨跟端成型段直线度	心轨跟端成型段的轨底平面度为	B	3.9.2条/3.4.5.4c	0.5	/3.4.5.4c	mm	3.9.2条/3.4.5.4c			
	38		跟端成型段轨底面与AT轨轨底面的平行度为			0.5		mm				
	39		跟端加工的轨顶直线度为			0.3		mm/m				
	40		过渡段轨顶			不应下凹		/				
	41	AT钢轨锻压段非机加工表面		A	3.9.5条/3.4.5.4f	不允许有裂纹，不应有折叠、横向划痕、结疤、压痕。纵向划痕深度不大于0.5 mm。通过机加工达到尺寸要求时，加工面交角应圆顺。/3.4.5.4f		/	3.9.5条/3.4.5.4f			
	42	AT钢轨锻压过渡段形状特性		B	3.9.6条/3.4.5.4g	的钢轨轨头高度、轨腰厚度、轨底相对于垂直轴偏移量均应均匀过渡，各相交面应圆顺平滑		/	3.9.6条/3.4.5.4g			

续上表

组别	序号	检验项目	项点类别	质量指标			检验方法		仪器设备名称
				执行标准条款	技术要求		执行标准条款	检验方法要点说明	
淬火层形状及深度	43	10 mm横断面淬火层形状	B	T B/T 1779 3.2.2 3.2.4 T B/T 2635 4.5	帽　形	/	GB/T 226	试件分别从三件淬火AT尖轨样轨上制取。试件横截面按GB/T 226浸蚀后，目视淬火层形状及用直尺测量淬火层深度	深度尺
	44	50 mm横断面淬火层形状							
	45	10 mm断面淬火深度（*a*）			≥8	mm			
	46	50 mm断面淬火深度（*a*）							
	47	50 mm断面淬火深度（*b*）			≥6	mm			
硬度	48	10 mm横断面淬火层硬度	A		HRC32.0~43.0	/	GB/T 230.1	在观察淬火层形状试件上测量，测量位置按T B/T 1779进行	洛氏硬度计
	49	50 mm横断面淬火层硬度							
	50	轨头表面硬度			HBW298~401	/	GB/T 231.1	在AT尖轨轨头宽30 mm、50 mm处和跟端热加工过渡段各测一点	便携式布氏硬度计
淬火层显微组织	51	10 mm断面显微组织	A		淬火索氏体，不得出现马氏体或明显的贝氏体组织	/	GB/T 13298	利用观察淬火层形状试件进行显微组织检查	金相显微镜
	52	50 mm断面显微组织							
实物使用性能试验	53	过渡段疲劳试验（仅限于时速200公里铁路道岔）	A	运基线路[2005]230号4.7条	支距1 m、荷载390 kN/78 kN，疲劳次数≥200万次不断裂	/	/	运基线路[2005]230号4.7条	疲劳试验机
机械性能	54	锻压段及热影响区机械性能	A	3.9.8条/3.4.5.4i	不低于母材	/	GB228	试件分别从三件AT锻压段及热影响区制取	拉力试验机
脱碳层深度	55	AT轨锻压段及热影响区脱碳层深度	A	3.9.7条/3.4.5.4h	≤0.5/≤0.3	/	GB224	试件分别从三件AT锻压段及热影响区制取	/
钢轨焊接	56	钢轨焊接性能	A	3.29.2/3.4.8	符合T B/T 1632.1~.2规定	/	T B/T 1632.1~.2	一次型式试验合格	

附表 3－26 可动心轨辙叉短心轨类产品检验内容、检验方法、执行标准条款

未注明单位为毫米

组别	序号	检验项目	项点类别	质量指标		检验方法			仪器设备	备注
				执行标准条款	技术要求	单位	执行标准条款	检验方法要点说明		
表面质量及外形尺寸检验	1	轨底直线度和平面度	B	3.5.3/ 3.4.4.4	≤1.0/ 3.4.4.4	mm	3.5.3/ 3.4.4.4			
	2	长度	B	3.2.3 条/ 3.4.1.1	±2.0/ 3.4.1.1	mm	3.2.3 条/ 3.4.1.1			
	3	螺栓孔径	B	3.3.1 条/ 3.4.2.1	+1.0 0	mm	3.3.1 条/ 3.4.2.1			
	4	螺栓孔壁粗糙度	B	3.3.2 条/ 3.4.2.2	≤25 μm	/	3.3.2 条/ 3.4.2.2			
	5	螺栓孔中心位置(上下)	B	3.3.3 条/ 3.4.2.3	±1.0/±0.8	mm	3.3.3 条/ 3.4.2.3			
	6	两最远螺栓孔中心距离(l)	*B*	3.3.6 条/ 3.4.2.5	l<1 500, ±1.0 l≥1 500, ±2.0/±1.5	mm	3.3.6 条/ 3.4.2.5			
	7	接头螺栓孔中心至轨端距离	B	3.3.4 条	±1.0	mm	3.3.4 条			
	8	螺栓孔倒棱	B	3.3.7 条/ 3.4.2.6	(0.8～1.5)×45°	/	3.3.7 条/ 3.4.2.6	目测,通用量规测量,按TB/T 412/运基线路〔2005〕230号规定精度,用通用量规,量具及有关专用工具进行	深度尺专用测试平台,米尺,塞尺,游标卡尺,直尺,直角尺	
	9	两相邻螺栓孔中心距离	B	3.3.5 条/ 3.4.2.4	±1.0/±0.8	mm	3.3.5 条/ 3.4.2.4			
	10	经机加工后棱角	B	3.5.5 条/ 3.4.4.6	打磨	/	3.5.5 条/ 3.4.4.6			
	11	钢轨顶弯支距偏差/校直	B	3.4.2 条/ 3.4.3.1 +2.0 0	+2.0 0 /3.4.3.1	mm	3.4.2 条/ 3.4.3.1			
	12	顶弯压痕	A	3.4.1 条/ 3.4.3.2	≤1.0,无裂纹/ 3.4.3.2	mm	3.4.1 条/ 3.4.3.2			
	13	心轨实际尖端(b)	B	3.6.4 条/ 3.4.7.4	0 −0.5	mm	3.6.4 条/ 3.4.7.4			
	14	轨头 5 mm 断面宽度(b)	B		±0.5					
	15	轨头 10 mm 断面宽度(b)	B							
	16	轨头 20 mm 断面宽度(b)	B							
	17	轨头 50 mm 断面宽度(b)	B							

续上表

组别	序号	检验项目	项点类别	质量指标		检验方法			仪器设备	备注
				执行标准条款	技术要求	单位	执行标准条款	检验方法要点说明		
表面质量及外形尺寸检验	18	心轨实际尖端(*H*)	B	3.6.4条/3.4.7.4	0 −0.5	mm	3.6.4条/3.4.7.4	目测,通用量规测量,按TB/T 412/运基线路[2005]230号规定精度,用通用量规,量具及有关专用工具进行	深度尺专用测试平台,米尺,塞尺,游标卡尺,直尺,直角尺	
	19	轨头5 mm断面高度(*H*)	B							
	20	轨头10 mm断面高度(*H*)	B							
	21	轨头20 mm断面高度(*H*)	B		±0.5					
	22	轨头50 mm断面高度(*H*)	B							
	23	轨头70 mm断面高度(*H*)	B							
	24	心轨顶面需切削成1:40轨顶坡时	B	3.6.3条/3.4.7.3	角度允许偏差为1:320	/	3.6.3条/3.4.7.3			
	25	心轨侧面内倾偏差	B	3.6.4条/3.4.7.3	≤1:80		3.6.4条/3.4.7.3			
淬火层形状及深度	26	10 mm横断面淬火层形状	B	TB/T 1779 3.2.2 3.2.4	帽形	/	TB/T 1779 3.2.2 3.2.4	试件分别从三件淬火AT尖轨样轨上制取。试件横截面按GB/T 226浸蚀后,目视淬火层形状及用直尺测量淬火层深度	深度尺	
	27	50 mm横断面淬火层形状								
	28	10 mm断面淬火深度(*a*)			≥8	mm				
	29	50 mm断面淬火深度(*a*)								
	30	50 mm断面淬火深度(*b*)			≥6					
硬度	31	10 mm横断面淬火层硬度	A	TB/T 2635 4.5	HRC32.0~43.0	/	TB/T 2635 4.5	在观察淬火层形状试件上测量,测量位置按TB/T 1779进行	洛氏硬度计	
	32	50 mm横断面淬火层硬度								
	33	轨头表面硬度			HBW298~401	/		在AT尖轨轨头宽30 mm、50 mm处和跟端热加工过渡段各测一点	便携式布氏硬度计	
淬火层显微组织	34	10 mm断面显微组织	A		淬火索氏体,不得出现马氏体或明显的贝氏体组织	/		利用观察淬火层形状试件进行显微组织检查	金相显微镜	
	35	50 mm断面显微组织								

附表 3－27　可动心轨辙叉叉跟尖轨类产品检验内容、检验方法、执行标准条款

组别	序号	检验项目	项点类别	质量指标		检验方法			仪器设备名称	备注
				执行标准条款	技术要求	单位	执行标准条款	检验方法要点说明		
表面质量及外形尺寸检验	1	轨底直线度和平面度	B	3.5.3/3.4.4.4	≤1.0/3.4.4.4	mm	3.5.3/3.4.4.4	目测，通用量规测量，按TB/T 412/运基线路〔2005〕230号规定精度，用通用量规，量具及有关专用工具进行	深度尺专用测试平台，米尺，塞尺，游标卡尺，直尺，直角尺	
	2	不加工轨顶面直线度		3.5.2/3.4.4.2	≤0.4/≤0.3	mm/m	3.5.2/3.4.4.2			
	3	尖轨工作边直线度		3.5.1/3.4.4.1	密贴段≤1.0	mm	3.5.1/3.4.4.1			
	4	长度		3.2.3/3.4.1.1	±2.0/3.4.1.1	mm	3.2.3/3.4.1.1			
	5	螺栓孔径		3.3.1/3.4.2.1	$^{+1.0}_{0}$	mm	3.3.1/3.4.2.1			
	6	螺栓孔中心位置(上下)		3.3.3/3.4.2.3	±1.0/+0.8	mm	3.3.3/3.4.2.3			
	7	两相邻螺栓孔中心距离		3.3.5/3.4.2.4	±1.0/±0.8	mm	3.3.5/3.4.2.4			
	8	两最远螺栓孔中心距离(l)		3.3.6/3.4.2.5	l<1 500，±1.0 l≥1 500，±2.0	/	3.3.6/3.4.2.5			
	9	接头螺栓孔中心至轨端距离		3.3.4	±1.0	mm	3.3.4			
	10	螺栓孔倒棱		3.3.7/3.4.2.6	(0.8～1.5)×45°	/	3.3.7/3.4.2.6			
	11	螺栓孔壁粗糙度		3.3.2/3.4.2.2	≤25 μm	/	3.3.2/3.4.2.2			
	12	尖轨经机加工后棱角		3.5.5/3.4.4.6	打磨	/	3.5.5/3.4.4.6			
	13	钢轨顶弯支距偏差/校直		3.4.2/3.4.3.1	$^{+2.0}_{0}$/3.4.3.1	mm	3.4.2/3.4.3.1			
	14	尖轨顶弯压痕	A	3.4.1/3.4.3.2	≤1.0，无裂纹	mm	3.4.1/3.4.3.2			
	15	轨头5mm断面宽度(b)	B	3.6.2/3.4.7.2	$^{0}_{-0.5}$	mm	3.6.2/3.4.7.2			
	16	轨头10mm断面宽度(b)			±0.5					
	17	轨头20mm断面宽度(b)								
	18	轨头50mm断面宽度(b)								

续上表

组别	序号	检验项目	项点类别	质量指标		检验方法			仪器设备名称	备注
				执行标准条款	技术要求	单位	执行标准条款	检验方法要点说明		
表面质量及外形尺寸检验	19	轨头5 mm断面高度(*H*)	B	3.6.2/3.4.7.2	0 −0.2	mm	3.6.2/3.4.7.2	目测，通用量规测量，按TB/T 412/运基线路〔2005〕230号规定精度，用通用量规，量具及有关专用工具进行	直尺，直角尺深度尺专用测试平台，米尺，塞尺，游标卡尺，	
	20	轨头10 mm断面高度(*H*)								
	21	轨头20 mm断面高度(*H*)								
	22	轨头50 mm断面高度(*H*)			±0.5					
	23	轨头70 mm断面高度(*H*)								
	24	尖轨贴合面内倾偏差	B	3.6.2条/3.4.7.2	≤1:80，不允许外倾	/	3.6.2条/3.4.7.2			
	25	尖轨其他切削面外倾偏差			≤1:80					
	26	尖轨顶面需切削成1:40轨顶坡时	B	3.6.2条/3.4.7.2	角度允许偏差为1:320	/	3.6.2条/3.4.7.2			
淬火层形状及深度	27	10 mm横断面淬火层形状	B		帽形	/	GB/T 226	试件分别从三件淬火AT尖轨样轨上制取。试件横截面按GB/T 226浸蚀后，目视淬火层形状及用直尺测量淬火层深度	深度尺	
	28	50 mm横断面淬火层形状								
	29	10 mm断面淬火深度(*a*)			≥8	mm				
	30	50 mm断面淬火深度(*a*)								
	31	50 mm断面淬火深度(*b*)			≥6					
硬度	32	10 mm横断面淬火层硬度	B	B/T 1779 3.2.2 3.2.4 T B/T 26354.5	HRC 32.0～43.0	/	GB/T 230.1	在观察淬火层形状试件上测量，测量位置按TB/T 1779进行	洛氏硬度计	
	33	50 mm横断面淬火层硬度								
	34	轨头表面硬度	A		HBW 298～401	/	GB/T 231.1	在AT尖轨轨头宽30 mm、50 mm处和跟端热加工过渡段各测一点	便携式布氏硬度计	
淬火层显微组织	35	10 mm断面显微组织	A		淬火索氏体，不得出现马氏体或明显的贝氏体组织	1	GB/T 13298	利用观察淬火层形状试件进行显微组织检查	金相显微镜	
	36	50 mm断面显微组织								

附表 3－28　可动心轨辙叉翼轨类产品检验内容、检验方法、执行标准条款

未注明单位为毫米

组别	序号	检验项目	项点类别	质量指标 执行标准条款	质量指标 技术要求	检验方法 单位	检验方法 执行标准条款	检验方法 检验方法要点说明	仪器设备	备注
表面质量及外形尺寸检验	1	长度	B	3.2.5/ 3.4.1.1	±6.0/ ±4.0	mm	3.2.5/ 3.4.1.1	目测，通用量规测量，按TB/T 412/运基线路〔2005〕230号规定精度，用通用量规，及量具有关专用工具进行	深度尺专用测试平台，米尺，塞尺，游标卡尺，直尺，直角尺	
	2	螺栓孔径	B	3.3.1/ 3.4.2.1	+1.0 0	mm	3.3.1/ 3.4.2.1			
	3	螺栓孔壁粗糙度	B	3.3.2/ 3.4.2.2	≤25 μm	/	3.3.2/ 3.4.2.2			
	4	螺栓孔中心位置(上下)	B	3.3.3/ 3.4.2.3	±1.0/ ±0.8	mm	3.3.3/ 3.4.2.3			
	5	两最远螺栓孔中心距离(l)	B	3.3.6/ 3.4.2.5	l<1500， ±1.0/ 3.4.2.5 l≥1500， ±2.0/ 3.4.2.5	mm	3.3.6/ 3.4.2.5			
	6	接头螺栓孔中心至轨端距离	B	3.3.4条	±1.0	mm	3.3.4条			
	7	螺栓孔倒棱	B	3.3.7/ 3.4.2.6	(0.8～1.5) ×45°	/	3.3.7/ 3.4.2.6			
	8	两相邻螺栓孔中心距离	B	3.3.5/ 3.4.2.4	±1.0/ ±0.8	mm	3.3.5/ 3.4.2.4			
	9	经机加工后棱角	B	3.5.5/ 3.4.4.6	打磨	/	3.5.5/ 3.4.4.6			
	10	钢轨顶弯支距偏差/校直	B	3.4.2/ 3.4.3.1	+2.0 0 /3.4.3.1	mm	3.4.2/ 3.4.3.1			
	11	顶弯压痕	A	3.4.1/ 3.4.3.2	≤1.0，无裂纹 /3.4.3.2	mm	3.4.1/ 3.4.3.2			
	12	可动心轨辙叉翼轨与心轨间的贴合面切削斜度内倾允许偏差为	B	3.6.5/ 3.4.7.5	1:80/ 3.4.7.5	/	3.6.5/ 3.4.7.5			
	13	可动心轨辙叉翼轨的直密贴边直线度	B	3.5.4/ 3.4.4.5	≤0.2/ 3.4.4.5	mm	3.5.4/ 3.4.4.5			
	14	翼轨特种断面段的断面型式尺寸偏差：轨高	B	3.7.1条/ 3.4.6.1	±0.6/±0.5	mm	3.7.1条/ 3.4.6.1			
	15	翼轨特种断面段的断面型式尺寸偏差：轨头宽	B		±0.5					
	16	翼轨特种断面段的断面型式尺寸偏差：轨底宽	B		+0.8 −1.0 /3.4.6.1					

续上表

组别	序号	检验项目		项点类别	质量指标		检验方法			仪器设备	备注
					执行标准条款	技术要求	单位	执行标准条款	检验方法要点说明		
表面质量及外形尺寸检验	17	翼轨特种断面段的断面型式尺寸偏差	轨底厚	B	3.7.1条/3.4.6.1	±0.5	mm	3.7.1条/3.4.6.1	目测，通用量规测量，按TB/T 412/运基线路〔2005〕230号规定精度，用通用量规，量具及专用有关工具进行	深度尺专用测试平台，米尺，塞尺，游标卡尺，直尺，直角尺	
	18		轨头高	B		±0.5					
	19		轨腰厚	B		+1.5 −0.5　/ 3.4.6.1					
	20		轨头、轨底对轨腰中心线的位置度	B		左右方向应小于0.5 mm					
	21	翼轨特种断面型段端头的断面型式尺寸偏差	轨高	B	TB 2344 4.1.2条	±0.6	mm	TB2344 4.1.2条			
	22		轨头宽	B		±0.5					
	23		轨底宽	B		+1.0 −1.5					
	24		轨腰厚	B		+1.5 −0.5					
	25		轨底边缘厚度	B		+0.75 −0.5					
	26		断面不对称	B		±1.2					
	27		接头夹板安装面斜度	B		+1.0 −0.5					
	28		接头夹板安装面高度	B		+0.6 −0.5					
	29		轨底凹入或凸出	B		≤0.4					
	30		端面斜度（垂直、水平方向	B		≤0.8					
	31	端部弯曲）轨距端1 m内	向上	B		≤0.5					
	32		向下	B		≤0.2					
	33		左右	B		≤0.5					

续上表

组别	序号	检验项目		项点类别	质量指标		检验方法			仪器设备	备注
					执行标准条款	技术要求	单位	执行标准条款	检验方法要点说明		
表面质量及外形尺寸检验	34	翼轨特种断面成型段和过渡段表面		A	3.9.5 条/3.4.5.4f	不允许有裂纹，不应有折叠、横向划痕、结疤、压痕。纵向划痕深度不大于 0.5 mm。通过机加工达到尺寸要求时，加工面交角应圆顺。/3.4.5.4f	/	3.9.5 条/3.4.5.4f	目测，通用量规测量，按 TB/T 412/运基线路〔2005〕230 号规定精度，用通用量规，量具及有关专用工具进行	深度尺专用测试平台，米尺，塞尺，游标卡尺，直尺，直角尺	
	35	翼轨特种断面过渡段部位形状特性		A	3.9.6 条/3.4.5.4g	钢轨轨头高度、轨腰厚度、轨底相对于垂直轴偏移量均应均匀过渡，各相交面应圆顺平滑/3.4.5.4g	/	3.9.6 条/3.4.5.4g			
	36	AT 轨跟端成型段及过渡段尺寸及孔加工偏差	轨高	B	3.9.3 条/3.4.5.4d	±0.5	mm	3.9.3 条/3.4.5.4d			
	37		轨头宽	B		±0.5/ ±0.3					
	38		轨底宽	B		+0.8 −1.0 / +0.5 −1.0					
	39		轨底厚	B		±0.5					
	40		轨头高	B		±0.5					
	41		轨腰厚	B		+1.0 −0.5					
	42		轨头端面对称度	B		0.5					
	43		轨底端面对称度	B		1.0/0.5					
	44		端面垂直度	B		1.0/0.5					
	45		夹板安装面高度	B		±0.5/ ±0.3					
	46	AT 轨跟端扭转		B	3.9.1 条/3.4.5.4b	偏差为 1∶320/3.4.5.4b	/	3.9.1 条/3.4.5.4b			
	47	AT 轨跟端成型段直线度	跟端成型段的轨底平面度为	B	3.9.2 条/3.4.5.4c	0.5/0.3	mm	3.9.2 条/3.4.5.4c			
	48		跟端成型段轨底面与 AT 轨轨底面的平行度为			0.5	mm				

续上表

组别	序号	检验项目		项点类别	质量指标		检验方法			仪器设备	备注
					执行标准条款	技术要求	单位	执行标准条款	检验方法要点说明		
表面质量及外形尺寸检验	49	AT轨跟端成型段直线度	跟端加工的轨顶直线度为	B	3.9.2条/3.4.5.4c	0.3	mm/m	3.9.2条/3.4.5.4c	目测,通用量规测量,按TB/T 412/运基线路〔2005〕230号规定精度,用通用量规,量具及有关专用工具进行	深度尺专用测试平台,米尺,塞尺,游标卡尺,直尺,直角尺	
	50		过渡段轨顶			不应下凹	/				
	51	AT钢轨锻压段非机加工表面		A	3.9.5条/3.4.5.4f	不允许有裂纹,不应有折叠、横向划痕、结疤、压痕。纵向划痕深度不大于0.5 mm。通过机加工达到尺寸要求时,加工面交角应圆顺。/3.4.5.4f	/	3.9.5条/3.4.5.4f			
	52	AT钢轨锻压过渡段形状特性		B	3.9.6条/3.4.5.4g	的钢轨轨头高度、轨腰厚度、轨底相对于垂直轴偏移量均应均匀过渡,各相交面应圆顺平滑/3.4.5.4g	/	3.9.6条/3.4.5.4g			
淬火层形状及深度	53	横断面淬火层形状		B	TB/T 1779 3.2.2 3.2.4 TB/T 2635 4.5	帽形	/	GB/T 226	试件分别从三样轨上制取。试件横截面按GB/T 226浸蚀后,目视淬火层形状及用尺测量淬火层深度	深度尺	
	54	断面淬火深度(*a*)				≥8	mm				
	55	工作边淬火深度				≥25	mm				
	56	断面淬火层硬度		A	TB/T 412 4.6	HRC32.0~43.0	/				
	57	轨头表面硬度		A		HBW298~401	/	GB/T 231.1	在理论尖端一点处	便携式布氏硬度计	

续上表

组别	序号	检验项目		项点类别	质量指标		检验方法			仪器设备	备注
					执行标准条款	技术要求	单位	执行标准条款	检验方法要点说明		
淬火层显微组织	58	断面显微组织		A	T B/T 1779 3.2.2 3.2.4 T B/T 2635 4.5 T B/T 412 4.6	淬火索氏体,不得出现马氏体或明显的贝氏体组织	/	GB/T 13298	利用观察淬火层形状试件进行显微组织检查	金相显微镜	
实物使用性能试验	59	过渡段疲劳试验(仅限于时速200公里铁路道岔)		A	运基线路[2005]230号4.7条	支距1m、荷载390kN/78kN,疲劳次数≥200万次不断裂	/	/	运基线路[2005]230号4.7条	疲劳试验机	
机械性能	60	成型段的机械性能	特种断面	A	3.7.2条/3.4.6.2	符合T B/T 2344	/	GB228	试件分别从三件成型段及热影响区制取	拉力试验机	
			标准轨断面								
	61	变形段、锻压段及热影响区机械性能		A	3.9.8条/3.4.5.4i	不低于母材	/	GB228	试件分别从三件AT锻压段及热影响区制取	拉力试验机	
脱碳层深度	62	AT轨锻压段及热影响区脱碳层深度		A	3.9.7条/3.4.5.4h	≤0.5/≤0.3	/	GB224	试件分别从三件AT锻压段及热影响区制取	/	
钢轨焊接	63	钢轨焊接性能		A	3.29.2/3.4.8	符合T B/T 1632.1~.2规定	/	T B/T 1632.1~.2	一次型式试验合格		

附表3－29　道岔（可动心轨）辙叉组装检验产品检验内容、检验方法、执行标准条款及检验类别

未注明单位为毫米

组别	序号	检验项目	项点类别	质量指标		单位	检验方法		仪器设备名称	备注
				执行标准条款	技术要求		执行标准条款	检验方法要点说明		
组装检验	1	标志	A	5条	5条		5条	目测		
	2	可动心轨尖端至第一牵引点处密贴		附录A(序号21)/3.20.8	缝隙≤0.5/3.20.8	mm	附录A(序号21)/3.20.8	用塞尺	用塞尺	
	3	可动心轨牵引点前后各一块台板与轨底间隙		附录A(序号25)/3.20.6	≤0.5	mm	附录A(序号25)/3.20.6	用塞尺	用塞尺	
	4	可动心轨道岔，曲股工作边曲线段		3.36.5/3.20.5	应圆顺，不应出现硬弯	/	3.36.5/3.20.5	目测	目测	
	5	高强度螺栓扭矩		附录A(序号40)	超过设计要求的0～10%	/	附录A(序号40)	用扭矩扳手	用扭矩扳手	
	6	可动心轨轨底与其余台板间隙	B	附录A(序号26)/3.20.6	≤1	mm	附录A(序号26)/3.20.6	用塞尺	用塞尺	
	7	可动心轨直股工作边应成直线		附录A(序号27)/3.20.4	直线度每米0.5，全长(尖端前后各500除外)2.5，心轨尖端前后各1m内不允许抗线/3.20.4	mm	附录A(序号27)/3.20.4	用线绳、塞尺	用线绳、塞尺	
	8	可动心轨实际尖端至翼轨趾端距离(直股)		附录A(序号29)/3.20.2	$^{+4.0}_{0}$	mm	附录A(序号29)/3.20.2	用卷尺	用卷尺	
	9	可动心轨道岔各牵引点处开口值		附录A(序号37)/3.21.6	±3/3.21.6	mm	附录A(序号37)/3.21.6	用游标卡尺	用游标卡尺	
	10	可动心轨道岔趾宽、跟宽		附录A(序号18)	±2	mm	附录A(序号18)	用卷尺	用卷尺	
	11	可动心轨道岔咽喉宽度		附录A(序号20)/3.20.1	$^{+2.0}_{-1.0}$/3.20.1	mm	附录A(序号20)/3.20.1	用游标卡尺	用游标卡尺	
	12	可动心轨道岔长度(沿工作边的长度)		附录A(序号38)	±4	mm	附录A(序号38)	用卷尺	用卷尺	
	13	可动心轨其余部位与翼轨密贴(直、曲)		附录A(序号22)/3.20.8	缝隙≤1.0/3.20.8	mm	附录A(序号22)/3.20.8	用塞尺	用塞尺	
	14	叉跟尖轨尖端(100mm范围)与短心轨密贴		附录A(序号23)/3.20.9	缝隙≤0.5/3.20.9	mm	附录A(序号23)/3.20.9	用塞尺	用塞尺	
	15	叉跟尖轨其余部位与短心轨密贴	C	附录A(序号24)/3.20.9	缝隙≤1/3.20.9	mm	附录A(序号24)/3.20.9	用塞尺	用塞尺	开通
	16	可动心轨道岔的垫板间距应与相应岔枕间距相同		3.36.7/3.20.7	±5/3.20.7	mm	3.36.7/3.20.7	用卷尺	用卷尺	
	17	可动心长、短心轨、叉跟尖轨轨腰与顶铁的缝隙		附录A(序号28)/3.20.10	缝隙≤1.0/3.20.10	mm	附录A(序号28)/3.20.10	用塞尺	用塞尺	工作状态

附表 3－31 道岔护轨检验项目与判定原则

未注明单位为毫米

组别	序号	项目		技术要求	不合格类别	判别水平 DL	不合格质量水平 RQL	抽样方案	样本量 n	判定数	
										Ac	Re
表面质量外形尺寸及	1	表面质量		TB/T 2344 5.12 条 TB/T 1779 3.2.5 条	A	Ⅱ	30	一次	5	0	1
	2	标志		5.1、5.3 条				一次	5	0	1
	3	轨顶面（平直段）直线度		≤2.0	B	Ⅱ	65	一次	5	1	2
	4	长度（L）		±6.0/±4.0	B	Ⅱ	80	一次	5	1	2
	5	螺栓孔径		+1.0 0				一次	5	2	3
	6	螺栓孔中心位置（上下）		±1.0/±0.8				一次	5	2	3
	7	两相邻螺栓孔中心距离						一次	5	2	3
	8	两最远螺栓孔中心距离（l）		l<1 500，±1.0 l≥1 500，±2.0 /3.4.2.5				一次	5	2	3
	9	螺栓孔倒棱		（0.8～1.5）×45°/3.4.2.6				一次	5	2	3
	10	螺栓孔壁粗糙度		≤25μm				一次	5	2	3
	11	轨底宽度		0 －2.0				一次	5	2	3
	12	钢轨端面斜度（水平、垂直）		≤1.0				一次	5	2	3
淬火形状及深度	13	轨头横断面淬火层形状		帽形				一次	3	1	2
	14	轨头（b）	横断面淬火层深	≥6	B	Ⅱ	100	一次	3	1	2
		槽型钢工作边		≥25							
硬度	15	轨头	工作边表面硬度	HBW298～401				一次	5	0	1
		槽型钢		HBW341～401	A	Ⅱ	50				
	16	轨头	横断面淬火层硬度	HRC32.0～43.0				一次	3	0	1
		槽型钢工作边		A1：HRC37.0～43.0 A4：≥34.0HRC							
淬火层显微组织	17	轨头	横断面显微组织	淬火索氏体，不得出现马氏体或明显的贝氏体组织	A	Ⅱ	50	一次	3	0	1
		槽型钢工作边									

注：对具有多个同一单项的项目（B 类项点），以多于该项点总数目的 40%（个数）时，判为不合格。

附表 3-32　道岔护轨产品检验内容、检验方法、执行标准条款及检验类别

未注明单位为毫米

组别	序号	检验项目		项点类别	质量指标		检验方法		仪器设备名称	备注
					执行标准条款	技术要求	执行标准条款	检验方法要点说明		
表面质量及外形尺寸	1	表面质量		A	TB/T2344 5.12 TB/T1779 3.2.5	TB/T2344 5.12 条	TB/T2344 5.12 TB/T1779 3.2.5	目测，通用量规测量	深度尺	
	2	标志		A	5/5	5/5	5/5	目测		
	3	轨顶面(平直段)直线度		B	3.5.2	≤2.0	3.5.2	按 TB/T412/运基线路〔2005〕230 号规定精度，用通用量规，量具及有关专用工具进行	专用测试平台，米尺，塞尺，游标卡尺，直尺，直角尺、粗糙度比较样块等	
	4	长度			3.2.5/3.4.1.1	±6.0/ ±4.0	3.2.5/3.4.1.1			
	5	螺栓孔径			3.3.1/3.4.2.1	$^{+1.0}_{0}$	3.3.1/3.4.2.1			
	6	螺栓孔中心位置(上下)			3.3.3/3.4.2.3	±1.0/ ±0.8	3.3.3/3.4.2.3			
	7	两相邻螺栓孔中心距离			3.3.5/3.4.2.4		3.3.5/3.4.2.4			
	8	两最远螺栓孔中心距离(l)			3.3.6/3.4.2.5	l＜1500，±1.0/3.4.2.5 l≥1500，±2.0/3.4.2.5	3.3.6/3.4.2.5			
	9	螺栓孔倒棱			3.3.7/3.4.2.6	(0.8～1.5)×45°/3.4.2.6	3.3.7/3.4.2.6			
	10	螺栓孔壁粗糙度			3.3.2/3.4.2.2	≤25 μm	3.3.2/3.4.2.2			
	11	轨底宽度			3.6.6	$^{0}_{-2.0}$	3.6.6			
	12	钢轨轨端面斜度			3.2.1	≤1.0	3.2.1			
淬火形状及深度	13	轨头横断面淬火层形状		B	3.8 TB/T1779 3.2.2,3.2.4 TB/T26354.5	帽形	GB/T226	试件横截面按 GB/T226 浸蚀后，目视淬火层形状及用直尺测量淬火层深度	直　　尺	
	14	轨头(b)	横断面淬火层深度			>6				
		槽型钢工作边				≥25				
硬度	15	轨头	工作边表面硬度	A	3.8 TB/T1779 3.2.2， 3.2.4 TB/T26354.5	HBW298～401	GB/T231.1	护轨中部测一点	便携式布氏硬度计	
		槽型钢				HBW341～401				
	16	轨头	横断面淬火层硬度			HRC32.0～43.0	GB/T230.1	试件横断面经加工后，测量硬度及检查显微组织	洛氏硬度计	备注
		槽型钢工作边				A1：HRC37.0～43.0 A4：≥34.0HRC				
淬火形状及深度	17	轨头	横断面显微组织	A		淬火索氏体，不得出现马氏体或明显的贝氏体组织	GB/T13298		金相显微镜	
		槽型钢工作边								

附表 3－34　道岔混凝土枕外观质量与外形尺寸检验

未注明单位为毫米

序号		检查项目	质量指标(mm)	检测方法	每枕测量值个数	检测器具	备注
外观质量	1	裂纹	不得有肉眼可见的裂纹	目测	1	目测	第 4 项在每枕两端以缺陷最大处记测量值。
	2	承轨部位表面缺陷	要求表面光滑，气孔、粘皮、麻面等缺陷长度≤20 mm，深度≤5 mm。	在承轨部位范围内检查气孔、粘皮、麻面等缺陷长度、深度。	N	150 mm 钢直尺 150 mm 深度游标卡尺	
	3	其他部位表面缺陷	不允许有长度＞80 mm深度＞10 mm 的干灰堆垒和夹杂物。	检查承轨部位以外岔枕表面的干灰堆垒和夹杂物的长度和深度。	1	150 mm 钢直尺 150 mm 深度游标卡尺	
	4	岔枕端部破损或掉角	长度≯50 mm	检查岔枕端部破损或掉角长度	2	钢直尺	
	5	岔枕端部露筋	长度≯30 mm	测出端部混凝土未包裹住钢丝的孔洞深度。	2	细铁丝，钢直尺	
	6	预埋套管孔中淤块	无	目测	N	目测	
	7	标记	按设计图规定部位，压出岔枕型号、岔枕编号、制造厂及制造年份	检查有无标记及标记的正确性	1	目测	
外形尺寸	8	长度	±15	用钢卷尺在岔枕两侧沿轴线直接测量岔枕长度	2	5m 卷尺	
	9	高度	+5/－3	测两端截面	4	专用厚度尺	
	10	断丝	无	目测	1	目测	
	11	上排钢丝至枕顶距离	+3/－2	直接测量岔枕上排钢丝距岔枕顶面的高度	4	150 mm 钢直尺	

续上表

序号			检查项目	质量指标(mm)	检测方法	每枕测量值个数	检测器具	备注
外形尺寸	12		最上最下两排钢丝间距	±2	直接测量岔枕最上最下两排钢丝的距离	4	游标卡尺	第7、8、10、11、13项中,每一检验数含2个测量值,在2个测量值中若有1个超标即判该检验数超标。 ＊60天混凝土龄期内,检验指标为+1.5/-1.0 ＊全长直线度检查按附图 N由岔枕号数和具体检验项目确定附图
	13		外侧两排钢丝间距	±2	直接测量岔枕外侧两排钢丝的距离	4	游标卡尺	
	14		顶面宽度	+5/-3	直接测量岔枕顶面宽度	2	游标卡尺	
	15	预埋套管	中心位置距纵向对称轴	±1	沿套管内径边缘拉线测量	N	150 mm钢直尺、细线	
			保持轨距的两套管中心距离＊	+1.0/-1.5	用专用量具测量两套管中心距离	N	2m钢卷尺	
			保持同一铁垫板位置的两相邻套管中心距离	±1.0	用专用量具测量两套管中心距离	N	2m钢卷尺	
			套管歪斜(距顶面120 mm深处偏离中心线距离)	2	用孔斜测量器测量	N	专用孔斜测量器	
			下沉	1	目测,有下沉后测量	N	150 mm深度游标卡尺	
			内螺纹		用专用通止规测量	N	专用通止规	
	16	顶面直线度	同一铁垫板两套管间距小于400	±1/300	300 mm钢直尺测量	1	300 mm钢直尺	
			同一铁垫板两套管间距大于400	±1.5/300	500 mm钢直尺测量	1	500 mm钢直尺	
			全长	±3		1	专用检具	

1 附图

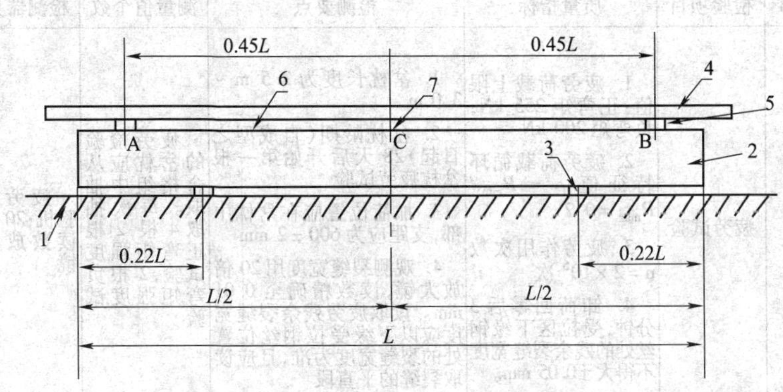

附图 道岔混凝土枕全长直线度测量方法

1—刚性支承;2—岔枕;3—岔枕底面支承(厚度为 h);
4—测量基准(细尼龙线等);5—岔枕顶面支承(厚度为 h);
6—岔枕顶面;7—测量基点。
L—岔枕长度,以 m 计。

2 检验方法

测量基点 C 与岔枕顶面支承点中心 A 或 B 的高差 $|\Delta h| \not> 3$ mm。

附表 3-35 道岔混凝土枕力学性能检验

序号	检验项目	质量指标	检测要点	测量值个数	检测器具
1	静载抗裂试验	1. 岔枕截面在检定荷载下静停 3 分钟不出现裂纹 2. 检验荷截值如下:正弯矩检验值 240 kN,负弯矩检验值 190 kN	1. 岔枕长度为 2.5m ~ 3.0m 2. 加荷速度不大于 1 000 N/S 3. 加荷时岔枕应对中,支距应为 600 ± 2 mm 4. 用 5 倍放大镜观测岔枕受拉区混凝土裂缝,卸荷后不闭合的裂缝不计为静载裂缝	每组抽取 2 根,1 根负弯矩强度试验,1 根正弯矩强度试验	轨枕静载试验机;5 倍照明放大镜
2	混凝土脱模强度	岔枕混凝土脱模强度不小于设计强度的 75%	核查工厂混凝土脱模强度记录		
3	混凝土强度	库存抽样日期所在月份的混凝土强度应满足 TB10425 -94 的验收标准	核查工厂混凝土 28 天强度记录		

续上表

序号	检验项目	质量指标	检测要点	测量值个数	检测器具
4	疲劳试验	1. 疲劳荷载上限值：正弯矩 255 kN；负弯矩 200 kN 2. 疲劳荷载循环特征值 $\rho = P_{min}/P_{max} = 0.2$ 3. 疲劳作用次数 $n = 2 \times 10^6$ 次 4. 卸荷回零后 3 分钟，受拉区下缘钢丝处的残余裂缝宽度不得大于0.05 mm。	1. 岔枕长度为 2.5 m ~ 3.0 m 2. 岔枕龄期（自成型之日起）28 天后开始第一根岔枕疲劳试验 3. 加荷位置应在岔枕中部，支距应为 600 ±2 mm 4. 观测裂缝宽度用 20 倍放大镜，读数精确至 0.01 mm。读取疲劳残余裂缝宽度应以下缘受拉钢丝位置处的裂缝宽度为准，且应读取裂缝的平直段	疲劳检验的岔枕应从合格组中抽取。每次抽取 4 根，2 根正弯矩强度试验，2 根负弯矩强度试验	疲劳试验机；20 倍读数放大镜
5	混凝土弹性模量	1. 脱模时，弹性模量不低于 3.35×10^4 MPa 2. 28 天龄期时，弹性模量不低于 3.60×10^4 MPa	核查工厂混凝土弹性模量记录	每 10 组岔枕应分别做一组脱模时及一组 28 天的混凝土弹性模量试验	

附表 3 - 36　道岔混凝土枕产品质量检验结果判定

制造单位　　　　　　　　　　　　　　　　岔枕型号

项目类别	检验项目	样本数 n	检验数 N	判定组数		实测不合格数	合格判定
				Ac	Rc		
A	岔枕静载抗裂强度	2	2	0	1		
	岔枕疲劳强度	4	4	0	1		
	混凝土 28 天强度	TB 10425—94					
	混凝土脱模强度		N	0	1		
	混凝土弹性模量	GBJ81					
	断丝根数	20	20	0	1		
	裂纹	20	20	0	1		
	标记	20	20	0	1		
B	岔枕端部露筋	20	40	4	5		
	承轨部位表面缺陷	20	N	0.1N	0.1N +1		
	岔枕断面高度	20	40	4	5		
	上排钢丝至枕顶距离	20	40	4	5		

续上表

项目类别	检验项目		样本数 n	检验数 N	判定组数		实测不合格数	合格判定
					Ac	Rc		
B	最上与最下两排钢丝间距		20	40	4	5		
	外侧两排钢丝间距		20	40	4	5		
	直线度	同一铁垫板两套管间距小于400	20	N	0.1N	0.1N+1		
		同一铁垫板两套管间距大于400	20	N	0.1N	0.1N+1		
		全长	20	20	2	3		
	预埋套管	中心位置距纵向对称轴	20	N	0.1N	0.1N+1		
		保持轨距两套管中心距离	20	N	0.1N	0.1N+1		
		保持同一铁垫板位置的两相邻套管中心距离	20	N	0.1N	0.1N+1		
		套管歪斜	20	N	0.1N	0.1N+1		
		内螺纹	20	N	0.1N	0.1N+1		
C	预埋套管下沉		20	N	0.1×(120+2×N)	0.1×(120+2×N)+1		
	岔枕长度		20	20				
	顶面宽度		20	40				
	其他部位表面缺陷		20	20				
	岔枕端部破损和掉角		20	40				
	预埋套管孔中淤块		20	N				

判定：　　检验：　　校核：　　日期：

注：N由岔枕号数和具体检验项目确定。

附件3

符合国家规定条件并经铁道部认可的专业检验机构

序号	检验机构名称	检验范围	备注
1	铁道部产品质量监督检验中心	整组道岔、道岔尖轨、道岔基本轨、道岔辙叉、道岔护轨、道岔混凝土枕	能检全部项目
2	铁道部产品质量监督检验中心铁道建筑检验站	整组道岔、道岔尖轨、道岔基本轨、道岔辙叉、道岔护轨、道岔混凝土枕	TB/T1779；GB/T226、13925、13298、224；JB/T10061不能检
3	铁道部产品质量监督检验中心金属化学检验站	道岔尖轨、道岔基本轨、道岔辙叉、道岔护轨	TB/T3080不能检
4	铁道部产品质量监督检验中心桥梁与基础检验站	道岔混凝土枕	仅检TB/T3080项目

附件 4

专业生产设备、工艺装备及计量器具规格、名称、数量明细表

企业名称：

序号	名　　称	规格型号	数量	完好状态	使用场所	生产厂	生产日期	购置日期

附件5

企业主要负责人、主要技术骨干人员一览表

企业名称：

序号	姓 名	性别	年龄	技术职务(称)	技术等级	文化程度	所学专业	所从事专业	工作年限	工作岗位

铁路重要接触网器材生产企业认定实施细则

铁道部 2007 年 5 月 28 日　　铁运[2007]114 号

第一章　总　　则

第一条　为加强铁路重要接触网器材的管理,确保铁路运输安全,根据《铁路运输安全保护条例》和《铁路运输安全设备生产企业认定办法》,制定本细则(以下简称为《细则》)。

第二条　本细则所称重要接触网器材是指接触网零部件、接触线、承力索、绝缘子、分段、分相绝缘器、钢支柱和接触网补偿装置等(见附件 1)。

第三条　凡在中华人民共和国境内生产并销售铁路重要接触网器材的企业,应当按照本细则规定的程序,经铁道部认定,取得"铁路运输安全设备生产企业认定证书"。

第四条　铁道部行政许可管理机构(以下简称行政许可机构)负责受理重要接触网器材生产企业认定的申请和送达行政许可决定,由铁道部运输局负责重要接触网器材生产企业认定审查和认定证书的监督管理工作。

第二章　证书类别和使用范围

第五条　重要接触网器材生产企业认定证书分为甲级、甲级(准)和乙级。

第六条　甲级适用于国内各种等级电气化铁路;

甲级(准)适用于普通速度和既有线提速电气化铁路,也可在客运专线、高速电气化铁路试用;

乙级适用于普通速度和既有线提速电气化铁路。

第三章　取证条件和申报材料

第七条　申请乙级"重要接触网器材生产企业认定证书"的企业应具备下列条件:

(一)申证企业生产产品的技术条件应符合国家产业发展政策、技术发展政策及铁道部装备现代化的要求;

(二)生产成熟技术的铁路重要接触网器材的企业,所申请产品或同类产品已在铁路运用满 3 年,且近 3 年无质量责任事故;

生产铁路重要接触网器材新产品的企业,其产品已经铁道部组织专家进行技术评审,评审合格的准予在铁路试用,在规定的试用期内无产品质量责任事故。有同类产品生产业绩的,其产品应当在铁路运用满 3 年,且近 3 年无质量责任事故;

(三)申证企业应有相应的专业技术人员(见附件 3),有完善的产品质量保证体系和管理制度,有完备技术条件和保证生产制造的能力;

(四)有按照国家规定标准检测、检验合格的专业生产设备(见附件 2);

(五)产品应通过型式试验;

(六)法律法规规定的其他条件。

第八条 申请甲级(准)"重要接触网器材生产企业认定证书"的企业应具备下列条件:

(一)申证企业生产产品的技术条件应符合国家产业发展政策、技术发展政策及铁道部装备现代化的要求;

生产关系到客运专线及高速铁路重要接触网器材产品的企业应满足系统集成的要求;

(二)生产铁路重要接触网器材的企业,所申请产品或同类产品已在铁路运用满3年,且近3年无质量责任事故;

生产铁路重要接触网器材新产品的企业,其产品已经铁道部组织专家进行技术评审,评审合格的准予在铁路试用,在规定的试用期内无产品质量责任事故。有同类产品生产业绩的,其产品应当在铁路运用满3年,且近3年无质量责任事故;

新组建的生产成熟技术的铁路重要接触网器材企业,所申请产品或同类产品已在铁路运用3年,且近3年无质量责任事故;

(三)产品应通过型式试验;

(四)有按照国家规定标准检测、检验合格的专业生产设备(见附件2);

(五)申证企业应有相应的专业技术人员(见附件3),有完善的产品质量保证体系和管理制度,有完备技术条件和保证生产制造的能力;

(六)法律法规规定的其他条件。

第九条 申请甲级"重要接触网器材生产企业认定证书"的企业应具备下列条件:

(一)获得甲级(准)认定证书;

(二)已掌握有关铁路重要接触网器材生产的先进生产技术、工装和工艺;

(三)所生产的铁路重要接触网器材已在客运专线、高速电气化铁路试用合格,并按照电气化铁路行业标准和国际先进标准通过型式试验、技术鉴定;

(四)法律法规规定的其他条件。

第十条 企业根据产品的适用范围选择申请认定的产品。

第十一条 申请铁路重要接触网器材生产企业认定应提交下列材料:

(一)行政许可申请书(一式两份,加盖企业公章);

(二)企业法人营业执照(副本)及复印件(加盖企业公章);

(三)铁路运输安全设备生产企业认定审查表;

(四)专业生产设备、工艺装备及计量器具规格、名称、数量明细表(格式见附件7);

(五)企业从事相关设备研发、设计和生产制造、检验等相关的技术人员名单、技术职务(称)、技术等级、所学专业和所从事的专业等资料(格式见附件8);

(六)企业质量保证体系和企业质量管理制度目录等资料,企业若通过质量保证体系认证,需提供证书复印件,若没有需提供质量保证体系相关说明材料;

(七)技术标准、技术条件、设计图纸和工艺文件明细表;接触网零部件、接触线、承力索及接触网补偿装置等的甲级(准)申证企业提供的相关材料还应满足系统集成的要求;

(八)与所生产的产品相关的国家技术标准全文或有关条款内容;

(九)详细的技术说明(属知识产权保护的技术可注明);

（十）已通过科技成果或技术审查的，还需提供相应的鉴定证书（原件及复印件）和审查意见；

（十一）申请甲级生产企业认定证书要提供甲级（准）认定证书、型式试验和技术鉴定材料；

（十二）法律法规要求的其他材料。

企业提交的材料原则上不予退还。需要收回的资料，需在提交材料时向受理部门提出。

企业申请认定的铸造产品需外加工的，须提供外加工企业的资质和相关材料。

第四章　申请和审查

第十二条　铁道部行政许可管理机构负责受理企业申请，作出是否受理的决定，并出具加盖铁道部行政许可专用章和注明日期的书面凭证。受理的，将申请材料转交铁道部运输局进行审查；不予受理的，应向企业说明理由。

第十三条　对于申请认定的生产企业，铁道部运输局审查企业的申请材料后，符合申请条件并经确认的（见附件 4），书面通知企业到符合国家规定条件并经铁道部认可的专业检验机构进行一次性产品质量检验。

第十四条　在认定过程中，对申请认定企业提供的材料可聘请专家进行评审。

第十五条　需进一步落实申请认定企业质量能力时，铁道部可组成检查组对企业进行检查。由检查组对申请企业的质量能力进行检查（见附件 5）。

第十六条　对于质量能力合格的企业，检查组按“重要接触网器材检验办法”（见附件 6）的要求，对企业进行产品抽样。

第十七条　检验机构按上述要求进行产品质量检验。在完成各项检验后，出具检验报告，并负责将检验报告和相关资料送至铁道部运输局；对于未能通过检验的企业，向铁道部运输局提交未能通过检验项目的报告和相关资料。

第十八条　经审查合格的，铁道部作出准予行政许可的决定；不合格的，铁道部作出不予行政许可的决定，说明理由并及时送达申请企业。

第十九条　铁道部应自受理企业申请之日起 20 日内作出行政许可决定；20 日内不能作出决定的，经铁道部负责人批准可延长 10 日，并将延长期限的理由告知企业。

产品检测、检验和专家评审时间，不计算在前款规定期限之内。

第二十条　铁道部作出准予行政许可的决定，应自作出决定之日起 10 日内向申请人颁发认定证书。

第五章　企业认定证书的批准

第二十一条　铁道部应当在做出准予行政许可的决定后十日内向申请人颁发产品生产企业认定证书。

第二十二条　认定证书采用统一格式，证书编号为：REAC####—×××××。

（一）REAC——认定证书标记，其中 R 代表铁路（Railway）、E 代表设备（Equipment）、A 代表认定（Authentication）、C 代表证书（Certificate）；

（二）证书类别——甲级、甲级（准）和乙级；

（三）####——产品编号，按产品类别编排的四位阿拉伯数字，不再实行认定证书管理产品的编号不再重复使用；

（四）×××××——认定证书序号，按发证先后顺序编排的五位阿拉伯数字，已撤销或注销的证书序号不再重复使用。

第二十三条 对审查不合格的企业，铁道部作出不予行政许可的决定，说明理由并通知申证企业。申证企业可在自收到不予行政许可决定之日起6个月之后重新提出申请。连续二次审查或鉴定不合格的，在2年内不再受理其申请。

第六章 管理与监督

第二十四条 铁路重要接触网器材生产企业认定证书实行动态管理。

第二十五条 铁路重要接触网器材生产企业认定证书的有效期为4年。认定证书有效期届满，企业要继续生产的，应在有效期满60日前向铁道部提出延期申请，检测、检验所需时间超过60日的，可相应提前。

第二十六条 在认定证书的有效期内，企业应在其产品正面或明显位置、外包装及说明书上标明认定证书的有效期和编号等信息。

在认定证书有效期内，发生认定证书遗失、损毁或无法辨认等情况时，企业可向铁道部提出补办申请并说明原因。铁道部核实后办理补发手续，并在证书编号前加注"补发"字样，证书编号不变。

在认定证书有效期内，认定证书需要变更的，经审查后办理变更手续，并在证书编号前加注"变更"字样，证书编号不变。

第二十七条 取得认定证书的企业，应接受铁道部组织的监督检查。企业应根据检查要求提交材料，监督检查不合格的企业，由铁道部作出处理决定。需进行整改的，企业应在6个月内向铁道部提出复查申请。

第二十八条 取得认定证书企业产品进行技术修改的，企业应在修改实施前就变更情况报铁道部审批。必要时按照本细则规定，重新进行相关审查、型式试验。

第二十九条 监督、检查主要的内容包括：

（一）获得认定证书的企业应具备的条件；

（二）产品应具备的功能和应符合的标准；

（三）产品实际运用质量情况；

（四）证书使用情况；

（五）法律法规规定的应实施监督检查的其他情形。

第三十条 取得认定证书的企业有下列情形之一的，铁道部可以撤销其认定证书：

（一）涂改、出租、出借、转让认定证书；

（二）在铁道部产品质量监督抽查中，抽查不合格、复查仍不合格，或连续两次抽查不合格；

（三）在监督检查中不合格、复查仍不合格，或逾期不申请复查；

（四）因产品质量导致重大事故，造成恶劣后果和严重影响的；

（五）依法可以撤销的其他情形。

被许可人以欺骗、贿赂等不正当手段取得行政许可的，应予以撤销。

第三十一条 取得认定证书的企业有下列情形之一的，铁道部可以注销其认定证书：

（一）不再生产认定证书中规定产品的；

（二）企业生产条件或相关产品技术标准发生重大变化，生产企业需重新申请许可的；

（三）认定证书有效期满，未继续提出申请或申请未获许可的；

（四）认定证书所列产品不再实行认定证书管理的；

（五）企业依法终止的；

（六）认定证书依据本细则需要变更的；

（七）法律法规规定应注销的其他情形。

第三十二条　对被撤销认定证书或连续两次审查不合格的企业，在2年内不再受理其申请。

第三十三条　专业检验机构必须保证检测、检验结果的真实性，对所作出的结论承担法律责任。

第三十四条　专业检验机构不得从事制造和参与认定证书的产品的制造、销售等经营性活动，不得与认定证书申请企业有关联关系。

第三十五条　专业检验机构违反本细则第三十三、第三十四条规定的，铁道部责令其改正；情节严重的，停止其承担检验的资格。

第三十六条　专业检验机构应保存完整的原始技术资料，保存期为10年。专业检验机构有责任对申请企业提供的技术文件、资料保密。

第七章　相关产品管理

第三十七条　铁路重要接触网器材生产企业提交企业认定申请书的同时，应提交其相关产品的名目。

第三十八条　铁道部运输局在对申证企业资格条件进行审查时，应当对其相关产品进行审查，并在企业认定证书中注明产品名目；认定企业必须在认定证书规定的产品名目内生产、销售。

第八章　附　　则

第三十九条　本实施细则由铁道部运输局负责解释。

第四十条　本细则自印发之日起执行。

附件1

重要接触网器材认定范围及标准

表1－1　重要接触网零部件认定范围及执行标准

编号	序号	产品名称	执行标准	规格	材质
4001	1	接触线吊弦线夹	TB/T 2073—2003、TB/T 2075.1—2002	包含模锻、冲压两类。各种规格	铜合金
	2	承力索吊弦线夹	TB/T 2073—2003、TB/T 2075.2—2002	包含模锻、冲压两类。各种规格	铜合金

续上表

编号	序号	产品名称	执行标准	规格	材质
4001	3	整体吊弦	TB/T 2073—2003、铁科技函[2004]607号文	包含可调与不可调、载流与非载流的模锻、冲压件。各种规格	铜合金
	4	横承力索线夹	TB/T 2073—2003、TB/T 2075.3—2002	模锻	钢
	5	双横承力索线夹	TB/T 2073—2003、TB/T 2075.4—2002	模锻	钢
	6	接触线中心锚结线夹	TB/T 2073—2003、TB/T 2075.5—2002	模锻。各种规格	铜合金
	7	承力索中心锚结线夹	TB/T 2073—2003、TB/T 2075.6—2002	模锻。各种规格	铜合金
	8	杵座鞍子	TB/T 2073—2003、TB/T 2075.7—2002	铸造	钢
	9	钩头鞍子	TB/T 2073—2003、TB/T 2075.8—2002	模锻	钢
	10	悬吊滑轮	TB/T 2073—2003、TB/T 2075.12—2002	各种规格	包含钢、铝、铜等
	11	定位环线夹	TB/T 2073—2003、TB/T 2075.16—2002	模锻	钢
	12	定位线夹	TB/T 2073—2003、TB/T 2075.13—2002	模锻	铜合金
	13	支持器	TB/T 2073—2003、TB/T 2075.14—2002	铸造。各种规格	钢
	14	长支持器	TB/T 2073—2003、TB/T 2075.15—2002	铸造。各种规格	钢
	15	定位器	TB/T 2073—2003、TB/T 2075.17—2002	圆管。各种规格	钢、铝合金
	16	定位装置	TB/T 2073—2003、铁科技函[2004]607号文	压接、铆接。形状包含槽型、矩形、圆管。功能分限位、非限位。包含定位支座和定位线夹。各种规格	钢、铝合金
	17	特型定位器	TB/T 2073—2003、TB/T 2075.18—2002	压接	钢
	18	软定位器	TB/T 2073—2003、TB/T 2075.19—2002	压接	钢
	19	连接器	TB/T 2073—2003、TB/T 2075.23—2002	包含D型、双耳连接器	钢
	20	定位环	TB/T 2073—2003、TB/T 2075.24—2002	模锻。各种规格	钢、铝合金

续上表

编号	序号	产品名称	执 行 标 准	规 格	材 质
4001	21	长定位环	TB/T 2073—2003、TB/T 2075. 25—2002	模锻。各种规格	钢
	22	套管双耳	TB/T 2073—2003、TB/T 2075. 26—2002	模锻。含腕臂支撑用	钢、铝合金
	23	套管铰环	TB/T 2073—2003、TB/T 2075. 27—2002	模锻	钢
	24	承力索支撑线夹(承力索座)	TB/T 2073—2003、铁科技函[2004]607号文	模锻、铸造、冲压。形状包含单槽、双槽。各种规格	钢、铝合金
	25	铜接触线接头线夹	TB/T 2073—2003、TB/T 2075. 28—2002	模锻	铜合金
	26	承力索接头线夹	TB/T 2073—2003、TB/T 2075. 29—2002	模锻。各种规格	铜合金
	27	杵座楔形线夹	TB/T 2073—2003、TB/T 2075. 31—2002	模锻。各种规格	钢、铜合金
	28	双耳楔形线夹	TB/T 2073—2003、TB/T 2075. 32—2002	铸造。各种规格	钢、铜合金、铝合金
	29	接触线终端锚固线夹	TB/T 2073—2003、TB/T 2075. 34—2002	模锻、冲压。各种规格	钢、铜合金、铝合金、不锈钢
	30	承力索终端锚固线夹	TB/T 2073—2003、TB/T 2075. 35—2002	模锻、冲压。各种规格	钢、铜合金、铝合金、不锈钢
	31	腕臂底座	TB/T 2073—2003、TB/T 2075. 39、40—2002	铸造。包含旋转腕臂底座、特型旋转腕臂底座、上底座、下底座及弓形腕臂用可调整底座。各种规格	钢
	32	腕臂	TB/T 2073—2003、TB/T 2075. 48—2002	包含平腕臂、斜腕臂及弓形腕臂	钢、铝合金
	33	定位管	TB/T 2073—2003、TB/T 2075. 21—2002	压接。各种规格	钢、铝合金
	34	接触线电连接线夹	TB/T 2073—2003、TB/T 2075. 49、50—2002	模锻。各种规格	铜合金
	35	电连接线夹	TB/T 2073—2003、TB/T 2075. 51、52—2002	模锻。各种规格	铜合金

表 1－2　接触线认定范围及执行标准

编号	序号	产品名称	执行标准
4001	1	CT85 铜接触线	TB/T 2809—2005
	2	CT110 铜接触线	
	3	CT120 铜接触线	
	4	CT150 铜接触线	
	5	CTA85 铜银合金接触线	
	6	CTA110 铜银合金接触线	
	7	CTA120 铜银合金接触线	
	8	CTA150 铜银合金接触线	
	9	CTM110 铜镁合金接触线	
	10	CTM120 铜镁合金接触线	
	11	CTM150 铜镁合金接触线	
	12	CTMH110 高强度铜镁合金接触线	
	13	CTMH120 高强度铜镁合金接触线	
	14	CTMH150 高强度铜镁合金接触线	
	15	CTS110 铜锡合金接触线	
	16	CTS120 铜锡合金接触线	
	17	CTS150 铜锡合金接触线	

表 1－3　承力索认定范围及执行标准

编号	序号	产品名称	执行标准
4001	1	JT70 铜绞线	TB/T 3111—2005
	2	JT95 铜绞线	
	3	JT120 铜绞线	
	4	JT150 铜绞线	
	5	JTM50 铜合金绞线	
	6	JTM70 铜合金绞线	
	7	JTM95 铜合金绞线	
	8	JTM120 铜合金绞线	
	9	JTM150 铜合金绞线	
	10	JTMH50 铜合金绞线	
	11	JTMH70 铜合金绞线	
	12	JTMH95 铜合金绞线	
	13	JTMH120 铜合金绞线	
	14	JTMH150 铜合金绞线	

表1－4 绝缘子认定范围及执行标准

编号	序号	产 品 名 称	执行标准	备注
4001	1	电气化铁道接触网用棒形瓷绝缘子	TB/T 2076	
	1－1	隧道悬挂 QX－25		
	1－2	隧道悬挂 QXN－25		
	1－3	隧道悬挂 QXG－25		
	1－4	隧道定位 QX－25A		
	1－5	隧道定位 QXN－25A		
	1－6	隧道定位 QXG－25A		
	1－7	区间单绝缘 QBG－25/8、12、16		
	1－8	区间单绝缘 QBN－25/8、12、16		
	1－9	区间双绝缘 QBSG－25/8、12、16		
	1－10	区间双绝缘 QBSN－25/8、12、16		
	2	电气化铁道接触网用高原型棒式瓷绝缘子	TB/T 2076	各种规格
	3	电气化铁道接触网用棒式复合绝缘子	参照 TB/T 3068—2002 TB/T 2076	各种规格
	4	电气化铁道接触网用棒形悬式复合绝缘子	TB/T 3068—2002	
	4－1	FQX(D)－25/100HYG		
	4－2	FQX(D)－25/100QT		
	4－3	FQX(D)－25/100QH		
	4－4	FQX(D)－25/100HG		
	4－5	FQX(D)－25/100HY		
	4－6	FQX(D)－25/100QTG		
	4－7	FQX(D)－25/100QHG		
	4－8	FQX(D)－25/100HHG		
	5	盘形(含耐污型)悬式绝缘子	GB/T 1001.1—2003	各种规格
	5－1	XP－70		
	5－2	XWP_2－70		
	5－3	LXP－70		
	6	电力机车车顶绝缘子	TB/T 3077—2003	各种规格

表 1－5 分段、分相绝缘器认定范围及执行标准

编号	序号	产 品 名 称	执行标准
4001	1	分段绝缘器	TB/T 3036—2002
	2	分相绝缘器	TB/T 3037—2002

表 1－6 电气化铁道接触网钢支柱认定范围及执行标准

编号	序号	产 品 名 称	执行标准	备注
4001	1	电气化铁道接触网钢柱	TB/T 2921—1998	焊接。各种规格
	2	电气化铁道接触网硬横跨	TB/T 2920—1998	焊接。各种规格
	3	电气化铁道接触网钢管支柱	TB/T 3132—2006	热轧＋焊接。各种规格
	4	接触网 H 型钢柱	图纸 通化(2006)1301	热轧＋焊接。各种规格

表 1－7 接触网补偿装置认定范围及执行标准

编号	序号	产品名称	执 行 标 准	备 注
4003	1	补偿滑轮组	TB/T 2073—2003、TB/T 2075. 37—2002	包含各种规格，铝合金
	2	补偿棘轮	TB/T 2073—2003、TB/T 2075. 38—2002	包含各种规格，铝合金
	3	弹簧补偿器	TB/T 2073—2003	包含各种规格

附件 2

认定企业生产必备设备、工装及检测设备

表 2－1 重要接触网零部件认定企业生产必备设备、工装及检测设备

序号	类别	设 备 名 称	数量	规格型号	备 注
1	锻造	电加热设备	2	箱式电炉、中频感应炉各 1 套	有自动测温装置
		摩擦压力机	2	100 t 以上	
		压力机	1		
		热处理炉	2		有自动测温记录装置
		冲床	2		
		下料设备	1		
		清理设备	1		

续上表

序号	类别	设备名称	数量	规格型号	备注
2	铸造	混蜡机	1		
		注蜡机	1		
		脱蜡机	1		
		感应电炉	1		有测温装置
		热处理炉	1		有自动测温记录装置
		清理设备	1		
3	机加工及铆、焊	数控机床	1		
		普通机床	4		
		下料设备	1		
		钻床	3		
		焊接设备	2		
4	检测设备	材料试验机	1		
		接触网零部件试验机	1		
		零件振动试验机	1		
		零件疲劳试验机	1		
		化学分析设备	1		
		探伤设备	1		
		电阻测量装置	1		
		镀层测厚仪	1		
		硬度计	1		
		力矩扳手	2		
5	工装	铸造模具	1		
		锻造模具	1		
		钻、铆接工装	1		
		机加工及焊接工装	1		
		模具加工、修理设备	1		

表 2－2　接触线认定企业生产必备设备、工装及检测设备

序号	类别	设 备 名 称	数量	规格型号	备　注
1	生产设备	坯料杆生产设备	1		
		拉线生产设备	1		
		收线设备	1		
2	检测设备	拉力试验机	1		
		反复弯折试验设备	1		
		扭转试验机	1		
		电热恒温干燥箱	1		
		电阻测量装置	1		
		合金元素测量仪	1		
		氧含量测量仪	1		
		光谱仪	1		
		光电分析天平	1		
		角度测量仪器	1		
		涡流探伤仪	1		
3	工装	拉线用模具	1		
		包装用工装	1		

表 2－3　承力索认定企业生产必备设备、工装及检测设备

序号	类别	设 备 名 称	数量	规格型号	生产厂家
1	生产设备	坯料杆生产设备	1		
		拉线生产设备	1		
		收线设备	1		
2	检测设备	拉力试验机	1		
		卧式拉力试验机	1		
		反复弯折试验设备	1		
		缠绕试验设备	1		
		直流电阻测量装置	1		
		光谱仪	1		
		光电分析天平	1		
		干燥箱	1		
		合金元素测量仪	1		
		氧含量测量仪	1		
		涡流探伤仪	1		
3	工装	拉线用模具	1		
		包装用工装	1		

表 2 -4　绝缘子认定企业生产必备设备、工装及检测设备

<table>
<tr><th>序号</th><th>类别</th><th>设 备 名 称</th><th>数量</th><th>规格型号</th><th>备　注</th></tr>
<tr><td colspan="6">一、瓷绝缘子</td></tr>
<tr><td rowspan="9">1</td><td rowspan="9">生产设备</td><td>球磨机</td><td>1</td><td></td><td></td></tr>
<tr><td>泥浆搅拌机</td><td>1</td><td></td><td></td></tr>
<tr><td>泥浆除铁机</td><td>1</td><td></td><td></td></tr>
<tr><td>真空炼泥机</td><td>1</td><td></td><td></td></tr>
<tr><td>修坯机</td><td>1</td><td></td><td></td></tr>
<tr><td>干燥烘房</td><td>1</td><td></td><td></td></tr>
<tr><td>上釉机</td><td>1</td><td></td><td></td></tr>
<tr><td>烧成设备</td><td>1</td><td></td><td></td></tr>
<tr><td>胶装设备</td><td>1</td><td></td><td></td></tr>
<tr><td rowspan="12">2</td><td rowspan="12">检验设备</td><td>镀层测厚仪</td><td>1</td><td></td><td></td></tr>
<tr><td>表面粗糙轮廓仪</td><td>1</td><td></td><td></td></tr>
<tr><td>万能材料试验机</td><td>1</td><td></td><td></td></tr>
<tr><td>抗弯试验机</td><td>1</td><td></td><td></td></tr>
<tr><td>例行拉力试验机</td><td>1</td><td></td><td></td></tr>
<tr><td>超声波探伤仪</td><td>1</td><td></td><td></td></tr>
<tr><td>孔隙性试验装置</td><td>1</td><td></td><td></td></tr>
<tr><td>工频耐压试验装置</td><td>1</td><td></td><td></td></tr>
<tr><td>锁紧销操作试验装置</td><td>1</td><td></td><td></td></tr>
<tr><td>温度循环试验装置</td><td>1</td><td></td><td></td></tr>
<tr><td>淋雨设备</td><td>1</td><td></td><td></td></tr>
<tr><td>冲击电压发生器</td><td>1</td><td></td><td></td></tr>
<tr><td>3</td><td>工装</td><td>成型工装</td><td>1</td><td></td><td></td></tr>
<tr><td colspan="6">二、复合绝缘子</td></tr>
<tr><td rowspan="4">1</td><td rowspan="4">生产设备</td><td>硫化机</td><td>1</td><td></td><td></td></tr>
<tr><td>橡胶注塑机</td><td>1</td><td></td><td></td></tr>
<tr><td>压接机</td><td>1</td><td></td><td></td></tr>
<tr><td>烘箱</td><td>1</td><td></td><td></td></tr>
</table>

续上表

序号	类别	设 备 名 称	数量	规格型号	备 注
2	检验设备	镀层测厚仪	1		
		万能材料试验机	1		
		抗弯试验机	1		
		例行拉力试验机	1		
		工频试验装置	1		
		淋雨设备	1		
		冲击电压发生器	1		
3	工装	成型工装	1		

表 2-5 分段、分相绝缘器认定企业生产必备设备、工装及检测设备

序号	类别	设 备 名 称	数量	规格型号	备 注
1	生产设备	机加工设备	1		
		高温烘箱	1		
		压接设备	1		
		钻床	1		
2	检验设备	绝缘测试仪	1		
		工频耐压试验装置	1		
		材料试验机	1		
		卧式拉力试验机	1		
		力矩扳手	1		
		探伤设备	1		
3	工装	工装	1		
		组装调试检验平台	1		

表 2-6 电气化铁道接触网钢支柱认定企业生产必备设备、工装及检测设备

序号	类别	设 备 名 称	数量	规格型号	备 注
1	生产设备	下料设备	1		
		焊接设备	1		
		钻床	1		
		冲床	1		

续上表

序号	类别	设备名称	数量	规格型号	备注
2	检验设备	镀层测厚仪	1		
		结构试验场	1		
		加力及测量装置	1		
3	工装	焊接平台	1		
		调整、矫正设备	1		
		下料、焊接工装	1		

表2－7　接触网补偿装置认定企业生产必备设备、工装及检测设备

序号	类别	设备名称	数量	规格型号	备注
1	生产设备	铸造设备	1		有测温装置
		铝合金热处理炉	1		有自动测温记录装置
		清理设备	1		
		下料、切割设备	1		
		机加工设备	1		
		焊接设备	1		
2	检验设备	材料试验机	1		
		零件疲劳试验机	1		
		传动效率测试仪	1		
		化学分析设备	1		
		探伤设备	1		
		镀层测厚仪	1		
3	工装	铸造模具	1		
		钻模	1		
		工装	1		

附件3

认定企业人员要求

表3-1 重要接触网零部件认定企业人员要求

序号	专业类别		人员要求	备注
			中级及以上	
1	专业技术工程师	铁道供电	√	
		机械	√	
		锻造	√	
		铸造	√	
		热处理	√	
		检验	√	
2	关键岗位技术工人	锻压	√	
		铸造	√	
		热处理	√	
		机加	√	
		铆、焊	√	
		探伤	√	

表3-2 接触线、承力索认定企业专业技术人员要求

序号	专业类别		人员要求	备注
			中级及以上	
1	专业技术工程师	金属材料	√	
		电线电缆	√	
		机械制造	√	
		检验	√	
2	关键岗位技术工人	坯料杆生产	√	
		拉线及绞线	√	
		探伤	√	
		收线及包装	√	

表 3－3　绝缘子认定企业专业技术人员要求

序　号	专业类别		人员要求	备　注
			中级及以上	
1	专业技术工程师	电瓷或有机材料	√	
		高压电气	√	
		机械	√	
		检验	√	
2	关键岗位技术工人	混料	√	
		焙烧或硫化、注塑	√	
		浇装养护或压接	√	
		机加工	√	

表 3－4　分段、分相绝缘器认定企业专业技术人员要求

序　号	专业类别		人员要求	备　注
			中级及以上	
1	专业技术工程师	铁道供电	√	
		绝缘材料	√	
		机械	√	
		检验	√	
2	关键岗位技术工人	组装、调试	√	
		机加工	√	

表 3－5　电气化铁道接触网钢支柱认定企业人员要求

序　号	专业类别		人员要求	备　注
			中级及以上	
1	专业技术工程师	机械	√	
		焊接	√	
		检验	√	
2	关键岗位技术工人	焊接	√	
		机加	√	

表 3－6 接触网补偿装置认定企业人员要求

序 号	专业类别		人员要求	备 注
			中级及以上	
1	专业技术工程师	铁道供电	√	
		机械	√	
		铸造及热处理	√	
		检验	√	
2	关键岗位技术工人	铸造	√	
		热处理	√	
		机加	√	
		焊接	√	
		探伤	√	

附件 4

企业申请材料确认表

序号	提交的材料	对材料的要求	说明
1	行政许可申请书	一式两份	
2	营业执照	副本及复印件	
3	《铁路运输安全设备生产企业认定审查表》	按“铁路运输安全设备生产企业认定办法”附件 2 的格式填写	
4	专业生产设备、工艺装备计量器具规格、名称、数量明细表	应包括专业生产设备、工艺装备、检测设备和计量器具的规格、名称、数量等	
5	企业从事相关产品研发、设计和生产制造、检验等部门的技术人员名单	应包括人员名单、技术职务(称)、技术等级、所学专业和所从事的专业等	
6	企业质量保证体系和企业质量管理制度目录等资料	企业若通过质量保证体系需提供证书复印件,若没有需提供质量保证体系相关说明材料	
7	技术文件	应包括企业标准、设计图纸和工艺文件明细表	
8	国家及行业标准	应包括遵照的国家及行业技术标准全文或有关条款内容	
9	详细的技术说明	属知识产权保护的技术可注明后略去	

续上表

序号	提交的材料	对材料的要求	说明
10	技术鉴定	已通过科技成果鉴定或技术审查的，须提供相应的鉴定证书和审查意见	
11	申请甲级证书的材料	甲级(准)的复印件及相关材料	
12	法律法规要求的其他材料	符合环保的要求、供货业绩及其他	

附件5

认定企业质量能力检验办法

一、适用范围

本办法适用于对重要接触网器材认定企业的质量能力的检验。

二、检验要求

2.1 在企业进行现场质量能力检验时，与认定产品有关的生产线必须是正在运行的，否则立即结束现场质量能力检验。

2.2 产品认定企业的生产设备和检验设备必须符合附件2的要求，且相关生产设备和检验设备的精度满足生产要求，相关仪表、量具在检定有效期内。

2.3 产品认定企业的生产专业技术人员必须是适龄的在职人员，并符合附件3的要求。

2.4 企业对认定产品应建立完善的质量保证体系，并符合ISO9001标准的要求。若企业未通过ISO9001体系认证，或已通过ISO9001体系认证，但体系运行的有效性不符合要求时，则按ISO9001标准内容及本办法进行检验。

2.5 生产企业质量能力必须符合下表的要求。

附表

认定企业质量保证能力要求

序号	审查项目	审 查 内 容	备注
一	质量管理		
1.1	质量保证体系	1. 应建立、健全完整的质量保证体系，树立牢固的质量意识	
		2. 应制定质量管理工作计划，包括计划的实施机构、机构的职责，定期总结质量保证工作情况，定期进行内审和管理评审，具备持续改进的机制	
1.2	组织领导	1. 单位领导中应有人负责质量工作	
		2. 应设置相应的质量管理机构或有专人负责质量管理工作，且职权明确	
1.3	方针目标	1. 应制定质量方针和定量、可测量的质量目标	
		2. 质量方针和质量目标应实施分解到各职能部门	

续上表

<table>
<tr><th>序号</th><th>审查项目</th><th>审 查 内 容</th><th>备注</th></tr>
<tr><td rowspan="2">1.4</td><td rowspan="2">管理职责</td><td>1. 应制定质量管理制度,规定各有关部门、人员的质量职责、权限和相互关系</td><td></td></tr>
<tr><td>2. 应有相应的考核办法并严格实施</td><td></td></tr>
<tr><td rowspan="2">1.5</td><td rowspan="2">职工培训</td><td>1. 应有职工培训计划和培训制度,并能严格实施</td><td></td></tr>
<tr><td>2. 应对全体员工进行质量管理知识和专业技术培训</td><td></td></tr>
<tr><td rowspan="3">1.6</td><td rowspan="3">技术服务</td><td>1. 应有用户技术专职服务机构或人员</td><td></td></tr>
<tr><td>2. 应有健全的用户服务制度</td><td></td></tr>
<tr><td>3. 应有用户服务和访问记录</td><td></td></tr>
<tr><td>二</td><td>生产资源</td><td></td><td></td></tr>
<tr><td rowspan="2">2.1</td><td rowspan="2">生产设备</td><td>1. 应具有满足生产需要的设备及工装,性能应符合国家规定的要求,工装数量、品种满足认定产品的需要</td><td></td></tr>
<tr><td>2. 应具有健全的生产设备及工装的管理制度、工装图纸、设备台账及档案、维修和使用记录等</td><td></td></tr>
<tr><td rowspan="2">2.2</td><td rowspan="2">检测设备</td><td>1. 应具有满足生产需要的检验设备,建立严格的、可操作的检验制度</td><td></td></tr>
<tr><td>2. 检测设备的性能应能满足相关标准要求,并按期检定</td><td></td></tr>
<tr><td rowspan="4">2.3</td><td rowspan="4">人员要求</td><td>1. 领导人应有一定的质量管理知识</td><td></td></tr>
<tr><td>2. 管理人员应熟悉质量管理知识,并具有专业技术知识</td><td></td></tr>
<tr><td>3. 应有熟练掌握接触网器材生产专业技术知识的技术人员(表2-3)</td><td></td></tr>
<tr><td>4. 关键岗位的工作人员应能看懂相关的技术文件(图纸、工艺、文件),并能正确熟练地操作设备</td><td></td></tr>
<tr><td>三</td><td>技术文件</td><td></td><td></td></tr>
<tr><td rowspan="2">3.1</td><td rowspan="2">技术标准</td><td>1. 应具有与接触网器材生产有关的国际、国家、行业、企业标准、技术条件和法律法规,并贯彻执行</td><td></td></tr>
<tr><td>2. 应制定严于或达到相应的国家、行业标准要求的产品内控标准,并经标准化部门备案</td><td></td></tr>
<tr><td rowspan="4">3.2</td><td rowspan="4">技术文件</td><td>1. 技术文件应具有正确性,文件的绘制、标注、技术指标、编号、图面质量等符合有关标准和规定的要求,且签署、更改手续正确完备</td><td></td></tr>
<tr><td>2. 技术文件应具有完整性和系统性,齐全配套</td><td></td></tr>
<tr><td>3. 技术文件应具有统一性,各部门使用的文件应完全一致</td><td></td></tr>
<tr><td>4. 应有产品的型式试验报告、正规蓝图或计算机打印图纸和产品使用说明书</td><td></td></tr>
<tr><td rowspan="2">3.3</td><td rowspan="2">文件管理</td><td>1. 应制定合理的文件管理制度,文件的发布应经过正式批准,使用部门可随时获得文件的有效版本,文件修改、贮存、报废应符合规定的程序</td><td></td></tr>
<tr><td>2. 应有部门或专(兼)职人员负责技术文件管理</td><td></td></tr>
</table>

续上表

序号	审查项目	审 查 内 容	备注
四	采购控制		
4.1	采购制度	1. 应制定采购原材料、外购件的质量控制制度	
		2. 对外协、外购产品应有相应的、详细的验收制度	
4.2	供方评价	1. 应制定供方评价准则,并根据供货单位的产品质量信誉及质量保证能力对供方进行评价,择优采购。对供方的产品有资质要求的需符合有关规定	
		2. 应保留原材料、外购件供应商及外协单位的名单和供货、协作记录	
4.3	采购文件	应根据正式批准的采购文件进行采购。如采购计划、采购清单、技术标准、采购合同等采购文件	
4.4	采购验证	应按规定对采购的原材料、元器件及外协件进行质量检验或根据有关规定进行质量验证,检验或验证的记录齐全	
五	过程控制		
5.1	工艺管理	1. 企业应制定工艺管理制度及考核办法,并严格进行管理和考核	
		2. 企业职工应严格执行工艺管理制度,按操作规程、作业指导书等工艺文件进行生产操作,做好操作记录	
		3. 企业应制定完整的、统一的、正确的工艺文件	
		4. 企业应制定产品的工艺流程卡,并严格执行	
		5. 企业应制定产品的材料消耗定额,并严格执行	
5.2	质量控制	1. 企业应对生产中的重要工序或产品关键特性进行质量控制,并应在生产工艺流程图上标出关键的质量控制点	
		2. 企业应制定关键质量控制点的操作控制程序,并依据程序实施质量控制	
		3. 对生产过程中流转的材料、半成品做好标记和标识	
5.3	特殊过程	对产品质量不易或不能经济地进行检验和试验的特殊过程,应事先进行设备认可和人员鉴定,并按规定的方法和要求进行操作和实施过程参数监控	
六	质量检验		
6.1	检验管理	1. 应有独立行使检验权力专(兼)职检验人员	
		2. 应建立自检、互检、专检的质量检验管理制度,并作好质量检验记录	
6.2	过程检验	1. 在生产过程中应按规定开展过程质量检验,并做好检查记录	
		2. 对于检验不合格的产品,按不合格程序规定进行处理,并重新检验。并做好检验记录	

续上表

序号	审查项目	审查内容	备注
6.3	交付检验	应按产品技术标准要求,进行出厂产品的检验、对检验合格产品出具产品质量检验合格证、并按规定进行包装和标识	
七	安全生产		
7.1	文明生产	1. 生产场地要清洁、明亮,工作场地条件要满足生产规模的需要,并对设施、设备加强维护保养	
		2. 生产场地和库房要布局合理,道路通畅,零件、物料放置有序,进行必要的标识	
7.2	安全防护	应制定并实施安全生产制度。应具备防火、防雷、防爆措施	
7.3	环卫要求	应对环境卫生进行管理,要对排放有害物采取措施,保护环境和职工身体健康	

附件6

重要接触网器材检验方法

6.1 重要接触网器材检验方法——接触网零部件检验方法

一、适用范围

本办法规定了认定范围的重要接触网器材——接触网零部件产品的抽样、检验和评定方法。

二、检验依据

TB/T 2073—2003《电气化铁道接触网零件技术条件》

TB/T 2074—2003《电气化铁道接触网零件试验方法》

TB/T 2075—2002《电气化铁道接触网零部件》

铁科技函[2004]607号文件《电气化铁道供电设备器材技术条件(暂行)》

三、产品抽样办法

试样应从生产企业一年内的合格成品中抽取,抽取的样本应能代表企业的制造水平。半成品或未组装好的产品不得参加抽样。

接触网零件抽样基数一般不得少于200,大型或用量少的零件抽样基数与样本之比不得低于5。

抽样数量:10件/种(腕臂等大型零件可酌情减少)。

抽样地点为生产企业成品库。由检验组或现场审查组进行抽样,抽样人员应持有效证件以及“铁道部产品质量检验抽样登记表”,抽样后对抽检产品装箱打包,并当场进行铅封。填写抽样登记表,记录铅封号及产品编号等信息,双方确认无误后签字和/或盖章。

四、检验设备的要求

检验所用仪器、设备应满足测量范围和精度的要求,并在检定有效期内。

五、检验项目及试验方法

序号	检验项目	项点类别	检　验　方　法	备注
1	外观及组装检查	B	按 TB/T 2074—2003 标准 5.1、5.3 条款进行	
2	尺寸检验	B	按 TB/T 2074—2003 标准 5.2 条款进行	
3	镀层检验	B	按 TB/T 2074—2003 标准 5.15、5.16 条款进行	
4	紧固力矩	A	按 TB/T 2074—2003 标准 5.6 条款进行	
5	滑动荷重	A	按 TB/T 2074—2003 标准 5.7 条款进行	
6	工作荷重	A	按 TB/T 2074—2003 标准 5.4 条款进行	
7	破坏荷重	A	按 TB/T 2074—2003 标准 5.4 条款进行	
8	挠度测量	A	按 TB/T 2074—2003 标准 5.5 条款进行	
9	耐拉伸/压缩荷重	A	按 TB/T 2074—2003 标准 5.5 条款进行	
10	接触电阻	A	按 TB/T 2074—2003 标准 5.13 条款进行	
11	电热循环试验	A	按 TB/T 2074—2003 标准 5.14 条款进行	
12	振动试验	A	按 TB/T 2074—2003 标准 5.8 条款进行	
13	疲劳试验	A	按 TB/T 2074—2003 标准 5.9 条款进行	
14	应力腐蚀	A	按 TB/T 2074—2003 标准 5.18 条款进行	
15	探伤试验	A	按 TB/T 2074—2003 标准 5.22 条款进行	
	备注:详细检验项目及技术要求按铁标、部批技术条件及工厂图纸,具体技术要求可高于标准。下同			

六、判断依据

各项检验结束后,根据 TB/T 2075 标准及技术要求先对单件产品进行判定,判定方法为:A 类项点(n;0,1),B 类项点(6;2,3),A、B 类项点均合格,单件产品判定合格,否则单件产品判定不合格。

在单件产品判定的基础上进行整体判定,判定方法为:(n;0,1)。

6.2　重要接触网器材检验方法——接触线检验方法

一、适用范围

本办法规定了认定范围的重要接触网器材——电气化铁道用铜及铜合金接触线产品的抽样、检验和评定方法。

二、检验依据

TB/T 2809—2005《电气化铁道用铜及铜合金接触线》

三、产品抽样办法

试样应从生产企业一年内的合格成品中抽取,抽取的样本应能代表企业的制造水平。

抽取样本数为15米/种，从2盘或2盘以上抽样。

抽样地点为生产企业成品库。由检验组或现场审查组进行抽样，抽样人员应持有效证件以及"铁道部产品质量认定检验抽样登记表"，抽样后对抽检产品装箱打包，并当场进行铅封。填写抽样登记表，记录铅封号及产品编号等信息，双方确认无误后签字和/或盖章。

四、检验设备要求

检验所用仪器、设备应满足测量范围和精度的要求，并在检定有效期内。

五、检验项目及试验方法

序号	检验项目	项点类别	检 验 方 法	备注
1	外观检查	B	按TB/T 2809—2005标准6.5条款进行	
2	尺寸及角度测量	B/A	按TB/T 2809—2005标准6.1条款进行	
3	20 ℃电阻率	A	按TB/T 2809—2005标准6.3条款进行	
4	拉断力及伸长率	A	按TB/T 2809—2005标准6.2.1条款进行	
5	软化后拉断力及伸长率	A	按TB/T 2809 2005标准6.2.1条款进行	
6	扭转	A	按TB/T 2809—2005标准6.2.1条款进行	
7	反复弯曲	A	按TB/T 2809—2005标准6.2.1条款进行	
8	卷绕	A	按TB/T 2809—2005标准6.2.1条款进行	
9	振动试验	A	按TB/T 2809—2005标准6.2.2条款进行	
10	疲劳试验	A	按TB/T 2809—2005标准6.2.3条款进行	
11	振动、疲劳后拉断力	A	按TB/T 2809—2005标准6.2.3条款进行	
12	横向晶粒尺寸	/	按TB/T 2809—2005标准附录A进行	
13	含氧量、含银(镁、锡)量	/	按TB/T 2809—2005标准表1及附录A进行	

六、判断依据

各项检验结束后，根据TB/2809—2005标准7.1.3条款对单件产品进行判定。

在单件产品判定的基础上进行整体判定，判定方法为：(n;0,1)。

6.3 重要接触网器材检验方法——承力索检验方法

一、适用范围

本办法规定了认定范围的重要接触网器材——承力索产品的抽样、检验和评定方法。

二、检验依据

TB/T 3111—2005《电气化铁道用铜及铜合金绞线》

三、产品抽样办法

试样应从生产企业一年内的合格成品中抽取，抽取的样本应能代表企业的制造水平。抽取样本数为12米/种，从2盘或2盘以上抽样。

抽样地点为生产企业成品库。由检验组或现场审查组进行抽样，抽样人员应持有效证件以及"铁道部产品质量认定检验抽样登记表"，抽样后对抽检产品装箱打包，并当场进行铅封。填写抽样登记表，记录铅封号及产品编号等信息，双方确认无误后签字和/或盖章。

四、检验设备的要求

检验所用仪器、设备应满足测量范围和精度的要求，并在检定有效期内。

五、检验项目及试验方法

序号	检验项目	项点类别	检 验 方 法	备注
1	外观检查及单丝根数	B	按 TB/T 3111—2005 标准 5.3 条款进行	
2	节径比	B	按 TB/T 3111—2005 标准 5.4.3 条款进行	
3	单丝直径	B	按 TB/T 3111—2005 标准 5.2.1 条款进行	
4	单丝扭转	A	按 TB/T 3111—2005 标准 5.2.8 条款进行	
5	单丝缠绕	A	按 TB/T 3111—2005 标准 5.2.10 条款进行	
6	单丝反复弯曲	A	按 TB/T 3111—2005 标准 5.2.9 条款进行	
7	单丝抗拉强度及伸长率	A	按 TB/T 3111—2005 标准 5.2.1 条款进行	
8	单丝电阻率	A	按 TB/T 3111—2005 标准 5.2.11 条款进行	
9	整绳 20 ℃电阻	A	按 TB/T 3111—2005 标准 5.2.1 条款进行	
10	整绳破断拉力	A	按 TB/T 3111—2005 标准 5.2.1、5.2.4 及 5.2.5 条款进行	
11	振动试验	A	按 TB/T 3111—2005 标准 5.2.2 条款进行	
12	疲劳试验	A	按 TB/T 3111—2005 标准 5.2.3 条款进行	
13	振动、疲劳后整绳破断拉力	A	按 TB/T 3111—2005 标准 5.2.3 条款进行	
14	化学成分	/	按 TB/T 3111—2005 标准 5.1 条款进行	

六、判断依据

各项检验结束后，根据 TB/T 3111—2005 标准对单件产品进行判定。

在单件产品判定的基础上进行整体判定，判定方法为：(n;0,1)。

6.4 重要接触网器材检验方法—绝缘子检验方法

一、适用范围

本办法规定了认定范围的重要接触网器材——绝缘子产品的抽样、检验和评定方法。

二、检验依据

2.1 TB/T 2076 电气化铁道接触网用棒形瓷绝缘子

2.2 TB/T 3068—2002 电气化铁道接触网用棒形悬式复合绝缘子

2.3 GB 1001.1—2003 标称电压高于 1 000 V 的架空线路绝缘子 第一部分:交流系统用瓷或玻璃绝缘子元件—定义、试验方法和判定准则

2.4 TB/T 3077—2003 电力机车车顶绝缘子技术条件

三、产品抽样方法

试样应从生产企业一年内的合格成品中抽取,抽取的样本应能代表企业的制造水平。

抽取样本数:

棒形瓷绝缘了,样本量为6。

棒形悬式复合绝缘子,样本量为20。

棒形复合绝缘子,样本量为12。

盘形悬式瓷绝缘子,样本数为60。

抽样地点为生产企业成品库。由检验组或现场审查组进行抽样,抽样人员应持有效证件以及"铁道部产品质量认定检验抽样登记表",抽样后对抽检产品装箱打包,并当场进行铅封。填写抽样登记表,记录铅封号及产品编号等信息,双方确认无误后签字和/或盖章。

四、检验仪器设备

检验所用仪器、设备应满足测量范围和精度的要求,并在检定有效期内。

五、检验内容和检验方法

表1 棒形悬式复合绝缘子检验项目与检验依据

序号	检验项目	项点类别	检 验 依 据	备注
1	外观主要尺寸/爬电距离	B/A	按 TB/T 3068 标准 4.2.1 条款进行	
2	镀锌层试验	B	按 TB/T 3068 标准 4.3.2 条款进行	
3	锁紧销操作试验	A	按 TB/T 3068 标准 4.3.2 条款进行	
4	额定拉伸负荷耐受试验	A	按 TB/T 3068 标准 4.3.6h 条款进行	
5	70% 额定机械负荷耐受试验	A	按 TB/T 3068 标准 4.3.6i 条款进行	
6	雷电全波冲击耐受电压试验	A	按 TB/T 3068 第 4.3.3 条款进行	
7	工频 1 min 湿耐受电压试验	A	按 TB/T 3068 第 4.3.3 条款进行	
8	突然卸载试验	A	按 TB/T 3068 第 4.3.6a 条款进行	
9	热机械性能试验	A	按 TB/T 3068 第 4.3.6a 条款进行	
10	42 h 水煮试验	A	按 TB/T 3068 第 4.3.6a 条款进行	
11	陡波冲击电压试验	A	按 TB/T 3068 第 4.3.6a 条款进行	
12	工频电压试验	A	按 TB/T 3068 第 4.3.6a 条款进行	
13	工频干闪络试验	A	按 TB/T 3068 第 4.3.6a 条款进行	
14	拉伸负荷 - 时间试验	A	按 TB/T 3068 第 4.3.6d 条款进行	
15	芯棒渗透试验	A	按 TB/T 3068 第 4.3.5a 条款进行	
16	芯棒水扩散试验	A	按 TB/T 3068 第 4.3.6b 条款进行	
17	振动试验	A	按 TB/T 3068 附录 D 条款进行	

表 2 棒形瓷绝缘子检验项目及检验依据

序号	检验项目	项点类别	检 验 依 据	备注
1	外观主要尺寸和形位公差/爬电距离	B/A	按 TB/T 2076 第 4.2 条款进行	
2	标准雷电冲击耐受电压	B	按 TB/T 2076 第 4.3.7 条款进行	
3	工频干耐受电压试验	A	按 TB/T 2076 第 4.3.7 条款进行	
4	工频湿耐受电压试验	A	按 TB/T 2076 第 4.3.7 条款进行	
5	人工污秽耐受电压试验	A	按 TB/T 2076 第 4.3.7 条款进行	
6	温度循环试验	A	按 TB/T 2076 第 4.3.5 条款进行	
7	拉伸破坏荷重	A	按 TB/T 2076 第 4.3.7 条款进行	
8	弯曲破坏荷重	A	按 TB/T 2076 第 4.3.7 条款进行	
9	孔隙性试验	A	按 TB/T 2076 第 4.3.2 条款进行	
10	镀锌层试验	A	按 TB/T 2076 第 4.3.6 条款进行	
11	紧固力矩及滑动负荷试验	A	按 TB/T 2076 第 4.3.7 条款进行	

表 3 盘形悬式绝缘子检验项目及检验依据

序号	检验项目	项点类别	检 验 依 据	备注
1	外观主要尺寸/爬电距离	B/A	按 GB/T 1001.1 表 3 条款进行	
2	镀锌层试验	B	按 GB/T 1001.1 表 3 条款进行	
3	锁紧销检查	A	按 GB/T 1001.1 表 3 条款进行	
4	雷电全波冲击耐受电压试验	A	按 GB/T 1001.1 表 3 条款进行	
5	工频 1 min 湿耐受电压试验	A	按 GB/T 1001.1 表 3 条款进行	
6	残留机械强度试验	A	按 GB/T 1001.1 表 3 条款进行	
7	热机械性能试验	A	按 GB/T 1001.1 表 3 条款进行	
8	温度循环试验	A	按 GB/T 1001.1 表 3 条款进行	
9	机电破坏负荷试验	A	按 GB/T 1001.1 表 3 条款进行	
10	击穿耐受试验	A	按 GB/T 1001.1 表 3 条款进行	
11	孔隙性试验(瓷)	A	按 GB/T 1001.1 表 3 条款进行	

表4　电力机车车顶绝缘子检验项目及检验依据

序号	检验项目	项点类别	检验依据	备注
1	外观主要尺寸/爬电距离	B/A	按TB/T 3077第4.2、4.3.3条款进行	
2	镀锌层试验	B	按TB/T 3077第4.3.4条款进行	
3	工频1 min湿耐受电压试验	A	按TB/T 3077第4.3.5条款进行	
4	机械性能试验	A	按TB/T 3077第5.1.2.3条款进行	
5	冲击和震动试验	A	按TB/T 3077第5.1.2.4条款进行	
6	人工污耐受电压试验	A	按TB/T 3077第4.5条款进行	
7	镀锌层	A	按JB/T 8177第4.3条款进行	

表5　电气化铁道接触网用棒形复合绝缘子检验项目及检验依据

序号	检验项目	项点类别	检验依据	备注
1	外观主要尺寸/爬电距离	B/A	按TB/T 2076第4.2条款进行	
2	镀锌层试验	B	按TB/T 2076第4.3.6条款进行	
3	拉伸破坏负荷试验	A	按TB/T 2076第4.3.7条款进行	
4	70%额定拉伸负荷96 h耐受试验	A	按TB/T 3068第4.3.6i条款进行	
5	雷电全波冲击耐受电压试验	A	按TB/T 2076第4.3.7条款进行	
6	工频1 min湿耐受电压试验	A	按TB/T 2076第4.3.7条款进行	
7	工频1 min干耐受电压试验	A	按TB/T 2076第4.3.7条款进行	
8	热机械性能试验	A	按TB/T 3068第4.3.6a条款进行	
9	(42 h)水煮试验	A	按TB/T 3068第4.3.6a条款进行	
10	陡波冲击电压试验	A	按TB/T 3068第4.3.6a条款进行	
11	弯曲负荷试验	A	按TB/T 2076第4.3.7条款进行	
12	紧固力矩及滑动负荷试验	A	按TB/T 2076第4.3.7条款进行	

六、检验结果的判定

各项检验结束后，根据标准条款对产品进行判定。判定方法为：A类项点(n;0,1)，B类项点(6;2,3)，A、B类项点均合格，单件产品判定合格，否则单件产品判定不合格。

在单件产品判定的基础上进行整体判定，判定方法为：(n;0,1)。

6.5　重要接触网器材检验方法——分段、分相绝缘器检验方法

一、适用范围

本办法规定了认定范围的重要接触网器材——电气化铁道用分段绝缘器产品的抽样、检验和评定方法。

二、检验依据

TB/T 3036—2002《25 kV 电气化铁道接触网用分段绝缘器》

TB/T 3037—2002《25 kV 电气化铁道接触网用分相绝缘器》

三、产品抽样办法

试样应从生产企业一年内的合格成品中抽取,抽取的样本应能代表企业的制造水平。抽取数量为2套/种。

抽样地点为生产企业成品库。由检验组或现场审查组进行抽样,抽样人员应持有效证件以及"铁道部产品质量认定检验抽样登记表",抽样后对抽检产品装箱打包,并当场进行铅封。填写抽样登记表,记录铅封号及产品编号等信息,双方确认无误后签字和/或盖章。

四、检验设备的要求

检验所用仪器、设备应满足测量范围和精度的要求,并在检定有效期内。

五、检验项目及试验方法

表1 分段绝缘器检验项目及试验方法

序号	检验项目	项点类别	检 验 依 据	备注
1	外观尺寸	B	按 TB/T 3036—2002 标准中 7 条款进行	
2	起始滑动力	A	按 TB/T 3036—2002 标准中 6.2.1c)条款进行	
3	例行拉伸试验负荷	A	按 TB/T 3036—2002 标准中 6.2.1b)条款进行	
4	拉伸破坏	A	按 TB/T 3036—2002 标准中 6.2.1a)条款进行	
5	爬电距离	A	按 TB/T 3036—2002 标准中 6.2.2a)条款进行	
6	空气绝缘间隙	A	按 TB/T 3036—2002 标准中 6.2.2b)条款进行	
7	工频湿闪电压	A	按 TB/T 3036—2002 标准中 6.2.2c)条款进行	
8	雷电冲击耐受电压	A	按 TB/T 3036—2002 标准中 6.2.2d)条款进行	
9	绝缘元件拉伸破坏负荷	A	按 TB/T 3036—2002 标准中 6.3.1a)条款进行	
10	绝缘元件工频干耐受电压	A	按 TB/T 3036—2002 标准中 6.3.2a)条款进行	
11	绝缘元件工频湿耐受电压	A	按 TB/T 3036—2002 标准中 6.3.2b)条款进行	
12	绝缘元件雷电冲击耐受	A	按 TB/T 3036—2002 标准中 6.3.2c)条款进行	
13	绝缘元件人工污秽耐受	A	按 TB/T 3036—2002 标准中 6.3.2d)条款进行	
14	振动试验	A	按 TB/T 3036—2002 标准中 6.2.1d)条款进行	
15	疲劳试验	A	按 TB/T 3036—2002 标准中 6.2.1e)条款进行	

表2　分相绝缘器检验项目及试验方法

序号	检验项目	项点类别	检 验 依 据	备注
1	外观尺寸	B	按 TB/T 3037—2002 标准中 7 条款进行	
2	起始滑动力	A	按 TB/T 3037—2002 标准中 6.3.1c) 条款进行	
3	例行拉伸试验负荷	A	按 TB/T 3037—2002 标准中 6.3.1b) 条款进行	
4	拉伸破坏	A	按 TB/T 3037—2002 标准中 6.3.1a) 条款进行	
5	爬电距离	A	按 TB/T 3037—2002 标准中 6.3.2a) 条款进行	
6	空气绝缘间隙	A	按 TB/T 3037—2002 标准中 6.3.2b) 条款进行	
7	工频湿闪电压	A	按 TB/T 3037—2002 标准中 6.3.2c) 条款进行	
8	雷电冲击耐受电压	A	按 TB/T 3037—2002 标准中 6.3.2d) 条款进行	
9	绝缘元件拉伸破坏负荷	A	按 TB/T 3037—2002 标准中 6.4.1a) 条款进行	
10	绝缘元件工频干耐受电压	A	按 TB/T 3037—2002 标准中 6.4.2a) 条款进行	
11	绝缘元件工频湿耐受电压	A	按 TB/T 3037—2002 标准中 6.4.2b) 条款进行	
12	绝缘元件雷电冲击耐受	A	按 TB/T 3037—2002 标准中 6.4.2c) 条款进行	
13	绝缘元件人工污秽耐受	A	按 TB/T 3037—2002 标准中 6.4.2d) 条款进行	
14	振动试验	A	按 TB/T 3037—2002 标准中 6.3.1d) 条款进行	
15	疲劳试验	A	按 TB/T 3037—2002 标准中 6.3.1e) 条款进行	

六、判断依据

各项检验结束后，根据标准条款对产品进行判定。判定方法为：A 类项点（n;0,1），B 类项点（6;2,3），A、B 类项点均合格，单件产品判定合格，否则单件产品判定不合格。

在单件产品判定的基础上进行整体判定，判定方法为：(n;0,1)。

6.6　重要接触网器材检验方法——电气化铁道接触网钢支柱检验方法

一、适用范围

本办法规定了认定范围的重要接触网器材——电气化铁道接触网钢支柱产品的抽样、检验和评定方法。

二、检验依据

TB/T 2920—1998《电气化铁道接触网硬横跨技术条件》

TB/T 2921—1998《电气化铁道接触网钢柱》

TB/T 3132—2006《电气化铁道接触网钢管支柱》

图纸：通化(2006)1301《接触网 H 型钢柱》

三、产品抽样方法

试样应从生产企业一年内的合格成品中抽取，抽取的样本应能代表企业的制造水平。半成品或未组装好的产品不得参加抽样。

抽样数量:1 ~2 套/种。

抽样地点为生产企业成品库。由检验组或现场审查组进行抽样,抽样人员应持有效证件以及"铁道部产品质量检验抽样登记表",抽样后对抽检产品装箱打包,并当场进行铅封。填写抽样登记表,记录铅封号及产品编号等信息,双方确认无误后签字和/或盖章。

四、检验所用仪器、设备

所用仪器、设备全部经计量检定合格,且在有效期内。

五、检验项目及试验方法

表 1　电气化铁道接触网钢柱

序号	检验项目	项点类别	检　验　依　据	备注
1	外观尺寸	B	按 TB/T 2921—1998 标准中 5.1、5.3 及 5.4.6 条款进行	
2	镀层检验	B	按 TB/T 2921—1998 标准中 5.4.7 及 5.4.8 条款进行	
3	结构性能	A	按 TB/T 2921—1998 标准中 5.5 条款进行	

表 2　电气化铁道接触网硬横跨

序号	检验项目	项点类别	检　验　依　据	备注
1	外观尺寸	B	按 TB/T 2920—1998 标准中 5.1、5.3 及 5.4.6 条款进行	
2	镀层检验	B	按 TB/T 2920—1998 标准中 5.4.7 及 5.4.8 条款进行	
3	结构性能	A	按 TB/T 2920—1998 标准中 5.5 条款进行	

表 3　电气化铁道接触网钢管支柱

序号	检验项目	项点类别	检　验　依　据	备注
1	外观尺寸	B	按 TB/T 3132—2006 标准中 6.2 条款进行	
2	镀层检验	B	按 TB/T 3132—2006 标准中 6.3 条款进行	
3	结构性能	A	按 TB/T 3132—2006 标准中 6.4 条款进行	

表 4　接触网 H 型钢柱

序号	检验项目	项点类别	检　验　依　据	备注
1	外观尺寸	B	通化(2006)1301 图纸中 7.4、8.2 及 TB/T 2921—1998、TB/T 3132—2006 标准中相应条款	
2	镀层检验	B	通化(2006)1301 图纸中 8.3 及 TB/T 2921—1998、TB/T 3132—2006 标准中相应条款	
3	结构性能	A	通化(2006)1301 图纸中 7.6 及 TB/T 2921—1998、TB/T 3132—2006 标准中相应条款	

六、检验结果判定

各项检验结束后,根据标准及技术要求先对单件产品进行判定,判定方法为:A类项点(n;0,1),B类项点(12;5,6),A、B类项点均合格,单件产品判定合格,否则单件产品判定不合格。

在单件产品判定的基础上进行整体判定,判定方法为:(n;0,1)。

6.7 接触网补偿装置检验方法

一、适用范围

本办法规定了认定范围的补偿滑轮组、补偿棘轮和弹簧补偿器产品的抽样、检验和评定方法。

二、检验依据

TB/T 2073—2003《电气化铁道接触网零件技术条件》

TB/T 2074—2003《电气化铁道接触网零件试验方法》

TB/ 2075.37—2002《电气化铁道接触网零部件第37部分:补偿滑轮组》

TB/T 2075.38—2002《电气化铁道接触网零部件第38部分:补偿棘轮》

铁科技函[2004]607号文件《电气化铁道供电设备器材技术条件(暂行)》

三、产品抽样办法

试样应从生产企业一年内的合格成品中抽取,抽取的样本应能代表企业的制造水平。半成品或未组装好的产品不得参加抽样。

补偿装置抽样基数与样本之比不得低于5。抽样数量:2套/种。

抽样地点为生产企业成品库。由检验组或现场审查组进行抽样,抽样人员应持有效证件以及"铁道部产品质量检验抽样登记表",抽样后对抽检产品装箱打包,并当场进行铅封。填写抽样登记表,记录铅封号及产品编号等信息,双方确认无误后签字和/或盖章。

四、检验设备的要求

检验所用仪器、设备应满足测量范围和精度的要求,并在检定有效期内。

五、检验项目及试验方法

序号	检验项目	项点类别	检验方法	备注
1	外观尺寸、组装检查	B	按TB/T 2074—2003标准5.1、5.3条款进行	
2	镀层检验	B	按TB/T 2074—2003标准5.15、5.16条款进行	
3	工作荷重	A	按TB/T 2074—2003标准5.4条款进行	
4	破坏荷重	A	按TB/T 2074—2003标准5.4条款进行	
5	断线制动	A	按TB/T 2075.38—2002标准附录A进行	
6	传动效率	A	按TB/T 2075.37.38—2002标准附录A进行	
7	疲劳试验	A	按TB/T 2075.37.38—2002标准附录A进行	

六、判断依据

各项检验结束后,根据标准及技术要求先对单件产品进行判定,判定方法为:A

类项点(n;0,1),B 类项点(6;2,3),A、B 类项点均合格,单件产品判定合格,否则单件产品判定不合格。

在单件产品判定的基础上进行整体判定,判定方法为:(n;0,1)。

附件 7

专业生产设备、工艺装备及计量器具规格、名称、数量明细表

企业名称:

序号	名　　称	规格型号	数　　量	完好状态	使用场所	生产厂	生产日期	购置日期

附件 8

企业主要负责人、主要技术骨干人员一览表

企业名称:

序号	姓名	性别	年龄	技术职务(称)	文化程度	所学专业	所从事专业	工作年限	在被检查企业工作年限	备　注

铁路通信信号设备生产企业认定实施细则

铁道部2008年2月21日　铁运[2008]30号

第一条　为加强铁路通信信号设备质量的监督管理,保障铁路运输安全,根据《铁路运输安全保护条例》和《铁路运输安全设备生产企业认定办法》制定本细则。

第二条　本细则所称铁路通信信号设备是指《铁路运输安全设备生产企业认定办法》公布的目录中产品编号首位为2和3的产品。

第三条　凡在中华人民共和国境内生产并销售铁路通信信号设备的企业,应当向铁道部申请取得铁路通信信号设备生产企业认定证书(以下简称认定证书)。取得认定证书的企业名录,由铁道部公布。

第四条　申请认定的企业应具备以下条件:

(一)有《通信信号设备生产企业必备的生产设备和检测设备》(附件4)规定的相应专业生产设备。

(二)有《通信信号设备生产企业具有的专业技术人员》(附件5)规定的相应专业技术人员。

(三)从事系统集成和软件生产的企业,其质量保证体系和管理制度应符合《通信信号设备质量保证体系和管理制度》(附件6表1)的要求;从事硬件加工和通信信号器材生产的企业,其质量保证体系和管理制度应符合《通信信号设备质量保证体系和管理制度》(附件6表2)的要求。

(四)近3年内无产品质量责任事故。包括:

生产成熟技术的铁路通信信号产品的企业,所申请产品或同类产品已在铁路运用满3年,近3年无质量责任事故;

生产铁路通信信号新产品的企业,其产品已经铁道部组织专家进行技术评审,评审合格的准予在铁路试用,在规定的试用期内无产品质量责任事故,且该企业生产的同类产品运用满3年,近3年内无质量责任事故;

生产关系到铁路技术发展和装备政策,并经铁道部研究决定需尽快推广运用的铁路通信信号新产品的企业,其产品已经铁道部组织专家进行技术评审,评审合格的准予在铁路试用,在规定的试用期内无产品质量责任事故;

企业应具备责任事故赔偿能力,其注册资金(本)应不少于1 000万元人民币。

第五条　申请认定时应提交下列材料:

(一)铁道部行政许可申请书(附件1);

(二)铁路通信信号设备生产企业认定审查表(附件2);

(三)营业执照(副本)原件及复印件;

(四)专业生产设备、工艺装备及检测设备规格、名称、数量明细表(附件4的附表格式);

(五)企业从事铁路运输安全设备研发、设计和生产制造、检验等相关的技术人员名单、技术职务(称)、技术等级、所学专业和所从事的专业等材料;

(六)企业质量保证体系和企业质量管理制度、ISO9001质量体系认证证书复印件等材料；

（七）该产品的企业技术标准或技术条件（提供文本），设计图纸和工艺文件明细表；

（八）与所生产的产品相关的主要国家技术标准文本全文或有关条款内容；

（九）详细的技术说明（属专有技术采取保密措施的可注明后略去），应包含使用说明、维护及管理说明等；

（十）已通过铁道部科技成果鉴定、技术审查或专家技术评审的，还需提供相应的证书和审查（评审）意见（复印件）等材料；

（十一）生产引进的国外先进技术的新产品的企业，需提供该产品在国外运用的质量情况说明；

（十二）运输企业近一年内提供的运用（或试用）报告（含使用期内故障清单、原因分析及采取的措施等），运用（或试用）报告须由设备管理单位主要领导（电务段长或铁通省级分公司主管铁道业务经理）及上级主管部门主要领导（电务处长）签字，并加盖设备管理单位和上级主管部门印章；

（十三）产品质量保证函，包括申请软件产品认定的企业提供的软件质量保证函，申请系统集成认定的企业提供的集成各主要组成部分的质量保证函，主要元器件等单项设备应有原生产企业的出厂质量合格证；

（十四）企业经营业绩明细表（含运用单位、运用地点、运用数量、开始运用时间等内容）；

（十五）法律法规要求的其他材料。

申请硬件生产认定的企业，如与相应软件和系统集成企业不属于同一企业的，需提供软件和系统集成企业取得的认定证书复印件。

受让技术的企业申请生产认定的，应提供技术转让、技术合作等证明拥有技术合法所有权或使用权的有关材料。

第六条　申请认定的企业，其产品或构成其产品的零部件已列入本细则规定的认定范围或列入国家强制认证目录时，须提供准予生产的行政许可文书或国家强制认证证书。

第七条　申请认定的企业，其有关生产过程（见附件4）可委托其他企业完成，但应提供受委托的企业名称及受委托企业的相应资质材料。受委托的企业应具备本细则规定的条件。

在证书有效期内，申请认定的企业对产品质量和安全承担全部责任，并不得随意变更受委托的企业，需要变更的应向铁道部重新提出变更申请。

第八条　企业提交的材料原则上不予退还，需要收回的材料，应向审查人员提出；所有材料采用A4纸张制作，按第五条规定的顺序无线胶订成册并统一标注页码。

第九条　铁道部行政许可管理机构负责受理企业申请，作出是否受理的决定，并出具加盖铁道部行政许可专用章和注明日期的书面凭证。受理的，将申请材料转交铁道部运输局进行审查；不予受理的，应向企业说明理由。

第十条　铁道部运输局需要对企业提交的材料内容进行核查的，应指派至少2名工作人员进行核查。

第十一条　需要经过专家评审的，由铁道部组织专家进行评审，并书面通知企业做好相应准备。

第十二条 经审查基本符合认定条件的,书面通知企业到符合国家规定条件并经铁道部认可的专业检测、检验机构进行一次性产品质量检测、检验。一次性产品质量检测、检验应遵照以下原则进行:

(一)生产企业收到铁道部运输局关于产品检测、检验的书面通知后,应与专业检测、检验机构签订检测、检验合同。

(二)检测、检验合同生效后,专业检测、检验机构组织检测、检验组,检测、检验组应不少于2人,实行组长负责制。

(三)专业检测、检验机构应依据通信信号产品认定检测、检验实施细则,对企业生产的产品进行抽样和检测、检验。

(四)检测、检验应遵循控制产品质量、减轻企业负担的原则。同类产品只做一种代表性产品型式试验。

(五)检测、检验不能在实验室完成的,由申请认定的企业创造条件在运用现场进行;也可以采取实验室检测、检验和运用现场检测、检验结合的方式进行。

(六)产品的检测、检验,原则上采用抽样方式。已完成抽样(包括完成运输和检测、检验前安装等)并准备检测、检验的样品,应由申请认定的企业负责确认,经确认后的样品不得更换。

(七)申请系统集成的企业,对其集成的系统产品质量负责,系统产品进行检测、检验时,由系统集成的企业提供需要检测、检验的样品。

第十三条 产品技术标准发生变化又无须重新申请认定证书的,铁道部应书面通知已取得认定证书的企业针对变化的内容进行产品补充检测、检验。

第十四条 产品补充检测、检验不合格的企业,应进行整改,并在60日内向铁道部提出复查申请。

第十五条 需要通过检测、检验进行验收的产品,应书面通知企业进行验收检测、检验。

第十六条 专业检测、检验机构检测、检验完毕后应将经主管负责人审核并加盖公章的检测、检验报告转送铁道部运输局。

第十七条 经审查合格的,铁道部作出准予行政许可的决定;不合格的,铁道部作出不予行政许可的决定,说明理由并及时送达申请企业。

第十八条 铁道部应自受理企业申请之日起20日内作出行政许可决定;20日内不能作出决定的,经铁道部负责人批准可延长10日,并将延长期限的理由告知企业。

产品检测、检验和专家评审时间,不计算在前款规定期限之内。但专家评审所需时间应当告知申请人,并不得超过1年。

第十九条 铁道部作出准予行政许可的决定,应自作出决定之日起10日内向申请人颁发认定证书。

第二十条 申请认定的企业生产的通信信号产品明显供大于求时,可采取公开招标方式择优认定生产企业。

第二十一条 认定证书采用统一格式,主要内容包括证书编号、企业名称、生产地址、产品名称、适用范围、证书查询、有效期限、发证日期、铁道部行政许可专用章等内容。

证书编号为:REAC####-×××××,REAC—认定证书标记,其中R代表铁路(Railway)、E代表设备(Equipment)、A代表认定(Authentication)、C代表证书(Certificate);####—产品编号,不再实行认定证书管理的产品编号不重复使用;×××××—认定证书序号,按发证先后顺序编排的五位阿拉伯数字,已撤销或注销的证书序号不重复使用。

第二十二条 在认定证书的有效期内,企业应在其产品正面或明显位置、外包装及说明书上标明认定证书的编号及产品出厂日期等。

第二十三条 认定证书有效期一般为5年,由软件和硬件组成的系统设备,生产其软件和硬件的企业认定证书有效期应保持一致。

第二十四条 在认定证书有效期内,发生认定证书遗失、损毁或无法辨认等情况时,企业可向铁道部提出补办申请并说明原因。铁道部核实后办理补发手续,并在证书编号前加注“补发”字样,证书编号不变。

第二十五条 认定证书有效期届满,企业要继续生产的,应在有效期满60日前向铁道部提出延期申请,检测、检验所需时间超过60日的,可相应提前。

第二十六条 取得认定证书的企业生产地点、名称发生变更的,应在变更后30日内,提交有关部门的批准文件及工商行政管理部门核发的新的营业执照,向铁道部申请办理认定证书的变更手续。

第二十七条 铁道部对取得认定证书的企业,应加强监督检查。监督检查不合格的企业,应进行整改,并在60日内向铁道部提出复查申请。复查申请需提供的材料由铁道部在作出整改决定时书面通知企业。

第二十八条 监督、检查的主要内容包括:

(一)获得认定证书的企业应具备的条件;

(二)产品应具备的功能和应符合的标准;

(三)产品实际运用质量情况;

(四)证书使用情况;

(五)法律法规规定应实施监督检查的其他情形。

第二十九条 取得认定证书的企业有下列情形之一的,铁道部可以撤销其认定证书:

(一)涂改、出租、出借、转让认定证书的;

(二)在取得认定证书之后的产品质量检测、检验中,检测、检验不合格、复查仍不合格,或连续两次检测、检验不合格的;

(三)在监督检查中不合格、复查仍不合格,或逾期不申请复查的;

(四)产品补充检测、检验不合格,复查仍不合格或逾期不申请复查的;

(五)连续两次产品补充检测、检验不合格的;

(六)因产品质量原因造成责任特别重大、重大、较大事故、一般A类事故、一般B类事故的;

(七)因产品质量原因导致设备瘫痪,或一般C类事故、一般D类事故多发或故障频发并严重影响运输安全生产的;

(八)擅自变更产品的主要组成部分及关键零部件委托生产企业的;

(九)企业生产和销售的产品与质量检测、检验时的样品有明显质量差异的;

(十)依法可以撤销的其他情形。

被许可人以欺骗、贿赂等不正当手段取得行政许可的,应予以撤销。

第三十条 取得认定证书的企业有下列情形之一的,铁道部应注销其认定证书:

(一)不再生产认定证书中规定产品的;

(二)企业生产条件或相关产品技术标准发生重大变化,生产企业需重新申请许可的;

(三)认定证书所列产品不再实行认定证书管理的;

(四)企业依法终止的;

(五)认定证书依据本细则需要变更的;

(六)法律法规规定应注销的其他情形。

有上述第(一)、(四)情形之一的,企业应当及时向铁道部行政许可管理机构通报。

第三十一条 认定证书被撤销或连续两次审查不合格的企业,在2年内不再受理其申请。

第三十二条 专业检测、检验机构必须保证检测、检验结果的真实性,对所作出的结论承担法律责任。

第三十三条 专业检测、检验机构不得从事制造和参与认定证书许可的产品的制造、销售等经营性活动,不得与认定证书的申请企业有关联关系。

第三十四条 本细则所称的同类产品,是指与企业申请认定证书的产品功能相同或相近、原理相同或相近、工艺相同或相近的产品。

第三十五条 本细则所称的取得认定证书之后的产品质量检测、检验,是指铁道部产品质量监督抽查、监督检查时的检测、检验和用户验收时必要的检测、检验。

第三十六条 本细则所称的事故,均为铁路交通事故。

第三十七条 本细则由铁道部运输局负责解释。

第三十八条 本细则自发布之日起施行。铁道部前发《铁路通信信号设备生产企业认定实施细则》(铁运〔2006〕39号)同时废止。同时取消《铁路运输安全设备生产企业认定办法》(铁道部令第15号)目录中3003、3004、3005、3022、3023、3024、3025、3026、3027、3029等10个产品的认定。

附件1

铁道部行政许可申请书

单位申请	单位名称		法人代表	
	单位地址			
	联系人及电话		邮　编	
	电子邮箱			
	委托代理人		身份证号码	
	住　址			
	联系电话		邮　编	
	电子邮箱			

续上表

行政许可申请项目	
行政许可申请内容	
所附申请材料目录（标注页码）	

（以下内容由受理机构填写）

受理人（审核人）：　　收到日期：

附件2

铁路通信信号设备生产企业认定审查表

序号	事　　项	内　　容
1	企业名称及印章	
2	产品生产地址及邮政编码	
3	企业联系人姓名、可靠联系方式、地址及邮编等	
4	申请认定的产品编号、名称、型号	
5	拟定的产品检测检验机构名称	
6	应用和参照的国家标准名称	
7	应用和参照的铁路行业标准（或技术条件）名称	
8	所附材料目录	
9	年　月　日至　　年　月　日 （申请受理之日）是否发生过产品质量责任事故	
10	填表人姓名、单位、地址及联系方式	

填写说明：此表格用钢笔或签字笔填写，字迹清晰、工整，可打印，各栏目尺寸不受限制。

附件3

认定范围及执行标准

序号	产品编号	产品名称	认定范围	执行标准
1	2001	分散自律调度集中(CTC)设备	软件和系统集成	《分散自律调度集中系统技术条件(暂行修订稿)》(科技运函〔2004〕15号),《调度集中(CTC)数据通信规程》(运基信号〔2007〕696号)
			硬　　件	
2	2002	列车调度系统(TDCS)设备	软件和系统集成	《铁路运输调度指挥管理信息系统(DMIS)技术标准(暂行)》(运基信号〔2003〕342号),《列车调度指挥系统(TDCS)数据通信规程(V2.0)》(运基信号〔2005〕418号)
			硬　　件	
3	2003	列车运行控制系统ATP车载设备	软件和系统集成	《机车车辆电气设备电磁兼容试验及其限值》(TB/T 3034—2002),《既有线CTCS-2级列车运行控制系统技术规范(暂行)》(科技运〔2007〕43号),《既有线CTCS-2级列控系统车载设备技术规范(暂行)》(科技运〔2007〕45号),《CTCS-2级列控车载设备DMI显示规范V1.0》(运基信号〔2007〕20号)
			硬件(含主机、显示器、应答器接收单元、轨道电路信息接收单元)	
4	2004	自动闭塞设备	ZPW-2000系列等自动闭塞设备软件和系统集成	《ZPW-2000系列无绝缘轨道电路技术条件(暂行)》(科技运函〔2003〕124号)
			ZPW-2000系列自动闭塞设备的无绝缘发送器、无绝缘接收器、无绝缘衰耗器、无绝缘防雷模拟网络盘、无绝缘机械绝缘节空心线圈、无绝缘轨道电路自动闭塞空心线圈、无绝缘轨道电路自动闭塞调谐单元、匹配变压器及配套的机柜	

续上表

序号	产品编号	产品名称	认定范围	执行标准
5	2005	机车信号设备	软件和系统集成	《铁路机车信号技术条件》(TB/T 2117—1990),《主体机车信号系统技术条件(暂行)》(科技运函〔2004〕114 号),《机车信号信息定义及分配》(TB/T 3060—2002),《铁道机车车辆电子装置》(TB/T 3021—2001),《机车车辆电气设备电磁兼容试验及其限值》(TB/T 3034—2002),《JT－C 系列机车信号车载系统设备技术规范(暂行)》(科技运〔2006〕82 号),《JT－C 系列机车信号车载系统设备安装规范(暂行)》(运基信号〔2006〕243 号)
			车载主机	
6	2006	应答器及其车载接收设备	软件和系统集成	《既有线 CTCS－2 级列车运行控制系统技术规范(暂行)》(科技运〔2007〕43 号),《既有线 CTCS－2 级列控系统车站列控中心技术规范(暂行)》(科技运〔2007〕44 号),《应答器技术条件(暂行)》(科技运函〔2004〕114 号),《既有线 CTCS－2 级区段应答器报文定义及运用原则(暂行)》运基信号〔2005〕224 号
			硬件(含轨旁电子单元、应答器)	
7	2007	车站电码化设备	软件和系统集成	《铁路车站电码化技术条件》(TB/T 2465—2003),《铁路站内轨道电路电码化设备》(TB/T 3112—2005)
			(1)车站股道电码化设备:电码化发送设备,发送检测设备,隔离设备(不含 H 型系列防护盒及 HLC－Y 型电感电容盒)及配套的机柜;(2)叠加、预叠加电码化设备:发送设备、发送检测设备、隔离设备、室内外隔离设备及配套的机柜;(3)闭环电码化设备:发送设备、发送检测设备、闭环检测设备、室内外隔离设备及配套的机柜	

续上表

序号	产品编号	产品名称	认定范围	执行标准
8	2008	车站列控中心设备	软件和系统集成	《既有线CTCS-2级列车运行控制系统技术规范(暂行)》(科技运〔2007〕43号),《既有线CTCS-2级列控系统车站列控中心技术规范(暂行)》(科技运〔2007〕44号),《既有线CTCS-2级区段应答器报文定义及运用原则(暂行)》(运基信号〔2005〕224号)
			硬件	
9	2009	无线调车机车信号车载主机	无线调车机车信号和监控系统软件及系统集成	《无线调车机车信号和监控系统技术条件(暂行)》(运基信号〔2004〕73号),《铁道机车车辆电子装置》(TB/T 3021—2001),《机车车辆电气设备电磁兼容试验及其限值》(TB/T 3034—2002)
10	2010	信号电源屏	智能(模块)电源屏	《铁路信号电源屏系列标准》(TB/T 1528.1—7),《铁路信号智能电源屏技术条件(暂行)》(运基信号〔2005〕458号)
11	2011	安全型继电器	无极普通接点继电器、无极加强接点继电器、有极普通接点继电器、有极加强接点继电器、偏极继电器、整流继电器、单闭磁继电器、动态继电器、其他类安全型继电器	《安全型继电器》(GB/T7417—2001),《铁路信号继电器试验方法》(GB/T6902—2001)
12	2012	计轴设备	计轴闭塞系统集成	《铁路自动站间闭塞技术条件》(TB/T 2668—2004),《计轴站间闭塞容错试验段技术审查意见》(运基信号〔2002〕244号),《计轴设备通用技术要求》(TB/T 2296—1991)
			硬件	
13	2013	数字信号电缆	内屏蔽铁路数字信号电缆 点式应答器数据传输电缆	《铁路数字信号电缆(TB/T 3100.5)第5部分:内屏蔽铁路数字信号电缆》;《铁路数字信号电缆(TB/T 3100.6)第6部分:点式应答器数据传输电缆》

续上表

序号	产品编号	产品名称	认定范围	执行标准
14	2014	道口信号设备	发送器、接收器、报警器、传感器、控制装置	《区间道口信号设备故障监测技术条件》(TB/T 2992—2000),《DK·SW型道口无绝缘轨道电路收发器》(TB/T 2122—1990),《DK·Y3型道口音响器》(TB/T 2123—1990),《DK·X3型道口信号机》(TB/T 2471—1993),《DK·K3型道口控制盘》(TB/T 2473—1993),《铁路道口自动广播机》(TB/T 2502—1994)
15	2015	LED信号机构	信号机构、表示器	《LED铁路信号机构技术条件》(运基信号〔2003〕144号),《透镜式色灯信号机构及信号表示器》(TB/T 1413—2001),《铁路灯光信号颜色》(TB/T 2081—1989)
16	2016	车站计算机联锁设备	软件和系统集成	《计算机联锁技术条件》(TB/T 3027—2002)
			硬　件	
17	2017	信号微机监测设备	软件和系统集成	《信号微机监测系统技术条件(暂行)》(运基信号〔2006〕317号)
			硬　件	
18	2018	道岔缺口监测设备	软件和系统集成(纳入信号微机监测设备应用)	《转辙机表示缺口监测报警系统技术条件》(运基信号〔2003〕49号)
19	2019	25周轨道电路接收设备	软件和系统集成	《轨道电路用绝缘板,接收器》(TB/T 1949—1987),《25Hz相敏轨道电路技术条件》(TB/T 2853—1997),《25Hz相敏轨道电路微电子接收器》(TB/T 3090—2004)
			微电子相敏轨道电路接收器、二元二位继电器	
20	2020	道岔转辙机	电动、电液、电空转辙机(不含道岔安装装置)	《转辙机通用技术条件》(TB/T 2614—2005),《转辙机试验方法》(TB/T 2613—2005),《ZD6A型转辙机》(TB/T 1477—2005),《S700k型转辙机》(TB/T 3069—2002),《ZD9/ZDJ型系列电动转辙机》(TB/T 3113),《ZY系列电液转辙机》(TB/T 2673—2002),《ZK3-A型电空转辙机》(TB/T 2860—1997)

续上表

序号	产品编号	产品名称	认定范围	执行标准
21	2021	道岔外锁闭装置	道岔外锁闭装置	道岔转换设备安装图
22	2022	车辆缓行器	电动、电液、电空缓行器（不含制动轨/夹板）	《车辆减速器通用技术条件》（TB/T 2845—1997），《车辆减速器液压传动系统技术条件》（TB/T 1552—1984），《T·JY型车辆减速器重力式系列》（TB/T 2469—1993），《T·JK型车辆减速器重力式系列》（TB/T 2470—1993），《驼峰专用气动系统技术条件》（TB/T 1555—2005）
23	2023	驼峰溜放控制系统设备	软件和系统集成（含机车信号、机车遥控）	《自动化驼峰技术条件》（TB/T 2306—2005），《驼峰机车信号技术条件》（TB/T 1556 1984），《驼峰进路控制技术条件》（TB/T 1557—1984），《铁道机车车辆电子装置》（TB/T 3021—2003）
24	3001	有线调度通信固定用户接入系统交换机	GSM－R固定用户接入交换系统、有线调度通信交换机	《GSM－R数字移动通信应用技术条件第一分册：调度通信系统（V3.0）》（科技运〔2007〕116号），《GSM－R数字移动通信网络编号计划（V2.0）》（科技运〔2006〕119号），《数字调度通信系统数字调度机技术要求和试验方法》（TB/T 3053.1—2002）
25	3002	有线调度通信固定用户接入系统专用终端	调度台车站台	《GSM－R数字移动通信应用技术条件第一分册：调度通信系统（V3.0）》（科技运〔2007〕116号），《GSM－R数字移动通信网设备技术规范第一部分：调度台和值班台（V1.0）》（科技运〔2007〕227号），《GSM－R调度通信系统主要技术条件（V2.0）》（运基通信〔2004〕278号），《数字调度通信系统数字调度机技术要求和试验方法》（TB/T 3053.1—2002）

续上表

序号	产品编号	产品名称	认定范围	执行标准
26	3006	列车安全预警系统车载台	车载台	《800 MHz列尾和列车安全预警系统主要技术条件(暂行)》(运基通信〔2003〕349号),《铁路列车调度感应通信设备技术要求和试验方法》(TB/T 3084—2003)
27	3007	列车安全预警系统道口预警设备	无线道口设备	《800 MHz列尾和列车安全预警系统主要技术条件(暂行)》(运基通信〔2003〕349号)
28	3008	列车安全预警系统袖珍式和便携式预警器	无线袖珍预警设备 无线便携预警设备	《800 MHz列尾和列车安全预警系统主要技术条件(暂行)》(运基通信〔2003〕349号)
29	3009	列车无线调度通信系统调度总机	A、B、C制式	《列车无线调度通信系统制式及主要技术条件》(TB/T 3052—2002)
30	3010	列车无线调度通信系统车站转接分机	A、B、C制式	《列车无线调度通信系统制式及主要技术条件》(TB/T 3052—2002)
31	3011	列车无线调度通信系统固定电台或车站电台	A、B、C制式车站电台(固定电台) 400K+M车站电台	《列车无线调度通信系统制式及主要技术条件》(TB/T 3052—2002),《铁路列车调度感应通信设备技术要求和试验方法》(TB/T 3084—2003)
32	3012	列车无线调度通信系统车载(机车)电台	通用式机车电台 400K+M机车电台	《列车无线调度通信系统制式及主要技术条件》(TB/T 3052—2002),《列车无线调度通用式机车电台主要技术条件(V2.0)》(运基通信〔2005〕138号),《铁路列车调度感应通信设备技术要求和试验方法》(TB/T 3084—2003)
33	3013	列车无线调度通信系统手持电台(对讲机)	B制式、C制式手持电台	《列车无线调度通信系统制式及主要技术条件》(TB/T 3052—2002)
34	3014	铁路无线通信系统漏泄同轴电缆	漏泄同轴电缆(Ⅰ、Ⅱ型)	《列车无线调度通信系统制式及主要技术条件》(TB/T 3052—2002),《150、450 MHz铁路列车无线中继器、漏泄同轴电缆制式系列和主要技术条件》(TB/T 2293—1991)

续上表

序号	产品编号	产品名称	认定范围	执行标准
35	3015	铁路无线通信系统区间中继设备	隧道中继器（Ⅰ、Ⅱ型），同频中继器、射频直放站（移频、宽频、选频）、光纤直放站、干线放大器、区间中继电台	《列车无线调度通信系统制式及主要技术条件》（TB/T 3052—2002），《150 MHz、450 MHz 铁路列车无线中继器，漏泄同轴电缆制式系统及主要技术条件》（TB/T 2293—1991），《GSM－R 数字移动通信网设备技术规范第五部分：中继传输系统（V1.0）》（科技运〔2007〕63 号），《900 MHz/1 800 MHz GSM 直放站技术要求和测试方法》（YD/T 952—2003），《移动通信设备安全要求和试验方法》（GB/T 15842—1995）
36	3016	列车无线调度通信系统车次号校核车站接收解码器	模拟、数字	《GSM－R 数字移动通信应用技术条件第三分册：调度命令信息无线传输系统（V1.0）》（科技运〔2007〕99 号）
37	3017	列车无线调度通信系统车次号校核机车数据采集编码器		《GSM－R 数字移动通信应用技术条件第三分册：调度命令信息无线传输系统（V1.0）》（科技运〔2007〕99 号）
38	3018	列车无线调度通信系统调度命令传输车站转换器		《GSM－R 数字移动通信应用技术条件第三分册：调度命令信息无线传输系统（V1.0）》（科技运〔2007〕99 号）
39	3019	站场调车无线通信系统固定台	GSM－R、450 MHz	《铁路平面无线调车设备供货技术条件》（TB/T 2834—2002），《铁路站场无线通信制式系统及主要技术条件》（TB/T 1726—1986），GSM－R 系列规范
40	3020	站场调车无线通信系统车载（机车）电台	GSM－R、450 MHz	《铁路平面无线调车设备供货技术条件》（TB/T 2834—2002），《铁路站场无线通信制式系统及主要技术条件》（TB/T 1726—1986），GSM－R 系列规范
41	3021	站场调车无线通信系统手持电台	GSM－R、450 MHz	《铁路平面无线调车设备供货技术条件》（TB/T 2834—2002），《铁路站场无线通信制式系统及主要技术条件》（TB/T 1726—1986），GSM－R 系列规范

续上表

序号	产品编号	产品名称	认定范围	执行标准
42	3028	GSM－R 数字移动通信作业手持台		GSM－R 系列规范，ITU－TGSM 系列规范
43	3030	GSM－R 数字移动通信 SIM 卡		《铁路 GSM－R 数字移动通信系统 SIM 卡技术条件（V1.0）》（运基通信〔2005〕164 号）
44	3031	机车综合无线通信设备	MMI、主机	《GSM－R 数字移动通信网设备技术规范第二部分：机车综合无线通信设备（V1.1）》（科技运〔2007〕24 号），《GSM－R 数字移动通信应用技术条件第二分册：列车无线车次号校核信息传输系统》（科技运〔2007〕98 号）

注：1. 信号相关产品还应符合《铁道信号电气设备电磁兼容性试验及其限值》（TB/T 3073—2003）和《铁道信号设备雷电电磁脉冲防护技术条件》（TB/T 3074—2003）等通用标准的有关规定；

2. 执行标准按当前实施的最新标准执行。

附件 4

通信信号设备生产企业必备的生产设备和检测设备

申请认定的企业具有的与认定产品有关的生产设备和检验设备必须达到表 1 至表 12 的要求，且相关生产设备和检验设备的精度满足生产要求，相关仪表、量具在检定有效期内。

1. 信号软件和系统集成（分散自律调度集中（CTC）设备、列车调度系统（TDCS）设备、列车运行控制系统 ATP 车载设备、自动闭塞设备、机车信号设备、应答器及其车载接收设备、车站电码化设备、车站列控中心设备、无线调车机车信号车载主机、计轴闭塞系统集成、25 周轨道电路接收设备、道岔缺口监测设备、车站计算机联锁设备、信号微机监测设备、驼峰溜放控制系统设备）生产企业必备的生产设备和检测设备。

表 1

序号	工艺类别	设备名称	特殊要求	备注
1	调试过程	便携式电脑		
2	检验过程	高精度万用表	精度：0.3%	
3	检验过程	多通道示波器	频率范围：0～500 MHz　率：4G/S	
4	检验过程	联锁模拟仿真系统	≥100 组道岔	联锁产品

续上表

序号	工艺类别	设备名称	特殊要求	备　注
5	检验过程	微机监测模拟仿真系统		微机监测产品
6	检验过程	网络服务器/计算机		相关产品
7	检验过程	功率计	功率范围:大于20瓦	相关产品
8	检验过程	信号发生器	0~50 MHz	相关产品
9	检验过程	频率计	0~100 MHz	相关产品
10	检验过程	模拟测试平台		相关产品

2. 信号硬件设备(分散自律调度集中(CTC)设备、列车调度系统(TDCS)设备、列车运行控制系统ATP车载设备、自动闭塞设备、机车信号设备、应答器及其车载接收设备、车站电码化设备、车站列控中心设备、信号电源屏、计轴设备、道口信号设备、车站计算机联锁设备、信号微机监测设备)生产企业必备的生产设备和检测设备。

表　2

序号	工艺类别	设备名称	特殊要求	备　注
1	生产过程	工作场地	不小于2 000平方米;贴片、插装、焊接(回流焊、波峰焊、手工焊)、整机调试环境:18~30 ℃,相对湿度30%~60%;组装、整机组装环境:10~30 ℃,相对湿度30%~75%;电子元件库的贮存环境:10~30 ℃,相对湿度30%~60%;满足ESD(静电防护)要求;有良好的接地系统;生产工序设置合理	
2	生产过程	数控弯板机	精度要求:±0.5°、±0.1 mm	可委外加工
3	生产过程	数控剪板机	精度要求:±0.1 mm	可委外加工
4	生产过程	数控冲床	精度要求:±0.1 mm	可委外加工
5	生产过程	波峰焊机	带氮气保护,3段预热区,总长度不低于1.5 m,双波峰独立可调,最高炉温300 ℃。可设定焊接温度,速度可在0.5 m/min~2.9 m/min之间调整	可委外加工
6	生产过程	贴片机	最高贴片高度:25.4 mm;精度±0.03 mm;贴片范围:0.4 mm×0.2 mm~74 mm×74 mm(含QFP、BGA、μBGA、SOIC、CHIP等可贴器件)	可委外加工
7	生产过程	再流焊机	传递速度:40 cm/min~400 cm/min、8温区及以上	可委外加工

续上表

序号	工艺类别	设备名称	特殊要求	备　注
8	生产过程	三防处理线		
9	生产过程	清洗机		
10	生产过程	返修工作站		
11	生产过程	静电防护设施		
12	生产过程	ICT 在线测试仪		
13	生产过程	电子装联线	防静电、环境控制	
14	生产过程	电子高温运行室	控制点温度偏差：±2 ℃	适应产品标准要求
15	生产过程	元器件筛选设备	模拟电路、集成电路、分立元件	贴片元件除外
16	生产过程	元器件老化设备	电容器、集成电路、分立元件	贴片元件除外
17	生产过程	元器件测试设备		
18	生产过程	元器件成型设备		
19	生产过程	轨道磁头专用钻机		相关产品
20	生产过程	灌封设备		相关产品
21	生产过程	计轴设备诊断系统		相关产品
22	生产过程	计轴专用测试箱		相关产品
23	产品测试	整机测试台及相关测试设备	满足出厂检验要求并能模拟现场运用环境	相关产品
24	检验过程	单板测试台	测试采集系统的 CPU 板和采样板	
25	检验过程	回流炉温度曲线测试仪		可委外加工
26	检验过程	焊膏测厚仪		可委外加工
27	检验过程	自动光学监测仪(AOI)		
28	检验过程	X 射线检测仪		
29	检验过程	静电测试仪		
30	检验过程	数字存储示波器		
31	检验过程	耐压测试仪		
32	检验过程	绝缘测试仪		
33	检验过程	单板老化台	不间断定时给出采样信号，老化采样板	
34	检验过程	联锁软件出厂检验设备		相关产品

3. 信号设备(安全型继电器)生产企业必备的生产设备和检测设备。

表 3

序号	工艺类别	设备名称	特殊要求	备注
1	机械加工	普通车床		
2		精密仪表精整车床/铣床		
3		平面磨床		
4		立式磨床		
5		立式升降台铣床		
6		卧式升降台铣床		
7		摩擦压力机	60 T	
8		万能曲弯机	3.5 T	
9		自动万能弯曲机	$\Phi332\times100$	
10		压力机		
11		滚丝机		
12		剪板机		
13		弯曲机		
14	软磁材料磁性处理	真空炉		
15		清洗线		
16		测磁台		
17		数显磁通表		
18	永磁材料零件加工	数显磁通表		
19		中频炉		
20		抛丸机		
21		荧光磁粉探伤机	20 000 安匝	
22		充磁机		
23	电镀工艺	电镀生产线		
24	线圈绕制	绕线机		

续上表

序号	工艺类别	设备名称	特殊要求	备　注
25	塑料成型	注射成型机		可外协
26		数控注射成型机		可外协
27		热固性塑料注射成型机	60 克 Φ30 mm167 MPa	可外协
28	接点点焊	触能点焊机	800 J	根据工艺
29		交流点焊机	16 kVA	根据工艺
30	接点铆接	小型精密碾头机	200 kg	根据工艺
31		摆辗式精密铆接机	Φ3 mm ~ Φ6 mm	根据工艺
32	电子装联	双波峰焊机		
33		信号发生器		
34		数字万用表		
35		示波器		
36		元器件筛选设备		
37		元器件测试设备		
38	继电器组装、调试	继电器调整生产线		
39		数字万用表		
40		AX 型继电器试验台		
41		特种继电器测试台		
42	产品检验	耐压测试仪		
43		绝缘测试仪		
44		数显磁通表		
45		数字万用表		
46		高低温试验箱		
47		卡尺，千分尺		
48		测力计，螺纹规		
49		低电阻测试仪		

4. 信号设备(数字信号电缆)生产企业必备的生产设备和检测设备。

表 4

序号	工艺类别	设备名称	特殊要求	备注
1	生产过程	拉丝挤出串列生产线（含电容、绝缘、偏心在线检测设备）		三层共挤物理发泡
2	生产过程	星绞机		
3	生产过程	铜带屏蔽机		
4	生产过程	成缆机		
5	生产过程	铝护套生产线		
6	生产过程	装铠机		
7	生产过程	塑料护套挤出生产线		
8	生产过程	各种拉丝、挤出、成缆、护套、装铠模具		
9	检验过程	外径千分尺		
10	检验过程	游标卡尺		
11	检验过程	电桥		
12	检验过程	绝缘测试仪		
13	检验过程	显微镜		
14	检验过程	切片机		
15	检验过程	电容耦合测试仪		
16	检验过程	耐压测试仪		
17	检验过程	电缆衰减串音测试仪		
18	检验过程	电缆二次参数测试仪		
19	检验过程	电缆在线电容测试仪		
20	检验过程	充气设备		
21	检验过程	芯线绝缘层挤出偏心测试仪		

5. 信号设备（LED 信号机构）生产企业必备的生产设备和检测设备。

表 5

序号	工艺类别	设备名称	特殊要求	备注
1	生产过程	专用老化设备		
2	检验过程	光强、颜色测试设备		
3	检验过程	高温试验箱		
4	检验过程	数字万用表		
5	检验过程	绝缘测试仪		
6	检验过程	耐压测试仪		
7	检验过程	专用测试设备		

6. 信号硬件设备(25 周轨道电路接收设备)生产企业必备的生产设备和检测设备。

表 6

序号	工艺类别	设备名称	特殊要求	备　注
1	生产过程	剪扳机		适用于二元二位继电器
2	生产过程	普通车床		
3	生产过程	注射机		
4	生产过程	真空浸漆设备		
5	生产过程	绕线机	精度 1%	
6	生产过程	点焊机		
7	生产过程	干燥箱		
8	检验过程	二元二位专用测试台		
9	检验过程	相位表		
10	检验过程	数字多用表	0.5 级	
11	生产过程	电子装联生产线		适用于微电子接收器
12	检验过程	交流电流表	0－1A 0.5 级	
13	检验过程	交流电压表	0－250V 0.5 级	
14	检验过程	数字多用表	0.5 级	
15	检验过程	相位表		
16	检验过程	调压器		
17	检验过程	25 周电源		
18	检验过程	绝缘测试仪		
19	检验过程	耐压测试仪		
20	检验过程	老化试验设备		
21	检验过程	直流稳压电源		

7. 信号设备(道岔转辙机)生产企业必备的生产设备和检测设备。

表 7

序号	工艺类别	设备名称	特殊要求	备　注
1	生产过程	立式加工中心		电动转辙机专用
2	生产过程	卧式加工中心		
3	生产过程	金刚镗床		
4	生产过程	外圆磨床		
5	生产过程	龙门刨床	3 m	
6	生产过程	高频热处理炉		
7	检验过程	三坐标测量仪		
8	生产过程	数控(车、铣、钻)床		
9	生产过程	平面磨床		
10	生产过程	万能外圆磨床		
11	生产过程	插/滚齿机		
12	生产过程	立式铣床		
13	生产过程	万能铣床		
14	生产过程	普通车床		
15	生产过程	摇臂钻床		
16	生产过程	立式钻床		
17	生产过程	牛头刨床		
18	检验过程	油缸测试台		电液转辙机专用
19	检验过程	油泵测试台		
20	检验过程	液压元件测试台		
21	检验过程	模拟试验台		
22	检验过程	转辙机试验台		
23	检验过程	测力计		
24	检验过程	电流表		
25	检验过程	绝缘测试仪		
26	检验过程	耐压测试仪		
27	检验过程	结构尺寸专用工具		
28	检验过程	硬度计		

8. 信号设备(道岔外锁闭装置)生产企业必备的生产设备和检测设备。

表 8

序号	工艺类别	设备名称	特殊要求	备注
1	生产过程	数控火焰切割机		道岔外锁闭装置专用设备
2	生产过程	仿型切割机		
3	生产过程	线切割机		
4	生产过程	加工中心		
5	生产过程	龙门刨		
6	生产过程	数控钻床		
7	生产过程	铣　床		
8	生产过程	钻　床		
9	生产过程	车　床		
10	生产过程	热处理设备		
11	生产过程	压弯机		
12	检验过程	镀层测厚仪		
13	检验过程	百分尺		
14	检验过程	三爪内径尺		
15	检验过程	深度尺		
16	检验过程	内径百分表		
17	检验过程	千分尺		

9. 信号设备(车辆缓行器)生产企业必备的生产设备和检测设备。

表 9

序号	工艺类别	设备名称	特殊要求	备注
1	生产过程	龙门刨/专用设备		
2	生产过程	铣　床		
3	生产过程	外圆磨床		
4	生产过程	内圆磨床/专用设备		
5	生产过程	镗　床		
6	生产过程	火焰切割机		
7	生产过程	调直机		

续上表

序号	工艺类别	设备名称	特殊要求	备　注
8	生产过程	混凝土蒸气养护设备		
9	整机调试过程	试铺场地	≥7 节	
10	整机调试过程	轨距尺		
11	整机调试过程	试　块	宽度≥138 mm	
12	整机调试过程	空压机/电动控制单元/液压站		
13	检验过程	硬度计		
14	检验过程	内径百分表		
15	检验过程	深度尺		
16	检验过程	塞　规		
17	检验过程	宽座角尺		
18	检验过程	游标卡尺		
19	检验过程	千分尺		
20	检验过程	压力试验机	2 000 kN	
21	检验过程	抗拔仪	≥6 t	
22	检验过程	兆欧表		
23	检验过程	混凝土弹模强度试验装置		

10. 有线通信系统网络设备(有线调度通信固定用户接入系统交换机、有线调度通信固定用户接入系统专用终端)生产企业必备的生产设备和检测设备。

表　10

序号	工艺类别	设备名称	特殊要求	备　注
1	生产过程	数控前送料剪板机		可外委加工
2	生产过程	立卧加工中心		可外委加工
3	生产过程	立式数控铣床		可外委加工
4	生产过程	静电喷涂线		可外委加工
5	生产过程	激光打标机		可外委加工
6	生产过程	端子压著机		可外委加工

续上表

序号	工艺类别	设备名称	特殊要求	备　注
7	生产过程	电缆脱头机		可外委加工
8	生产过程	波峰焊机		可外委加工
9	生产过程	丝网漏印机		可外委加工
10	生产过程	贴片机		可外委加工
11	生产过程	老化试验台		
12	生产过程	元器件筛选设备		
13	生产过程	晶体管图示仪		
14	生产过程	LCR 测量仪		
15	检验过程	无线综合测试仪		通　用
16	检验过程	逻辑分析仪		通　用
17	检验过程	频谱仪		通　用
18	检验过程	低频信号发生器		通　用
19	检验过程	高频信号发生器		通　用
20	检验过程	音频分析仪		通　用
21	检验过程	网络分析仪		射频专用
22	检验过程	失真仪		
23	检验过程	调制度仪		
24	检验过程	频偏仪		
25	检验过程	频率计		
26	检验过程	示波器		
27	检验过程	功率计		
28	检验过程	低温试验箱		可外委
29	检验过程	高低温试验箱		可外委
30	检验过程	恒温试验箱		可外委
31	检验过程	电感电容表		
32	检验过程	高频毫伏表		
33	检验过程	数字电压表		
34	检验过程	高阻表		

续上表

序号	工艺类别	设备名称	特殊要求	备　注
35	检验过程	绝缘电阻测试仪		
36	检验过程	耐压/绝缘测试仪		
37	检验过程	杂音计		
38	检验过程	专用测试装置		
39	检验过程	专用测试软件		
40	检验过程	误码测试仪		

11. 通信终端设备(除有线通信系统网络设备和漏泄电缆以外的产品)生产企业必备的生产设备和检测设备。

表　11

序号	工艺类别	设备名称	特殊要求	备　注
1	生产过程	数控前送料剪板机		可外委加工
2	生产过程	立卧加工中心		可外委加工
3	生产过程	立式数控铣床		可外委加工
4	生产过程	电缆脱头机		可外委加工
5	生产过程	静电喷涂线		可外委加工
6	生产过程	激光打标机		可外委加工
7	生产过程	端子压著机		可外委加工
8	生产过程	波峰焊机		可外委加工
9	生产过程	丝网漏印机		可外委加工
10	生产过程	贴片机		可外委加工
11	生产过程	老化试验台		
12	生产过程	元器件筛选设备		
13	检验过程	GSM－R 测试仪		
14	检验过程	无线综合测试仪		
15	检验过程	逻辑分析仪		
16	检验过程	低频信号发生器		
17	检验过程	低频信号电平表		
18	检验过程	频率计		

续上表

序号	工艺类别	设备名称	特殊要求	备　注
19	检验过程	示波器		
20	检验过程	低温试验箱		
21	检验过程	高低温试验箱		
22	检验过程	恒温试验箱		
23	检验过程	电感电容表		
24	检验过程	数字电压表		
25	检验过程	高阻表		
26	检验过程	绝缘电阻测试仪		
27	检验过程	耐压/绝缘测试仪		
28	检验过程	杂音计		
29	检验过程	专用测试装置		
30	检验过程	专用测试软件		

12. 漏泄电缆必备的生产设备和检验设备。

表　12

序号	工艺类别	设备名称	特殊要求	备　注
1	生产过程	物理发泡生产线		大物理发泡
2	生产过程	冲槽生产线		
3	生产过程	金属管焊接轧纹铣槽生产线		
4	生产过程	护套生产线($\phi150$)		
5	生产过程	护套生产线($\phi90$)		
6	生产过程	喷码印字机		
7	检验过程	信号发生器		
8	检验过程	台式场强测试仪		
9	检验过程	便携式场强测试仪		
10	检验过程	微波综合测试仪		
11	检验过程	调频半波偶极天线		
12	检验过程	千分尺		
13	检验过程	游标卡尺		
14	检验过程	模拟试验场		

附件5

通信信号设备生产企业具有的专业技术人员

申请认定的企业具有的与认定设备有关的专业技术人员必须是适龄的注册在职人员，必须达到表1至表13的要求。

1. 信号软件和系统集成（分散自律调度集中（CTC）设备、列车调度系统（TDCS）设备、列车运行控制系统ATP车载设备、自动闭塞设备、机车信号设备、车站电码化设备、车站列控中心设备、无线调车机车信号车载主机、计轴软件和计轴闭塞系统集成、应答器及其车载接收设备、25周轨道电路接收设备、道岔缺口监测设备、车站计算机联锁设备、信号微机监测设备）生产企业具有的专业技术人员。

表 1

<table>
<tr><th rowspan="2">序号</th><th colspan="2" rowspan="2">专业类别</th><th colspan="2">人员要求</th><th rowspan="2">备注</th></tr>
<tr><th>中级</th><th>高级</th></tr>
<tr><td>1</td><td>专业技术工程师</td><td>铁道信号、运输、计算机、自动控制、通信</td><td>10</td><td>5</td><td>企业所有专业技术人员占总人数的60%以上</td></tr>
</table>

2. 信号硬件设备（分散自律调度集中（CTC）设备、列车调度系统（TDCS）设备、列车运行控制系统ATP车载设备、自动闭塞设备、机车信号设备、应答器及其车载接收设备、车站电码化设备、车站列控中心设备、计轴设备、道口信号设备、车站计算机联锁设备、信号微机监测设备、25周轨道电路接收设备）生产企业具有的专业技术人员。

表 2

<table>
<tr><th rowspan="2">序号</th><th colspan="2" rowspan="2">专业类别</th><th colspan="2">人员要求</th><th rowspan="2">备注</th></tr>
<tr><th>中</th><th>高</th></tr>
<tr><td>1</td><td>专业技术工程师</td><td>铁道信号、机械、计算机、自动控制、通信</td><td>10</td><td>5</td><td rowspan="3">企业该产品所有专业技术人员占从事该产品总人数的15%以上</td></tr>
<tr><td>2</td><td rowspan="2">关键岗位技术工人</td><td>信号组调工</td><td>10</td><td>2</td></tr>
<tr><td>3</td><td>检验工</td><td>5</td><td>1</td></tr>
</table>

3. 信号设备（信号电源屏）生产企业具有的专业技术人员。

表 3

<table>
<tr><th rowspan="2">序号</th><th colspan="2" rowspan="2">专业类别</th><th colspan="2">人员要求</th><th rowspan="2">备注</th></tr>
<tr><th>中</th><th>高</th></tr>
<tr><td>1</td><td>专业技术工程师</td><td>自动控制、机械、计算机</td><td>3</td><td>1</td><td rowspan="3">企业该产品所有专业技术人员占该产品总人数的15%以上</td></tr>
<tr><td>2</td><td rowspan="2">关键岗位技术工人</td><td>组调工</td><td>5</td><td>1</td></tr>
<tr><td>3</td><td>检验工</td><td>3</td><td>1</td></tr>
</table>

4. 信号设备(安全型继电器)生产企业具有的专业技术人员。

表 4

序号	专业类别		人员要求		备注
			中	高	
1	专业技术工程师	铁道信号、计算机、电子控制、自动控制、机械	20	15	企业所有专业技术人员占总人数的10%以上;其中企业该产品所有专业技术人员占该产品总人数的15%以上
2	关键岗位技术工人	装配工	30	5	
3		组调工	20	5	
4		检验工	10	5	

5. 信号设备(信号数字电缆)生产企业具有的专业技术人员

表 5

序号	专业类别		人员要求		备注
			中	高	
1	专业技术工程师	铁道信号、计算机、电缆、自动控制、高分子材料、机械	10	5	企业所有专业技术人员占总人数的10%以上
2	关键岗位技术工人	电缆生产	20	10	
3		检验工	6	2	

6. 信号设备(LED信号机构)生产企业具有的专业技术人员。

表 6

序号	专业类别		人员要求		备注
			中	高	
1	专业技术工程师	铁道信号、机械、电子	3	1	企业该产品所有专业技术人员占该产品总人数的10%以上
2	关键岗位技术工人	组调工	3	0	
3		检验工	2	0	

7. 信号设备(道岔转辙机)生产企业具有的专业技术人员。

表 7

序号	专业类别		人员要求		备注
			中	高	
1	专业技术工程师	铁道信号、计算机、电气控制、自动控制、机械、热处理	12	5	企业所有专业技术人员占总人数的10%以上
2	关键岗位技术工人	电气、机械装配	15	5	
3		检验工	5	0	

8. 信号设备(道岔外锁闭装置)生产企业具有的专业技术人员。

表 8

序号	专业类别		人员要求 中	人员要求 高	备注
1	专业技术工程师	热处理、机械	5	2	企业所有专业技术人员占总人数的10%以上
2	关键岗位技术工人	机械装配	15	5	
3		检验工	2	0	

9. 信号设备(车辆缓行器)生产企业具有的专业技术人员。

表 9

序号	专业类别		人员要求 中	人员要求 高	备注
1	专业技术工程师	铁道信号、自动控制、计算机、金属材料、机械、工民建	15	10	企业所有专业技术人员占总人数的10%以上
2	关键岗位技术工人	机械装配加工	30	15	
3		检验工	5	1	

10. 信号设备(驼峰溜放控制系统设备)生产企业具有的专业技术人员。

表 10

序号	专业类别		人员要求 中级	人员要求 高级	备注
1	专业技术工程师	铁道信号、计算机、运输、自动控制、通信、机械	12	6	企业所有专业技术人员占总人数的60%以上

11. 有线通信系统网络设备(有线调度通信固定用户接入系统交换机、有线调度通信固定用户接入系统专用终端)生产企业具有的专业技术人员。

表 11

序号	专业类别		人员要求 中级	人员要求 高级	备注
1	研发	通信、计算机、自动控制及相关专业	10	5	企业所有专业技术人员占总人数的40%以上
2	生产过程	机械、自动控制及相关专业	10	5	
3	检验	通信及相关专业	6	2	
4	售后服务	通信、计算机及相关专业	6	2	

12. 通信终端设备(除有线通信系统网络设备和漏泻电缆以外的产品)生产企业具有的专业技术人员。

表 12

序号	专业类别		人员要求		备注
			中级	高级	
1	研发	通信、计算机、自动控制及相关专业	10	5	企业所有专业技术人员占总人数的30% 以上
2	生产过程	机械、自动控制及相关专业	10	5	
3	检验	通信及相关专业	4	1	
4	售后服务	通信、计算机及相关专业	4	1	

13. 漏泄电缆设备生产企业具有的专业技术人员。

表 13

序号	专业类别		人员要求		备注
			中级	高级	
1	研发	电缆制造工艺、电缆材料及相关专业	5	2	企业所有专业技术人员占总人数的10% 以上
2	生产过程	机械、电气、电缆制造工艺及相关专业	8	2	
3	检验	机械、电气检验及相关专业	4	1	
4	售后服务	机械、电气、电缆制造工艺及相关专业	9	1	

附件 6

通信信号设备质量保证体系和管理制度

企业应建立完善的质量保证体系和管理制度。通信信号系统集成和软件生产企业质量保证体系和管理制度须达到表 1 的要求;通信信号硬件生产企业质量保证体系和管理制度须达到表 2 的要求。

对企业质量保证体系和管理制度进行现场审查时,与认定设备有关的生产线须正在运行,否则将判定企业质量保证体系和管理制度不完善。

表1　系统集成和软件生产企业质量保证体系和管理制度审查表

序号	审查项目	审查内容	审查记录	合格	轻微不合格	严重不合格	备注
一	质量管理						
1.1	质量保证体系	▲1. 建立健全质量保证体系,质量体系有效运行2年以上					
		2. 制定质量保证计划,包括计划的实施机构、机构的职责、软件配置管理、文档及其管理、各开发阶段的评审和审查、设施和工具的要求、问题报告和修改活动、必要的记录、定期内审和管理评审,产品安全评估程序化等					
1.2	组织领导	1. 单位领导中应有人负责质量工作					
		2. 应设置相应的质量管理机构或有专人负责质量管理工作,且职权明确					
		▲3. 企业应配备独立的产品研发部门且具有研发能力					
1.3	方针目标	1. 应制定质量方针和定量的质量目标					
		2. 质量方针和质量目标应贯彻实施					
1.4	管理职责	1. 应制定质量管理制度,规定各有关部门、人员的质量职责、权限和相互关系					
		2. 应有相应的考核办法并严格实施					
1.5	职工培训	1. 应有职工培训计划和培训制度,并能严格实施					
		2. 应对全体员工进行质量管理知识培训和相关人员进行软件专业技术培训					
1.6	技术服务	▲1. 有专职的用户技术服务机构或人员					
		2. 有健全的用户服务制度并开通24小时服务热线					
		3. 有用户服务和访问记录					

续上表

序号	审查项目	审查内容	审查记录	合格	轻微不合格	严重不合格	备注
二	生产资源						
2.1	生产设施及设备	1. 具备满足研制、生产需要的生产设施和工作场所，且维护完好					
		▲2. 具有满足需要的研制、生产设备（附件4）和应用工具（软件），且性能应符合国家规定的要求					
		3. 具有健全的应用工具及设备管理制度、台账、档案、维修维护记录等					
2.2	检测设备	▲1. 有完备的检测手段（附件4），并建立严格的测试制度					
		2. 检测设备的性能必须能满足生产需要和达到检定要求					
2.3	人员要求	1. 领导人应具有一定的质量管理知识					
		2. 管理人员应熟悉质量管理知识，并具有专业技术知识					
		3. 技术人员应熟练掌握通信信号专业技术知识					
		4. 工作人员应能看懂相关的技术文件（图纸、软件程序、文件），并能正确熟练地操作设备					
三	技术文件						
3.1	技术标准	1. 具备和贯彻与认定产品有关的国际、国家、行业标准、技术条件和法律法规					
		▲2. 制定严于或达到相应的国家、行业标准要求的产品企业标准					
		3. 具备研制生产过程中应有的有效的相关文件，如外购外协件标准、检验测试标准、基础标准等					

续上表

序号	审查项目	审查内容	审查记录	合格	轻微不合格	严重不合格	备注
3.2	设计、投产文件	1. 设计、投产文件正确，文件的绘制、标注、技术指标、编号、图面质量等符合有关标准和规定的要求，且签署、更改手续正确完备					
		2. 设计、投产文件完整，齐全配套					
		3. 设计、投产文件应统一，各部门使用的文件完全一致					
		▲4. 有产品使用维护说明书					
3.3	文件管理	1. 制定合理的文件（含电子文档）管理制度，文件的发布应经过正式批准，使用部门可随时获得文件的有效版本，文件修改应符合规定的程序					
		2. 应有部门或专（兼）职人员负责技术文件管理					
四	采购控制						
4.1	采购制度	1. 应制定采购原材料、外购件的质量控制制度					
		▲2. 系统硬件设备符合有关要求					
4.2	供方评价	▲1. 应制定供方评价准则，并根据供货单位的产品质量信誉及质量保证能力对供方进行评价，择优采购					
		2. 应保留原材料、外购件供应商及外协单位的名单和供货、协作记录					
4.3	采购文件	应根据正式批准的采购文件进行采购。如采购计划、采购清单、技术标准、采购合同等采购文件					
4.4	采购验证	应按规定对采购的原材料、元器件及外协件进行质量检验或根据有关规定进行质量验证，检验或验证的记录齐全					

续上表

序号	审查项目	审查内容	审查记录	合格	轻微不合格	严重不合格	备注
五	过程控制						
5.1	软件文档	1. 建立软件管理规范和软件文档明细表，并与实际相符					
		▲2. 具备产品开发、研制、维护各阶段工作流程及说明书等全套工艺文件					
		3. 有软件开发各阶段的评审制度					
		4. 较大、复杂的软件应实行双管道开发，同时进行软件需求分析、设计和实现，互为完善					
		5. 建立问题报告制度和软件维护活动记录制度					
5.2	工程文档	▲1. 依据设计文件及工程说明书内容编制软件					
		2. 对已开通的系统设备峻工文件完整齐全					
		3. 使用中的系统设备出现问题的，应有完整、详细的原始处理记录					
5.3	质量控制	▲应对研制生产过程和软件产品的重要特性进行重点质量控制，并在工作流程图上标出关键质量控制点					
六	质量检验						
6.1	检验管理	1. 应有独立行使检验权力专(兼)职检验人员					
		2. 建立自检、互检、专检、内部评审、正式评审和测试的质量检验管理制度，并作好质量检验记录					
6.2	过程检验	1. 在研制生产过程中应按规定开展过程质量检验，并做好检验记录					
		2. 检验测试不合格的软件产品，按规定进行完善、改进，并重新检验测试					

续上表

序号	审查项目	审查内容	审查记录	合格	轻微不合格	严重不合格	备注
6.3	交付检验	▲按该产品技术标准要求,监督出厂产品的检测、对检测合格产品出具产品质量检验合格证、并按规定进行标识					
七	安全文明生产						
7.1	文明生产	▲1. 研制生产场地要清洁、明亮,工作环境条件要满足计算机设备的需要,并对设施、设备加强维护保养					
		2. 研制生产场地布局合理,摆放整齐,避免备品或软件混淆,进行必要的标识					
7.2	安全防护	应制定并实施安全生产制度。具备防火、防雷、防爆、防静电措施					
7.3	环卫要求	应对环境卫生进行管理,要采取防辐射等措施,保护职工身体健康					

说明:1. 本审查表中标注▲的内容为审查的关键内容。

2. 本审查表按质量管理、生产资源、技术文件、采购控制、过程控制、质量检验、安全文明生产等七个部分进行审查,七个部分中的每一个审查内容按合格、轻微不合格、严重不合格进行评价。严重不合格是指造成区域性、系统性、后果严重的不合格,轻微不合格是指个别的、偶然的、孤立的不合格。

3. 轻微不合格的数量超过该部分全部审查内容的50%及以上,或该部分有两个及以上严重不合格,或该部分有一个及以上关键内容严重不合格,则评价该部分不合格。

4. 只要有一个部分不合格,则评价质量保证体系和管理制度不完善。

表2　通信信号硬件产品及器材生产企业质量保证体系和管理制度审查表

序号	审查项目	审 查 内 容	审查记录	合格	轻微不合格	严重不合格	备注
一	质量管理						
1.1	质量保证体系	▲1. 建立健全质量保证体系,质量体系有效运行2年以上					
		2. 制定质量管理工作计划,包括计划的实施机构、机构的职责,定期总结质量保证工作情况,产品安全评估、产品样机试验程序化等					

续上表

序号	审查项目	审 查 内 容	审查记录	合格	轻微不合格	严重不合格	备注
1.2	组织领导	1. 单位领导中应有人负责质量工作					
		2. 应设置相应的质量管理机构或有专人负责质量管理工作,且职权明确					
		▲3. 企业应配备独立的产品研发部门且具有研发能力					
1.3	方针目标	1. 应制定质量方针和定量的质量目标					
		2. 质量方针和质量目标应贯彻实施					
1.4	管理职责	1. 应制定质量管理制度,规定各有关部门、人员的质量职责、权限和相互关系					
		2. 应有相应的考核办法并严格实施					
1.5	职工培训	▲1. 应有职工培训计划和培训制度,并能严格实施					
		2. 对全体员工进行质量管理知识和专业技术培训					
1.6	技术服务	▲1. 有专职的用户技术服务机构或人员					
		2. 有健全的用户服务制度,建立产品维修中心并开通24小时服务热线					
		3. 有用户服务、维修和访问记录					
二	生产资源						
2.1	生产设施及设备	▲1. 具备满足生产需要的生产设施和工作场所,且维护完好					
		▲2. 具有满足需要的生产设备及生产工装(附件4附表),且性能应符合国家规定的要求,工装数量、品种满足认定产品的需要					
		3. 具有满足生产需要的健全的设备及工装管理制度、工装图纸、台账、档案、维修维护和使用记录等					

续上表

序号	审查项目	审 查 内 容	审查记录	合格	轻微不合格	严重不合格	备注
2.2	检测设备	▲1. 有完备的检验手段(附件4附表),并建立严格的、可操作的检验制度					
		2. 检测设备的性能须能满足生产需要和达到检定要求					
2.3	人员要求	1. 领导人应具有一定的质量管理知识					
		2. 管理人员应熟悉质量管理知识,并具有专业技术知识					
		▲3. 应有熟练掌握通信信号及机加工专业技术知识的技术人员					
		4. 工作人员应能看懂相关的技术文件(图纸、工艺、文件),并能正确熟练地操作设备					
三	技术文件						
3.1	技术标准	1. 具备和贯彻通信信号产品有关的国际、国家、行业标准、技术条件和法律法规					
		▲2. 制定严于或达到相应的国家、行业标准要求的产品内控标准					
		3. 具有生产过程中必须的有效的相关文件,如外购外协件标准、检验测试标准等					
3.2	技术文件	1. 技术文件须正确,文件的绘制、标注、技术指标、编号、图面质量等符合有关标准和规定的要求,且签署、更改手续正确完备					
		2. 技术文件须完整,齐全配套					
		3. 技术文件须具有统一性,各部门使用的文件必须完全一致					
		▲4. 有正规蓝图或计算机打印图纸和产品使用维护说明书					

续上表

序号	审查项目	审 查 内 容	审查记录	合格	轻微不合格	严重不合格	备注
3.3	文件管理	1. 制定合理的文件(含电子文档)管理制度,文件的发布应经过正式批准,使用部门可随时获得文件的有效版本,文件修改应符合规定的程序					
		2. 应有部门或专(兼)职人员负责技术文件管理					
四	采购控制						
4.1	采购制度	1. 应制定采购原材料、外购件的质量控制制度(含采购过程控制)					
		2. 对外协、外购产品应有相应的、详细的验收制度					
4.2	供方评价	▲1. 应制定供方评价准则,并根据供货单位的产品质量信誉及质量保证能力对供方进行评价,择优采购且符合国家法律法规的要求					
		2. 应保留原材料、外购件供应商及外协单位的名单和供货、协作记录					
4.3	采购文件及供方控制	1. 应根据正式批准的采购文件进行采购。如采购计划、采购清单、技术标准、采购合同等采购文件					
		2. 应根据采购质量要求控制供方生产的关键过程(贴片等元器件应提供供应商出具的老化、筛选报告)					
4.4	采购验证	应按规定对采购的原材料、元器件及外协件进行质量检验或根据有关规定进行质量验证,检验或验证的记录齐全					
五	过程控制						
5.1	工艺管理	1. 企业应制定工艺管理制度及考核办法,并严格进行管理和考核					
		2. 企业职工应严格执行工艺管理制度,按操作规程、作业指导书等工艺文件进行生产操作,做好操作记录					

续上表

序号	审查项目	审　查　内　容	审查记录	合格	轻微不合格	严重不合格	备注
5.1	工艺管理	3. 企业应制定完整的、统一的、正确的工艺文件					
		4. 企业应制定产品的工艺流程卡,并严格执行					
		5. 企业应制定产品的材料消耗定额,并严格执行					
5.2	质量控制	1. 企业应对生产中的重要工序或产品关键特性进行质量控制,并应在生产工艺流程图上标出关键的质量控制点					
		2. 企业应制定关键质量控制点的操作控制程序,并依据程序实施质量控制					
		3. 对生产过程中流转的材料、半成品做好标记和标识					
		4. 有完善的仓库物资管理制度并认真执行					
5.3	特殊过程	对产品质量不易或不能经济地进行检验和试验的特殊过程,应事先进行设备认可和人员鉴定,并按规定的方法和要求进行操作和实施过程参数监控					
六	质量检验						
6.1	检验管理	1. 应有独立行使检验权力专(兼)职检验人员					
		▲2. 须建立自检、互检、专检的质量检验管理制度,并作好质量检验记录					
6.2	过程检验	1. 在生产过程中必须按规定开展过程质量检验,并做好检验记录					
		2. 对于检验不合格的产品,按不合格程序规定进行处理。并做好检验记录					

续上表

序号	审查项目	审 查 内 容	审查记录	合格	轻微不合格	严重不合格	备注
6.3	交付检验	▲1. 须按产品技术标准要求,进行出厂产品的检验并做好检验记录					
		2. 对检验合格产品出具产品质量检验合格证、并按规定进行包装和标识					
七	安全文明生产						
7.1	文明生产	▲1. 生产场地应清洁、明亮,工作场地条件要满足生产规模的需要,并对设施、设备加强维护保养					
		2. 生产场地布局应合理,道路通畅,零件、物料放置有序,并进行必要的标识					
7.2	安全防护	1. 应制定并实施安全生产制度。须具备防火、防雷、防爆等措施					根据产品工艺要求
		2. 静电敏感器件及设备具有静电防护措施和防静电储存措施					
7.3	环卫要求	应对环境卫生进行管理,要对排放有害物采取措施,保护环境和职工身体健康					

说明:1. 本审查表中标注▲的内容为审查的关键内容。

2. 本审查表按质量管理、生产资源、技术文件、采购控制、过程控制、质量检验、安全文明生产等七个部分进行审查,七个部分中的每一个审查内容按合格、轻微不合格、严重不合格进行评价。严重不合格是指造成区域性、系统性、后果严重的不合格,轻微不合格是指个别的、偶然的、孤立的不合格。

3. 轻微不合格的数量超过该部分全部审查内容的50%及以上,或该部分有两个及以上严重不合格,或该部分有一个及以上关键内容严重不合格,则评价该部分不合格。

4. 只要有一个部分不合格,则评价质量保证体系和管理制度不完善。

铁路危险货物运输管理规则

铁道部 2008 年 9 月 17 日　　铁运[2008]174 号

第一章　总　　则

第一条　为加强铁路危险货物运输管理,确保铁路运输安全,根据《中华人民共和国铁路法》、《中华人民共和国安全生产法》、《中华人民共和国行政许可法》、《危险化学品安全管理条例》、《铁路运输安全保护条例》和《铁路货物运输规程》等法律法规和铁道部有关规定,制定本规则。

第二条　中华人民共和国境内铁路危险货物运输适用本规则。铁路危险货物运输除了遵守铁路货物运输的一般规定外,还应遵守本规则,凡不符合本规则规定的,一律不得办理运输。国际联运、军事运输另按有关规定办理。

第三条　铁路危险货物运输管理,坚持安全第一、以人为本、依法行政、预防为主的方针。

第四条　在铁路运输中,凡具有爆炸、易燃、毒害、感染、腐蚀、放射性等特性,在运输、装卸和储存保管过程中,容易造成人身伤亡和财产毁损而需要特别防护的货物,均属危险货物。

第五条　根据国家公布的《危险货物分类与品名编号》(GB6944)和《危险货物品名表》(GB12268),结合铁路运输实际情况,铁路运输危险货物按其主要危险性和运输要求划分类项如下:

第 1 类　爆炸品

第 1.1 项　有整体爆炸危险的物质和物品;

第 1.2 项　有迸射危险,但无整体爆炸危险的物质和物品;

第 1.3 项　有燃烧危险并有局部爆炸危险或局部迸射危险或两种危险都有,但无整体爆炸危险的物质和物品;

第 1.4 项　不呈现重大危险的物质和物品;

第 1.5 项　有整体爆炸危险的非常不敏感物质;

第 1.6 项　无整体爆炸危险的极端不敏感物品。

第 2 类　气体

第 2.1 项　易燃气体;

第 2.2 项　非易燃无毒气体;

第 2.3 项　毒性气体。

第 3 类　易燃液体

第 3.1 项　一级易燃液体;

第 3.2 项　二级易燃液体。

第 4 类　易燃固体、易于自燃的物质、遇水放出易燃气体的物质

第 4.1 项　易燃固体;

第 4.2 项　易于自燃的物质;

第 4.3 项　遇水放出易燃气体的物质。

第5类　氧化性物质和有机过氧化物

第5.1项　氧化性物质；

第5.2项　有机过氧化物。

第6类　毒性物质和感染性物质

第6.1项　毒性物质；

第6.2项　感染性物质。

第7类　放射性物质

第8类　腐蚀性物质

第8.1项　酸性腐蚀性物质；

第8.2项　碱性腐蚀性物质；

第8.3项　其他腐蚀性物质。

第9类　杂项危险物质和物品

第9.1项　危害环境的物质；

第9.2项　高温物质；

第9.3项　经过基因修改的微生物或组织，不属感染性物质，但可以非正常地天然繁殖结果的方式改变动物、植物或微生物物质。

第六条　根据国家公布的《危险货物品名表》，结合铁路危险货物运输实际，制定《铁路危险货物品名表》（以下简称《品名表》）。

未列入《品名表》中的危险货物品名，由铁道部确定并公布。

不属于上述9类危险货物，在铁路运输过程中易引起燃烧、需采取防火措施的货物，属易燃普通货物（见《易燃普通货物品名表》，附件9）。

第七条　铁路危险货物运输各相关单位应当认真执行铁路危险货物承运人、托运人资质许可制度，依法加强管理，促进铁路危险货物运输法治化、系列化、规范化、科学化。

第八条　对设置不合理以及安全不符合国家规定的危险货物办理站（专用线、专用铁路），各铁路安全监督管理办公室应当及时督促企业实施必要的合并、调整或关闭等措施。

第九条　危险货物运输管理工作技术要求高，安全责任重，管理难度大，相关企业必须认真落实领导负责制、专业负责制、岗位负责制、逐级负责制，确保铁路危险货物运输安全。

第十条　从事危险货物运输的各有关单位应当建立健全铁路危险货物运输事故应急预案和信息网络，完善预警预防应急措施，有效处置铁路危险货物运输突发事故，最大限度地减少人员伤亡、财产损失和社会负面影响。

第十一条　从事危险货物运输的各有关单位应当加强危险货物运输从业人员的技术业务培训，切实提高危险货物运输人员的技术管理水平，适应铁路运输现代化发展的需要。

第十二条　从事危险货物运输的各有关单位应当积极推进铁路危险货物运输现代科技手段的开发和应用，充分运用危险货物运输安全监控系统实现危险货物运输源头控制、过程控制、在途控制和综合管理；大力发展危险货物集装箱运输，稳步进行铁路危险货物运输方式改革，不断提高铁路危险货物运输现代化管理水平。

第十三条　铁道部和铁路局有关部门应当建立和完善安全责任追究制度，对危险货物运输中发生的各种问题,按照“事故原因未查清不放过,事故责任者未处理不放过,整改措施未落实不放过,事故教训未吸取不放过”的原则,查明原因,追究责任,吸取教训,防微杜渐。

第二章 承运人、托运人资质

第十四条 铁路危险货物运输的承运人、托运人,必须具有铁路危险货物承运人资质或铁路危险货物托运人资质。有关资质的许可程序及监督管理,按《铁路危险货物承运人资质许可办法》(铁道部第17号令,附录1)、《铁路危险货物托运人资质许可办法》(铁道部第18号令,附录2)执行。

危险货物承运人和托运人资质每年应进行复审。

第十五条 《铁路危险货物承运人资质证书》(以下简称《承运人资质证书》,格式8)编号方法、证书内容及形式

1. 编号分配方式

编号由五位数字组成,其中前两位代表铁路局编号,后三位代表车站分配号码。

(1)铁路局编号:哈尔滨23;沈阳21;北京11;太原14;呼和浩特15;郑州41;武汉42;西安61;济南37;上海31;南昌36;广州44;南宁45;成都51;昆明53;兰州62;乌鲁木齐65;青藏63。

(2)车站分配三位数001-999,如,北京铁路局×××站为:11001。其他车站顺序分配号码。

2. 证书内容

证书内容分四部分:说明和要求,批准栏,年检栏,违反规定记录。

3. 办理品名范围(办理的品名范围须与《铁路危险货物运输办理站(专用线、专用铁路)办理规定》(以下简称《办理规定》)公布的范围一致)。

4. 证书形式

(1)证书分正本和副本两种,证书正面右上角印有“正本”、“副本”字样以示区别,正、副本具有同等效力。

(2)《承运人资质证书》规格为210 mm×297 mm中间对开形式。证书表皮为棕色塑料,印有“铁路危险货物承运人资质证书”和“××铁路安全监督管理办公室监制”烫金字样。

第十六条 《铁路危险货物托运人资质证书》(以下简称《托运人资质证书》,格式9)编号方法、证书内容及形式

1. 编号分配方式

编号由八位数字组成,其中前两位代表铁路局编号,中间三位代表车站分配号码,后三位代表托运人分配号码。

(1)铁路局编号:哈尔滨23;沈阳21;北京11;太原14;呼和浩特15;郑州41;武汉42;西安61;济南37;上海31;南昌36;广州44;南宁45;成都51;昆明53;兰州62;乌鲁木齐65;青藏63。

(2)车站分配3位数001-999,如,北京铁路局×××站为:11001。其他车站按顺序分配号码。

(3)托运人分配3位数001-999,如,北京×××公司,该托运人《托运人资质证书》为11001001。其他托运人按顺序分配号码。

2. 证书内容

证书内容分四部分：说明和要求，批准栏，年检栏，违反规定记录。

3. 办理品名范围（办理的品名须与《办理规定》公布的范围一致）。

4. 证书形式

(1)证书分正本和副本两种，证书正面右上角印有“正本”或“副本”字样，正、副本具有同等效力。副本数量可根据需要确定。

(2)《托运人资质证书》规格为 210 mm × 297 mm 中间对开形式。证书表皮为棕色塑料，印有“铁路危险货物托运人资质证书”和“××铁路安全监督管理办公室监制”烫金字样。

第十七条　各铁路安全监督管理办公室每月 5 日前向铁道部报送上月资质许可、变更、取消等情况，新增危险货物承运人、托运人资质的须填写资质证书号码，由铁道部在《铁路危险货物运输资质一览表》（以下简称《运输资质》）中公布。

承运人、托运人《资质证书》丢失时，由承运人、托运人登报声明作废，铁路安全监督管理办公室据此补发资质证书。

第三章　办理站和专用线（专用铁路）

第十八条　危险货物办理站是指站内、专用线、专用铁路办理危险货物发送、到达业务的车站。按类型分为五种：

1. 专办站：指主要办理危险货物运输的车站。

2. 兼办站：指主要办理普通货物运输，兼办危险货物运输的车站。

3. 集装箱办理站：指在站内办理危险货物集装箱运输的车站。

4. 专用线接轨站：指仅在接轨的专用线、专用铁路办理危险货物作业的车站。

5. 综合办理站：指前四项中两项以上的车站。

第十九条　危险货物办理站要根据危险货物运输需求和铁路运力资源配置的情况，统一规划，合理布局。

新建危险货物办理站时，应远离市区和人口稠密的区域；与发展危险货物物流园区配套考虑；并与省、自治区、直辖市人民政府或设区的市级人民政府商定符合安全要求的危险货物办理站设置地点。

第二十条　铁路对危险货物运输的品名、发到站（专用线、专用铁路）、运输方式、作业能力、安全计量等实行明细化管理。凡是具有承运人、托运人资质的单位在办理危险货物运输时，按《办理规定》执行。

《办理规定》的主要内容：

1. 危险货物办理站名表，规定站内办理危险货物的发到品类；

2. 危险货物集装箱办理站名表，规定站内办理危险货物集装箱发到站名及允许的箱型；

3. 剧毒品办理站名表，规定剧毒品发到的品名、发到站及专用线、运输方式；

4. 专用线、专用铁路办理规定一览表，规定铁路罐车、集装箱（罐）、整车装运危险货物发到的品名；与车站衔接的专用线、专用铁路产权单位名称、共用单位名称；轨道衡计量以及集装箱（罐）作业条件（起重能力、起重设备类型）等。

第二十一条　凡在《办理规定》中未列载的办理站（专用线、专用铁路）不得办理危险货物运输。批准办理危险货物运输的办理站（专用线、专用铁路）只准办理列载的危险货物,如需增加或修改有关内容,由铁路局报铁道部批准。

第二十二条 新建、改建的铁路危险货物运输项目立项前,须由铁道部认定的专业技术机构做运输安全综合分析,并提出研究报告。

新建危险货物专用线的储存、装卸等设施与铁路正线及车站(含货场)的安全距离须符合《铁路运输安全保护条例》第十七条有关规定。对安全距离不符合要求的既有专用线,原则上不再办理增加品名、共用单位等有关业务。

新建气体类危险货物装车作业的专用线(专用铁路),需具备专用线(专用铁路)与接轨站之间的网络通道和相应的视频监控设备。

第二十三条 新增危险货物办理站按本规则《铁路危险货物承运人资质许可办法》办理。

第二十四条 专用线(专用铁路)应与设计时办理危险货物运输内容一致,装运和接卸危险货物运输品类,要有专门的仓库、雨棚、栈桥、鹤管、输送管线、储罐等附属设施和安全防护设备,达不到上述要求的(如无上述仓库、雨棚等,或无栈桥采用罐车、汽车对装对卸方式等),不得办理危险货物运输。

第二十五条 办理危险货物的办理站、专用线(专用铁路)每三年须由铁道部认定的专业技术机构进行运输安全综合分析。

第二十六条 在专用线(专用铁路)办理危险货物运输时,托运人、收货人须与接轨站签订《专用线(专用铁路)运输协议》和《危险货物运输安全协议》(附件 12)。

第二十七条 危险货物总发到年运量 5 万吨以下的,原则上不再新增专用线开办危险货物运输发到业务。

专用线原则上不进行危险货物运输共用。危险货物到达确需共用时,年到达量须在 3 万吨以上,并由产权单位、共用单位、车站三方签订《危险货物专用线共用协议》(附件 13),经运输安全综合分析达到安全要求。

《危险货物运输安全协议》、《危险货物专用线共用协议》每年签订一次,首次签订协议以《办理规定》公布为生效期。

第二十八条 新增办理站、专用线(专用铁路)和共用单位,以及新增品名时,须由铁路局提交申请报告及铁道部认定的专业技术机构出具的《运输安全综合分析报告》、国家安监部门认定机构出具的《专用线及其附属设施安全评价报告》等。铁路局对报告中提出影响铁路危险货物运输安全的问题,必须督促整改,并在申请报告中予以明确。

对于已进行运输安全综合分析,分析报告在有效期内的,仅需对新增内容作专项分析。

第二十九条 危险货物办理站应建立危险货物运输有关技术档案,具体掌握危险货物的运量、品类、理化特性、包装、运输方式、装卸作业设备、计量方法、消防设施等情况。适时掌握企业危险货物运输发展动态,相应调整管理措施和内容。

第四章 托运和承运

第三十条 危险货物仅办理整车和 10 吨及以上集装箱运输。

第三十一条 国内运输危险货物禁止代理。

第三十二条 托运人托运危险货物时,应在货物运单"货物名称"栏内填写"危险货物品名索引表"内列载的品名和铁危编号,在运单的右上角用红色戳记标明类项名称(格式27),并在货物运单"托运人记载事项"栏内填写《托运人资质证书》、经办人身份证和《铁路危险货物运输业务培训合格证》(以下简称《培训合格证》,格式16)号码,对派有押运员的还需填写押运员姓名、身份证号码和《培训合格证》号码,气体危险货物还需填写《液化气体铁路罐车押运员证》(以下简称《押运员证》,格式17)号码。

托运爆炸品时,托运人须出具到达地县级人民政府公安部门批准的《民用爆炸物品运输许可证》,托运烟花爆竹时须出具《烟花爆竹道路运输许可证》,并注明许可证名称和号码,并在运单右上角用红色戳记标明"爆炸品"或"烟花爆竹"字样。

危险货物运单包装栏须按本规则《铁路危险货物包装表》(以下简称《包装表》,附件3)的规定填写相应的外包装和内包装名称。

第三十三条 受理、承运危险货物时,必须符合下列规定:

1.《托运人资质证书》、经办人身份证和《培训合格证》与运单记载相统一。

2. 运单记载的品名、类项、编号等内容与《品名表》的规定相统一,并核查《品名表》第11栏内有无特殊规定(附件1)。

3. 发到站、办理品名、运输方式与《办理规定》相统一。

4. 货物品名、重量、件数与运单记载相统一。

5. 具有危险货物运输包装检测合格证明。

6. 运单右上角用红色戳记标明编组隔离、禁止溜放或限速连挂等警示标记。

7. 国内运输危险货物禁止代理。

8. 其他有关规定。

第三十四条 禁止运输国家禁止生产的危险物品。

禁止运输本规则未确定运输条件的过度敏感或能自发反应而引起危险的物品。如:叠氮铵、无水雷汞、高氯酸(>72%)、高锰酸铵、4-亚硝基苯酚等。

对易发生爆炸性分解反应或需控温运输等危险性大的货物,须由铁道部确定运输条件。如:乙酰过氧化磺酰环己烷、过氧重碳酸二仲丁酯等。

凡性质不稳定或由于聚合、分解在运输中能引起剧烈反应的危险货物,托运人应采用加入稳定剂或抑制剂等方法,保证运输安全。如:乙烯基甲醚、乙酰乙烯酮、丙烯醛、丙烯酸、醋酸乙烯、甲基丙烯酸甲酯等。

第五章　包装和标志

第三十五条 危险货物包装是指以保障运输、储存安全为主要目的,根据危险货物性质、特点,按国家有关法规、标准,专门设计制造的包装物、容器和采取的防护技术。

1. 危险货物包装根据其内装物的危险程度划分为三种包装类别:

Ⅰ类包装——盛装具有较大危险性的货物,包装强度要求高;

Ⅱ类包装——盛装具有中等危险性的货物,包装强度要求较高;

Ⅲ类包装——盛装具有较小危险性的货物,包装强度要求一般。

2. 有特殊要求的另按国家有关规定办理。

第三十六条 危险货物运输包装不得重复使用。性质特殊,须采取特殊包装的,如盛装气体危险货物的钢瓶等不受本条限制。

第三十七条 危险货物的运输包装和内包装应按《品名表》及《包装表》的规定

确定,同时还须符合下列要求:

1. 包装材料材质、规格和包装结构应与所装危险货物性质和重量相适应。包装材料不得与所装物产生危险反应或削弱包装强度。

2. 充装液态货物的包装容器内至少留有5%的余量(罐车及罐式集装箱装运的液体危险货物应符合本规则第十五章有关规定)。

3. 液态危险货物要做到气密封口。对须装有通气孔的容器,其设计和安装应能防止货物流出和杂质、水分进入。其他危险货物的包装应做到严密不漏。

4. 包装应坚固完好,能抗御运输、储存和装卸过程中正常的冲击、振动和挤压,并便于装卸和搬运。

5. 包装的衬垫物不得与所装货物发生反应而降低安全性,应能防止内装物移动和起到减震及吸收作用。

6. 包装表面应保持清洁,不得粘附所装物质和其他有害物质。

第三十八条 危险货物运输包装应取得国家规定的包装物、容器生产许可证及检验合格证。

铁路运输时,应根据铁路运输特点、状况、条件,由符合国家规定条件且铁道部认定的包装检测机构进行包装性能试验。试验要求、方法、合格标准,须符合《铁路危险货物运输包装性能试验规定》(以下简称《包装试验规定》,附件4)和《铁路危险货物运输包装性能试验要求和合格标准》(附件5)。

钢瓶应符合《气瓶安全监察规程》规定;放射性物质包装应按照《放射性物质安全运输规程》(GB11806)的要求进行设计和试验。

第三十九条 采用集装化运输的危险货物,包装须符合本规则规定,使用的集装器具必须有足够的强度,能够经受堆码和多次搬运,并便于机械装卸。

第四十条 货物包装上应牢固、清晰地标明《危险货物包装标志》(以下简称《包装标志》,附录3)和《包装储运图示标志》(以下简称《储运标志》,附录4)中相应的包装标志和储运标志。

进出口危险货物在国内段运输时必须粘贴或拴挂、喷涂相应的中文危险货物包装标志和储运标志。

第六章 新品名、新包装等运输条件

第四十一条 "危险货物品名索引表"中未列载的品名办理运输时须进行性质鉴定,属于危险货物时,按危险货物新品名试运要求办理运输。

托运人提交品名鉴定前,需填写《铁路危险货物运输技术说明书》(以下简称《技术说明书》,格式1),一式四份。托运人对填写内容和送检样品真实性承担法律责任。送检样品须经铁道部认定的专业技术机构进行鉴定。危险货物新品名试运由铁路局批准。经批准后,发站、铁路局、托运人各留存一份《技术说明书》。

新品名试运须在指定的时间和区段内进行。跨铁路局试运时,由批准单位以电报形式通知有关铁路局。

试运前承运人、托运人双方应签订安全运输协议。

试运时,由托运人在运单"托运人记载事项"栏内注明"比照铁危编号×××新品名试运,批准号×××"字样。试运时间2年。试运结束时,托运人应会同车站将试运结果报主管铁路局。铁路局对试运结果进行研究后,提出试运报告报铁道部。

铁道部根据试运报告指定有关部门进行复验，达到要求后正式批准运输。未经批准或超过试运期未上报试运报告的，须停止试运。

鉴定为普通货物时，不需进行试运。

第四十二条　托运人要求改变包装时应填写《改变运输包装申请表》（以下简称《改变包装表》，格式2），一式四份。有关试运要求，比照本规则第四十一条有关规定程序办理。

改变氯酸盐、高氯酸盐、高氯酸、黄磷等包装需经铁道部批准。

第四十三条　危险货物新品名试运和改变包装试运应符合《品名表》第11栏特殊规定。

第四十四条　《品名表》第11栏特殊规定符合按普通货物运输条件的，可按普通货物条件运输。运输时，经铁路局批准后可在非危险货物办理站、专用线（专用铁路）发运。托运人应在货物运单"托运人记载事项"栏内注明"×××（铁危编号），可按普通货物运输"（如"石棉（91006），可按普通货物运输"）。

按普通货物条件运输的危险货物，限使用棚车装运，符合本规则第一百零六条规定的，可使用集装箱装运，但必须符合《品名表》第11栏特殊规定要求，其包装、标志须符合本规则关于危险货物运输包装的相应规定。

按普通货物运输的，可不办理《托运人资质证书》。

第四十五条　放射性物质的包装件外表面最大辐射水平不超过0.005 mSv/h，包装件外表面放射性污染不超过表1中的最大限值和表2限值的，可按普通货物运输。

表1　包装件放射性污染最大限值

污　染　表　示	β、γ和低毒性α发射体 Bq/cm^2	其他α发射体 Bq/cm^2
包装件外表面或包装件外层辅助包装和运输工具表面	0.4	0.04

每个包装件放射性内容物不超过表2中所列限值。

表2　包装件的放射性活度限值

内容物性质	仪表或制成品		放射性物质包装件限值
	物品限值	包装件限值	
固　态			
特殊形式	$10^{-2}A_1$	A_1	$10^{-3}A_1$
其他形式	$10^{-2}A_2$	A_2	$10^{-3}A_2$
液　态	$10^{-3}A_2$	$10^{-1}A_2$	$10^{-4}A_2$
气　态			
氚	$2\times10^{-2}A_2$	$2\times10^{-1}A_2$	$2\times10^{-2}A_2$
特殊形式	$10^{-3}A_1$	$10^{-2}A_1$	$10^{-3}A_1$
其他形式	$10^{-3}A_2$	$10^{-2}A_2$	$10^{-3}A_2$

第七章　基础管理制度

第四十六条　危险货物办理站需按《铁路危险货物运输基础管理台账目录》(以下简称《台账目录》,附件10)的内容要求,结合本站危险货物运输办理情况,建立台账并实行分类管理。铁路局应把管理台账纳入安全管理检查考核内容。

第四十七条　要建立危险货物运输安全例会制度,针对存在问题,制定整改措施,不断提高危险货物运输管理水平。铁路局须于每月28日之前将危险货物安全管理状况报铁道部,具体报告形式见《铁路危险货物运输安全月报》(格式18)。

发生危险货物运输事故时,按《铁路货物运输事故处理规则》规定进行报告,同时按《危险货物运输事故分析报告》(附表-32)填报。

第四十八条　要建立危险货物突发事件月报制度,每月28日前将当月危险货物运输突发事件情况报铁道部,具体报告形式见《铁路危险货物运输突发事件报告》(格式28)。

第四十九条　办理站要按《危险货物发送运量统计表》(附表-36)和《危险货物到达运量统计表》(附表-37)要求的内容进行统计并逐级上报,铁路局向铁道部报告时间为每季度开始月的10日内。

运输统计工作要做到内容真实,数字准确,报告及时。

第八章　运输及签认制度

第五十条　危险货物限使用棚车装运(《品名表》第11栏内有特殊规定除外)。装运时,限同一品名、同一铁危编号。

爆炸品、硝酸铵、氯酸钠、氯酸钾、黄磷和钢桶包装的一级易燃液体应选用车况良好的P_{64}、P_{64A}、P_{64AK}、P_{64AT}、P_{64GK}、P_{64GT}等竹底棚车或木底棚车装运,并须对门口处金属磨耗板,端、侧墙的金属部分采用非破坏性措施进行衬垫隔离处理。如使用铁底棚车时,须经铁路局批准。

毒性物质限使用毒品专用车,如毒品专用车不足时,经铁路局批准可使用铁底棚车装运(剧毒品除外)。铁路局应指定毒品专用车保管(备用)站。毒品专用车回送时,使用"特殊货车及运送用具回送清单"。

第五十一条　危险货物装卸作业使用的照明设备及装卸机具必须具有防爆性能,并能防止由于装卸作业摩擦、碰撞产生火花。装卸作业前,应对车辆和仓库进行必要的通风和检查,向装卸工组说明货物品名、性质、作业安全事项并准备好消防器材和安全防护用品。作业时要轻拿轻放,堆码整齐稳固,防止倒塌,严禁倒放、卧装(钢瓶等特殊容器除外)。装卸车作业要求如下:

1. 装车作业

(1)检查车辆。检查车种车型与规定装运货物相符,查看门窗状态、进行透光检查,确认车辆检修是否过期。

(2)检查货物。检查货物品名、包装、件数与运单填写是否一致,以及货物包装是否符合规定。

(3)装车作业。传达安全注意事项及装载方案,检查消防器材和安全防护用品。装载货物(含国际联运换装)不得超过车辆(含集装箱、罐式箱)标记载重量及罐车允许充装量,严禁增载和超装超载。

(4)装车后工作。检查堆码及装载状态,查验门窗是否关闭良好,做好施封加锁及装车台账登记工作等。

2. 卸车作业

(1)检查车辆。车辆状态及施封检查,核对票据与现车,确定卸车及堆码方法。

(2)卸车作业。传达安全作业注意事项及卸车方案,检查消防器材和安全防护用品。

(3)卸车后工作。填记卸货登记簿。对受到污染的车辆,及时回送洗刷所洗刷除污。清理车辆残存废弃物交由收货人负责处理。因污染、腐蚀造成车辆损坏的,要按规定索赔。

第五十二条 危险货物存放时要求按类、项区别专库专用,如不同类项的危险货物确需同库混合存放,须符合《铁路危险货物配放表》(以下简称《配放表》,附件2)的规定。

第五十三条 根据危险货物特殊性质,在调车作业和运输编组隔离、车辆技术检查、整备、检修等技术作业中需采取特殊防护事项,要有明确规定,并须书面通知有关单位和人员。有关运输单据和货车上的表示方式见特殊防护事项表(表3)。

派有押运员的成组危险货物车辆,要求成组连挂,不得拆解;发站必须在该组车辆每一张运单、货票上注明"成组连挂,不得拆解",并将该组票据单独装入封套(剧毒品除外),封套上注明"成组连挂,不得拆解"。

表3 特殊防护事项表

特殊防护事项	货车上的表示	运输单据上的表示
附件7中规定禁止溜放和限速连挂的货车	在货车两侧插挂"禁止溜放"或"限速连挂"的货车表示牌	在运单右上角、票据封套上用红色记明"禁止溜放"或"限速连挂"的字样
附件6中规定编组需要隔离的货车	①在货车表示牌上要记明三角标记。 ②未限定"禁止溜放"或"限速连挂"的货车可用货车表示牌背面记明三角标记,并插于货车两侧	在运单右上角、票据封套上用红色记明规定的三角标记
《品名表》第11栏中规定停止制动作用的货车	在货车表示牌上记明"停止制动作用"字样	在运单右上角、票据封套上用红色记明"停止制动作用"的字样

第五十四条 装运需停止制动作用的货车时,车站应书面通知所在地货车车辆段,由货车车辆段派就近的列检作业场人员到场检查确认后关闭截断塞门并施封,封上须有"停止制动"字样,同时在货票上注明"停止制动"。施封后,所在地货车车辆段应认真做好记录,并将"停止制动"施封车辆的车种车型车号及到站及时通知到站所在地货车车辆段。到站卸车后,车站应书面通知所在地货车车辆段,由货车车辆段派就近的列检作业场人员到场检查确认后拆封,开启截断塞门,并将该车辆的车种车

型车号及时通知发站所在地货车车辆段予以销号。

第五十五条 装运危险货物应快装、快卸、快取、快送、优先编组、优先挂运。站内停放危险货物车辆时,要采取安全防护措施,对需要看护的重点危险货物,由车站派员看守并通知铁路公安部门。

进出办理站取送危险货物的机动车辆必须具备危险货物道路运输证件,取送爆炸品、剧毒品货物的机动车辆还须持有到达地公安部门出具的公路运输通行证。

第五十六条 爆炸品、硝酸铵、剧毒品(非罐装、有特殊规定67号)、气体类和其他另有规定的危险货物运输作业实行签认制度。作业应按规定程序和作业标准进行并签认。要对作业过程内容的完整性、真实性负责,严禁漏签、代签和补签。签认单保存期半年。

运输签认制度的有关要求按《铁路剧毒品运输作业签认单》(格式23)、《铁路危险货物运输作业签认单》(格式24)、《危险货物罐车作业签认单》(格式25)办理。

货检站无改编作业时,由各铁路局结合实际情况确定签认方式。

第九章 危险货物运输押运管理

第五十七条 运输爆炸品(烟花爆竹除外)、硝酸铵实行全程随货押运。剧毒品、罐车装运气体类(含空车)危险货物实行全程随车押运。装运剧毒品的罐车和罐式箱不需押运。其他危险货物需要押运时按有关规定办理。

第五十八条 押运员必须取得《培训合格证》。运输气体类危险货物时,押运员还须取得《押运员证》。

第五十九条 押运员应了解所押运货物的特性,押运时应携带所需安全防护、消防、通讯、检测、维护等工具以及生活必需品,应按规定穿着印有红色"押运"字样的黄色马甲,不符合规定的不得押运。押运间仅限押运员乘坐,不允许闲杂人员随乘,执行押运任务期间,严禁吸烟、饮酒及做其他与押运工作无关的事情。

押运员在押运过程中必须遵守铁路运输的各项安全规定,并对所押运货物的安全负责。

发站要对押运工具、备品、防护用品以及押运间清洁状态等进行严格检查,不符合要求的禁止运输。

第六十条 气体危险货物押运员应对押运间进行日常维护保养,破损严重的要及时向所在车站报告,由车站通知所在地货车车辆段按规定予以扣修。对门窗玻璃损坏等能自行修复的,必须及时修复。

押运间内必须保持清洁,严禁存放易燃易爆物品及其他与押运无关的物品。对未乘坐押运员的押运间应使用明锁锁闭,车辆在沿途作业站停留时,押运员必须对不用的押运间进行巡检,发现问题,及时处理。

第六十一条 押运员在途中要严格执行全程押运制度,认真按照"全程押运签认登记表"要求进行签认,严禁擅自离岗、脱岗。严禁押运员在区间或站内向押运间外投掷杂物。运行时,押运间的门不得开启。对押运期间产生的垃圾要收集装袋,到沿途有关站后,可放置车站垃圾存放点集中处理。

第六十二条 车辆在临修、辅修、段修、厂修时,要严格按有关规程加强对押运间检查、修理。在接到押运员的故障报告后要及时修理。气体危险货物罐车检修完毕出厂前,罐车产权单位应主动到检修单位,按规程标准对押运间检修质量进行交接签认,并做好记录,确保气体危险货物罐车押运间状态良好。

第六十三条 押运管理工作实行区段签认负责制。货检人员须与押运员在所押运的车辆前签认,要对押运备品及押运间状态进行检查,不符合要求的要甩车处理。签认内容见《全程押运签认登记表》(附表-27)。托运人再次办理运输时(含须押运的气体类罐车返空)须出具此登记表,并由车站保留三个月。对未做到全程押运的,再次办理货物托运时车站不予受理。

第六十四条 同一托运人、同一到站押运方式、车辆及人数规定:

1. 气体类6辆重(空)罐车(含带押运间车辆)以内编为1组。1~6车押运员不得少于2人,7~12车押运员不得少于4人,13~18车押运员不得少于6人。每列编挂不得超过3组。每组间的隔离车不得少于10辆(原则上需要用普通货物车辆隔离)。装运爆炸品(含烟花爆竹)、硝酸铵、气体类车辆与牵引机车隔离不少于4辆。

2. 剧毒品4辆(含带押运间车辆)以内编为1组,每组2人押运;2组以上押运人数由铁路局确定。

3. 硝酸铵4辆以内编为1组,每组2人押运;2组以上押运人数由铁路局确定。

4. 爆炸品(烟花爆竹除外)每车2人押运。

上述车辆编组隔离除符合本条规定外,还须符合本规则《铁路车辆编组隔离表》(附件6)的规定。

派有押运员的车辆,成组挂运时,途中不得拆解。

第六十五条 新造出厂的和洗罐站洗刷后送检修地点的及检修后首次返空的气体类危险货物罐车不需押运,但须在运单、货票注明"新造车出厂"、"洗刷后送检修"或"检修后返空"字样。

第六十六条 运输时发现押运员身份与携带证件不符或押运员缺乘、漏乘时应及时甩车,做好记录,并通知发站或到站联系托运人、收货人立即补齐押运员后方可继运。

第六十七条 托运人应针对运输的危险货物特性,建立危险货物运输事故应急预案及施救措施。押运员应熟悉应急预案及施救措施,在运输途中发现异常现象时,应及时采取应急措施并向铁路部门报告。

第十章 消防、劳动安全及防护

第六十八条 办理站要建立健全消防、安全防护责任制,针对本站危险货物业务特点,对职工进行消防、安全防护教育和培训;确定重点危险源,按照国家有关规定,配置消防、安全防护设施和器材,设置消防、安全防护标志。消防、安全防护设施、器材需由专人管理,负责进行检查、维修、保养、更换和添置,确保消防、安全防护设施和器材齐全完好有效。

第六十九条 办理站要建立义务应急救援队伍,制定事故处置和应急预案,设置醒目的安全疏散标志,保持疏散通道安全畅通;定期组织事故救援演练,开展预防自救工作,并对活动进行记录和总结,并对巡查情况进行完整记录。

第七十条 危险货物办理站和货车洗刷所必须建立健全劳动保护制度,劳动安全与环保设施必须符合国家和铁道部等有关规定。对从事危险货物运输的作业人员应进行劳动安全保护教育,严格执行国家劳动安全卫生规程和标准,有效预防作业过程中的人身伤害事故。

第七十一条　应建立健全劳动防护用品的购买、验收、保管、发放、使用、更换、报废等管理制度；按照劳动防护用品的使用要求，在使用前对其防护功能进行必要的检查。

第七十二条　应建立直接从事危险货物运输人员的职业健康监护档案，做好职业健康管理工作。对直接从事危险货物运输的人员应按国家规定给予相应营养保健待遇；每年应进行一次职业健康体检，合理组织和安排健康疗养等活动。

第七十三条　应根据危险货物的运量、品类等情况，配备下列劳动保护用品和安全检测仪器等有关设施、设备：

1. 有防静电功能的防护服、防护手套、防护镜、防毒面具以及必要的应急药品和器材。

2. 可燃气体检测报警仪、有毒气体检测报警仪以及有关报警、通讯装置。

3. 沐浴室、洗衣房、休息室、更衣室等设施。

4. 办理放射性物质运输的车站，须配备放射性物质监测仪器。如，辐射水平监测仪、表面放射性污染监测仪、个人剂量监测仪等。

5. 其他有关安全防护设施、设备。

第十一章　洗刷除污

第七十四条　装过危险货物的货车，卸后必须清扫干净。下列情况必须进行洗刷除污：

1. 装过剧毒品的毒品车；

2. 发生过撒漏、受到污染（包括有刺激异味）的货车；

3. 回送检修运输危险货物的货车。

第七十五条　货车洗刷除污工艺必须符合《铁路货车洗刷除污方法》（附件8）。回送洗刷除污的货车，应在"特殊货车及运送用具回送清单"上注明品名及编号，并在货车两车门内外明显处粘贴"铁路货车洗刷回送标签"（格式5）各一张。

货车经洗刷除污达到要求后应撤除货车洗刷回送标签，并在货车两车门内外明显处粘贴"铁路货车洗刷除污工艺合格证"（格式6）各一张，并填写《洗刷除污登记表》（附表-38）。

未经洗刷除污的货车严禁使用或排空。

第七十六条　装过放射性物质的货车、苫盖的篷布及有关用具，卸后须由铁路防疫部门对α、β、γ发射体的污染水平进行检测，检测结果必须低于本规则第一百三十三条规定的1/50，达到要求后方可排空使用。

第七十七条　对装过性质特殊、缺乏有效洗刷除污手段的货车，洗刷所应通知卸车站，要求收货人提供有效的洗刷除污方法和药物，再次洗刷处理。

第七十八条　洗刷除污须具备的条件：

1. 洗车台位数、洗车线的数量和长度应达到洗刷除污的能力需求。

2. 洗刷除污的废水、废物处理技术条件应符合《铁路货车洗刷废水处理技术条件》（TB1797）和《铁路货车洗刷固体废物处理技术条件》（TB/T2321）的要求。

3. 洗刷除污后的废水、废物的排放必须达到环保部门的有关标准。

第十二章　保管和交付

第七十九条　危险货物应按其性质和要求存放在指定的仓库、雨棚等场地。遇潮或受阳光照射容易燃烧或产生易燃、易爆、有毒气体的危险货物不得在雨棚、露天存放。存放保管危险货物时,应符合《配放表》的要求。编号不同的爆炸品不得同库存放。放射性物质需建专用仓库,并与爆炸品仓库保持20米以上的安全距离。

第八十条　堆放危险货物的仓库、雨棚等场地必须清洁干燥、通风良好,配备充足有效的消防设施。货场应设置明显的安全警示标志,须建立健全值班巡守制度。仓库作业完毕后应及时锁闭,剧毒品须加双锁,做到双人收发、双人保管。进入货场的机动车辆必须安装防火帽(罩)。

第八十一条　对到达的货物要及时通知收货人,做到及时交付货物,及时取送车辆。货位清空后,需及时清扫、洗刷干净。对撒漏的危险货物及废弃物,应及时通知收货人进行处理。对危险性大、撒漏严重的,要会同卫生防疫、环保、消防等部门共同处理。

第十三章　培训与考核

第八十二条　从事危险货物运输的各有关单位主要负责人员、主管人员以及现场货装人员、企业运输员、押运员应进行技术业务培训。

培训工作应根据对象、专业特点,确定教学内容,配备师资力量,完善设施条件,改进培训方式,不断提高从业人员的技术业务素质。

第八十三条　直接从事危险货物运输的人员必须经过不少于60学时的技术业务培训,考试合格者,由承运站所属铁路局核发《培训合格证》、《押运员证》,证书由铁路局制作,未取得证书者不得上岗。证书有效期为两年,每两年进行考核换证。

《培训合格证》规格为210 mm×148 mm中间对开形式。证书表皮为红色塑料,印有“铁路危险货物运输业务培训合格证”和“××铁路局监制”烫金字样。

《押运员证》规格为210 mm×148 mm中间对开形式。证书表皮为蓝色塑料,印有“液化气体铁路罐车押运员证”和“××铁路局监制”烫金字样。

第八十四条　技术业务培训主要内容:

1. 危险货物运输的有关法规、政策、标准。
2. 铁道部、铁路局等主管部门有关文电规定。
3. 危险货物运输基础理论。
4. 国内外危险货物运输现代化管理及发展趋势。
5. 事故应急预案、救援方法。
6. 路内外重大危险化学品事故案例分析、处理方式以及重大危险源的辨识和控制方法。
7. 其他专项技术培训。

承担技术业务培训部门的资格条件见本规则第二十章有关规定。

第十四章　危险货物自备货车、自备集装箱技术审查程序

第八十五条　危险货物自备货车是企业为满足自身生产需要装运危险货物并经

国家铁路过轨运输的货车。

企业危险货物自备货车包括装运危险货物的罐车、棚车、敞车、平车、矿石车及其他特种车。

第八十六条　企业装运危险货物的自备罐车在国家铁路过轨运输实行许可证制度，有关的许可程序按照《企业自备货车经国家铁路过轨运输许可办法》（铁道部令第9号）及有关规定办理。

第八十七条　危险货物自备货车必须达到铁道部规定的安全标准和技术条件。为确保危险货物自备货车适宜装运相应危险货物，申请人在购置危险货物自备货车前，须申请技术审查。

申请人须具有危险货物托运人资质（收货人除外）。采用自备车辆运输危险货物的，要有专门用于装运和接卸危险货物运输的自有专用线（专用铁路）及专用储运附属设备设施，运输的品类和业务范围应与设计时批准的内容一致。危险货物托运人的资质及办理危险货物的车站（专用线、专用铁路）应在《运输资质》和《办理规定》中予以公布。

危险货物自备货车购置单位在办理行政许可前，须向所在发送或到达铁路局提出技术审查申请。铁路局进行技术条件初审后向铁道部运输局出具审查意见并附以下内容：

（1）购置单位申请报告。主要包括车辆技术条件、资质条件、专用线状况、企业生产规模、产品性质、运量流向、装卸设备、管理制度以及符合规定要求的事故应急预案等。

（2）《铁路危险货物自备罐车购置技术审查表》（以下简称《自备罐车审查表》，格式12）或《铁路危险货物自备货车购置技术审查表》（以下简称《自备货车审查表》，格式13）一式五份，并由铁路局主管处长和主管局长分别签署意见，并加盖铁路局公章。

（3）铁道部认定的专业技术机构出具的危险货物自备货车《运输安全综合分析报告》一式五份。报告须对拟装危险货物特性、产品用途、车种车型、装卸方式、装卸设备、安全防护措施、运力条件、安全管理制度及突发事件应急处置等安全技术条件进行全面分析。

铁道部对上述有关技术资料审查核准后，将《自备罐车审查表》或《自备货车审查表》和《运输安全综合分析报告》留存一份备案，另四份寄送申报铁路局，其中一份由铁路局货运处留存备案，三份交购置单位办理危险货物自备车行政许可及《铁路危险货物自备货车安全技术审查合格证》（以下简称《危货车安全合格证》，格式19）等有关运输手续。

第八十八条　购置非新造危险货物自备货车需比照第八十七条规定办理技术审查并提交车辆转让协议。

购置的非新造危险货物自备货车须按铁道部有关要求进行提速改造。气体类危险货物自备罐车的液位计、压力表等安全附件须达到铁道部有关规定要求。上述改造须有相应证明材料。

第八十九条　危险货物自备罐车变更的装运介质属于危险货物时，需由铁道部认定的甲类或乙类专业技术机构进行运输安全综合分析，经铁路局初审同意后报铁道部批准。变更的介质属于普通货物时，由铁路局货运主管部门收回《危货车安全合格证》,同时要求车辆产权单位完成对车辆有关危险货物自备罐车标志的清除等,按普通货物运输。车辆有关危险货物自备罐车标志的清除应由车辆产权单位委托有资质的车辆部门进行。

装运危险货物的货车改装食品时,应当提供专业清洗部门出具的清洗合格证明。

危险货物自备货车产权单位变更名称的(过户除外),须提交国家工商管理部门同意企业名称变更的相关证明,并对《托运人资质证书》(收货人除外)及《办理规定》中的企业名称进行相应变更,经铁路局初审同意后,报铁道部批准。

第九十条 购置自备集装箱(含罐式箱)需填写《铁路危险货物自备集装箱购置技术审查表》(以下简称《自备箱审查表》,格式14)或《铁路危险货物自备罐式集装箱购置技术审查表》(以下简称《罐式箱审查表》,格式15)。申请技术审查按以下规定办理:

1. 申请人应具有危险货物托运人资质(收货人除外)。采用自备集装箱运输危险货物的,原则上要在专用线、专用铁路办理,危险货物托运人的资质及办理危险货物的车站(专用线、专用铁路)应在《运输资质》和《办理规定》中予以公布。

2. 申请人应向始发站或到达站提出申请,并由车站上报铁路局,铁路局对技术条件进行初审后,报铁道部核准。

申请时应提交下列材料:铁路局审查意见、申请人申请报告、铁道部认定的专业技术机构出具的《运输安全综合分析报告》及《自备箱审查表》(《罐式箱审查表》)一式四份。

3. 申请报告除集装箱技术资料外还应包括下列内容:资质条件,专用线状况,企业生产规模,产品性质,运量、流向,装卸设备,罐式箱的铁路冲击试验结果,管理制度以及发生事故的应急预案等。

4. 铁道部对符合条件的予以批复,同时将《自备箱审查表》(《罐式箱审查表》)留存一份备案,另三份寄送申报铁路局,其中一份铁路局留存,一份车站留存,一份交购置单位办理《铁路危险货物自备集装箱安全技术审查合格证》(以下简称《危货箱安全合格证》,格式20)。

第九十一条 危险货物自备集装箱投入运用前,铁路局应按《铁路自备集装箱编号登记表》(格式11)进行登记并编号,编号方式如:哈TWX0001、京TWX0001、上TWX0001。

第十五章 危险货物自备货车运输

第九十二条 危险货物自备货车运输时,须由车辆产权单位向过轨站段提出申请,站段初审后报所属铁路局审核,符合规定的,由所属铁路局签发《危货车安全合格证》。《危货车安全合格证》实行一车一证,车证相符,按规定品名装运,不得租借和混装使用。铁路局应建立《危货车安全合格证》档案,每年进行一次复核。

第九十三条 办理《危货车安全合格证》应出具下列技术文件:

1. 装运气体类危险货物罐车

(1)申请报告(含企业生产经营规模、运量、产品理化特性和危险性分析);

(2)《自备罐车审查表》;

(3)压力容器使用登记证;

(4)铁路货车制造合格证明;

(5)铁路货车检修合格证明;
(6)车辆验收记录;
(7)押运员的《押运员证》和《培训合格证》;
(8)《企业自备车经国家铁路过轨运输许可证》;
(9)其他有关资料。
2. 装运非气体类液体危险货物罐车
(1)申请报告(含企业生产经营规模、运量、产品理化特性和危险性分析);
(2)《自备罐车审查表》;
(3)铁路罐车容积检定证书(格式21);
(4)车辆验收记录;
(5)铁路货车制造合格证明;
(6)铁路货车检修合格证明;
(7)押运员的《培训合格证》(规定须押运的货物);
(8)《企业自备车经国家铁路过轨运输许可证》;
(9)其他有关资料。
3. 非罐车装运危险货物
(1)申请报告(含企业生产经营规模、运量、产品理化特性和危险性分析);
(2)《自备货车审查表》;
(3)车辆验收记录;
(4)铁路货车制造合格证明;
(5)铁路货车检修合格证明;
(6)押运员的《培训合格证》(规定须押运的货物);
(7)《企业自备车经国家铁路过轨运输许可证》;
(8)其他有关资料。

在2006年8月1日前制造的货车,可不提供"铁路货车制造合格证明"。

第九十四条 危险货物罐车装卸作业必须在专用线(专用铁路)办理。

自备罐车装运危险货物,品名范围及车种要求应符合《品名表》第11栏中特殊规定,未做规定的报铁道部制定运输条件。

铁路产权罐车限装品名为原油、汽油、煤油、柴油、石脑油(溶剂油)及非危险货物的重油、润滑油。对擅自涂改铁路产权罐车标记装运限定之外品名的,要立即扣车处理,同时追查有关责任单位、责任人的责任。

第九十五条 装运危险货物的罐车罐体本底色应为银灰色,罐体两侧纵向中部应涂刷一条宽300 mm表示货物主要特性的水平环形色带:红色表示易燃性,绿色表示氧化性,黄色表示毒性,黑色表示腐蚀性。

装运酸、碱类的罐体为全黄色,罐体两侧纵向中部应涂刷一条宽300 mm黑色水平环形色带;装运煤焦油、焦油的罐体为全黑色,罐体两侧纵向中部应涂刷一条宽300 mm红色水平环形色带。

装运黄磷的罐体为银灰色,罐体中部不用涂打环形色带。需在罐体两端右侧中部喷涂9、13号危险货物标志图。

环带上层200 mm宽涂蓝色,下层100 mm宽涂红色或黄色分别表示易燃气体或毒性气体。环带300 mm为全蓝色时表示非易燃无毒气体。

罐体两侧环形色带中部(有扶梯时在扶梯右侧)以分子、分母形式喷涂货物名称及其危险性,如苯:$\frac{\text{苯}}{\text{易燃、有毒}}$。对遇水会剧烈反应,事故处理严禁用水的货物,还应在分母内喷涂“禁水”二字,如硫酸:$\frac{\text{硫酸}}{\text{腐蚀、禁水}}$。并按本规则附录3在罐体两端头两侧环形色带下方喷涂相应标志,规格:400 mm×400 mm。

第九十六条 承运危险货物自备货车时,应审核以下内容:

1. 气体类危险货物

(1)罐车产权单位为托运人的,《托运人资质证书》的单位名称必须与《危货车安全合格证》、《押运员证》、《培训合格证》的单位名称相统一;

(2)罐车产权单位为收货人的,罐车产权单位名称必须与《危货车安全合格证》、《押运员证》、《培训合格证》的单位名称相统一;

(3)货物品名、托运人、收货人、发到站、专用线(专用铁路)等须与《办理规定》中公布的相统一;

(4)货物品名须与《危货车安全合格证》中的品名及罐体标记品名相统一;

(5)提供《铁路液化气体罐车充装记录》(以下简称《充装记录》,格式7)一式两份,一份由发站留存,一份随运单至到站交收货人;

(6)虽符合上述(1)~(4)项条件,但证件过期、定检过期、车况不良、罐体密封不严、罐体标记文字不清等有碍安全运输的不予办理运输。

2. 非气体类液体危险货物

非气体类液体危险货物运输时比照本条第1项规定办理,不审核《押运员证》,有押运规定的,须审核《培训合格证》。

3. 其他类危险货物运输比照上述相应规定办理。

第九十七条 气体危险货物装车单位必须具有轨道衡计量设备,装运气体危险货物罐车标记容积在80 m^3 以上的须安装三台面轨道衡。

第九十八条 气体类危险货物在充装前须对空车进行检衡。充装后,需用轨道衡再对重车进行计量,严禁超装。充装量应按计算公式计算,但不得大于标记载重量;计算的充装量大于标记载重量时,充装量以标记载重量为准。

1. 允许充装量的确定方法为:

$$W_{\text{计算}} = \Phi \cdot V_{\text{标}}$$

当 $W_{\text{计算}} \geqslant P_{\text{标}}$ 时

$$W_{\text{许装}} = P_{\text{标}}$$

当 $W_{\text{计算}} < P_{\text{标}}$ 时

$$W_{\text{许装}} = W_{\text{计算}}$$

式中 $W_{\text{计算}}$——根据重量充装系数确定的计算充装量,t;

$W_{\text{许装}}$——允许充装量,t;

Φ——重量充装系数,t/m^3;

$V_{\text{标}}$——罐车标记容积,m^3;

$P_{\text{标}}$——罐车标记载重,t。

常见介质的重量充装系数见表4。

表4　常见介质的重量充装系数表

充装介质种类	重量充装系数 $\Phi(t/m^3)$
液　氨	0.52
液　氯	1.20
液态二氧化硫	1.20
丙　烯	0.43
丙　烷	0.42
混合液化石油气	0.42
正 丁 烷	0.51
异 丁 烷	0.49
丁烯、异丁烯	0.50
丁 二 烯	0.55

注:液化气体重量充装系数,按介质在50 ℃时罐体内留有6% ~8%气相空间及该温度下的比重求得。

2. 检衡复核充装量公式为:

$W_{空检} \geqslant W_{自重}$时

$$W_{实装} = W_{总重} - W_{自重}$$

$W_{空检} < W_{自重}$时

$$W_{实装} = W_{总重} - W_{空检}$$

要求$W_{实装}$不得大于$W_{许装}$,即:$W_{实装} \leqslant W_{许装}$。

式中　$W_{实装}$——实际充装量,t;

$W_{自重}$——罐车标记自重,t;

$W_{总重}$——重罐车检衡重量,t;

$W_{空检}$——罐车空车检衡重量,t。

充装量可参照《铁路危险货物罐车允许充装重量及高度表》(以下简称《充装表》,附件11-1)确定。

第九十九条　充装非气体类液体危险货物时,应根据液体货物的密度、罐车标记载重量、标记容积确定充装量。充装量不得大于罐车标记载重量;同时要留有膨胀余量,充装量上限不得大于罐体标记容积的95%,下限不得小于罐体标记容积的83%。

即允许充装量应同时符合以下重量和体积要求:

1. 允许充装体积:

$$0.83V_{标} \leqslant V_{许装} \leqslant 0.95V_{标}$$

2. 允许充装重量:

$$W = \rho \cdot V_{许装} \leqslant P_{标}$$

式中　W——允许充装量,t;

ρ——充装介质密度,t/m^3;

$V_{标}$——罐车标记容积,m^3;

$P_{标}$——罐车标记载重,t;

$V_{许装}$——罐车允许充装体积,m^3。

充装量低于83%时,罐体内未加防波板不得办理运输。

充装量可参照《充装表》(附件 11－2)确定。

装车单位要严格执行铁路罐车允许充装量的规定,防止超装超载。各铁路局要作出规划,加大安全检测计量设备投入,防止罐车装运的液体危险货物超装超载,确保运输安全。

第一百条 装运危险货物的罐车重车重心限制高度不得超过 2 200 mm。

第一百零一条 装车前,托运人应确认罐车是否良好,罐体外表应保持清洁,标记、文字应能清晰易辨。罐体有漏裂,阀、盖、垫及仪表等附件、配件不齐全或作用不良的罐车禁止使用。

气体类危险货物充装前必须有专人检查罐车,按规定对罐体外表面、罐体密封性能、罐体余压等进行检查,不具备充装条件的罐车严禁充装。罐车充装完毕后,充装单位应会同押运员复检充装量,检查各密封件和封车压力状况,认真详细填记《充装记录》,符合规定时,方可申请办理托运手续。

危险货物罐车装、卸车作业后,须及时关严罐车阀件,盖好人孔盖,拧紧螺栓,严禁混入杂质。

气体类危险货物罐车卸后罐体内须留有不低于 0.05 MPa 的余压。

第一百零二条 气体类危险货物罐车运输不允许办理运输变更或重新托运,如遇特殊情况需要变更或重新托运时,需经铁路局批准。

危险货物运输变更或重新托运必须符合本规则有关要求。

第一百零三条 危险货物罐车运输途中发生泄漏、火灾及其他行车事故时,车站应立即启动应急预案,迅速向铁路有关部门、地方政府、公安消防及环保、卫生防疫部门报告,并速请熟悉货物性质及罐体构造的部门协助处置。要设立警戒区,组织人员向逆风方向疏散,防止危险货物流入水域。易燃、有毒液体发生泄漏时,应及时阻断火源。对标有“禁水”标记的罐车,严禁用水施救。对有毒气体施救时应站在上风方向,防止中毒事故发生。

第十六章 危险货物集装箱运输

第一百零四条 铁路危险货物集装箱(以下简称危货箱)限装同一品名、同一铁危编号的危险货物,包装须与本规则规定一致。装箱须采取安全防护措施,防止货物在运输中倒塌、窜动和撒漏。运输时只允许办理一站直达并符合《办理规定》要求。

第一百零五条 危货箱办理站(专用线、专用铁路)应设置专用场地,并按货物性质和类项划分区域;场地须具备消防、报警和避雷等必要的安全设施;配备装卸设备设施及防爆机具和检测仪器。危货箱的堆码存放应符合《配放表》中的有关规定。

第一百零六条 危货箱仅办理《品名表》中下列品类:

1. 铁路通用箱

(1)二级易燃固体(41501—41559)

(2)二级氧化性物质(51501A—51530)

(3)腐蚀性物质

① 二级酸性腐蚀性物质(81501—81535,81601A—81647)

② 二级碱性腐蚀性物质(82501—82524)

③ 二级其他腐蚀性物质(83501—83514)

2. 自备危货箱

(1)本条第1项规定的品名

(2)毒性物质(61501—61940)

3. 集装箱装运上述第1、2项以外的危险货物,以及改变包装的需经铁道部批准,有关试运程序比照第六章有关规定办理。

第一百零七条 车站办理危货箱时,应对品名、包装、标志、标记等进行核查,防止匿报、谎报危险货物或在危货箱中夹带违禁物品。严禁在站内办理危货箱的装箱、掏箱作业。

第一百零八条 托运人应根据危险货物类别在箱体上拴挂相应危险货物包装标志。拴挂位置:箱门把手处各1枚,箱角吊装孔各1枚,共计6枚,需拴挂牢固,不得脱落。标志采用塑料双面彩色印刷,规格为:100 mm×100 mm。

第一百零九条 危货箱装卸车作业前,货运员须向装卸工组说明货物性质及作业安全事项,作业时应做到轻起轻放,不得冲撞、拖拉、刮碰。

第一百一十条 收货人应负责危货箱的洗刷除污,并负责撤除危险货物标志。无洗刷能力时,可委托铁路部门洗刷,费用由收货人负担。洗刷除污不符合规定要求的不得再次使用。

第一百一十一条 自备危货箱运输时,须由产权单位向过轨站段提出申请,站段初审后报所属铁路局审核,符合规定的,由所属铁路局签发《危货箱安全合格证》。《危货箱安全合格证》实行一箱一证。铁路局应建立《危货箱安全合格证》档案,每年进行一次复核。

第一百一十二条 办理《危货箱安全合格证》须出具下列技术文件:

1. 罐式箱

(1)申请报告(含企业生产经营规模、运量、产品理化特性和危险性分析);

(2)铁路罐式集装箱容积测试证书(格式22)

(3)自备危险货物集装箱定期检修合格证(以下简称《危货箱检修证》,格式26);

(4)《罐式箱审查表》;

(5)其他有关资料。

2. 危货箱

(1)申请报告(含企业生产经营规模、运量、产品理化特性和危险性分析);

(2)《危货箱检修证》;

(3)《自备箱审查表》;

(4)其他有关资料。

第一百一十三条 办理罐式箱运输时,托运人、收货人、发到站、专用线(专用铁路)、货物品名等须与《办理规定》相符。限使用集装箱专用平车(含两用平车)运输。

第一百一十四条 罐式箱的设计、制造、标记、承运、介质充装、安全防护、应急处置等安全管理要求比照本规则第十五章有关条款办理。

第一百一十五条 罐式箱检修分临时检修和中修、大修。

1. 临时检修:对罐式箱使用状况的日常检修。包括对丢失、损坏及人孔盖、垫等配件补齐和更换;对缺少、污损的标志补齐和更换。

2. 中修:对罐体进行清洗置换和气密检查。包括更换安全阀附属配件并进行气密试验，对罐式箱框架强度进行安全可靠性检测。中修修程为1年。

3. 大修：除进行中修内容外，进行罐体腐蚀裕度测定、矫正变形、修补破损、除锈喷漆、焊缝探伤等。还需进行水压试验。大修修程为5年。

罐式箱临时检修、中修和大修由箱主委托铁道部认定的具有检验资格的单位完成。检修后，应在箱体上标明检修单位、日期和下次检修时间，并填写《危货箱检修证》。凡检修过期的不得办理运输。罐式箱使用期限不得超过15年。

第十七章　剧毒品运输

第一百一十六条　剧毒品系指本规则"品名索引表"中第6类一级毒性物质（编号61001～61499）。在本规则《品名表》第11栏内注有特殊规定67号者，均实行铁路剧毒品运输跟踪管理，运输时须全程押运。

剧毒品运输采用剧毒品黄色专用运单，并在运单上印有骷髅图案。未列入剧毒品跟踪管理范围的剧毒品不采用剧毒品黄色专用运单，不实行全程押运，但仍按剧毒品分类管理。

第一百一十七条　整列运输剧毒品由铁道部确定有关运输条件。

第一百一十八条　同一车辆只允许装运同一品名、铁危编号的剧毒品。装车前，货运员要认真核对剧毒品到站、品名是否符合《办理规定》；要检查品名填写是否正确，包装方式、包装材质、规格尺寸、车种车型、包装标志等是否符合本规则规定。

第一百一十九条　各铁路局要根据专用线办理剧毒品运输的情况，配齐专用线货运员。装卸作业时，货运员要会同托运人确认品名、清点件数（罐车除外），监督托运人进行施封，并检查施封是否有效。须在车辆上门扣用加固锁加固并安装防盗报警装置。

剧毒品运输过程须进行签认，签认单格式见《铁路剧毒品发送作业签认单》（格式23－1）、《铁路剧毒品途中作业签认单》（格式23－2）、《铁路剧毒品到达作业签认单》（格式23－3）。

第一百二十条　剧毒品运输安全要作为重点纳入车站日班计划、阶段计划。车站编制日班计划、阶段计划时要重点掌握，优先安排改编和挂运。车站要根据作业情况建立剧毒品车辆登记、检查、报告和交接制度，值班站长要按技术作业过程对剧毒品车辆进行跟踪监控。

1. 列车出发作业

车号员要认真编制列车编组顺序表（运统1），并在剧毒品车辆记事栏内标记"D"符号。发车前认真核对现车，确保出发列车编组、货运票据和列车编组顺序表内容一致。发车后，要及时发出列车确报。

车站调度员（车站值班员）于列车出发后，将剧毒品车辆的挂运车次、编挂位置等及时报告铁路局调度，并将信息登录到剧毒品运输信息跟踪系统。

2. 列车改编作业

车站调度员（调车区长）要准确掌握剧毒品车辆信息，及时安排解编作业，正确编制调车作业计划，并在调车作业通知单上注明标记。严格执行剧毒品车辆限速连挂和禁止溜放规定。

调车指挥人员要按调车作业计划，将剧毒品车辆的作业方法、注意事项直接向司机和调车作业人员传达清楚，严格按要求进行调车作业。作业完毕，及时将剧毒品车辆有关信息向调车领导人报告。

3. 列车到达作业

车号员严格执行核对现车制度,发现列车编组、货运票据和列车编组顺序表(运统1)内容不一致时,及时记录并向调车领导人汇报。对剧毒品车辆要进行标记。

货检人员对剧毒品车辆要重点进行检查。要认真检查剧毒品车辆等状态,没有押运员的必须及时通知发站派人处理,同时通知公安部门采取监护措施。

完成上述工作后应将有关情况及时报告调车领导人。

第一百二十一条 跨铁路局运输的剧毒品,由铁道部调度负责跟踪。在铁路局管内运输的剧毒品,由铁路局调度负责。各级调度部门要及时组织挂运,成组运输的不得拆解,无特殊情况不得保留,必须保留时,要通知公安等有关方面采取监护措施。

各级调度部门要掌握每天6点和18点装车、接入、交出、到达的剧毒品运输情况。

第一百二十二条 车站货检人员对剧毒品车辆应作重点检查,用数码相机两侧拍照(如车号、施封、门窗状况),并存档保管至少三个月;运输过程中发现装有剧毒品的车辆或集装箱无封、封印无效以及有异状时,必须立即甩车,并通知公安部门共同清点,按规定进行处理。如发生丢失被盗等问题,立即报告铁路局和铁道部调度、货运、公安管理部门。

各级货运、运输等部门,要把剧毒品日常运输纳入每日交班内容,严格掌握发运、途中和交付的情况。

第一百二十三条 剧毒品运输实行三级计算机跟踪管理。

1. 铁路剧毒品运输计算机跟踪管理系指以危险货物办理站为基础,在铁道部、铁路局和车站,根据不同层次管理要求建立的信息管理系统。

2. 跟踪管理工作由铁道部负责方案规划和监督指导,铁路局负责方案实施和日常管理,铁路信息技术部门负责软件维护、更新、完善等技术支持,保证系统正常运转。

3. 办理剧毒品运输的车站须与剧毒品计算机跟踪管理系统联网运行。需具备原始信息及时发送和接收能力,要求配备相应的传输、通讯、打印等信息跟踪管理设备。

4. 装车站要将剧毒品货票所载信息,及时生成《剧毒品运输管理信息登记表》,实时报告剧毒品运输跟踪管理系统。内容包括剧毒品车的车号(集装箱箱型、箱号及所装车号)、发到站、《托运人资质证书》编号、品名及编号、件数、重量和承运、装车日期等。

5. 挂有剧毒品车辆的列车,应在"运统1"记事栏中注明"D"字样,并将剧毒品车辆的车种车号、发到站、货物品名、挂运日期、挂运车次等信息及时报告给铁路局行车确报系统和剧毒品运输跟踪管理系统。

6. 中途站发现装有剧毒品的车辆或集装箱无封、封印无效以及有异状时,应立即甩车,报告所属铁路局,并通知公安部门共同清点。同时按规定及时以电报形式,向发到站及所属铁路局和铁道部报告有关情况。继续运送时,按本条第4项办理。

7. 剧毒品到站后和卸车交付完毕后,立即将车种车号(集装箱箱型、箱号及所装车号)、发到站、《托运人资质证书》编号、托运人、收货人、品名及编号、件数、重量、到达日期、到达车次、交付日期等信息上网报告剧毒品运输跟踪管理系统,并在2小时内通知发站。

第一百二十四条 剧毒品进出口运输按下列规定办理：

1. 受理、承运进出口剧毒品比照本规则第三十三条、第一百三十七条办理。

2. 出口剧毒品，办理站除按规定要求填写联运运单外，还需填写国内剧毒品专用运单两份（专用运单仅作为添附文件，连同联运运单装入封套内，并在封套外加盖剧毒品专用戳记），一份发站留存，一份随联运运单到口岸站存查。

3. 出口剧毒品到达口岸站后，需撤出专用运单并将运单所载信息和口岸站作业信息输入剧毒品运输跟踪管理系统。

4. 进口剧毒品由口岸站填写剧毒品专用运单两份，一份口岸站留存，一份随联运运单到站存查。并将剧毒品专用运单所载信息和作业信息输入剧毒品运输跟踪管理系统。

5. 剧毒品专用运单由办理站保存1年。

第十八章 放射性物质运输

第一百二十五条 在托运货物中任何含有放射性核素并且其放射性比活度和总放射性活度都超过附录7或附录8相应限值者属于放射性物质。

第一百二十六条 托运人托运放射性物质或放射性物质空容器时，应出具经铁路卫生防疫部门核查签发的《铁路运输放射性物质包装件表面污染及辐射水平检查证明书》（格式3）或《铁路运输放射性物质空容器检查证明书》（格式4）一式两份，一份随货物运单交收货人，一份发站留存。

对辐射水平相等、重量固定、包装件统一的放射性物质（如：化学试剂、化学制品、矿石、矿砂等）再次托运时，可出具证明书复印件。

托运封闭型固体块状辐射源，如果当地无核查单位时，托运人可凭原有辐射水平检查证明书托运。

第一百二十七条 放射性物质的包装除应符合本规则包装和标志的有关规定外，还必须满足下列要求：

1. 包装件应有足够的强度，保证内容物不泄漏和散失。内、外容器必须封严、盖紧，能有效地减弱放射线强度至允许水平并使放射性物质处于次临界状态。

2. 便于搬运、装卸和堆码，重量在5 kg以上的包装件应有提手；袋装矿石、矿砂袋口两角应扎结抓手；30 kg以上的应有提环、挂钩；50 kg以上的包装件应清晰耐久地标明总重。

3. 应在包装件两侧分别粘贴、喷涂或拴挂放射性货物包装标志（附录3）。

第一百二十八条 托运B型包装件、气体放射性物质、国家管制的核材料以及“危险货物品名索引表”内未列载的放射性物质时，须由托运人的主管部门与铁道部商定运输条件。

国家管制的核材料主要是：

（1）易裂变物质，包括^{233}U（铀-233）、^{235}U（铀-235）、^{239}Pu（钚-239）和^{241}Pu（钚241），或含有易裂变物质的材料和制品；

（2）T（氚、^{3}H），含T的材料和制品；

（3）^{6}Li（锂-6）含^{6}Li的材料和制品；

（4）其他需要管制的核材料和制品。

第一百二十九条 运输国家管制的核材料时，除满足本章相关规定外，托运人需提交下列文件：

1.《核燃料容器运输设计批准书》；

2.《核安全运输许可证》；

3.《核燃料组件运输装运批准书》；

4.《核燃料组件环境影响评估报告批准文件》；

5.《核燃料运输"反恐"保卫方案批复文件》；

6.《运输安全综合分析报告》。

进出口运输的还须出具国家原子能主管部门批准的《核材料许可证》。

第一百三十条 放射性物质包装件根据其外表面辐射水平和运输指数分为三个运输等级，见表5。

表5 放射性物质包装件运输等级

运输等级（标志颜色）	包装件外表面任意一点最大辐射水平（H）mSv/h	运输指数（TI）
Ⅰ级（白色）	H≤0.005	TI=0（注1）
Ⅱ级（黄色）	0.005<H≤0.5	0<TI≤1
Ⅲ级（黄色）	0.5<H≤2	1<TI≤10
Ⅲ级（黄色）	2<H≤10	10≤TI（注2）

注：1. 对于TI≤0.05的包装件均认为TI=0；其他情况TI都应取一位小数；

2. 须按特殊规定1办理。

包装件的运输指数和表面辐射水平等级不一致时，按较高一级的确定运输等级。

第一百三十一条 托运A型包装件时，内容物为不弥散的固体放射性物质或装有放射性物质的密封小容器，放射性内容物活度不得大于A_1值；内容物为粉末状、晶粒或液体的放射性物质则不得大于A_2（A_1、A_2值见附录7）。

第一百三十二条 托运"短寿命"放射性物质时，应在货物运单"托运人记载事项"栏内注明货物容许运输期限。容许运输期限须大于铁路货物运到期限三天。

第一百三十三条 包装件和运输工具外表面放射性污染和外表面的辐射水平不得超过以下限值：

1. 包装件和运输工具外表面放射性污染不得超过下列限值。

（1）4 Bq/cm^2（β、γ和低毒性α发射体）；

（2）0.4 Bq/cm^2（对于所有其他α发射体）。

2. 装运放射性物质时，运输工具或包装件外表面的辐射水平不得大于2 mSv/h，运输指数不得大于10；在距运输工具2米处的任何一点辐射水平不得大于0.1 mSv/h；装车后，车内各包装件的运输指数总和不得大于50。Ⅰ类低比活度放射性物质，运输指数总和不受限制。

第一百三十四条 低比活度放射性物质和表面污染物体的运输条件：

1. 每一辆车中装运的Ⅰ类低比放射性物质和非易燃固体的Ⅱ、Ⅲ类低比放射性物质的放射性活度不受限制。

2. 表面污染物体以及可燃性固体和液体的Ⅱ、Ⅲ类低比活度放射性物质的放射性总活度不得超过100A_2（A_2 值见附录7）。

3. 无包装的Ⅰ类低比活度放射性物质和Ⅰ类表面污染物体必须使用企业自备敞车苫盖自备篷布装运，保证运输途中不撒漏、不飞扬。装卸作业地点限在规定允许的专用线（专用铁路）办理。

第一百三十五条　放射性包装件装车时，运输包装等级小的包装件应摆放在运输包装等级大的包装件周围。作业人员与放射性物质最小安全距离应符合表6要求。每人每天装卸放射性货物的时间不得超过容许作业时间表7的限值。

表6　作业人员与放射性物质最小安全距离表

距包装件外表面最小安全距离（米）／照射时间／包装件的运输指数（TI）	照射时间h（小时）[天]					
	1	2	4	10	24[1]	48[2]
0.2	0.5	0.5	0.5	0.5	1.0	1.0
0.5	0.5	0.5	0.5	1.0	1.5	1.5
1.0	0.5	0.5	1.0	1.5	2.5	2.5
2.0	0.5	1.0	1.5	2.0	4.0	4.0
4.0	0.5	1.0	2.0	3.0	5.0	5.0
8.0	1.0	2.0	2.5	4.0	7.0	7.0
10.0	1.5	2.5	3.0	5.0	8.0	8.0

表7　装卸放射性物质容许作业时间表

包装件运输等级	包装件表面辐射水平 mSv/h	运输指数 TI	徒手作业	简单工具（距包装件表面约0.5 m）	半机械化操作（距包件表面1 m）	机械化操作（距包件表面1.5 m）
Ⅰ级	≤0.005	0（注1）	6 h	—（注2）	—	—
Ⅱ级	0.01	0	4 h	6 h	—	—
	0.05	0	1.5 h	6 h	—	—
	0.1	0.1	40 min	3 h	—	—
	0.2	0.3	20 min	2 h	6 h	—
	0.3	0.6	15 min	1.5 h	6 h	—
	0.4	0.8	10 min	1 h	5 h	—
	0.5	1.0	7 min	40 min	5 h	—
Ⅲ级	0.6	1.5	×（注3）	40 min	5 h	—
	0.8	2.0	×	25 min	3.5 h	6 h
	1.0	3.0	×	20 min	2.5 h	4 h
	1.2	4.0	×	15 min	1.7 h	3 h
	1.4	5.0	×	12 min	1.5 h	2 h
	1.8	7.0	×	10 min	1 h	1.5 h
	2.0	10.0	×	8 min	30 min	1 h

注：1. 对于TI≤0.05（即0.000 5 mSv/h）的货包，其运输指数均认为0；

2. "—"表示不必限制；

3. "×"表示不容许。

第一百三十六条 放射性包装件破损时不得继续运输,放射性物质泄漏时,要立即启动应急预案,事故地点应按辐射水平 0.005 mSv/h 为依据划出警戒区并悬挂警告牌,派人看护。

第十九章 危险货物进出口运输

第一百三十七条 办理危险货物进出口运输时,如委托代理人代理,代理人须向承运人交验《铁路进出口危险货物代理人资格确认件》(以下简称《代理人资格确认件》,格式 10)、经办人身份证和《培训合格证》、代理授权人的《托运人资质证书》(境外委托的外商及境内收货人除外)及双方委托代理合同。对国家规定需要办理进出口许可的危险货物,必须出具相应的许可证明。

第一百三十八条 申请办理《代理人资格确认件》的基本条件:

1. 取得危险化学品经营许可证。

2. 三年以上从事铁路危险货物运输工作经验和完善的管理制度。有相应数量熟悉铁路危险货物基本知识的专业技术人员。

3. 经办人员须取得铁路局核发的《培训合格证》。

4. 国家有关部门核发的进出口代理报关资质。

第一百三十九条 申请铁路进出口危险货物代理人,须由申请人向所在铁路局提出申请,铁路局进行初审后向铁道部运输局出具审查意见,并附申请人报告及符合《代理人资格确认件》办理条件的证明文件,符合条件的,由铁道部核发《代理人资格确认件》。

第一百四十条 进出口危险货物,按下列规定办理:

1. 在《国际海运危险货物规则》、《国际铁路货物联运协定》附件 2《危险货物运送规则》等有关国际运输组织的规定中属危险货物,本规则规定按普通货物运输的按第六章有关要求办理运输,包装和标志应符合上述有关国际运输组织的规定。托运人应在货物运单"托运人记载事项"栏内注明"转运进(出)口"字样。

2. 本规则规定为危险货物,而《国际海运危险货物规则》、《国际铁路货物联运协定》附件 2《危险货物运送规则》等有关国际运输组织的规定中属非危险货物时,按本规则规定办理。

3. 办理非国际联运的危险货物时,同属危险货物但包装方法不同时,进口的货物,经托运人确认包装完好,符合安全运输要求,并在运单"托运人记载事项"栏内注明"进口原包装"字样,由代理人提供有关的包装检测资料,车站请示铁路局批准后,可按原包装方法运输;出口的货物,托运人应按本规则第六章有关规定办理。

4. 办理国际联运的进出口危险货物,在我国陆运口岸站不进行换装时,不受《办理规定》中有关口岸站办理危险货物品名的限制,其他均须符合本规则及《办理规定》的规定。

第一百四十一条 进口集装箱装运的危险货物(陆运口岸按国际联运有关规定办理),在 30 个工作日前,托运人提出申请报告、危险货物运输有关资质、《技术说明书》、集装箱类型、包装形式及装载方式等有关技术文件和资料,以中文文书形式报铁道部批准。

第二十章 技术咨询与培训机构

第一百四十二条 技术咨询、培训工作应由铁道部认定的专业技术机构承担。

根据专业技术机构的资格条件，分为甲类和乙类。主要从事下列工作：

1. 铁路危险货物运输安全综合分析；
2. 危险货物新品名鉴定；
3. 铁路危险货物运输包装检测；
4. 其他需要技术咨询论证的事项；
5. 铁路危险货物运输技术业务培训。

第一百四十三条　甲类专业技术机构从事的工作：

1. 国家管制的核材料、易裂变物资、放射性物质中的 B 型包装件和气体放射性物质的运输安全分析；
2. 承担铁道部组织的全路性的安全技术业务培训工作；
3. 需采用深冷、承压的大型容器及车辆运输的危险货物运输安全分析；
4. 本规则对自备罐车、罐式箱尚未规定的运输安全分析；
5. 企业新建、改建时的铁路危险货物运输项目（年发到量 20 万吨及以上）的运输安全可行性论证；
6. 对购置危险货物自备货车 30 辆及以上的，新增企业专用线且年发到量 10 万吨及以上的，专用线共用且年到达量 5 万吨及以上的，专用线新增危险货物品名且年发到量 3 万吨及以上的出具《运输安全综合分析报告》；
7.《品名表》第 11 栏特殊规定为 1 的危险货物品名的鉴定；
8. 改变包装研究咨询，全路危险货物运输新品名、新包装试运到期项目进行复检；
9. 铁道部认定的其他有关事项；
10. 乙类专业技术机构从事的工作。

认定须具备的条件：

1. 具有稳定的铁路危险货物运输安全科研队伍，熟悉危险货物特性，掌握运输、储存、使用等相关法规、标准，配备人员有高级职称 5 名以上，中级职称等科研人员 8 名以上，并与相关跨专业专家有业务协作；
2. 具有科学试验的场地、设备及教学培训的场所等相关条件；
3. 从事铁路危险货物运输安全科研课题的研究，并获得过 3 项省、部级及其以上科技进步奖；
4. 参与解决过铁路危险货物运输安全的实际工作，做过不少于 5 项铁道部及其以上重大安全技术论证项目；
5. 承担过全路系统危险货物运输技术业务培训。

第一百四十四条　乙类专业技术机构从事的工作：

1. 企业新建、改建时的铁路危险货物运输项目（年发到量 20 万吨以下）的运输安全可行性论证；
2. 承担铁路局组织的安全技术业务培训项目；
3. 对购置危险货物自备货车 30 辆以下，新增企业专用线且年发到量 10 万吨以下的，专用线共用且年到达量 5 万吨以下 3 万吨以上的，专用线新增危险货物品名且年发到量 3 万吨以下的出具《运输安全综合分析报告》；
4. 改变包装研究咨询，铁路危险货物运输新包装检测和现有包装条件进行抽检；
5. 危险货物按普通货物条件运输需做论证的内容；

6. 危险货物车种代用需做论证的；

7. 其他有关事项。

认定须具备的条件：

1. 具有稳定的铁路危险货物运输安全科研队伍，熟悉危险货物特性，掌握运输、储存、使用等相关法规、标准，配备人员有高级职称3名以上，中级职称等科研人员8名以上，并与相关跨专业专家有业务协作；

2. 具有科学试验的场地、设备及教学培训的场所等相关条件；

3. 从事铁路危险货物运输安全科研课题的研究，并获得过3项铁路局及其以上科技进步奖；

4. 参与解决过铁路危险货物运输安全的实际工作，并做过不少于10项铁路局危险货物新品名、新包装的检测和危险货物运输安全技术论证；

5. 承担过铁路局系统危险货物运输技术业务培训。

第一百四十五条 铁道部负责铁路危险货物运输技术咨询、培训工作的规划、管理和指导。对认定的技术咨询、培训工作机构定期公布。

技术咨询、培训机构必须按照国家技术服务的有关规定，与委托人签订技术服务合同并向委托人提供服务。收取的服务费用必须符合国家规定，不准乱收费或不服务收费。

技术咨询、培训机构要按有关规定建立健全各项管理制度，加强行业自律和内部管理，对伪造试验数据的，论证、试验报告存在严重问题的，服务不良、违规收取费用的，一经查实，铁道部将取消其技术咨询、培训工作的认定资格。

技术咨询、培训机构在进行危险货物运输安全综合分析和技术培训工作前，要与技术咨询和技术培训单位所属铁路局保持沟通和联系，积极听取有关铁路局的意见和建议，切实提高工作效率和工作质量。

技术咨询、培训机构应对作出的论证、试验结论承担法律责任。

第二十一章　事故应急预案及施救信息网络

第一百四十六条 铁路各级部门应根据《铁路危险货物运输应急预案框架指南》（附件14），制定和完善铁路危险货物运输事故应急预案及施救信息网络，并根据危险货物运输的发展变化，及时修改、补充和完善有关内容。

第一百四十七条 铁路各级部门要做好与地方政府主管部门及消防、环保、疾控中心等部门的协调、沟通工作，经常保持联系，确保信息畅通和救援工作顺利进行。

第一百四十八条 应配备相应的应急救援和安全防护设备，定期组织危险货物运输应急预案的培训和演练，检查和分析存在的问题，不断提高对事故的预防和处置能力。

第二十二章　监督与处罚

第一百四十九条 铁路危险货物运输中未按本规则承运、托运危险货物的单位或个人，按本章规定进行处理。违反《铁路运输安全保护条例》、《危险化学品安全管理条例》和铁道部有关许可规定的，依法追究有关责任。

第一百五十条 铁道部及铁路安全监督管理办公室应当按照有关铁路安全的法律、法规及本规则规定，加强对承运人和托运人办理危险货物运输的场所、人员、设备设施、安全管理及应急预案建立情况等的监督检查。

第一百五十一条 铁道部或铁路安全监督管理办公室监督检查时，发现有下列情形之一的，应责令承运人暂停办理危险货物运输业务，并限期整改：

1. 设施设备存在安全隐患的；

2. 相关从业人员配备不齐或未取得有关培训合格证明的；

3. 危险货物运输管理制度不健全、不完善，存在严重漏洞的；

4. 事故处理应急预案不完备的。

发现有下列情形之一的，铁路安全监督管理办公室可撤销危险货物承运人资质：

1. 涂改、倒卖、出租、出借《铁路危险货物承运人资质证书》，或以其他形式非法转让《铁路危险货物承运人资质证书》的；

2. 弄虚作假或违反规定承运危险货物、造成严重后果的；

3. 设施、设备不符合危险货物运输安全要求的；

4. 存在重大安全隐患，要求限期整改未整改或整改后仍不合格的；

5. 造成危险货物运输安全重大责任事故的；

6. 法律、法规、规章规定的其他违法行为。

第一百五十二条 铁道部或铁路安全监督管理办公室监督检查时，发现有下列情形之一的，应责令托运人暂停办理危险货物托运业务，并限期整改：

1. 设施设备存在安全隐患的；

2. 相关专业技术人员、运输经办人员、押运人员配备不齐或未取得有关培训合格证的；

3. 危险货物托运业务安全管理制度不健全、不完善，存在严重漏洞的；

4. 事故处理应急预案不完备的。

发现有下列情形之一的，铁路安全监督管理办公室可撤销危险货物托运人资质：

1. 涂改、倒卖、出租、出借《托运人资质证书》，或以其他形式非法转让《托运人资质证书》的；

2. 弄虚作假或违反规定办理危险货物托运，造成严重后果的；

3. 设施、设备不符合危险货物运输安全要求的；

4. 存在重大安全隐患，要求限期整改而未整改，或整改后仍不合格的；

5. 造成危险货物运输安全重大责任事故的；

6. 法律、法规、规章规定的其他违法行为。

第二十三章 附　　则

第一百五十三条 各铁路局依据本规则，制定完善危险货物运输管理细则，并报铁道部备案。

第一百五十四条 本规则由铁道部运输局负责解释。

第一百五十五条 本规则自 2008 年 12 月 1 日起实行。铁道部 2006 年发布的《铁路危险货物运输管理规则》（铁运［2006］79 号）同时废止。

附件 1

铁路危险货物运输特殊规定

（危险货物品名表第 11 栏的特殊规定）

1. 由铁道部认定的专业技术机构作出运输安全综合分析报告，报铁道部批准。

2. (a)限使用耐压液化气企业自备罐车装运；

(b)限使用铝制企业自备罐车装运；

(c)限使用有橡胶衬里钢制罐车或特制塑料衬里企业自备罐车装运；

(d)限使用钢制企业自备罐车装运，原油、汽油、煤油、柴油、溶剂油、石脑油可使用铁路产权罐车装运。

《品名表》特殊规定栏未注明2(a)、2(b)、2(c)、2(d)，采用自备罐车装运时，须经铁道部批准，有关要求按本规则第六章相关规定办理。

3. 托运人须出具到达地县级人民政府公安部门批准的《民用爆炸物品运输许可证》。

4. 仅限使用停止制动作用的棚车。

5. 含水量≥30%的三硝基苯酚(11057)，可按41025一级易燃固体运输。

6. 麻袋、塑料编织袋、复合塑料编织袋的强度应符合国家标准。

7. 可使用符合国家标准的瓦楞纸箱作外包装，但须包装试验合格，并经铁路局批准。

8. 硝化甘油混合炸药，发站、到站及沿途气温低于10 ℃时，不予承运；耐冻的硝化甘油混合炸药，发站、到站及沿途气温低于-20 ℃时，不予承运。

9. 含水或润湿剂≥32%。

10. 托运人须出具到达地县级人民政府公安部门批准的《烟花爆竹道路运输许可证》。

11. 氧气钢瓶不得沾污油脂。

12. 以容量不超过2升的安瓿瓶盛装时，可按普通货物运输，但须符合本规则第四十四条的规定。

13. 采用包装表中21号或22号包装时，须包装试验合格，并经铁路局批准后，可以使用符合国家标准的瓦楞纸箱作外包装。

14. 含氨12%以下、比重0.88的氨溶液，内包装每瓶0.5 kg及以下、每箱净重20 kg时，可按普通货物运输，但须符合本规则第四十四条的规定。

15. 生活用液化气钢瓶禁止运输。

16. 钢质气瓶泄漏时，应使阀门处于顶部，并关闭阀门。无法关闭时，应将钢质气瓶浸入石灰水或水中。

17. 钢质气瓶泄漏时，应使阀门处于顶部，并关闭阀门。无法关闭时，应将钢质气瓶浸入水中。

18. 钢质气瓶泄漏时，应使阀门处于顶部，并关闭阀门。无法关闭时，应将钢质气瓶浸入稀氨水中。

19. 每年4~9月使用2号包装时，限按冷藏运输。

20. 二硫化碳液面上应覆盖不少于该容器容积1/4的水。按包装方法①和②运输时，须经铁路局批准。

21. 医用安瓿瓶包装，每盒5×0.2 ml，每箱300盒时，可按普通货物运输，但须符合本规则第四十四条的规定。

22. 经铁路局批准可使用厚8 mm、容积2 m^3的铝罐装敞车运输。铝罐封口应气密不漏并稳固地装入敞车内。

23. 含碘小于50%的稀碘酒，每瓶20 ml，10瓶装一纸盒，外包装可使用瓦楞纸箱按普通货物条件运输。每箱不超过16 kg,但须符合本规则第四十四条的规定。

24. 不含有游离磷。

25. 涂料用硝化棉,其润湿剂(水或酒精)含量可在28%~32%。

26. 含氮量≤12.6%、含水或其他润湿剂<32%的硝化纤维素,限按整车办理,并仅限使用停止制动作用的棚车装运。

27. 进口散装硫磺须经铁路局批准后可用敞车运输,但车内四周及车地板须衬垫并苫盖自备篷布。

28. 可以使用符合国家标准的瓦楞纸箱作外包装,但贮气瓶(管)及外包装须试验合格,并经铁路局批准。

29. 在专用线装、卸车的萘饼,可用企业自备车散装运输。

30. 使用2(甲、乙、丙)号包装时,须经铁路局批准。

31. (a)可用敞车运输;

(b)经铁路局批准,可用敞车苫盖篷布运输;

(c)钢桶包装的可用敞车运输;

(d)散装运输时,须使用全钢敞车,车内必须干燥。

32. 堆放时,须防湿、散热,并加强检查观测,防止引燃、自燃,与各种火源至少应保持30 m间距。

33. 当喷雾罐内的物质还具有易燃危险性时,还应加贴7号包装标志。

34. 要充分晾干。

35. 不能装入花格箱的油布制品(如油帐篷、鱼篓油布等),应打成捆(每3~4层用木片或竹片隔开)。

36. 涂油蜡的篷布,可按普通货物运输,但须符合本规则第四十四条的规定。

37. 机器涂刷的油布应装入木箱内。

38. 动、植物油含量在3%以下的可按普通货物运输,但须符合本规则第四十四条的规定。

39. 防止容器破损漏油。

40. 钠块表面涂液体石蜡后可装入0.2 mm厚的聚乙烯袋,扎紧袋口再装入厚1.5 mm的钢桶,桶封口严密不漏。每桶净重不超过100 kg。

41. 铁桶不许倒置。桶内充有氮气时,应在包装上标明,并在货物运单上注明。

42. (a)双氧水应添加足够的稳定剂。含量≥40%的双氧水,运输时须经铁道部批准;

(b)设计的桶、罐、箱,须包装试验合格,并经铁路局批准;

(c)含量≤3%的双氧水,可按普通货物运输,但须符合本规则第四十四条的规定。

43. 容器必须气密封口。

44. 含有效氯<10%的按普通货物运输,但须符合本规则第四十四条的规定。

45. 国内运输及出口运输按下表办理:

序号	国内铁路运输按下列铁危编号办理	出口运输按下列铁路编号办理	国标编号
①	31024 丙烯醛[稳定的]	61141 丙烯醛[稳定的]	1092
②	43046 连二亚硫酸钠	42012 连二亚硫酸钠	1384
③	41057 聚苯乙烯	91004 聚苯乙烯珠粒	2211
④	31048 烯丙胺	61142 烯丙胺	2334
⑤	61134 一级氨基甲酸酯农药[液态] 61889 二级氨基甲酸酯农药[液态]	31314 氨基甲酸酯农药[液态,易燃,毒性,闪点低于23 ℃]	2758
⑥	61879 二级含砷农药[液态]	31303 液态含砷农药[液态,易燃,毒性,闪点低于23 ℃]	2760
⑦	61128 一级有机氯农药[液态] 61877 二级有机氯农药[液态]	31304 有机氯农药[液态,易燃,毒性,闪点低于23 ℃]	2762
⑧	61899 三嗪农药[液态,未另列明的]	31305 三嗪农药[液态,易燃,毒性,闪点低于23 ℃]	2764
⑨	61889 二级硫代氨基甲酸酯农药[液态]	31306 硫代氨基甲酸酯农药[液态,易燃,毒性,闪点低于23 ℃]	2772
⑩	61887 二级含铜农药[液态,未另列明的]	31315 铜基农药[液态,易燃,毒性,闪点低于23 ℃]	2776
⑪	61130 一级含汞农药[液态] 61883 二级含汞农药[液态,未另列明的]	31307 汞基农药[液态,易燃,毒性,闪点低于23 ℃]	2778
⑫	61893 取代硝基苯酚农药[液态]	31308 取代硝基苯酚农药[液态,易燃,毒性,闪点低于23 ℃]	2780
⑬	61897 联吡啶农药[液态]	31309 联吡啶农药[液态,易燃,毒性,闪点低于23 ℃]	2782
⑭	61126 一级有机磷农药[液态] 61875 二级有机磷农药[液态]	31310 有机磷农药[液态,易燃,毒性,闪点低于23 ℃]	2784
⑮	61132 一级有机锡农药[液态] 61885 二级有机锡农药[液态,未另列明的]	31311 有机锡农药[液态,易燃,毒性,闪点低于23 ℃]	2787
⑯	61138 一级其他农药[液态] 61905 二级其他农药[液态]	31312 农药[液态,易燃,毒性,未另列明的,闪点低于23 ℃]	3021
⑰	61895 香豆素衍生物农药[液态]	31313 香豆素衍生物农药[液态,易燃,毒性,闪点低于23 ℃]	3024

46. 所使用的包装方法应保证不引起该物质发生爆炸危险。

47. 氰化汞含量按重量不低于氰氧化汞混合剂的65%。

48. 容器余位应注满一氧化碳或其他不与所装货物起反应的惰性气体。

49. 使用的包装方法须经铁路局批准。作业前应先撒氨水。

50. 医药用的四氯乙烯(61580)可按普通货物运输,但须符合本规则第四十四条的规定。

51. 未加稳定剂的氯丙酮(61601)禁止运输。

52. 麻醉药品和第一类精神药品中属于危险货物的须经铁道部批准,其他的应有专人押运。

53. (a)禁止使用棚车装运整车沥青及含沥青的制品;

(b)经铁路局批准,在采取安全铺垫措施情况下,可使用全钢敞车散装运输。

54. 须包装试验合格,经铁路局批准可以使用钙塑瓦楞箱作外包装。

55. (a)打火机质量应符合国家标准。15 ℃时气体的液化部分不应超过贮气容器容积的85%,贮气容器及封闭装置应能承受55 ℃时贮气压力两倍的内压。

(b)须包装试验合格,经铁路局批准可以使用符合国家标准的瓦楞纸箱作外包装。

56. 须包装试验合格,经铁路局批准可使用包装表中11号包装。

57. 含量<3.5%的溴水,内包装≤1 kg,每箱净重≤20 kg的,可按普通货物运输,但须符合本规则第四十四条的规定。

58. 禁止使用金属制容器包装。

59. 须包装试验合格,经铁路局批准可使用包装表中9号包装。

60. 含有效氯<5%的水溶液,可按普通货物运输,但须符合本规则第四十四条的规定。

61. 经铁路局批准,可按普通货物运输,要求使用棚车装运,装车后货物距车顶部须留有适当空间,防止积热。同时,要符合本规则第四十四条的规定。本条规定的品名为:

41552 棉花等　42521 活性炭　42522 碳　42523 废氧化铁　42524 椰肉　42525 种子油(粕)饼等　42526 鱼粉等　91006 石棉　91008 蓖麻籽　81507 氯铂酸　81509 硫酸氢钾等　81513 三氯化铁等　82502 铝酸钠　83504 氯化锌等　83506 镓　91005 模塑化合物[呈现揉塑团、薄片或挤压出的绳索状,会放出易燃气体]　91011 救生设备[自动膨胀式,装备中含有危险物品]　91012 非自动膨胀式救生设备[装备中含有危险物品]　91017 化学品箱等　91018 熏蒸过的装置　91019 机器中的危险货物等。

其中:① 鱼粉或鱼屑如在装载时温度超过35 ℃或者比周围温度高出5 ℃(以较高者为准),不得运输。鱼屑或鱼粉在托运时必须至少含有百万分之一百的抗氧化剂(乙氧基醌)。

② 根据豆粕等的货物特性,为加强铁路货物运输安全,规定如下:

(a)规定豆粕以及菜籽、棉籽、尼日尔草籽、大豆、花生、玉米、米糠、椰子、亚麻仁、棕榈仁等植物籽榨油后产生的粕饼类货物,以及酒糟等货物禁止采用冷藏车和集装箱运输。

(b)上述货物装车前必须冷却在40 ℃以下。

(c)上述货物包装必须是一次性的。装车前必须对车辆进行清扫,车内需保持干燥,不得残留氧化剂、锯末、碳屑等有机可燃物。

62. 闪点≤61 ℃的液态农药,加贴7号标志。

63. 使用本编号时，按本规则第六章办理，并须在该品名后填写货物的具体名称。例如：编号 83512 二级其他腐蚀性物质[未列名的]（退漆剂）。

64. 当喷雾罐内的物质还有具有毒害危险性时，应加贴 14 号标志。

65. 包装须符合 GB11806—2004《放射性物质安全运输规程》中的有关规定。

66. 对部分地区硅系铁合金产量大、棚车数量不足，需敞车代用并采用吨袋包装运输的，必须符合以下要求方可办理运输。

(a)装运品名仅限于硅系铁合金中的硅铁（43505）。硅钙合金、硅钡合金、硅铝合金、硅钡铝合金和硅钙钡铝合金一律不得敞车代用。

(b)托运人采用敞车代装硅铁前，必须持硅铁“产品质量保证书”，到当地省、自治区生产主管部门或铁合金行业主管部门进行审查确认。

(c)托运人须与发站签订“硅铁敞车运输安全责任书”，明确敞车代用棚车装运硅铁的安全责任主体和责任关系，建立相应安全管理制度和事故预防预警应急预案等。

(d)吨包装袋必须是国家质检部门指定的企业生产，材质应是涂塑聚乙烯、聚丙烯材料，具有防潮湿、防磨、防腐、防老化性能，并取得国家指定包装检验机构进行的包装检验和包装试验合格证明。

(e)敞车装运时，必须按货物装载加固规定合理装载，并采取苫盖篷布和篷布绳网等技术措施，不得超载或偏载。

(f)符合上述 5 项要求的，须由发站报铁路局（青藏铁路公司，下同）批准后按试运办理运输。

67. 按铁路剧毒品运输跟踪管理。

铁路剧毒品运输跟踪管理品名表

序　号	铁危编号	铁路品名
①	61001	氰化汞
		氰化钾
		氰化钠
②	61007	砒　霜
		三氧化二砷
		三氧化砷
③	61010	五氧化砷
④	61028	五氧化二钒
⑤	61079	氯乙醛
⑥	61088	丙酮氰醇
⑦	61111	甲苯-2,4-二异氰酸酯

续上表

序　号	铁危编号	铁 路 品 名
⑧	61125	甲基1605
		甲基对硫磷
		保棉磷
		对氧磷
		多灭磷
		甲胺磷
		久效磷
		杀扑磷
		水胺硫磷
⑨	61126	甲拌磷
		毒虫畏
		甲硫磷
		磷　胺
		速灭磷
		特丁磷
		乙硫磷
		治螟磷
		氧化乐果
⑩	61129	西力生
⑪	61133	恶虫威
		呋喃丹
		克百威
		抗虫威
		灭多威
		灭害威
		涕灭威
⑫	61135	毒鼠磷
⑬	61137	灭蚜胺
⑭	61875	三唑磷
⑮	61904	甲氰菊酯

68.(a)托运人托运下列第一类易制毒化学品时,须持有运出地设区的市级人民政府公安机关审批的、一次有效的易制毒化学品运输许可证。

(b)受理和承运该货物时,应当查验托运人提供的运输许可证,并查验所运货物与运输许可证载明的易制毒化学品品种、数量、运入地、货主及收货人,以及许可证种类等情况是否相符,不相符的,承运人不得承运。

(c)托运人办理该货物进出口运输时,须持有经国务院商务主管部门或者其委托的省、自治区、直辖市人民政府商务主管部门批准的进口或出口许可证。

第一类易制毒化学品品名表(《铁路危险货物品名表》未列载)

序号	品名
①	1-苯基-2-丙酮
②	3,4-亚甲基二氧苯基-2-丙酮
③	胡椒醛
④	黄樟素
⑤	黄樟油
⑥	异黄樟素
⑦	N-乙酰邻氨基苯酸
⑧	邻氨基苯甲酸
⑨	麦角酸 *
⑩	麦角胺 *
⑪	麦角新碱 *
⑫	麻黄素、伪麻黄素、消旋麻黄素、去甲麻黄素、甲基麻黄素、麻黄浸膏、麻黄浸膏粉等麻黄素类物质 *

注:带有“ * ”标记的品种,包括原料药及其单方制剂。

69. (a)托运人托运下列第二类易制毒化学品时,须持有运出地县级人民政府公安机关审批的、有效期为3个月的易制毒化学品运输许可证。

(b)受理和承运该货物时,应当查验托运人提供的运输许可证,并查验所运货物与运输许可证载明的易制毒化学品品种、数量、运入地、货主及收货人,以及许可证种类等情况是否相符,不相符的,不得承运。

(c)托运人办理该货物进出口运输时,须持有经国务院商务主管部门或者其委托的省、自治区、直辖市人民政府商务主管部门批准的进口或出口许可证。

第二类易制毒化学品品名表

序号	铁危编号	品名
①	31295	苯乙酸[注1]
②	81602	醋酸酐[注2]
③	61553	三氯甲烷
④	31026	乙醚[注3]
⑤	82038	哌啶

注1:国标名称:苯乙酸乙醇溶液;

2:国标名称:乙酸酐;

3:国标名称:二乙醚。

70. (a)托运人托运下列第三类易制毒化学品时,须持有运出地县级人民政府公安机关发给的备案证明。

(b)受理和承运该货物时,应当查验托运人提供的备案证明,并查验所运货物与运输许可证载明的易制毒化学品品种、数量、运入地、货主及收货人,以及许可证种类等情况是否相符,不相符的,不得承运。

(c)托运人办理该货物进出口运输时,须持有经国务院商务主管部门或者其委托的省、自治区、直辖市人民政府商务主管部门批准的进口或出口许可证。

第三类易制毒化学品品名表

序　号	铁危编号	品　　名
①	31152	甲　　苯
②	31025	丙　　酮
③	31173	乙基甲基酮
④	51048	高锰酸钾
⑤	81007	硫　　酸
⑥	81013	盐　　酸

71. 下列物品禁止运输:

(a)浓度大于72%的高氯酸(11026);

(b)无机高锰酸盐中的高锰酸铵(51053);

(c)无机亚硝酸盐类中的亚硝酸铵(51071);

(d)铵盐和无机亚硝酸盐混合物(51074);

(e)冷冻液态氢(21002);

(f)冷冻液态甲烷及甲烷含量高的冷冻天然气(21008)。

72. 锂金属或锂合金的锂电池,按42040办;

锂离子的锂电池组,按91013办;

装在设备中的锂离子的锂电池组或同设备包装在一起的锂离子的锂电池组按91014办。

73. 硝酸铵(51069A)按下列要求运输:

(a)硝酸铵按本规则中氧化性物质的规定要求运输。

(b)要求采用P_{64}、P_{64A}、P_{64AK}、P_{64AT}型棚车装运。使用敞车运输时,需采取安全措施,并经过铁路局主管部门批准。

(c)硝酸铵运输时,应采取随货押运措施。押运同一到站的四辆车为一组:每组押运员不得少于两人。一列中同一到站超过两组的,押运人数由铁路局确定。

74. 自备罐车装运黄磷须经铁道部批准。现行黄磷自备罐车限装黄磷58吨,充装黄磷后需用3.8吨水覆盖以隔绝空气。

75. 每一容器盛装≥5 L。

76. 受理高氯酸铵[别名:过氯酸铵](51017)时,暂按高氯酸铵(11081)运输条件办理。

77. 改变包装需经铁道部批准。如氯酸盐、高氯酸盐、高氯酸、黄磷等。

附件 2

铁路危险货物配放表

危险货物的种类和品名			品名编号	配放号									
危险货物	气体	易燃气体	21001～21061，21063～21064	1	1								
		非易燃无毒气体：氧、空气、一氧化二氮（氧及氧气空钢瓶不得与油脂在同库配放）	22001，22003，22017	2	△	2							
		非易燃无毒气体：其他非易燃无毒气体	22005～22016，22018～22055	3			3						
		有毒气体（液氯及液氨不得在同库配放）	23001～23052，23053	4				4					
	易燃液体		31001～31055，31101～31302，32001～32150	5		×		×	5				
	易燃固体、易于自燃的物质、遇水放出易燃气体的物质	易燃固体（发孔剂 H 不得与酸性腐蚀性物质及有毒或易燃酯类危险物品配放）	41001～41062，41501～41553	6		×		×		6			
		易于自燃的物质：一级易于自燃的物质	42001～42040	7	×	×		×	×	×	7		
		易于自燃的物质：二级易于自燃的物质	42501～42526	8	△	△		×	△			8	
		遇水放出易燃气体的物质（不得与含水液体货物在同库配放）	43001～43051，43501～43510	9	△	△		△			×		9

说明：

一、配放符号

1. 无配放符号表示可以配放；

2. △表示可以配放，堆放时至少隔离两米；

3. ×表示不可以配放；

4. 有"注 1"、"注 2"……等注释时按注释规定办理。

二、注　释

1. 除硝酸盐（如硝酸钠、硝酸钾或硝酸铵等）与硝酸、发烟硝酸可以混存外，其他情况皆不得混存；

2. 氧化性物质不得与松软的粉状可燃物（如煤粉、焦粉、炭黑、糖、淀粉、锯末等）混存；

3. 饮食品、粮食、饲料、药品、药材类、食用油脂及活动物不得与贴有 6 号、13 号、14 号、15 号、16 号包装标志的物品，及有恶臭能使货物污染异味的物品，以及畜禽产品中的生皮张、生毛皮（包括碎皮）、畜禽毛、骨、蹄、角、鬃等物品混存；

4. 饮食品、粮食、饲料、药材类、食用油脂与按普通货物运输的化工原料、化学试剂、香精、香料应隔离 1 米以上；

5. 漂白粉与过氧化氢、易燃物品、非食用油脂应隔离 2 米以上；与饮食品、粮食、饲料、药品、药材类、食用油脂、活动物不得混存；

6. 贴有 7 号包装标志的液态农药不得与氧化性物质和有机过氧化物混存。

续上表

危险货物的种类和品名				品名编号	配放号																			
危险货物	氧化性物质和有机过氧化物	氧化性物质	过氧化氢	51001,51501	10					×		△	△	×	10									
			亚硝酸盐、亚氯酸盐、次亚氯酸盐(注2)(注5)	51043,51046,51071～51074,51509,51525	11	△			×	×	△	△		△		11								
			其他氧化性物质(配放号15所列品名除外)	51002～51042,51044,51045,51047～51067,51069,51070,51080～51083,51502～51508,51510～51524,51526,51527	12	△			×	×	△	△		△		×	12							
		硝酸胍、高氯酸醋酐溶液、过氧化氢尿素、二氯异氰尿酸、三氯异氰尿酸、四硝基甲烷等有机过氧化物		51068,51075～51079,52001～52103	13	×			×	×	×	×		△	△	×	×	13						
	毒性物质	氰化物		61001～61005	14										×				14					
		其他毒性物质(注6)		61006～61034,61051～61139,61501～61520,61551～61924	15										△					15				
	腐蚀性物质	酸性腐蚀性物质	溴	81021	16	△				△		×	△	△				×	×	△	16			
			发烟硝酸、硝酸、硝化酸混合物、废硝酸、废硝化混合酸、发烟硫酸、硫酸、含铬硫酸、废硫酸、淤渣硫酸、氯磺酸	81001～81004,81006～81009,81023	17	×	△	△	×	△	△	×	×	△	△	×	注1	×	×	△	△	17		
			其他酸性腐蚀性物质	81005,81010～81020,81022,81024～81067,81101～81135,81501～81531,81601～81647,81532～81534	18	△			△			△		△	△	△	△	△	×	△		△	18	
		碱性腐蚀性物质(水合肼、氨水不得与氧化性物质和有机过氧化物配放)其他腐蚀性物质		82001～82033,82501～82524,83001～83021,83501～83514	19									△								×		19

续上表

危险货物的种类和品名		品名编号	配放号																				
普通货物	易燃普通货物		20	×			×						△			△			△	×			20
	饮食品、粮食、饲料、药品、药材类、食用油脂(注3)(注4)		21	△			×	△	△	×		×	△				×	×	×	×	×	△	21
	非食用油脂		22										△						×	×			22
	活动物(注3)		23	×			×	△	△	×		×	×	△	△	△	×	×	×	×	×	×	23
	其他(注3)(注4)		24																				24
配放号				1	2	3	4	5	6	7	8	9	10	11	12	13	14	15	16	17	18	19	

附件 3

铁路危险货物包装表

包装号	包装要求		单位包装件限制质量或容量	备注
	外包装	内包装		
1	钢质气瓶 钢质气瓶的设计、制造、充装、运输、储存必须符合国家质量技术监督检验检疫总局颁布的《气瓶安全监察规程》。盛装乙炔气的气瓶应符合劳动部颁布的《溶解乙炔气瓶安全监察规程》。 钢质气瓶气阀完好,安全阀与瓶身配套旋紧。有防护罩的钢质气瓶,安全帽不得超出护罩。瓶身外套两只防震胶圈。钢质气瓶瓶肩或护罩上,应有制造和检验钢印标记。钢印标记必须准确、清晰。检验钢印标记上,还应按检验年份涂检验色标。检验色标的颜色和形状应符合本规则附录 5 的规定。钢质气瓶外表面的颜色和字样,应符合本规则附录 6 的规定		钢质气瓶每瓶总质量不得超过 1 000 kg。超过时应征求发到站的意见	①20 L 以下的钢质气瓶应外加坚固木箱,每箱总重不超过 50 kg。 ②装有液化石油气的气瓶(即液化石油气罐)禁止铁路运输
2	小开口钢桶 桶身有两道环筋和两组 3 ~7 道波纹(钢板厚度为 1.5 mm的重型桶可无波纹),桶身直缝应电气焊接,桶身与桶顶、桶底的组装应双重或三重卷边。卷层内的缝隙必须充填封缝胶。螺纹口、盖、垫圈等封口件配套齐全,装配后密封良好,口盖拧紧后液密不漏		甲. 钢板厚 1.5 mm,每桶净重不超过 250 kg; 乙. 钢板厚 1.2 或 1.25 mm,每桶净重不超过200 kg; 丙. 钢板厚 1.0 mm,每桶净重不超过 100 kg	①装运易燃和剧毒液体时,桶应采取切实的防摩措施。 ②灌装具有腐蚀性的物品时,钢桶内壁应涂镀防腐层。 采用 2(甲、乙)号包装的一级易燃液体和剧毒液体中的 I 类包装,必须是三重卷边

续上表

包装号	包装要求		单位包装件限制质量或容量	备注
	外包装	内包装		
3	小开口铝桶 采用2 mm以上的铝板或具有抗腐蚀性能的铝合金制成。桶身直缝、桶身与桶顶、桶底的组装应为焊接。螺纹口、盖、垫圈等封口件配套齐全,装配后密封良好,口盖拧紧后液密不漏。桶外套钢质笼筋		每桶净重不超过150 kg	
4	钢塑复合桶 用钢板制成,桶身有两道环筋和两组3～7道波纹。桶身直缝应电气焊接,桶身与桶顶、桶底的组装应双重或三重卷边。卷层内的缝隙必须充填封缝胶。桶内应无任何能擦伤内塑料桶(胆)的凸出物	塑料桶(胆) 桶(胆)厚0.8 mm以上,吹塑厚薄均匀并合适地装在钢桶内。塑料桶(胆)不得以任何使用过的塑料作制造材料,并应具有符合规定的防老化和抗冻性能及抗刺、抗摩功能。桶口、盖配套完好,液密不漏	甲. 钢板厚1.2或1.25 mm,每桶净重不超过200 kg。 乙. 钢板厚1.0 mm,每桶净重不超过50 kg	钢桶底部不得开孔
5	中开口钢桶 采用0.75 mm钢板制成,桶身有两组3～7道波纹。桶身直缝应电气焊接,桶身与桶顶、桶底的组装应双重卷边。卷层内的缝隙必须充填封缝胶。桶口、盖、垫圈等封口件配套齐全,装配后密封良好,严密不漏		每桶净重不超过50 kg	
6	全开口或中开口钢桶 桶身有两道环筋和两组3～7道波纹(钢板厚度为0.5 mm的钢桶可无环筋)。桶身与桶顶、桶底的组装应双重卷边。卷层内的缝隙必须充填封缝胶。桶口、盖、垫圈、箍圈等封口件完好并与桶身配套,插销卡牢扣紧。桶内应无任何能擦伤内包装的凸出物	塑料袋 袋厚0.1 mm以上。袋口双层扎口或封口,严密不漏 二层牛皮纸袋 纸每平方米质量不小于80 g,不得使用再生纸。袋口双层扎口或机械缝口,严密不漏	甲. 钢板厚1.2或1.25 mm,每桶净重不超过200 kg。 乙. 钢板厚1.0 mm,每桶净重不超过150 kg 丙. 钢板厚0.75 mm,每桶净重不超过100 kg。 丁. 钢板厚0.5 mm,每桶净重不超过50 kg	

续上表

包装号	包装要求		单位包装件限制质量或容量	备注
	外包装	内包装		
7	全开口钢桶 采用0.5 mm钢板制成。桶身直缝应电气焊接,桶身与桶底应双重卷边。桶口、盖、垫圈、箍圈等封口件完好并与桶身配套,插销卡牢扣紧。桶内应无任何能擦伤内包装的凸出物	玻璃瓶 瓶厚不小于3 mm,厚薄均匀,无气泡,其热稳定性、化学稳定性、内应力等技术性能,应符合有关规定。瓶口用橡胶塞或其他与内装物性质不相抵触的材料制成的瓶塞塞紧,旋紧塑料盖,外包塑料薄膜用线扎牢或外套胶套 塑料桶(罐) 桶(罐)厚不小于3 mm,以碗形塞或其他与内装物性质不相抵触的材料制成的瓶塞塞紧,螺纹口、盖配套完好,液密不漏。 桶内用松软衬垫材料(性质不得与内装物抵触)隔垫妥实	每桶净重不超过30 kg	
8	纤维板桶、胶合板桶、硬纸板桶 纤维板和胶合板的物理机械性能,应符合国家标准。桶身直缝加钉结合或多层牛皮纸胶粘结合,桶身边缘用钢带加固。桶顶、盖、底板厚度不小于8 mm。用钢带箍圈将桶身与桶盖扣紧,插销插牢	塑料袋 袋厚0.1 mm以上。袋口双层扎口或封口,严密不漏 二层牛皮纸袋 纸每平方米质量不小于80 g,不得使用再生纸。袋口双层扎口或机械缝口,严密不漏。 塑料袋及二层牛皮纸袋容积应大于外包装桶	每桶净重不超过30 kg	
9	塑料桶 桶厚不小于3 mm,吹塑厚薄均匀,并应具有符合规定的防老化和抗冻性能及抗压、抗刺、抗摩功能。塑料桶不得以任何使用过的塑料作制造材料。盛装液体时,仅限使用小开口塑料桶。用碗形盖或其他与内装物性质不相抵触的材料制成的瓶塞塞紧,螺纹口、盖、垫圈等封口件配套完好,牢固旋紧,液密不漏	塑料袋 盛装固体时,应使用塑料袋作为内包装。袋厚0.1 mm以上。袋口双层扎口或封口,严密不漏。袋的容积应大于外包装桶	每桶净重不超过50 kg	①应提出塑料桶包装试验合格证明。 ②以塑料桶作外包装的危险货物,限按整车运输。 塑料桶的外形结构应保证堆码稳固

续上表

包装号	包装要求		单位包装件限制质量或容量	备注
	外包装	内包装		
10	麻袋 双经平纹,经纬密度71×35根/10 cm。 塑料编织袋 单经平纹,经纬密度48×48根/10 cm。以聚丙烯、聚乙烯树脂为主要原料制成,不得以任何使用过的塑料作制造材料。 乳胶布袋 袋身缝合牢固,不脱线。 各种袋口折叠后,用机械或手工缝合,针距不大于10 mm	两层塑料袋 每层袋厚0.1 mm以上。袋口双层扎口或封口,严密不漏。袋的容积应大于外包装。 一层塑料袋 袋厚0.1 mm以上。袋口双层扎口或封口,严密不漏。袋的容积应大于外包装	甲．外包装麻袋,内包装两层塑料袋,每袋净重不超过100 kg。 乙．外包装塑料编织袋、乳胶布袋,内包装两层塑料袋,每袋净重不超过50 kg。 丙．外包装乳胶布袋、塑料编织袋,内包装一层塑料袋,每袋净重不超过25 kg	
11	复合塑料编织袋: 聚丙烯三合一袋 聚乙烯三合一袋 以聚丙烯、聚乙烯塑料编织布为基材,由布/膜/纸复合而成的复合塑料编织袋,聚丙烯、聚乙烯塑料编织布经纬密度48×48根/10 cm,纸每平方米质量不小于80 g,涂膜厚度不小于0.05 mm。 聚丙烯二合一袋 聚乙烯二合一袋 以聚丙烯、聚乙烯塑料编织布为基材,由布/膜复合而成的复合塑料编织袋,聚丙烯、聚乙烯塑料编织布经纬密度48×48根/10 cm,涂膜厚度不小于0.05 mm。 各种袋口折叠后,用机械缝合,针距不大于10 mm	塑料袋 袋厚0.1 mm以上。袋口双层扎口或封口,严密不漏。袋的容积应大于外包装	甲．聚丙烯三合一袋、聚乙烯三合一袋,每袋净重不超过50 kg。 乙．聚丙烯二合一袋、聚乙烯二合一袋,每袋净重不超过50 kg	

续上表

包装号	包装要求		单位包装件限制质量或容量	备注
	外包装	内包装		
12	榫槽接缝木箱 板材符合国家标准。板厚 15 mm,宽度不小于 50 mm。木箱四周上下 16 根箱挡,箱挡宽 50 mm、厚 15 mm。木箱牢固密合。箱钉长度为 45 mm;箱钉数量,以箱面宽度计,平均 50 mm 一只。钉子钉实,钉尖盘实。箱外两道钢带加固,钢带搭接后用钢钉钉在木箱上。钢带宽 13 ~16 mm,厚0.3 ~0.4 mm	塑料袋 袋厚 0.1 mm 以上。袋口双层扎口或封口,严密不漏。袋的容积应大于外包装箱	每箱净重不超过 30 kg	
13	普通木箱 板材符合国家标准。板厚12 mm 以上,宽度不小于 30 mm。木箱四周上下 16 根箱挡,箱挡宽40 mm、厚 15 mm。木箱牢固密合。箱钉长度为40 mm;箱钉数量,以箱面宽度计,平均 50 mm 一只。钉子钉实,钉尖盘实。箱外两道钢带加固,钢带搭接后用钢钉钉在木箱上。钢带宽 13 ~16 mm,厚 0.3 ~0.4 mm	塑料袋 袋厚 0.1 mm 以上。袋口双层扎口或封口。 二层牛皮纸袋 纸每平方米质量不小于 80 g 袋口双层扎口或机械封口。袋的容积应大于外包装箱	每箱净重不超过 50 kg	
14	普通木箱或半花格木箱 板材符合国家标准。板厚12 mm 以上,宽度不小于 30 mm。半花格箱(系指箱的上部 1/3 处留有空隙的木板箱)箱板厚 15 mm以上,宽度不小于 50 mm,空隙不大于 50 mm。箱四周上下 16 根箱挡,箱挡宽 40 mm、厚 15 mm。木箱牢固密合。箱钉长度:木箱为 40 mm,半花格箱为 45 mm;箱钉数量,以箱面宽度计,平均 50 mm 一只。钉子钉实,钉尖盘实。箱外两道钢带加固,钢带搭接后用钢钉钉在木箱上。钢带宽 13 ~16 mm,厚 0.3 ~0.4 mm	耐酸坛 坛厚 10 ~ 20 mm,螺纹坛口、坛塞完好,与坛口配套吻合。用细黄沙加水玻璃或水泥加石膏封口。 陶瓷瓶 瓶厚 14 ~ 16 mm,瓶盖完好,与瓶口配合吻合,瓶口、瓶盖加垫胶圈,用铁箍将盖与瓶颈卡紧 箱内用松软衬垫材料(性质不得与内装物抵触)隔垫妥实	甲. 坛装每箱净重不超过 50 kg; 乙. 瓶装每箱净重不超过 30 kg	

续上表

包装号	包装要求		单位包装件限制质量或容量	备注
	外包装	内包装		
15	普通木箱或半花格木箱 板材符合国家标准。板厚12 mm以上,宽度不小于30 mm。半花格箱(系指箱的上部1/3处留有空隙的木板箱)箱板厚15 mm以上,宽度不小于50 mm,空隙不大于50 mm。箱四周上下16根箱挡,箱挡宽40 mm、厚15 mm。木箱牢固密合。箱钉长度:木箱为40 mm,半花格箱为45 mm;箱钉数量,以箱面宽度计,平均50 mm一只。钉子钉实,钉尖盘实。箱外两道钢带加固,钢带搭接后用钢钉钉在木箱上。钢带宽13～16 mm,厚0.3～0.4 mm	玻璃瓶 瓶厚不小于3 mm,其热稳定性、化学稳定性、内应力、内压力等技术性能应符合有关规定。瓶口用与内装物性质不相抵触的材料制成的瓶塞(或平封口垫)塞紧(或封口),旋紧塑料盖,再用石蜡或石膏封口,外包塑料薄膜,用线扎紧,或外包塑料薄膜,用尼龙线扎紧,再套两只胶套。液密不漏。 塑料桶(罐) 不得以任何使用过的塑料作制造材料。桶(罐)厚不小于3 mm,桶(罐)口用与内装物性质不相抵触的材料制成的瓶塞(或平封口盖)塞紧(或封口),螺纹盖与桶(罐)口配套完好,液密不漏。 箱内用松软衬垫材料(性质不得与内装物抵触)隔垫妥实	甲. 每瓶净重不超过5 kg。瓶装每箱净重不超过30 kg。 乙. 每桶(罐)净重不超过20 kg。桶装每箱净重不超过40 kg	
16	花格箱 板材符合国家标准。板厚15 mm以上,宽度不小于50 mm。木箱四周上下16根箱挡,箱挡宽40 mm、厚15 mm。花格比率小于30%。箱钉长度为45 mm;箱钉数量,以箱面宽度计,平均50 mm一只。钉子钉实,钉尖盘实。箱外两道钢带加固,钢带搭接后用钢钉钉在木箱上。钢带宽13～16 mm,厚0.3～0.4 mm	薄钢板桶或镀锡薄钢板桶(罐)。 桶(罐)身直缝应焊接,桶(罐)身与桶(罐)顶、桶(罐)底卷边咬口后再焊接。桶(罐)盖卡口盖紧后焊牢。液密不漏。 箱内用松软衬垫材料(性质不得与内装物抵触)隔垫妥实	甲. 钢板厚0.5 mm,每桶净重不超过25 kg,每箱净重不超过50 kg; 乙. 镀锡薄钢板厚0.3～0.35 mm,每桶(罐)净重不超过20 kg,每箱净重不超过40 kg	

续上表

包装号	包装要求		单位包装件限制质量或容量	备注
	外包装	内包装		
17	花格箱 板材符合国家标准。板厚12 mm以上,宽度不小于50 mm。木箱四周上下16根箱挡,箱挡宽40 mm、厚15 mm。花格比率小于30%。箱钉长度为40 mm;箱钉数量,以箱面宽度计,平均50 mm一只。钉子钉实,钉尖盘实。箱外两道钢带加固,钢带搭接后用钢钉钉在木箱上。钢带宽13~16 mm,厚0.3~0.4 mm	金属桶(罐) 内衬塑料袋。袋口双层扎口或封口,严密不漏。 塑料桶 桶壁厚大于2 mm,内盖严密,外螺纹盖旋紧,内衬塑料袋。袋口双层扎口或封口,严密不漏。 箱内用松软衬垫材料(性质不得与内装物抵触)隔垫妥实	每箱净重不超过20 kg	
18	普通木箱 板材符合国家标准。板厚12 mm以上,宽度不小于30 mm。木箱四周上下12根箱挡,箱挡宽40 mm、厚15 mm。木箱牢固密合。箱钉长度为40 mm;箱钉数量,以箱面宽度计,平均50 mm一只。钉子钉实,钉尖盘实。箱外两道钢带加固,钢带搭接后用钢钉钉在木箱上。钢带宽13~16 mm,厚0.3~0.4 mm	磨砂口玻璃瓶 瓶厚2 mm以上,其热稳定性、化学稳定性、内应力、内压力等技术性能应符合有关规定。磨砂口瓶塞与瓶口配套完好,瓶塞塞紧后,外包塑料薄膜,用线扎紧,或外包塑料薄膜,用尼龙线扎紧,再套两只胶套,或用石膏或石蜡大封口。 螺纹口玻璃瓶 瓶厚2 mm以上,其热稳定性、化学稳定性、内应力、内压力等技术性能应符合有关规定。螺纹盖与瓶口配套完好,用与内装物性质不相抵触的材料制成的瓶塞(或平封口垫)塞紧(或封口),旋紧螺纹盖,外包塑料薄膜,用尼龙线扎紧,再套两只胶套。 箱内用松软衬垫材料(性质不得与内装物抵触)隔垫妥实	每瓶净重0.5~5 kg,每箱净重不超过20 kg	

续上表

<table>
<tr><th rowspan="2">包装号</th><th colspan="2">包 装 要 求</th><th rowspan="2">单位包装件限制质量或容量</th><th rowspan="2">备 注</th></tr>
<tr><th>外 包 装</th><th>内 包 装</th></tr>
<tr><td>19</td><td>普通木箱
板材符合国家标准。板厚12 mm以上，宽度不小于30 mm。木箱四周上下12根箱挡，箱挡宽40 mm、厚15 mm。木箱牢固密合。箱钉长度为40 mm；箱钉数量，以箱面宽度计，平均50 mm一只。钉子钉实，钉尖盘实。箱外两道钢带加固，钢带搭接后用钢钉钉在木箱上。钢带宽13～16 mm，厚0.3～0.4 mm</td><td>螺纹口玻璃瓶
瓶厚2 mm以上，其热稳定性、化学稳定性、内应力、内压力等技术性能应符合有关规定。螺纹盖与瓶口配套完好，用与内装物性质不相抵触的材料制成的瓶塞（或平封口垫）塞紧（或封口），旋紧螺纹盖，严密不漏。再装入金属桶（罐）或塑料桶（罐），严封不漏。
塑料瓶
螺纹盖与瓶口配套完好，瓶口用与内装物性质不相抵触的材料制成的瓶塞（或平封口垫）塞紧（或封口），旋紧螺纹盖，严密不漏。再装入金属桶（罐）或塑料桶（罐），严封不漏。
塑料袋
袋厚0.1 mm以上，封口后严密不漏。再装入金属或塑料桶（罐），严封不漏。
箱内用松软衬垫材料（性质不得与内装物抵触）隔垫妥实</td><td>每瓶净重不超过1 kg。
每袋净重不超过2 kg
每箱净重不超过20 kg</td><td></td></tr>
<tr><td>20</td><td>普通木箱
板材符合国家标准。板厚10 mm以上，宽度不小于30 mm。木箱四周上下12根箱挡，箱挡宽40 mm、厚15 mm。木箱牢固密合。箱钉长度为40 mm；箱钉数量，以箱面宽度计，平均50 mm一只。钉子钉实，钉尖盘实。箱外两道钢带加固，钢带搭接后用钢钉钉在木箱上。钢带宽13～16 mm，厚0.3～0.4 mm</td><td>安瓿瓶
瓶的形式、规格、尺寸、理化性能及外观质量应符合有关规定。外加瓦楞纸套或气泡塑料薄膜等衬垫缓冲材料，再装入纸盒</td><td>每箱净重不超过10 kg</td><td>净重不超过5 kg的木箱，可不用箱挡加固</td></tr>
</table>

续上表

包装号	包装要求		单位包装件限制质量或容量	备注
	外包装	内包装		
21	普通木箱 板材符合国家标准。板厚10 mm以上,宽度不小于30 mm。木箱四周上下12根箱挡,箱挡宽40 mm、厚15 mm。木箱牢固密合。箱钉长度为40 mm;箱钉数量,以箱面宽度计,平均50 mm一只。钉子钉实,钉尖盘实。箱外两道钢带加固,钢带搭接后用钢钉钉在木箱上。钢带宽13～16 mm,厚0.3～0.4 mm	螺纹口玻璃瓶 瓶厚不小于2 mm,其热稳定性、化学稳定性、内应力、内压力等技术性能应符合有关规定。螺纹盖与瓶口配套完好,用与内装物性质不相抵触的材料制成的瓶塞(或平封口垫)塞紧(或封口),旋紧螺纹盖,严密不漏或液密不漏。 铁盖压口玻璃瓶 严密不漏或液密不漏。 塑料瓶 螺纹盖与瓶口配套完好,瓶口用与内装物性质不相抵触的材料制成的瓶塞(或平封口垫)塞紧(或封口),旋紧螺纹盖,严密不漏或液密不漏。 金属桶(罐) 严密不漏或液密不漏。 箱内用松软衬垫材料(性质不得与内装物抵触)隔垫妥实	每瓶、桶(罐)净重不超过1 kg。 每箱净重不超过20 kg	
22	满底板花格箱 板材符合国家标准。板厚12 mm以上,宽度不小于50 mm。木箱四周上下12根箱挡,箱挡宽40 mm、厚15 mm。花格比率30%。箱钉长度为40 mm;箱钉数量,以箱面宽度计,平均50 mm一只。钉子钉实,钉尖盘实。箱外两道钢带加固,钢带搭接后用钢钉钉在木箱上。钢带宽13～16 mm,厚0.3～0.4 mm。 纤维板箱、胶合板箱 纤维板和胶合板的物理机械性能应符合国家标准。箱四周上下24根箱挡,箱挡宽不小于30 mm、厚不小于15 mm。箱坚固耐压	螺纹口玻璃瓶 瓶厚不小于2 mm,其热稳定性、化学稳定性、内应力、内压力等技术性能应符合有关规定。螺纹盖与瓶口配套完好,用与内装物性质不相抵触的材料制成的瓶塞(或平封口垫)塞紧(或封口),旋紧螺纹盖,严密不漏或液密不漏。 塑料瓶 螺纹盖与瓶口配套完好,瓶口用与内装物性质不相抵触的材料制成的瓶塞(或平封口垫)塞紧(或封口),旋紧螺纹盖,严密不漏或液密不漏。 镀锡薄钢板桶(罐)。 桶(罐)身咬口焊接,卡口盖紧,严密不漏或液密不漏。 箱内用松软衬垫材料(性质不得与内装物抵触)隔垫妥实	每瓶、桶(罐)净重不超过1 kg。 每箱净重不超过20 kg	

续上表

包装号	包装要求		单位包装件限制质量或容量	备注
	外包装	内包装		
23	普通木箱 板材符合国家标准。板厚10 mm以上,宽度不小于30 mm。木箱四周上下12根箱挡,箱挡宽40 mm、厚15 mm。木箱牢固密合。箱钉长度为40 mm;箱钉数量,以箱面宽度计,平均50 mm一只。钉子钉实,钉尖盘实。箱外两道钢带加固,钢带搭接后用钢钉钉在木箱上。钢带宽13～16 mm,厚0.3～0.4 mm	螺纹口玻璃瓶 瓶厚不小于2 mm,其热稳定性、化学稳定性、内应力、内压力等技术性能应符合有关规定。螺纹盖与瓶口配套完好,用与内装物性质不相抵触的材料制成的瓶塞(或平封口垫)塞紧(或封口),旋紧螺纹盖,严密不漏或液密不漏。 塑料瓶、复合塑料瓶 螺纹盖与瓶口配套完好,瓶口用与内装物性质不相抵触的材料制成的瓶塞(或平封口垫)塞紧(或封口),旋紧螺纹盖,严密不漏或液密不漏。 铝瓶 严封,液密不漏。 箱内用松软衬垫材料(性质不得与内装物抵触)隔垫妥实	每瓶净重不超过1 kg。 每箱净重不超过20 kg	玻璃瓶装剧毒农药,瓶外套以塑料袋、气泡薄膜袋等,袋口扎紧
24	瓦楞纸箱 用双瓦楞纸板制作,板厚不小于6 mm,并经防潮处理,用双钉斜角牢固钉接,钉距不大于60 mm。箱底、盖用封箱机或粘胶带封固,箱外用带有镀层的低碳钢扁丝或聚丙烯等捆扎材料"井"字形捆紧。 箱板纸、瓦楞原纸和瓦楞纸板的技术性能均应符合下列指标: ①箱板纸:应符合国家标准中定量为320 ± 16 g/m²的一号箱板纸的技术指标; ②瓦楞原纸:应符合国家标准中定量为180^{+5}_{-9} g/m²的瓦楞原纸的技术指标; ③瓦楞纸板:应符合国家标准中一类D－1.3双瓦楞纸板的技术指标	塑料瓶 螺纹盖与瓶口配套完好,瓶口用与内装物性质不相抵触的材料制成的瓶塞(或平封口垫)塞紧(或封口),旋紧螺纹盖,严密不漏或液密不漏。 两层塑料袋 袋厚0.1 mm以上,袋口双层扎口或热合封口,严封不漏。 两层牛皮纸袋,内或外套以塑料袋 纸每平方米质量不小于80 g,塑料袋双层扎口或封口,严密不漏。每袋净重不超过5 kg。 箱内用松软衬垫材料(性质不得与内装物抵触)隔垫妥实	每瓶净重不超过1 kg。 每袋净重不超过5 kg。 每箱净重不超过20 kg	每箱净重10 kg以下者,可"サ"字形捆扎

续上表

包装号	包装要求		单位包装件限制质量或容量	备注
	外包装	内包装		
24	钙塑瓦楞纸箱 以聚乙烯树脂为原料,碳酸钙为填料,加入各种助剂,经压延热粘成钙塑双面单瓦楞板钉合成。钙塑板厚度不小于 4 mm 不大于 15 mm,瓦楞筋数每 100 mm 不小于 13 根。箱钉单钉间距不大于 55 mm,双钉间距不大于 75 mm。头尾钉离压线痕 10 ± 5 mm。箱底、盖用封箱机或粘胶带封固,箱外用带有镀层的低碳钢扁丝或聚丙烯等捆扎材料"井"字形捆紧。 钙塑板的技术性能均应符合下列指标: ①脱层面积每平方米不大于 15 cm^2,其中每处不大于 4 cm^2; ②瓦楞筋歪斜在边长 300 mm的正方形面积内,瓦楞筋数上下差不超过1根; ③外表面每平方米不超过10 个直径 1 mm 的洞孔,内表面每平方米不超过10 个直径2 mm 的洞孔	塑料瓶 螺纹盖与瓶口配套完好,瓶口用与内装物性质不相抵触的材料制成的瓶塞(或平封口垫)塞紧(或封口),旋紧螺纹盖,严密不漏或液密不漏。 两层塑料袋 袋厚 0.1 mm 以上,袋口双层扎口或热合封口,严封不漏。 两层牛皮纸袋,内或外套以塑料袋 纸每平方米质量不小于 80 g,塑料袋双层扎口或封口,严密不漏。每袋净重不超过 5 kg。 箱内用松软衬垫材料(性质不得与内装物抵触)隔垫妥实	每瓶净重不超过1 kg。 每袋净重不超过5 kg。 每箱净重不超过20 kg	每箱净重 10 kg 以下者,可"サ"字形捆扎
25	瓦楞纸箱 用双瓦楞纸板制作,板厚不小于6 mm,并经防潮处理,用双钉斜角牢固钉接,钉距不大于 60 mm。箱底、盖用封箱机或粘胶带封固,箱外用带有镀层的低碳钢扁丝或聚丙烯等捆扎材料"井"字形捆紧。 箱板纸、瓦楞原纸和瓦楞纸板的技术性能均应符合下列指标: ①箱板纸:应符合国家标准中定量为 320 ± 16 g/m^2 的一号箱板纸的技术指标; ②瓦楞原纸:应符合国家标准中定量为 $180^{+5}_{-9}g/m^2$ 的瓦楞原纸的技术指标;	镀锡薄钢板桶(罐) 桶(罐)身咬口接合,卡口盖盖紧,液密不漏。 金属桶(罐) 桶(罐)身咬口接合,卡口盖盖紧,液密不漏。 塑料瓶 螺纹盖与瓶口配套完好,瓶口用与内装物性质不相抵触的材料制成的瓶塞(或平封口垫)塞紧(或封口),旋紧螺纹盖,严密不漏或液密不漏。 金属软管 液密不漏,再装入纸盒中。 箱内用松软衬垫材料(性质不得与内装物抵触)隔垫妥实	每桶(罐)、瓶、管净重不超过1 kg。 每箱净重不超过20 kg	每箱净重 10 kg 以下者,可"サ"字形捆扎

续上表

包装号	包装要求		单位包装件限制质量或容量	备注
	外包装	内包装		
25	③瓦楞纸板:应符合国家标准中一类D-1.3双瓦楞纸板的技术指标。 钙塑瓦楞纸箱 以聚乙烯树脂为原料,碳酸钙为填料,加入各种助剂,经压延热粘成钙塑双面单瓦楞板钉合成。钙塑板厚度不小于4 mm不大于15 mm,瓦楞筋数每100 mm不小于13根。箱钉单钉间距不大于55 mm,双钉间距不大于75 mm。头尾钉离压线痕10±5 mm。箱底、盖用封箱机或粘胶带封固,箱外用带有镀层的低碳钢扁丝或聚丙烯等捆扎材料"井"字形捆紧。 钙塑板的技术性能均应符合下列指标: ①脱层面积每平方米不大于15 cm^2,其中每处不大于4 cm^2; ②瓦楞筋歪斜在边长300 mm的正方形面积内,瓦楞筋数上下差不超过1根; ③外表面每平方米不超过10个直径1 mm的洞孔,内表面每平方米不超过10个直径2 mm的洞孔	镀锡薄钢板桶(罐) 桶(罐)身咬口接合,卡口盖盖紧,液密不漏。 金属桶(罐) 桶(罐)身咬口接合,卡口盖盖紧,液密不漏。 塑料瓶 螺纹盖与瓶口配套完好,瓶口用与内装物性质不相抵触的材料制成的瓶塞(或平封口垫)塞紧(或封口),旋紧螺纹盖,严密不漏或液密不漏。 金属软管 液密不漏,再装入纸盒中。 箱内用松软衬垫材料(性质不得与内装物抵触)隔垫妥实	每桶(罐)、瓶、管净重不超过1 kg。 每箱净重不超过20 kg	每箱净重10 kg以下者,可"サ"字形捆扎
26	木板箱 板厚15 mm以上,厚度应适应内装物的质量,木箱四周上下16根箱挡,箱外三条钢带加固。 金属箱 金属皮厚1.5 mm以上,箱身咬口焊接,底盖与箱身双重卷边焊接,箱身、箱盖有施封装置,严密不漏	以安瓿瓶、玻璃瓶、磨砂口玻璃瓶或金属桶(罐)作内容器,严密封口(气体、液体的放射性同位素的内容器必须气密封口),再装入塑料罐、铝罐、铅罐、铝铁组合罐或金属加石蜡罐的外容器中,空隙处用松软具吸附性的材料垫塞,外容器盖牢拧紧。 各式箱内空隙应填塞妥实		两件以上的小件外容器,可合装一个外包装

附件4

铁路危险货物运输包装性能试验规定

1 适用范围

1.1 根据有关国家标准和铁路运输具体条件,制定本规定。

1.2 本规定适用于除第2类和第7类以外的其他各类铁路危险货物运输包装的性能试验方法。第2类和第7类危险货物按有关规定和标准进行包装性能试验。

1.3 危险货物包装根据其内装物的危险程度划分为三种包装类别,即:

Ⅰ类包装——盛装具有较大危险性货物,包装强度要求高;

Ⅱ类包装——盛装具有中等危险性货物,包装强度要求较高;

Ⅲ类包装——盛装具有较小危险性货物,包装强度要求一般。

危险货物包装类别列于《铁路危险货物品名表》中。

2 包装试验准备

2.1 内装物为固体时,应装到试验容器总容量的95%以上,如用模拟物代替内装物进行试验时,模拟物应与其具有相同的物理性质(如密度、形状、粒度等)。内装物为液体时,应装到试验容器总容量的98%以上,如用模拟物代替内装物进行试验时,模拟物应与其具有相似的密度和黏度。

2.2 瓦楞纸箱、钙塑瓦楞纸箱、纤维板箱、胶合板箱、硬纸板箱(桶)、纸袋,试验前应置于相对湿度65% ±2% 和温度20 ℃ ±2 ℃的环境中至少24小时,并立即进行试验。

2.3 塑料箱、塑料桶、塑料罐、塑料材料复合包装(带有塑料内包装的组合包装,准备盛装固体的塑料袋除外)、钢塑复合桶、钙塑瓦楞纸箱及其内装物的温度降至 -18 ℃以下时,方可进行跌落试验,内装物为液体,应始终保持液态;塑料箱、塑料桶、塑料罐、塑料材料复合包装(带有塑料内包装的组合包装,准备盛装固体的塑料袋除外)、钢塑复合桶、钙塑瓦楞纸箱及其内装物的温度应升至40 ℃以上,方可进行堆码试验。

2.4 留有通气孔的容器,做液压、气密试验时,应将通气孔封闭。

2.5 为确定塑料容器与所装物的化学相容性,应将塑料容器内装满该种货物,静置6个月以上,再对该容器进行跌落、液压、气密和堆码试验。

3 包装试验

3.1 各项试验须符合《铁路危险货物运输包装性能试验要求和合格标准》(附件5)。

3.2 盛装固体的桶可不做液压试验。若盛装的固体受潮不致产生危险反应时,该桶也可不做气密试验。

3.3 除上述试验外,托运人还应按铁路主管部门的规定,根据货物的性质和包装容器的特点,做必要的其他试验。如:包装材料与内装物的相容性试验,玻璃容器的热稳定性试验,盛酸容器的耐酸度试验,瓦楞纸箱的防潮试验,塑料容器的老化试验,纸袋、塑料袋、塑料编织袋和复合塑料编织袋的性能试验以及喷雾罐的性能试验等。

附件 5

铁路危险货物运输包装性能试验要求和合格标准

试验项目 / 试验方法和要求 / 包装容器型式	跌落试验					液压试验				气密试验				堆码试验			
	数量	地面	试验方法	跌落高度	合格标准	数量	试验方法	压力	合格标准	数量	试验方法	气压	合格标准	数量	试验方法	时间	合格标准
钢桶（罐）、铝桶	6个，分两次试验，每次3个	符合规定的碰撞地面	第一次：桶（罐）的凸边呈斜角线撞击在地面上，如无凸边，则以桶（罐）身与桶（罐）底接缝处撞击。 第二次：第一次没有试验到的最薄弱地方。如纵向焊缝、封闭口等。	①如果用所装运的固体、液体或模拟物进行跌落试验，跌落高度为： Ⅰ类包装：1.8 m； Ⅱ类包装：1.2 m； Ⅲ类包装：0.8 m。 ②当以水代替所装运的液体进行试验时，如果所装物的相对密度（d）不超过1.2，跌落高度同上；如果所装物的相对密度（d）超过1.2，跌落高度为： Ⅰ类包装：d × 1.5 m； Ⅱ类包装：d × 1.0 m； Ⅲ类包装：d × 0.67 m	桶（罐）和内容器不得破损；内容物不得有任何撒漏或破损	3个	需经受5min恒压试验。 桶（罐）不能用机械支撑	Ⅰ类包装：250 kPa； Ⅱ、Ⅲ类包装：不小于所运物质在55 ℃时的蒸气压力的1.5倍减去100 kPa，但最小的试验压力为100 kPa	桶（罐）不应渗漏	3个	①将桶（罐）浸入水中，对桶（罐）内充气加压，观察有无色泡产生；或 ②在桶（罐）接缝处或其他易渗漏处涂上皂液或其他合适的液体后向桶（罐）内充气加压，观察有无气泡产生	Ⅰ类包装：不小于50 kPa（0.5巴）；Ⅱ、Ⅲ类包装：不小于30 kPa（0.3巴）	桶（罐）不应漏气	3个	①将坚硬载荷平板置于试验包装件的顶面，在平板上放置重物；②堆码高度：3米（含被试包装件）	24 h	桶（罐）不应有引起堆码不稳定的任何变形和破损

续上表

试验项目／试验方法和要求／包装容器型式	跌落试验					液压试验				气密试验				堆码试验			
	数量	地面	试验方法	跌落高度	合格标准	数量	试验方法	压力	合格标准	数量	试验方法	气压	合格标准	数量	试验方法	时间	合格标准
胶合板桶、纤维板桶、硬纸板桶	同钢桶	同钢桶	同钢桶	Ⅰ类包装:1.8 m; Ⅱ类包装:1.2 m; Ⅲ类包装:0.8 m	同钢桶								同钢桶	3个	同钢桶	同钢桶	
塑料桶(罐)	同钢桶	同钢桶	同钢桶	同钢桶	同钢桶	3个	需经受30分钟恒压试验。桶(罐)不能用机械支撑	同钢桶	同钢桶	3个	同钢桶	同钢桶	同钢桶	3个	同钢桶	28天(温度40 ℃条件下)	同钢桶
钢塑复合桶(箱)	同钢桶	同钢桶	同钢桶	同钢桶	同钢桶	3个	同钢桶	同钢桶	同钢桶	3个	同钢桶	同钢桶	同钢桶	3个	同钢桶	24 h	同钢桶
榫槽接缝木箱、普通木箱、半花格木箱、花格木箱、纤维板箱、胶合板箱、铁皮箱	5个，每次试验一个	同钢桶	第一次箱底平落，第二次箱顶平落，第三次长侧面平落，第四次短侧面平落，第五次对角跌落	同胶合板桶	外包装和内容器不得破损；内容物不得有任何撒漏									3个	同钢桶	24 h	同钢桶
瓦楞纸箱、钙塑瓦楞箱	同榫槽接缝木箱	同钢桶	同榫槽接缝木箱	同胶合板桶	同榫槽接缝木箱									3个	同钢桶	24 h。钙塑箱同塑料桶	同钢桶

续上表

试验项目 / 试验方法和要求 / 包装容器型式	跌落试验					液压试验				气密试验				堆码试验			
	数量	地面	试验方法	跌落高度	合格标准	数量	试验方法	压力	合格标准	数量	试验方法	气压	合格标准	数量	试验方法	时间	合格标准
麻袋、乳胶布袋、塑料编织袋、复合塑料编织袋、塑料袋、纸袋	3个，每个试验3次	同钢桶	第一次袋的平面平落，第二次袋的一侧平落，第三次袋的端部平落	同胶合板桶	袋不应有任何破损或撒漏												
耐酸坛、陶瓷坛、厚度3毫米以上的大玻璃瓶						3个	需经受5分钟的恒压试验	Ⅰ类包装：250 kPa；Ⅱ类包装：200 kPa；Ⅲ类包装：200 kPa	坛、瓶不破裂					3个	同钢桶	24 h	同钢桶

附件 6

铁路车辆编组隔离表

最少隔离辆数 / 隔离标记 / 货物种类（品名编号）	隔离对象	距牵引的内燃、电力机车，推进运行或后部补机及使用火炉的车辆	距乘坐旅客的车辆	距装载雷管及导爆索车辆（11001，11002，11007，11008）△7	除雷管及导爆索以外的爆炸品 △8	距敞车、平车装载的易燃普通货物	距装载高出车帮易窜动的货物	备注
气体（含空罐车）：易燃气体（21001～21072） 非易燃无毒气体（22001～22069） 毒性气体（23001～23077）	△1	4	4	4	4	2	2	运输气体类危险货物重、空罐车时，每列编挂不得超过 3 组。每组间的隔离车不得少于 10 辆
一级易燃液体（31001～31085，31101～31302） 一级易燃固体（41001～41074） 一级易于自燃的物质（42001～42052） 一级氧化性物质（51001～51086） 有机过氧化物（52001～52123） 一级毒性物质（剧毒品）（61001～61204） 一级酸性腐蚀性物质（81001～81067，81101～81135） 一级碱性腐蚀性物质（82001～82041） 一级其他腐蚀性物质（83001～83029）	△2	2	3	3	4	2		运输原油时，与机车及使用火炉的车辆可不隔离。运输硝酸铵时，与机车及使用火炉的车辆隔离不少于 4 辆

续上表

货物种类（品名编号） / 隔离标记 / 最少隔离辆数		隔离对象	距牵引的内燃、电力机车，推进运行或后部补机及使用火炉的车辆	距乘坐旅客的车辆	距装载雷管及导爆索车辆（11001，11002，11007，11008）△7	除雷管及导爆索以外的爆炸品△8	距敞车、平车装载的易燃普通货物	距装载高出车帮易窜动的货物	备注
放射性物质（矿石、矿砂除外）		△3	2	4	×	×	2	1	×标记表示不能编入同一列车
七〇七	一级	△4	4	4	4	4	4	2	一级与二级编入同一列车时，相互隔离2辆以上，停放车站时相互隔离10 m以上，严禁明火靠近
	二级	△5	4	4	4	4	4	2	
敞、平车装载的易燃普通货物及敞车装载的散装硫磺		△6	2	2	2	2			装载未涂防火剂的腐朽木材的车辆，运行在规定的区段和季节须与牵引机车隔离10辆，如隔离有困难时，各铁路局与邻局协商规定隔离办法
爆炸品	雷管及导爆索（11001，11002，11007，11008）	△7	4	4		4	2	2	
	除雷管及导爆索以外的爆炸品	△8	4	4	4		2	2	

注：1. 小运转列车及调车隔离规定，由铁路局自行制定。

2. 有△主标记的车辆与装载蜜蜂的车辆运输时按有关规定办理。

3. 空罐车可不隔离（气体类危险货物除外）。

附件 7

铁路车辆禁止溜放和限速连挂表

顺号	种　类	禁　止　溜　放 （调动这些车辆时禁止溜放和由驼峰上解体）	限　速　连　挂 （溜放或由驼峰上解体调车，车辆连挂速度不得超过 2 km/h）
1	爆炸品	有整体爆炸危险的物质和物品；有迸射危险，但无整体爆炸危险的物质和物品；有燃烧危险并有局部爆炸危险或局部迸射危险或这两种危险都有，但无整体爆炸危险的物质和物品	不呈现重大危险的物质和物品； 有整体爆炸危险的非常不敏感物质；无整体爆炸危险的极端不敏感物品
2	气体	罐车（含空罐车）和钢质气瓶装载的易燃气体、毒性气体	①非易燃无毒气体。 ②钢质气瓶以外其他包装装载的气体类危险货物
3	易燃液体	乙醚，二硫化碳，石油醚，苯，丙酮，甲醇，乙醇，甲苯	①除禁止溜放栏内规定以外的装入玻璃或陶瓷容器的易燃液体。 ②汽油
4	易燃固体、易于自燃的物质、遇水放出易燃气体的物质	硝化纤维素，黄磷，硝化纤维胶片	三硝基苯酚[含水≥30%]，六硝基二苯胺[含水>75%]，三乙基铅，浸没在煤油或密封于石蜡中的金属钠、钾、铯、锂、铷、硼氢化物
5	氧化性物质和有机过氧化物	过氧化氢，过氧化钠，过氧化钾，氯酸钠，氯酸钾，氯酸铵，高氯酸钠、高氯酸钾、高氯酸铵，硝酸胍，漂粉精和有机过氧化物	除禁止溜放栏内规定以外的装入玻璃容器的氧化性物质和有机过氧化物
6	毒性物质和感染性物质	玻璃瓶装的氯化苦、硫酸二甲酯、四乙基铅（包括溶液）、一级（剧毒）有机磷液态农药、一级（剧毒）有机锡类、磷酸三甲苯酯、硫代膦酰氯	①禁止溜放栏内的货物装入铁桶包装时。 ②除禁止溜放栏内规定以外的装入玻璃或陶瓷容器的毒害性物质
7	放射性物质	二、三级运输包装或气体的放射性货物	
8	腐蚀性物质	罐车装载以及玻璃或陶瓷容器盛装的发烟硝酸、硝酸、发烟硫酸、硫酸、三氧化硫、氯磺酸、氯化亚砜、三氯化磷、五氯化磷、氧氯化磷、氢氟酸、氯化硫酰、高氯酸、氢溴酸、溴	除禁止溜放栏内规定以外的装入玻璃或陶瓷容器的腐蚀性物质

续上表

顺号	种　类	禁　止　溜　放 (调动这些车辆时禁止溜放和由驼峰上解体)	限　速　连　挂 (溜放或由驼峰上解体调车,车辆连挂速度不得超过2 km/h)
9	特种车辆	非工作机车,轨道起重机,机械冷藏车,大型的凹型和落下孔车,空客车及特种用途车(发电车、无线电车、轨道检查车、钢轨探伤车、电务试验车、通信车),检衡车	
10	特种货物	按规定"禁止溜放"的军用危险货物和军用特种货物	
11	其他车辆	搭乘旅客的车辆,铁道部临时指定的货物车辆	乘有押运人员的货车
12	贵重、精密货物	由发站和托运人共同确定的贵重的以及高级的精密机械、仪器仪表	电子管、收音机、电视机以及装有电子管的机械
13	易碎货物	易碎的历史文物,易碎的展览品,外贸出口的易碎工艺美术品,易碎的涉外物质(指各国驻华使、领馆公用或个人用物品,外交用品,国际礼品,展品,外侨及归国华侨的搬家货物)	鲜蛋类,生铁制品,陶瓷制品,缸砂制品,玻璃制品以及用玻璃、陶瓷、缸砂容器盛装的液体货物
注	除顺号1、2、9、10、11"禁止溜放"外,其他"禁止溜放"的货物车辆可向空线溜放		

附件8

铁路货车洗刷除污方法

一、洗刷除污编号

编号	1	2	3	4	5
洗刷除污剂	水	稀盐酸(浓盐酸用水稀释20倍)	碱水(烧碱或纯碱用50倍水溶解)	硫代硫酸钠(用20倍水溶解)	肥皂水

二、洗刷除污工艺

1. 洗车作业前要先打开车门、车窗进行通风;

2. 检查货车污染状况,对重点处作出标志;

3. 用水压不低于0.6 MPa的清水冲洗;

4. 对需用药剂消除污染的车辆,应根据《品名表》的规定使用相应的药剂对污染部位浸泡30分钟;

5. 用50 ℃～60 ℃热水及扫帚、刷子洗刷;

6. 将残留水扫净，再通风，吹干车体；

7. 撤除“货车洗刷回送标签”，并在货车两侧车门外部及车内明显处粘贴“洗刷工艺合格证”各一张；

8. 对洗刷合格的货车进行登记。

三、检测方法和要求

1. 检查方法：用眼看、鼻嗅，必要时可用试纸或小动物试验。对放射性货物污染的车辆，洗后用仪器测定。

2. 经过洗刷除污的货车，必须达到水清无白点水泡，无秽物，无恶臭异味，无污染痕迹。被放射性物质污染的货车，洗刷后应符合本规则第七十六条的要求。

附件 9

易燃普通货物品名表

顺号	品名
1	《品名表》规定之外的籽棉，皮棉，黄棉花，废棉，飞花，破籽花
2	《品名表》规定之外的各种麻类和麻屑
3	麻袋（包括废、破麻袋），各种破布，碎布，线屑，乱线，化学纤维
4	牧草，谷草，油草，蒲草，羊草，芦苇，荻苇，玉米棒（去掉玉米的），玉蜀黍秸，豆秸，秫秸，麦秸，蒲叶，烟秸，甘蔗渣，蒲棒，蒲棒绒，芒杆，亚麻草，烤烟叶，晒烟叶，棕叶以及其他草秸类
5	葵扇（芭蕉扇），蒲扇，草扇，棕扇，草帽辫，草席，草帘，草包，草袋，蒲包，草绳，芦席，芦苇帘子，箔帚以及其他芦苇、草秸的制品
6	干树皮，干树枝，干树条，树枝（经脱叶加工），带叶的竹枝，薪柴（劈柴除外），松明子，腐朽木材（喷涂化学防火涂料的除外）
7	刨花，木屑，锯末
8	纸屑，废纸，纸浆，柏油纸，油毡纸
9	炭黑，煤粉
10	粮谷壳，花生壳，笋壳
11	羊毛，驼毛，马毛，羽毛，猪鬃以及其他禽兽毛绒
12	麻黄，甘草

注：1. 用敞、平、砂石车装运易燃普通货物时，应用篷布苫盖严密，在调车或编入列车时，应进行隔离。但对干树皮，干树枝，干树条和带叶的竹枝，由于干湿程度、带叶多少不同应否苫盖篷布由发站根据气温和运输距离在确保运输安全的原则下负责确定。

2. 腐朽木材喷防火涂料或采取其他防火措施后，可不苫盖篷布。

3. 本表未列的品名，是否也属于易燃普通货物，由发站报铁路局确定。

4. 以易燃材料作包装、捆扎、填塞物，以竹席、芦席、棉被等苫盖的非易燃货物，以及用木箱、木桶、铁桶包装的易燃普通货物，均按普通货物运输。以敞车装运时，是否应苫盖篷布，由托运人根据货物的运输安全情况负责确定。并在运单托运人记事栏内注明。

附件10

铁路危险货物运输基础管理台账目录

序号	台账名称	台 账 内 容	存放地点	保管人	备 注
1	危险货物法规、条例、规章	①《中华人民共和国铁路法》			
		②《中华人民共和国安全生产法》			
		③《中华人民共和国环境保护法》			
		④《中华人民共和国行政许可法》			
		⑤国务院《危险化学品安全管理条例》			
		⑥国务院《铁路运输安全保护条例》			
		⑦铁道部《铁路危险货物运输管理规则》			
		⑧铁道部《铁路危险货物承运人资质许可办法》			
		⑨铁道部《铁路危险货物托运人资质许可办法》			
		⑩铁道部《铁路危险货物运输资质一览表》			
		⑪铁道部《铁路危险货物运输办理站(专用线、专用铁路)办理规定》			
		⑫铁路危险货物品名表			
		⑬铁路局《货运规章汇编》			
		⑭其他			
2	危险货物运输管理文件	①铁道部、铁路局各级文电			分级别、分年代管理
		②文电传达登记			
		③车站(专用线)办理危险货物一览表			附表-1
		④车站危险货物管理细则			
		⑤车站强化危险货物运输管理的措施办法			
		⑥车站其他有关文件			
3	应急预案	①危险货物运输应急预案及信息网络			
		②车站危险货物应急预案			
		③路外单位救援信息网络			附表-2
		④常见危险货物事故预防及施救对策			

续上表

序号	台账名称	台 账 内 容	存放地点	保管人	备 注
4	托运人资质证明材料及企业档案	①托运人资质证书登记表			附表-3
		②托运人培训登记表			附表-4
		③企业危险货物技术档案			
		④公安部门颁发的爆炸品准运证			
5	专用线管理	①新开办专用线申请、评估、批复报告及材料			附表-5～附表-13
		②专用线产权企业概况及相关设备（仓库结构、线路、装卸设备、计量设备、消防设备、安全检测仪器、防雷防静电设备及储罐）			
		③运输协议			
		④共用协议			
		⑤安全协议			
		⑥企业运输员培训登记表			附表-14
6	车站设备管理	①车站仓库、站台管理登记表			附表-15
		②车站堆场管理登记表			附表-16
		③车站线路登记表			附表-17
		④车站装卸设备登记表			附表-18
		⑤车站消防设备登记表			附表-19
		⑥车站安全检测仪器登记表			附表-20
		⑦洗刷除污登记表			附表-38
7	危险货物作业登记簿	①危险货物发送登记簿			
		②危险货物到达登记簿			
8	危险货物作业签认单	①铁路危险货物发送作业签认单			格式 24-1
		②铁路危险货物途中作业签认单			格式 24-2
		③铁路危险货物到达作业签认单			格式 24-3
9	剧毒品管理	①剧毒品发送登记簿			
		②剧毒品到达登记簿			
		③铁路剧毒品发送作业签认单			格式 23-1
		④铁路剧毒品途中作业签认单			格式 23-2
		⑤铁路剧毒品到达作业签认单			格式 23-3
		⑥剧毒品运输全程监控流程图			
		⑦剧毒品车辆照片资料			
		⑧剧毒品技术站电子档案			

续上表

序号	台账名称	台　账　内　容	存放地点	保管人	备　　注
10	危险货物自备货车管理	①受理作业程序			
		②按品名填制的运单、货票样张			
		③危险货物罐车允许充装重量及高度登记表			附表-21
		④危险货物罐车充装记录(计量单)			粘在货票甲联后(装车量大的车站,计量单或磅单可按日期单独装订)
		⑤危险货物罐车发送作业签认单(气体类)			格式25-1
		⑥危险货物罐车途中作业签认单(气体类)			格式25-2
		⑦危险货物罐车到达作业签认单(气体类)			格式25-3
		⑧自备罐车发送登记表			附表-22
		⑨自备罐车过轨登记表			附表-23
		⑩自备货(罐)车运输许可证、危货车安全合格证			格式19
		⑪铁路危险货物自备集装箱安全合格证			格式20
11	危险货物新品名	①铁路危险货物运输技术说明书			格式1
		②货物运输条件鉴定报告			
		③危险货物新品名登记表			附表-24
12	危险货物改变包装	①改变运输包装申请表			
		②安全运输协议			
		③同意改变包装的批准文电			
		④改变运输包装登记表			附表-25
13	非危化学物　品	①铁路运输化学物品危险性辨识报告			
		②非危化学物品登记表			
14	押运员管理	①押运员登记表			附表-26
		②全程押运签认登记表			附表-27
15	重大危险源	①重大危险源管理办法			
		②重大危险源登记表			附表-28

续上表

序号	台账名称	台账内容	存放地点	保管人	备注
16	危险品查堵	①危险货物匿、捏报品名查堵控制方法			
		②危险货物查堵记录表			附表-29
17	检查、整改记录	①自检自查工作记录表			附表-30
		②整改措施			
18	危险货物事故处理及安全统计、分析	①危险货物运输安全状况统计表			附表-31
		②危险货物运输安全状况报告			
		③危险货物运输事故分析报告			附表-32
		④危险货物运输事故记录			
19	职工培训	①货运人员危险货物运输业务培训登记表			附表-33
		②装卸人员危险货物运输业务培训登记表			附表-34
20	违章处理记录	①违章处理记录登记表			附表-35
21	运量统计	①危险货物发送运量统计表			附表-36
		②危险货物到达运量统计表			附表-37

附件 11

铁路危险货物罐车允许充装重量及高度表

（仅供参考，实际充装量以第十五章规定为准）

附件 11-1　气体类危险货物

序号	品名	铁危编号	国标编号	标准密度（kg/m^3）	重量充装系数	车辆型号	标记载重（t）	标记容积（m^3）	准装重量最大值（t）	准装高度最大值（mm）
1	丁烷	21012	1011	579.2	0.51	GY_{60}	31	61.9	31	2 250
2	异丁烷	21012	1969	557.2	0.49	GY_{60}	31	61.9	31	2 291
3	丙烯	21018	1077	515	0.43	GY_{60}	26.6	61.9	26.6	2 168
						GY_{70} GY_{70S}	30.4	70.8	30.4	2 320
						GY_{95} GY_{95K} GY_{95S} GY_{95SK} GY_{95A}	41	95	41	2 174
						GY_{100S} GY_{100SK}	43	100	43	2 176

续上表

序号	品名	铁危编号	国标编号	标准密度（kg/m^3）	重量充装系数	车辆型号	标记载重（t）	标记容积（m^3）	准装重量最大值（t）	准装高度最大值（mm）
4	丁烯	21019	1012	596	0.50	GY_{60}	31	61.9	31	2 180
5	异丁烯	21020	1055	594.2	0.50	GY_{60}	31	61.9	31	2 187
6	丁二烯［稳定的］	21022	1010	620	0.55	GY_{60}	34	61.9	34	2 310
						GY_{70} GY_{70S}	38.9	70.8	38.9	2 476
7	液化石油气	21053	1075	500	0.42	GY_{60}	26	61.9	26	2 183
						GY_{70} GY_{70S}	29.7	70.8	29.7	2 335
						GY_{80} GY_{80S} GY_{80A}	33.8	80.4	33.8	2 185
						GY_{95} GY_{95K} GY_{95S} GY_{95SK} GY_{95A}	40	95	40	2 187
						GY_{100S} GY_{100SK}	42	100	42	2 190
8	氯	23002	1017	1 420	1.20	GY_{40}	51	42.9	51	1 858
						GY_{45} GY_{45K} GY_{45S} GY_{45SK}	54.8	45.7	54.8	1 884
9	无水氨	23003	1005	610	0.52	GY_{60}	32	61.9	32	2 203
						GY_{70} GY_{70S}	37	70.8	37	2 374
						GY_{80} GY_{80S} GY_{80A}	41.8	80.4	41.8	2 218
10	二氧化硫	23013	1079	1 390	1.20	GY_{40}	51	42.9	51	1 900
						GY_{45} GY_{45K} GY_{45S} GY_{45SK}	54.8	45.7	54.8	1 927

附件 11-2　非气体类液体危险货物

序号	品名	铁危编号	国标编号	参考密度（kg/m³）	车辆型号	标记载重（t）	标记容积（m³）	准装重量范围（kg）	准装高度范围（mm）	液面到人孔上平面距离（空高）范围（mm）	罐车货物装卸方式
1	汽油	31001	1203	710	G_{60}	52	60	35 358～40 470	2 087～2 411	1 021～697	上装上卸
						53	60	35 358～40 470	2 087～2411	1 021～697	上装上卸
					G_{60K}	53	60	35 358～40 470	2 088～2414	1 020～694	上装上卸
					G_{70}	62	69.7	41 074～47 013	2 240～2 589	1 068～719	上装上卸
					G_{70A}	60	67.7	39 896～45 664	2 252～2 608	1 056～700	上装上卸
					G_{75}	62	75.6	44 551～50 992	2 327～2 682	926～571	上装上卸
					GQ_{70}	70	78.7	46 378～53 083	2 388～2 760	927～555	上装上卸
					GHA_{70}	70	88.3	52 035～59 558	2 404～2 780	926～550	上装上卸
2	环己烷	31 004	1145	778	G_{60}	52	60	38 744～44 346	2 087～2 411	1 021～697	上装上卸
						53	60	38 744～44 346	2 087～2 411	1 021～697	上装上卸
					G_{60K}	53	60	38 744～44 346	2 088～2 414	1 020～694	上装上卸
3	丙酮	31 025	1 090	790.5	G_{11}	54	36	23 620～27 035	1 598～1 833	910～675	上装上卸
						63	34	22 308～25 533	1 516～1 724	992～784	上装上卸
					G_{60}	52	60	39 367～45 058	2 087～2 411	1 021～697	上装上卸
						53	60	39 367～45 058	2 087～2 411	1 021～697	上装上卸
					G_{60K}	53	60	39 367～45 058	2 088～2 414	1 020～694	上装上卸
4	石油原油	31103	1267	930	G_{17}	52	60	46 314～52 000	2 087～2 356	1 021～752	上装下卸
						57	60	46 314～53 010	2 087～2 411	1 021～697	上装下卸
					G_{17K}	57	60	46 314～53 010	2 088～2 414	1 020～694	上装下卸
					G_{17B}	63	66.4	51 254～58 664	2 209～2 542	1 099～766	上装下卸
					GN_{70}	70	73.7	56 889～65 114	2 283～2 617	980～646	上装下卸

续上表

序号	品名	铁危编号	国标编号	参考密度（kg/m³）	车辆型号	标记载重（t）	标记容积（m³）	准装重量范围（kg）	准装高度范围（mm）	液面到人孔上平面距离（空高）范围（mm）	罐车货物装卸方式
5	石脑油	31104		870	G_{17}	52	60	43 326 ~ 49 590	2 087 ~ 2 411	1 021 ~ 697	上装下卸
						57	60	43 326 ~ 49 590	2 087 ~ 2 411	1 021 ~ 697	上装下卸
					G_{17K}	57	60	43 326 ~ 49 590	2 088 ~ 2 414	1 020 ~ 694	上装下卸
					G_{17S}	53	60	43 326 ~ 49 590	2 087 ~ 2 411	1 021 ~ 697	上装上卸
					G_{60}	52	60	43 326 ~ 49 590	2 087 ~ 2 411	1 021 ~ 697	上装上卸
						53	60	43 326 ~ 49 590	2 087 ~ 2 411	1 021 ~ 697	上装上卸
					G_{60K}	53	60	43 326 ~ 49 590	2 088 ~ 2 414	1 020 ~ 694	上装上卸
6	苯	31150	1114	877.4	G_{11}	54	36	26 217 ~ 30 007	1 598 ~ 1 833	910 ~ 675	上装上卸
						63	34	24 760 ~ 28 340	1 516 ~ 1 724	992 ~ 784	上装上卸
					G_{60}	52	60	43 695 ~ 50 012	2 087 ~ 2 411	1 021 ~ 697	上装上卸
						53	60	43 695 ~ 50 012	2 087 ~ 2 411	1 021 ~ 697	上装上卸
					G_{60K}	53	60	43 695 ~ 50 012	2 088 ~ 2 414	1 020 ~ 694	上装上卸
					GQ_{70A}	70	78.7	57 313 ~ 65 599	2 390 ~ 2 762	927 ~ 555	上装上卸
7	粗苯	31151		860	G_{11}	54	36	25 697 ~ 29 412	1 598 ~ 1 833	910 ~ 675	上装上卸
						63	34	24 269 ~ 27 778	1 516 ~ 1 724	992 ~ 784	上装上卸
					G_{60}	52	60	42 828 ~ 49 020	2 087 ~ 2 411	1 021 ~ 697	上装上卸
						53	60	42 828 ~ 49 020	2 087 ~ 2 411	1 021 ~ 697	上装上卸
					G_{60K}	53	60	42 828 ~ 49 020	2 088 ~ 2 414	1 020 ~ 694	上装上卸
					GQ_{70A}	70	78.7	56 176 ~ 64 298	2 390 ~ 2 762	927 ~ 555	上装上卸
8	甲苯	31152	1294	867	G_{60}	52	60	43 177 ~ 49 419	2 087 ~ 2 411	1 021 ~ 697	上装上卸
						53	60	43 177 ~ 49 419	2 087 ~ 2 411	1 021 ~ 697	上装上卸
					G_{60K}	53	60	43 177 ~ 49 419	2 088 ~ 2 414	1 020 ~ 694	上装上卸
9	甲醇	31158	1230	804.8	G_{11}	54	36	24 047 ~ 27 524	1 598 ~ 1 833	910 ~ 675	上装上卸
						63	34	22 711 ~ 25 995	1 516 ~ 1 724	992 ~ 784	上装上卸
					G_{60}	52	60	40 079 ~ 45 874	2 087 ~ 2 411	1 021 ~ 697	上装上卸
						53	60	40 079 ~ 45 874	2 087 ~ 2 411	1 021 ~ 697	上装上卸
					G_{60K}	53	60	40 079 ~ 45 874	2 088 ~ 2 414	1 020 ~ 694	上装上卸
					GH_{A70}	70	88.3	58 983 ~ 67 511	2 404 ~ 2 780	926 ~ 550	上装上卸

续上表

序号	品名	铁危编号	国标编号	参考密度（kg/m^3）	车辆型号	标记载重（t）	标记容积（m^3）	准装重量范围（kg）	准装高度范围（mm）	液面到人孔上平面距离（空高）范围（mm）	罐车货物装卸方式
10	乙醇	31161	1170	808.9	G_{11}	54	36	24 170 ~ 27 664	1 598 ~ 1 833	910 ~ 675	上装上卸
						63	34	22 827 ~ 26 127	1 516 ~ 1 724	992 ~ 784	上装上卸
					G_{60}	52	60	40 283 ~ 46 107	2 087 ~ 2 411	1 021 ~ 697	上装上卸
						53	60	40 283 ~ 46 107	2 087 ~ 2 411	1 021 ~ 697	上装上卸
					G_{60K}	53	60	40 283 ~ 46 107	2 088 ~ 2 414	1 020 ~ 694	上装上卸
					GHA_{70}	70	88.3	59 283 ~ 67 855	2 404 ~ 2 780	926 ~ 550	上装上卸
11	异丙醇	31164	1219	795.5	G_{60}	52	60	39 616 ~ 45 343	2 087 ~ 2 411	1 021 ~ 697	上装上卸
						53	60	39 616 ~ 45 343	2 087 ~ 2 411	1 021 ~ 697	上装上卸
					G_{60K}	53	60	39 616 ~ 45 343	2 088 ~ 2 414	1 020 ~ 694	上装上卸
					GHA_{70}	70	88.3	58 301 ~ 66 731	2 404 ~ 2 780	926 ~ 550	上装上卸
12	甲基叔丁基醚	31184	2398	740.5	G_{60}	52	60	36 877 ~ 42 208	2 087 ~ 2 411	1 021 ~ 697	上装上卸
						53	60	36 877 ~ 42 208	2 087 ~ 2 411	1 021 ~ 697	上装上卸
					G_{60K}	53	60	36 877 ~ 42 208	2 088 ~ 2 414	1 020 ~ 694	上装上卸
13	二甲胺水溶液	31266	1160	680	G_{60}	52	60	33 864 ~ 38 760	2 087 ~ 2 411	1 021 ~ 697	上装上卸
						53	60	33 864 ~ 38 760	2 087 ~ 2 411	1 021 ~ 697	上装上卸
					G_{60K}	53	60	33 864 ~ 38 760	2 088 ~ 2 414	1 020 ~ 694	上装上卸
14	焦油	31292A		1160	G_{11}	54	36	34 661 ~ 39 672	1 598 ~ 1 833	910 ~ 675	上装上卸
						63	34	32 735 ~ 37 468	1 516 ~ 1 724	992 ~ 784	上装上卸
15	煤焦油馏出物[易燃]	31292B	1136	1220	G_{11}	54	36	36 454 ~ 41 724	1 598 ~ 1 833	910 ~ 675	上装上卸
						63	34	34 428 ~ 39 406	1 516 ~ 1 724	992 ~ 784	上装上卸
16	煤油	32001	1223	860	G_{60}	52	60	42 828 ~ 49 020	2 087 ~ 2 411	1 021 ~ 697	上装上卸
						53	60	42 828 ~ 49 020	2 087 ~ 2 411	1 021 ~ 697	上装上卸
					G_{60K}	53	60	42 828 ~ 49 020	2 088 ~ 2 414	1 020 ~ 694	上装上卸
					G_{70}	62	69.7	49 752 ~ 56 945	2 240 ~ 2 589	1 068 ~ 719	上装上卸
					G_{70A}	60	67.7	48 324 ~ 55 311	2 252 ~ 2 608	1 056 ~ 700	上装上卸
					G_{75}	62	75.6	53 963 ~ 61 765	2 327 ~ 2 682	926 ~ 571	上装上卸
					GQ_{70}	70	78.7	56 176 ~ 64 298	2 388 ~ 2 760	927 ~ 555	上装上卸
					GHA_{70}	70	88.3	63 029 ~ 70 000	2 404 ~ 2 681	926 ~ 649	上装上卸

续上表

序号	品名	铁危编号	国标编号	参考密度(kg/m³)	车辆型号	标记载重(t)	标记容积(m³)	准装重量范围(kg)	准装高度范围(mm)	液面到人孔上平面距离(空高)范围(mm)	罐车货物装卸方式
17	1,4~二甲苯	32035	1307	846.2	G_{60}	52	60	42 141~48 233	2 087~2 411	1 021~697	上装上卸
						53	60	42 141~48 233	2 087~2 411	1 021~697	上装上卸
					G_{60K}	53	60	42 141~48 233	2 088~2 414	1 020~694	上装上卸
					GN_{70A}	67	75.3	52 887~60 533	2 330~2 684	933~579	上装上卸
18	苯乙烯单体[稳定的]	32041	2055	906	G_{60}	52	60	45 119~51 642	2 087~2 411	1 021~697	上装上卸
						53	60	45 119~51 642	2 087~2 411	1 021~697	上装上卸
					G_{60K}	53	60	45 119~51 642	2 088~2 414	1 020~694	上装上卸
19	正丁醇	32052	1120	825.2	G_{60}	52	60	41 095~47 036	2 087~2 411	1 021~697	上装上卸
						53	60	41 095~47 036	2 087~2 411	1 021~697	上装上卸
					G_{60K}	53	60	41 095~47 036	2 088~2 414	1 020~694	上装上卸
					GHA_{70}	70	88.3	60 478~69 222	2 404~2 780	926~550	上装上卸
20	2~甲基~1~丙醇	32052	1212	799.4	G_{60}	52	60	39 810~45 566	2 087~2 411	1 021~697	上装上卸
						53	60	39 810~45 566	2 087~2 411	1 021~697	上装上卸
					G_{60K}	53	60	39 810~45 566	2 088~2 414	1 020~694	上装上卸
					GHA_{70}	70	88.3	58 587~67 058	2 404~2 780	926~550	上装上卸
21	环已酮	32090	1915	947	G_{60}	52	60	47 161~52 000	2 087~2 308	1 021~800	上装上卸
						53	60	47 161~53 000	2 087~2 358	1 021~750	上装上卸
					G_{60K}	53	60	47 161~53 000	2 088~2 361	1 020~747	上装上卸
22	柴油	32150	1202	851	G_{60}	52	60	42 380~48 507	2 087~2 411	1 021~697	上装上卸
						53	60	42 380~48 507	2 087~2 411	1 021~697	上装上卸
					G_{60K}	53	60	42 380~48 507	2 088~2 414	1 020~694	上装上卸
					G_{70}	62	69.7	49 231~56 349	2 240~2 589	1 068~719	上装上卸
					G_{70A}	60	67.7	47 819~54 732	2 252~2 608	1 056~700	上装上卸
					G_{75}	62	75.6	53 399~61 119	2 327~2 682	926~571	上装上卸
					GQ_{70}	70	78.7	55 588~63 625	2 388~2 760	927~555	上装上卸
					GHA_{70}	70	88.3	62 369~70 000	2 404~2 714	926~616	上装上卸

续上表

序号	品名	铁危编号	国标编号	参考密度（kg/m³）	车辆型号	标记载重（t）	标记容积（m³）	准装重量范围（kg）	准装高度范围（mm）	液面到人孔上平面距离（空高）范围（mm）	罐车货物装卸方式
23	甲醛溶液［易燃］甲醛溶液［甲醛含量≥25%］	32152 83012	1198 2209	751	G_{11}	54	36	22 440～25 684	1 598～1 833	910～675	上装上卸
						63	34	21 193～24 257	1 516～1 724	992～784	上装上卸
					G_{60}	52	60	37 400～42 807	2 087～2 411	1 021～697	上装上卸
						53	60	37 400～42 807	2 087～2 411	1 021～697	上装上卸
					G_{60K}	53	60	37 400～42 807	2 088～2 414	1 020～694	上装上卸
					GH_{70A}	69	62.2	38 771～44 377	2 026～2 313	966～679	上装上卸
24	苯酚［熔融］	61067B	2312	1060	G_{60}	53	60	52 788～53 000	2 087～2 095	1 021～1 013	上装上卸
					G_{60K}	53	60	52 788～53 000	2 088～2 096	1 020～1 012	上装上卸
25	苯胺	61746	1547	1025	G_{60}	52	60	51 045～52 000	2 087～2 125	1 021～983	上装上卸
						53	60	51 045～53 000	2 087～2 165	1 021～943	上装上卸
					G_{60K}	53	60	51 045～53 000	2 088～2 167	1 020～941	上装上卸
26	硝酸［发红烟的除外］	81002	2031	1500	G_{11}	63	34	42 330～48 450	1 516～1 724	992～784	上装上卸
27	硫酸	81007	1830	1840	G_{11}	63	34	51 925～59 432	1 516～1 724	992～784	上装上卸
					G_{11S}	63	34	51 925～59 432	1 603～1 840	907～670	上装上卸
					GS_{70}	70	38	58 034～66 424	1 672～1 929	723～466	上装上卸
28	盐酸	81013	1789	1190	G_{11}	63	34	33 582～38 437	1 516～1 724	992～784	上装上卸
					G_{11J}	62.5	47.29	46 708～53 461	1 935～2 234	973～674	上装上卸
					GFA	62	51.7	51 064～58 447	1 931～2 227	1052～756	上装上卸
29	冰醋酸	81601A	2789	1050	G_{11}	63	34	29 631～33 915	1 516～1 724	992～784	上装上卸
					G_{60}	53	60	52 290～53 000	2 087～2 114	1 021～994	上装上卸
					G_{60K}	53	60	52 290～53 000	2 088～2 115	1 020～993	上装上卸
					G_{60X}	60	54	47 061～53 865	1 919～2 181	1 161～899	上装上卸
					GH_{70B}	68	64.8	56 473～64 638	2 105～2 422	887～570	上装上卸
30	氢氧化钠溶液	82001B	1824	1450	G_{11}	54	36	43 326～49 590	1 598～1 833	910～675	上装上卸
					G_{11J}	62.5	47.29	56 914～62 500	1 935～2 129	973～779	上装上卸
					GJ_{70}	70	52.7	63 424～70 000	1 987～2 199	818～606	上装上卸

附件 12

危险货物运输安全协议

编号:[ ]

________铁路局(公司)

危险货物运输安全协议

(______年度)

车　站________________

专用线________________

铁道部运输局制

甲方:(铁路车站)

乙方:(产权单位)

为加强铁路危险货物运输管理,提高危险货物专用线(专用铁路)的安全管理水平,保证危险货物运输安全,明确双方的责任、权利和义务,甲、乙双方在共同协商的基础上,特签订本协议。

一、基本情况

乙方在与甲方接轨的________________专用线(专用铁路)内办理铁路危险货物运输,主要办理________________品名危险货物发送和________________品名危险货物到达业务,具体品名以《铁路危险货物运输办理站(专用线、专用铁路)办理规定》(以下简称《办理规定》)公布为准。

二、责任、权利和义务

甲方和乙方在办理铁路危险货物运输过程中,必须严格执行国家有关法律、法规和铁道部相关规章、规定等。

(一)甲方的责任、权利和义务

1. 按规定取得铁路危险货物承运人资质。

2. 加强危险货物运输安全管理,建立健全各项管理制度、作业标准,认真落实领导负责制、专业负责制、岗位负责制、逐级负责制,确保铁路危险货物运输安全。

3. 建立危险货物运输有关技术档案,具体掌握危险货物的运量、品类、理化特性、包装、运输方式、装卸作业设备、消防设施等情况。适时掌握企业危险货物运输发展动态,相应调整管理措施和内容。

4. 按照《铁路危险货物运输基础管理台账目录》的内容要求,结合危险货物运输办理情况,建立台账并实行分类管理。

5. 直接从事危险货物运输的人员必须取得铁路局核发的《铁路危险货物运输业务培训合格证》,否则不得上岗。同时组织乙方相关人员参加铁路危险货物运输业务培训。

6. 在受理和承运危险货物时,必须核查下列事项:

(1)《铁路危险货物托运人资质证书》、经办人身份证和《铁路危险货物运输业务培训合格证》与运单记载是否一致。

(2)运单记载的品名、类项、编号等内容与《铁路危险货物品名表》的规定是否一致,《铁路危险货物品名表》第11栏内有无特殊规定。

(3)发到站、办理品名、运输方式与《办理规定》是否一致。

(4)货物品名、重量、件数与运单记载是否一致。

(5)是否具有危险货物运输包装检测合格证明。

(6)运单右上角是否用红色戳记标明编组隔离、禁止溜放或限速连挂等警示标记。

(7)是否属于代理国内危险货物运输。

7. 对到达的货物要及时通知乙方,做到及时取送车辆;站内停放危险货物车辆时,采取安全防护措施,对重点危险货物,车站应派人看护并通知铁路公安部门。

8. 有权监督、检查、纠正、制止乙方违反铁路危险货物运输相关规定的行为。

9. 加强对乙方危险货物装卸作业的检查和指导。办理剧毒品时,应会同乙方共同做好确认品名,清点件数(罐车除外)、封印交接等有关工作。

10. 按货运事故处理的有关规定,协助乙方做好运输过程中发生货物损毁、灭失等情况的理赔工作。

(二)乙方的责任、权利和义务

1. 依法取得国家规定的危险物品生产、储存、使用、经营资格。

2. 按照《办理规定》公布的专用线(专用铁路)名称、品名和运输方式办理危险货物运输,并接受铁路管理机构的监督检查。

3. 加强危险货物运输安全管理,建立健全各项安全管理制度、岗位责任制、作业标准、操作规程等,确保铁路危险货物运输安全;建立健全危险货物运输技术档案、发送或到达台账,台账内容应包括发站、到站、品名、铁危编号、运量、运输包装等情况。

4. 办理铁路危险货物发送业务时,须取得铁路危险货物托运人资质。托运危险货物时,应按《危规》有关规定填写货物运单,对其运单各栏填记内容的真实性负责。对于匿报、谎报所产生的一切后果负责。

5. 应指派责任心强、熟悉业务,能胜任铁路危险货物运输工作的人员负责危险货物运输工作;从事危险货物运输的主要负责人员、主管人员以及现场货装人员、企业运输员(押运员)必须取得铁路局核发的《铁路危险货物运输业务培训合格证》,否则一律不得上岗。

6. 不得将场所、设施、设备等出租给不具备安全生产条件或相应资质的单位或者个人。

7. 危险货物专用线(专用铁路)及其附属设施应按有关规定定期进行安全评价和运输安全综合分析。

8. 办理危险货物作业场所的消防、防雷、防静电、安全检测、防护、装卸、充装等安全设施、设备应符合国家有关规定；储存仓库的耐火等级、防火间距应符合《建筑设计防火规范》等有关国家标准；应按照国家和铁道部有关规定，安装轨道衡、流量计等安全计量设备。

9. 使用危险货物自备货车运输时，必须有铁路局签发《铁路危险货物自备货车安全技术审查合格证》，一车一证，车证相符，按规定品名装运，不得租借和混装使用；危险货物自备货车、集装箱等运输工具的设计、制造、使用、充装、检修等符合国家、铁道部有关安全管理规定。

10. 罐车装车前，应确认罐车是否良好，罐体外表应保持清洁，标记、文字应能清晰易辨。罐体有漏裂，阀、盖、垫及仪表等附件、配件不齐全完好或功能不良的罐车禁止使用。卸车后，须及时关严罐车阀件，盖好人孔盖，拧紧螺栓，严禁混入杂质。

气体类危险货物充装前，必须有专人检查罐车，按规定对罐体外表面、罐体密封性能、罐体余压等进行检查，不具备充装条件的罐车严禁充装。罐车充装完毕后，应会同押运员复检充装量，检查各密封件和封车压力状况，认真详细填记《充装记录》，符合规定时，方可申请办理托运手续。装运气体类危险货物罐车确认卸空后，留有不低于0.05 MPa 的余压。

11. 检查棚车车内货物是否已卸净和清扫干净，车门、窗关闭是否严密，对规定需要施封的按规定施封。

12. 危险货物的包装物、容器必须由国家批准的专业生产企业定点生产，包装上须有国家规定危险化学品标签标识及定点生产标志，并经铁道部认定的包装检测机构定期检测合格。

13. 需加固运输的危险货物，应按《铁路货物装载加固规则》制定装载加固方案。

14. 押运人必须取得《铁路危险货物运输业务培训合格证》，运输气体类的危险货物，押运人还须取得《液化气体铁路罐车押运员证》。

押运人应了解所押运货物的特性，押运时应携带所需通信、防护、消防、检测、维护等工具，应按规定穿着应有红色“押运”字样的黄色马甲。押运过程中必须遵守铁路运输的各项安全规定，并对所押货物的安全负责。

押运人数应符合《危规》有关规定。押运人须持《全程押运签认登记表》，由途中货检人员签认；再次办理运输时须出具此表，否则铁路可不予受理。

15. 专用线(专用铁路)内存放的危险货物应按其性质和要求存放在指定的仓库、雨棚等场地。遇潮或受阳光照射容易燃烧或产生有毒气体的危险货物不得在雨棚、露天存放。存放保管危险货物时，应符合《配放表》的要求。堆放危险货物的仓库、雨棚等场地必须清洁干燥、通风良好，配备充足有效的消防设施，设置明显的安全警示标志，建立健全值班巡守制度。仓库作业完毕后应及时锁闭，剧毒品须加双锁，做到双人收发、双人保管。进入库区的机动车辆必须安装防火帽(罩)。

16. 应对货位及时清扫、洗刷。对撒漏的危险货物及废弃物，应及时进行处理。对危险性大、撒漏严重的，要会同卫生防疫、环保、消防等部门共同处理。

17. 按照铁道部、铁路局有关规章制度以及双方签定的《专用线(专用铁路)运输协议》的规定，进行交接、检查、装卸作业。

三、铁路危险货物运输事故应急救援

根据国家有关法律、法规和铁道部相关规章、规定，发生铁路危险货物运输事故和险情时，甲方和乙方必须积极开展应急救援。

1. 双方应结合实际，建立健全铁路危险货物运输事故应急预案和信息网络，完善预警预防应急措施，有效处置铁路危险货物运输突发事故，最大限度地减少人员伤亡、财产损失和社会负面影响。

2. 双方要建立义务应急救援队伍，配备相应的应急救援和安全防护设备，定期组织铁路危险货物运输事故应急预案的培训和演练，检查和分析存在的问题，并对活动进行记录和总结，不断提高对事故的预防和处置能力。

3. 发生铁路危险货物运输事故和险情时，双方应立即启动应急预案，迅速向铁路主管部门、地方政府、公安消防及环保、卫生防疫部门报告。甲乙双方应及时进行通报，提供必要的人力、物力和其他资源。

4. 双方根据危险货物运输的发展变化，及时修改、补充和完善铁路危险货物运输事故应急预案及施救信息网络有关内容。

5. 双方建立"铁路危险货物运输事故应急救援信息网络表"，遇有人员、电话和设备设施发生变化时，应及时通知对方，并在每年签订协议时重新核对修订。

铁路危险货物运输事故应急救援信息网络表

类别	姓名	部门	职务	值班电话	手机	住宅电话
甲方施救						
乙方施救						

四、法律责任

（一）甲方法律责任

1. 有下列情形之一的，有管辖权的铁路安全监督管理办公室应责令其限期整改或停办运输：

（1）设施、设备不符合危险货物运输安全要求，存在安全隐患的；

（2）相关从业人员配备不齐或未取得培训合格证的；

（3）安全管理制度不健全、不完善，存在严重问题的；

（4）应急预案不完备的。

2. 有下列情形之一的，有管辖权的铁路安全监督管理办公室可撤销其危险货物承运人资质：

（1）涂改、倒卖、出租、出借《承运人资质证书》，或以其他形式非法转让《承运人资质证书》的；

(2)弄虚作假或违反规定承运危险货物、造成严重后果的；

(3)存在重大安全隐患,未按要求整改或整改后不合格的；

(4)造成重大责任事故的；

(5)法律、法规、规章确定的其他违法行为。

(二)乙方法律责任

1. 有下列情形之一的,有管辖权的铁路安全监督管理办公室应责令其限期整改或停办运输：

(1)设施、设备不符合危险货物运输安全要求,存在安全隐患的；

(2)相关专业技术人员、运输经办人员、押运员配备不齐或未取得培训合格证的；

(3)安全管理制度不健全、不完善,存在严重问题的；

(4)应急预案不完备的。

2. 有下列情形之一的,有管辖权的铁路安全监督管理办公室可撤销其危险货物托运人资质：

(1)涂改、倒卖、出租、出借《托运人资质证书》,或以其他形式非法转让《托运人资质证书》的；

(2)弄虚作假或违反规定办理危险货物托运,造成严重后果的；

(3)存在重大安全隐患,未按要求整改或整改后不合格的；

(4)造成重大责任事故的；

(5)法律、法规、规章确定的其他违法行为。

3. 匿报、谎报货物品名,匿报、谎报货物重量或者装车、装箱超过规定重量,或者有其他危及铁路运输安全行为的,由铁路安全监督管理办公室处以罚款;构成犯罪的,依法追究刑事责任。

4. 将场所、设施、设备等出租给不具备安全生产条件或相应资质的单位或者个人的,责令限期改正,没收违法所得,可单处或并处罚款;导致发生安全事故给他人造成损害的,承担连带赔偿责任。

五、本协议未尽事宜,按铁路有关规章制度和双方签定的《专用线(专用铁路)运输协议》办理。

六、本协议经双方签字盖章后,自____年____月____日起至____年____月____日(对于新增危险货物专用线、专用铁路,协议以铁道部发文、电公布为生效期)有效。

七、甲、乙双方任何一方要求提前终止或修改本协议,应于一个月前通知另两方协商解决。

八、本协议一式四份,专用线产权单位、车站、直属站(段)、铁路局各一份。

甲方(铁路车站)盖章　　　　负责人(签章)：

联系电话：

年　月　日

乙方(产权单位)盖章　　　　负责人(签章)：

联系电话：

年　月　日

附件 13

危险货物专用线共用协议

编号:[ ]

______铁路局(公司)

危险货物专用线(专用铁路)共用协议

(______年度)

车　　站______________
专 用 线______________
共用单位______________

铁道部运输局制

甲方:(铁路车站)
乙方:(产权单位)
丙方:(共用单位)

为加强铁路危险货物运输管理,提高共用危险货物专用线(专用铁路)的安全管理水平,保证危险货物运输安全,明确各方的责任、权利和义务,甲、乙、丙三方在共同协商的基础上,特签订本协议。

一、基本情况

丙方共用乙方在与甲方接轨的______________专用线(专用铁路)内办理铁路危险货物运输,主要办理______________品名危险货物发送和______________品名危险货物到达业务,具体品名以《铁路危险货物运输办理站(专用线、专用铁路)办理规定》(以下简称《办理规定》)公布为准。

二、责任、权利和义务

甲、乙、丙三方在办理铁路危险货物运输过程中,必须严格执行国家有关法律、法规和铁道部有关规定等。

(一)甲方的责任、权利和义务

1. 按规定取得铁路危险货物承运人资质。

2. 加强危险货物运输安全管理,建立健全各项管理制度、作业标准,认真落实领导负责制、专业负责制、岗位负责制、逐级负责制,确保铁路危险货物运输安全。

3. 建立危险货物运输有关技术档案,具体掌握危险货物的运量、品类、理化特性、包装、运输方式、计量方法、装卸作业设备、消防设施等情况。适时掌握企业危险货物运输发展动态,相应调整管理措施和内容。

4. 按照《铁路危险货物运输基础管理台账目录》的内容要求,结合危险货物运输办理情况,建立台账并实行分类管理。

5. 直接从事危险货物的人员必须取得铁路局核发的《铁路危险货物运输业务培训合格证》,否则不得上岗。同时组织乙方和丙方相关人员参加铁路危险货物运输业务培训。

6. 在受理和承运危险货物时,必须核查下列事项:

(1)《铁路危险货物托运人资质证书》、经办人身份证和《铁路危险货物运输业务培训合格证》与运单记载是否一致。

(2)运单记载的品名、类项、编号等内容与《铁路危险货物品名表》的规定是否一致,《铁路危险货物品名表》第11栏内有无特殊规定。

(3)发到站、办理品名、运输方式与《办理规定》是否一致。

(4)货物品名、重量、件数与运单记载是否一致。

(5)是否具有危险货物运输包装检测合格证明。

(6)运单右上角是否用红色戳记标明编组隔离、禁止溜放或限速连挂等警示标记。

(7)是否属于代理国内危险货物运输。

7. 对到达的货物要及时通知丙方,做到及时取送车辆;站内停放危险货物车辆时,采取安全防护措施,对重点危险货物,车站应派人看护并通知铁路公安部门。

8. 有权监督、检查、纠正、制止乙方或丙方违反铁路危险货物运输相关规定的行为。

9. 加强危险货物装卸作业的检查和指导。办理剧毒品时,应会同丙方共同做好确认品名,清点件数(罐车除外)、封印交接等有关工作。

10. 按货运事故处理的有关规定,协助丙方做好运输过程中发生货物损毁、灭失等情况的理赔工作。

11. 站内办理危险货物须按规定进行安全综合分析。

(二)乙方的责任、权利和义务

1. 加强危险货物运输安全管理,建立健全各项安全管理制度、岗位责任制、作业标准、操作规程等,确保铁路危险货物运输安全。

2. 应指派责任心强、熟悉业务,能胜任铁路危险货物运输工作的人员负责专用线(专用铁路)危险货物运输工作;从事危险货物运输的主要负责人员、主管人员以及现场货装人员等必须取得铁路局核发的《铁路危险货物运输业务培训合格证》、气体危险货物须同时取得押运员合格证书,否则一律不得上岗。

3. 办理危险货物作业场所的消防、防雷、防静电、安全检测、防护、装卸、充装等安全设施、设备应符合国家有关规定;储存仓库的耐火等级、防火间距应符合《建筑设计防火规范》等有关国家标准;应按照国家和铁道部有关规定,安装轨道衡、流量计等安全计量设备。

4. 危险货物专用线(专用铁路)及其附属设施应按有关规定定期进行安全评价和安全综合分析。

5. 不得将场所、设施、设备等出租给不具备安全生产条件或相应资质的单位或者个人。

6. 对丙方共用范围内的安全生产工作承担统一协调和管理的责任。为防止在同一作业区域可能危及对方生产安全,应当与丙方签订安全生产管理协议,明确各自的安全生产管理职责和应当采取的安全措施,并指定专职安全生产管理人员进行安全检查与协调。

7. 按照铁道部、铁路局有关规章制度以及相关协议的规定,进行交接、取送车作业。

(三)丙方的责任、权利和义务

1. 依法取得国家规定的危险物品生产、储存、使用、经营资格。

2. 按照《办理规定》公布的专用线(专用铁路)名称、品名和运输方式办理危险货物运输,并接受铁路部门的监督检查。

3. 加强危险货物运输安全管理,建立健全各项安全管理制度、岗位责任制、作业标准、操作规程等,确保铁路危险货物运输安全;建立健全危险货物运输技术档案、发送或到达台账,台账内容应包括发站、到站、品名、铁危编号、运量、运输包装等情况。

4. 办理铁路危险货物发送业务时,须取得铁路危险货物托运人资质。托运危险货物时,应按《危规》有关规定填写货物运单,对其运单各栏填记内容的真实性负责。对于匿报、谎报所产生的一切后果负责。

5. 应指派责任心强、熟悉业务,能胜任铁路危险货物运输工作的人员负责危险货物运输工作;从事危险货物运输的主要负责人员、主管人员以及现场货装人员、企业运输员(押运员)必须取得铁路局核发的《铁路危险货物运输业务培训合格证》,气体危险货物须同时取得押运员合格证书,否则一律不得上岗。

6. 押运人必须取得《铁路危险货物运输业务培训合格证》,运输气体类的危险货物,押运人还须取得《液化气体铁路罐车押运员证》。

押运人应了解所押运货物的特性,押运时应携带所需通信、防护、消防、检测、维护等工具,应按规定穿着应有红色“押运”字样的黄色马甲。押运过程中必须遵守铁路运输的各项安全规定,并对所押货物的安全负责。

押运人数应符合《危规》有关规定。押运人须持《全程押运签认登记表》,由途中货检人员签认。再次办理运输时须出具此表,否则铁路可不予受理。

7. 危险货物专用线(专用铁路)及其附属设施应按有关规定定期进行安全评价和运输安全综合分析。

8. 自有的危险货物作业场所的消防、防雷、防静电、安全检测、防护、装卸、充装、计量等安全设施、设备应符合国家有关规定;储存仓库的耐火等级、防火间距应符合《建筑设计防火规范》等有关国家标准。

9. 使用危险货物自备货车运输时,必须有铁路局签发《铁路危险货物自备货车安全技术审查合格证》,一车一证,车证相符,按规定品名装运,不得租借和混装使用;危险货物自备货车、集装箱等运输工具的设计、制造、使用、充装、检修等符合国家、铁道部有关安全管理规定。

10. 罐车装车前,应确认罐车是否良好,罐体外表应保持清洁,标记、文字应能清晰易辨。罐体有漏裂,阀、盖、垫及仪表等附件、配件不齐全完好或功能不良的罐车禁止使用。卸车后,须及时关严罐车阀件,盖好入孔盖,拧紧螺栓,严禁混入杂质。

气体类危险货物充装前,必须有专人检查罐车,按规定对罐体外表面、罐体密封性能、罐体余压等进行检查,不具备充装条件的罐车严禁充装。罐车充装完毕后,应会同押运员复检充装量，检查各密封件和封车压力状况，认真详细填记《充装记录》，符合规定时，方可申请办理托运手续。装运气体类危险货物罐车确认卸空后，留有不低于0.05 MPa的余压。

11. 检查棚车车内货物是否已卸净和清扫干净，车门、窗关闭是否严密，对规定需要施封的按规定施封。

12. 危险货物的包装物、容器必须由国家批准的专业生产企业定点生产，包装上须有国家规定危险化学品标签标识及定点生产标志，并经铁道部认定的包装检测机构定期检测合格。

13. 需加固运输的危险货物，应按《铁路货物装载加固规则》制定装载加固方案。

14. 专用线(专用铁路)内存放的危险货物应按其性质和要求存放在指定的仓库、雨棚等场地。遇潮或受阳光照射容易燃烧或产生有毒气体的危险货物不得在雨棚、露天存放。存放保管危险货物时，应符合《配放表》的要求。堆放危险货物的仓库、雨棚等场地必须清洁干燥、通风良好，配备充足有效的消防设施，设置明显的安全警示标志，建立健全值班巡守制度。仓库作业完毕后应及时锁闭，剧毒品须加双锁，做到双人收发、双人保管。进入库区的机动车辆必须安装防火帽(罩)。

15. 应对货位及时清扫、洗刷。对撒漏的危险货物及废弃物，应及时进行处理。对危险性大、撒漏严重的，要会同卫生防疫、环保、消防等部门共同处理。

16. 按照铁道部、铁路局有关规章制度以及相关协议的规定，进行交接、检查、装卸作业。

三、铁路危险货物运输事故应急救援

根据国家有关法律、法规和铁道部相关规章、规定，发生铁路危险货物运输事故和险情时，甲、乙、丙三方必须积极开展应急救援。

1. 三方应结合实际，建立健全铁路危险货物运输事故应急预案和信息网络，完善预警预防应急措施，有效处置铁路危险货物运输突发事故，最大限度地减少人员伤亡、财产损失和社会负面影响。

铁路危险货物运输事故应急救援信息网络表

<table>
<tr><th>类别</th><th>姓名</th><th>部门</th><th>职务</th><th>值班电话</th><th>手机</th><th>住宅电话</th></tr>
<tr><td rowspan="3">甲方施救人员</td><td></td><td></td><td></td><td></td><td></td><td></td></tr>
<tr><td></td><td></td><td></td><td></td><td></td><td></td></tr>
<tr><td></td><td></td><td></td><td></td><td></td><td></td></tr>
<tr><td rowspan="3">乙方施救人员</td><td></td><td></td><td></td><td></td><td></td><td></td></tr>
<tr><td></td><td></td><td></td><td></td><td></td><td></td></tr>
<tr><td></td><td></td><td></td><td></td><td></td><td></td></tr>
<tr><td rowspan="3">丙方施救人员</td><td></td><td></td><td></td><td></td><td></td><td></td></tr>
<tr><td></td><td></td><td></td><td></td><td></td><td></td></tr>
<tr><td></td><td></td><td></td><td></td><td></td><td></td></tr>
</table>

2. 三方要建立义务应急救援队伍,配备相应的应急救援和安全防护设备,定期组织铁路危险货物运输事故应急预案的培训和演练,检查和分析存在的问题,并对活动进行记录和总结,不断提高对事故的预防和处置能力。

3. 发生铁路危险货物运输事故和险情时,三方应立即启动应急预案,迅速向铁路主管部门、地方政府、公安消防及环保、卫生防疫部门报告。三方应及时进行通报,提供必要的人力、物力和其他资源。

4. 三方根据危险货物运输的发展变化,及时修改、补充和完善铁路危险货物运输事故应急预案及施救信息网络有关内容。

5. 三方建立"铁路危险货物运输事故应急救援信息网络表",遇有人员、电话和设备设施发生变化时,应及时通知对方,在每年签订协议时重新核对修订。

四、法律责任

(一)甲方法律责任

1. 有下列情形之一的,有管辖权的铁路安全监督管理办公室应责令其限期整改或停办运输:

(1)设施、设备不符合危险货物运输安全要求,存在安全隐患的;

(2)相关从业人员配备不齐或未取得培训合格证的;

(3)安全管理制度不健全、不完善,存在严重问题的;

(4)应急预案不完备的。

2. 有下列情形之一的,有管辖权的铁路安全监督管理办公室可撤销其危险货物承运人资质:

(1)涂改、倒卖、出租、出借《承运人资质证书》,或以其他形式非法转让《承运人资质证书》的;

(2)弄虚作假或违反规定承运危险货物、造成严重后果的;

(3)存在重大安全隐患,未按要求整改或整改后不合格的;

(4)造成重大责任事故的;

(5)法律、法规、规章确定的其他违法行为。

(二)乙方法律责任

1. 有下列情形之一的,有管辖权的铁路安全监督管理办公室应责令其限期整改或停办运输:

(1)设施、设备不符合危险货物运输安全要求,存在安全隐患的;

(2)相关专业技术人员、运输经办人员、押运员配备不齐或未取得培训合格证的;

(3)安全管理制度不健全、不完善,存在严重问题的;

(4)应急预案不完备的。

2. 将场所、设施、设备等出租给不具备安全生产条件或相应资质的单位或者个人的,责令限期改正,没收违法所得,可单处或并处罚款;导致发生安全事故给他人造成损害的,承担连带赔偿责任。

3. 在同一作业区域可能危及对方生产安全,未与丙方签订安全生产管理协议或者未指定专职安全生产管理人员进行安全检查与协调的,责令限期改正;逾期未改正的,责令停止办理业务。

4. 未对共用范围内的安全生产工作统一协调和管理的,责令限期改正;逾期未改正的,责令停止办理业务。

(三)丙方法律责任

1. 有下列情形之一的,有管辖权的铁路安全监督管理办公室应责令其限期整改或停办运输:

(1)设施、设备不符合危险货物运输安全要求,存在安全隐患的;

(2)相关专业技术人员、运输经办人员、押运员配备不齐或未取得培训合格证的;

(3)安全管理制度不健全、不完善,存在严重问题的;

(4)应急预案不完备的。

2. 有下列情形之一的,有管辖权的铁路安全监督管理办公室可撤销其危险货物托运人资质:

(1)涂改、倒卖、出租、出借《托运人资质证书》,或以其他形式非法转让《托运人资质证书》的;

(2)弄虚作假或违反规定办理危险货物托运,造成严重后果的;

(3)存在重大安全隐患,未按要求整改或整改后不合格的;

(4)造成重大责任事故的;

(5)法律、法规、规章确定的其他违法行为。

3. 匿报、谎报货物品名,匿报、谎报货物重量或者装车、装箱超过规定重量,或者有其他危及铁路运输安全行为的,由铁路管理机构处以罚款;构成犯罪的,依法追究刑事责任。

五、甲、乙、丙三方任何一方要求提前终止或修改本协议,应于一个月前通知另两方协商解决。

六、本协议未尽事宜,按铁路有关规章制度和甲乙双方签定的《专用线(专用铁路)运输协议》和《危险货物运输安全协议》办理。

七、本协议经双方签字盖章后,自____年____月____日起至____年____月____日(对于首次签订协议以铁道部发文、电公布为生效期)有效。

八、本协议一式五份,产权单位、共用单位、车站、直属站(段)、铁路局各一份。

甲方(铁路车站)盖章　　　　负责人(签章):

联系电话:

年　月　日

乙方(产权单位)盖章　　　　负责人(签章):

联系电话:

年　月　日

丙方(共用单位)盖章　　　　负责人(签章):

联系电话:

年　月　日

附件 14

铁路危险货物运输应急预案框架指南

1 总　　则
　1.1 目的
　1.2 依据
　1.3 工作原则
　1.4 适用范围
2 组织机构与职责
　2.1 组织机构
　2.2 应急组织机构职责
　2.3 组织指挥协调
　2.4 应急施救网络
3 预防预警
　3.1 信息报送
　3.2 预警预防行动
　3.3 预警预防支持系统
4 应急响应
　4.1 分级响应程序
　4.2 符合下列情况启动本应急预案
　4.3 应急响应
5 后期处置
　5.1 善后处理
　5.2 保险或保价
　5.3 总结分析
6 应急保障
　6.1 通信与信息保障
　6.2 救援装备和应急队伍保障
　6.3 交通运输保障
　6.4 医疗卫生保障
　6.5 治安保障
　6.6 物资保障
　6.7 资金保障
　6.8 技术储备与保障
7 培训演练制度
8 附　　则
　8.1 《国家安全生产事故灾难应急预案》确定响应标准
　8.2 管理与更新
　8.3 奖励与责任追究
　8.4 应急预案解释
9 附　　录

1. 危险化学品运输事故应急领导小组联系方式
2. 有关人员联系方式
3. 突发事件新闻发布格式
4. 突发事件预案启动格式
5. 突发事件应急结束宣布格式
6.《铁路危险化学品运输事故应急预案》编制说明

格式 1

铁路危险货物运输技术说明书

<table>
<tr><td rowspan="21">申请鉴定单位填写</td><td colspan="4">申请单位声明
本单位对所填数据的真实性负责，保证送鉴样品与所托运货物一致。否则，所造成的一切损失由本单位承担经济、法律责任。
申请单位(盖章)：
经办人(签字)：
年　月　日</td></tr>
<tr><td>品　名</td><td></td><td>别　名</td><td></td></tr>
<tr><td>外文名称</td><td></td><td>分子式(结构式)</td><td></td></tr>
<tr><td colspan="2">成分及百分含量</td><td colspan="2"></td></tr>
<tr><td rowspan="5">货物主要理化性质</td><td colspan="3">颜色：　;状态：　;气味：　;相对密度：　;水中溶解度：　g/100ml</td></tr>
<tr><td colspan="3">熔点：　℃;沸点：　℃;闪点：　℃(闭杯);燃点　℃;黏度：</td></tr>
<tr><td colspan="3">分解温度：　℃;聚合温度：　℃;控温温度：　℃;应急温度：　℃</td></tr>
<tr><td colspan="3">与酸、碱及水反应情况：</td></tr>
<tr><td colspan="3">其他有关化学性质：</td></tr>
<tr><td rowspan="4">拟用包装</td><td colspan="3">内包装(材质、规格、封口)：</td></tr>
<tr><td colspan="3">衬垫(材质、方法)：</td></tr>
<tr><td colspan="3">外包装(材质、规格、封口、捆扎)：</td></tr>
<tr><td colspan="3">单位重量：　kg;总重：　kg;包装标志：　;包装类：</td></tr>
<tr><td rowspan="5">防护及应急措施</td><td colspan="3">作业注意事项：</td></tr>
<tr><td colspan="3">容器破损及撒漏处理方法：</td></tr>
<tr><td colspan="3">灭火方法：　;灭火禁忌：</td></tr>
<tr><td colspan="3">中毒急救措施：</td></tr>
<tr><td colspan="3">存放注意事项　;洗刷除污方法：</td></tr>
</table>

续上表

鉴定单位填写	货物的主要危险性	爆炸性	爆发点：　℃；爆速：　m/s；撞击(摩擦)感度：
		气体特性	临界温度：　℃；50 ℃时蒸气压：　kPa；充装压力：　kPa
		易燃性	闪点：　℃(闭杯)；爆炸极限：　；燃点：　℃； 燃烧产物：
		自燃性	自燃点：　℃；
		遇水易燃性	与水反应产物：　；反应速度：　；放热量：
		氧化性	与可燃物粉末混合后燃烧、摩擦、撞击情况：
		毒害性	经口或皮肤接触半数致死量：LD_{50}　mg/kg； 吸入蒸气：LC_{50}　mg/m^3； 感染性：
		放射性	比活度：　Bq/kg；总活度：　Bq；半衰期：　； 射线类型：
		腐蚀性	与皮肤、碳钢、纤维等作用情况：
		其他危险性	水生急毒性：　；恶臭：　；其他影响运输的性质：
	鉴定单位意见	该货物属于：危险货物(　)；非危险货物(　)	
		危险货物	非危险货物
		该货物应属危险货物第____类，第____项， 比照编号________________， 比照品名________________， 比照《危规》第________包装。 包装标志：________；包装类：________。	
		建议：	
	鉴定单位及鉴定人	鉴定单位(公章) 年　月　日	鉴定人(签章) 年　月　日
装车站意见			(公章)　年　月　日
直属站、车务段意见			(公章)　年　月　日
铁路局主管部门意见			(公章)　年　月　日
产品生产及托运单位	产品生产单位： 地址： 产品托运单位： 地址： 托运单位(公章)	联系人(签章)	电话： 邮编： 电话： 邮编： 年　月　日

注：本表 A4(A3 对开)两页印刷。

格式2

改变运输包装申请表

<table>
<tr><td rowspan="14">申
请
单
位
填
写</td><td rowspan="2">货物名称</td><td colspan="2" rowspan="2"></td><td>铁危编号</td><td></td></tr>
<tr><td>联合国编号</td><td></td></tr>
<tr><td>拟装货物主要理化性质</td><td colspan="4"></td></tr>
<tr><td>《危规》规定的包装类、包装方法或包装号</td><td colspan="4"></td></tr>
<tr><td colspan="5">拟 用 包 装 状 况</td></tr>
<tr><td>包装生产企业</td><td colspan="2"></td><td>包装出厂日期</td><td>年 月 日</td></tr>
<tr><td>包装生产许可证签发单位①</td><td colspan="2"></td><td>生产许可证号码</td><td></td></tr>
<tr><td>包装检验合格证签发单位②</td><td colspan="2"></td><td>包装检验合格证号码</td><td></td></tr>
<tr><td rowspan="2">外包装③</td><td>名 称</td><td>材 质</td><td>规 格</td><td>单位重量</td></tr>
<tr><td></td><td></td><td></td><td></td></tr>
<tr><td>内包装③</td><td></td><td></td><td></td><td></td></tr>
<tr><td>衬垫材料及衬垫方法③</td><td colspan="4"></td></tr>
<tr><td>封口方法③</td><td colspan="4"></td></tr>
<tr><td>申请改变包装单位</td><td colspan="4">单位名称 （公章）
地址 邮编
联系人（签章） 电话
年 月 日</td></tr>
</table>

续上表

<table>
<tr><td rowspan="5">检
验
单
位
填
写</td><td>检验日期</td><td colspan="2"></td></tr>
<tr><td>检验项目</td><td>量　值</td><td>合格与否</td></tr>
<tr><td></td><td></td><td></td></tr>
<tr><td>检验单位意见</td><td colspan="2">年　月　日</td></tr>
<tr><td>检验单位及
检验人</td><td colspan="2">检验单位名称　（公章）
地址　邮编
检验人(签章)　电话
年　月　日</td></tr>
<tr><td colspan="2">装车站意见</td><td colspan="2">（公章）
年　月　日</td></tr>
<tr><td colspan="2">直属站、车务段意见</td><td colspan="2">（公章）
年　月　日</td></tr>
<tr><td colspan="2">铁路局主管部门意见</td><td colspan="2">（公章）
年　月　日</td></tr>
<tr><td colspan="4">注:①为取得国家质检部门生产许可的生产单位;
②为国家指定的包装检验检测单位;
③应附内、外包装照片及资料。</td></tr>
</table>

本表 A4(A3 对开)两页印刷。

格式 3

铁路运输放射性物质包装件表面污染及辐射水平检查证明书

编号： 发货人： 年 月 日

货物名称：	件数：
射线类型：α、β、γ、中子	物理状态：块状、粉末、晶体、液体、气体
放射性比活度： Bq/kg	放射线总活度： Bq 半衰期：

包装件号码	放射性核素的符号	放射性活度 Bq	包装件表面污染情况 Bq/cm^2		包装件运输等级	包装件表面辐射水平 mSv/h	运输指数	包装类型
			α	β				

检查单位（盖章）： 核查单位（盖章）：

检查人员（签名）： 核查人员（签名）：

签发日期： 年 月 日

注：本表 A4 纸印刷。

格式 4

铁路运输放射性物质空容器检查证明书

编号: 发货人: 年 月 日

<table>
<tr><td rowspan="3">原装货物</td><td>名 称</td><td colspan="3"></td></tr>
<tr><td>物理状态</td><td colspan="3">块状、粉末、晶体、液体、气体</td></tr>
<tr><td>射线类型</td><td colspan="3">α、β、γ、中子</td></tr>
<tr><td colspan="2" rowspan="2">包装件号码</td><td rowspan="2">包装件表面辐射水平
mSv/h</td><td colspan="2">包装件表面污染情况
Bq/cm^2</td></tr>
<tr><td>α</td><td>β、γ</td></tr>
<tr><td colspan="2"></td><td></td><td></td><td></td></tr>
<tr><td colspan="2"></td><td></td><td></td><td></td></tr>
<tr><td colspan="2"></td><td></td><td></td><td></td></tr>
<tr><td colspan="2"></td><td></td><td></td><td></td></tr>
<tr><td colspan="2"></td><td></td><td></td><td></td></tr>
<tr><td colspan="2">备 注</td><td colspan="3"></td></tr>
</table>

检查单位(盖章): 核查单位(盖章):

检查人员(签名): 核查人员(签名):

签发日期: 年 月 日

注:本表 A4 纸印刷。

格式 5

铁路货车洗刷回送标签

此车　　月　　日	站装过货物品名：
我站卸车后未洗刷，经铁路局	号命令
回送	站洗刷。严禁排空和调配放货。
	卸车站
	年　　月　　日

规格：180 mm×120 mm

注：1. 此标签在货车两车门内外明显处所各粘贴一张；
　　2. 中间粗斜线印红色。

格式 6

铁路货车洗刷除污工艺合格证

洗 刷 工 艺 合 格	
车种车号：	已按规定清洗 ×××站 洗刷组（签章） 货运员（签字） 年　　月　　日

规格 180 mm×120 mm

注：此标签在货车两车门内外明显处所各粘贴一张。

格式 7

铁路液化气体罐车充装记录

充装单位：　　　　　　　　　　　　　　危货车安全合格证号：

车型车号		标记载重	t	标记容积	m^3
罐车自重	t	空车检衡重量	t	检衡人	
装运品名		允许充装量	t	上次检修时间	
				中　修	大　修

进厂检查	进厂日期		底架状况	
	罐体状况		检查人	
充装前检查	安全阀状况		其他表、阀类状况	
	罐体内余压	MPa	气密性试验压力	MPa
	气密性试验介质		气密性试验时间、检查人	
充装状况	充装时间		充装重量	t
	充装压力	MPa	充装人	
封车状况	封车时间		封车压力	MPa
	安全阀状况		其他表类状况	
	其他阀门状况		封车人	
出厂前复检	检衡结果　重罐车检衡重量	t	表、阀状况	
	检衡结果　实际充装量	t	检衡人	
	罐车压力	MPa	押运人	

注：液氯、液态二氧化硫需作气密性试验。

<u>罐车安全使用证明</u>

我厂自备罐车__________号罐内允许充装品名____________，重车到站____________，收货人________________。

该车设计、制造、标志、使用管理和检修均符合《液化气体铁路罐车安全管理规程》的各项要求，并符合铁路危险货物运输有关规定，特此证明。

×××单位
（签章）
年　　月　　日

格式 8

正本

铁路危险货物承运人

资

质

证

书

××铁路安全监督管理办公室　监制

说明和要求

一、根据《铁路运输安全保护条例》及《铁路危险货物承运人资质许可办法》,由铁路安全监督管理办公室签发。

二、《承运人资质证书》每年进行一次年检,有效期五年。

三、持证者在运输各环节应认真执行铁路《危规》及有关规定。

四、本证不得涂改、倒卖、出租、出借或以其他形式非法转让。

五、《承运人资质证书》规格为210 mm×297 mm 中间对开形式,证书表皮为棕色塑料。

铁路危险货物承运人资质证书

铁危承证第　　　号

车站名称	
所属铁路局	
运输品类范围	
有效期：　　　年　　月　　日起至　　年　　月　　日止 发证机关:(签章) 年　　月　　日	

铁路危险货物承运人资质证书年检表

根据《铁路运输安全保护条例》及《铁路危险货物承运人资质许可办法》，经对铁危承证第　　　　　　号复审，符合年检规定要求，准予继续使用。

20　年　月 至 20　年　月	发证机关：(签章) 年　月　日	备　注
20　年　月 至 20　年　月	发证机关：(签章) 年　月　日	备　注
20　年　月 至 20　年　月	发证机关：(签章) 年　月　日	备　注
20　年　月 至 200　年　月	发证机关：(签章) 年　月　日	备　注

续上表

违反规定记录： 发证机关：(签章) 年　月　日
违反规定记录： 发证机关：(签章) 年　月　日

续上表

<table>
<tr><td>违反规定记录：

发证机关：(签章)

年　月　日</td></tr>
<tr><td>违反规定记录：

发证机关：(签章)

年　月　日</td></tr>
</table>

格式 9

正本

铁路危险货物托运人

资

质

证

书

××铁路安全监督管理办公室　监制

说明和要求

一、根据《铁路运输安全保护条例》及《铁路危险货物托运人资质许可办法》,由铁路安全监督管理办公室签发,在全路通用。

二、办理运输时,托运人须出具《托运人资质证书》、身份证、《培训合格证》。三证必须齐全相符,并符合有关规定。

三、《托运人资质证书》每年进行一次年检,有效期五年。

四、持证者在运输各环节应认真执行铁路《危规》及有关规定。

五、本证不得涂改、倒卖、出租、出借或以其他形式非法转让。

六、《托运人资质证书》规格为 210 mm×297 mm 中间对开形式,证书表皮为棕色塑料。

铁路危险货物托运人资质证书

铁危托证第　　　号

企业名称			
企业地址			
法定代表人或负责人姓名			
生产许可证号		经营许可证号	
营业执照号		安全生产许可证号	

续上表

<table>
<tr><td>品类范围</td><td></td></tr>
<tr><td colspan="2">有效期：　　年　月　日起至　年　月　日止
发证机关：(签章)
年　月　日</td></tr>
</table>

铁路危险货物托运人资质证书年检表

<table>
<tr><td colspan="3">根据《铁路运输安全保护条例》及《铁路危险货物托运人资质许可办法》，经对铁危托证第　　　号复审，符合年检规定要求，准予继续使用。</td></tr>
<tr><td>20　年　月
至
20　年　月</td><td>发证机关：(签章)
年　月　日</td><td>备　注</td></tr>
<tr><td>20　年　月
至
20　年　月</td><td>发证机关：(签章)
年　月　日</td><td>备　注</td></tr>
<tr><td>20　年　月
至
20　年　月</td><td>发证机关：(签章)
年　月　日</td><td>备　注</td></tr>
<tr><td>20　年　月
至
20　年　月</td><td>发证机关：(签章)
年　月　日</td><td>备　注</td></tr>
</table>

续上表

违反规定记录： 发证机关：(签章) 年　月　日
违反规定记录： 发证机关：(签章) 年　月　日

续上表

<table>
<tr><td>违反规定记录：

发证机关：(签章)

年　　月　　日</td></tr>
<tr><td>违反规定记录：

发证机关：(签章)

年　　月　　日</td></tr>
</table>

格式 10

铁路进出口危险货物代理人资格确认件

铁路进出口危险货物代理人资格确认件

企业名称： 铁危代第 号

企业地址：

法定代表人或负责人姓名：

工商营业执照号：

国际货代批准证书号：

品类范围：

发证机关：(专用章)

年 月 日

有效期： 年 月 日至 年 月 日 经办人：

格式 11

铁路自备集装箱编号登记表

发站：

序号	装运品名	危货箱安全合格证号码	箱号	箱型	总重（kg）	自重（kg）	标记载重（t）	标记容积（m^3）	集装箱规格			罐体规格		产权单位名称
									长（mm）	宽（mm）	高（mm）	罐体直径（mm）	罐体长度（mm）	

注：本表 A4 纸印刷

格式 12

铁路危险货物自备罐车购置技术审查表

铁道部运输局监制

说　明

一、本表一式五份。铁道部运输局货管处、自备车处,铁道部政策法规司行政许可管理处,铁路局货运处各一份,购车单位一份。

二、填表单位要对填写内容的准确性负责。

三、购车情况和主要理化特性栏由购车单位填写,罐车技术状况由罐车制造单位填写。

四、本表由铁路局统一印制,填表需用钢笔填写,字迹要清楚,不得涂改。

五、本表自批准之日起,有效期为六个月。

六、本表 A4 四页(A3 对开)印刷。

铁路危险货物自备罐车购置技术审查表

购车情况	购车单位			托运人资质证书号		
	过轨站名称			购车数量		
	过轨专用线名称					
	造车单位	罐体部分				
		底架部分				
	装运品名		铁危编号			
主要理化特性	闪　点		爆炸极限		致死中量	
	密　度		50 ℃蒸气压			
	其他特性					

续上表

<table>
<tr><td rowspan="10">罐车技术状况</td><td>车种(型)</td><td colspan="2"></td><td>换长</td><td></td><td>转向架类型</td><td></td><td>自重</td><td></td></tr>
<tr><td rowspan="2">重心高</td><td>空车</td><td colspan="3"></td><td rowspan="2">标记容积</td><td rowspan="2"></td><td rowspan="2">标记载重</td><td rowspan="2"></td></tr>
<tr><td>重车</td><td colspan="3"></td></tr>
<tr><td>上装上卸</td><td colspan="2"></td><td colspan="2" rowspan="2">罐车有无押运间</td><td rowspan="2"></td><td rowspan="2">罐车有无中梁</td><td colspan="2" rowspan="2"></td></tr>
<tr><td>上装下卸</td><td colspan="2"></td></tr>
<tr><td>材质</td><td colspan="2"></td><td colspan="2">罐体衬里材质</td><td></td><td>罐体长度</td><td colspan="2"></td></tr>
<tr><td rowspan="2">直径</td><td>罐体</td><td colspan="2"></td><td colspan="3">罐盖衬垫</td><td colspan="2"></td></tr>
<tr><td>入孔盖</td><td colspan="2"></td><td colspan="3">紧固螺栓数量</td><td colspan="2"></td></tr>
<tr><td rowspan="2">安全阀</td><td>型号</td><td colspan="2"></td><td colspan="3">数量</td><td colspan="2"></td></tr>
<tr><td>生产厂</td><td colspan="2"></td><td colspan="3">内/外置式</td><td colspan="2"></td></tr>
<tr><td colspan="4">安全阀起跳压力(MPa)</td><td colspan="6"></td></tr>
<tr><td colspan="4">安全阀回座压力(MPa)</td><td colspan="6"></td></tr>
<tr><td colspan="4">安全阀排放量(m^3/cm^2)</td><td colspan="6"></td></tr>
<tr><td colspan="2">备注</td><td colspan="8"></td></tr>
<tr><td colspan="2">铁路局审核</td><td colspan="8">主管处长意见：
主管局长意见：
盖章
年 月 日</td></tr>
<tr><td colspan="2">铁道部运输局核准</td><td colspan="8">主管处长意见：
主管局长意见：
盖章
年 月 日</td></tr>
</table>

格式 13

铁路危险货物自备货车购置技术审查表

铁道部运输局监制

说　明

一、本表一式五份。铁道部运输局货管处、自备车处，铁道部政策法规司行政许可管理处，铁路局货运处各一份，购车单位一份。

二、填表单位要对填写内容的准确性负责。

三、购车情况和主要理化特性栏由购车单位填写，车辆技术状况由车辆制造单位填写。

四、本表格式由铁路局统一印制。填表需用钢笔填写，字迹要清楚，不得涂改。

五、本表自批准之日起，有效期为六个月。

六、本表 A4 三页（A3 对开）印刷。

铁路危险货物自备货车购置技术审查表

<table>
<tr><td rowspan="5">购车情况</td><td>购车单位</td><td colspan="3"></td><td colspan="2">托运人资质证书号</td><td colspan="2"></td></tr>
<tr><td>过轨站名称</td><td colspan="3"></td><td colspan="2">购车数量</td><td colspan="2"></td></tr>
<tr><td>过轨专用线名称</td><td colspan="7"></td></tr>
<tr><td>造车单位</td><td colspan="7"></td></tr>
<tr><td>装运品名</td><td colspan="2"></td><td colspan="2">铁危编号</td><td colspan="3"></td></tr>
<tr><td rowspan="3">主要理化特性</td><td>闪　点</td><td></td><td>爆炸极限</td><td colspan="2"></td><td colspan="2">致死中量</td><td></td></tr>
<tr><td>密　度</td><td></td><td colspan="3">50 ℃蒸气压</td><td colspan="3"></td></tr>
<tr><td>其他特性</td><td colspan="7"></td></tr>
</table>

续上表

<table>
<tr><td rowspan="2">车辆
技术
状况</td><td>车种
（型）</td><td></td><td>自重</td><td></td><td>标记
载重</td><td></td><td>转向架
类型</td><td></td></tr>
<tr><td>换长</td><td></td><td>空车
重心高</td><td></td><td>容积</td><td></td><td>有无
押运间</td><td></td></tr>
<tr><td colspan="3">车内有无特殊装置</td><td colspan="6"></td></tr>
<tr><td colspan="2">铁路局
审核</td><td colspan="7">主管处长意见：

主管局长意见：

盖　章
年　　月　　日</td></tr>
<tr><td colspan="2">铁道部
运输局
核准</td><td colspan="7">主管处长意见：

主管局长意见：

盖　章
年　　月　　日</td></tr>
</table>

格式 14

铁路危险货物自备集装箱购置技术审查表

铁道部运输局监制

说　明

一、本表一式四份。铁道部运输局货管处、铁路局货运处、车站、购箱单位各一份。

二、填表单位要对填写内容的准确性负责。

三、购箱情况和主要理化特性栏由购箱单位填写。集装箱技术状况由制造单位填写。

四、本表由铁路局统一印制，填表需用钢笔填写，字迹要清楚，不得涂改。

五、本表自批准之日起，有效期为六个月。

六、本表 A4 三页（A3 对开）印刷。

铁路危险货物自备集装箱购置技术审查表

购箱情况	购箱单位		托运人资质证书号		购箱数量			
	发站名称				是否集装箱办理站			
	发运专用线名称							
	制造单位		制造时间					
	装运品名		铁危编号					
主要理化特性	闪　点		爆炸极限		致死中量			
	密　度		50 ℃蒸气压					
	其他特性							
集装箱技术状况	箱　型		自重		总重		标记载重	
	外部尺寸（长×宽×高）		标记容积					
铁路局货运主管部门审核意见： 盖　章 年　月　日								
铁道部货运主管部门核准： 盖　章 年　月　日								

格式 15

铁路危险货物自备罐式集装箱购置技术审查表

铁道部运输局监制

说　明

一、本表一式四份。铁道部运输局货管处、铁路局货运处、车站、购箱单位各一份。

二、填表单位要对填写内容的准确性负责。

三、购箱情况和主要理化特性栏由购箱单位填写。罐式箱技术状况由其制造单位填写。

四、本表由铁路局统一印制，填表需用钢笔填写，字迹要清楚，不得涂改。

五、本表自批准之日起，有效期为六个月。

六、本表 A4 四页（A3 对开）印刷。

铁路危险货物自备罐式集装箱购置技术审查表

<table>
<tr><td rowspan="5">购箱情况</td><td>购箱单位</td><td></td><td>托运人资质证书号</td><td colspan="3"></td></tr>
<tr><td>发站名称</td><td colspan="2"></td><td>购箱数量</td><td colspan="2"></td></tr>
<tr><td>发运专用线名称</td><td colspan="5"></td></tr>
<tr><td>造箱单位</td><td colspan="5"></td></tr>
<tr><td>装运品名</td><td></td><td>铁危编号</td><td colspan="3"></td></tr>
<tr><td rowspan="3">主要理化特性</td><td>闪　点</td><td></td><td>爆炸极限</td><td></td><td>致死中量</td><td></td></tr>
<tr><td>密　度</td><td></td><td>50 ℃蒸气压</td><td colspan="3"></td></tr>
<tr><td>其他特性</td><td colspan="5"></td></tr>
</table>

续上表

<table>
<tr><td rowspan="9">罐式箱技术状况</td><td>箱　型</td><td></td><td>自　重</td><td></td><td>总　重</td><td></td></tr>
<tr><td>重心高</td><td></td><td>标记载重</td><td></td><td>标记容积</td><td></td></tr>
<tr><td colspan="2" rowspan="2">框架尺寸
（长×宽×高）</td><td colspan="2" rowspan="2"></td><td>上装上卸</td><td></td></tr>
<tr><td>上装下卸</td><td></td></tr>
<tr><td>罐体
材质</td><td></td><td>罐体有
无衬里</td><td></td><td>罐体长度</td><td></td></tr>
<tr><td rowspan="2">直　径</td><td>罐　体</td><td colspan="2"></td><td>罐盖衬垫</td><td></td></tr>
<tr><td>入孔盖</td><td colspan="2"></td><td>紧固螺栓
数　量</td><td></td></tr>
<tr><td rowspan="2">安全阀</td><td>型　号</td><td colspan="2"></td><td>数　量</td><td></td></tr>
<tr><td>生产厂</td><td colspan="2"></td><td>内/外置式</td><td></td></tr>
</table>

<table>
<tr><td>安全阀起跳压力（MPa）</td><td></td></tr>
<tr><td>安全阀回座压力（MPa）</td><td></td></tr>
<tr><td>安全阀排放量（m^3/cm^2）</td><td></td></tr>
<tr><td>备　注</td><td></td></tr>
</table>

铁路局货运主管部门审核意见：

盖　章

年　月　日

铁道部货运主管部门核准：

盖　章

年　月　日

格式 16

铁路危险货物运输业务培训合格证

铁路危险货物运输业务培训

合

格

证

×××铁路局监制

说　明

一、本证由所在铁路局货运主管部门签发。

二、办理危险货物运输时，须出具此证。

三、本证有效期两年，每两年进行考核换证。

四、持证者在从事危险货物运输业务时，应认真执行铁路《危规》及有关规定。

五、本证不得涂改、损毁和转借他人使用。

<table>
<tr><td>单位</td><td colspan="3"></td><td colspan="2" rowspan="3">照片
（骑缝章）</td></tr>
<tr><td>姓名</td><td></td><td>性别</td><td></td></tr>
<tr><td>证书编号</td><td></td><td>年龄</td><td></td></tr>
<tr><td>职务/岗位</td><td></td><td>身份证号码</td><td colspan="3"></td></tr>
<tr><td>培训考核单位</td><td></td><td>培训考核成绩</td><td></td><td>有效期至</td><td></td></tr>
<tr><td colspan="6">签发单位章
年　月　日</td></tr>
</table>

短期培训记录

序号	培训日期	学时	培训考核成绩	有效期	培训考核单位
1					
2					
3					
4					

格式 17

液化气体铁路罐车押运员证

液化气体铁路罐车

押 运 员 证

×××铁路局监制

单位______

姓名______

性别____年龄____

职务______

编号______

照片

（骑缝章）

身份证号：______

培训单位：______

经培训考核合格，允许承担　　介质的液化气体铁路罐车押运工作

签发单位章

年　月　日

复审情况记录

日期	理论	实作	有效期	复审合格专用章

事故日期		地点	

事故简要情况记录：

培训考核情况记录

日期	理论	实作	有效期	签发单位盖章

押运员职责：

1. 在执行押运任务时，须坚守岗位，不得中途离岗、漏乘，必须进行全程押运。如中途停车时间较长须进行监护。

2. 押运员在执行任务时，必须携带足够的防护用品、检修工具及备品。

3. 罐车停站时，押运员应对罐车及附件进行检查，并认真记录温度、压力变化情况，及时填写《罐车运行记录》。

4. 罐车在运输途中发生泄漏时，应积极主动予以处理。如处理不了，应立即会同车站向各级锅炉压力容器监察机构和地方政府有关部门报告，并请罐车的检验、修理、储运单位前来处理和抢救。

5. 在中途技术作业站与货检员办理签认。

说明：

1. 此证作为液化气体铁路罐车押运员身份证明，只限本人使用，不得转借、涂改；

2. 凭此证可以出入有关车站和编组站场并与有关部门联系液化气体铁路罐车的编挂工作；

3. 凭此证可以乘坐液化气体铁路罐车押运间，以便押运人员乘坐监护，确保安全；

4. 此证如有遗失须在《人民铁道报》登报声明后，向发证机关申请补发；

5. 押运员在工作的全过程应注意人身安全。

格式 18

铁路危险货物运输安全月报

单位名称		报告时间	
安全分析及总结			

格式 19

铁路危险货物自备货车安全技术审查

合

格

证

铁道部运输局监制

说　明

一、本证由铁道部运输局授权的危险货物自备货车所在铁路局主管部门签发,可在全路通用。

二、办理运输手续时须出具本证。要求车证相符,一车一证。

三、本证有效期为五年,每年进行一次年审。

四、持证者在运输中应认真执行铁路《危规》及有关规定。

五、本证相应的车辆只能装运合格证中规定的危险货物品名。

六、本证不得涂改、损毁和转借他人。

办证需提供的技术文件

一、装运气体危险货物罐车:

(1)《自备罐车审查表》;

(2)压力容器使用登记证;

(3)铁路货车制造合格证明;

(4)铁路货车检修合格证明;

(5)车辆验收记录;

(6)押运员的《押运员证》和《培训合格证》;

(7)《企业自备车经国家铁路过轨运输许可证》;

(8)其他有关资料。

二、装运非气体类液体危险货物罐车:

(1)《自备罐车审查表》;

(2)铁路罐车容积检定证书;

(3)车辆验收记录;

(4)铁路货车制造合格证明;

(5)铁路货车检修合格证明;

(6)押运员的《培训合格证》(规定须押运的货物);

(7)《企业自备车经国家铁路过轨运输许可证》;

(8)其他有关资料。

三、非罐车装运危险货物

(1)《自备货车审查表》;

(2)车辆验收记录;

(3)铁路货车制造合格证明;

(4)铁路货车检修合格证明;

(5)押运员的《培训合格证》(规定须押运的货物);

(6)《企业自备车经国家铁路过轨运输许可证》;

(7)其他有关资料。

四、企业申请报告(含企业生产经营规模、运量、产品理化特性和危险性分析等)。

五、危险货物自备货车侧面清晰彩色照片一张(125 mm×85 mm),并插入封皮内侧。

铁路危险货物自备货车安全技术审查合格证

（铁危车安：　　号）

单位名称							
地　址							
所有制性质							
上级主管部门							
发　站							
品名		铁危编号		车型车号		出厂日期	
自重		标记载重		标记容积			
过轨站名称		专用线（铁路）名称					
签发机关	有效期自：　年　月　日至　年　月　日 铁路局危险货物 运输审核专用章 年　月　日						

注：本证规格 B5 纸横印。

自备货车年审表

经复审车号：　　符合运输基本安全条件，允许继续运输。		
20　年　月 至 20　年　月	审核单位盖章 年　月　日	备　注
20　年　月 至 20　年　月	审核单位盖章 年　月　日	备　注
20　年　月 至 20　年　月	审核单位盖章 年　月　日	备　注
20　年　月 至 20　年　月	审核单位盖章 年　月　日	备　注
20　年　月 至 20　年　月	审核单位盖章 年　月　日	备　注

格式 20

铁路危险货物自备集装箱安全技术审查

合
格
证

铁道部运输局监制

说　明

一、本证由铁道部运输局授权的危险货物自备集装箱所在铁路局主管部门签发，可在全路通用。

二、办理运输手续时须出具本证。要求箱证相符，一箱一证。

三、本证有效期为五年，每年进行一次年审。

四、持证者在运输中应认真执行铁路《危规》及有关规定。

五、本证相应的集装箱只能装运合格证中规定的危险货物品名。

六、本证不得涂改、损毁和转借他人。

办证需提供的技术文件

一、罐式箱：

(1)企业申请报告(含企业生产经营规模、运量、产品理化特性和危险性分析等)；

(2)铁路罐式集装箱容积测试证书；

(3)自备危险货物集装箱定期检修合格证；

(4)其他有关资料。

二、危货箱：

(1)企业申请报告(含企业生产经营规模、运量、产品理化特性和危险性分析等)；

(2)自备危险货物集装箱定期检修合格证；

(3)其他有关资料。

三、危险货物自备集装箱侧面清晰彩色照片一张(125 mm×85 mm)，并插入封皮内侧。

铁路危险货物自备集装箱安全技术审查合格证

（铁危箱安：　　号）

单位名称					
地　址					
所有制性质					
上级主管部门					
发　站					
专用线（铁路）名称					
品　名		铁危编号			
箱　型		箱　号		出厂日期	
自　重		标记载重		标记容积	
签发机关	有效期自：　年　月　日至　年　月　日 铁路局危险货物 运输审核专用章 年　月　日				

注：本证规格 B5 纸横印。

自备集装箱年审表

20　年　月 至 20　年　月	审核单位盖章 年　月　日	备　注
20　年　月 至 20　年　月	审核单位盖章 年　月　日	备　注
20　年　月 至 20　年　月	审核单位盖章 年　月　日	备　注
20　年　月 至 20　年　月	审核单位盖章 年　月　日	备　注
20　年　月 至 20　年　月	审核单位盖章 年　月　日	备　注

格式 21

铁路罐车容积检定证书(封面)

国家铁路罐车容积计量站

检　定　证　书

证书编号:国罐计＿＿＿＿＿号

送检单位＿＿＿＿＿＿＿＿

计量器具名称＿＿＿＿＿＿＿＿

型号/规格＿＿＿＿＿＿＿＿

出厂编号＿＿＿＿＿＿＿＿

制造单位＿＿＿＿＿＿＿＿

检定依据＿＿＿＿＿＿＿＿

检定结论＿＿＿＿＿＿＿＿

批准人＿＿＿＿

检验员＿＿＿＿

检定员＿＿＿＿

检定日期　　　年　月　日

有效期至　　　年　月　日

铁路罐车容积检定证书(内页)

1. 铁路罐车标记

车　　号:＿＿＿＿　车辆型号:＿＿＿＿

载重(t):＿＿＿＿　标记容积(m^3):＿＿＿＿

介　　质:＿＿＿＿

2. 罐体外观检查:＿＿＿＿＿＿＿＿

3. 检定数据

端部内横直径(mm):＿＿＿＿

端部内竖直径(mm):＿＿＿＿

中部内横直径(mm):＿＿＿＿

中部内竖直径(mm):＿＿＿＿

外横直径(mm):＿＿＿＿　外周长(mm):＿＿＿＿

内总长(mm):＿＿＿＿　外总长(mm):＿＿＿＿

内总高(mm):＿＿＿＿　封头壁厚(mm):＿＿＿＿

筒体上板厚(mm):＿＿＿＿

筒体下板厚(mm):＿＿＿＿

罐体容积(L):＿＿＿＿

准装高度范围(mm):＿＿＿＿

准装重量范围(kg):＿＿＿＿

液面到入孔上平面的距离(空高)范围(mm):＿＿＿＿

4. 检定结果:＿＿＿＿＿＿＿＿

格式 22

铁路罐式集装箱容积测试证书(封面)

国家铁路罐车容积计量站

测 试 证 书

证书编号:国罐计箱测＿＿＿＿＿＿号

送测单位＿＿＿＿＿＿＿＿＿＿

计量器具名称＿＿＿＿＿＿＿＿

型号/规格＿＿＿＿＿＿＿＿＿＿

出厂编号＿＿＿＿＿＿＿＿＿＿

制造单位＿＿＿＿＿＿＿＿＿＿

测试依据＿＿＿＿＿＿＿＿＿＿

测试结果＿＿＿＿＿＿＿＿＿＿

批准人＿＿＿＿

核验员＿＿＿＿

测试员＿＿＿＿

测试日期　　　年　月　日

铁路罐式集装箱容积测试证书(内页)

1. 铁路罐式集装箱标记

箱　　号:＿＿＿＿＿＿箱　　型:＿＿＿＿＿＿

载重(t):＿＿＿＿＿＿标记容积(m^3):＿＿＿＿＿＿

介　　质:＿＿＿＿＿＿

2. 罐体外观检查:＿＿＿＿＿＿

3. 测试数据

内横直径(mm):＿＿＿＿　内竖直径(mm):＿＿＿＿

外横直径(mm):＿＿＿＿　外周长(mm):＿＿＿＿

内总长(mm):＿＿＿＿　外总长(mm):＿＿＿＿

内总高(mm):＿＿＿＿　封头壁厚(mm):＿＿＿＿

筒体上板厚(mm):＿＿＿＿

筒体下板厚(mm):＿＿＿＿

罐体容积(L):＿＿＿＿

准装高度范围(mm):＿＿＿＿＿＿

准装重量范围(kg):＿＿＿＿＿＿

液面到入孔上平面的距离(空高)范围(mm):＿＿＿＿

4. 测试结果:＿＿＿＿＿＿

格式 23

铁路剧毒品运输作业签认单

格式 23-1　铁路剧毒品发送作业签认单

<table>
<tr><td colspan="2">托运人名称</td><td colspan="4"></td><td colspan="2">托运人资质证书编号</td><td></td></tr>
<tr><td colspan="2">品　名</td><td></td><td>铁危编号</td><td></td><td>重　量</td><td></td><td>件　数</td><td></td></tr>
<tr><td colspan="2">规定包装方法</td><td colspan="2"></td><td colspan="2">实际包装方法</td><td colspan="3"></td></tr>
<tr><td colspan="2">到　站</td><td></td><td>车(箱)号</td><td colspan="5"></td></tr>
<tr><td colspan="2">作业项目</td><td colspan="5">作　业　要　求</td><td colspan="2">作业签认</td></tr>
<tr><td colspan="2">受　理</td><td colspan="5">1. 审查托运人、押运员资质(不需押运的除外)等,进出口运输审查代理人资格确认件。
2. 审查发到站、品名及编号是否符合《办理规定》,确认填写正确,不得写概括名称。
3. 审查填写的包装方法,不得使用旧包装。
4. 其他规定要求。</td><td colspan="2">受理货运员
签认:
年　月　日</td></tr>
<tr><td colspan="2">装车前
准备</td><td colspan="5">1. 对照运单,核对剧毒品品名、包装、包装标志和储运标志,包装方法和状态,件数等。
2. 验货发现匿报品名应立即通知车站公安派出所处理。
3. 验货后,与货区货运员现场交接签认。
4. 其他规定要求。</td><td colspan="2">外勤货运员
签认:
年　月　日</td></tr>
<tr><td rowspan="2">站
内
装
车</td><td>保
管</td><td colspan="5">1. 剧毒品进库后,最迟在次日组织装车,无法完成时,应及时报告。
2. 货物存放符合规定,出入库双人收发双人保管,库门外或货位前挂货物到发信息和安全运输卡,库门完好并加锁。
3. 库内存放堆码整齐稳固,留有通道,不得倒置,货物有撒漏应妥善处理,发现丢失短少立即汇报。
4. 其他规定要求。</td><td colspan="2">货区货运员
签认:
年　月　日
公安签认:
年　月　日</td></tr>
<tr><td>装
车</td><td colspan="5">1. 确认车辆使用符合规定,技术状态良好。
2. 对货物品名、包装与运单记载不一致,使用旧包装,包装有破漏、损坏、变形,包装标志不清,不全等严禁装车。
3. 向装卸作业班组传达安全作业注意事项。
4. 装运剧毒品时,要通知公安等有关人员到场监护。
5. 妥善处理和保管残漏货件,编制有关记录和进行货票交接签收工作。
6. 及时将信息报告剧毒品运输跟踪管理系统。
7. 其他规定要求。</td><td colspan="2">装车货运员
签认:
年　月　日
公安签认:
年　月　日
押运员签认(不需押运的除外):
年　月　日</td></tr>
<tr><td colspan="2">专用线
(专用铁路)
装　车</td><td colspan="5">1. 确认车辆使用符合规定,技术状态良好。
2. 对货物品名、包装与运单记载不一致,使用旧包装,包装有破漏、损坏、变形,包装标志不清,不全等严禁装车。
3. 专用线货运员全程监装。
4. 妥善处理和保管残漏货件,编制有关记录和进行货票交接签收工作。
5. 及时将信息报告剧毒品运输跟踪管理系统。
6. 其他规定要求。</td><td colspan="2">企业运输员
签认:
年　月　日
专用线货运员
签认:
年　月　日
押运员签认(不需押运的除外):
年　月　日</td></tr>
<tr><td colspan="2">货　调</td><td colspan="5">1. 车数和有关车号:
2. 挂运日期:
3. 挂运车次:</td><td colspan="2">货运调度员(货运值班员)
签认:
年　月　日</td></tr>
<tr><td colspan="2">备　注</td><td colspan="7"></td></tr>
</table>

格式 23-2 铁路剧毒品途中作业签认单

<table>
<tr><td colspan="2">发 站</td><td></td><td>到 站</td><td></td><td>车(箱)号</td><td colspan="2"></td></tr>
<tr><td colspan="2">品 名</td><td></td><td>铁危编号</td><td></td><td>重 量</td><td>件 数</td><td></td></tr>
<tr><td colspan="2">作业项目</td><td colspan="3">作 业 要 求</td><td colspan="3">作 业 签 认</td></tr>
<tr><td rowspan="2">到达及出发检查</td><td>到达</td><td rowspan="2" colspan="2">1. 货检员与押运员（不需押运的除外）对车辆及货物的状态进行认真检查并做好记录。
2. 发现破封、补封及施封无效，剧毒品短少、被盗等，除编制货运记录外，应立即通知公安共同处理并及时按有关规定报告。
3. 发现剧毒品包装破裂损坏、剧毒品泄漏，立即上报并采取措施处理。
4. 其他规定要求。</td><td>到达日期与时间：
到达挂运车次：</td><td colspan="3">货检员签认：
年 月 日
押运员签认(不需押运的除外)：
年 月 日
公安签认：
年 月 日</td></tr>
<tr><td>出发</td><td>出发日期与时间：
出发挂运车次：</td><td colspan="3">货检员签认：
年 月 日
押运员签认(不需押运的除外)：
年 月 日
公安签认：
年 月 日</td></tr>
<tr><td colspan="2">押运检查（不需押运的除外）</td><td colspan="3">1. 确认押运员姓名、身份证号与运单记载一致。
2. 确认押运员《培训合格证》有效。
3. 确认危险货物押运员人数符合规定。
4. 货检员与押运员现场办理签认。
5. 其他规定要求。</td><td colspan="3">货检员签认：
年 月 日
押运员签认：
年 月 日</td></tr>
<tr><td colspan="2">备 注</td><td colspan="6"></td></tr>
</table>

格式 23-3 铁路剧毒品到达作业签认单

<table>
<tr><td colspan="2">发 站</td><td></td><td>到 站</td><td></td><td>车(箱)号</td><td colspan="3"></td></tr>
<tr><td colspan="2">品 名</td><td></td><td>铁危编号</td><td></td><td>重 量</td><td></td><td>件 数</td><td></td></tr>
<tr><td colspan="2">作业项目</td><td colspan="4">作 业 要 求</td><td colspan="3">作 业 签 认</td></tr>
<tr><td colspan="2">到达检查</td><td colspan="4">1. 货检员与押运员(不需押运的除外)对车辆及货物的状态进行认真检查并做好记录。
2. 发现破封、补封及施封无效,剧毒品短少、被盗等,立即通知公安共同处理并应编制货运记录,及时按有关规定报告。
3. 发现剧毒品包装破裂损坏、剧毒品泄漏,立即上报并采取措施处理。
4. 货检员与押运员现场办理签认(不需押运的除外)。
5. 其他规定要求。</td><td colspan="3">货检员签认:
年 月 日
押运员签认(不需押运的除外):
年 月 日
公安签认:
年 月 日</td></tr>
<tr><td colspan="2">货 调</td><td colspan="4">1. 车号:
2. 到达日期:
3. 到达车次:</td><td colspan="3">货运调度员(货运值班员)签认:
年 月 日</td></tr>
<tr><td rowspan="4">站内卸车</td><td>卸车</td><td colspan="4">1. 卸车必须一次完成,不得分次作业。
2. 卸剧毒品时,要通知公安等有关人员到场监护,对照货物运单核对品名、清点件数。
3. 其他规定要求。</td><td colspan="3">卸车货运员签认:
年 月 日
公安签认:
年 月 日</td></tr>
<tr><td>保管</td><td colspan="4">1. 核对到达货物和有关票据,票货相符。
2. 对货物短少,渗漏等情况,及时检查记录编制内容是否与现状相符。
3. 货物存放符合规定,出入库双人收发双人保管,库门外或货位前挂货物到发信息和安全运输卡,库门完好并加锁。
4. 库内存放堆码整齐稳固,留有通道,不得倒置,货物有撒漏应妥善处理,发现丢失短少立即汇报。
5. 其他规定要求。</td><td colspan="3">外勤货运员
签 认:
年 月 日</td></tr>
<tr><td>内交付</td><td colspan="4">1. 及时向收货人发出催领通知。
2. 审查出货车辆危险货物运输证件。
3. 严格检查领货凭证、单位证明、身份证,防止误交付和冒领,交付手续符合规定。
4. 正确开具《货物搬出证》。
5. 其他规定要求。</td><td colspan="3">内交付货运员
签 认:
年 月 日</td></tr>
<tr><td>外交付</td><td colspan="4">1. 认真审核运单,《货物搬出证》等,确认票货相符合。
2. 向装卸作业班组传达安全作业注意事项。
3. 及时将信息报告剧毒品运输跟踪管理系统,发电报通知发站。
4. 其他规定要求。</td><td colspan="3">外勤货运员
签 认:
年 月 日</td></tr>
</table>

续上表

专用线(专用铁路)卸车	1. 确认车辆技术状态及货物状态良好、完整。 2. 核对到达货物和有关票据,票货相符。 3. 对货物短少,渗漏等情况,及时检查记录编制内容是否与现状相符。 4. 向装卸作业班组传达安全作业注意事项。 5. 及时将信息报告剧毒品运输跟踪管理系统,并拍发电报通知发站。 6. 由货运员、企业运输员、押运员(不需押运的除外)办理交接手续。 7. 其他规定要求。	专用线货运员 签　认: 年　月　日 企业运输员(货运值班员) 签　认: 年　月　日 押运员签认(不需押运的除外): 年　月　日
备　注		

格式 24

铁路危险货物运输作业签认单

格式 24-1　铁路危险货物发送作业签认单

托运人名称					托运人资质证书编号		
品　名		铁危编号		重　量		件　数	
规定包装方法			实际包装方法				
到　站		车(箱)号					
作业项目	作　业　要　求				作业签认		
受　理	1. 审查托运人、押运员资质(不需押运的除外)等,进出口运输审查代理人资格确认件。 2. 审查发到站、品名及编号是否符合《办理规定》,确认填写正确,不得写概括名称。 3. 审查填写的包装方法。 4. 其他规定要求。				受理货运员 签　认: 年　月　日		
装车前准备	1. 对照运单,核对品名、包装、包装标志和储运标志,包装方法和状态,件数等。 2. 验货发现匿报品名应立即通知车站处理。 3. 验货后,与货区货运员现场交接签认。 4. 其他规定要求。				外勤货运员 签　认: 年　月　日		

续上表

<table>
<tr><td rowspan="2">站内装车</td><td>保管</td><td>1. 按规定单库存放或按配放表等规定存放。
2. 库门外或货位前挂货物到发信息和安全运输卡,库门完好并加锁。
3. 库内存放堆码整齐稳固,留有通道,不得倒置,货物有撒漏应妥善处理,发现丢失短少立即汇报。
4. 其他规定要求。</td><td>货区外勤货运员
签　认:
年　月　日</td></tr>
<tr><td>装车</td><td>1. 确认车辆使用符合规定,技术状态良好。
2. 对货物品名、包装与运单记载不一致,包装有破漏、损坏、变形,包装标志不清,不全等严禁装车。
3. 向装卸作业班组传达安全作业注意事项。
4. 妥善处理和保管残漏货件,编制有关记录和进行货票交接签收工作。
5. 其他规定要求。</td><td>装车货运员
签　认:
年　月　日
押运员签认(不需押运的除外):
年　月　日</td></tr>
<tr><td colspan="2">专用线(专用铁路)装车</td><td>1. 确认车辆使用符合规定,技术状态良好。
2. 对货物品名、包装与运单记载不一致,包装有破漏、损坏、变形,包装标志不清,不全等严禁装车。
3. 妥善处理和保管残漏货件,编制有关记录和进行货票交接签收工作。
4. 其他规定要求。</td><td>企业运输员
签　认:
年　月　日
专用线货运员
签　认:
年　月　日
押运员签认(不需押运的除外):
年　月　日</td></tr>
<tr><td colspan="2">货　调</td><td>1. 车数和有关车号:
2. 挂运日期:
3. 挂运车次:</td><td>货运调度员(货运值班员)
签　认:
年　月　日</td></tr>
<tr><td colspan="2">备　注</td><td colspan="2"></td></tr>
</table>

格式 24-2　铁路危险货物途中作业签认单

<table>
<tr><td>发　站</td><td></td><td>到　站</td><td></td><td>车(箱)号</td><td colspan="2"></td></tr>
<tr><td>品　名</td><td></td><td>铁危编号</td><td></td><td>重　量</td><td>件　数</td><td></td></tr>
<tr><td>作业项目</td><td colspan="4">作　业　要　求</td><td colspan="2">作业签认</td></tr>
</table>

续上表

<table>
<tr><td rowspan="2">到达及出发检查</td><td>到达</td><td rowspan="2">1. 货检员与押运员(不需押运的除外)对车辆及货物的状态进行认真检查并做好记录。
2. 发现破封、补封及施封无效,货物短少、被盗、包装破裂损坏、货物泄漏等,除编制货运记录外,应及时按有关规定报告并采取措施处理。
3. 其他规定要求。</td><td>到达日期与时间:
到达挂运车次:</td><td>货检员签认:
年　月　日
押运员签认(不需押运的除外):
年　月　日</td></tr>
<tr><td>出发</td><td>出发日期与时间:
出发挂运车次:</td><td>货检员签认:
年　月　日
押运员签认(不需押运的除外):
年　月　日</td></tr>
<tr><td colspan="2">押运检查(不需押运的除外)</td><td colspan="2">1. 确认押运员姓名、身份证号与运单记载一致。
2. 确认押运员《培训合格证》有效。
3. 确认危险货物押运员人数符合规定。
4. 货检员与押运员现场办理签认。
5. 其他规定要求。</td><td>货检员签认:
年　月　日
押运员签认:
年　月　日</td></tr>
<tr><td colspan="2">备　注</td><td colspan="3"></td></tr>
</table>

格式 24-3　铁路危险货物到达作业签认单

<table>
<tr><td>发　站</td><td></td><td>到　站</td><td></td><td>车(箱)号</td><td colspan="3"></td></tr>
<tr><td>品　名</td><td></td><td>铁危编号</td><td></td><td>重　量</td><td></td><td>件　数</td><td></td></tr>
<tr><td>作业项目</td><td colspan="4">作　业　要　求</td><td colspan="3">作 业 签 认</td></tr>
<tr><td>到达检查</td><td colspan="4">1. 货检员与押运员(不需押运的除外)对车辆及货物的状态进行认真检查并做好记录。
2. 发现破封、补封及施封无效,货物短少、被盗、包装破裂损坏、货物泄漏等,除编制货运记录外,应及时按有关规定报告并采取措施处理。
3. 货检员与押运员现场办理签认(不需押运的除外)。
4. 其他规定要求。</td><td colspan="3">货检员签认:
年　月　日
押运员签认(不需押运的除外):
年　月　日</td></tr>
<tr><td>货　调</td><td colspan="4">1. 车　　号:
2. 到达日期:
3. 到达车次:</td><td colspan="3">货运调度员(货运值班员)
签　认:
年　月　日</td></tr>
</table>

续上表

<table>
<tr><td rowspan="5">站内卸车</td><td>卸车</td><td>1. 向装卸作业班组传达安全作业注意事项。
2. 一车一人监卸，对照货物运单核对品名、清点件数。
3. 其他规定要求。</td><td>卸车货运员
签　认：
年　月　日</td></tr>
<tr><td>保管</td><td>1. 核对到达货物和有关票据，票货相符。
2. 对货物短少，渗漏等情况，及时检查记录编制内容是否与现状相符。
3. 按规定单库存放或按配放表等规定存放。库门外或货位前挂货物到发信息和安全运输卡，库门完好并加锁。
4. 库内存放堆码整齐稳固，留有通道，不得倒置，货物有撒漏应妥善处理，发现丢失短少立即汇报。
5. 其他规定要求。</td><td>外勤货运员
签　认：
年　月　日</td></tr>
<tr><td>内交付</td><td>1. 及时向收货人发出催领通知。
2. 审查出货车辆危险货物运输证件。
3. 严格检查领货凭证、单位证明、身份证，防止误交付和冒领，交付手续符合规定。
4. 正确开具《货物搬出证》。
5. 其他规定要求。</td><td>内交付货运员
签　认：
年　月　日</td></tr>
<tr><td>外交付</td><td>1. 认真审核运单，《货物搬出证》等，确认票货相符合。
2. 向装卸作业班组传达安全作业注意事项。
3. 其他规定要求。</td><td>外勤货运员
签　认：
年　月　日</td></tr>
<tr style="display:none"></tr>
<tr><td colspan="2">专用线（专用铁路）卸车</td><td>1. 确认车辆技术状态及货物状态良好、完整。
2. 核对到达货物和有关票据，票货相符。
3. 对货物短少，渗漏等情况，及时检查记录编制内容是否与现状相符。
4. 向装卸作业班组传达安全作业注意事项。
5. 由货运员、企业运输员、押运员（不需押运的除外）办理交接手续。
6. 其他规定要求。</td><td>专用线货运员
签　认：
年　月　日
企业运输员
签　认：
年　月　日
押运员签认（不需押运的除外）：
年　月　日</td></tr>
<tr><td colspan="2">备　注</td><td colspan="2"></td></tr>
</table>

格式 25

危险货物罐车作业签认单

格式 25-1 危险货物罐车发送作业签认单(气体类)

<table>
<tr><td>托运人名称</td><td colspan="3"></td><td colspan="2">托运人资质证书编号</td><td colspan="2"></td></tr>
<tr><td>品　名</td><td></td><td>铁危编号</td><td></td><td>标记载重</td><td></td><td>标记容积</td><td></td></tr>
<tr><td>到　站</td><td></td><td>车　号</td><td colspan="5"></td></tr>
<tr><td>作业项目</td><td colspan="4">作　业　要　求</td><td colspan="3">作 业 签 认</td></tr>
<tr><td>受　理</td><td colspan="4">1. 审查托运人、押运员资质、危险货物“四个一致”等有关规定,进出口运输审查代理人资格确认件。
2. 审查发到站、品名及编号是否符合《办理规定》,确认填写正确,不得写概括名称。
3. 其他规定要求。</td><td colspan="3">受理货运员
签　认:
年　月　日</td></tr>
<tr><td>装车前准备</td><td colspan="4">1. 确认罐车使用符合规定及空罐车检衡重量。
2. 确认货物品名与待装罐车充装介质是否相符。
3. 罐车技术状态良好、罐体外标志符合铁路运输规定。
4. 其他规定要求。</td><td colspan="3">外勤货运员
签　认:
年　月　日</td></tr>
<tr><td>专用线
(专用铁路)
装　车</td><td colspan="4">1. 罐车充装重量符合铁路规定。
2. 罐车阀门、口盖关闭严实。
3. 填写《铁路液化气体罐车充装记录》并由专用线货运员审查。
4. 专用线货运员确认重车检衡重量并核对是否超过“允许充装重量最大值”。
5. 其他规定要求。</td><td colspan="3">企业运输员
签　认:
年　月　日
专用线货运员
签　认:
年　月　日
押运员签认:
年　月　日</td></tr>
<tr><td>货　调</td><td colspan="4">1. 车　　号:
2. 挂运日期:
3. 挂运车次:</td><td colspan="3">货运调度员(货运值班员)
签　认:
年　月　日</td></tr>
<tr><td>备　　注</td><td colspan="7"></td></tr>
</table>

格式 25-2　危险货物罐车途中作业签认单(气体类)

<table>
<tr><td colspan="2">发　站</td><td></td><td>到　站</td><td></td><td>车　号</td><td colspan="3"></td></tr>
<tr><td colspan="2">品　名</td><td></td><td>铁危编号</td><td></td><td>标记载重</td><td></td><td>标记容积</td><td></td></tr>
<tr><td colspan="2">作业项目</td><td colspan="4">作　业　要　求</td><td colspan="3">作业签认</td></tr>
<tr><td rowspan="2">到达及出发检查</td><td>到达</td><td rowspan="2" colspan="3">1. 在押运员检查罐车及充装介质无异常后，货检员对罐车状态进行检查，并做好记录。
2. 货检员、押运员发现罐体及充装介质有异常情况时，要立即按规定报告，并做好紧急处理。
3. 其他规定要求。</td><td>到达日期与时间：
到达挂运车次：</td><td colspan="3">货检员签认：
年　月　日
押运员签认：
年　月　日</td></tr>
<tr><td>出发</td><td>出发日期与时间：
出发挂运车次：</td><td colspan="3">货检员签认：
年　月　日
押运员签认：
年　月　日</td></tr>
<tr><td colspan="2">押运检查</td><td colspan="4">1. 确认押运员姓名、身份证号与运单记载一致。
2. 确认押运员的《押运员证》有效。
3. 确认危险货物押运员人数符合规定。
4. 货检员与押运员现场办理签认。
5. 其他规定要求。</td><td colspan="3">货检员签认：
年　月　日
押运员签认：
年　月　日</td></tr>
<tr><td colspan="2">备　注</td><td colspan="7"></td></tr>
</table>

格式 25-3　危险货物罐车到达作业签认单(气体类)

<table>
<tr><td>发　站</td><td></td><td>到　站</td><td></td><td>车　号</td><td colspan="3"></td></tr>
<tr><td>品　名</td><td></td><td>铁危编号</td><td></td><td>标记载重</td><td></td><td>标记容积</td><td></td></tr>
<tr><td>作业项目</td><td colspan="4">作　业　要　求</td><td colspan="3">作业签认</td></tr>
<tr><td>到达检查</td><td colspan="4">1. 在押运员检查罐车及充装介质无异常后，货检员对罐车状态进行检查，并做好记录。
2. 货检员、押运员发现罐体及充装介质有异常情况时，要立即按规定报告，并做好紧急处理。
3. 货检员与押运员现场办理签认。
4. 其他规定要求。</td><td colspan="3">货检员签认：
年　月　日
押运员签认：
年　月　日</td></tr>
<tr><td>货　调</td><td colspan="4">1. 车　　号：
2. 到达日期：
3. 到达车次：</td><td colspan="3">货运调度员(货运值班员)
签　认：
年　月　日</td></tr>
<tr><td>专用线(专用铁路)卸　车</td><td colspan="4">1. 确认到达办理业务符合规定。
2. 确认品名、车辆数、重量与运单记载一致。
3. 确认气体罐车卸空后留有不低于 0.05 MPa 的余压。</td><td colspan="3">专用线货运员
签　认：
年　月　日
企业运输员
签　认：
年　月　日
押运员签认：
年　月　日</td></tr>
<tr><td>备　注</td><td colspan="7"></td></tr>
</table>

格式 26

自备危险货物集装箱定期检修合格证

箱产权单位			
箱型箱号		危货箱安全合格证号	
装运品名		铁危编号	
过 轨 站		专用线名称	
制造工厂		出厂日期	
上次中修日期		上次大修日期	
下次中修日期		本次送检日期	

大
中 修记录

检修负责人签章

年 月 日

检修结果：

检修单位盖章

年 月 日

注：1. 自备危险货物罐式箱大、中修应符合本规则一百一十五条规定；

2. 自备危险货物集装箱定期检修等另按集装箱运输按有关规定；

3. 本表 A4 纸印刷。

格式 27

危险货物类项名称戳记

第一类　爆炸品

1.1　整体爆炸品

1.2　迸射爆炸品

1.3　燃烧爆炸品

1.4　无重大危险爆炸品

1.5　整体爆炸不敏感物质

1.6　极端不敏感爆炸品

第二类　气体

2.1　易燃气体

2.2　非易燃无毒气体

2.3　毒性气体

第三类　易燃液体

3.1　一级易燃液体

3.2　二级易燃液体

第四类　易燃固体、易于自燃的物质、遇水放出易燃气体的物质

4.1　易燃固体

4.2　易于自燃物质

4.3　遇水易燃物质

第五类　氧化性物质和有机过氧化物

5.1　氧化性物质

5.2　有机过氧化物

第六类　毒性物质和感染性物质

6.1　毒性物质

6.2　感染性物质

第七类　放射性物质

7　放射性物质

第八类　腐蚀性物质

8.1　酸性腐蚀性物质

8.2　碱性腐蚀性物质

8.3　其他腐蚀性物质

第九类　杂项危险物质和物品

9.1　危害环境物质

9.2　高温物质

9.3　基因修改微生物或组织

注:戳记字体采用 2 号黑体字,宽度1.5 cm,长度根据字体数量确定。

格式 28

铁路危险货物突发事件报告

铁路危险货物突发事件统计报表

月报表－1

事件类别	预案类别	特别重大件数	同比(±)	重大件数	同比(±)	较大件数	同比(±)	一般件数	同比(±)	合　计	同比(±)
事故灾难类	危险化学品运输事故										

注:同比是指比去年同期,下同。

铁路危险货物突发事件情况报表

月报表－2

序号	发生时间	事件概况	人员伤亡情况	影响运输情况	损失情况	事件分类	相关处置情况	预案启动情况

铁路危险货物突发事件影响及损失情况报表

月报表－3

事件类别	预案类别	人员伤亡情况	同比(±)	中断行车时间	同比(±)	影响列车情况	同比(±)	实物损失情况	同比(±)	救援费用	同比(±)
事故灾难类	危险化学品运输事故										

审批:　　　　填表:　　　　填表日期:

附表

危险货物运输基础管理台账细目

附表－1　车站(专用线)办理危险货物一览表

序　号	专用线名称	共用单位名称	发送货物品名		到达货物品名		备　注
			罐　装	非罐装	罐　装	非罐装	

本表为 A4 纸横向打印

附表－2　路外单位救援信息网络表

单位名称	办理货物品名	施救设备及特长	施救品名	联系人	电　话	备　注

本表为 A4 纸纵向打印

附表－3　托运人资质证书登记表

序号	资质证书编号	托运人名称	生产经营资质证书发证机关及证号													办理品类范围	有效期
			工商营业执照			生产许可证			经营许可证			安全生产许可证					
			发证机关	证号	有效期	发证机关	证号	有效期	发证机关	证号	有效期	发证机关	证号	有效期			

本表为 A4 纸横向打印

附表－4　托运人培训登记表

序　号	培训合格证编号	单位名称	姓名	身份证号码	培训考核情况	有效期

本表为 A4 纸纵向打印

附表－5 专用线线路登记表

线路名称	用 途	有效长	一次停放车数	备 注

本表为 A4 纸纵向打印

附表－6 专用线栈桥设备登记表

专用线名称	栈桥名称	用途	有效长	鹤管数	鹤管间距	备 注

本表为 A4 纸纵向打印

附表－7 专用线储罐设备登记表

名称	容积(长×宽×高)	存储介质	类型	围堰高度、容积	备 注

本表为 A4 纸纵向打印

附表－8 专用线仓库、站台、堆场登记表

名 称	面积(长×宽)	用 途	备 注

本表为 A4 纸纵向打印

附表－9　专用线计量设备登记表

专用线名称	设备名称	用　途	型　号	生产厂家	量　程	安装时间	使用年限	配置地点	备　注

本表为 A4 纸横向打印

附表－10　专用线装卸设备登记表

专用线名称	设备名称	型号	生产厂家	起重能力	购置时间	使用年限	配置地点	是否防爆	数量	备　注

本表为 A4 纸横向打印

附表－11　专用线消防设备登记表

专用线名称	设备名称	型　号	生产厂家	数　量	购置时间	配置地点	备　注

本表为 A4 纸横向打印

附表－12 专用线安全检测仪器登记表

专用线名称	设备名称	用途	型号	生产厂家	数量	购置时间	使用年限	配置地点	备 注

本表为 A4 纸横向打印

附表－13 专用线防雷设备登记表

专用线名称	设备名称	用途	配置地点	备 注

本表为 A4 纸横向打印

附表－14 企业运输员培训登记表

序号	企业名称	姓名	年龄	文化程度	培训单位	培训时间	培训考核情况	培训合格证编号

本表为 A4 纸横向打印

附表－15 车站危险货物仓库、站台管理登记表

名称	面积	存放物品	防火间距	结构		库门		通风方式	窗			地面材质	照明设备情况	雨搭			站台			避雷设备	降温方式
				屋架	墙	开启方式	材质		数量	高	开启方式			长度	线路侧宽度	道路侧宽度	长度	线路侧宽度	道路侧宽度		

本表为 A4 纸横向打印

附表－16 车站危险货物堆场管理登记表

堆场名称	面积	用途	避雷设施	照明设备情况	备注

本表为 A4 纸横向打印

附表－17 车站危险货物作业线登记表

线路名称	有效长	一次停放车数	备注

本表为 A4 纸横向打印

附表－18　车站危险货物装卸设备登记表

设备名称	型　号	生产厂家	起重能力	购置时间	使用年限	配置地点	是否防爆	数　量	备　注

本表为 A4 纸横向打印

附表－19　车站消防设备登记表

设备名称	型　号	生产厂家	数　量	购置时间	使用年限	配置地点	备　注

本表为 A4 纸横向打印

附表－20　车站安全检测仪器登记表

设备名称	用　途	型　号	生产厂家	数　量	购置时间	使用年限	配置地点	备　注

本表为 A4 纸横向打印

附表－21　危险货物罐车允许充装重量及高度登记表

附表－21－1　气体类危险货物

序号	品名	铁危编号	国标编号	标准密度（kg/m^3）	重量充装系数	车辆型号	标记载重（t）	标记容积（m^3）	准装重量最大值（t）	准装高度最大值（mm）

本表为 A4 纸横向打印

附表－21－2　非气体类液体危险货物

序号	品名	铁危编号	国标编号	参考密度（kg/m^3）	车辆型号	标记载重（t）	标记容积（m^3）	准装重量范围（kg）	准装高度范围（mm）	液面到人孔上平面距离（空高）范围（mm）	罐车货物装卸方式

本表为 A4 纸横向打印

附表－22　危险货物自备罐车发送登记表

序号	装运品名	危货车安全合格证号码	危货车安全合格证有效期	产权单位名称	过轨站名	车型	车号	比重	准装重量（kg）	准装高度（mm）	标记载重（t）	标记容积（m^3）	备　注

本表为 A4 纸横向打印

附表－23　危险货物自备罐车过轨登记表

序号	产权单位名称	专用线（专用铁路）名称	危货车安全合格证号码	危货车安全合格证有效期	车种车型	车号	有无押运间	装运货物		自重（t）	标记载重（t）	标记容积（m^3）	制造单位	出厂日期	罐体下次检验日期	备注
								编号	品名							

本表为 A4 纸横向打印

附表－24　危险货物新品名登记表

序号	托　运　单　位	货物品名	比照办理铁危编号	包　　装	单件重量	鉴　定　单　位

本表为 A4 纸横向打印

附表－25　改变运输包装登记表

序号	单位名称	货物品名	原包装号包装要求	现包装	包装生产和检测单位资格					检测日期	改变包装批准单位	备注
					包装定点生产单位		质监部门认定的包装检测单位					
					许可证号	单位名称	许可证号	单位名称	是否铁路部门认定			

本表为 A4 纸横向打印

附表－26　押运员登记表

序号	押运员证号	培训合格证号	单位名称	姓名	身份证号码	培训单位	培训考核情况	有效期	备注

本表为 A4 纸横向打印

附表－27　全程押运签认登记表

发站	途中站	到站	车号	品名	到达车次	到达日期及时间	押运人单位	押运员证号	培训合格证号	押运员签字	货检员签章	备　注（记录押运备品不齐等）

本表为 A4 纸横向打印

附表－28　重大危险源登记表

发站	到站	品名	危规编号	包装	重量	存放地点	产生时间	消除时间	货运员签　字	公安人员签　字	车站主管领导签字

本表为 A4 纸横向打印

附表－29　危险货物查堵记录表

序号	时间	地点	运输方式	发站	到站	托运人	运单记载品名	实际品名	数量	重量	检查人	报公安时间	公安处理结果

本表为 A4 纸横向打印

附表－30　自检自查工作记录表

序　号	检 查 时 间	检 查 地 点	检查单位(部门)	查　出　问　题	整　改　情　况

本表为 A4 纸横向打印

附表－31　危险货物运输安全状况统计表

＿＿＿＿年

项目／时间	事故(件)							事　故　原　因(件)									备　注
	合计	重大、大以上		险　性		一　般		火灾	爆炸	中毒	污染	剧毒品丢失	泄漏			其他	
		路内	路外	路内	路外	路内	路外										
合计																	
1																	
2																	
11																	
12																	

本表为 A4 纸横向打印

附表－32　危险货物运输事故分析报告

事故种类		发生地点		发生时间	
列车车次		货物名称		发　站	
到　站		托 运 人		收 货 人	
车　种		车　号		车　数	
事故概况					
事故分析					
处理结果					
整改措施					

本表为 A4 纸纵向打印

附表－33　货运人员危险货物运输业务培训登记表

序号	姓名	性别	年龄	文化程度	培训时间	培训单位	培训考核情况	培训合格证号

本表为 A4 纸横向打印

附表－34　装卸人员危险货物运输业务培训登记表

序号	姓名	性别	年龄	文化程度	培训时间	培训单位	培训考核情况	培训合格证号

本表为 A4 纸横向打印

附表－35　违章处理记录登记表

序号	违 章 时 间	责 任 人	违章单位（部门）	违 章 内 容	处 理 结 果	备　注

本表为 A4 纸横向打印

附表－36 危险货物发送运量统计表

统计单位：　　　　　　　　　　　　　　　　　　　　　　　　单位：吨

类别 时间	合计	爆炸品		气体		易燃液体		易燃固体、易于自燃的物质、遇水放出易燃气体的物质		氧化性物质和有机过氧化物		毒性物质和感染性物质		放射性物质		腐蚀性物质		杂项危险物质和物品		剧毒品		液化石油气		硝酸铵		备注
				罐装	非罐装	罐装	非罐装	罐装	非罐装	罐装	非罐装	罐装	非罐装			罐装	非罐装			罐装	非罐装	罐装				
合计																										
1																										
2																										
3																										
一季																										
4																										
5																										
6																										
二季																										
7																										
8																										
9																										
三季																										
10																										
11																										
12																										
四季																										

本表为 A4 纸横向打印

附表－37 危险货物到达运量统计表

统计单位： 单位：吨

类别 时间	合计	爆炸品		气体		易燃液体		易燃固体、易于自燃的物质、遇水放出易燃气体的物质		氧化性物质和有机过氧化物		毒性物质和感染性物质		放射性物质		腐蚀性物质		杂项危险物质和物品		剧毒品		液化石油气		硝酸铵		备注
				罐装	非罐装	罐装	非罐装	罐装	非罐装	罐装	非罐装	罐装	非罐装			罐装	非罐装			罐装	非罐装	罐装				
合计																										
1																										
2																										
3																										
一季																										
4																										
5																										
6																										
二季																										
7																										
8																										
9																										
三季																										
10																										
11																										
12																										
四季																										

本表为 A4 纸横向打印

附表－38 洗刷除污登记表

______车站

序号	登记日期	车种车号	车数	原装货物品名	洗刷除污编号及方法	质量检查结果	洗刷除污作业单位	洗刷除污作业人员	送洗时间			洗完时间			备注
									月	日	时	月	日	时	

关于加强危险货物运输安全管理的通知

铁道部2007年9月27日　　铁运[2007]185号

为确保铁路第六次大面积提速调图安全持续稳定,加强危险货物运输管理,进一步提高铁路危险货物运输安全管理水平,特提出以下要求:

一、严格审查危险货物自备车购置技术条件

1. 购置条件

凡购置铁路危险货物自备车(包括购置旧车)的单位,必须(1)取得危险货物托运人资质(收货人除外),(2)有专门用于装运和接卸危险货物的专用线(专用铁路)及专用储运附属设备设施,(3)在《铁路危险货物运输资质一览表》和《铁路危险货物运输办理站(专用线、专用铁路)办理规定》中公布,运输的品类和业务范围应与公布的内容一致。

2. 申报程序及内容

危险货物自备车购置单位在办理行政许可前,须向所在发送或到达铁路局提出申请。铁路局进行技术条件初审后向铁道部运输局出具审查意见并附以下内容:

(1)购置单位申请报告。主要包括车辆技术条件、资质条件、专用线状况、企业生产规模、产品性质、运量流向、装卸设备、管理制度以及符合规定要求的事故应急预案等。

(2)《铁路危险货物自备罐车购置技术审查表》(附件1)或《铁路危险货物自备货车购置技术审查表》(附件2)一式五份,并由铁路局主管处长和主管局长分别签署意见后,加盖铁路局章。

(3)铁道部认定的专业技术机构出具的危险货物自备车《运输安全综合分析报告》(附件3)一式五份。报告须对拟装危险货物特性、产品用途、车种车型、装卸方式、装卸设备、安全防护措施、运力条件、安全管理制度及突发事件应急处置等安全技术条件进行全面分析。

3. 批复方式

铁道部运输局对申请购置的有关技术资料审查后,符合规定要求的由主管处长和主管局长在《铁路危险货物自备罐车购置技术审查表》或《铁路危险货物自备货车购置技术审查表》上签署意见,并加盖"铁道部运输局危险货物自备货车核准专用章",将《铁路危险货物自备罐车购置技术审查表》或《铁路危险货物自备货车购置技术审查表》和《运输安全综合分析报告》留存一份备案,另四份(包括《运输安全综合分析报告》,下同)寄送申报铁路局,其中一份由铁路局货运处留存备案,三份交购置单位办理危险货物自备车行政许可及《铁路危险货物自备货车安全技术审查合格证》等有关运输手续。

二、严格危险货物托运人资质管理

1. 完善铁路危险货物承、托运人资质的行政许可制度,按照《铁路运输安全保护条例》(国务院令第430号)和《铁路危险货物承运人资质许可办法》(铁道部令第17

号)、《铁路危险货物托运人资质许可办法》(铁道部令第18号)的要求,严格承运人和托运人资质审查,并对法规、规章发布前已办理的危险货物承运人和托运人资质进行复审。

2. 按照《危险化学品安全管理条例》(国务院令第344号)规定,危险化学品生产单位必须取得由国务院质检部门发放的危险化学品生产许可证;危险化学品经营单位,必须取得由省、自治区、直辖市或者设区的市级人民政府安全监督管理部门发放的经营许可证,未取得上述生产、经营许可证的一律不得办理铁路危险货物托运人资质。

3. 各铁路局要统筹安排,分期分批地做好补办审查的推进工作,对于生产许可证或经营许可证过期,以及仅凭安全生产许可证办理资质的,应取消危险货物运输办理资格。

三、严格危险货物专用线办理条件

1. 专用线的附属设备设施必须符合装运的危险货物运输条件,不符合安全要求的立即停止办理危险货物运输,进行整改,达到要求后方可办理危险货物运输。

2. 对危险货物运输专用线共用要严格控制,要积极做好运力资源优化、调整以及"关、停、并、转"工作,完善相关安全储运附属设备设施,凡在专用线新增到达共用的危险货物年运量原则要求在3万吨以上。

3. 对新增专用线危险货物总发到年运量5万吨以下的,原则上不再开办危险货物运输发到业务。

4. 对于专用线新增发到危险货物品名,必须进行运输安全综合分析,对于已进行运输安全综合分析,且在报告有效期内的,需做新增品名的运输安全综合分析补充报告。

5. 对现有危险货物运输办理站、专用线进行一次全面清理和整顿,对不符合规定的要及时关停,对已在《铁路危险货物运输办理站(专用线、专用铁路)办理规定》中公布的单位和有关危险货物品名,但实际没有运量和运量较小的,要及时予以取消、合并和转移。此项工作要求在2007年10月底前完成并将结果报铁道部,铁道部将对清理整顿结果进行公布。

四、其他

未尽事宜按现行规章及有关规定执行。

附件1

铁路危险货物自备罐车购置
技术审查表

铁道部运输局监制

说　明

一、本表一式五份。铁道部运输局货管处、自备车处,铁道部政策法规司行政许可管理处，铁路局货运处各一份，购车单位一份。

二、填表单位要对填写内容的准确性负责。

三、购车情况和主要物理化特性栏由购车单位填写，罐车技术状况由罐车制造单位填写。

四、本表格式由铁路局统一印制，填表需用钢笔填写，字迹要清楚，不得涂改。

五、本表自批准之日起，有效期为六个月。

六、本表 A4 纸四页（A3 对开）印刷。

铁路危险货物自备罐车购置技术审查表

购车情况	购车单位			托运人资质证书号			
	过轨站名称			购车数量			
	过轨专用线名称						
	造车单位	罐体部分					
		底架部分					
	装运品名		铁危编号				
主要理化特性	闪点		爆炸极限		致死中量		
	密度		50 ℃蒸气压				
	其他特性						
罐车技术状况	车种(型)		换长		转向架类型		自重
	重心高	空车		标记容积		标记载重	
		重车					
	上装上卸		罐车有无押运间		罐车有无中梁		
	上装下卸						
	材　质		罐体衬里材质		罐体长度		
	直　径	罐　体		罐盖衬垫			
		人孔盖		紧固螺栓数量			
	安全阀	型　号		数　量			
		生产厂		内/外置式			

续上表

项目	内容
安全阀起跳压力(MPa)	
安全阀回座压力(MPa)	
安全阀排放量(m^3/cm^2)	
备　注	
铁路局审核	主管处长意见： 主管局长意见： 盖　章 年　月　日
铁道部运输局核准	主管处长意见： 主管局长意见： 盖　章 年　月　日

附件 2

铁路危险货物自备货车购置技术审查表

铁道部运输局监制

说　明

一、本表一式五份。铁道部运输局货管处、自备车处，铁道部政策法规司行政许可管理处，铁路局货运处各一份，购车单位一份。

二、填表单位要对填写内容的准确性负责。

三、购车情况和主要理化特性栏由购车单位填写，车辆技术状况由车辆制造单位填写。

四、本表格式由铁路局统一印制。填表需用钢笔填写，字迹要清楚，不得涂改。

五、本表自批准之日起，有效期为六个月。

六、本表 A4 三页(A3 对开)印刷。

铁路危险货物自备货车购置技术审查表

购车情况	购车单位					托运人资质证书号		
	过轨站名称					购车数量		
	过轨专用线名称							
	造车单位							
	装运品名				铁危编号			
主要理化特性	闪点		爆炸极限			致死中量		
	密度		50 ℃蒸气压					
	其他特性							
车辆技术状况	车种（型）		自重		标记载重		转向架类型	
	换长		空车重心高		容积		有无押运间	
车内有无特殊装置								
铁路局审核	主管处长意见： 主管局长意见： 盖　章 年　月　日							
铁道部运输局核准	主管处长意见： 主管局长意见： 盖　章 年　月　日							

附件3

铁路危险货物自备罐(货)车购置运输安全综合分析报告

专业技术机构名称

年　　月

说　　明

一、本报告一式五份。铁道部运输局货管处、自备车处,铁道部政策法规司行政许可管理处,铁路局货运处各一份,购车单位一份。

二、本报告A3纸对开打印,所有内容不得涂改。

三、本报告自出具之日起,有效期为六个月。

铁路危险货物自备罐(货)车购置运输安全综合分析报告

购车单位			
拟装货物品名		铁危编号:	拟购辆数:
拟装货物危险性分析及建议	(表格可根据需要扩大)		
运输技术设备及设施安全分析	(表格可根据需要扩大)		
运输安全管理分析及建议	(表格可根据需要扩大)		
铁路运输能力分析及建议	(表格可根据需要扩大)		
运输安全综合分析结　论	(表格可根据需要扩大) 单位盖章 年　月　日		
备　　注			

铁路危险货物自备罐车购置运输安全综合分析
技术说明书

购车单位名称				发送或到达	
购车理由					
购置罐车	新车	拟购辆数：辆		车型：	
		标记容积：m^3		标记载重：吨	
		铁路装备部门批准使用文电名称及编号：			
	旧车（过户）	拟购辆数：辆		车型：	
		原车号：		原装品名：	
		标记容积 m^3		标记载重：吨	
		铁路装备部门批准使用文电名称及编号：			
	现有罐车	装运品名	车型	辆数	日均运量（车数）
拟装货物	品名			铁危编号：	
	理化性质及危险性				
专用线	自有专用线	办理站名称			
		专用线（专用铁路）名称			
		产权单位名称			
	《办理规定》中是否已公布				
	批准办理文电号				
	共用专用线	办理站名称			
		共用专用线名称			
		共用单位名称			

续上表

<table>
<tr><td rowspan="21">运输安全管理</td><td colspan="2">是否具备托运人资质</td><td></td><td>托运人资质证号</td><td></td></tr>
<tr><td colspan="5">托运人名称:</td></tr>
<tr><td colspan="2" rowspan="2">专用线产权单位与办理站协议</td><td colspan="2">《专用线(专用铁路)运输协议》</td><td></td></tr>
<tr><td colspan="2">《危险货物运输安全协议》</td><td></td></tr>
<tr><td colspan="2" rowspan="3">专用线产权单位、共用单位与办理站协议</td><td colspan="2">《专用线(专用铁路)运输协议》</td><td></td></tr>
<tr><td colspan="2">《危险货物运输安全协议》</td><td></td></tr>
<tr><td colspan="2">《危险货物运输共用协议》</td><td></td></tr>
<tr><td colspan="2">旧车过户证明</td><td colspan="2">车辆转让协议</td><td></td></tr>
<tr><td colspan="4">危险化学品铁路专用线安全评价报告</td><td></td></tr>
<tr><td colspan="4">专用线安全管理机构</td><td></td></tr>
<tr><td colspan="4">专用线安全管理制度</td><td></td></tr>
<tr><td colspan="4">装卸作业安全管理制度</td><td></td></tr>
<tr><td colspan="4">装卸作业人员安全防护制度</td><td></td></tr>
<tr><td colspan="4">消防、保卫安全管理制度</td><td></td></tr>
<tr><td colspan="4">铁路危险货物运输业务培训合格证</td><td></td></tr>
<tr><td colspan="4">液化气体铁路罐车押运员证(气体类罐车)</td><td></td></tr>
<tr><td colspan="4">铁路运输事故应急预案及救援信息网络</td><td></td></tr>
<tr><td colspan="2" rowspan="4">过户的罐车</td><td colspan="2">铁路危险货物自备货车安全技术审查合格证</td><td></td></tr>
<tr><td colspan="2">铁路货车制造合格证明</td><td></td></tr>
<tr><td colspan="2">铁路货车定期检修合格证明</td><td></td></tr>
<tr><td colspan="2">压力容器使用登记证(气体类罐车)</td><td></td></tr>
<tr><td rowspan="7">运输技术设备及设施</td><td rowspan="3">专用线</td><td>装卸线名称1:</td><td>有效长: 米</td><td colspan="2">发到品名:</td></tr>
<tr><td>装卸线名称2:</td><td>有效长: 米</td><td colspan="2">发到品名:</td></tr>
<tr><td>装卸线名称3:</td><td>有效长: 米</td><td colspan="2">发到品名:</td></tr>
<tr><td colspan="2">专用线与周围建筑物距离(例如:工厂、民用建筑、高压线、公路、储罐、泵房、铁路正线、放空火炬等)</td><td colspan="3"></td></tr>
<tr><td colspan="2">专用线有无消防设施:</td><td colspan="3">专用线有无避雷设施:</td></tr>
<tr><td colspan="2">专用线有无防静电设施:</td><td colspan="3">专用线有无安全检测设施</td></tr>
<tr><td>计量设施</td><td></td><td>类型及台数</td><td colspan="2"></td></tr>
</table>

续上表

<table>
<tr><td rowspan="22">运输能力</td><td>现有产量</td><td colspan="2">吨/年</td><td>铁路运量</td><td colspan="2">吨/年</td></tr>
<tr><td rowspan="5">改、扩建项目</td><td colspan="2">批准单位</td><td colspan="3"></td></tr>
<tr><td colspan="2">批准文号</td><td colspan="3"></td></tr>
<tr><td colspan="2">每期产量</td><td colspan="3"></td></tr>
<tr><td colspan="2">施工进度</td><td colspan="3"></td></tr>
<tr><td colspan="2">购车后日均运输车数</td><td colspan="3"></td></tr>
<tr><td rowspan="5">专用线（专用铁路）</td><td colspan="3">装卸线名称</td><td>一次装（卸）作业车数</td><td>一次装（卸）作业时间</td></tr>
<tr><td colspan="3"></td><td></td><td></td></tr>
<tr><td colspan="3"></td><td></td><td></td></tr>
<tr><td colspan="3"></td><td></td><td></td></tr>
<tr><td colspan="3"></td><td></td><td></td></tr>
<tr><td>专用线停放车辆能力</td><td colspan="5"></td></tr>
<tr><td>发（到）站及运量</td><td colspan="5"></td></tr>
<tr><td rowspan="9">接轨站</td><td colspan="5">接轨站名称、等级及类型：</td></tr>
<tr><td colspan="5">接轨站为中间站时，相邻技术站名称及等级：</td></tr>
<tr><td colspan="5">专用线（专用铁路）与接轨站间距离：</td></tr>
<tr><td colspan="5">专用线（专用铁路）与接轨站间走行时间：</td></tr>
<tr><td colspan="5">衔接正线：</td></tr>
<tr><td colspan="2">是否为电气化铁路：</td><td colspan="2">站线数量：</td><td>条</td></tr>
<tr><td colspan="2">调机类型：</td><td colspan="2">调机台数：</td><td>台</td></tr>
<tr><td rowspan="2">车站名称：
（接轨站为技术站时，填接轨站名称及情况，接轨站为中间站时，填相邻技术站名称及情况）</td><td rowspan="2">日均办理列车种类及数量</td><td colspan="2">旅客列车：</td><td>列</td></tr>
<tr><td colspan="2">货物列车：
其中：
到达解体列车：
自编始发列车：
无改编通过列车：</td><td>列

列
列
列</td></tr>
<tr><td>备注</td><td colspan="6"></td></tr>
</table>

关于进一步做好铁路专用线接轨有关工作的意见

铁道部2007年7月3日　　铁运函[2007]714号

各铁路局：

为更好地贯彻落实《铁路专用线与国铁接轨审批办法》（铁道部令第21号），进一步做好铁路专用线与国铁接轨工作，针对当前工作中存在的问题，特提出以下意见，请结合实际贯彻落实。

一、做好铁路专用线布局规划

1. 根据管内经济产业布局和货源情况，按照生产力布局调整、货运“两整合、一建设”的基本要求，研究编制局管内汽车集运型（指铁路专用线的货物主要是通过汽车集疏运）铁路专用线的布局规划。

2. 在大宗货源富集地区新建的汽车集运型铁路专用线，其接轨站间距原则上不小于50公里。

3. 新建（包括改扩建，下同）铁路专用线应尽量集中在战备装车点接轨，不准在拟封闭车站或其他不办理货运业务的车站接轨。

4. 既有铁路专用线特别是汽车集运型的铁路专用线应根据货运集中化的要求进行整合，实现集中设置。

二、严格铁路专用线接轨技术条件

1. 新建铁路专用线要符合铁路技术政策、路网规划、行业设计规范和铁路运输安全等要求。

2. 新建铁路专用线原则上不设路企交接场（站），减少中间作业环节，加速车辆周转，提高运输效率。

3. 年运量100万吨及以上、品类单一的新建铁路专用线，其装卸线应设计为贯通式，并具备整列装卸、整列到发的技术条件，采用机械化、自动化装卸机具。

4. 严格控制在繁忙干线和时速200公里及以上客货混跑干线上新建铁路专用线。确需新建的，原则上采用铁路专用线与正线立交疏解的接轨方案，尽量避免或减少铁路专用线作业对正线行车安全和运输能力的影响。

5. 新建易燃、易爆等危险品铁路专用线，必须符合国务院《铁路运输安全保护条例》、《危险化学品安全管理条例》和铁道部《铁路危险运输管理规则》（铁运[2006]79号）《铁路危险货物办理站办理规定》（铁运[2006]50号）等要求，提供由铁道部认定的专业技术机构出具的铁路危险品货物运输安全综合分析研究报告。

三、做好铁路专用线接轨技术协调工作

1. 在铁路专用线方案审查中，要充分发挥计划、货运、运输和综合技术管理部门的职能作用，加强协调配合。在向铁路专用线业主出具正式审查意见前，局内相关部门应相互沟通，实行文件会签制度。

2. 新建铁路专用线项目涉及占用、租用铁路资产(土地、专业设备、建筑物、林木等)的,所属铁路局应与铁路专用线业主就所涉及铁路资产的地点、性质、数量、价值及权属等有关问题进行协商、达成一致意见并签订协议后,铁路专用线项目方可开工建设。

3. 铁路专用线业主应就铁路局在铁路专用线接轨审查意见中所提的问题及有关要求给予书面回复意见。

4. 新建铁路专用线的设计单位必须具备相应的铁路勘察设计资质,铁路局不得指定设计单位。

5. 按照以下格式出具铁路专用线接轨审查意见。

关于××(铁路专用线名称)在××线××站与国铁接轨意见的函

××(铁路专用线业主单位名称):

你单位"关于申请在××线××站新建××(铁路专用线名称)的函(可行性研究报告等)"收悉。我局组织专家进行了技术审查。请你单位根据技术审查意见,对可行性研究报告进行修改,并按照《铁路专用线与国铁接轨审批办法》(铁道部令第21号),按规定程序向铁道部申请行政许可。铁道部行政许可后,方可开展下阶段铁路专用线有关工作。

××铁路局

日　期

6. 按照以下格式出具铁路专用线可行性研究报告审查意见。

××(铁路专用线名称)可行性研究报告审查意见

受××(铁路专用线业主单位名称)委托,××(时间),××组织专家对××(设计单位)编制的《××(铁路专用线名称)可行性研究》进行了审查。参加审查的有××(参会单位)等单位。经研究,形成如下审查意见:

一、建设的必要性

二、铁路专用线运量(分别按发到量、品类、货流方向说明)

三、铁路专用线主要技术标准

四、接轨方案(推荐及比选方案)

五、运输组织和铁路专用线作业方式

六、接轨站配套工程内容

七、接轨站及相关运输通道能力、运输组织概况

八、其他相关技术设备配置的主要原则及内容

九、工程投资

××

日　期

附件　专家组名单(单位、职务、职称、签名、联系电话)(略)

关于公布铁路专用计量器具管理目录的通知

铁道部2006年3月16日　铁科技［2006］31号

部属各单位：

根据《铁路专用计量器具新产品技术认证管理办法》（铁道部令第22号）的规定，对与铁路运输安全及人身安全有直接关系的铁路专用计量器具（以下简称铁专量具），由铁道部实行统一管理，制订《铁路专用计量器具管理目录》（简称《目录》）。《目录》已经国家质量监督检验检疫总局审核同意，现予公布，并作如下规定：

1. 铁专量具的分类及量值溯源方式

《目录》中的铁专量具分为两类：Ⅰ类铁专量具主要是直接用于测量的器具、仪器，其量值溯源方式为检定；Ⅱ类铁专量具主要是综合或在线检测仪器、设备，具有计量器具和技术设备的双重特征，其量值溯源方式为校准或检定。各类计量器具的专用溯源设备（计量标准器）也属于统一管理的范围，为简化《目录》，不再列出，其溯源方式为校准。

2. 铁专量具新产品准入制度

根据《铁路专用计量器具新产品技术认证管理办法》的规定，对《目录》内的铁专量具实行铁专量具新产品技术认证制度。Ⅱ类铁专量具若已实施其他产品准入制度（如铁路工业产品制造特许证、铁路运输安全产品企业认定、铁路产品认证等）的，则不再进行铁专量具新产品技术认证。未列入《目录》的铁专量具，不施行技术认证制度，由各使用单位依法自主管理。

3. 铁专量具的编码规则

铁专量具代码由8位阿拉伯数字组成，具体编码规则按铁路专用计量器具分类代码技术规范执行。

（代码示例：列车运行监控装置测试设备校验仪 53913312）

4. 铁路专用计量器具新产品技术认证证书

铁路专用计量器具新产品技术认证证书有效期为5年。

技术认证证书采用统一格式，证书编号为：TJR××××××—##—****。TJR为证书标志，其中“T”代表“铁路”，“J”代表“计量器具”，“R”代表“技术认证”；××××××为6位阿拉伯数字组成的铁专量具编号（取铁专量具代码的后6位数字），##为2位阿拉伯数字组成的技术认证次数编号，****为4位阿拉伯数字组成的证书序号。技术认证次数：“01”表示“首次认证”，“02”表示“第2次认证（即第1次换证）”，以下依此类推；“00”表示补发技术认证证书。

（证书编号示例：列车运行监控装置测试设备校验仪 TJR913312—01—0001）

5. 在用的铁专量具补发技术认证证书

属于《目录》内的铁专量具，在《铁路专用计量器具新产品技术认证管理办法》施行前已通过铁道部、铁路局鉴定或铁道部审查的，可提交本办法第八条所要求的资料，并附鉴定证书或有关文件（复印件），申请补发技术认证证书。2006年12月31

日前未获得补发技术认证证书的铁专量具,不得在铁路使用。

根据《铁路专用计量器具新产品技术认证管理办法》的规定,凡列入《目录》的铁专量具,未取得铁路专用计量器具新产品技术认证证书,一律不得用于铁路计量和检测,铁专量具生产单位和使用单位必须严格执行这一规定,铁道部也将加强监督检查。

铁路专用计量器具管理目录

序号	项　目	典型计量器具	类别
1 机车车辆			
01	车钩及缓冲器量具	车钩量具	Ⅰ类
		钩尾框量具	Ⅰ类
02	车钩高度量具	车钩高度测量尺	Ⅰ类
03	轮对内距量具	轮对内距尺	Ⅰ类
04	车轮轮径量具	轮径尺;轮径测量器	Ⅰ类
		轮箍轮辋测量尺	Ⅰ类
05	车轮轮缘踏面尺寸参数量具	机车车辆车轮检查器	Ⅰ类
06	车轮轮缘踏面形状、位置参数量具	踏面样板	Ⅰ类
		踏面跳动测量器	Ⅰ类
07	车轴测量器具	车轴全长测量尺;车辆车轴自动测量机	Ⅰ类
08	轮对轴颈及其中心距量具	客车轴颈中心距尺	Ⅰ类
		轴颈测量尺	Ⅰ类
09	轮对车轮安装位置测量装置	轮位差测量尺;轮位差测量器	Ⅰ类
10	轮对综合参数检测装置	车辆轮对测量机;车辆轮对参数综合检测仪	Ⅱ类
11	车辆轴承测量仪器	车辆轴承检测仪	Ⅰ类
12	车轴轮座或轴肩弧度检测器具	车辆车轴轮座弧度样板;车轴轴颈后肩弧度样板	Ⅰ类
13	构架测量装置	客车转向架构架专用量具	Ⅰ类
14	承载鞍测量装置	承载鞍综合检查样板;承载鞍自动测量装置	Ⅰ类
15	心盘测量装置	上、下心盘检查样板	Ⅰ类
16	摇枕、侧架及减振器测量装置	转8A侧架专用检具	Ⅰ类
		转8A摇枕专用检具	Ⅰ类
		转8A减振器专用检具;车辆减振器测量尺;油压减振器试验台	Ⅰ类 Ⅰ类

续上表

序号	项　目	典型计量器具	类别
17	转向架导柱位置测量装置	转向架导柱位置测量尺	Ⅰ类
18	机车柴油机峰值压力测量装置	机车柴油机峰值压力计	Ⅰ类
19	机车电测远传压力测量装置	机车电测远传压力表	Ⅰ类
20	闸瓦及闸瓦托检测器具	闸瓦及闸瓦托样板；闸瓦托中心距尺	Ⅰ类
21	制动梁测量器具	制动梁综合检查样板	Ⅰ类
22	制动盘安装位置测量器具	盘位差测量器	Ⅰ类
23	风管连接器体测量器具	制动软管连接器体量规	Ⅰ类
24	单车试验装置	单车试验器	Ⅱ类
25	列车试验装置	列车试验器	Ⅱ类
26	机车车辆专用压力测量仪表	机车车辆压力表（含变送器）	Ⅰ类
27	轴温检测装置（含传感器）	客车轴温报警器；机车轴温报警器	Ⅰ类
28	地面红外轴温检测装置	地面红外轴温探测仪	Ⅱ类
29	轮对接触电阻测量装置	轮对接触电阻测量仪	Ⅰ类
30	机车车辆称重装置	机车车辆称重台	Ⅰ类
31	机车车辆能耗或功率测量仪表	机车交流电度表	Ⅰ类
32	机车车辆限界检测装置	机车车辆限界规	Ⅰ类
33	列车运行监控记录装置	列车运行监控记录装置	Ⅱ类
34	车辆运行状态综合检测、监控装置	车体倾斜检测仪	Ⅱ类
35	机车车辆运行状态参数测量仪表	机车速度表	Ⅰ类
		机车里程表	Ⅰ类
36	走行部监测装置（含传感器）	机车走行部监测装置	Ⅱ类
37	机车弓网检测装置	机车弓网检测装置	Ⅱ类
2	铁道建筑		
01	路基密度、湿度测量器具	路基密实度测量仪；核子湿度、密度测量仪	Ⅰ类

续上表

序号	项　目	典型计量器具	类别
02	线路配件专用量具	道钉螺栓量具	Ⅰ类
		套管螺孔量具	Ⅰ类
		防松螺母量具	Ⅰ类
03	线路路基综合检测装置		Ⅱ类
04	轨距、水平、正矢及超高测量器具	轨距尺	Ⅰ类
		线路曲线正矢测量仪	Ⅰ类
05	钢轨几何参数测量器具	钢轨断面检测样板	Ⅰ类
		轨底坡测量仪	Ⅰ类
		钢轨直度测量仪	Ⅰ类
06	道岔结构参数测量器具	支距尺	Ⅰ类
07	辙叉几何参数测量器具	辙叉磨耗测量尺	Ⅰ类
08	轨道几何参数检测装置	轨道检查仪	Ⅰ类
09	钢轨、轨枕力学测试装置	钢轨静弯试验机	Ⅰ类
		混凝土轨枕静载试验机	Ⅰ类
10	钢轨测温器具	轨温计	Ⅰ类
11	桥梁支座几何参数检测装置	桥梁摇轴支座检具	Ⅰ类
12	桥梁、隧道参数综合检测装置		Ⅱ类
13	铁道建筑限界检测装置	隧道断面测量仪；铁道建筑接近限界检测仪	Ⅰ类
14	列车测速装置	列车测速仪	Ⅰ类
15	轨道力学参数检测装置		Ⅱ类
3　电气化铁道			
01	接触导线及其悬挂的几何参数测量装置	接触导线高度和拉出值光学测量仪	Ⅰ类
02	接触网张力测量装置	接触网张力测量表	Ⅰ类
4　通信信号			
01	机车信号及轨道电路参数测量装置	机车信号及轨道电路参数测量仪	Ⅰ类
02	道岔密贴力检测装置	道岔密贴力检测仪	Ⅰ类

续上表

序号	项　目	典型计量器具	类别
03	自闭信号显示距离测试装置	自闭信号显示距离测试仪	Ⅱ类
04	通信信号电磁测力装置	通信信号电器测力仪	Ⅱ类
05	无线列调综合测试装置	无线综合测试仪；无线列调场强测试仪	Ⅱ类
5　运　输			
01	铁路用衡器及定量装载装置	门吊钩头秤	Ⅰ类
02	铁路轴（轮）重测定装置	铁道车辆轮重测定仪	Ⅰ类
		铁道车辆轴重测定仪	
03	货车超偏载检测装置	货车超偏载检测装置	Ⅱ类
04	货物装载限界检测装置	货物装载限界检测装置	Ⅰ类
05	列车尾部安全检测装置	列车尾部安全检测装置	Ⅱ类
06	运输安全综合检测、监控系统	超限界综合检测装置	Ⅱ类
		超载、超偏载综合检测装置	Ⅱ类
		安全门	Ⅱ类
6　其　他			
01	机车车辆轮对磁粉探伤装置	铁道车辆轮对荧光磁粉探伤机	Ⅱ类
02	铁路超声波探伤仪及其探头	机车车辆超声波探伤仪及其探头	Ⅱ类
		钢轨超声波探伤仪及其探头	Ⅱ类
03	试验车自动测试系统	机车牵引力检测装置	Ⅱ类

铁路专用计量器具新产品技术认证实施细则

铁道部2008年9月24日　铁科技[2008]180号

第一章　总　则

第一条　为加强铁路专用计量器具新产品技术认证管理,根据《铁路专用计量器具新产品技术认证管理办法》(铁道部令第22号,以下简称"管理办法"),制定本细则。

第二条　本细则所称铁路专用计量器具(以下简称"铁专量具")是指与铁路运输安全有直接关系的计量器具及具有计量特征的检测设备。所称铁专量具新产品是指未经过技术认证的铁专量具(包括原有产品结构、性能、材质等方面做了重大改进的计量器具)。已通过技术认证的产品是指已通过新产品技术认证,并在铁路批量使用的铁专量具。

第三条　铁专量具新产品技术认证(以下简称"技术认证")适用范围为列入《铁路专用计量器具管理目录》(以下简称"目录")的测量装置、设备、仪器和量具。

凡用于铁路计量和检测的铁路专用计量器具,须取得技术认证证书。

第四条　技术认证工作由铁道部统一管理。铁道部行政许可管理机构负责受理技术认证的申请和送达行政许可决定,铁道部科学技术司负责审查和监督管理。

第二章　技术认证申请

第五条　申请技术认证的企业应具备以下条件:

(1)具有企业法人资格。根据设计、生产和经销不同类型计量器具对各种资源的基本需求,对企业注册资金的要求分成三类:普通量具不少于50万元,数字量具不少于100万元,测量系统不少于200万元。

(2)具有生产所必需的产品标准、图纸、工艺和检定规程(校准方法)。

申请企业应有针对并适用被认证产品的技术标准。需要制定企业标准的,其技术要求不应低于相关铁道行业标准、国家标准或其他行业标准,以及与被认证对象的具体使用环境条件相对应的环境试验标准、铁道部颁布的有关技术文件的规定。检验方法应包含在产品技术标准中,必要时还应另外制订有关计量校准技术规范。企业标准应按规定备案。

(3)具有相应的工作计量器具和检测设备、生产工装设备。

(4)具有相应的技术人员和计量检定人员。申请企业相关技术人员数占企业相关职工人数的比例不少于20%,相关技术人员中工程师及以上技术人员所占比例不少于20%,计量工程技术人员(含检定员)不少于2人。

(5)具有健全的质量体系和计量管理制度。

(6)产品应经铁路用户试用。

(7)应有可供试验的样机。

(8)符合法律法规规定的其他要求。

如委托国内企业代理的,代理申请企业还应具备下列条件:

(1)具有完备的质量管理体系和管理制度。

(2)近5年内无严重信誉不良记录。

(3)近3年内代理的产品无严重质量不良记录。

(4)具有熟悉代理产品的专业技术人员。

第六条 申请技术认证的企业应提交下列材料:

(1)行政许可申请书。

(2)铁专量具新产品技术认证审查表(见附件)。

(3)工商行政管理部门核发的企业营业执照副本复印件,并验原件。境外企业须提供企业法人资格证明文件。

(4)能够反映产品工作特性的整套样机彩色照片。

(5)主要计量检定设备量值溯源文件复印件。

量值溯源文件包括用于被认证对象质量检验的所有试验用计量设备的检定、校准证书等,对于自制的专用计量设备,需提供相应的技术文件(包括详细的结构、设计资料,使用说明,测量不确定度评定等)和校准规范,以及用于校准的计量器具的检定、校准证书等。

(6)技术报告。技术报告中至少应包括被认证对象的结构组成、测量原理、测量方法、测量范围、计量性能要求、适用环境及其确定依据,关键项目说明,技术创新要点,可靠性说明、测量不确定度评定等。

测量不确定度是指被认证计量器具测量结果的扩展不确定度,按照国家质检总局制定的计量技术规范《测量不确定度评定》(JJF1059)进行评定。对于没有具体测量数据而只给出符合性结果的计量器具(如卡规、塞规),不需评定不确定度。

(7)产品总装图、电路图和主要零部件图。

(8)产品技术标准(含检验方法或校准方法)。

(9)使用说明书(含安装说明、安全防护说明)。

(10)研制单位或技术机构所做的测试报告。

(11)用户试用报告。应有试用单位负责人签字,并加盖单位公章。

申请企业提交的申请材料应有清单,并对申请材料进行编号。《行政许可申请书》、《铁专量具新产品技术认证审查表》按规定的格式填写,一式两份,其他材料均一份。

代理申请企业还应提交下列材料:

(1)授权委托代理的相关文件。

(2)质量管理体系认证证书复印件。

(3)近5年内的业绩说明材料。

第三章 技术认证程序

第七条 技术认证技术审查(包括技术资料审查、样机试验、专家技术评价)由具备相应技术能力并经铁道部认可的计量技术机构(以下简称“专业技术机构”)承担。

第八条 专业技术机构应符合以下基本条件:

(1)应当依法设立,保证客观、公正和独立地从事检测、校准及检查活动,并承担相应的法律责任。

(2)应当具有与其从事检测、校准和检查活动相适应的专业技术人员及管理人员。

(3)应当具备固定的工作场所,其工作环境应当保证检测、校准和检查数据及结果的真实、准确。

(4)应当具备正确进行检测、校准和检查活动所需要的并且能够独立调配使用的固定的和可移动的检测、校准及检查设备设施。

(5)应当建立能够保证其公正性、独立性和与其承担的检测、校准及检查活动范围相适应的质量体系并有效运行。

(6)法律法规规定的其他条件。

第九条 专业技术机构根据技术认证技术审查的需要建立专家库,专家主要在铁路计量技术委员会委员中选择,必要时也可另聘专家。专业技术机构按技术审查项目相关专业确定专家参加技术审查工作,如采用会议形式进行技术评价,可邀请铁专量具使用单位的专家参加。

第十条 铁道部行政许可管理机构收到企业的申请材料后应及时进行审查,作出是否受理的决定。受理的,将申请材料转科技司;不予受理的,应向企业说明理由。

第十一条 科技司审查申请材料后,基本符合技术要求的,通知企业到专业技术机构进行样机试验;不符合技术要求的,铁道部作出不予行政许可的书面决定,说明理由并送达企业。

第十二条 专业技术机构在样机试验前先进行技术资料审查,全面分析申请企业提交的技术文件和资料,审查新产品的技术方案。主要包括如下内容:

(1)设计原理、结构、材质以及技术指标;

(2)确定认证技术依据的原则及内容;

(3)技术指标确定依据的充分性与合理性;

(4)技术指标对相关认证技术依据的符合性;

(5)技术材料的完备性;

(6)测量不确定度评定的合理性及其格式的规范性;

(7)对铁路具体使用环境及管理的适应性。

专业技术机构提出技术资料审查意见,并完成《样机试验大纲》的编制。

若技术方案有原则缺陷,则审查结果不合格,不再进行样机试验。

第十三条 在技术方案审查中,专业技术机构确认必要时,可进行现场核查。现场核查内容及核查方案作为附加条款列入《样机试验大纲》,对企业生产现场进行核查。

第十四条 《样机试验大纲》根据国家质检总局制定的型式评价技术规范编制,主要包括准确度、稳定性、可靠性和寿命等试验项目及其依据标准、试验方法。

《样机试验大纲》在样机试验前,应与申请方沟通,经专业技术机构技术负责人批准执行,并报科技司备案。

第十五条 样机试验应对产品主要技术指标进行全面试验。因工作需要分包检测、校准或者检查工作时,应当将其工作分包给符合国家规定资质的实验室或者检查机构,并应在《样机试验大纲》中对其能力和资质要求加以说明。

第十六条 现场试验的项目,应在《样机试验大纲》中规定试验条件、试验依据、试验人员、试验方法等。

在现场试验前,应确认试验设备的量值溯源性以及试验环境满足《样机试验大纲》的要求。试验(包括必要的现场核查)应由专业技术机构组成的现场试验组按照《样机试验大纲》规定的方法进行。

第十七条 专业技术机构按照样机试验大纲规定的项目对申请企业提供的样机

进行试验,并出具样机试验报告。试验后的样机应退还企业,或由双方协商处理。

第十八条 样机试验合格后,专业技术机构组织专家对技术方案审查意见和样机试验报告等进行专家技术评价,由专家组提出技术评价意见。

技术机构根据技术方案审查意见、样机试验报告和专家技术评价意见,形成技术审查报告,报科技司审核。

第十九条 科技司对技术认证技术审查报告进行审核。审核合格的,铁道部作出准予行政许可的书面决定,送达企业。

对技术认证审核不合格的项目,由科技司通知企业。企业可自接到通知之日起60日内进行改进,改进后提出书面复审申请,并附修改的有关技术资料报科技司。复审仍未通过或在规定时限内未提出书面复审申请的,铁道部作出不予行政许可的书面决定,说明理由并送达企业。

第二十条 铁道部自受理企业申请之日起20日内作出行政许可决定;20日内不能作出决定的,经铁道部主管领导批准可延长10日,并将延长期限的理由告知企业。

专业技术机构进行技术审查时间不计算在铁道部行政许可期限内。技术审查时间一般不超过6个月,具体时间由专业技术机构与申请方签订协议确定。

第四章 监 督 管 理

第二十一条 技术认证证书有效期为5年。技术认证证书仅对指定型号的计量器具有效。

第二十二条 技术认证证书编号由技术认证代号、铁专量具编号、技术认证次数代号、证书序号组成。

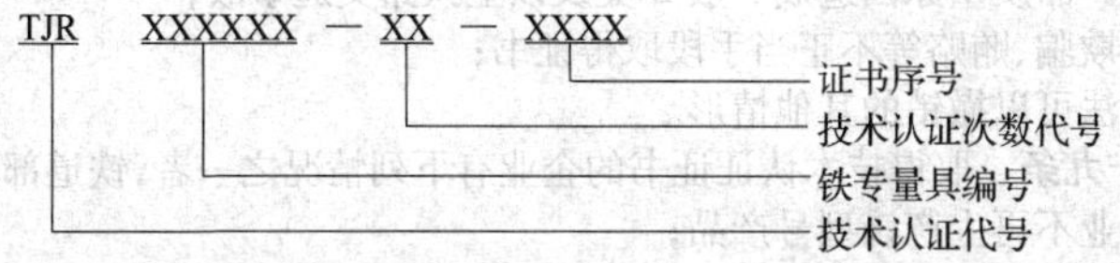

1. 技术认证代号为TJR。"T"代表"铁路","J"代表"计量器具","R"代表"技术认证"。

2. 铁专量具编号以6位阿拉伯数字表示,取铁专量具代码(8位)的后6位数字。铁专量具代码按铁道部部门计量技术规范《铁路专用计量器具及计量标准分类代码》(JJF(铁道)604)规定的编码规则执行。

3. 技术认证次数代号以2位阿拉伯数字表示,"01"表示"首次认证","02"表示"第2次认证(即第1次换证)",以下依此类推;"00"表示补发技术认证证书。

4. 证书序号以4位阿拉伯数字表示。

证书编号示例:

列车运行监控装置测试设备校验仪 TJR913312—01—0001

第二十三条 在技术认证证书有效期内,铁道部应组织专家对已通过技术认证的项目进行监督检查。有下列情形之一者,应按规定对计量器具进行监督检查试验:

(1)连续生产时间达到3年时(产品标准另有规定的,按其规定执行);

(2)停产时间超过18个月再次恢复生产时;

(3)企业内部下属非独立法人机构首次生产已通过技术认证的产品时;
(4) 产品认证时依据的标准发生变更时。

试验样机由制造企业向专业技术机构提供,专业技术机构按照铁专量具新产品技术认证中样机试验大纲的要求进行试验,并按规定向委托试验的企业出具样机试验报告。

专业技术机构将试验报告汇总报科技司,科技司对监督检查试验结果定期予以通报。监督检查试验不合格或未按规定进行监督检查试验的铁专量具,不准在铁路销售、使用。

第二十四条 铁专量具若已列入其他行政许可目录的,按其他行政许可程序办理,不再进行技术认证。

第二十五条 在技术认证证书有效期内,发生证书遗失、损毁或无法辨认等情况时,企业可向铁道部提出补办申请并说明原因。铁道部核实后办理补发手续,证书编号不变。

第二十六条 在技术认证证书有效期内,企业名称或企业生产地点发生变化的,企业应在变化后的60日内向铁道部申请办理技术认证证书变更手续。

第二十七条 在企业的生产设备、重要工艺等生产条件发生较大变化的,应及时向铁道部备案。必要时,铁道部组织进行相应的核查和检验。

第二十八条 取得技术认证证书的企业有下列情况之一者,铁道部将撤销其证书:
(1)擅自涂改、转让技术认证证书;
(2)在技术认证监督检查中不合格、复查仍不合格,或逾期不申请复查,或连续两次监督检查不合格;
(3)因产品质量原因造成一般B类及以上铁路交通事故;
(4)以欺骗、贿赂等不正当手段取得证书;
(5)依法可以撤销的其他情形。

第二十九条 取得技术认证证书的企业有下列情况之一者,铁道部注销其证书:
(1)企业不再生产该型号产品;
(2)企业依法终止的;
(3)技术认证证书有效期满,未继续提出申请;
(4)该产品不再实行技术认证管理;
(5)法律法规规定应注销的其他情形。

第三十条 连续2次作出不予行政许可决定的企业,在2年内不再受理其相应型号产品的申请。

第三十一条 任何企业制造的铁专量具,不得低于原通过认证的技术指标。对已经不符合铁路计量管理要求和技术水平落后的铁专量具,专业技术机构应组织专家论证,并向铁道部提出处理建议。不适于继续在铁路销售、使用的,铁道部将及时公布废除原技术认证批准的铁专量具型式。

第三十二条 专业技术机构不得从事铁专量具产品的制造、销售等经营性活动,不得与铁专量具技术认证的申请企业有关联关系。

第三十三条 专业技术机构应保存完整的技术审查原始资料,保存期为5年。专业技术机构有责任为申请企业提供的技术文件、资料和样机保密,不得利用铁专量具技术审查、试验之便,研制、开发同类产品。

第三十四条 专业技术机构违反本实施细则第三十二条、第三十三条规定的,铁道部将责令其改正;情节严重的,停止其承担技术审查及试验的资格。

第三十五条 申请企业对作出的行政许可决定不服或者认为不当的,可以向铁道部行政许可管理机构、行政监察机构、行政复议机构等职能部门提出申诉或复议。

铁道部相关工作人员在技术认证管理工作过程中有违法违纪行为的,按《铁道部行政许可监督检查及责任追究暂行办法》的有关规定处理。

第五章 附 则

第三十六条 铁道部受理技术认证申请、进行形式审查不收取费用。专业技术机构进行铁专量具试验按有关规定收取费用。

第三十七条 本细则由铁道部科技司负责解释。

第三十八条 本细则自印发之日起施行。

附件

铁路专用计量器具新产品技术认证审查表

计量器具名称________________________________

申请企业名称________________________________(盖章)

企业通信地址________________________________

电子邮箱____________________________________

联系电话________________邮政编号______________

联系人____________申请日期__________年______月______日

中华人民共和国铁道部

填 表 说 明

1. 审查表用计算机填写。

2. 企业名称要与工商行政管理部门核发的企业工商营业执照名称相一致。

3. "产品名称"与"规格型号"按相应的标准名称与品种填写。同一产品多于一种规格或型号时,规格型号列入附表 5,"规格型号"栏内可仅填入"详见附表 5"字样。

4. 铁路局所属企业由铁路局产品质量主管部门签署申请企业主管部门意见。无主管部门的企业,"申请企业主管部门意见"一栏可不填。

5. 附表 2《外购或委外加工主要零部件一览表》中"委外类别"栏内选填"外购"或"加工"。

6. 附表 4《主要生产设备、工装和检验、检定计量仪器设备一览表》中"测量范围”、“准确度等级”、“检定单位”、“检定证书编号”仅限于计量检测设备。

7. 相关工程技术人员和计量检定人员指从事与申请技术认证的铁专量具有关的工程技术人员和计量检定人员。

8. 审查表(包括附表)一式二份。审查表封面须加盖企业公章(公章复印无效)。

<table>
<tr><td rowspan="3">申报产品情况</td><td colspan="4">计量器具(设备)名称</td><td colspan="4"></td></tr>
<tr><td colspan="4">规格型号</td><td colspan="4"></td></tr>
<tr><td colspan="5">产品技术标准(规程)编号和名称</td><td colspan="3"></td></tr>
<tr><td>申报产品简要说明(主要技术指标)</td><td colspan="8"></td></tr>
<tr><td>已生产样机</td><td>数量</td><td></td><td>出厂编号</td><td colspan="5"></td></tr>
<tr><td rowspan="4">企业基本情况</td><td>企业名称</td><td colspan="4"></td><td>法人代表</td><td colspan="2"></td></tr>
<tr><td>主管部门</td><td colspan="4"></td><td>营业执照编号</td><td colspan="2"></td></tr>
<tr><td>经济性质</td><td></td><td>企业总人数</td><td colspan="2"></td><td>相关职工人数</td><td colspan="2"></td></tr>
<tr><td>相关技术人员数</td><td></td><td>相关工程师及以上技术人员数</td><td></td><td colspan="2">相关计量工程技术人员(含检定员)数</td><td colspan="2"></td></tr>
<tr><td>申请企业主管部门意见</td><td colspan="8">(盖章)　　年　月　日</td></tr>
</table>

续上表

铁道部审查意见	受理编号:________ (盖章) 年 月 日
产品技术资料审查结论	(盖章) 年 月 日
产品样机试验结论	样机试验报告编号:________技术负责人(签字): (盖章) 年 月 日
技术专家意见	(签字): 年 月 日
专业技术机构意见	技术负责人(签字): (盖章) 年 月 日
铁道部审批意见	铁专量具新产品技术认证编号:________ (盖章) 年 月 日
备注	

附表1

计量器具(设备)技术认证资料目录

序号	资　料　内　容	数量	备 注
1	企业工商营业执照复印件		
2	产品样机照片		
3	主要计量检定设备量值溯源证书复印件		
4	技术报告(含测量不确定度分析)		
5	产品总装图、电路图和主要零部件图		
6	产品技术标准(含检验方法或校准方法)		
7	使用说明书(含安装说明、安全防护说明)		
8	研制单位或技术机构所做的测试报告		
9	用户试用报告		

附表2

外购或委外加工主要零部件一览表

序号	产品零部件名称	委外类别	委外单位名称	备　注

附表 3

相关工程技术人员、计量检定人员一览表

序号	姓 名	性别	年龄	职称	文化程度	所学专业	从事专业	工作岗位	相关工作年限

附表 4

主要生产设备、工装和检验、检定计量仪器设备一览表

序号	名　称	规格型号	测量范围	准确度等级	出厂编号	完好状态	使用场所	生产厂	出厂年月	检定单位	检定证书编号

附表 5

申请认证产品型号一览表

产品名称		规格型号数	
序号	**型号标识**	**功能区别说明**	**备　注**

铁路工业产品制造特许证管理办法

铁道部 2005 年 3 月 31 日　铁科技［2005］50 号

各铁路局，青藏铁路公司，各专业运输公司，各合资铁路公司，各地方铁路：

现发布《铁路工业产品制造特许证管理办法》，自 2005 年 4 月 1 日起施行。铁道部《铁路工业产品制造特许证试行办法》（铁科技［1986］896 号）同时废止。

已取得铁路工业产品制造特许证的企业，其制造特许证在有效期内仍然有效。制造特许证有效期满后，按此办法办理。

第一章　总　　则

第一条　为加强铁路工业产品质量的监督管理，依据《中华人民共和国行政许可法》、《国务院对确需保留的行政审批项目设定行政许可的决定》（国务院令第 412 号）及有关法律、法规，制定本办法。

第二条　本办法所称铁路工业产品是指直接关系铁路运输安全、铁道部实行"铁路工业产品制造特许证"（以下简称"制造特许证"）管理的产品。铁道部根据铁路运输的实际情况适时调整并公布本办法的附件"实行制造特许证管理的产品目录"（以下简称"目录"）。

第三条　在中华人民共和国境内生产列入目录的产品的企业，必须取得制造特许证。制造特许证是对企业生产资格的许可。

第四条　制造特许证由铁道部统一审核、颁发并在铁道部政府网站公布。铁道部行政许可管理机构负责受理制造特许证的申请和送达行政许可决定，铁道部科学技术司负责审查。

第五条　对目录范围内的产品，铁道部制订相应的制造特许证检验细则。检验细则包括以下内容：

（一）采用的产品技术标准等技术文件；

（二）企业的生产设备、工艺装备、计量器具和检验手段等的要求；

（三）生产条件核查办法；

（四）产品检验办法；

（五）有关的其他事项。

第二章　申请和受理

第六条　申请制造特许证的企业应具备以下条件：

（一）具有企业法人资格；

（二）具有正确、完整的技术文件；

（三）具有铁道部认可的检验机构出具的型式试验报告；

（四）产品质量达到技术标准的要求；

（五）具备保证产品质量的生产设备、工艺装备、计量器具和检验手段；

（六）具有健全的质量保证体系，产品在生产过程中具备有效的质量控制措施，能保证产品质量的稳定；

（七）具有进行正常生产和保证产品质量的技术人员、技术工人和检验人员，并能严格按照图纸、生产工艺和技术标准进行生产、实验和检测；

（八）符合法律、行政法规规定的其他要求。

第七条 申请制造特许证的企业应填写《铁道部行政许可申请书》、《铁路工业产品制造特许证审查表》并附齐审查表要求的其他材料。

第八条 被撤销制造特许证或连续2次审查不合格的企业，在2年内不再受理其申请。

第九条 铁道部行政许可管理机构收到企业的申请材料后应进行审查，作出是否受理的决定，并出具加盖铁道部行政许可专用章和注明日期的书面凭证。受理的，将申请材料转给铁道部科学技术司；不予受理的，应向企业说明理由。

第三章 审查和决定

第十条 铁道部科学技术司审查申请材料后，基本符合生产条件要求的，通知企业到专业检验机构进行检验（检验包括生产条件核查和产品检验）；不符合生产条件要求的，铁道部作出不予行政许可的书面决定，说明理由并送达企业。

第十一条 专业检验机构必须通过国家计量认证，并经铁道部认可后，方可承担相应的检验任务。

第十二条 专业检验机构应派出核查人员对企业的生产条件进行现场核查。

第十三条 生产条件核查合格的，核查人员应在企业的成品库或生产线终端抽取产品检验的样品并进行封样；抽、封样时应至少有2名人员参加。

第十四条 所抽样品一般应由抽样人员负责带至检验地点进行检验；对不便携带的样品，应由企业在规定的时间内寄、送至指定的检验地点进行检验。

第十五条 产品检验合格的，专业检验机构应将核查和检验材料报铁道部科学技术司审核。审核确认后，铁道部作出准予行政许可的书面决定，并在作出决定之日起10日内向企业颁发制造特许证。

第十六条 生产条件核查或产品检验不合格的，专业检验机构应将核查或检验材料报铁道部科学技术司审核。审核确认后，铁道部作出不予行政许可的书面决定，说明理由并送达企业。

第十七条 铁道部应自受理企业申请之日起20日内作出行政许可决定；20日内不能作出决定的，经铁道部主管领导批准可延长10日，并将延长期限的理由告知企业。

专业检验机构进行检验所需时间不计算在前款规定的期限内。

第四章 管理和监督

第十八条 制造特许证采用统一的格式，标记和编号表示为：TTX ×××—××××；

TTX —— 制造特许证标记，其中第一个T代表铁路（Tie）、第二个T代表特（Te）、X代表许可（Xu）；

×××—— 产品编号,按产品类别编排的3位阿拉伯数字;

××××—— 制造特许证编号,按发证先后次序编排的4位阿拉伯数字。

第十九条　制造特许证的有效期一般为4年,也可根据产品的特点另外确定制造特许证的有效期。有效期届满,企业要继续生产的,应在有效期满6个月前按照本办法重新向铁道部提出申请。

第二十条　在制造特许证的有效期内,企业必须在其产品或包装、说明书上标明制造特许证的标记和编号。

第二十一条　取得制造特许证的企业应接受铁道部组织的监督检查。监督检查不合格的企业,应进行整改,并在6个月内向铁道部提出复查申请。

第二十二条　在制造特许证有效期内,企业名称或企业生产地点发生变化的,企业应向铁道部申请办理制造特许证变更手续。

第二十三条　企业的生产设备、重要工艺等生产条件发生较大变化的,应及时向铁道部备案,铁道部对企业进行相应的核查和检验。

第二十四条　取得制造特许证的企业有下列情况之一者,铁道部撤销其制造特许证:

(一)涂改、转让制造特许证;

(二)在铁道部产品质量监督抽查中,抽查不合格、复查仍不合格,或连续两次抽查不合格;

(三)在制造特许证监督检查中不合格、复查仍不合格,或逾期不申请复查;

(四)因产品质量导致产品用户发生重大事故。

第二十五条　取得制造特许证的企业有下列情况之一者,铁道部注销其制造特许证:

(一)不再生产该产品;

(二)制造特许证有效期满,未继续提出申请;

(三)该产品不再实行制造特许证管理。

第二十六条　专业检验机构及其有关人员必须保证检验结果的真实性,对所作出的结论承担法律责任。

第二十七条　专业检验机构不得从事制造特许证产品的制造、销售等经营性活动,不得与制造特许证的申请企业有关联关系。

第二十八条　专业检验机构违反本办法第二十六条、第二十七条规定的,铁道部责令其改正;情节严重的,停止其承担检验的资格。

第五章　附　　则

第二十九条　铁道部受理申请、审查资料和作出行政许可决定不收取费用。专业检验机构所做的检验按有关规定收取费用。

第三十条　本办法由铁道部科学技术司负责解释。

附件1

实行制造特许证管理的产品目录

1. 电力机车受电弓滑板

2. 机车闸瓦
3. 铁道客车轴温报警器
4. 铁道车辆转 8A 弹簧
5. 铁路混凝土枕轨下用橡胶垫板
6. 高分子材料钢轨绝缘件
7. 铁路货场门(桥)式起重机

附件 2

铁道工业产品制造特许证审查表

填 表 说 明

1. 审查表用钢笔、签字笔填写或打印机打印,字迹清晰、工整,不得涂改。
2. 企业名称要与工商行政管理部门核发的企业法人营业执照名称相一致。
3. 产品名称与型号规格按相应的标准名称与品种分别填写。
4. 年产量、产值、销售额等均按上年度填写。
5. 铁路局属企业由铁路局产品质量主管部门签署意见。
6. 随制造特许证审查表一并附齐以下资料:

(1)企业法人营业执照(复印件);
(2)产品鉴定证书或型式试验报告(复印件);
(3)有关质量管理和技术管理方面的制度目录;
(4)产品主要图纸及使用说明书;
(5)质量保证体系情况;
(6)换证应附原制造特许证证书(复印件);
(7)法律、法规规定的其他要求。

7. 填写附表时如纸张不够,可自行附页。
8. 审查表一式二份,封面必须加盖企业公章(企业公章复印无效)。

申报产品情况	产品名称			
	规格型号		执行标准编号	
	产品鉴定或型式试验单位、时间		图纸来源	
	批量投产时间		工厂代号	
	年投产能力		年产量	
	年产值		年销售额	

续上表

<table>
<tr><td rowspan="9">企业基本情况</td><td>企业名称</td><td colspan="3"></td></tr>
<tr><td>法人代表</td><td></td><td>主管部门</td><td></td></tr>
<tr><td>营业执照编号</td><td></td><td>经济性质</td><td></td></tr>
<tr><td>企业总人数</td><td></td><td>企业代码</td><td></td></tr>
<tr><td>工程技术人员数</td><td></td><td>建厂时间</td><td></td></tr>
<tr><td>占地面积</td><td></td><td>建筑面积</td><td></td></tr>
<tr><td>固定资产(现值)</td><td></td><td>流动资金</td><td></td></tr>
<tr><td>年总产值</td><td></td><td>年销售额</td><td></td></tr>
<tr><td>主导产品名称</td><td colspan="3"></td></tr>
<tr><td colspan="2">企业主管部门意见</td><td colspan="3">(盖章)　　年　月　日</td></tr>
<tr><td colspan="2">铁道部受理意见</td><td colspan="3">(签字)　　年　月　日</td></tr>
<tr><td colspan="2">生产条件核查结果</td><td colspan="3">(盖章)　　年　月　日</td></tr>
<tr><td colspan="2">产品检验结果</td><td colspan="3">(盖章)　　年　月　日</td></tr>
</table>

续上表

铁道部审批结论	（盖章） 年 月 日
制造特许证编号	
制造特许证有效期	年 月 日 至 年 月 日
备 注	

附表 1

企业主要负责人、工程技术骨干人员一览表

序号	姓 名	性别	年龄	职 务	职称	文化程度	专 业	工作年限

附表 2

主要生产设备、工装明细表（该产品所用）

序号	名　　称	规格型号	数量	完好状态	使用场所	生产厂	生产日期	购置日期

附表 3

主要原材料、外购件和外协件明细表（该产品所用）

序号	名　　称	型 号 规 格	年 需 量	标准代号	生产单位

附表 4

主要检测设备、量器具明细表(该产品所用)

序号	名　　称	型号规格	精度等级	数　量	完好状态	使用场所	生产厂	生产日期	购置日期

关于调整《实行制造特许证管理的产品目录》的通知

铁道部2007年12月5日　　铁科技[2007]240号

根据《铁路工业产品制造特许证管理办法》(铁科技[2005]50号),铁道部决定对《实行制造特许证管理的产品目录》(铁科技[2005]50号附件1)进行如下调整:

1. 取消“铁道车辆转8A弹簧”的制造特许证管理。
2. 取消“铁路货场门(桥)式起重机”的制造特许证管理。

上述两类产品制造特许证证书自本通知发布之日起自动失效。

机车用闸瓦制造特许证实施细则

铁道部2008年7月22日　铁科技[2008]114号

第一章　总　　则

第一条　为加强铁路机车用闸瓦质量的监督管理,根据《铁路工业产品制造特许证管理办法》,制定本实施细则。

第二条　本实施细则所称机车用闸瓦是指列入《铁路工业产品制造特许证管理办法》附件"实行制造特许证管理的产品目录"中的第二类铁路工业产品,包括机车用灰铸铁、高磷铸铁、合金铸铁、粉末冶金和合成闸瓦(产品范围、申证单元及执行标准见附件1)。

第三条　凡在中华人民共和国境内生产并销售机车用闸瓦的企业,必须取得"铁路工业产品制造特许证"(以下简称制造特许证)。制造特许证是对企业生产资格的许可。

第四条　制造特许证由铁道部统一审核、颁发。铁道部行政许可管理机构负责受理制造特许证的申请和送达行政许可决定,铁道部科学技术司(以下简称铁道部科技司)负责制造特许证的审查。

第二章　申请企业必须具备的条件

第五条　申请制造特许证的企业应具备以下条件:

(一)具备企业法人资格,经营范围覆盖制造特许证产品,注册资金100万元以上;

(二)产品具有按规定程序批准的图纸和技术文件;

(三)具有铁道部认可的专业检验机构出具的4年内的型式试验报告;

(四)具有保证产品质量的生产设备、工艺装备、计量器具和检验手段(见附件2);

(五)具有健全的质量保证体系,质量保证体系必须达到《机车用闸瓦制造特许证企业生产条件考核办法》(见附件9)的规定,产品在生产过程中必须具备有效的质量控制措施,保证产品质量的稳定;

(六)产品符合制造特许证产品质量检验办法(见附件10、附件11、附件12、附件13、附件14)的要求;

(七)有能够保证正常生产和产品质量的技术人员(技术人员占企业人员总数的15%以上,其中专业技术人员3人以上)、技术工人和质量检验人员,并能严格按照图纸、生产工艺和技术标准进行生产、试验和检测;

(八)企业应具有相应的生产规模,年生产能力5万块以上,具有5个以上单位的使用报告;

(九)符合法律、行政法规和铁道部规章规定的其他要求。

第三章　申请和发放程序

第六条　申请制造特许证的企业应当提交下列材料：

（一）《铁道部行政许可申请书》（见附件 3，一式二份，加盖公章）；

（二）企业法人营业执照副本（复印件二份并验原件）；

（三）《铁路工业产品制造特许证审查表》（见附件 4，一式二份）；

（四）产品主要图纸及使用说明书（一式二份）；

（五）产品型式试验报告（复印件二份并验原件）；

（六）发证产品用主要生产设备、工装明细表（见附件 5，一式二份）；

（七）发证产品用主要检测设备、量器具明细表（见附件 6，一式二份）；

（八）发证产品用主要原材料、外购件和外协件明细表（见附件 7，一式二份）；

（九）质量保证体系情况及有关质量管理和技术管理方面的制度目录（一式二份）；

（十）企业主要负责人、与发证产品有关的技术人员一览表（见附件 8，一式二份）；

（十一）使用单位的使用报告（复印件二份并验原件）；

（十二）换证应附原制造特许证证书（复印件二份）；

（十三）法律、法规规定的其他要求（一式二份）。

第七条　铁道部行政许可管理机构决定受理后，将申请材料转给铁道部科技司。

经审查，符合生产条件要求的企业，通知企业到专业检验机构进行检验（检验包括生产条件核查和产品检验）；不符合生产条件要求的，作出不予行政许可的书面决定，说明理由。

连续 2 次审查或检验不合格以及被撤销制造特许证的企业，在 2 年内不再受理其申请。

第八条　专业检验机构必须通过国家计量认证，并经铁道部认可后方可承担检验工作。

第九条　专业检验机构组织由具有相关专业能力和资质的人员及有关方面的专家组成的核查组，对企业进行生产条件核查；生产条件核查合格的，在企业的成品库或生产线终端抽取经生产企业检验合格的产品并进行封样；抽、封样品应至少有 2 名核查组人员参加。所抽样品由企业在规定的时间内寄、送至指定的检验地点。

第十条　专业检验机构组织对企业生产条件进行核查和产品检验后，提出核查和检验报告报铁道部科技司。专业检验机构对产品检验的时间不应超过 120 天。

企业生产条件核查和产品检验合格的，经铁道部审核确认后，作出准予行政许可的书面决定。

企业生产条件核查或产品检验不合格的，经铁道部审核确认后，作出不予行政许可的书面决定。

第十一条　铁道部应自受理企业申请之日起 20 日内作出行政许可决定；20 日内不能作出决定的，经铁道部负责人批准可延长 10 日，并将延长期限的理由告知企业。

产品检验时间不计算在前款规定期限之内。

第四章 监督和管理

第十二条 制造特许证的有效期为4年,从制造特许证批准之日算起。获得制造特许证的企业,有效期满要继续生产的,应于有效期满6个月前重新向铁道部提出申请。换证企业领取新证时应交回旧证原件。

第十三条 制造特许证标记与编号:

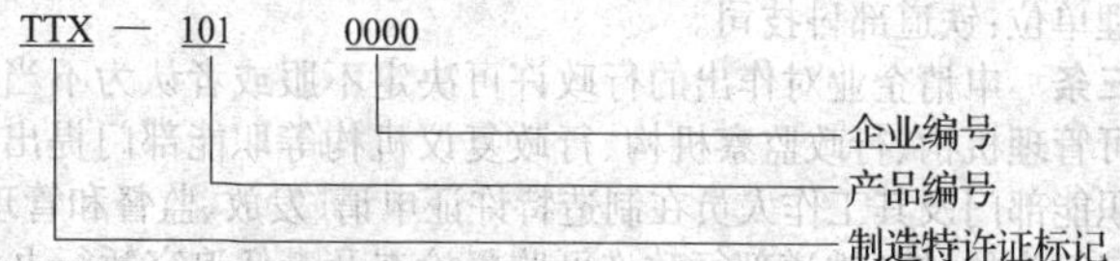

第十四条 在制造特许证有效期内,取得制造特许证的企业,应在产品包装或产品说明书上标明制造特许证的标记和编号。

第十五条 在制造特许证证书有效期内,发生证书遗失、损毁或无法辨认等情况时,企业可向铁道部提出补办申请并说明原因。铁道部核实后办理补发手续,证书编号不变。

第十六条 企业在取得制造特许证后,应保证产品质量并接受铁道部组织的监督检查。监督检查不合格的企业应进行整改,并在6个月内向铁道部提出复查申请。

第十七条 在制造特许证有效期内,企业名称或企业生产地点发生变化的,企业应向铁道部申请办理制造特许证变更手续。

第十八条 企业的生产设备、重要工艺等生产条件发生较大变化的,应及时向铁道部备案,铁道部组织对企业进行相应的核查和检验。

第十九条 取得制造特许证的企业有下列情况之一者,铁道部撤销其制造特许证:

(一)擅自涂改、转让制造特许证;

(二)在铁道部产品质量监督抽查中,抽查不合格、复查仍不合格,或连续两次抽查不合格;

(三)在制造特许证监督检查中不合格、复查仍不合格,或逾期不申请复查;

(四)因产品质量原因造成一般B类及以上铁路交通事故;

(五)因产品质量原因导致设备瘫痪并严重影响运输安全生产;

(六)以欺骗、贿赂等不正当手段取得证书;

(七)依法可以撤销的其他情形。

第二十条 取得制造特许证的企业有下列情况之一者,铁道部注销其制造特许证:

(一)企业不再生产该项产品;

(二)企业依法终止的;

(三)制造特许证有效期满,未继续提出申请;

(四)该产品不再实行制造特许证管理;

(五)法律法规规定应注销的其他情形。

第二十一条 专业检验机构及其有关人员必须保证检验结果的真实性,对所作出的检验结论承担法律责任。

专业检验机构不得从事制造特许证产品的制造、销售等经营性活动,不得与制造特许证的申请企业有关联关系。

对违反规定的专业检验机构，铁道部责令其改正；情节严重的，停止其承担检验工作的资格。

第二十二条 专业检验机构工作人员在制造特许证检验工作中索取或者收受他人财物或者谋取其他利益的，按照《铁路工业产品质量监督管理办法》（铁科教〔2001〕29 号）的规定处理。

举报受理单位：铁道部科技司。

第二十三条 申请企业对作出的行政许可决定不服或者认为不当的，可以向铁道部行政许可管理机构、行政监察机构、行政复议机构等职能部门提出申诉或复议。铁道部相关职能部门及其工作人员在制造特许证申请、发放、监督和管理等工作过程中有违法违纪行为的，按《铁道部行政许可监督检查及责任追究暂行办法》的有关规定处理。

第五章 附 则

第二十四条 铁道部受理申请、审查资料和作出行政许可决定不收取费用。

第二十五条 专业检验机构所做的检验收费参照《铁道部产品质量监督抽查检验费用计算办法》（科技技函〔2002〕146 号）执行。

产品名称	检验费用（元）	
	生产条件核查	产品检验（每个申证单元）
铸铁闸瓦	6 000	13 800
粉末冶金闸瓦	6 000	14 800
合成闸瓦	6 000	15 000

第二十六条 本细则由铁道部科技司负责解释。

第二十七条 本细则自发布之日起施行。铁道部前发《机车用闸瓦制造特许证实施细则》（铁科技〔2005〕153 号）同时废止。

附件 1

机车用闸瓦产品发证范围、申证单元及执行标准

序号	申证单元	发证范围	执行标准
1	灰铸铁闸瓦	内燃、电力	TB/T 3104—2005《机车用铸铁闸瓦》
2	高磷铸铁闸瓦	内燃、电力	TB/T 3104—2005《机车用铸铁闸瓦》
3	合金铸铁闸瓦	内燃、电力	TB/T 3104—2005《机车用铸铁闸瓦》
4	粉末冶金闸瓦	内燃、电力	TB/T 3005—2008《机车用粉末冶金闸瓦》
5	合成闸瓦	内燃、电力	TB/T 3196—2008《机车用合成闸瓦》

附件 2

机车用闸瓦制造特许证企业生产必备设备、工装及检测设备

序号	产品名称	设备名称	数量	规格型号	备注
		炼铁炉			
		混砂机			
		模型			
		测温仪			
		压力试验机(油压)300 kN 以上			
1	铸铁闸瓦	布氏硬度计(固定的)			
		化学成分分析用仪器、设备(碳、硅、锰、硫、磷分析)			申报时注明
		金相显微镜			
		瓦背圆弧样板			
		游标卡尺			
		深度尺			
		混料机			
		压力机		≥300 吨	摩擦体成型
		模具			
		可保护气氛加压式烧结炉			
2	粉末冶金闸瓦	电焊机			
		压力试验机			
		布氏硬度计			
		冲击试验机			
		精密天平			

续上表

序号	产品名称	设备名称	数量	规格型号	备注
2	粉末冶金闸瓦	瓦背圆弧样板			
		游标卡尺			
3	合成闸瓦	抛丸机			瓦背除锈用
		高速混料机			干法工艺
		打浆机			湿法工艺 汽油泡胶
		捏合机			湿法工艺
		干燥窑			湿法工艺
		压力机		热压≥100 吨 冷压≥160 吨	压制闸瓦
		闸瓦成型模具			压制闸瓦
		热处理炉或固化炉或硫化罐			后处理闸瓦
		瓦背圆弧样板			
		游标卡尺			
		洛氏硬度计			
		精密天平		感量 0.001 克	
		自动控制材料试验机		≤10 吨	压缩强度 压缩模量
		材料试验机		≥10 吨	粘结强度
		冲击试验机		≤5J	

附件3

铁道部行政许可申请书

个人申请	姓　　名		身份证号码	
	住　　址			
	联系电话		邮编	
	电子邮箱			
单位申请	单位名称		法人代表	
	单位地址			
	联系电话		邮编	
	电子邮箱			
	委托代理人		身份证号码	
	住　　址			
	联系电话		邮编	
	电子邮箱			
行政许可申请项目				
行政许可申请内容				
所附申请材料目录				

注：以下内容由受理机构填写。

受理人（审核人）：　　　　　　　　　　　　收到日期：

附件4

铁路工业产品制造特许证审查表

产品名称＿＿＿＿＿＿＿＿＿＿＿＿（公章）

企业名称＿＿＿＿＿＿＿＿＿＿＿＿

详细地址＿＿＿＿＿＿＿＿＿＿＿＿

邮政编码＿＿＿＿＿＿＿＿＿＿＿＿

电子邮箱＿＿＿＿＿＿传真＿＿＿＿＿＿

负责人＿＿＿＿＿＿联系人＿＿＿＿＿＿

联系电话　办公室＿＿＿＿＿＿手机＿＿＿＿＿＿

申请日期＿＿＿＿＿＿＿＿＿＿＿＿

中华人民共和国铁道部

填 表 说 明

1. 审查表用计算机填写；
2. 企业名称要与工商行政管理部门核发的企业法人营业执照名称相一致；
3. 产品名称、型号规格按相应的标准名称与品种分别填写；
4. 年销售量、年产值、年销售额按上年度填写；
5. 铁路局属企业由铁路局产品质量主管部门签署意见；
6. 审查表封面加盖企业公章（企业公章复印无效）。

申报产品情况	产品名称			
	规格型号		执行标准编号	
	产品鉴定或型式试验单位、时间		图纸来源	
	批量投产时间		工厂代号	
	年生产能力（规模）		年销售量	
	年产值		年销售额	
企业基本情况	企业名称			
	法人代表		主管部门	
	营业执照编号		经济性质	
	企业总人数		企业代码	
	工程技术人员数		建厂时间	
	占地面积		建筑面积	
	固定资产（现值）		流动资金	
	年总产值		年销售额	
	主导产品名称			
企业主管部门意见		（盖章） 年 月 日		
铁道部受理意见		（盖章） 年 月 日		
生产条件核查结果		（盖章） 年 月 日		
产品检验结果		（盖章） 年 月 日		
备 注				

附件 5

发证产品用主要生产设备、工装明细表

序号	名称	规格型号	数量	完好状态	使用场所	设备、工装生产厂	生产日期	购置日期

附件 6

发证产品用主要检测设备、量器具明细表

序号	名称	型号规格	精度等级	数量	完好状态	使用场所	设备、量器具生产厂	生产日期	购置日期

附件 7

发证产品用主要原材料、外购件和外协件明细表

序号	名称	型号规格	年需量	标准代号	生产单位

附件 8

企业主要负责人、与发证产品有关的技术人员一览表

企业从事发证产品生产的人员总数：　　人

	序号	姓名	性别	年龄	职务	职称	文化程度	所学专业	现从事专业	工作年限	工作岗位
主要负责人											
技术人员											

附件 9

机车用闸瓦制造特许证企业生产条件考核办法

1. 本考核办法根据铁科技[2005]50 号《铁路工业产品制造特许证管理办法》的有关规定制订。

2. 本办法适用于申请机车用闸瓦制造特许证的企业质量保证体系审查。

3. 在企业进行现场审查时，与申证产品有关的生产线必须是正在运行的，否则立即结束审查。

4. 表中注▲的条款为关键项条(共 14 项)。

5. 本考核表具体按质量管理、生产资源、技术文件、采购控制、过程控制、质量检验、安全文明生产七个部分进行审查评价，七个部分中的每一个审查项目审查内容都可按合格、基本合格、轻微不合格、严重不合格四种结论进行评定，其中严重不合格是指该项缺项或差距在 50% 及其以上，轻微不合格指该项差距在 50% ~20% 之间，基本合格指该项差距在 20% 以下；同时轻微不合格项超过该部分全部项目的 50% 以上、或有两项及以上严重不合格项、或有一项及以上关键项严重不合格时，判该部分不合格；只要有一个部分不合格或注▲的条款严重不合格，则综合判定该次考核不通过。

6. 审查后，审查组在末次会议上说明审查情况，宣布不符合项、整改要求(若存在)和审查结论。

机车用闸瓦制造特许证质量保证体系考核表

序号	审查项目	审查内容	审查记录	合格	基本合格	轻微不合格	严重不合格
一	质量管理						
1.1	质量保证体系	▲1. 必须建立健全的质量保证体系，树立牢固的质量意识					
		2. 必须制定质量管理工作计划，包括计划的实施机构、机构的职责，定期总结质量保证工作情况等					
1.2	组织领导	1. 单位领导中应有人负责质量工作					
		2. 应设置相应的质量管理机构或有专人负责质量管理工作，且职权明确					

续上表

序号	审查项目	审查内容	审查记录	合格	基本合格	轻微不合格	严重不合格
1.3	方针目标	1.应制定质量方针和定量的质量目标					
		2.质量方针和质量目标应贯彻实施					
1.4	管理职责	1.应制定质量管理制度,规定各有关部门、人员的质量职责、权限和相互关系					
		2.应有相应的考核办法并严格实施					
1.5	职工培训	▲1.应有职工培训计划和培训制度,并能严格实施					
		2.必须对全体员工进行质量管理知识和专业技术培训					
1.6	技术服务	1.必须有用户技术专职服务机构或人员					
		2.必须有健全的用户服务制度					
		3.必须有用户服务和访问记录					
二	生产资源						
2.1	生产设施及设备	▲1.必须具备满足生产需要的生产设施和工作场所,且维护完好					
		▲2.必须具有满足需要的生产设备及生产工装,且性能应符合国家规定的要求,工装数量、品种满足申证品种的需要					

续上表

序号	审查项目	审查内容	审查记录	合格	基本合格	轻微不合格	严重不合格
2.1	生产设施及设备	3. 必须具有满足生产需要的健全的设备及工装管理制度、工装图纸、台账、档案、维修维护和使用记录等					
2.2	检测设备	▲1. 必须有完备的检验手段,并建立严格的、可操作的检验制度					
		2. 检测设备的性能必须能满足生产需要和达到检定要求					
2.3	人员要求	1. 领导人应具有一定的质量管理知识					
		2. 管理人员应熟悉质量管理知识,并具有专业技术知识					
		▲3. 应有熟练掌握专业技术知识的技术人员					
		4. 工作人员应能看懂相关的技术文件(图纸、工艺、文件),并能正确熟练地操作设备					
三	技术文件						
3.1	技术标准	1. 必须具备和贯彻申证产品有关的国际、国家、行业标准、技术条件和法律法规					
		▲2. 必须制定严于或达到相应的国家、行业标准要求的产品内控标准					
		3. 必须具有生产过程中必需的有效的相关文件,如外购外协件标准、检验测试标准等					

续上表

序号	审查项目	审查内容	审查记录	合格	基本合格	轻微不合格	严重不合格
3.2	技术文件	1. 技术文件必须具有正确性,文件的绘制、标注、技术指标、编号、图面质量等符合有关标准和规定的要求,且签署、更改手续正确完备					
		2. 技术文件必须具有完整性和系统性,齐全配套					
		3. 技术文件必须具有统一性,各部门使用的文件必须完全一致					
		▲4. 必须有产品的技术鉴定文件、正规蓝图或计算机打印图纸和产品使用说明书					
3.3	文件管理	1. 必须制定合理的文件管理制度,文件的发布应经过正式批准,使用部门可随时获得文件的有效版本,文件修改应符合规定的程序					
		2. 应有部门或专(兼)职人员负责技术文件管理					
四	采购控制						
4.1	采购制度	1. 应制定采购原材料、外购件的质量控制制度					
		2. 对外协、外购产品必须有相应的、详细的验收制度					
4.2	供方评价	▲1. 应制定供方评价准则,并根据供货单位的产品质量信誉及质量保证能力对供方进行评价,择优采购。和选定的供货单位签定长期合作协议					

续上表

序号	审查项目	审查内容	审查记录	合格	基本合格	轻微不合格	严重不合格
4.2	供方评价	2. 应保留原材料、外购件供应商及外协单位的名单和供货、协作记录					
4.3	采购文件	应根据正式批准的采购文件进行采购。如采购计划、采购清单、技术标准、采购合同等采购文件					
4.4	采购验证	应按规定对采购的原材料、元器件及外协件进行质量检验或根据有关规定进行质量验证,检验或验证的记录齐全					
五	过程控制						
5.1	工艺管理	1. 企业应制定工艺管理制度及考核办法,并严格进行管理和考核					
		2. 企业职工应严格执行工艺管理制度,按操作规程、作业指导书等工艺文件进行生产操作,做好操作记录					
		3. 企业应制定各种完整的、统一的、正确的工艺文件					
		4. 企业应制定各种产品的工艺流程卡,并严格执行					
		5. 企业应制定各种产品的材料消耗定额,并严格执行					
		6. 可结合产品特点增加相关内容					

续上表

序号	审查项目	审查内容	审查记录	合格	基本合格	轻微不合格	严重不合格
5.2	质量控制	1. 企业应对生产中的重要工序或产品关键特性进行质量控制，并应在生产工艺流程图上标出关键的质量控制点					
		▲2. 企业应制定关键质量控制点的操作控制程序，并依据程序实施质量控制					
		3. 对生产过程中流转的材料、半成品做好标记和标识					
5.3	特殊过程	▲对产品质量不易或不能经济地进行检验和试验的特殊过程，应事先进行设备认可和人员鉴定，并按规定的方法和要求进行操作和实施过程参数监控					
六	质量检验						
6.1	检验管理	1. 应有独立行使检验权力专(兼)职检验人员					
		▲2. 必须建立自检、互检、专检的质量检验管理制度，并作好质量检验记录					
6.2	过程检验	1. 在生产过程中必须按规定开展过程质量检验，并做好检验记录					
		2. 对于检验不合格的产品，按不合格程序规定进行处理，并重新检验。并做好检验记录					
6.3	交付检验	▲必须按产品技术标准要求，进行出厂产品的检验、对检验格产品出具产品质量检验合格证、并按规定进行包装和标识					

续上表

序号	审查项目	审查内容	审查记录	合格	基本合格	轻微不合格	严重不合格
七	安全文明生产						
7.1	文明生产	▲1. 生产场地要清洁、明亮，工作场地条件要满足生产规模的需要，并对设施、设备加强维护保养					
		2. 生产场地要布局合理，道路通畅，零件、物料放置有序，进行必要的标识					
7.2	安全防护	应制定并实施安全生产制度。必须具备防火、防雷、防爆措施					
7.3	环卫要求	应对环境卫生进行管理，要对排放有害物采取措施，保护环境和职工身体健康					

附件10

机车用灰铸铁闸瓦制造特许证产品质量检验办法

1　检验依据

机车用灰铸铁闸瓦检验参照下列标准进行。

TB/T 3104—2005《机车用铸铁闸瓦》

TB/T 2230—1991《高磷、中磷闸瓦中碳、硫、硅、锰、磷化学分析方法》

TB/T 2255—1991《高磷铸铁金相》

GB/T 7216—1987《灰铸铁金相》

GB/T 6414—1999《铸件 尺寸公差与机械加工余量》

GB/T 231.1—2002《金属布氏硬度试验 第一部分：试验方法》

GB/T 2829—2002《周期检查计数抽样程序及抽样表》

产品图纸

2　抽样方法

2.1　抽样原则

2.1.1　产品质量检验的样本采用随机抽样方法抽取。

2.1.2　检验样本应在生产企业抽取，生产企业应提供必要的方便。

2.2　闸瓦抽样基数及样本大小

2.2.1　抽样基数≥200个。

2.2.2　样本大小为10件。

附表

机车用灰铸铁闸瓦制造特许证产品质量检验标准

项目序号	项目名称	项点序号	类别	项点名称	质量标准	检验样品数	检验方法	判别水平	RQL	评定数组 Ac	评定数组 Re	备注
一	外观	1	C	铸造缺陷(1)	闸瓦与车轮接触部位不应出现白口组织。闸瓦不应有裂纹,不应有影响装配和使用性能的多肉、残留浇冒口、粘砂等缺陷	10	目测	C类统一评判				
		2	C	铸造缺陷(2)	闸瓦工作表面允许存在直径≤10 mm、深度≤4 mm和距离瓦鼻≥30 mm的砂眼,气孔,缩孔,缩松,夹渣,夹砂、凹槽等。但同一表面不可多于4个(直径和深度≤3 mm不计)。闸瓦工作表面允许有深度≤4 mm、总面积≤10%工作面积的局部凹陷。浇口处允许有直径≤15 mm、深度≤6 mm的缺肉	10	目测					
		3	C	错箱量	错箱量不得超过1.5mm	10	游标卡尺					
		4	C	标记	闸瓦背面铸有制造厂代号、闸瓦类别代号,字迹清晰	10	目测					
二	尺寸	5	C	鼻部内宽	应符合图纸要求	10	目测					
		6	C	鼻部内高		10						
		7	C	鼻部板厚/全高		10						
		8	C	鼻部全长		10						
		9	C	闸瓦全长		10						
		10	C	瓦体摩擦面宽度		10						
		11	C	瓦厚(滚动圆)		10						
		12	C	瓦背圆弧	瓦鼻两侧弧面至少各有一个接触点,局部间隙≤1.5 mm,四爪与瓦背圆弧面间隙≤2.5 mm	10	塞尺					0.2塞尺不过即算接触
		13	C	瓦托安装位	应符合图纸要求	10						

续上表

<table>
<tr><th colspan="2">项　目</th><th colspan="3">项　点</th><th rowspan="2">质　量　标　准</th><th rowspan="2">检验样品数</th><th rowspan="2">检验方法</th><th rowspan="2">判别水平</th><th rowspan="2">RQL</th><th colspan="2">评定数组</th><th rowspan="2">备注</th></tr>
<tr><th>序号</th><th>名称</th><th>序号</th><th>类别</th><th>项点名称</th><th>Ac</th><th>Re</th></tr>
<tr><td rowspan="5">三</td><td rowspan="5">化学成分（%）</td><td>14</td><td>B</td><td>C</td><td>2.90～3.50</td><td rowspan="3">2</td><td rowspan="5">TB/T2230—1991</td><td rowspan="3">Ⅱ</td><td rowspan="3">65</td><td rowspan="3">2</td><td rowspan="3">3</td><td rowspan="3"></td></tr>
<tr><td>15</td><td>B</td><td>Si</td><td>1.80～2.20</td></tr>
<tr><td>16</td><td>B</td><td>Mn</td><td>0.60～1.20</td></tr>
<tr><td>17</td><td>A</td><td>P</td><td>≤1.00</td><td rowspan="2">2</td><td rowspan="2">S－1</td><td rowspan="2">/</td><td rowspan="2">0</td><td rowspan="2">1</td><td rowspan="2"></td></tr>
<tr><td>18</td><td>A</td><td>S</td><td>≤0.15</td></tr>
<tr><td rowspan="4">四</td><td rowspan="4">内在质量</td><td>19</td><td>A</td><td>硬度</td><td>HBW179～255</td><td>4</td><td>GB/T231.1－2002</td><td>Ⅱ</td><td>40</td><td>0</td><td>1</td><td></td></tr>
<tr><td>20</td><td>A</td><td>耐压试验</td><td>载荷90 kN，保压1 min，不得发生永久变形或裂纹</td><td>4</td><td>万能材料试验机</td><td>Ⅱ</td><td>40</td><td>0</td><td>1</td><td></td></tr>
<tr><td>21</td><td>A</td><td>金相组织（1）</td><td>基体为珠光体＋铁素体，铁素体数量≤18%</td><td rowspan="2">2</td><td rowspan="2">金相显微镜</td><td>S－1</td><td>/</td><td>0</td><td>1</td><td>本体取样</td></tr>
<tr><td>22</td><td>C</td><td>金相组织（2）</td><td>石墨分布为A、B、AB、BA型，石墨长度为3～5级</td><td colspan="2">C类统一评定</td><td></td><td></td><td></td></tr>
<tr><td rowspan="4">五</td><td rowspan="4">制动摩擦磨耗性能</td><td>23</td><td>A</td><td>停车制动平均摩擦因数</td><td>各制动初速度的平均摩擦因数符合下表规定
制动初速：100／80／60／40
平均摩擦系数：0.10±0.04／0.11±0.04／0.13±0.04／0.16±0.04</td><td rowspan="4">1（样品有1备样）</td><td>轴重23 t，闸瓦压力80 kN、40 kN，制动初速序列为：100，80，60，40，40，60，80，100</td><td rowspan="4">S－1</td><td rowspan="4">/</td><td rowspan="4">0</td><td rowspan="4">1</td><td rowspan="4"></td></tr>
<tr><td>24</td><td>A</td><td>坡道匀速持续制动</td><td>在规定时间内，瞬时摩擦因数不低于0.10</td><td>闸瓦压力20 kN，平均速度40 km/h，持续时间10 min</td></tr>
<tr><td>25</td><td>A</td><td>静摩擦因数</td><td>5次试验的平均值不低于0.45</td><td>闸瓦压力20 kN</td></tr>
<tr><td>26</td><td>A</td><td>闸瓦磨耗量</td><td>≤1 000 g</td><td>轴重23 t，闸瓦压力80 kN（单侧制动），制动初速序列为：100，80，60，40、40，60，80，100</td></tr>
</table>

3 检验标准及部分检验说明

3.1 机车用灰铸铁闸瓦制造特许证产品质量检验标准见附表。

3.2 产品质量检验标准分五大部分总计 24 项。A 类检验项目 9 项,B 类检验项目 3 项,C 类检验项目 14 项。

3.3 元素分析及金相检验样品在样品闸瓦本体上制取。元素分析样每个一式两份,封样后送至检验站。

3.4 硬度试验在闸瓦本体上进行。耐压试验和硬度试验在同样的 4 个样品上依次进行。

3.5 摩擦—磨耗性能试验在样品中抽取 2 副(双闸瓦每副 2 件),封样后送至检验站。1 副用于试验,1 副备查。

4 产品质量判定标准

4.1 A 类项点判定

化学成分中的硫、磷含量,金相组织的铁素体,制动摩擦磨耗性能两项的判别水平为 S-1,耐压,硬度两项的判别水平为Ⅱ,评定数组[Ac,Re] 均为[0,1]。

4.2 B 类项点判定:判别水平均为Ⅱ。

4.3 C 类项点判定:C 类项点为统一评判,项点合格率应为 90% 以上。

4.4 综合判定:只有 A、B、C 类同时判定合格时,受检产品质量才合格,否则判为不合格。

附件 11

机车用高磷铸铁闸瓦制造特许证产品质量检验办法

1 检验依据

机车用高磷铸铁闸瓦检验参照下列标准进行。

TB/T 3104—2005《机车用铸铁闸瓦》

TB/T 2230—1991《高磷、中磷闸瓦中碳、硫、硅、锰、磷化学分析方法》

TB/T 2255—1991《高磷铸铁金相》

GB/T 7216—1987《灰铸铁金相》

GB/T 6414—1999《铸件 尺寸公差与机械加工余量》

GB/T 231.1—2002《金属布氏硬度试验 第一部分:试验方法》

GB/T 2829—2002《周期检查计数抽样程序及抽样表》

产品图纸

2 抽样方法

2.1 抽样原则

2.1.1 产品质量检验的样本采用随机抽样方法抽取。

2.1.2 检验样本应在生产企业抽取,生产企业应提供必要的条件。

2.2 闸瓦抽样基数及样本大小

2.2.1 抽样基数≥200 个。

2.2.2 样本大小为 10 件。

附表

机车用高磷铸铁闸瓦制造特许证产品质量检验标准

项目序号	项目名称	项点序号	项点类别	项点名称	质量标准	检验样品数	检验方法	判判水平	RQL	评定数组 Ac	评定数组 Re	备注
0一	外观	1	C	铸造缺陷(1)	闸瓦与车轮接触部位不应出现白口组织。闸瓦不应有裂纹,不应有影响装配和使用性能的多肉、残留浇冒口、粘砂等缺陷	10	目测	C类统一评判				0.2塞尺不过即算接触
		2	C	铸造缺陷(2)	闸瓦工作表面允许存在直径≤10 mm、深度≤4 mm和距离瓦鼻≥30 mm的砂眼,气孔,缩孔,缩松,夹渣,夹砂、凹槽等。但同一表面不可多于4个(直径和深度≤3 mm不计)。闸瓦工作表面允许有深度≤4 mm、总面积≤10%工作面积的局部凹陷。浇口处允许有直径≤15 mm、深度≤6 mm的缺肉	10	目测					
		3	C	错箱量	错箱量不得超过1.5mm	10	游标卡尺					
		4	C	标记	闸瓦背面铸有制造厂代号、闸瓦类别代号,字迹清晰	10	目测					
二	尺寸	5	C	鼻部内宽	应符合图纸要求	10	目测					
		6	C	鼻部内高		10						
		7	C	鼻部板厚/全高		10						
		8	C	鼻部全长		10						
		9	C	闸瓦全长		10						
		10	C	瓦体摩擦面宽度		10						
		11	C	瓦厚(滚动圆)		10						
		12	C	瓦背圆弧	瓦鼻两侧弧面至少各有一个接触点,局部间隙≤1.5 mm,四爪与瓦背圆弧面间隙≤2.5 mm	10	塞尺					
		13	C	瓦托安装位	应符合图纸要求	10						

续上表

项目序号	项目名称	项点序号	类别	项点名称	质量标准	检验样品数	检验方法	判别水平	RQL	评定数组 Ac	评定数组 Re	备注
三	化学成分(%)	14	B	C	2.80～3.60	2	TB/T2230—1991	Ⅱ	65	2	3	
		15	B	Si	1.50～2.20							
		16	B	Mn	0.80～1.20							
		17	A	P	1.3～2.00	2		S-1	/	0	1	
		18	A	S	≤0.15							
四	内在质量	19	A	硬度	HBW179～255	4	GB/T231.1—2002	Ⅱ	40	0	1	
		20	A	耐压试验	载荷 90 kN,保压 1 min,不得发生永久变形或裂纹	4	万能材料试验机	Ⅱ	40	0	1	
		21	A	金相组织(1)	基体为珠光体+铁素体,铁素体数量≤15%;磷共晶≥12%;磷共晶分布形状为1～3级	2	金相显微镜	S-1	/	0	1	本体取样
		22	C	金相组织(2)	石墨分布为A、B、AB、BA型,石墨长度为3～5级			C类统一评定				
五	制动摩擦磨耗性能	23	A	停车制动平均摩擦因数	各制动初速度的平均摩擦因数符合下表规定 制动初速：100 / 80 / 60 / 40 平均摩擦系数：0.13±0.04 / 0.15±0.04 / 0.17±0.04 / 0.19±0.04	1(样品有1备样)	轴重23 t,闸瓦压力80 kN、40 kN,制动初速序列为:100,80,60,40,40,60,80,100	S-1	/	0	1	
		24	A	坡道匀速持续制动	在规定时间内,瞬时摩擦因数不低于0.11		闸瓦压力20 kN,平均速度40 km/h,持续时间10 min					
		25	A	静摩擦因数	5次试验的平均值不低于0.45		闸瓦压力20 kN					
		26	A	闸瓦磨耗量	≤500 g		轴重23 t,闸瓦压力80 kN(单侧制动),制动初速序列为:100,80,60,40、40,60,80,100					

3 检验标准及部分检验说明

3.1 机车用高磷闸瓦制造特许证产品质量检验标准见附表。

3.2 产品质量检验标准分五大部分总计26项。A类检验项目9项,B类检验项目3项,C类检验项目14项。

3.3 元素分析及金相检验样品在样品闸瓦本体上制取。元素分析样每个一式两份,封样后送至检验站。

3.4 硬度试验在闸瓦本体上进行。耐压试验和硬度试验在同样的4个样品上依次进行。

3.5 摩擦磨耗性能试验在样品中抽取2副(双闸瓦每副2件),封样后送至检验站。1副用于试验,1副备查。

4 产品质量判定标准

4.1 A类项点判定

化学成分中的硫、磷含量,金相组织的磷共晶、铁素体,以及制动摩擦－磨性能三项的判别水平为S－1,耐压、硬度两项的判别水平为Ⅱ,评定数组[Ac,Re]均为[0,1]。

4.2 B类项点判定:判别水平均为Ⅱ。

4.3 C类项点判定:C类项点为统一评判,项点合格率应在90%以上。

4.4 质量综合判定:只有A、B、C类同时判定合格时,受检产品质量才合格,否则判为不合格。

附件12

机车用合金铸铁闸瓦制造特许证产品质量检验办法

1 检验依据

机车用合金铸铁闸瓦检验参照下列标准进行。

TB/T 3104—2005《机车用铸铁闸瓦》

TB/T 2230—1991《高磷、中磷闸瓦中碳、硫、硅、锰、磷化学分析方法》

TB/T 2255—1991《高磷铸铁金相》

GB/T 7216—1987《灰铸铁金相》

GB/T 6414—1999《铸件 尺寸公差与机械加工余量》

GB/T 231.1—2002《金属布氏硬度试验 第一部分:试验方法》

GB/T 2829—2002《周期检查计数抽样程序及抽样表》

GB/T 223《钢铁及合金化学分析方法》

产品图纸

2 抽样方法

2.1 抽样原则

2.1.1 产品质量检验的样本采用随机抽样方法抽取。

2.1.2 检验样本应在生产企业抽取,生产企业应提供必要的方便。

2.2 闸瓦抽样基数及样本大小

2.2.1 抽样基数≥200个。

附表

机车用合金铸铁闸瓦制造特许证产品质量检验标准

项目 序号	项目 名称	项点 序号	项点 类别	项点名称	质量标准	检验样品数	检验方法	判别水平	RQL	评定数组 Ac	评定数组 Re	备注
一	外观	1	C	铸造缺陷(1)	闸瓦与车轮接触部位不应出现白口组织。闸瓦不应有裂纹,不应有影响装配和使用性能的多肉、残留浇冒口、粘砂等缺陷	10	目测	C类 统一评判				0.2塞尺不过即算接触
		2	C	铸造缺陷(2)	闸瓦工作表面允许存在直径≤10 mm、深度≤4 mm和距离瓦鼻≥30 mm的砂眼,气孔,缩孔,缩松,夹渣,夹砂、凹槽等。但同一表面不可多于4个(直径和深度≤3 mm不计)。闸瓦工作表面允许有深度≤4 mm、总面积≤10%工作面积的局部凹陷。浇口处允许有直径≤15 mm、深度≤6 mm的缺肉	10	目测					
		3	C	错箱量	错箱量不得超过1.5mm	10	游标卡尺					
		4	C	标记	闸瓦背面铸有制造厂代号、闸瓦类别代号,字迹清晰	10	目测					
二	尺寸	5	C	鼻部内宽	应符合图纸要求	10	目测					
		6	C	鼻部内高		10						
		7	C	鼻部板厚/全高		10						
		8	C	鼻部全长		10						
		9	C	闸瓦全长		10						
		10	C	瓦体摩擦面宽度		10						
		11	C	瓦厚(滚动圆)		10						
		12	C	瓦背圆弧	瓦鼻两侧弧面至少各有一个接触点,局部间隙≤1.5 mm,四爪与瓦背圆弧面间隙≤2.5 mm	10	塞尺					
		13	C	瓦托安装位	应符合图纸要求	10						

续上表

项目序号	项目名称	项点序号	类别	项点名称	质量标准	检验样品数	检验方法	判别水平	RQL	评定数组 Ac	评定数组 Re	备注
三	化学成分(%)	14	B	C	2.80~3.60	2组	TB/T2230—1991 GB/T223	Ⅱ	65	2	3	
		15	B	Si	1.20~1.80							
		16	B	Mn	1.20~1.90							
		17	B	Cu	0.40~1.00							
		18	B	Cr	0.30~0.90	2		S-1	/	0	1	
		19	A	P	≤0.15							
		20	A	S	≤0.07							
四	内在质量	21	A	硬度	HBW200~260	4	GB/T231.1—2002	Ⅱ	40	0	1	
		22	A	耐压试验	载荷90 kN,保压1 min,不得发生永久变形或裂纹	4	万能材料试验机	Ⅱ	40	0	1	
		23	A	金相组织(1)	基体为珠光体+铁素体,铁素体数量≤15%	2	金相显微镜	S-1	/	0	1	本体取样
		24	C	金相组织(2)	石墨分布为A、B、AB、BA型,石墨长度为3~5级			C类统一评定				
五	制动摩擦磨耗性能	25	A	停车制动平均摩擦因数	各制动初速度的平均摩擦因数符合下表规定 制动初速:100 / 80 / 60 / 40 平均摩擦系数:0.10±0.04 / 0.11±0.04 / 0.13±0.04 / 0.18±0.04	1(样品有1备样)	轴重23 t,闸瓦压力80 kN、40 kN,制动初速序列为:100,80,60,40,40,60,80,100	S-1	/	0	1	
		26	A	坡道匀速持续制动	在规定时间内,瞬时摩擦因数不低于0.11		闸瓦压力20 kN,平均速度40 km/h,持续时间10 min					
		27	A	静摩擦因数	5次试验的平均值不低于0.45		闸瓦压力20 kN					
		28	A	闸瓦磨耗量	≤400 g		轴重23 t,闸瓦压力80 kN(单侧制动),制动初速序列为:100,80,60,40、40,60,80,100					

2.2.2 样本大小为10件。

3 检验标准及部分检验说明

3.1 机车用合金闸瓦制造特许证产品质量检验标准见附表。

3.2 产品质量检验标准分五大部分总计28项。A类检验项目11项,B类检验项目3项,C类检验项目14项。

3.3 元素分析及金相检验样品在样品闸瓦本体上制取。元素分析样每个一式两份,封样后送至检验站。

3.4 硬度试验在闸瓦本体上进行。耐压试验和硬度试验在同样的4个样品上依次进行。

3.5 摩擦—磨耗性能试验在样品中抽取2副(双闸瓦每副2件),封样后送至检验站。1副用于试验,1副备查。

4 产品质量判定标准

4.1 A类项点判定

化学成分中的磷、硫、铜、铬含量,金相组织的珠光体、硬化相,制动摩擦磨耗性能两项的判别水平为S-1,耐压、硬度两项的判别水平为Ⅱ,评定数组[Ac,Re]均为[0,1]。

4.2 B类项点判定:判别水平均为Ⅱ。

4.3 C类项点判定:C类项点为统一评判,项点合格率应为90%以上。

4.4 综合判定:只有A、B、C类同时判定合格时,受检产品质量才合格,否则判为不合格。

附件13

机车用粉末冶金闸瓦制造特许证产品质量检验办法

1 检验依据

机车用粉末冶金铸铁闸瓦检验参照下列标准进行。

TB/T 3005—2008《机车用粉末冶金闸瓦》

GB/T 9096—2002《烧结金属材料(不包括硬质合金)冲击试验方法》

GB/T 10421—2002《烧结金属摩擦材料 密度的测定》

GB/T 10424—2002《烧结金属摩擦材料 抗压强度的测定》

GB/T 10425—2002《烧结金属摩擦材料 表观硬度的测定》

GB/T 2829—2002《周期检查计数抽样程序及抽样表》

JB/T 9135—1999《中型载重汽车铁基粉末冶金制动摩擦片》

产品图纸

2 抽样方法

2.1 抽样原则

2.1.1 产品质量检验的样本采用随机抽样方法抽取。

2.1.2 检验样本应在生产企业抽取,生产企业应提供必要的方便。

2.2 闸瓦抽样基数及样本大小

2.2.1 抽样基数≥200个。

附表

机车用 L1 型粉末冶金闸瓦制造特许证产品质量检验标准

项目序号	项目名称	项点序号	类别	项点名称	质量标准	检验样品数	检验方法	判到水平	RQL	评定数组 Ac	评定数组 Re	备注
一	外观	1	C	铸造缺陷	闸瓦摩擦体不应存在裂纹、分层、疏松等粉末冶金烧结缺陷	10	目测	C类 统一评判				0.2 塞尺不过即算接触
		2	C	铸造缺陷	闸瓦摩擦体不应存在裂纹、分层、疏松等粉末冶金烧结缺陷	10	目测					
		3	C	错箱量	闸瓦摩擦体厚度大的一侧垂直于摩擦面的方向，应涂一道约 10 mm 宽的白漆标记；摩擦体其余部分不应涂漆	10	目测					
		4	C	标记	闸瓦瓦背上应有闸瓦类型、出厂编号、制造厂名称或代号，且字迹清晰	10	目测					
二	尺寸	5	C	鼻部内宽	应符合图纸要求	10						
		6	C	鼻部内高		10						
		7	C	鼻部板厚/全高		10						
		8	C	鼻部全长		10						
		9	C	闸瓦全长		10						
		10	C	瓦体摩擦面宽度		10						
		11	C	瓦厚(滚动圆)		10						
		12	C	瓦背圆弧	闸瓦瓦背外弧面和检验样板之间的局部间隙小于等于 1.5 mm	10	塞尺					
		13	C	瓦托安装位	应符合图纸要求	10						

续上表

<table>
<tr><th colspan="2">项　目</th><th colspan="3">项　点</th><th colspan="6" rowspan="2">质　量　标　准</th><th rowspan="2">检验样品数</th><th rowspan="2">检验方法</th><th rowspan="2">判别水平</th><th rowspan="2">RQL</th><th colspan="2">评定数组</th><th rowspan="2">备注</th></tr>
<tr><th>序号</th><th>名称</th><th>序号</th><th>类别</th><th>项点名称</th><th>Ac</th><th>Re</th></tr>
<tr><td rowspan="5">三</td><td rowspan="5">物理办学性能</td><td>14</td><td>B</td><td>密度</td><td colspan="6">≤标称值的 ±5%</td><td rowspan="5">3 件（1 个样本）</td><td>GB/T10421—2002</td><td>Ⅱ</td><td rowspan="5">/</td><td>1</td><td>2</td><td></td></tr>
<tr><td>15</td><td>B</td><td>硬度 HBW10/1 000</td><td colspan="6">≤120</td><td>GB/T10425—2002</td><td>Ⅱ</td><td>1</td><td>2</td><td></td></tr>
<tr><td>16</td><td>A</td><td>抗压强度</td><td colspan="6">≥90 MPa</td><td>GB/T10424—2002</td><td>Ⅱ</td><td>0</td><td>1</td><td></td></tr>
<tr><td>17</td><td>B</td><td>抗剪强度</td><td colspan="6">≥30 MPa</td><td>JB/T 9135—1999 附录 A</td><td>Ⅱ</td><td>0</td><td>1</td><td></td></tr>
<tr><td>18</td><td>B</td><td>冲击韧度</td><td colspan="6">≥5 kJ/m³</td><td>GB/T9096—2002</td><td>Ⅱ</td><td>0</td><td>1</td><td></td></tr>
<tr><td rowspan="12">四</td><td rowspan="12">制动摩擦磨耗性能</td><td rowspan="5">19</td><td rowspan="5">B</td><td rowspan="5">停车制动瞬时摩擦系数（一）</td><td colspan="6">常温干燥状态，闸瓦推力 80 kN，一次停车制动工况的瞬时摩擦系数变化范围应符合下表的规定</td><td rowspan="12">1个（闸瓦托的样品有1备样）</td><td rowspan="12">TB/T3005—2008 附录 A 表 A. 1</td><td rowspan="5">Ⅱ</td><td rowspan="5">/</td><td rowspan="5">1</td><td rowspan="5">2</td><td rowspan="5"></td></tr>
<tr><td>速度（km/h）</td><td>0</td><td>20</td><td>30</td><td>40</td><td>50</td></tr>
<tr><td>瞬时摩擦系数</td><td>0. 3 ±0. 1</td><td>0. 18 ±0. 07</td><td>0. 158 ±0. 06</td><td>0. 143 ±0. 05</td><td>0. 133 ±0. 05</td></tr>
<tr><td>速度（km/h）</td><td>60</td><td>80</td><td>100</td><td>120</td><td>/</td></tr>
<tr><td>瞬时摩擦系数</td><td>0. 126 ±0. 05</td><td>0. 115 ±0. 05</td><td>0. 109 ±0. 05</td><td>0. 104 ±0. 05</td><td>/</td></tr>
<tr><td>20</td><td>B</td><td>停车制动平均摩擦系数（二）</td><td colspan="6">常温干燥状态，闸瓦推力 40 kN，一次停车制动工况的瞬时摩擦系数的上限值允许比闸瓦推力 80 kN 的上限值高 15%</td><td>Ⅱ</td><td>/</td><td>1</td><td>2</td><td></td></tr>
<tr><td rowspan="2">21</td><td rowspan="2">A</td><td rowspan="2">停车制动平均摩擦系数</td><td>速度（km/h）</td><td>40</td><td>60</td><td>80</td><td>100</td><td>120</td><td rowspan="2">S－1</td><td rowspan="2">/</td><td rowspan="2">0</td><td rowspan="2">1</td><td rowspan="2"></td></tr>
<tr><td>平均摩擦系数</td><td>0. 165 ±0. 04</td><td>0. 145 ±0. 04</td><td>0. 13 ±0. 04</td><td>0. 125 ±0. 04</td><td>0. 12 ±0. 03</td></tr>
<tr><td>22</td><td>A</td><td>坡道瞬时摩擦系数</td><td colspan="6">坡道匀速持续制动条件下的瞬时摩擦系数在规定的制动时间内应不低于 0. 11</td><td>S－2</td><td>/</td><td>0</td><td>1</td><td></td></tr>
<tr><td>23</td><td>A</td><td>静摩擦系数</td><td colspan="6">≥0. 3</td><td>S－2</td><td>/</td><td>0</td><td>1</td><td></td></tr>
<tr><td>24</td><td>B</td><td>磨耗量</td><td colspan="6">≤1. 0 cm³/MJ</td><td>Ⅱ</td><td>/</td><td>1</td><td>2</td><td></td></tr>
</table>

附表

机车用L2型粉末冶金闸瓦制造特许证产品质量检验标准

项目		项点			质量标准	检验样品数	检验方法	判别水平	RQL	评定数组		备注
序号	名称	序号	类别	项点名称						Ac	Re	
一	外观	1	C	铸造缺陷	闸瓦摩擦体不应存在裂纹、分层、疏松等粉末冶金烧结缺陷	10	目测	C类统一评判				0.2塞尺不过即算接触
		2	C	铸造缺陷	闸瓦摩擦体不应存在裂纹、分层、疏松等粉末冶金烧结缺陷	10	目测					
		3	C	错箱量	闸瓦摩擦体厚度大的一侧垂直于摩擦面的方向,应涂一道约10 mm宽的白漆标记;摩擦体其余部分不应涂漆	10	目测					
		4	C	标记	闸瓦瓦背上应有闸瓦类型、出厂编号、制造厂名称或代号,且字迹清晰	10	目测					
二	尺寸	5	C	鼻部内宽	应符合图纸要求	10						
		6	C	鼻部内高		10						
		7	C	鼻部板厚/全高		10						
		8	C	鼻部全长		10						
		9	C	闸瓦全长		10						
		10	C	瓦体摩擦面宽度		10						
		11	C	瓦厚(滚动圆)		10						
		12	C	瓦背圆弧	闸瓦瓦背外弧面和检验样板之间的局部间隙小于等于1.5mm	10	塞尺					
		13	C	瓦托安装位	应符合图纸要求	10						

续上表

<table>
<tr><th colspan="2">项　目</th><th colspan="3">项　点</th><th colspan="7" rowspan="2">质　量　标　准</th><th rowspan="2">检验样品数</th><th rowspan="2">检验方法</th><th rowspan="2">判别水平</th><th rowspan="2">RQL</th><th colspan="2">评定数组</th><th rowspan="2">备注</th></tr>
<tr><th>序号</th><th>名称</th><th>序号</th><th>类别</th><th>项点名称</th><th>Ac</th><th>Re</th></tr>
<tr><td rowspan="5">三</td><td rowspan="5">物理力学性能</td><td>14</td><td>B</td><td>密度</td><td colspan="7">≤标称值的±5%</td><td rowspan="5">3件（1个样本）</td><td>GB/T10421—2002</td><td>Ⅱ</td><td></td><td>1</td><td>2</td><td></td></tr>
<tr><td>15</td><td>B</td><td>硬度 HBW10/1 000</td><td colspan="7">≤120</td><td>GB/T10425—2002</td><td>Ⅱ</td><td></td><td>1</td><td>2</td><td></td></tr>
<tr><td>16</td><td>A</td><td>抗压强度</td><td colspan="7">≥90 MPa</td><td>GB/T10424—2002</td><td>Ⅱ</td><td></td><td>0</td><td>1</td><td></td></tr>
<tr><td>17</td><td>B</td><td>抗剪强度</td><td colspan="7">≥30 MPa</td><td>JB/T9135—1999 附录 A</td><td>Ⅱ</td><td>/</td><td>0</td><td>1</td><td></td></tr>
<tr><td>18</td><td>B</td><td>冲击韧度</td><td colspan="7">≥5 kJ/m³</td><td>GB/T9096—2002</td><td>Ⅱ</td><td></td><td>0</td><td>1</td><td></td></tr>
<tr><td rowspan="11">四</td><td rowspan="11">制动摩擦磨耗性能</td><td rowspan="5">19</td><td rowspan="5">B</td><td rowspan="5">停车制动瞬时摩擦系数（一）</td><td colspan="7">常温干燥状态，闸瓦推力 38 kN，一次停车制动工况的瞬时摩擦系数变化范围应符合下表的规定</td><td rowspan="11">1个（闸瓦托的样品有1备样）</td><td rowspan="11">TB/T3005—2008 附录 A 表 A.1</td><td rowspan="5">Ⅱ</td><td rowspan="5">/</td><td rowspan="5">1</td><td rowspan="5">2</td><td rowspan="5"></td></tr>
<tr><td>速度（km/h）</td><td>0</td><td>10</td><td>20</td><td>30</td><td>40</td><td>60</td></tr>
<tr><td>瞬时摩擦系数</td><td>0.35±0.1</td><td>0.28±0.08</td><td>0.242±0.07</td><td>0.219±0.06</td><td>0.203±0.05</td><td>0.182±0.05</td></tr>
<tr><td>速度（km/h）</td><td>80</td><td>100</td><td>120</td><td>140</td><td>160</td><td>/</td></tr>
<tr><td>瞬时摩擦系数</td><td>0.169±0.05</td><td>0.161±0.05</td><td>0.155±0.05</td><td>0.150±0.05</td><td>0.146±0.05</td><td>/</td></tr>
<tr><td>20</td><td>B</td><td>停车制动平均摩擦系数（二）</td><td colspan="7">常温干燥状态，闸瓦推力 19 kN，一次停车制动工况的瞬时摩擦系数的上限值允许比闸瓦推力 38 kN 的上限值高15%</td><td>Ⅱ</td><td>/</td><td>1</td><td>2</td><td></td></tr>
<tr><td rowspan="2">21</td><td rowspan="2">A</td><td rowspan="2">停车制动平均摩擦系数</td><td>制动初速（km/h）</td><td>60</td><td>80</td><td>100</td><td>120</td><td>140</td><td>160</td><td rowspan="2">S－1</td><td rowspan="2">/</td><td rowspan="2">0</td><td rowspan="2">1</td><td rowspan="2"></td></tr>
<tr><td>平均摩擦系数</td><td>0.205±0.04</td><td>0.191±0.04</td><td>0.180±0.04</td><td>0.173±0.04</td><td>0.167±0.03</td><td>00.152±0.03</td></tr>
<tr><td>22</td><td>A</td><td>坡道瞬时摩擦系数</td><td colspan="7">坡道匀速持续制动条件下的瞬时摩擦系数在规定的制动时间内应不低于0.12</td><td>S－2</td><td>/</td><td>0</td><td>1</td><td></td></tr>
<tr><td>23</td><td>A</td><td>静摩擦系数</td><td colspan="7">≥0.4</td><td>S－2</td><td>/</td><td>0</td><td>1</td><td></td></tr>
<tr><td>24</td><td>B</td><td>磨耗量</td><td colspan="7">≤1.0 cm³/MJ</td><td>Ⅱ</td><td>/</td><td>1</td><td>2</td><td></td></tr>
</table>

附表

机车用M型粉末冶金闸瓦制造特许证产品质量检验标准

项目序号	项目名称	项点序号	项点类别	项点名称	质量标准	检验样品数	检验方法	判别水平	RQL	评定数组 Ac	评定数组 Re	备注
一	外观	1	C	铸造缺陷	闸瓦摩擦体不应存在裂纹、分层、疏松等粉末冶金烧结缺陷	10	目测	C类统一评判				0.2塞尺不过即算接触
		2	C	铸造缺陷	闸瓦摩擦体不应存在裂纹、分层、疏松等粉末冶金烧结缺陷	10	目测					
		3	C	错箱量	闸瓦摩擦体厚度大的一侧垂直于摩擦面的方向,应涂一道约10 mm宽的白漆标记;摩擦体其余部分不应涂漆	10	目测					
		4	C	标记	闸瓦瓦背上应有闸瓦类型、出厂编号、制造厂名称或代号,且字迹清晰	10	目测					
二	尺寸	5	C	鼻部内宽	应符合图纸要求	10						
		6	C	鼻部内高		10						
		7	C	鼻部板厚/全高		10						
		8	C	鼻部全长		10						
		9	C	闸瓦全长		10						
		10	C	瓦体摩擦面宽度		10						
		11	C	瓦厚(滚动圆)		10						
		12	C	瓦背圆弧	闸瓦瓦背外弧面和检验样板之间的局部间隙小于等于1.5 mm	10	塞尺					
		13	C	瓦托安装位	应符合图纸要求	10						

续上表

<table>
<tr><th colspan="2">项　目</th><th colspan="3">项　点</th><th rowspan="2">质　量　标　准</th><th rowspan="2">检验样品数</th><th rowspan="2">检验方法</th><th rowspan="2">判别水平</th><th rowspan="2">RQL</th><th colspan="2">评定数组</th><th rowspan="2">备注</th></tr>
<tr><th>序号</th><th>名称</th><th>序号</th><th>类别</th><th>项点名称</th><th>Ac</th><th>Re</th></tr>
<tr><td rowspan="5">三</td><td rowspan="5">物理办学性能</td><td>14</td><td>B</td><td>密度</td><td>≤标称值的 ±5%</td><td rowspan="5">3 件
（1 个样本）</td><td>GB/T10421—2002</td><td>Ⅱ</td><td></td><td>1</td><td>2</td><td></td></tr>
<tr><td>15</td><td>B</td><td>硬度
HBW10/1 000</td><td>≤120</td><td>GB/T10425—2002</td><td>Ⅱ</td><td></td><td>1</td><td>2</td><td></td></tr>
<tr><td>16</td><td>A</td><td>抗压强度</td><td>≥90 MPa</td><td>GB/T10424—2002</td><td>Ⅱ</td><td></td><td>0</td><td>1</td><td></td></tr>
<tr><td>17</td><td>B</td><td>抗剪强度</td><td>≥30 MPa</td><td>JB/T 9135—1999 附录 A</td><td>Ⅱ</td><td>/</td><td>0</td><td>1</td><td></td></tr>
<tr><td>18</td><td>B</td><td>冲击韧度</td><td>≥5 kJ/m³</td><td>GB/T9096—2002</td><td>Ⅱ</td><td></td><td>0</td><td>1</td><td></td></tr>
<tr><td rowspan="6">四</td><td rowspan="6">制动摩擦磨耗性能</td><td>19</td><td>B</td><td>停车制动
瞬时摩擦系数
（一）</td><td>常温干燥状态，闸瓦推力 43 kN，一次停车制动工况的瞬时摩擦系数变化范围应符合下表的规定
<table><tr><td>速度（km/h）</td><td>0</td><td>20</td><td>40</td><td>60</td><td>80</td></tr><tr><td>瞬时摩擦系数</td><td>0.475
±0.1</td><td>0.271
±0.07</td><td>0.238
±0.06</td><td>0.224
±0.05</td><td>0.216
±0.05</td></tr><tr><td>速度（km/h）</td><td>100</td><td>120</td><td>140</td><td>160</td><td>/</td></tr><tr><td>瞬时摩擦系数</td><td>0.211
±0.05</td><td>0.208
±0.05</td><td>0.205
±0.05</td><td>0.204
±0.05</td><td>/</td></tr></table></td><td rowspan="6">1 个
（闸瓦托的样品有 1 备样）</td><td rowspan="6">TB/T3005—2008
附录 A 表 A.1</td><td>Ⅱ</td><td>/</td><td>1</td><td>2</td><td></td></tr>
<tr><td>20</td><td>B</td><td>停车制动
平均摩擦系数
（二）</td><td>常温干燥状态，闸瓦推力 43 kN，一次停车制动工况的瞬时摩擦系数的上限值允许比闸瓦推力 21.5 kN 的上限值高 15%</td><td>Ⅱ</td><td>/</td><td>1</td><td>2</td><td></td></tr>
<tr><td>21</td><td>A</td><td>停车制动
平均摩擦系数</td><td><table><tr><td>制动初速（km/h）</td><td>60</td><td>80</td><td>100</td><td>120</td><td>140</td><td>160</td></tr><tr><td>平均摩擦系数</td><td>0.242
±0.04</td><td>0.232
±0.04</td><td>0.225
±0.04</td><td>0.220
±0.04</td><td>0.216
±0.03</td><td>0.213
±0.04</td></tr></table></td><td>S-1</td><td>/</td><td>0</td><td>1</td><td></td></tr>
<tr><td>22</td><td>A</td><td>坡道瞬时
摩擦系数</td><td>坡道匀速持续制动条件下的瞬时摩擦系数在规定的制动时间内应不低于 0.15</td><td>S-2</td><td>/</td><td>0</td><td>1</td><td></td></tr>
<tr><td>23</td><td>A</td><td>静摩擦系数</td><td>≥0.40</td><td>S-2</td><td>/</td><td>0</td><td>1</td><td></td></tr>
<tr><td>24</td><td>B</td><td>磨耗量</td><td>≤1.0 cm³/MJ</td><td>Ⅱ</td><td>/</td><td>1</td><td>2</td><td></td></tr>
</table>

附表

机车用 H 型粉末冶金闸瓦制造特许证产品质量检验标准

项目		项点			质量标准	检验样品数	检验方法	判别水平	RQL	评定数组		备注
序号	名称	序号	类别	项点名称						Ac	Re	
一	外观	1	C	瓦背缺陷	闸瓦瓦背不应存在裂纹，并应进行防锈处理	10	目测	C类统一评判				0.2塞尺不过即算接触
		2	C	摩擦体缺陷	闸瓦摩擦体不应存在裂纹、分层、疏松等粉末冶金烧结缺陷	10	目测					
		3	C	标记	闸瓦摩擦体厚度大的一侧垂直于摩擦面的方向，应涂一道约 10 mm 宽的白漆标记；摩擦体其余部分不应涂漆	10	目测					
		4	C	标志	闸瓦瓦背上应有闸瓦类型、出厂编号、制造厂名称或代号，且字迹清晰	10	目测					
二	尺寸	5	C	鼻部内宽	应符合图纸要求	10						
		6	C	鼻部内高		10						
		7	C	鼻部板厚/全高		10						
		8	C	鼻部全长		10						
		9	C	闸瓦全长		10						
		10	C	摩擦体宽度		10						
		11	C	瓦厚(滚动圆)		10						
		12	C	瓦背圆弧	闸瓦瓦背外弧面和检验样板之间的局部间隙小于等于 1.5 mm	10	塞尺					
		13	C	瓦托安装位	应符合图纸要求	10						
三	物理力学性能	14	B	密度	≤标称值的 ±5%	3 件样品（1 个样本）	GB/T10421—2002	Ⅱ		1	2	
		15	B	硬度 HBW10/1000	≤120		GB/T10425—2002	Ⅱ		1	2	
		16	A	抗压强度	≥90 MPa		GB/T10424—200	Ⅱ		0	1	
		17	A	抗剪强度	≥30 MPa		JB/T9135—1999 附录 A	Ⅱ	/	0	1	
		18	A	冲击韧度	≥5 kJ/m^2		GB/T9096—2002	Ⅱ		0	1	

续上表

<table>
<tr><th colspan="2">项　目</th><th colspan="3">项　点</th><th colspan="6" rowspan="2">质　量　标　准</th><th rowspan="2">检验样品数</th><th rowspan="2">检验方法</th><th rowspan="2">判别水平</th><th rowspan="2">RQL</th><th colspan="2">评定数组</th><th rowspan="2">备注</th></tr>
<tr><th>序号</th><th>名称</th><th>序号</th><th>类别</th><th>项点名称</th><th>Ac</th><th>Re</th></tr>
<tr><td rowspan="11">四</td><td rowspan="11">制动摩擦磨耗性能</td><td rowspan="5">19</td><td rowspan="5">B</td><td rowspan="5">停车制动瞬时摩擦系数（一）</td><td colspan="6">常温干燥状态，闸瓦推力 28 kN，一次停车制动工况的瞬时摩擦系数变化范围应符合下表的规定</td><td rowspan="5">1 个（闸瓦托的样品有1备样）</td><td rowspan="5">TB/T3005—2008 附录 A 表 A.1</td><td rowspan="5">Ⅱ</td><td rowspan="5">/</td><td rowspan="5">1</td><td rowspan="5">2</td><td rowspan="5"></td></tr>
<tr><td>速　度（km/h）</td><td>0</td><td>20</td><td>30</td><td>40</td><td>50</td></tr>
<tr><td>瞬时摩擦系数</td><td>0.5 ±0.1</td><td>0.330 ±0.07</td><td>0.313 ±0.06</td><td>0.302 ±0.05</td><td>0.295 ±0.05</td></tr>
<tr><td>速　度（km/h）</td><td>60</td><td>80</td><td>100</td><td>120</td><td>/</td></tr>
<tr><td>瞬时摩擦系数</td><td>0.291 ±0.05</td><td>0.284 ±0.05</td><td>0.280 ±0.05</td><td>0.278 ±0.05</td><td>/</td></tr>
<tr><td>20</td><td>B</td><td>停车制动瞬时摩擦系数（二）</td><td colspan="6">常温干燥状态，闸瓦推力 14 kN，一次停车制动工况的瞬时摩擦系数的上限值允许比闸瓦推力 28 kN 的上限值高 15%</td><td rowspan="6">1 付（样品有1备样）</td><td rowspan="6">TB/T3005—2008 附录 A 表 A.1</td><td>Ⅱ</td><td>/</td><td>1</td><td>2</td><td></td></tr>
<tr><td rowspan="2">21</td><td rowspan="2">A</td><td rowspan="2">停车制动平均摩擦系数</td><td>制动初速（km/h）</td><td>40</td><td>60</td><td>80</td><td>100</td><td>120</td><td rowspan="2">S－1</td><td rowspan="2">－</td><td rowspan="2">0</td><td rowspan="2">1</td><td rowspan="2"></td></tr>
<tr><td>平均摩擦系数</td><td>0.322 ±0.04</td><td>0.307 ±0.04</td><td>0.298 ±0.04</td><td>0.292 ±0.04</td><td>0.288 ±0.04</td></tr>
<tr><td>22</td><td>A</td><td>坡道瞬时摩擦系数</td><td colspan="6">坡道匀速持续制动条件下的瞬时摩擦系数在规定的制动时间内应不低于 0.21</td><td>S－1</td><td>－</td><td>0</td><td>1</td><td></td></tr>
<tr><td>23</td><td>A</td><td>静摩擦系数</td><td colspan="6">≥0.40</td><td>S－1</td><td>－</td><td>0</td><td>1</td><td></td></tr>
<tr><td>24</td><td>B</td><td>磨耗量</td><td colspan="6">≤1.0 cm^3/MJ</td><td>Ⅱ</td><td>/</td><td>1</td><td>2</td><td></td></tr>
</table>

2.2.2 样本大小为10件。

3 检验标准及部分检验说明

3.1 机车用合金闸瓦制造特许证产品质量检验标准见附表。

3.2 产品质量检验标准分四大部分总计24项。A类检验项目6项,B类检验项目5项,C类检验项目13项。

3.3 物理力学性能试验的试样从3件闸瓦摩擦体上制取。结果为一组数据。

3.4 摩擦—磨耗性能试验在样品中抽取2副(双闸瓦每副2件),封样后送至检验站。1副用于试验,1副备查。

4 产品质量判定标准

4.1 A类项点判定

制动摩擦磨耗性能3项的判别水平为S-1,物理力学性能3项的判别水平为Ⅱ,评定数组[Ac,Re]均为[0,1]。

4.2 B类项点判定:判别水平均为Ⅱ。

4.3 C类项点判定:C类项点为统一评判,项点合格率应为90%以上。

4.4 综合判定:只有A、B、C类同时判定合格时,受检产品质量才合格,否则判为不合格

附件14

机车用合成闸瓦制造特许证产品质量检验办法

1 检验依据

机车用合成闸瓦检验参照下列标准进行。

TB/T3196—2008《机车用合成闸瓦》

GB/T 1033—1986《塑料密度和相对密度试验方法》

GB/T 1041—1992《塑料压缩性能试验方法》

GB/T 1043—1993《硬质塑料简支梁冲击试验方法》

GB/T 2918—1998《塑料试样状态调节和试验的标准环境》

GB/T 9342—1988《塑料洛氏硬度试验方法》

GB/T 2829—2002《周期检查计数抽样程序及抽样表》

产品图纸

2 抽样方法

2.1 抽样原则

2.1.1 产品质量检验的样本采用随机抽样方法抽取。

2.1.2 检验样本应在生产企业抽取,生产企业应提供必要的方便。

2.2 闸瓦抽样基数及样本大小

2.2.1 抽样基数≥200个。

2.2.2 样本大小为10件。

3 检验标准及部分检验说明

3.1 机车用合成闸瓦制造特许证产品质量检验标准见附表。

3.2 产品质量检验标准分四大部分总计24项。A类检验项目6项,B类检验项目5项,C类检验项目13项。

附表

机车用低摩擦系数合成闸瓦制造特许证产品质量检验标准

项目 序号	项目 名称	项点 序号	项点 类别	项点名称	质量标准	检验样品数	检验方法	判别水平	RQL	评定数组 Ac	评定数组 Re	备注
一	外观	1	C	瓦背缺陷	闸瓦瓦背不应存在裂纹及其他可能会在使用中引起闸瓦断裂的缺陷	10	目测	C类统一评判				
		2	C	摩擦体缺陷	闸瓦摩擦体不应存在裂纹、起泡、分层、疏松、翘曲等缺陷	10	目测					
		3	C	标记	闸瓦摩擦体与瓦背之间不应有缝隙;摩擦体与瓦背应牢固结合。摩擦体应充满瓦背及翻花孔	10	目测					
		4	C	标志	闸瓦瓦背表面应有闸瓦型号、制造厂名称或代号、制造年月或批号等永久性标志,字体应不小于10号字,字迹应清晰	10	目测					
二	尺寸	5	C	鼻部内宽	应符合本标准附录A及图纸要求	10						0.2塞尺塞不过即算接触
		6	C	鼻部内高		10						
		7	C	鼻部板厚/全高		10						
		8	C	鼻部全长		10						
		9	C	闸瓦全长		10						
		10	C	摩擦体宽度		10						
		11	C	瓦厚(滚动圆)		10						
		12	C	瓦背圆弧	闸瓦瓦背外弧面和检验样板之间的局部间隙小于等于1.5mm	10	塞尺					
		13	C	瓦托安装位	应符合图纸要求	10						
三	物理力学性能	14	B	密度	≤标称值的±5%	2件样品(1个样本)	GB/T 9342—1988	Ⅱ		1	2	
		15	B	硬度	HRR55~100		GB/T 1041—1992	Ⅱ		1	2	
		16	A	压缩强度	≥25 MPa		GB/T 10424—200	Ⅱ		0	1	
		17	A	压缩模量	≤1.5×103 MPa		GB/T 1041—1992	Ⅱ	/	0	1	
		18	A	冲击韧度	≥1.8 kJ/m^2		GB/T 1043—1993	Ⅱ		0	1	

续上表

<table>
<tr><th colspan="2">项 目</th><th colspan="3">项 点</th><th rowspan="2">质 量 标 准</th><th rowspan="2">检验样品数</th><th rowspan="2">检验方法</th><th rowspan="2">判别水平</th><th rowspan="2">RQL</th><th colspan="2">评定数组</th><th rowspan="2">备注</th></tr>
<tr><th>序号</th><th>名称</th><th>序号</th><th>类别</th><th>项点名称</th><th>Ac</th><th>Re</th></tr>
<tr><td rowspan="6">四</td><td rowspan="6">制动摩擦磨耗性能</td><td>19</td><td>B</td><td>停车制动瞬时摩擦系数（一）</td><td>常温干燥状态，闸瓦推力 80kN，一次停车制动工况的瞬时摩擦系数变化范围应符合下表的规定
速度(km/h)：0 | 20 | 30 | 40 | 50
瞬时摩擦系数：$0.2^{+0.10}_{-0.09}$ | $0.157^{+0.07}_{-0.055}$ | $0.145^{+0.06}_{-0.05}$ | $0.137^{+0.05}_{-0.045}$ | $0.130^{+0.05}_{-0.04}$
速度(km/h)：60 | 80 | 100 | 120 | —
瞬时摩擦系数：$0.125^{+0.05}_{-0.04}$ | $0.117^{+0.05}_{-0.04}$ | $0.112^{+0.05}_{-0.04}$ | $0.108^{+0.05}_{-0.04}$ | —</td><td rowspan="2">1个(闸瓦托的样品有1备样)</td><td rowspan="2">TB/T3196—2008 附录 C</td><td>Ⅱ</td><td>/</td><td>1</td><td>2</td><td></td></tr>
<tr><td>20</td><td>B</td><td>停车制动瞬时摩擦系数（二）</td><td>常温干燥状态，闸瓦推力 40 kN，一次停车制动工况的瞬时摩擦系数的上限值允许比闸瓦推力 80 kN 的上限值高 10%</td><td>Ⅱ</td><td>/</td><td>1</td><td>2</td><td></td></tr>
<tr><td>21</td><td>A</td><td>停车制动平均摩擦系数</td><td>制动初速(km/h)：40 | 60 | 80 | 100 | 120
平均摩擦系数：0.15±0.04 | 0.14±0.04 | 0.13±0.04 | 0.125±0.04 | 0.12±0.04</td><td rowspan="2">1付(样品有1备样)</td><td rowspan="2">TB/T3196—2008 附录 C</td><td>S-1</td><td>/</td><td>0</td><td>1</td><td></td></tr>
<tr><td>22</td><td>A</td><td>坡道瞬时摩擦系数</td><td>坡道匀速持续制动条件下的瞬时摩擦系数在规定的制动时间内应不低于 0.21</td><td>S-1</td><td>/</td><td>0</td><td>1</td><td></td></tr>
<tr><td>23</td><td>A</td><td>静摩擦系数</td><td>≥0.40</td><td></td><td></td><td>S-1</td><td>—</td><td>0</td><td>1</td><td></td></tr>
<tr><td>24</td><td>B</td><td>磨耗量</td><td>≤1.0 cm^3/MJ</td><td></td><td></td><td>Ⅱ</td><td>/</td><td>1</td><td>2</td><td></td></tr>
</table>

附表

机车用高摩擦系数合成闸瓦制造特许证产品质量检验标准

项目 序号	项目 名称	项点 序号	项点 类别	项点名称	质量标准	检验样品数	检验方法	判别水平	RQL	评定数组 Ac	评定数组 Re	备注
一	外观	1	C	瓦背缺陷	闸瓦瓦背不应存在裂纹及其他可能会在使用中引起闸瓦断裂的缺陷	10	目测	C类 统一评判				
		2	C	摩擦体缺陷	闸瓦摩擦体不应存在裂纹、起泡、分层、疏松、翘曲等缺陷	10	目测					
		3	C	闸瓦缺陷	闸瓦摩擦体与瓦背之间不应有缝隙；摩擦体与瓦背应牢固结合。摩擦体应充满瓦背及翻花孔	10	目测					
		4	C	标志	闸瓦瓦背表面应有闸瓦型号、制造厂名称或代号、制造年月或批号等永久性标志，字体应不小于10号字，字迹应清晰	10	目测					
二	尺寸	5	C	鼻部内宽	应符合本标准附录A及图纸要求	10						0.2塞尺不过即算接触
		6	C	鼻部内高		10						
		7	C	鼻部板厚/全高		10						
		8	C	鼻部全长		10						
		9	C	闸瓦全长		10						
		10	C	闸瓦宽度		10						
		11	C	瓦厚（滚动圆）		10						
		12	C	瓦背圆弧	闸瓦瓦背外弧面和检验样板之间的局部间隙小于等于1.5mm	10	塞尺					
		13	C	瓦托安装位	应符合图纸要求	10						
三	物理力学性能	14	B	密度	≤标称值的±5%		GB/T9342—1988	Ⅱ		1	2	
		15	B	硬度	HRR55～100	2件样品（1个样本）	GB/T1041—1992	Ⅱ		1	2	
		16	A	压缩强度	≥25 MPa		GB/T1041—1992	Ⅱ		0	1	
		17	A	压缩模量	≤1.5×10^3 MPa		GB/T1041—1992	Ⅱ	/	0	1	
		18	A	冲击强度	≥1.8 kJ/m^2		GB/T 1043—1993	Ⅱ		0	1	

续上表

<table>
<tr><th colspan="2">项　目</th><th colspan="3">项　点</th><th colspan="6" rowspan="2">质　量　标　准</th><th rowspan="2">检验样品数</th><th rowspan="2">检验方法</th><th rowspan="2">判别水平</th><th rowspan="2">RQL</th><th colspan="2">评定数组</th><th rowspan="2">备注</th></tr>
<tr><th>序号</th><th>名称</th><th>序号</th><th>类别</th><th>项点名称</th><th>Ac</th><th>Re</th></tr>
<tr><td rowspan="11">四</td><td rowspan="11">制动摩擦磨耗性能</td><td rowspan="5">19</td><td rowspan="5">B</td><td rowspan="5">停车制动瞬时摩擦系数（一）</td><td colspan="6">常温干燥状态，闸瓦推力 28 kN，一次停车制动工况的瞬时摩擦系数变化范围应符合下表的规定</td><td rowspan="5">1个（闸瓦托的样品有1备样）</td><td rowspan="5">TB/T3196—2008 附录 C</td><td rowspan="5">Ⅱ</td><td rowspan="5">/</td><td rowspan="5">1</td><td rowspan="5">2</td><td rowspan="11"></td></tr>
<tr><td>速　度（km/h）</td><td>0</td><td>20</td><td>30</td><td>40</td><td>50</td></tr>
<tr><td>瞬时摩擦系数</td><td>$0.35^{+0.10}_{-0.09}$</td><td>$0.317^{+0.07}_{-0.055}$</td><td>0. 306 ±0. 06</td><td>0. 298 ±0. 055</td><td>0. 292 ±0. 05</td></tr>
<tr><td>速　度（km/h）</td><td>60</td><td>80</td><td>100</td><td>120</td><td>/</td></tr>
<tr><td>瞬时摩擦系数</td><td>0. 286 ±0. 05</td><td>0. 278 ±0. 05</td><td>0. 272 ±0. 05</td><td>0. 268 ±0. 05</td><td>/</td></tr>
<tr><td>20</td><td>B</td><td>停车制动瞬时摩擦系数（二）</td><td colspan="6">常温干燥状态，闸瓦推力 14 kN，一次停车制动工况的瞬时摩擦系数的上限值允许比闸瓦推力 28 kN 的上限值高 10%</td><td rowspan="6">1付（样品有1备样）</td><td rowspan="6">TB/T3196—2008 附录 C</td><td>Ⅱ</td><td>/</td><td>1</td><td>2</td></tr>
<tr><td rowspan="2">21</td><td rowspan="2">A</td><td rowspan="2">停车制动平均摩擦系数</td><td>制动初速（km/h）</td><td>40</td><td>60</td><td>80</td><td>100</td><td>120</td><td rowspan="2">S－1</td><td rowspan="2">/</td><td rowspan="2">0</td><td rowspan="2">1</td></tr>
<tr><td>平均摩擦系数</td><td>0. 31 ±0. 04</td><td>0. 30 ±0. 04</td><td>0. 29 ±0. 04</td><td>0. 285 ±0. 04</td><td>0. 28 ±0. 04</td></tr>
<tr><td>22</td><td>A</td><td>坡道瞬时摩擦系数</td><td colspan="6">坡道匀速持续制动条件下的瞬时摩擦系数在规定的制动时间内应不低于 0. 21</td><td>S－1</td><td>/</td><td>0</td><td>1</td></tr>
<tr><td>23</td><td>A</td><td>静摩擦系数</td><td colspan="6">≥0. 38</td><td>S－1</td><td>/</td><td>0</td><td>1</td></tr>
<tr><td>24</td><td>B</td><td>磨耗量</td><td colspan="6">≤1. 0 cm^3/MJ</td><td>Ⅱ</td><td>/</td><td>1</td><td>2</td></tr>
</table>

3.3　物理力学性能试验的试样从2件闸瓦摩擦体上制取。结果为一组数据。

3.4　摩擦—磨耗性能试验在样品中抽取2副(双闸瓦每副2件),封样后送至检验站。1副用于试验,1副备查。

4　产品质量判定标准

4.1　A类项点判定

制动摩擦磨耗性能3项的判别水平为S-1,物理力学性能3项的判别水平为Ⅱ,评定数组[Ac,Re]均为[0,1]。

4.2　B类项点判定:判别水平均为Ⅱ。

4.3　C类项点判定:C类项点为统一评判,项点合格率应为90%以上。

4.4　综合判定:只有A、B、C类同时判定合格时,受检产品质量才合格,否则判为不合格。

铁道客车轴温报警器制造特许证实施细则

铁道部2008年7月22日　铁科技[2008]115号

第一章　总　　则

第一条　为加强铁道客车轴温报警器质量的监督管理，根据《铁路工业产品制造特许证管理办法》，制定本实施细则。

第二条　本实施细则所称铁道客车轴温报警器是指列入《铁路工业产品制造特许证管理办法》附件"实行制造特许证管理的产品目录"中的第三类铁路工业产品（产品范围、申证单元及执行标准见附件1）。

第三条　凡在中华人民共和国境内生产并销售铁道客车轴温报警器的企业，必须取得"铁路工业产品制造特许证"（以下简称制造特许证）。制造特许证是对企业生产资格的许可。

第四条　制造特许证由铁道部统一审核、颁发。铁道部行政许可管理机构负责受理制造特许证的申请和送达行政许可决定，铁道部科学技术司（以下简称铁道部科技司）负责制造特许证的审查。

第二章　申请企业必须具备的条件

第五条　申请制造特许证的企业应具备以下条件：

（一）具备企业法人资格，经营范围覆盖制造特许证产品，注册资金不少于100万；

（二）产品具有按规定程序批准的图纸和技术文件；

（三）具有铁道部认可的专业检验机构出具的4年内的型式试验报告；

（四）具有保证铁道客车轴温报警器产品质量的生产设备、工艺装备、计量器具和检验手段（见附件2）；

（五）具有健全的质量保证体系，质量保证体系必须达到《铁道客车轴温报警器制造特许证企业生产条件考核办法》（见附件9）的规定，产品在生产过程中必须具备有效的质量控制措施，保证产品质量的稳定；

（六）产品符合制造特许证产品质量检验办法（见附件10）的要求；

（七）有能够保证正常生产和产品质量的技术人员（技术人员占企业人员总数的15%以上，其中专业技术人员3人以上）、技术工人和质量检验人员，并能严格按照图纸、生产工艺和技术标准进行生产、试验和检测；

（八）企业应具有相应的生产规模，年生产能6 000套以上；

（九）符合法律、行政法规和铁道部规章规定的其他要求。

第三章　申请和发放程序

第六条　申请制造特许证的企业应当提交下列材料：

（一）《铁道部行政许可申请书》（见附件3，一式二份，加盖公章）；

（二）企业法人营业执照副本（复印件二份并验原件）；

(三)《铁路工业产品制造特许证审查表》(见附件4,一式二份);

(四)产品主要图纸及使用说明书(一式二份);

(五)产品型式试验报告(复印件二份并验原件);

(六)发证产品用主要生产设备、工装明细表(见附件5,一式二份);

(七)发证产品用主要检测设备、量器具明细表(见附件6,一式二份);

(八)发证产品用主要原材料、外购件和外协件明细表(见附件7,一式二份);

(九)质量保证体系情况及有关质量管理和技术管理方面的制度目录(一式二份);

(十)企业主要负责人、与发证产品有关的技术人员一览表(见附件8,一式二份);

(十一)换证应附原制造特许证证书(复印件二份);

(十二)法律、法规规定的其他要求(一式二份)。

第七条 铁道部行政许可管理机构决定受理后,将申请材料转给铁道部科技司。

经审查,符合生产条件要求的企业,通知企业到专业检验机构进行检验(检验包括生产条件核查和产品检验);不符合生产条件要求的,作出不予行政许可的书面决定,说明理由。

连续2次审查或检验不合格以及被撤销制造特许证的企业,在2年内不再受理其申请。

第八条 专业检验机构必须通过国家计量认证,并经铁道部认可后方可承担检验工作。

第九条 专业检验机构组织由具有相关专业能力和资质的人员及有关方面的专家组成的核查组,对企业进行生产条件核查;生产条件核查合格的,在企业的成品库或生产线终端抽取经生产企业检验合格的产品并进行封样;抽、封样品应至少有2名核查组人员参加。所抽样品由企业在规定的时间内寄(送)至指定的检验地点。

第十条 专业检验机构组织对企业生产条件进行核查和产品检验后,提出核查和检验报告报铁道部科技司。专业检验机构检验时间不应超过100天。

企业生产条件核查和产品检验合格的,经铁道部审核确认后,作出准予行政许可的书面决定。

企业生产条件核查或产品检验不合格的,经铁道部审核确认后,作出不予行政许可的书面决定。

第十一条 铁道部应自受理企业申请之日起20日内作出行政许可决定;20日内不能作出决定的,经铁道部负责人批准可延长10日,并将延长期限的理由告知企业。

检验时间不计算在前款规定期限之内。

第四章 监督和管理

第十二条 制造特许证的有效期为4年,从制造特许证批准之日算起。获得制造特许证的企业,有效期满要继续生产的,应于有效期满6个月前重新向铁道部提出申请。换证企业领取新证时应交回旧证原件。

第十三条 制造特许证标记与编号：

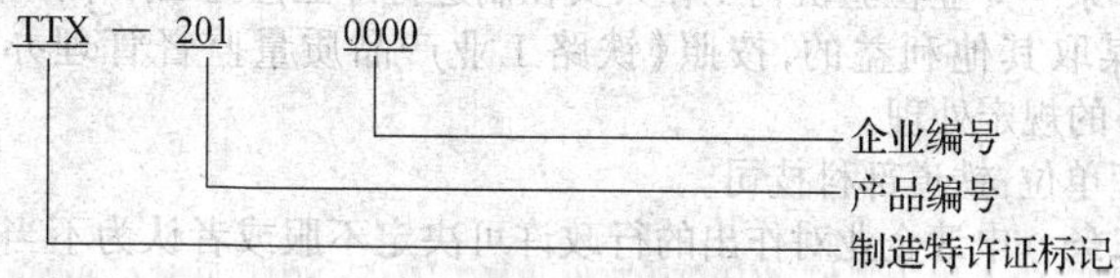

第十四条 在制造特许证有效期内，取得制造特许证的企业，应在产品包装或产品说明书上标明制造特许证的标记和编号。

第十五条 在制造特许证证书有效期内，发生证书遗失、损毁或无法辨认等情况时，企业可向铁道部提出补办申请并说明原因。铁道部核实后办理补发手续，证书编号不变。

第十六条 企业在取得制造特许证后，应保证产品质量并接受铁道部组织的监督检查。监督检查不合格的企业应进行整改，并在6个月内向铁道部提出复查申请。

第十七条 在制造特许证有效期内，企业名称或企业生产地点发生变化的，企业应向铁道部申请办理制造特许证变更手续。

第十八条 企业的生产设备、重要工艺等生产条件发生较大变化的，应及时向铁道部备案，铁道部组织对企业进行相应的核查和检验。

第十九条 取得制造特许证的企业有下列情况之一者，铁道部撤销其制造特许证：

（一）擅自涂改、转让制造特许证；

（二）在铁道部产品质量监督抽查中，抽查不合格、复查仍不合格，或连续两次抽查不合格；

（三）在制造特许证监督检查中不合格、复查仍不合格，或逾期不申请复查；

（四）因产品质量原因造成一般B类及以上铁路交通事故；

（五）因产品质量原因导致设备瘫痪并严重影响运输安全生产；

（六）以欺骗、贿赂等不正当手段取得证书；

（七）依法可以撤销的其他情形。

第二十条 取得制造特许证的企业有下列情况之一者，铁道部注销其制造特许证：

（一）企业不再生产该项产品；

（二）企业依法终止的；

（三）制造特许证有效期满，未继续提出申请；

（四）该产品不再实行制造特许证管理；

（五）法律法规规定应注销的其他情形。

第二十一条 专业检验机构及其有关人员必须保证检验结果的真实性，对所作出的检验结论承担法律责任。

专业检验机构不得从事制造特许证产品的制造、销售等经营性活动，不得与制造特许证的申请企业有关联关系。

对违反规定的专业检验机构,铁道部责令其改正;情节严重的,停止其承担检验工作的资格。

第二十二条 专业检验机构工作人员在制造特许证检验工作中索取或者收受他人财物或者谋取其他利益的,按照《铁路工业产品质量监督管理办法》(铁科教〔2001〕29 号)的规定处理。

举报受理单位:铁道部科技司。

第二十三条 申请企业对作出的行政许可决定不服或者认为不当的,可以向铁道部行政许可管理机构、行政监察机构、行政复议机构等职能部门提出申诉或复议。铁道部相关职能部门及其工作人员在制造特许证申请、发放、监督和管理等工作过程中有违法违纪行为的,按《铁道部行政许可监督检查及责任追究暂行办法》的有关规定处理。

第五章 附 则

第二十四条 铁道部受理申请、审查资料和作出行政许可决定不收取费用。

第二十五条 专业检验机构所做的检验收费参照《铁道部产品质量监督抽查检验费用计算办法》(科技技函〔2002〕146 号)执行。

产品名称	检验费用(元)	
	生产条件核查	产品检验(每个申证单元)
铁道客车轴温报警器	6 000	31 000

第二十六条 本细则由铁道部科技司负责解释。

第二十七条 本细则自发布之日起施行。铁道部科技司前发《铁道客车轴温报警器制造特许证实施细则》(科技技函〔2002〕151 号)同时废止。

附件 1

铁道客车轴温报警器产品发证范围、申证单元及执行标准

申证单元	产品名称	规格型号	执行标准
1	铁道客车轴温报警器(含控制显示器、传感器、记录仪)	DC48V/DC110VKZ S/M 数字/模拟传感器	TB/T 2226—2002《铁路客车用集中轴温报警器技术条件》

附件2

铁道客车轴温报警器制造特许证企业生产必备主要设备、工装及检测设备

序号	产品名称	设备名称	备注
1	铁道客车轴温报警器	老化设备	
		调温烙铁	
		可调电压源	
		电容表	
		电感表	
		兆欧表(500 V)	
		万用表	
		频率计	
		二等标准水银温度计	
		综合试验台(测量精度、功耗、电压范围、报警、恒流源、通讯功能、记录储存、提供数字传感器)	
		恒温槽	
		示波器	
		读卡器	
		数字传感器检测仪	
		通讯协议测试仪	
		压线钳	
		线号打印机	
		游标卡尺	
		秒表	

附件3

铁道部行政许可申请书

<table>
<tr><td rowspan="4">个人申请</td><td>姓　　名</td><td></td><td>身份证号码</td><td colspan="2"></td></tr>
<tr><td>住　　址</td><td colspan="4"></td></tr>
<tr><td>联系电话</td><td colspan="2"></td><td>邮编</td><td></td></tr>
<tr><td>电子邮箱</td><td colspan="4"></td></tr>
<tr><td rowspan="8">单位申请</td><td>单位名称</td><td colspan="2"></td><td>法人代表</td><td></td></tr>
<tr><td>单位地址</td><td colspan="4"></td></tr>
<tr><td>联系电话</td><td colspan="2"></td><td>邮编</td><td></td></tr>
<tr><td>电子邮箱</td><td colspan="4"></td></tr>
<tr><td>委托代理人</td><td></td><td>身份证号码</td><td colspan="2"></td></tr>
<tr><td>住　　址</td><td colspan="4"></td></tr>
<tr><td>联系电话</td><td colspan="2"></td><td>邮编</td><td></td></tr>
<tr><td>电子邮箱</td><td colspan="4"></td></tr>
<tr><td colspan="2">行政许可申请项目</td><td colspan="4"></td></tr>
<tr><td colspan="2">行政许可申请内容</td><td colspan="4"></td></tr>
<tr><td colspan="2">所附申请材料目录</td><td colspan="4"></td></tr>
</table>

注：以下内容由受理机构填写。

受理人（审核人）：　　　　　　　　　　收到日期：

附件4

铁路工业产品制造特许证审查表

产品名称__________________________________（公章）
企业名称____________________________________
详细地址____________________________________
邮政编码____________________________________
电子邮箱__________________传真__________________
负责人____________________联系人__________________
联系电话　办公室________________手机__________________
申请日期____________________________________

中华人民共和国铁道部

填 表 说 明

1. 审查表用计算机填写；
2. 企业名称要与工商行政管理部门核发的企业法人营业执照名称相一致；
3. 产品名称、型号规格按相应的标准名称与品种分别填写；
4. 年销售量、年产值、年销售额按上年度填写；
5. 铁路局属企业由铁路局产品质量主管部门签署意见；
6. 审查表封面加盖企业公章（企业公章复印无效）。

<table>
<tr><td rowspan="6">申报产品情况</td><td>产品名称</td><td colspan="3"></td></tr>
<tr><td>规格型号</td><td></td><td>执行标准编号</td><td></td></tr>
<tr><td>产品鉴定或型式试验单位、时间</td><td></td><td>图纸来源</td><td></td></tr>
<tr><td>批量投产时间</td><td></td><td>工厂代号</td><td></td></tr>
<tr><td>年生产能力（规模）</td><td></td><td>年销售量</td><td></td></tr>
<tr><td>年产值</td><td></td><td>年销售额</td><td></td></tr>
<tr><td rowspan="9">企业基本情况</td><td>企业名称</td><td colspan="3"></td></tr>
<tr><td>法人代表</td><td></td><td>主管部门</td><td></td></tr>
<tr><td>营业执照编号</td><td></td><td>经济性质</td><td></td></tr>
<tr><td>企业总人数</td><td></td><td>企业代码</td><td></td></tr>
<tr><td>工程技术人员数</td><td></td><td>建厂时间</td><td></td></tr>
<tr><td>占地面积</td><td></td><td>建筑面积</td><td></td></tr>
<tr><td>固定资产（现值）</td><td></td><td>流动资金</td><td></td></tr>
<tr><td>年总产值</td><td></td><td>年销售额</td><td></td></tr>
<tr><td>主导产品名称</td><td colspan="3"></td></tr>
<tr><td colspan="2">企业主管部门意见</td><td colspan="3">（盖章）　　年　　月　　日</td></tr>
<tr><td colspan="2">铁道部
受理意见</td><td colspan="3">（盖章）　　年　　月　　日</td></tr>
<tr><td colspan="2">生产条件
核查结果</td><td colspan="3">（盖章）　　年　　月　　日</td></tr>
<tr><td colspan="2">产品检验结果</td><td colspan="3">（盖章）　　年　　月　　日</td></tr>
<tr><td colspan="2">备　注</td><td colspan="3"></td></tr>
</table>

附件 5

发证产品用主要生产设备、工装明细表

序号	名称	规格型号	数量	完好状态	使用场所	设备、工装生产厂	生产日期	购置日期

附件 6

发证产品用主要检测设备、量器具明细表

序号	名称	型号规格	精度等级	数量	完好状态	使用场所	设备、量器具生产厂	生产日期	购置日期

附件7

发证产品用主要原材料、外购件和外协件明细表

序号	名称	型号规格	年需量	标准代号	生产单位

附件 8

企业主要负责人、与发证产品有关的技术人员一览表

企业从事发证产品生产的人员总数：　　人

	序号	姓名	性别	年龄	职务	职称	文化程度	所学专业	现从事专业	工作年限	工作岗位
主要负责人											
技术人员											

附件9

铁道客车轴温报警器制造特许证企业生产条件考核办法

1. 本考核办法根据铁科技[2005]50号《铁路工业产品制造特许证管理办法》的有关规定制订。

2. 本办法适用于申请铁道客车轴温报警器制造特许证的企业质量保证体系审查。

3. 在企业进行现场审查时，与申证产品有关的生产线必须是正在运行的，否则立即结束审查。

4. 表中注▲的条款为关键项条(共13项)。

5. 本考核表具体按质量管理、生产资源、技术文件、采购控制、过程控制、质量检验、安全文明生产七个部分进行审查评价，七个部分中的每一个审查项目审查内容都可按合格、基本合格、轻微不合格、严重不合格四种结论进行评定，其中严重不合格是指该项缺项或差距在50%及其以上，轻微不合格指该项差距在50%－20%之间，基本合格指该项差距在20%以下；同时轻微不合格项超过该部分全部项目的50%以上、或有两项及以上严重不合格项、或有一项及以上关键项严重不合格时，判该部分不合格；只要有一个部分不合格或注▲的条款严重不合格，则综合判定该次考核不通过。

6. 审查后，审查组在末次会议上说明审查情况，宣布不符合项、整改要求(若存在)和审查结论。

铁道客车轴温报警器制造特许证质量保证体系考核表

序号	审查项目	审查内容	审查记录	合格	基本合格	轻微不合格	严重不合格
一	质量管理						
1.1	质量保证体系	▲1. 必须建立健全的质量保证体系，树立牢固的质量意识					
		2. 必须制定质量管理工作计划，包括计划的实施机构、机构的职责，定期总结质量保证工作情况等					
1.2	组织领导	1. 单位领导中应有人负责质量工作					
		2. 应设置相应的质量管理机构或有专人负责质量管理工作，且职权明确					

续上表

序号	审查项目	审查内容	审查记录	合格	基本合格	轻微不合格	严重不合格
1.3	方针目标	1. 应制定质量方针和定量的质量目标					
		2. 质量方针和质量目标应贯彻实施					
1.4	管理职责	1. 应制定质量管理制度,规定各有关部门、人员的质量职责、权限和相互关系					
		2. 应有相应的考核办法并严格实施					
1.5	职工培训	▲1. 应有职工培训计划和培训制度,并能严格实施					
		2. 必须对全体员工进行质量管理知识和专业技术培训					
1.6	技术服务	1. 必须有用户技术专职服务机构或人员					
		2. 必须有健全的用户服务制度					
		3. 必须有用户服务和访问记录					
二	生产资源						
2.1	生产设施及设备	▲1. 必须具备满足生产需要的生产设施和工作场所,且维护完好					
		▲2. 必须具有满足需要的生产设备及生产工装,且性能应符合国家规定的要求,工装数量、品种满足申证品种的需要					

续上表

序号	审查项目	审查内容	审查记录	合格	基本合格	轻微不合格	严重不合格
2.1	生产设施及设备	3. 必须具有满足生产需要的健全的设备及工装管理制度、工装图纸、台账、档案、维修维护和使用记录等					
2.2	检测设备	▲1. 必须有完备的检验手段,并建立严格的、可操作的检验制度					
		2. 检测设备的性能、不确定度必须能满足生产需要和达到检定要求,并在有效期内					
2.3	人员要求	1. 领导人应具有一定的质量管理知识					
		2. 管理人员应熟悉质量管理知识,并具有专业技术知识					
		▲3. 技术人员应熟练掌握设计、生产客车轴温报警器的技术知识					
		4. 工作人员应能看懂相关的技术文件(图纸、工艺、文件),并能正确熟练地操作设备					
三	技术文件						
3.1	技术标准	1. 必须具备和贯彻客车轴温报警器有关的国家、行业标准、技术条件和法律法规					
		▲2. 必须制定严于或达到相应的国家、行业标准要求的产品内控标准					

续上表

序号	审查项目	审查内容	审查记录	合格	基本合格	轻微不合格	严重不合格
3.1	技术标准	3. 必须具有生产过程中必需的有效的相关文件,如外购外协件标准、检验测试标准等					
3.2	技术文件	1. 技术文件必须具有正确性,文件的绘制、标注、技术指标、编号、图面质量等符合有关标准和规定的要求,且签署、更改手续正确完备					
		2. 技术文件必须具有完整性和系统性,齐全配套					
		3. 技术文件必须具有统一性,各部门使用的文件必须完全一致					
		▲4. 必须有产品的技术鉴定文件、正规图样和产品使用说明书					
3.3	文件管理	1. 必须制定合理的文件管理制度,文件的发布应经过正式批准,使用部门可随时获得文件的有效版本,文件修改应符合规定的程序					
		2. 应有部门或专(兼)职人员负责技术文件管理					

续上表

序号	审查项目	审查内容	审查记录	合格	基本合格	轻微不合格	严重不合格
四	采购控制						
4.1	采购制度	1. 应制定采购原材料、外购件的质量控制制度					
		2. 对外协、外购产品必须有相应的、详细的验收制度					
4.2	供方评价	▲1. 应制定供方评价准则，并根据供货单位的产品质量信誉及质量保证能力对供方进行评价，择优采购。有选定关键部件的供货单位签定长期合作协议					
		2. 应保留原材料、外购件供应商及外协单位的名单和供货、协作记录，并对供方进行质量控制					
4.3	采购文件	应根据正式批准的采购文件进行采购。如采购计划、采购清单、技术标准、采购合同等采购文件					
4.4	采购验证	应按规定对采购的原材料、元器件及外协件进行质量检验或根据有关规定进行质量验证，检验或验证的记录齐全					
五	过程控制						
5.1	工艺管理	1. 企业应制定工艺管理制度及考核办法，并严格进行管理和考核					
		2. 企业职工应严格执行工艺管理制度，按操作规程、作业指导书等工艺文件进行生产操作，做好操作记录					
		3. 企业应制定各种完整的、统一的、正确的工艺文件					

续上表

序号	审查项目	审查内容	审查记录	合格	基本合格	轻微不合格	严重不合格
5.1	工艺管理	4. 企业应制定各种产品的工艺流程卡,并严格执行					
		5. 企业应制定各种产品的材料消耗定额,并严格执行					
5.2	质量控制	1. 企业应对生产中的重要工序或产品关键特性进行质量控制,并应在生产工艺流程图上标出关键的质量控制点					
		▲2. 企业应制定关键质量控制点的操作控制程序,并依据程序实施质量控制					
		3. 对生产过程中流转的材料、半成品做好标记和标识					
六	质量检验						
6.1	检验管理	1. 应有独立行使检验权力专(兼)职检验人员					
		▲2. 必须建立自检、互检、专检的质量检验管理制度,并作好质量检验记录					
6.2	过程检验	1. 在生产过程中必须按规定开展过程质量检验,并做好检验记录					
		2. 对于检验不合格的产品,按不合格程序规定进行处理,并重新检验。并做好检验记录					
6.3	交付检验	▲必须按产品技术标准要求,进行出厂产品的检验、对检验合格产品出具产品质量检验合格证、并按规定进行包装和标识					
七	安全文明生产						

续上表

序号	审查项目	审查内容	审查记录	合格	基本合格	轻微不合格	严重不合格
7.1	文明生产	▲1. 生产场地要清洁、明亮,工作场地条件要满足生产规模的需要,并对设施、设备加强维护保养					
		2. 生产场地要布局合理,道路通畅,零件、物料放置有序,进行必要的标识					
7.2	安全防护	应制定并实施安全生产制度。必须具备防火、防雷、防爆措施					
7.3	环卫要求	应对环境卫生进行管理,要对排放有害物采取措施,保护环境和职工身体健康					

附件10

铁道客车轴温报警器制造特许证产品质量检验办法

1 检验依据

1.1 TB/T 2226—2002《铁道客车用集中轴温报警器技术条件》

1.2 TB/T 3021—2001《铁道机车车辆电子装置》

1.3 TB/T 3034—2002《机车车辆电气设备电磁兼容性试验及其限值》

1.4 GB/T 998—1982《低压电器基本试验方法》

1.5 GB/T 2829—2002《周期检验计数抽样程序及表》

1.6 产品图纸

2 抽样方法

2.1 抽样原则

2.1.1 产品质量检验的样本采用随机抽样方法抽取,采用一次抽样方案,判别水平:Ⅱ,不合格分类:A类和B类,按GB/T 2829—2002《周期检验计数抽样程序及表》确定抽样方案为表1。

2.1.2 抽样同时抽取外壳2件,基数不小于50台。

2.1.3 所抽样品应在生产企业采用随机抽样方法抽取,产品应是经企业检验合格并在抽样近期内产品,生产企业应提供必要的条件。

表 1

样本名称	判别水平	不合格质量水平 RQL	抽样方案(n;Ac,Re)	备 注
控制显示器	Ⅱ	40	[4;0,1]	注1
温度传感器（数字/模拟传感器）	Ⅱ	12	[36;2,3]	注2
记录仪	Ⅱ	40	[4;0,1]	注3

注:1. 同时生产标准尺寸、四合一控制显示器(电气综合柜上使用)的企业,抽样时以小代大,四合一控制显示器抽样基数不小于40台;同时生产DC48V、DC110V控制显示器的企业抽样时各抽取两台,DC110V控制显示器抽样基数不小于20台。

2. 数字传感器和模拟传感器同时生产的,各抽取18只,两种传感器抽样基数均不小于200只。

3. 记录仪抽样基数不小于20台。

3 检验标准及部分检验说明

3.1 铁道客车用集中轴温报警器产品质量检验标准及检验方法见表2(控制显示器)、表3(数字传感器)、表4(模拟传感器)及表5(记录仪)。

3.2 控制显示器产品质量检验标准为20项(含外壳),A类检验项目12项,B类检验项目8项。

3.3 数字传感器产品质量检验标准为9项,A类检验项目4项,B类检验项目5项。

3.4 模拟传感器产品质量检验标准为9项,A类检验项目4项,B类检验项目5项。

3.5 记录仪产品质量检验标准为12项,A类检验项目7项,B类检验项目5项。

4 产品质量判定标准

4.1 样本单位判定法

控制显示器

A类项点的判定方案为[12;0,1]

B类项点的判定方案为[8;3,4]

传感器

A类项点的判定方案为[4;0,1]

B类项点的判定方案为[5;1,2]

记录仪

A类项点的判定方案为[7;0,1]

B类项点的判定方案为[5;1,2]

当同时满足A、B类项点判定方案时,判该单件产品质量检验为合格,否则为不合格。

4.2 样本综合判定

对样本单位分别进行判定后,在根据控制显示器、记录仪抽样方案[4;0,1],传感器抽样方案[36;2,3],综合判定,样本满足抽样方案,判该次产品质量检验为合格,否则为不合格。

表2　铁道客车轴温报警器制造特许证产品质量检验标准(控制显示器)

序号	检验项目	检验类别	质量指标		检验方法		仪器设备名称	备注
			执行标准及条款	标准要求	执行标准及条款	检验方法要点说明		
1	外观质量	B	TB/T 2226—2002 第6.31、9.1条	1.1　外壳表面喷塑,光洁平整,无毛刺、气泡、裂纹、划痕、锈斑等缺陷。 1.2　标记齐全、清晰、耐久	TB/T 2226—2002 第6.31、9.1条	目测		
2	焊接要求	A	TB/T 2226—2002 第6.6条	2.1　各元器件焊牢,焊点周围平整光滑,无虚焊、脱焊,相邻焊点不得相碰。 2.2　接线正确,线端按顺序号编号,线端挂锡,线头光滑干净	TB/T 3021—2001 第9条	目测		
3	结构要求	B	TB/T 2226—2002 第6.7条	按键性能良好,寻位报警及时准确,数值显示正确	TB/T 2226—2002 第7.3条	目测、手动		
4	绝缘性能	A	TB/T 2226—2002 第6.34条	绝缘电阻:500 V,≥10 MΩ	GB998—1982 第6.2条	用数字万用表测量	数字万用表	
5	测温系统	A	TB/T 2226—2002 第5.1.2、5.1.4、5.1.5、5.1.6、5.1.7条	5.1　测温范围:-45～125 ℃。 5.2　系统测温精度:±2 ℃(20～85 ℃),±4 ℃(<20 ℃或>85 ℃)。 5.3　测温路数:八路轴温,一路环温。 5.4　定点延时:30±2(s)。 5.5　报警温度:定点报警90±2 ℃ 跟踪报警C+Δt(Δt为41～49之间唯一确定值)	TB/T 2226—2002 第7.3、7.4条	用恒温槽、数字万用表、0.2级水银计测量	恒温槽、数字万用表、0.2级水银计	
6	额定功率	B	TB/T 2226—2002 第5.1.12条	≤4W	GB 998—1982 第4条	用直流电压、电流表测量	直流电压、电流表	

续上表

序号	检验项目	检验类别	质量指标		检验方法		仪器设备名称	备注
			执行标准及条款	标准要求	执行标准及条款	检验方法要点说明		
7	通讯功能	A	TB/T 2226—2002 第 6.24 条	发送数据的时间分配及数据帧格式应符合附录 A 中 A3 要求	TB/T 2226—2002 第 7.8 条	按照 TB/T 2226—2002 第 7.8 条进行		
8	电源适用范围	A	TB/T 2226—2002 第 5.1.1 及 6.9 条	8.1　DC48 V(波动范围 DC36 ~72 V) 8.2　DC110 V(波动范围 DC77 ~138 V) 8.3　有输出短路、电源反接保护功能;输出自动恢复功能	TB/T 2226—2002 第 7.2 条	按照 TB/T 2226—2002 第 7.2 条进行	直流电压表	
9	传感器兼容	A	TB/T 2226—2002 第 6.11 条	能自动识别模拟和数字传感器	TB/T 2226—2002 第 7.3 条	按照 TB/T 2226—2002 第 7.3 条进行		
10	显示方式	B	TB/T 2226—2002 第 6.12 条	采用液晶显示屏,一屏同时显示车厢顺位号,8 路轴温和 1 路环温。有报警和通讯状态指示灯	TB/T 2226—2002 第 7.3 条	按照 TB/T 2226—2002 第 7.3 条进行		
11	键盘锁	B	TB/T 2226—2002 第 6.13 条	面板上带有通用的键盘锁,打开时,钥匙不能拔下	TB/T 2226—2002 第 7.3 条	目测、手动		
12	电子身份号	B	TB/T 2226—2002 第 6.14 条	唯一的电子身份号与出厂编号一致。格式符合 TB/T 2226—2002 第 6.14 条要求	TB/T 2226—2002 第 7.3 条	按照 TB/T 2226—2002 第 7.3 条进行		

续上表

序号	检验项目	检验类别	质量指标		检验方法		仪器设备名称	备注
			执行标准及条款	标准要求	执行标准及条款	检验方法要点说明		
13	功能试验	A	TB/T 2226—2002第6.10、6.15、6.16、6.17、6.19、6.20、6.21、6.23、6.25条	13.1　显示器无主式，有联网功能。通讯线在任一点处断开，应从两边各自形成网络正常工作。 13.2　调阅网络中其他车厢的数据和本机报警的历史记录。 13.3　操作按键设置车厢顺序号，车种车号，日历时钟，可查电子身份号。所有设置有断电保存功能。 13.4　采用DB－15型针形插座，有电源反接保护功能。 13.5　报警记录功能：报警记录内容（时间、轴位、轴温、环温）完整，报警期间每隔1 min记录一次。容量大于500组，自动刷新，先进先出。不能用按键操作删除。 13.6　轴温变化，响应时间<3 s。 13.7　300×(1±2%) μA恒流源测试功能，任选一轴位。 13.8　重号时，后开机的车厢顺序号闪烁，但仍可监视本车轴温，不影响网络正常工作。 13.9　声光报警。超温数据闪烁，红灯闪烁、蜂鸣器鸣叫	TB/T 2226—2002第7.3、7.6条	在综合实验台测试	综合实验台	

续上表

序号	检验项目	检验类别	质量指标		检验方法		仪器设备名称	备注
			执行标准及条款	标准要求	执行标准及条款	检验方法要点说明		
14	混编联网试验	A	TB/T 2226—2002 第6.24条	不同厂家的控制显示器、记录仪混编成网,功能应符合要求	TB/T 2226—2002 第6.24条	将不同厂家的控制显示器、记录仪混编成网,检查各功能		
15	联网报警功能试验	A	TB/T 2226—2002 第6.26、6.27、6.28条	15.1 联网下,单一轴位报警时,本机显示,其他轴报也报警并显示报警的车厢顺位号,轴位和轴温。 15.2 多个车厢的轴位报时,各机循环显示并报警。显示时间为5±1(s)。 15.3 报警时,超温本机长报,其他鸣叫10 s后停止,仍显示,报警指示灯和超温的轴温数值闪烁。在本机上按键消音,报警指示灯和超温的轴温数值仍闪烁。其他轴报恢复正常	TB/T 2226—2002 第7.8条	在综合实验台测试	综合实验台	
16	电磁兼容性试验	A	TB/T 2226—2002 第6.30条	16.1 射频电磁场辐射抗扰度:10V/m;性能判据:A级。 16.2 射频场感应的传导骚扰抗扰度:3 Vrms(载波电压),150 kHz~80 MHz,1 kHz,80% AM,源阻抗:150 Ω;性能判据:A级。 16.3 电源端骚扰电压:79 dBμV,0.15 MHz~0.5 MHz;73 dBμV,0.5 MHz~30 MHz。 16.4 电磁辐射骚扰:10 m处,40 dB,30 MHz~230 MHz10 m处,47 dB,230 MHz~1 GHz	TB/T 3034—2002 第7、8条	16.1 带数字传感器通电,信号发生器、功放、天线施加干扰,读数由显示器显示 16.2 带数字传感器通电,电源端经CDN、传感器线经电磁钳注入干扰,读数由显示器显示 16.3 带数字传感器通电,经ESH2-Z5由ESCS30直接读取	16.1 信号发生器、功放、天线 16.2 信号发生器、150 W功放、CDN、电磁钳 16.3 人工电源网络ESH2-Z5接收机ESCS30	16.1 在电波暗室 16.2 屏蔽室 16.3 屏蔽室 16.4 在电波暗室中进行

续上表

序号	检验项目	检验类别	质量指标		检验方法		仪器设备名称	备注
			执行标准及条款	标准要求	执行标准及条款	检验方法要点说明		
16	电磁兼容性试验	A	TB/T 2226—2002 第 6.30 条	16.5 电快速瞬变脉冲群抗扰度试验: 对 DC48 V 控制显示器,试验电压 1 000 V;[注 4] 对 DC110 V 控制显示器,试验电压 2 000 V; 性能判据:A 级。 16.6 浪涌抗扰度试验:对 DC48 V 控制显示器,线－线间 500 V,线－地间 1 000 V 对 DC110 V 控制显示器,线－线间 1 000 V,线－地间 2000 V; 性能判据:B 级	TB/T 3034—2002 第 7、8 条	16.4 带数字传感器通电,天线接收骚扰、数值直接由接收机读取 16.5 带数字传感器通电,在电源端及传感器线上注入干扰,读数由显示器显示 16.6 带数字传感器通电,在电源端施加浪涌,读数由显示器显示	16.4 转台、升降塔、天线、接收机 16.5 脉冲群发生器 16.6 浪涌发生器	
17	温度试验	B	TB/T 2226—2002 第 7.7.2 条	置于高低温箱 －10 ℃和 50 ℃,各 4 h;无损坏,工作正常,外观符合要求	TB/T 2226—2002 第 7.7.2 条	置于高低温箱 －10 ℃和 50 ℃,各 4 h后检查	高低温箱	
18	湿热试验	A	TB/T 2226—2002 第 7.7.3 条	置于湿热箱 40 ℃,相对湿度 93%,4h;无损坏,工作正常,外观符合要求	TB/T 2226—2002 第 7.7.3 条	置于湿热箱 40 ℃,相对湿度 93%,4 h后检查	湿热箱	
19	冲击和振动试验	A	TB/T 2226—2002 第 7.7.4 条	f＝1 Hz～10 Hz,振幅为 $25/f$(mm),f＝10 Hz～50 Hz,振幅为 $250/f^2$(mm),沿列车纵向加速度为 30 m/s^2,持续 20 min,无损坏,工作正常	TB/T 2226—2002 第 7.7.4 条	按照要求持续 20 min后检查	振动试验台	
20	外壳温度试验	B	TB/T 2226—2002 第 6.31 条	外壳置于高低温箱 －45 ℃和 75 ℃,各 4 h;涂层不起泡、剥落	TB/T 2226—2002 第 6.31 条	置于高低温箱 －45 ℃和 75 ℃,各 4 h后检查	高低温箱	

[注]对 DC48 V 控制显示器,试验电压 1 000 V 执行 GB/T17626.5—1999 第 5 条款,等级 2 。

表 3　铁道客车轴温报警器制造特许证产品质量检验标准(数字传感器)

序号	检验项目	检验类别	质量指标		检验方法		仪器设备名称	备注
			执行标准及条款	标准要求	执行标准及条款	检验方法要点说明		
1	外观	B	TB/T 2226—2002 第 9.1 条	1.1　壳体无缺陷、划痕和锈蚀。 1.2　规定标记齐全	TB/T 2226—2002 第 9.1 条	目测		
2	外形尺寸	B	TB/T 2226—2002 第 6.3 条	外形高度≤50mm，连接螺杆 M16、长度≤15 mm，引线长度≥750 mm，符合图 2b 要求	TB/T 2226—2002 第 6.3 条	用游标卡尺、钢板尺测量	游标卡尺、钢板尺	
3	材质	B	TB/T 2226—2002 第 6.3 条	材料采用铜质	TB/T 2226—2002 第 6.3 条	目测		
4	元件要求	B	TB/T 2226—2002 第 6.33 条	4.1　采用 DS1820/DS18B20/DS18S20 及升级型号的温度传感器。 4.2　并接一只不大于 2 000 p 的电容	TB/T 2226—2002 第 6.33 条	目测		
5	绝缘性能	A	TB/T 2226—2002 第 6.34 条	传感器引线与外壳绝缘电阻：500 V，≥10 MΩ	TB/T 2226—2002 第 7.10a) 条	测量引线与外壳之间的绝缘电阻		
6	性能参数测试	A	TB/T 2226—2002 第 5.2 条	6.1　测温范围：-55 ~ 125 ℃。 6.2　测温精度：±1 ℃(20 ~ 85 ℃)，±2 ℃(<20 ℃或>85 ℃)。 6.3　串联电阻：100 Ω，系统附加误差不大于 2 ℃(20 ℃ ~ 85 ℃)。 6.4　并联电阻：1.5 kΩ，系统附加误差不大于 2 ℃(20 ℃ ~ 85 ℃)	TB/T 2226—2002 第 7.9.2 条	用恒温槽、数字万用表、0.2 级水银计测量	用恒温槽、数字万用表、0.2 级水银计	

续上表

序号	检验项目	检验类别	质量指标		检验方法		仪器设备名称	备注
			执行标准及条款	标准要求	执行标准及条款	检验方法要点说明		
7	温度试验	B	TB/T 2226—2002 第7.11条	置于高低温箱 -45 ℃和125 ℃,各4 h后;试验后检查应无损坏,能够正常工作	TB/T 2226—2002 第7.11条	置于高低温箱 -45 ℃和125 ℃,各4 h后检查	高低温箱	
8	防水绝缘试验	A	TB/T 2226—2002 第6.35条	浸入水中72 h,引线与外壳绝缘电阻:500 V,≥1 MΩ	TB/T 2226—2002 第7.10 b)条	将传感器浸入水中距离水表面100 mm的位置	数字万用表	
9	冲击和振动	A	TB/T 2226—2002 第7.7.4条	$f=1$ Hz ~ 10 Hz,振幅为$25/f$(mm),$f=10$ Hz ~ 50 Hz,振幅为$250/f^2$(mm),沿列车纵向加速度为30 m/s^2,持续20 min,无损坏,工作正常	TB/T 2226—2002 第7.7.4条	按照要求持续20 min后检查	振动试验台	

表4 铁道客车轴温报警器制造特许证产品质量检验标准(模拟传感器)

序号	检验项目	检验类别	质量指标		检验方法		仪器设备名称	备注
			执行标准及条款	标准要求	执行标准及条款	检验方法要点说明		
1	外观	B	TB/T 2226—2002 第9.1条	1.1 壳体无缺陷、划痕和锈蚀。 1.2 规定标记齐全	TB/T 2226—2002 第9.1条	目测		
2	外形尺寸	B	TB/T 2226—2002 第6.3条	外形高度≤50 mm,连接螺杆M16、长度≤15 mm,引线长度≥750 mm,符合图2a要求	TB/T 2226—2002 第6.3条	用游标卡尺、钢板尺测量	游标卡尺、钢板尺	
3	材质	B	TB/T 2226—2002 第6.3条	材料采用铜质	TB/T 2226—2002 第6.3条	目测		
4	元件要求	B	TB/T 2226—2002 第6.33条	元件采用PN结温度传感器	TB/T 2226—2002 第6.33条	目测		

续上表

序号	检验项目	检验类别	质量指标		检验方法		仪器设备名称	备注
			执行标准及条款	标准要求	执行标准及条款	检验方法要点说明		
5	绝缘性能	A	TB/T 2226—2002 第 6.34 条	传感器引线与外壳绝缘电阻：500V，≥10MΩ	TB/T 2226—2002 第 7.10a）条	测量引线与外壳之间的绝缘电阻	数字万用表	
6	性能参数测试	A	TB/T 2226—2002 第 5.3 条	6.1 测温范围：−55 ~ 125 ℃。 6.2 测温精度：±1 ℃（20 ~ 85 ℃），±2 ℃（< 20 ℃ 或 >85 ℃）。 6.3 工作电流：300 ×（1 ± 2%）μA。 6.4 温度 − 电压特性：U =（1235 − 4.36T）± 4.36（mV）。 6.5 并联电容：0.1 μF/40 V ~ 63 V。 6.6 并联电阻：80 kΩ，系统附加误差不大于 2 ℃（20 ℃ ~ 85 ℃）。 6.7 串联电阻：13 Ω，系统附加误差不大于 2 ℃（20 ℃ ~ 85 ℃）	TB/T 2226—2002 第 7.9.1 条	用恒温槽、数字万用表、0.2 级水银计测量	用恒温槽、数字万用表、0.2 级水银计	
7	温度试验	B	TB/T 2226—2002 第 7.11 条	置于高低温箱 −45 ℃ 和 125 ℃，各 4 h；无损坏，工作正常	TB/T 2226—2002 第 7.11 条	置于高低温箱 −45 ℃ 和 125 ℃，各 4 h 后检查	高低温箱	
8	防水绝缘试验	A	TB/T 2226—2002 第 6.35 条	浸入水中 72 h，引线与外壳绝缘电阻：500 V，≥1 MΩ	TB/T 2226—2002 第 7.10 b）条	将传感器浸入水中距离水表面 100 mm 的位置	数字万用表	
9	冲击和振动	A	TB/T 2226—2002 第 7.7.4 条	f = 1 Hz ~ 10 Hz，振幅为 $25/f$（mm），f = 10 Hz ~ 50 Hz，振幅为 $250/f^2$（mm），沿列车纵向加速度为 30 m/s^2，持续 20 min，无损坏，工作正常	TB/T 2226—2002 第 7.7.4 条	按照要求持续 20 min后检查	振动试验台	

表 5　铁道客车轴温报警器制造特许证产品质量检验标准(记录仪)

序号	检验项目	检验类别	质量指标		检验方法		仪器设备名称	备注
			执行标准及条款	标准要求	执行标准及条款	检验方法要点说明		
1	外观质量	B	TB/T 2226—2002 第 6.31、9.1 条	1.1　外壳表面喷塑,光洁平整,无毛刺、气泡、裂纹、划痕、锈斑等缺陷。 1.2　标记齐全、清晰、耐久	TB/T 2226—2002 第 6.31、9.1 条	目测		
2	焊接要求	A	TB/T 2226—2002 第 6.6 条	2.1　各元器件焊牢,焊点周围平整光滑,无虚焊、脱焊,相邻焊点不得相碰。 2.2　接线正确,线端按顺序号编号,线端挂锡,线头光滑干净	TB/T 3021－2001 第 9 条	目测		
3	结构要求	B	TB/T 2226—2002 第 6.7 条	按键性良好,显示正确	TB/T 2226—2002 第 7.3 条	目测、手动		
4	绝缘性能	A	TB/T 2226—2002 第 6.34 条	绝缘电阻:500 V,≥10 MΩ	GB998－1982 第 6.2 条	按照 GB998－1982 第 6.2 条进行	数字万用表	
5	电源适用范围	A	TB/T 2226—2002 第 5.1.1 及 6.9 条	5.1　DC48 V(波动范围 DC36 V～72 V)。 5.2　DC110 V(波动范围 DC77 V～138 V)。 5.3　有输出短路、电源反接保护功能;输出自动恢复功能	TB/T 2226—2002 第 7.2 条	按照 TB/T 2226—2002 第 7.2 条进行	直流电压表	
6	键盘锁	B	TB/T 2226—2002 第 6.13 条	面板上带有通用的键盘锁,打开时,钥匙不能拔下	TB/T 2226—2002 第 7.3 条	目测、手动		

续上表

序号	检验项目	检验类别	质量指标		检验方法		仪器设备名称	备注
			执行标准及条款	标准要求	执行标准及条款	检验方法要点说明		
7	功能试验	A	TB/T 2226—2002 第 6.36、6.37、6.38、6.39 条	7.1 显示网络的通讯状态，可观察、记录各车轴温。 7.2 断电保存功能。 7.3 接口采用 DB－9 型针型插座。 7.4 开机后第一分钟记录一次，以后为 10 min 的整数倍。每组记录的数据（记录的时间、车厢顺位号、车种车号、轴温和环温）完整。有 1 000 组容量，自动刷新，先进先出。 7.5 当某一车厢的某一轴位报警时，每分钟记录一次。报警数据记录（报警时间、车厢顺位号、车种车号、报警的轴温、轴位和环温）完整。有 1000 组容量。自动刷新，先进先出。 7.6 有可以设置的时钟，并可通过网络统一校正网络中所有控制显示器的时钟	TB/T 2226—2002 第 7.12 条	在综合实验台测试	综合实验台	
8	转存功能	B	TB/T 2226—2002 第 6.40 条	有标准 IC 卡转存功能。能把记录仪上全部数据转存到 IC 卡上。IC 记录卡数据记录格式符合附录 B 的要求	TB/T 2226—2002 第 7.12 条	用读卡机读取 IC 卡的数据进行检查	读卡机	

续上表

序号	检验项目	检验类别	质量指标		检验方法		仪器设备名称	备注
			执行标准及条款	标准要求	执行标准及条款	检验方法要点说明		
9	电磁兼容性试验	A	TB/T 3034—2002 第6.30条	9.1　射频电磁场辐射抗扰度：10 V/m；性能判据：A级。 9.2　射频场感应的传导骚扰抗扰度：3 Vrms（载波电压），150 kHz～80 MHz，1 kHz，80% AM，源阻抗：150Ω；性能判据：A级。 9.3　电源端骚扰电压：79dBμV，0.15MHz～0.5MHz；73dBμV，0.5MHz～30MHz。 9.4　电磁辐射骚扰：10m处，40 dB，30 MHz～230 MHz10 m处，47 dB，230 MHz～1 GHz。 9.5　电快速瞬变脉冲群抗扰度试验：对DC48 V控制显示器，试验电压1 000 V；[注5] 对DC110 V控制显示器，试验电压2 000 V； 性能判据：A级。 9.6　浪涌抗扰度试验：对DC48 V控制显示器，线－线间500 V，线－地间1 000 V 性能判据：B级	TB/T 3034—2002 第7、8条	9.1　带控制显示器及数字传感器通电，信号发生器、功放、天线施加干扰，读数由显示器显示 9.2　带控制显示器及数字传感器通电，电源端经CDN、通讯线和传感器线经电磁钳注入干扰，读数由显示器显示 9.3　带控制显示器及数字传感器通电110 VDC，经ESH2－Z5由ESCS30直接读取 9.4　带控制显示器及数字传感器通电，天线接收骚扰、数值直接由接收机读取 9.5　带控制显示器及数字传感器通电，在电源端及通讯线、传感器线上注入干扰，读数由显示器显示 9.6　带控制显示器及数字传感器通电，在电源端施加浪涌，读数由显示器显示	9.1　信号发生器、功放、天线 9.2　信号发生器、150 W功放、CDN、电磁钳 9.3　人工电源网络ESH2－Z5接收机ESCS30 9.4　转台、升降塔、天线、接收机 9.5　脉冲群发生器 9.6　浪涌发生器	9.1　在电波暗室 9.2　屏蔽室 9.3　屏蔽室 9.4　在电波暗室中进行

续上表

序号	检验项目	检验类别	质量指标		检验方法		仪器设备名称	备注
			执行标准及条款	标准要求	执行标准及条款	检验方法要点说明		
10	温度试验	B	TB/T 2226—2002 第 7.7.2 条	置于高低温箱 -10 ℃和 50 ℃，各 4 h；无损坏，工作正常，外观符合要求	TB/T 2226—2002 第 7.7.2 条	置于高低温箱 -10 ℃和 50 ℃，各 4 h 后检查	高低温箱	
11	湿热试验	A	TB/T 2226—2002 第 7.7.3 条	置于湿热箱 40 ℃，相对湿度 93%，4 h，无损坏，工作正常，外观符合要求	TB/T 2226—2002 第 7.7.3 条	置于湿热箱 40 ℃，相对湿度 93%，4 h 后检查	湿热箱	
12	振动试验	A	TB/T 2226—2002 第 7.7.4 条	$f=1$ Hz～10 Hz，振幅为 $25/f$（mm），$f=10$ Hz～50 Hz，振幅为 $250/f^2$（mm），沿机车纵向加速度为 30 m/s^2，持续 20 min，无损坏，工作正常	TB/T 2226—2002 第 7.7.4 条	按照要求持续 20 min 后检查	振动试验台	

［注］对 DC48 V 控制显示器，试验电压 1 000 V 执行 GB/T 17626.5—1999 第 5 条款，等级 2。

高分子材料钢轨绝缘件制造特许证实施细则

铁道部 2008 年 7 月 22 日　铁科技[2008]116 号

第一章　总　则

第一条　为加强高分子材料钢轨绝缘件(以下简称"钢轨绝缘")质量的监督管理,根据《铁路工业产品制造特许证试行办法》的有关规定,制定本实施细则。

第二条　本实施细则所称钢轨绝缘是指列入《铁路工业产品制造特许证管理办法》附件"实行制造特许证管理的产品目录"中的第六类铁路工业产品(产品范围、申证单元及执行标准见附件 1)。

第三条　凡在中华人民共和国境内生产并销售钢轨绝缘的企业,必须取得"铁路工业产品制造特许证"(以下简称"制造特许证")。制造特许证是对企业生产资格的许可。

第四条　制造特许证由铁道部统一审核、颁发。铁道部行政许可管理机构负责受理制造特许证的申请和送达行政许可决定。铁道部科学技术司(以下简称铁道部科技司)负责制造特许证的审查。

第二章　申请企业必须具备的条件

第五条　申请制造特许证的企业应具备以下条件:

(一)具备企业法人资格,经营范围覆盖制造特许证产品,注册资金 30 万元以上;

(二)产品具有按规定程序批准的图纸和技术文件;

(三)具有铁道部认可的专业检验机构出具的 4 年内的型式试验报告;

(四)具备保证产品质量的生产设备、工艺装备、计量器具和检验手段(详见附件 2);

(五)企业必须具有健全的质量保证体系,产品在生产过程中必须具备有效的质量控制措施,保证产品质量的稳定,企业产品质量保证体系必须达到《钢轨绝缘制造特许证企业生产条件考核办法》(见附件 9)的规定;

(六)产品符合制造特许证产品质量检验办法(见附件 10)的要求;

(七)企业要有保证产品正常生产的技术人员(专业技术人员不少于企业人员总数量的 10%)、技术工人和检验人员,并能严格按照图纸、生产工艺和技术标准进行生产、试验和检测;

(八)企业应具有相应的生产规模,年生产能力 4 万块以上,近二年年销售金额 30 万元以上;

(九)新申请制造特许证的企业必须提供铁路运输企业近一年内提供的运用(或试用)报告(含使用期内故障清单、原因分析及采取的措施等),运用(或试用)报告须由设备管理单位主要领导(电务段长)、上级主管部门主要领导(电务处长)及产品质量监督主管部门领导签字,并加盖部门印章;

(十)符合法律、行政法规和铁道部规章规定的其他要求。

第三章 申请和发放程序

第六条 申请制造特许证的企业应当提交下列材料：

（一）《铁道部行政许可申请书》（见附件3，一式二份，加盖公章）；

（二）企业法人营业执照副本（复印件二份并验原件）；

（三）《铁路工业产品制造特许证审查表》（见附件4，一式二份）；

（四）产品主要图纸及使用说明书（一式二份）；

（五）产品型式试验报告（复印件二份并验原件）；

（六）发证产品用主要生产设备、工装明细表（见附件5，一式二份）；

（七）发证产品用主要检测设备、量器具明细表（见附件6，一式二份）；

（八）发证产品用主要原材料、外购件和外协件明细表（见附件7，一式二份）；

（九）质量保证体系情况及有关质量管理和技术管理方面的制度目录（一式二份）；

（十）企业主要负责人、与发证产品有关的技术人员一览表（见附件8，一式二份）；

（十一）使用单位运用报告（复印件二份并验原件）；

（十二）换证应附原制造特许证证书（复印件二份）；

（十三）法律、法规规定的其他要求（一式二份）。

第七条 铁道部行政许可管理机构决定受理后，将申请材料转给铁道部科技司。

经审查，符合生产条件要求的企业，通知企业到专业检验机构进行检验（检验包括生产条件核查和产品检验）；不符合生产条件要求的，作出不予行政许可的书面决定，说明理由。

连续2次审查或检验不合格以及被撤销制造特许证的企业，在2年内不再受理其申请。

第八条 专业检验机构必须通过国家计量认证，并经铁道部认可后方可承担检验工作。

第九条 专业检验机构组织由具有相关专业能力和资质的人员及有关方面的专家组成的核查组，对企业进行生产条件核查；生产条件核查合格的，核查组应在企业的成品库或生产线终端抽取经生产企业检验合格的产品并进行封样；抽、封样品应至少有2名核查组人员参加；所抽样品由企业在规定的时间内寄、送至指定的检验地点。

第十条 专业检验机构组织对企业生产条件进行核查和产品检验后，提出核查和检验报告报铁道部科技司。专业检验机构检验时间不应超过90天。

企业生产条件核查和产品检验合格的，经铁道部审核确认后，作出准予行政许可的书面决定。

企业生产条件核查或产品检验不合格的，经铁道部审核确认后，作出不予行政许可的书面决定。

第十一条 铁道部应自受理企业申请之日起20日内作出行政许可决定；20日内不能作出决定的，经铁道部负责人批准可延长10日，并将延长期限的理由告知企业。

检验时间不计算在前款规定期限之内。

第四章 监督和管理

第十二条 制造特许证的有效期为4年,从制造特许证批准之日算起。获得制造特许证的企业,有效期满要继续生产的,应于有效期满6个月前重新向铁道部提出申请。换证企业领取新证时应交回旧证原件。

第十三条 制造特许证标记与编号:

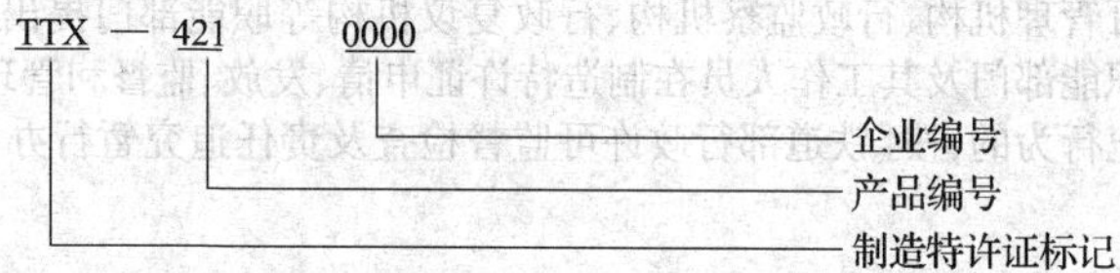

第十四条 在制造特许证有效期内,取得制造特许证的企业,应在产品包装或产品说明书上标明制造特许证的标记和编号。

第十五条 在制造特许证证书有效期内,发生证书遗失、损毁或无法辨认等情况时,企业可向铁道部提出补办申请并说明原因。铁道部核实后办理补发手续,证书编号不变。

第十六条 企业在取得制造特许证后,应保证产品质量并接受铁道部组织的监督检查。监督检查不合格的企业应进行整改,并在6个月内向铁道部提出复查申请。

第十七条 在制造特许证有效期内,企业名称或企业生产地点发生变化的,企业应向铁道部申请办理制造特许证变更手续。

第十八条 企业的生产设备、重要工艺等生产条件发生较大变化的,应及时向铁道部备案,铁道部组织对企业进行相应的核查和检验。

第十九条 取得制造特许证的企业有下列情况之一者,铁道部撤销其制造特许证:

(一)擅自涂改、转让制造特许证;

(二)在铁道部产品质量监督抽查中,抽查不合格、复查仍不合格,或连续两次抽查不合格;

(三)在制造特许证监督检查中不合格、复查仍不合格,或逾期不申请复查;

(四)因产品质量原因造成一般B类及以上铁路交通事故;

(五)因产品质量原因导致设备瘫痪并严重影响运输安全生产;

(六)以欺骗、贿赂等不正当手段取得证书;

(七)依法可以撤销的其他情形。

第二十条 取得制造特许证的企业有下列情况之一者,铁道部注销其制造特许证:

(一)企业不再生产该项产品;

(二)企业依法终止的;

(三)制造特许证有效期满,未继续提出申请;

(四)该产品不再实行制造特许证管理;

(五)法律法规规定应注销的其他情形。

第二十一条 专业检验机构及其有关人员必须保证检验结果的真实性,对所作出的检验结论承担法律责任。

专业检验机构不得从事制造特许证产品的制造、销售等经营性活动,不得与制造特许证的申请企业有关联关系。

对违反规定的专业检验机构,铁道部责令其改正;情节严重的,停止其承担检验工作的资格。

第二十二条　专业检验机构工作人员在制造特许证检验工作中索取或者收受他人财物或者谋取其他利益的，按照《铁路工业产品质量监督管理办法》（铁科教〔2001〕29号）的规定处理。

举报受理单位：铁道部科技司。

第二十三条　申请企业对作出的行政许可决定不服或者认为不当的，可以向铁道部行政许可管理机构、行政监察机构、行政复议机构等职能部门提出申诉或复议。铁道部相关职能部门及其工作人员在制造特许证申请、发放、监督和管理等工作过程中有违法违纪行为的，按《铁道部行政许可监督检查及责任追究暂行办法》的有关规定处理。

第五章　附　　则

第二十四条　铁道部受理申请、审查资料和作出行政许可决定不收取费用。

第二十五条　专业检验机构所做的检验收费参照《铁道部产品质量监督抽查检验费用计算办法》（科技技函〔2002〕146号）执行。

产品名称	检验费用（元）	
	生产条件核查	产品检验（每个申证单元）
钢轨绝缘	6 000	5 000

第二十六条　本细则由铁道部科技司负责解释。

第二十七条　本细则自发布之日起施行。铁道部科教司前发《钢轨绝缘制造特许证实施细则》（科教技函〔2000〕13号）同时废止。

附件1

钢轨绝缘产品发证范围、申证单元及执行标准

序号	申证单元	发证范围	执行标准
1	60 kg/m	槽型绝缘	TB/T 2927—1998
		轨端绝缘	
		绝缘垫圈	
		绝缘管	
2	50 kg/m	槽型绝缘	TB/T 2927—1998
		轨端绝缘	
		绝缘垫圈	
		绝缘管	

附件 2

钢轨绝缘制造特许证企业生产必备设备、工装及检测设备

序号	工艺类别	设备名称	数量	规格型号	备注
1	生产过程	注塑机	1		
		冲床/车床	1		
		调湿设备	1		
		干燥机	1		
		电锯	1		
	检测设备	扭矩扳手	1		
		游标卡尺	1		
		冲击试验台	1		
		相关模具	3	50 kg、60 kg;管各 1 个	

附件 3

铁道部行政许可申请书

个人申请	姓　　名		身份证号码		
	住　　址				
	联系电话			邮编	
	电子邮箱				
单位申请	单位名称			法人代表	
	单位地址				
	联系电话			邮编	
单位申请	电子邮箱				
	委托代理人		身份证号码		
	住　　址				
	联系电话			邮编	
	电子邮箱				

续上表

行政许可申请项目	
行政许可申请内容	
所附申请材料目录	

注:以下内容由受理机构填写。
受理人(审核人):　　　　　　　　　　　　收到日期:

附件 4

铁路工业产品制造特许证审查表

产品名称:________________(公章)

企业名称:________________

详细地址:________________

邮政编码:________________

电子邮箱:________传真________

邮政编码:________________

负 责 人:________联系人________

联系电话　办公室________手机________

申请日期:________________

中华人民共和国铁道部

填 表 说 明

1. 审查表用计算机填写;

2. 企业名称要与工商行政管理部门核发的企业法人营业执照名称相一致；
3. 产品名称、型号规格按相应的标准名称与品种分别填写；
4. 年销售量、年产值、年销售额按上年度填写；
5. 铁路局属企业由铁路局产品质量主管部门签署意见；
6. 审查表封面加盖企业公章(企业公章复印无效)。

<table>
<tr><td rowspan="7">申报产品情况</td><td>产品名称</td><td colspan="3"></td></tr>
<tr><td>规格型号</td><td></td><td>执行标准编号</td><td></td></tr>
<tr><td>产品鉴定或型式试验单位、时间</td><td></td><td>图纸来源</td><td></td></tr>
<tr><td>批量投产时间</td><td></td><td>工厂代号</td><td></td></tr>
<tr><td>年生产能力(规模)</td><td></td><td>年销售量</td><td></td></tr>
<tr><td>年产值</td><td></td><td>年销售额</td><td></td></tr>
<tr><td colspan="4"></td></tr>
<tr><td rowspan="10">企业基本情况</td><td>企业名称</td><td colspan="3"></td></tr>
<tr><td>法人代表</td><td></td><td>主管部门</td><td></td></tr>
<tr><td>营业执照编号</td><td></td><td>经济性质</td><td></td></tr>
<tr><td>企业总人数</td><td></td><td>企业代码</td><td></td></tr>
<tr><td>工程技术人员数</td><td></td><td>建厂时间</td><td></td></tr>
<tr><td>占地面积</td><td></td><td>建筑面积</td><td></td></tr>
<tr><td>固定资产(现值)</td><td></td><td>流动资金</td><td></td></tr>
<tr><td>年总产值</td><td></td><td>年销售额</td><td></td></tr>
<tr><td>主导产品名称</td><td colspan="3"></td></tr>
<tr><td colspan="4"></td></tr>
<tr><td colspan="2">企业主管部门意见</td><td colspan="3">(盖章)　　年　　月　　日</td></tr>
</table>

续上表

铁道部 受理意见	(盖章)　　年　月　日
生产条件 核查结果	(盖章)　　年　月　日
产品检验结果	(盖章)　　年　月　日
备　注	

附件 5

发证产品用主要生产设备、工装明细表

序号	名称	规格型号	数量	完好状态	使用场所	设备、工装生产厂	生产日期	购置日期

附件 6

发证产品用主要检测设备、量器具明细表

序号	名称	型号规格	精度等级	数量	完好状态	使用场所	设备、量器具生产厂	生产日期	购置日期

附件 7

发证产品用主要原材料、外购件和外协件明细表

序号	名称	型号规格	年需量	标准代号	生产单位

附件 8

企业主要负责人、与发证产品有关的技术人员一览表

企业从事发证产品生产的人员总数：　　人

	序号	姓名	性别	年龄	职务	职称	文化程度	所学专业	现从事专业	工作年限	工作岗位
主要负责人											
技术人员											

附件9

钢轨绝缘制造特许证企业生产条件考核办法

1. 本考核办法根据铁科技[2005]50号《铁路工业产品制造特许证管理办法》的有关规定制订。

2. 本办法适用于申请钢轨绝缘制造特许证的企业质量保证体系审查。

3. 在企业进行现场审查时,与申证产品有关的生产线必须是正在运行的,否则立即结束审查。

4. 半成品原材料外委生产的企业,须对供方进行严格的质量控制。在验证供方合格证据的基础上建立本厂进厂检验制度,做到每批半成品原材料自检,检验记录齐全。

5. 表中注▲的条款为关键项条(共14项)。

6. 本考核表具体按质量管理、生产资源、技术文件、采购控制、过程控制、质量检验、安全文明生产七个部分进行审查评价,七个部分中的每一个审查项目审查内容都可按合格、基本合格、轻微不合格、严重不合格四种结论进行评定,其中严重不合格是指该项缺项或差距在50%及其以上,轻微不合格指该项差距在50%~20%之间,基本合格指该项差距在20%以下;同时轻微不合格项超过该部分全部项目的50%以上、或有两项及以上严重不合格项、或有一项及以上关键项严重不合格时,判该部分不合格;只要有一个部分不合格或注▲的条款严重不合格,则综合判定该次考核不通过。

7. 审查后,审查组在末次会议上说明审查情况,宣布不符合项、整改要求(若存在)和审查结论。

钢轨绝缘制造特许证质量保证体系考核表

序号	审查项目	审查内容	审查记录	合格	基本合格	轻微不合格	严重不合格
一	质量管理						
1.1	质量保证体系	▲1. 必须建立健全的质量保证体系,树立牢固的质量意识					
		2. 必须制定质量管理工作计划,包括计划的实施机构、机构的职责,定期总结质量保证工作情况等					
1.2	组织领导	1. 单位领导中应有人负责质量工作					
		2. 应设置相应的质量管理机构或有专人负责质量管理工作,且职权明确					
1.3	方针目标	1. 应制定质量方针和定量的质量目标					
		2. 质量方针和质量目标应贯彻实施					

续上表

序号	审查项目	审查内容	审查记录	合格	基本合格	轻微不合格	严重不合格
1.4	管理职责	1. 应制定质量管理制度,规定各有关部门、人员的质量职责、权限和相互关系					
		2. 应有相应的考核办法并严格实施					
1.5	职工培训	▲1. 应有职工培训计划和培训制度,并能严格实施					
		2. 必须对全体员工进行质量管理知识和专业技术培训					
1.6	技术服务	1. 必须有用户技术专职服务机构或人员					
		2. 必须有健全的用户服务制度					
		3. 必须有用户服务和访问记录					
二	生产资源						
2.1	生产设施及设备	▲1. 必须具备满足生产需要的生产设施和工作场所,且维护完好					
		▲2. 必须具有满足需要的生产设备及生产工装,且性能应符合国家规定的要求,工装数量、品种满足申证品种的需要					
		3. 必须具有满足生产需要的健全的设备及工装管理制度、工装图纸、台账、档案、维修维护和使用记录等					
2.2	检测设备	▲1. 必须有完备的检验手段,并建立严格的、可操作的检验制度					
		2. 检测设备的性能必须能满足生产需要和达到检定要求					
2.3	人员要求	1. 领导人应具有一定的质量管理知识					
		2. 管理人员应熟悉质量管理知识,并具有专业技术知识					

续上表

序号	审查项目	审查内容	审查记录	合格	基本合格	轻微不合格	严重不合格
2.3	人员要求	▲3. 应有熟练掌握注塑、调湿处理专业技术知识的技术人员					
		4. 工作人员应能看懂相关的技术文件(图纸、工艺、文件),并能正确熟练地操作设备					
三	技术文件						
3.1	技术标准	1. 必须具备和贯彻钢轨绝缘有关的国际、国家、行业标准、技术条件和法律法规					
		▲2. 必须制定严于或达到相应的国家、行业标准要求的产品内控标准					
		3. 必须具有生产过程中必需的有效的相关文件,如外购外协件标准、检验测试标准等					
3.2	技术文件	1. 技术文件必须具有正确性,文件的绘制、标注、技术指标、编号、图面质量等符合有关标准和规定的要求,且签署、更改手续正确完备					
		2. 技术文件必须具有完整性和系统性,齐全配套					
		3. 技术文件必须具有统一性,各部门使用的文件必须完全一致					
		▲4. 必须有产品的技术鉴定文件、正规蓝图或计算机打印图纸和产品使用说明书					
3.3	文件管理	1. 必须制定合理的文件管理制度,文件的发布应经过正式批准,使用部门可随时获得文件的有效版本,文件修改应符合规定的程序					
		2. 应有部门或专(兼)职人员负责技术文件管理					

续上表

序号	审查项目	审查内容	审查记录	合格	基本合格	轻微不合格	严重不合格
四	采购控制						
4.1	采购制度	1. 应制定采购原材料、外购件的质量控制制度					
		2. 对外协、外购产品必须有相应的、详细的验收制度					
4.2	供方评价	▲1. 应制定供方评价准则，并根据供货单位的产品质量信誉及质量保证能力对供方进行评价，择优采购。和选定的原材料或半成品的供货单位签定长期合作协议					
		2. 应保留原材料、半成品供应商及外协单位的名单和供货、协作记录					
4.3	采购文件	应根据正式批准的采购文件进行采购。如采购计划、采购清单、技术标准、采购合同等采购文件					
4.4	采购验证	应按规定对采购的原材料、或半成品进行质量检验或根据有关规定进行质量验证，检验或验证的记录齐全					
五	过程控制						
5.1	工艺管理	1. 企业应制定工艺管理制度及考核办法，并严格进行管理和考核					
		2. 企业职工应严格执行工艺管理制度，按操作规程、作业指导书等工艺文件进行生产操作，做好操作记录					
		3. 企业应制定各种完整的、统一的、正确的工艺文件					

续上表

序号	审查项目	审查内容	审查记录	合格	基本合格	轻微不合格	严重不合格
5.1	工艺管理	4. 企业应制定各种产品的工艺流程卡，并严格执行					
		5. 企业应制定各种产品的材料消耗定额,并严格执行					
		6. 可结合产品特点增加相关内容					
5.2	质量控制	1. 企业应对生产中的重要工序或产品关键特性进行质量控制,并应在生产工艺流程图上标出关键的质量控制点					
		▲2. 企业应制定关键质量控制点的操作控制程序,并依据程序实施质量控制					
		3. 对生产过程中流转的材料、半成品做好标记和标识					
5.3	特殊过程	▲对产品质量不易或不能经济地进行检验和试验的特殊过程,应事先进行设备认可和人员鉴定,并按规定的方法和要求进行操作和实施过程参数监控					
六	质量检验						
6.1	检验管理	1. 应有独立行使检验权力专（兼）职检验人员					
		▲2. 必须建立自检、互检、专检的质量检验管理制度,并作好质量检验记录					

续上表

序号	审查项目	审查内容	审查记录	合格	基本合格	轻微不合格	严重不合格
6.2	过程检验	1.在生产过程中必须按规定开展过程质量检验,并做好检验记录					
		2.对于检验不合格的产品,按不合格程序规定进行处理,并重新检验。并做好检验记录					
6.3	交付检验	▲必须按产品技术标准要求,进行出厂产品的检验、对检验合格产品出具产品质量检验合格证、并按规定进行包装和标识					
七	安全文明生产						
7.1	文明生产	▲1.生产场地要清洁、明亮,工作场地条件要满足生产规模的需要,并对设施、设备加强维护保养					
		2.生产场地要布局合理,道路通畅,零件、物料放置有序,进行必要的标识					
7.2	安全防护	应制定并实施安全生产制度。必须具备防火、防雷、防爆措施					
7.3	环卫要求	应对环境卫生进行管理,要对排放有害物采取措施,保护环境和职工身体健康					

附件10

钢轨绝缘制造特许证产品质量检验办法

本办法适用于申请高分子材料钢轨绝缘件制造特许证的产品质量检验。

1　检验依据

TB/T 2927—1998 高分子材料钢轨绝缘件

GB/T 2829—2002《周期检查计数抽样程序及抽样表》

2　抽样规定

2.1　产品质量检验的样本采用随机抽样方法抽取。

2.2　检验样本应在生产企业抽取,生产企业应提供必要的条件。

2.3　钢轨绝缘抽样基数≥抽样数量的5倍。

2.4　样本数量见表1。

表1　抽样表

序号	产品名称		数量	备　注
1	槽型60		17只	物理力学性能检验5只
2	槽型50		22只	
3	轨端60		10只	
4	轨端50		10只	
5	垫		28只	
6	管		24只	
7	粒料		7.5 kg	
8	热固性材料板	300×300×5	3块	物理力学性能检验
		150×150×10	2块	

注:以上只是一种原材料的抽样数量,多种成倍抽,抽样单备注栏应写明原材料。

3　产品质量判定标准见表2

4　产品质量检验标准见表3

表2　检验结果判定

一、槽型绝缘

类别	检验项目		判定标准	A类项点不合格品数	B类项点不合格品数
A	槽型绝缘	外形尺寸及外观	[4;0,1]	/	Acb=2 Reb=3 [6;2,3]
A		常温自由落锤冲击	[4;0,1]	Aca=0 Rea=1 [1;0,1]	/
A		紧固扭矩强度试验	[1;0,1]	Aca=0 Rea=1 [1;0,1]	/
A		低温自由落锤冲击	[2;0,1]	Aca=0 Rea=1 [1;0,1]	/
A		高温压缩残余变形量	[2;0,1]	Aca=0 Rea=1 [1;0,1]	/

续上表

类别	检验项目			判定标准	A类项点 不合格品数	B类项点 不合格品数
A	槽型绝缘	物理力学性能	吸水率 （浸水24 h后）	[1;0,1]	Aca=0 Rea=1 [1;0,1]	/
			体积电阻率 （浸水24 h后）	[1;0,1]	Aca=0 Rea=1 [1;0,1]	/
			拉伸强度	[1;0,1]	Aca=0 Rea=1 [1;0,1]	/
			断裂伸长率	[1;0,1]	Aca=0 Rea=1 [1;0,1]	/
			压缩屈服强度	[1;0,1]	Aca=0 Rea=1 [1;0,1]	/
			冲击强度	[1;0,1]	Aca=0 Rea=1 [1;0,1]	/
			球压痕硬度	[1;0,1]	Aca=0 Rea=1 [1;0,1]	/
			热变形温度	[1;0,1]	Aca=0 Rea=1 [1;0,1]	/
综合判定结果				A类项	[6;0,1]	

注：当企业一次申报两种型号时，只作60 kg的压残试验，60 kg不合格时加做50 kg压残试验。

二、轨端绝缘

类别	检验项目			判定标准	A类项点 不合格品数	B类项点 不合格品数
A	轨端绝缘	外形尺寸及外观		[4;0,1]	/	Acb=2 Reb=3 [6;2,3]
A		常温自由落锤冲击		[4;0,1]	Aca=0 Rea=1 [1;0,1]	/
A		低温自由落锤冲击		[2;0,1]	Aca=0 Rea=1 [1;0,1]	/
A		物理力学性能	吸水率	[1;0,1]	Aca=0 Rea=1 [1;0,1]	/
			体积电阻率	[1;0,1]	Aca=0 Rea=1 [1;0,1]	/
			拉伸强度	[1;0,1]	Aca=0 Rea=1 [1;0,1]	/
			断裂伸长率 （热塑性材料）	[1;0,1]	Aca=0 Rea=1 [1;0,1]	/

续上表

类别	检验项目			判定标准	A类项点不合格品数	B类项点不合格品数
A	轨端绝缘	物理力学性能	压缩强度	[1;0,1]	Aca=0 Rea=1 [1;0,1]	/
			冲击强度	[1;0,1]	Aca=0 Rea=1 [1;0,1]	/
			巴氏硬度（热固性材料）	[1;0,1]	Aca=0 Rea=1 [1;0,1]	/
			球压痕硬度（热塑性材料）	[1;0,1]	Aca=0 Rea=1 [1;0,1]	
			热变形温度（热塑性材料）	[1;0,1]	Aca=0 Rea=1 [1;0,1]	/
综合判定结果				A类项	[4;0,1]	

三、绝缘管

类别	检验项目			判定标准	A类项点不合格品数	B类项点不合格品数
A	绝缘管	外形尺寸及外观		[4;0,1]	/	Acb=2 Reb=3 [6;2,3]
		物理力学性能	吸水率（浸水24 h后）	[1;0,1]	Aca=0 Rea=1 [1;0,1]	/
			体积电阻率（浸水24 h后）	[1;0,1]	Aca=0 Rea=1 [1;0,1]	/
			拉伸强度	[1;0,1]	Aca=0 Rea=1 [1;0,1]	/
			断裂伸长率	[1;0,1]	Aca=0 Rea=1 [1;0,1]	/
			压缩屈服强度	[1;0,1]	Aca=0 Rea=1 [1;0,1]	/
			冲击强度	[1;0,1]	Aca=0 Rea=1 [1;0,1]	/

续上表

类别	检验项目			判定标准	A类项点不合格品数	B类项点不合格品数
A	绝缘管	物理力学性能	球压痕硬度	[1;0,1]	Aca=0 Rea=1 [1;0,1]	/
			热变形温度	[1;0,1]	Aca=0 Rea=1 [1;0,1]	/
综合判定结果				A类项	[2;0,1]	

四、绝缘垫圈

类别	检验项目			判定标准	A类项点不合格品数	B类项点不合格品数
A	绝缘垫圈	外形尺寸及外观		[4;0,1]	/	Acb=2 Reb=3[6;2,3]
		低温自由落锤冲击		[2;0,1]	Aca=0 Rea=1 [1;0,1]	/
		物理力学性能	吸水率（浸水24 h后）	[1;0,1]	Aca=0 Rea=1 [1;0,1]	/
			体积电阻率（浸水24 h后）	[1;0,1]	Aca=0 Rea=1 [1;0,1]	/
			拉伸强度	[1;0,1]	Aca=0 Rea=1 [1;0,1]	/
			压缩强度	[1;0,1]	Aca=0 Rea=1 [1;0,1]	/
			冲击强度	[1;0,1]	Aca=0 Rea=1 [1;0,1]	/
			巴氏硬度	[1;0,1]	Aca=0 Rea=1 [1;0,1]	/
综合判定结果				A类项	[3;0,1]	

表 3　钢轨绝缘制造特许证产品质量检验标准(槽型绝缘)

项目序号	项目名称	项点序号	项点类别	项点名称	质量标准	检验样品数	检验方法	判别水平	RQL	评定数组 Ac	评定数组 Re	备注
一	外观尺寸	1	B	全　长	415 ±3.4	4	全长:大小裙边;孔长:三孔;孔中心距:为内侧测量值;厚度:两裙边中间部位、底边两端中间部位 一项多点测量时,取偏差最大值记录之	Ⅱ	40	4	1	
		2	B	孔　长	66 ±1(56 ±1)	4				4	1	
		3	B	孔中心矩	145 ±1.2	4				4	1	
		4	B	厚　度	5 ±0.22	4				4	1	
		5	B	外　观	应光洁、平整、无皱纹、裂纹等缺陷受力部位无明显熔结痕	4	熔结痕不得大于 3 cm			4	1	
		6	B	气　泡	无直径大于2 mm 的气泡,直径1 ~2 mm 的气泡不超过5 个受力部位无气泡	4	受力部位指:槽型的大小裙边、轨端的轨头部位			4	1	
二	常温性能	7	A	自由落锤冲击	3 kg,高 1 m,3 次无裂纹和破碎	4	试验前,产品应在 23 ±2 ℃和 50 ±5% RH 预处理至少 24 h;试验时,将槽型向下,锤头 R30 mm,锤击到槽型绝缘腰部中心	Ⅱ	40	4	1	
		8	A	紧固扭矩强度试验	900 N · m, 24 h 后 6 只螺栓 < 765 N · m的不得大于 1 只拆卸后应无裂纹、分层及断裂	1 组	鱼尾板螺栓孔周围应无毛刺及凹凸不平等;紧固扭矩应逐个螺栓均衡加力(1、3、5 再 2、4、6),循环三次均加到 900 N · m	Ⅱ	40	1	1	
三	耐寒试验	9	A	自由落锤冲击	(-30 ℃2 h)2 kg,高 0.66 m,3 次无裂纹、龟裂、破碎	2	锤头 R30 mm,出箱后10 min 内完成	Ⅱ	65	2	1	
四	耐热试验	10	A	槽型压缩残余变形量	≤0.40 mm	2	取出式样,立即做实验,百分表应对称置于对角位置,加压至2 kN,读数(调零)继续加载至 90 kN,加载时间不少于 1 min,然后逐渐卸载至 2 kN,读数 σ 取两百分表的平均值	Ⅱ	65	2	1	

表 3(续)　钢轨绝缘制造特许证产品质量检验标准(轨端绝缘)

项目		项点			质量标准		检验样品数	检验方法	判别水平	RQL	评定数组		备注
序号	名称	序号	类别	项点名称							Ac	Re	
一	外观尺寸	1	B	轨　高	$174_{-2.0}^{0}$	$150_{-1.2}^{0}$	4	轨高:中心线处测量轨顶至轨底距离; 轨头宽:轨头最宽处;轨底宽:轨底最宽处; 厚度:轨头、轨腰、轨底。一项多点测量时,取偏差最大值记录之	Ⅱ	40	4	1	
		2	B	轨头宽	$71_{-1.2}^{0}$	$68_{-1.2}^{0}$	4				4	1	
		3	B	轨底宽	$150_{-1.0}^{+0.5}$	$132_{-1.0}^{+0.5}$	4				4	1	
		4	B	厚度偏差	±0.22	±0.22	4				4	1	
		5	B	外　观	应光洁、平整、无皱纹、裂纹等缺陷受力部位无明显熔结痕		4	熔结痕不得大于 3 cm			4	1	
		6	B	气　泡	无直径大于 2 mm 的气泡,直径 1 ~ 2 mm的气泡不超过 5 个受力部位无气泡		4	受力部位指:槽型的大小裙边、轨端的轨头部位			4	1	
二	常温性能	7	A	自由落锤冲击	4.3 kg,高 1.5 m,20/25/35 次不开裂		4	锤头(平头)直径 45 mm,连续锤击	Ⅱ	40	4	1	
三	耐寒试验	8	A	自由落锤冲击	(- 30 ℃/ - 50 ℃ 2 h) 4.3 kg,高 0.75 m,3 次/5 次/7 次,无裂纹或分层		2	锤头直径 45 mm,出箱后 10 min内完成	Ⅱ	65	2	1	

表3(续)　钢轨绝缘制造特许证产品质量检验标准(绝缘垫圈)

项目 序号	项目 名称	项点 序号	项点 类别	项点名称	质量标准	检验样品数	检验方法	判别水平	RQL	评定数组 Ac	评定数组 Re	备注
一	外观尺寸	1	B	轨高	$25^{+0.48}_{0}$	4	内径:垂直两径测量; 外径:垂直两径测量; 厚度:取偏差最大点	Ⅱ	40	4	1	
		2	B	轨头宽	$56^{0}_{-0.6}$	4				4	1	
		3	B	轨底宽	$5^{+1.2}_{0}$	4				4	1	
		4	B	外观	应光洁、平整、无皱纹、裂纹等缺陷受力部位无明显熔结痕	4	熔结痕不得大于3 cm			4	1	
		5	B	气泡	无直径大于2 mm的气泡,直径1~2 mm的气泡不超过5个受力部位无气泡	4	受力部位指:槽型的大小裙边、轨端的轨头部位			4	1	
二	耐寒试验	6	A	自由落锤冲击	(-30 ℃/-50 ℃ 2 h)4.3 kg,高0.75 m,3次,无裂纹或分层	2	锤头直径45 mm,出箱后10 min内完成	Ⅱ	65	2	1	

表3(续)　钢轨绝缘制造特许证产品质量检验标准(绝缘管)

项目 序号	项目 名称	项点 序号	项点 类别	项点名称	质量标准	检验样品数	检验方法	判别水平	RQL	评定数组 Ac	评定数组 Re	备注
一	外观尺寸	1	B	轨高	$25^{+0.48}_{0}$	4	内径:垂直两径测量; 外径:垂直两径测量; 厚度:取偏差最大点	Ⅱ	40	4	1	
		2	B	轨头宽	$35^{0}_{-0.56}$	4				4	1	
		3	B	轨底宽	37±0.4	4				4	1	
		4	B	外观	应光洁、平整、无皱纹、裂纹等缺陷受力部位无明显熔结痕	4	熔结痕不得大于3 cm			4	1	
		5	B	气泡	无直径大于2 mm的气泡,直径1~2 mm的气泡不超过5个受力部位无气泡	4	受力部位指:槽型的大小裙边、轨端的轨头部位			4	1	

表3(续)　钢轨绝缘的物理力学性能

项目		单位	轨端		垫	槽形、管
			热塑性材料	热固性材料	热固性材料	
吸水率（浸水24 h后）		%	≤1	≤1	≤1	≤1
体积电阻率（浸水24 h后）		MΩ·cm	$\geqslant 10^2$	$\geqslant 10^2$	$\geqslant 10^2$	$\geqslant 10^2$
拉伸强度		MPa	≥55	≥250	≥250	≥40
断裂伸长率		%	≥60	—	—	≥40
压缩性能	压缩强度	MPa	≥60	≥450	≥450	—
	压缩屈服强度		—	—	—	≥40
冲击强度		kJ/m^2	不断（-30 ℃，C形缺口）	≥200（-50 ℃，无缺口）	≥200（-50 ℃，无缺口）	≥10（-30 ℃，C形缺口）
硬度	巴氏硬度	—	—	≥35	≥35	—
	球压痕硬度	N/mm^2	≥40	—	—	≥40
热变形温度		℃	≥60	—	—	≥60

注1. 槽形除压缩性能试验从用相同材料的粒料制取外，其他性能试验均从成品制样。
2. 轨端（热塑性材料）和管的性能试验从用相同材料的粒料制取。
3. 轨端、垫（热固性材料）的性能试验从相同材料制作的平板制取。
4. 检测项目全部是A类

表3(续)　钢轨绝缘的物理力学性能

项目	轨端		轨端、垫		槽形		管	
	热塑性材料		热固性材料					
	试验方法	试样尺寸	试验方法	试样尺寸	试验方法	试样尺寸	试样方法	试样尺寸
吸水率	GB/T 1034	Φ50×3	GB/T 1462	50×50×原厚	GB/T 1034	50×50×原厚	GB/T 1034	Φ50×3
体积电阻率	GB/T 1410	Φ100×2	GB/T 1410	100×100×原厚	GB/T 1410	80×80×原厚	GB/T 1410	Φ100×2
拉伸性能	GB/T 1040	Ⅰ型	GB/T 1447	Ⅱ型	GB/T 1040	Ⅰ型	GB/T 1040	Ⅰ型
压缩性能	GB/T 1041	30×10.4×10.4	GB/T 1448	10×10×原厚(10)	GB/T 1041	30×10.4×10.4	GB/T 1041	30×10.4×10.4
冲击强度	GB/T 1043	120×15×10(C型缺口)	GB/T 1451	120×10×原厚	GB/T 1043	80×10×原厚(C型缺口)	GB/T 1043	80×10×4(C型缺口)
硬度	GB/T 3398(球压痕)	50×50×4	GB/T 3854(巴氏)	平板	GB/T 3398(球压痕)	成品	GB/T 3398(球压痕)	50×50×4
热变形温度	GB/T 1634	120×15×10	—	—	GB/T 1634	120×15×原厚	GB/T 1634	120×15×10

注:表中引用标准,均为注日期引用文件,因表的幅面限制故略去年代号

铁道混凝土枕轨下用橡胶垫板制造特许证实施细则

铁道部 2008 年 7 月 22 日　铁科技[2008]117 号

第一章　总　　则

第一条　为加强铁道混凝土枕轨下用橡胶垫板(以下简称橡胶垫板)的监督管理,根据《铁路工业产品制造特许证管理办法》,制定本实施细则。

第二条　本实施细则所称橡胶垫板是指列入《铁路工业产品制造特许证管理办法》附件"实行制造特许证管理的产品目录"中的第五类铁路工业产品(产品范围、申证单元及执行标准见附件 1)。

第三条　凡在中华人民共和国境内生产并销售橡胶垫板的企业,必须取得"铁路工业产品制造特许证"(以下简称制造特许证)。制造特许证是对企业生产资格的许可。

第四条　制造特许证由铁道部统一审核、颁发。铁道部行政许可管理机构负责受理制造特许证的申请和送达行政许可决定,铁道部科学技术司(以下简称铁道部科技司)负责制造特许证的审查。

第二章　申请企业必须具备的条件

第五条　申请制造特许证的企业应具备以下条件:

(一)具备企业法人资格,经营范围覆盖制造特许证产品,注册资金 50 万元以上;

(二)产品具有按规定程序批准的图纸和技术文件;

(三)具有铁道部认可的专业检验机构出具的 4 年内的型式试验报告;

(四)具备保证产品质量的生产设备、工艺装备、计量器具和检验手段(详见附件 2);

(五)具有健全的质量保证体系,质量保证体系必须达到《铁道混凝土枕轨下用橡胶垫板制造特许证企业生产条件考核办法》(见附件 9)的规定,产品在生产过程中必须具备有效的质量控制措施,保证产品质量的稳定;

(六)产品符合制造特许证产品质量检验办法(见附件 10)的要求;

(七)企业要有保证产品正常生产的技术人员(专业技术人员不少于企业人员总数量的 10%)、技术工人和检验人员,并能严格按照图纸、生产工艺和技术标准进行生产、试验和检测;

(八)企业应具有相应的生产规模,年生产能力 20 万块以上;

(九)新申请制造特许证的企业必须提供运输企业近一年内提供的运用(或试用)报告(含使用期内故障清单、原因分析及采取的措施等),运用(或试用)报告须由设备管理单位主要领导(工务段长)、上级主管部门主要领导(工务处长)及产品质量监督主管部门领导签字,并加盖部门印章;

(十)符合法律、行政法规和铁道部规章规定的其他要求。

第三章 申请和发放程序

第六条 申请制造特许证的企业应当提交下列材料：

(一)《铁道部行政许可申请书》(见附件3,一式二份,加盖公章)；

(二)企业法人营业执照副本(复印件二份并验原件)；

(三)《铁路工业产品制造特许证审查表》(见附件4,一式二份)；

(四)产品主要图纸及使用说明书(一式二份)；

(五)产品型式试验报告(复印件二份并验原件)；

(六)发证产品用主要生产设备、工装明细表(见附件5,一式二份)；

(七)发证产品用主要检测设备、量器具明细表(见附件6,一式二份)；

(八)发证产品用主要原材料、外购件和外协件明细表(见附件7,一式二份)；

(九)质量保证体系情况及有关质量管理和技术管理方面的制度目录(一式二份)；

(十)企业主要负责人、与发证产品有关的技术人员一览表(见附件8,一式二份)；

(十一)使用单位的使用报告(复印件二份并验原件)；

(十二)换证应附原制造特许证证书(复印件二份)；

(十三)法律、法规规定的其他要求(一式二份)。

第七条 铁道部行政许可管理机构决定受理后,将申请材料转给铁道部科技司。

经审查,符合生产条件要求的企业,通知企业到专业检验机构进行检验(检验包括生产条件核查和产品检验);不符合生产条件要求的,作出不予行政许可的书面决定,说明理由。

连续2次审查或检验不合格以及被撤销制造特许证的企业,在2年内不再受理其申请。

第八条 专业检验机构必须通过国家计量认证,并经铁道部认可后方可承担检验工作。

第九条 专业检验机构组织由具有相关专业能力和资质的人员及有关方面的专家组成的核查组,对企业进行生产条件核查;生产条件核查合格的,在企业的成品库或生产线终端抽取经生产企业检验合格的产品并进行封样;抽、封样品应至少有2名核查组人员参加。所抽样品由企业在规定的时间内寄、送至指定的检验地点。

第十条 专业检验机构组织对企业生产条件进行核查和产品检验后,提出核查和检验报告报铁道部科技司。专业检验机构检验时间不应超过100天。

企业生产条件核查和产品检验合格的,经铁道部审核确认后,作出准予行政许可的书面决定。

企业生产条件核查或产品检验不合格的,经铁道部审核确认后,作出不予行政许可的书面决定。

第十一条 铁道部应自受理企业申请之日起20日内作出行政许可决定;20日内不能作出决定的,经铁道部负责人批准可延长10日,并将延长期限的理由告知企业。

检验时间不计算在前款规定期限之内。

第四章　监督和管理

第十二条　制造特许证的有效期为4年,从制造特许证批准之日算起。获得制造特许证的企业,有效期满要继续生产的,应于有效期满6个月前重新向铁道部提出申请。换证企业领取新证时应交回旧证原件。

第十三条　制造特许证标记与编号:

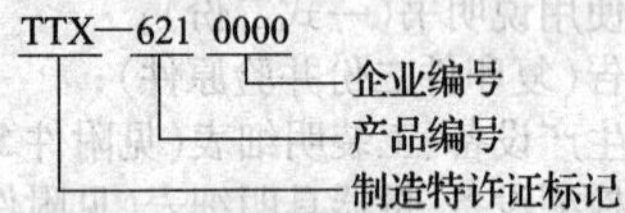

第十四条　在制造特许证有效期内,取得制造特许证的企业,应在产品包装或产品说明书上标明制造特许证的标记和编号。

第十五条　在制造特许证证书有效期内,发生证书遗失、损毁或无法辨认等情况时,企业可向铁道部提出补办申请并说明原因。铁道部核实后办理补发手续,证书编号不变。

第十六条　企业在取得制造特许证后,应保证产品质量并接受铁道部组织的监督检查。监督检查不合格的企业应进行整改,并在6个月内向铁道部提出复查申请。

第十七条　在制造特许证有效期内,企业名称或企业生产地点发生变化的,企业应向铁道部申请办理制造特许证变更手续。

第十八条　企业的生产设备、重要工艺等生产条件发生较大变化的,应及时向铁道部备案,铁道部组织对企业进行相应的核查和检验。

第十九条　取得制造特许证的企业有下列情况之一者,铁道部撤销其制造特许证:

(一)擅自涂改、转让制造特许证;

(二)在铁道部产品质量监督抽查中,抽查不合格、复查仍不合格,或连续两次抽查不合格;

(三)在制造特许证监督检查中不合格、复查仍不合格,或逾期不申请复查;

(四)因产品质量原因造成一般B类及以上铁路交通事故;

(五)因产品质量原因导致设备瘫痪并严重影响运输安全生产;

(六)以欺骗、贿赂等不正当手段取得证书;

(七)依法可以撤销的其他情形。

第二十条　取得制造特许证的企业有下列情况之一者,铁道部注销其制造特许证:

(一)企业不再生产该项产品;

(二)企业依法终止的;

(三)制造特许证有效期满,未继续提出申请;

(四)该产品不再实行制造特许证管理;

(五)法律法规规定应注销的其他情形。

第二十一条　专业检验机构及其有关人员必须保证检验结果的真实性,对所作出的检验结论承担法律责任。

专业检验机构不得从事制造特许证产品的制造、销售等经营性活动,不得与制造特许证的申请企业有关联关系。

对违反规定的专业检验机构,铁道部责令其改正;情节严重的,停止其承担检验工作的资格。

第二十二条 专业检验机构工作人员在制造特许证检验工作中索取或者收受他人财物或者谋取其他利益的,按照《铁路工业产品质量监督管理办法》(铁科教[2001]29号)的规定处理。

举报受理单位:铁道部科技司。

第二十三条 申请企业对作出的行政许可决定不服或者认为不当的,可以向铁道部行政许可管理机构、行政监察机构、行政复议机构等职能部门提出申诉或复议。铁道部相关职能部门及其工作人员在制造特许证申请、发放、监督和管理等工作过程中有违法违纪行为的,按《铁道部行政许可监督检查及责任追究暂行办法》的有关规定处理。

第五章 附 则

第二十四条 铁道部受理申请、审查资料和作出行政许可决定不收取费用。

第二十五条 专业检验机构所做的检验收费 参照《铁道部产品质量监督抽查检验费用计算办法》(科技技函[2002]146号)执行。

产品名称	检验费用(元)	
	生产条件核查	产品检验(每个申证单元)
橡胶垫板	6 000	4 500

第二十六条 本细则由铁道部科技司负责解释。

第二十七条 本细则自发布之日起施行。铁道部科技司1996年印发的《铁道混凝土轨枕下用橡胶垫板制造特许证实施细则》(铁道部科技司TB552号电报)和2004年发布的《铁道混凝土轨枕下用橡胶垫板制造特许证实施细则换(发)证补充规定》(科技技函[2004]13号)同时废止。

附件1

铁道混凝土枕轨下用橡胶垫板产品发证范围、申证单元及执行标准

序号	申证单元	发证范围(规格)	执行标准
1	43型	43-7-743-10-7	TB/T 2626—1995
2	50型	50-7-950-10-9	TB/T 2626—1995
3	60型	60-10-11 60-10-17 60-12-17	TB/T 2626—1995

注:同一申证单元任选取一种规格进行物理机械性能检验,不同规格的橡胶垫板应分别进行外观质量、外形尺寸、静刚度检验。

附件 2

铁道混凝土枕轨下用橡胶垫板制造特许证企业生产必备设备、工装及检测设备

序号	工艺类别	设备名称	数量	规格型号 （量程/准确度或分度值）	备注
1	生产过程	配料衡器			
2	生产过程	密炼机			半成品原材料生产企业应具备
3	生产过程	开炼机	≥2		
4	生产过程	硫化机	≥2		硫化三要素自动控制且自动分模
5	生产过程	各种成型工装（模具）	若干		
6	游标卡尺			150 mm/0.02 mm	
7	钢板直尺			300 mm/0.5 mm	
8	百分表			10 mm/0.01 mm	
9	邵尔 A 硬度计			100 HA/1 HA	
10	拉力试验机			2 500 N/1% /0.01 N	
11	老化试验箱			±1 ℃	
12	高绝缘电流测量仪				
13	材料试验机			200 kN/1%	满足静刚度试验要求
14	阿克隆磨耗试验仪				
15	橡胶脆性温度试验仪				生产耐寒垫板企业应具备

附件3

铁道部行政许可申请书

<table>
<tr><td rowspan="4">个人申请</td><td>姓　　名</td><td></td><td>身份证号码</td><td colspan="2"></td></tr>
<tr><td>住　　址</td><td colspan="4"></td></tr>
<tr><td>联系电话</td><td colspan="2"></td><td>邮　　编</td><td></td></tr>
<tr><td>电子邮箱</td><td colspan="4"></td></tr>
<tr><td rowspan="8">单位申请</td><td>单位名称</td><td colspan="2"></td><td>法人代表</td><td></td></tr>
<tr><td>单位地址</td><td colspan="4"></td></tr>
<tr><td>联系电话</td><td colspan="2"></td><td>邮　　编</td><td></td></tr>
<tr><td>电子邮箱</td><td colspan="4"></td></tr>
<tr><td>委托代理人</td><td></td><td>身份证号码</td><td colspan="2"></td></tr>
<tr><td>住　　址</td><td colspan="4"></td></tr>
<tr><td>联系电话</td><td colspan="2"></td><td>邮　　编</td><td></td></tr>
<tr><td>电子邮箱</td><td colspan="4"></td></tr>
<tr><td colspan="2">行政许可申请项目</td><td colspan="4"></td></tr>
<tr><td colspan="2">行政许可申请内容</td><td colspan="4"></td></tr>
<tr><td colspan="2">所附申请材料目录</td><td colspan="4"></td></tr>
</table>

注：以下内容由受理机构填写。

受理人（审核人）：　　　　　　　　　　收到日期：

附件 4

铁路工业产品制造特许证审查表

产品名称＿＿＿＿＿＿＿＿＿＿＿＿＿＿＿＿＿＿＿（公章）
企业名称＿＿＿＿＿＿＿＿＿＿＿＿＿＿＿＿＿＿＿＿＿
详细地址＿＿＿＿＿＿＿＿＿＿＿＿＿＿＿＿＿＿＿＿＿
邮政编码＿＿＿＿＿＿＿＿＿＿＿＿＿＿＿＿＿＿＿＿＿
电子邮箱＿＿＿＿＿＿＿＿＿＿传真＿＿＿＿＿＿＿＿＿
负责人＿＿＿＿＿＿＿＿＿＿＿联系人＿＿＿＿＿＿＿＿
联系电话　办公室＿＿＿＿＿＿＿手机＿＿＿＿＿＿＿＿
申请日期＿＿＿＿＿＿＿＿＿＿＿＿＿＿＿＿＿＿＿＿＿

中华人民共和国铁道部

填 表 说 明

1. 审查表用计算机填写；
2. 企业名称要与工商行政管理部门核发的企业法人营业执照名称相一致；
3. 产品名称、型号规格按相应的标准名称与品种分别填写；
4. 年销售量、年产值、年销售额按上年度填写；
5. 铁路局属企业由铁路局产品质量主管部门签署意见；
6. 审查表封面加盖企业公章（企业公章复印无效）。

申报产品情况	产品名称			
	规格型号		执行标准编号	
	产品鉴定或型式试验单位、时间		图纸来源	
	批量投产时间		工厂代号	
	年生产能力（规模）		年销售量	
	年产值		年销售额	
企业基本情况	企业名称			
	法人代表		主管部门	
	营业执照编号		经济性质	
	企业总人数		企业代码	
	工程技术人员数		建厂时间	
	占地面积		建筑面积	
	固定资产（现值）		流动资金	
	年总产值		年销售额	
	主导产品名称			
企业主管部门意见		（盖章） 年 月 日		
铁道部受理意见		（签字） 年 月 日		
生产条件核查结果		（盖章） 年 月 日		
产品检验结果		（盖章） 年 月 日		
备 注				

附件 5

发证产品用主要生产设备、工装明细表

序号	名称	规格型号	数量	完好状态	使用场所	设备、工装生产厂	生产日期	购置日期

附件6

发证产品用主要检测设备、量器具明细表

序号	名称	型号规格	精度等级	数量	完好状态	使用场所	设备、量器具生产厂	生产日期	购置日期

附件 7

发证产品用主要原材料、外购件和外协件明细表

序号	名称	型号规格	年需量	标准代号	生 产 单 位

附件 8

企业主要负责人、与发证产品有关的技术人员一览表

企业从事发证产品生产的人员总数：　　人

	序号	姓名	性别	年龄	职务	职称	文化程度	所学专业	现从事专业	工作年限	工 作 岗 位
主要负责人											
技术人员											

附件 9

铁道混凝土枕轨下用橡胶垫板制造特许证企业生产条件考核办法

1. 本考核办法根据铁科技[2005]50 号《铁路工业产品制造特许证管理办法》的有关规定制订。

2. 本办法适用于申请铁道混凝土枕轨下用橡胶垫板制造特许证的企业质量保证体系审查。

3. 在企业进行现场审查时,与申证产品有关的生产线必须是正在运行的,否则立即结束审查。

4. 半成品原材料外委生产的企业,须对供方进行严格的质量控制。在验证供方合格证据的基础上建立本厂进厂检验制度,做到每批半成品原材料自检,检验记录齐全。

5. 表中注▲的条款为关键项条(共 14 项)。

6. 本考核表具体按质量管理、生产资源、技术文件、采购控制、过程控制、质量检验、安全文明生产七个部分进行审查评价,七个部分中的每一个审查项目审查内容都可按合格、基本合格、轻微不合格、严重不合格四种结论进行评定,其中严重不合格是指该项缺项或差距在 50% 及其以上,轻微不合格指该项差距在 50% ~20% 之间,基本合格指该项差距在 20% 以下;同时轻微不合格项超过该部分全部项目的 50% 以上、或有两项及以上严重不合格项、或有一项及以上关键项严重不合格时,判该部分不合格;只要有一个部分不合格或注▲的条款严重不合格,则综合判定该次考核不通过。

7. 审查后,审查组在末次会议上说明审查情况,宣布不符合项、整改要求(若存在)和审查结论。

铁道混凝土枕轨下用橡胶垫板制造特许证质量保证体系考核表

序号	审查项目	审查内容	审查记录	合格	基本合格	轻微不合格	严重不合格
一	质量管理						
1.1	质量保证体　系	▲1. 必须建立健全的质量保证体系,树立牢固的质量意识					
		2. 必须制定质量管理工作计划,包括计划的实施机构、机构的职责,定期总结质量保证工作情况等					

续上表

序号	审查项目	审查内容	审查记录	合格	基本合格	轻微不合格	严重不合格
1.2	组织领导	1. 单位领导中应有人负责质量工作					
		2. 应设置相应的质量管理机构或有专人负责质量管理工作,且职权明确					
1.3	方针目标	1. 应制定质量方针和定量的质量目标					
		2. 质量方针和质量目标应贯彻实施					
1.4	管理职责	1. 应制定质量管理制度,规定各有关部门、人员的质量职责、权限和相互关系					
		2. 应有相应的考核办法并严格实施					
1.5	职工培训	▲1. 应有职工培训计划和培训制度,并能严格实施					
		2. 必须对全体员工进行质量管理知识和专业技术培训					
1.6	技术服务	1. 必须有用户技术专职服务机构或人员					
		2. 必须有健全的用户服务制度					
		3. 必须有用户服务和访问记录					

续上表

序号	审查项目	审查内容	审查记录	合格	基本合格	轻微不合格	严重不合格
二	生产资源						
2.1	生产设施及设备	▲1. 必须具备满足生产需要的生产设施和工作场所，且维护完好					
		▲2. 必须具有满足需要的生产设备及生产工装，且性能应符合国家规定的要求，工装数量、品种满足申证品种的需要					
		3. 必须具有满足生产需要的健全的设备及工装管理制度、工装图纸、台账、档案、维修维护和使用记录等					
2.2	检测设备	▲1. 必须有完备的检验手段，并建立严格的、可操作的检验制度					
		2. 检测设备的性能必须能满足生产需要和达到检定要求					
2.3	人员要求	1. 领导人应具有一定的质量管理知识					
		2. 管理人员应熟悉质量管理知识，并具有专业技术知识					
		▲3. 应有熟练掌握硫化或炼胶工艺专业技术知识的技术人员					
		4. 工作人员应能看懂相关的技术文件（图纸、工艺、文件），并能正确熟练地操作设备					
三	技术文件						
3.1	技术标准	1. 必须具备和贯彻橡胶垫板有关的国际、国家、行业标准、技术条件和法律法规					

续上表

序号	审查项目	审查内容	审查记录	合格	基本合格	轻微不合格	严重不合格
3.1	技术标准	▲2. 必须制定严于或达到相应的国家、行业标准要求的产品内控标准					
		3. 必须具有生产过程中必需的有效的相关文件，如外购外协件标准、检验测试标准等					
3.2	技术文件	1. 技术文件必须具有正确性，文件的绘制、标注、技术指标、编号、图面质量等符合有关标准和规定的要求，且签署、更改手续正确完备					
		2. 技术文件必须具有完整性和系统性，齐全配套					
		3. 技术文件必须具有统一性，各部门使用的文件必须完全一致					
		▲4. 必须有产品的技术鉴定文件、正规蓝图或计算机打印图纸和产品使用说明书					
3.3	文件管理	1. 必须制定合理的文件管理制度，文件的发布应经过正式批准，使用部门可随时获得文件的有效版本，文件修改应符合规定的程序					
		2. 应有部门或专(兼)职人员负责技术文件管理					
四	采购控制						
4.1	采购制度	1. 应制定采购原材料、外购产品的质量控制制度					
		2. 对外协、外购产品必须有相应的、详细的验收制度					

续上表

序号	审查项目	审查内容	审查记录	合格	基本合格	轻微不合格	严重不合格
4.2	供方评价	▲1. 应制定供方评价准则,并根据供货单位的产品质量信誉及质量保证能力对供方进行评价,择优采购。选定的原材料、半成品及外协件的供货单位签定长期合作协议					
		2. 应保留原材料、半成品供应商及外协单位的名单和供货、协作记录					
4.3	采购文件	应根据正式批准的采购文件进行采购。如采购计划、采购清单、技术标准、采购合同等采购文件					
4.4	采购验证	应按规定对采购的原材料、半成品及外协件进行质量检验或根据有关规定进行质量验证,检验或验证的记录齐全					
五	过程控制						
5.1	工艺管理	1. 企业应制定工艺管理制度及考核办法,并严格进行管理和考核					
		2. 企业职工应严格执行工艺管理制度,按操作规程、作业指导书等工艺文件进行生产操作,做好操作记录					
		3. 企业应制定各种完整的、统一的、正确的工艺文件					
		4. 企业应制定各种产品的工艺流程卡,并严格执行					
		5. 企业应制定各种产品的材料消耗定额,并严格执行					

续上表

序号	审查项目	审查内容	审查记录	合格	基本合格	轻微不合格	严重不合格
5.1	工艺管理	6. 可结合产品特点增加相关内容					
5.2	质量控制	1. 企业应对生产中的重要工序或产品关键特性进行质量控制,并应在生产工艺流程图上标出关键的质量控制点					
		▲2. 企业应制定关键质量控制点的操作控制程序,并依据程序实施质量控制					
		3. 对生产过程中流转的材料、半成品做好标记和标识					
5.3	特殊过程	▲对产品质量不易或不能经济地进行检验和试验的特殊过程,应事先进行设备认可和人员鉴定,并按规定的方法和要求进行操作和实施过程参数监控					
六	质量检验						
6.1	检验管理	1. 应有独立行使检验权力专(兼)职检验人员					
		▲2. 必须建立自检、互检、专检的质量检验管理制度,并作好质量检验记录					
6.2	过程检验	1. 在生产过程中必须按规定开展过程质量检验,并做好检验记录					
		2. 对于检验不合格的产品,按不合格程序规定进行处理,并重新检验。并做好检验记录					

续上表

序号	审查项目	审查内容	审查记录	合格	基本合格	轻微不合格	严重不合格
6.3	交付检验	▲必须按产品技术标准要求,进行出厂产品的检验、对检验合格产品出具产品质量检验合格证、并按规定进行包装和标识					
七	安全文明生产						
7.1	文明生产	▲1. 生产场地要清洁、明亮,工作场地条件要满足生产规模的需要,并对设施、设备加强维护保养					
		2. 生产场地要布局合理,道路通畅,零件、物料放置有序,进行必要的标识					
7.2	安全防护	应制定并实施安全生产制度。必须具备防火、防雷、防爆措施					
7.3	环卫要求	应对环境卫生进行管理,要对排放有害物采取措施,保护环境和职工身体健康					

附件 10

铁道混凝土枕轨下用橡胶垫板制造特许证产品质量检验办法

本办法适用于申请铁道混凝土枕轨下用橡胶垫板制造特许证的产品质量检验

1　检验依据

TB/T 2626—1995《铁道混凝土枕轨下用橡胶垫板技术条件》

GB/T 2829—2002《周期检查计数抽样程序及抽样表》

产品图

表 2-1　橡胶垫板检验内容及方法

部分	类别	序号	检验项目	项点类别	质量指标		检验方法		仪器设备名称	备注
					执行标准及条款	标准要求	执行标准及条款	检验方法要点说明		
一	型式尺寸	1	上部长度	B	TB/T 2626 中 3.1	TB/T 2626 中 3.1	TB/T 2626 中 3.1	在试件的两侧上部测量，超标 1 处即为该试件超标	钢板直尺\游标卡尺	
		2	定位角间距	B	TB/T 2626 中 3.1	-1 ~ +3 mm	TB/T 2626 中 3.1	在试件的两定角边测量，超标 1 处即为该试件超标	钢板直尺\游标卡尺	
		3	宽度	B	TB/T 2626 中 3.1	-2 ~ +1 mm	TB/T 2626 中 3.1	在试件两端头测量两处的宽度，超标 1 处即为该试件超标	游标卡尺	
		4	厚度	B	TB/T 2626 中 3.1	0 ~ +0.5 mm	TB/T 2626 中 3.1	在试件中部和两端头测量三处的厚度，超标 1 处即为超标	游标卡尺	
二	外观质量	5	工作面缺胶	B	TB/T 2626 中 4.3	杂质、气泡、水纹、闷气造成缺胶面积≤9 mm^2，深度≤1 mm，不超过 2 处	TB/T 2626 中 4.3	将试件搁在平台，用钢板直尺测量	钢板直尺	
		6	缺角	B	TB/T 2626 中 4.3	在两端四个定位脚上，不允许有体积大于一脚的三分之一的缺角	TB/T 2626 中 4.3	目测，用钢板直尺测量	钢板直尺	
		7	海绵、毛边	B	TB/T 2626 中 4.3	工作面不允许有海绵，毛边≤3 mm	TB/T 2626 中 4.3	目测，用钢板直尺测量	钢板直尺	
		8	标识、厂标	A	TB/T 2626 中 4.3	有凸出的号码标记和厂标	TB/T 2626 中 4.3	检查试件表面是否有明显的厂标和号码标记	/	

续上表

部分	类别	序号	检验项目	项点类别	质量指标：执行标准及条款	质量指标：标准要求	检验方法：执行标准及条款	检验方法：检验方法要点说明	仪器设备名称	备注
三	物理机械性能	9	硬度（邵尔 A）	A	TB/T 2626 中 4.4.1	72～82 度	GB/T 531	相隔 6 mm 以上测量 5 次，取中位数	邵尔 A 型硬度计	
		10	拉伸强度	A	TB/T 2626 中 4.4.1	≥12.5 MPa	GB/T 528	测量试样中间平行部分试样厚度三点，取平均值，将试样匀称地置于上、下夹持器上，v = 500 mm/min	电子拉力试验机	
		11	扯断伸长率	A		≥250%				
		12	200% 定伸应力	A		≥9.5 MPa				
		13	压缩永久变形	A	TB/T 2626 中 4.4.1	≤30%	TB/T 2626 附录 A	以沟槽为中心线，切取直径为 30 mm 的圆形试样，压缩至试样厚度的 50%，在 100 ℃保持 24 h 后，从试样箱中取出，室温冷却 30 min，自由放置 24 h 后测高度。三个试样取中位值	老化试验箱	
		14	工作电阻	A	TB/T 2626 中 4.4.1	≥10^6 Ω	TB/T 2626 附录 B	将待测垫板放在两块电极间，接通电源，按仪器操作步骤进行测试。三个试样取中位值	高绝缘电流测定仪	

续上表

部分	类别	序号	检验项目	项点类别	质量指标：执行标准及条款	质量指标：标准要求	检验方法：执行标准及条款	检验方法：检验方法要点说明	仪器设备名称	备注
三	物理机械性能	15	阿克隆磨耗	A	TB/T 2626 中 4.4.1	≤0.6 cm^3/1.61 km	GB/T 1689	把粘好的试样轮固定在胶轮轴上，启动电机，预磨 15 ~ 20 min 后取下，称其重量；用预磨好的试样进行试验，行驶 1.61 km 后，取下试样，称其重量	阿克隆磨耗机	
		16	脆性温度	A	TB/T 2626 中 4.4.1	≤ -50 ℃	GB/T 1682	调节致冷剂于所需温度 -50 ℃，将试样垂直夹在夹持器上，按下，冷冻试样到 3 min，提起升降夹持器，使夹持器在半秒钟内冲击试样，观察有无破坏	脆性温度试验仪	仅适用于耐寒垫板
		17	老化性能	A	TB/T 2626 中 4.4.1	拉伸强度≥10 MPa	GB/T 3512 GB/T 528	将老化箱调至试验温度，把试样悬挂在箱中，到规定时间后取出试样，状态调节 16 h ~ 144 h 后测试	老化试验箱、拉力试验机	
		18				扯断伸长率≥150%				
四	静刚度	19	静刚度值	A	TB/T 2626 中 4.4.2	TB/T 2626 表 5	TB/T 2626 附录 C	以 2 ~ 3 kN/min 的速度均匀加载，载荷加至 20 kN 和 80 kN 时各停留 1 min，并分别记录垫板的压缩量，反复试验 3 次，取其平均值	材料试验机	

2 抽样规定

2.1 样本应在生产企业成品库或车间随机抽取，抽样基数每个规格型号不得少于2 500块。

2.2 审查组在合格品中随机抽取检验样本，应从不同时间不同批次分散抽取，组成周期检查样本。

3 检验内容、检验方法及试样制备方法

3.1 检验内容、检验方法、执行标准条款及检验类别划分见表2－1。

3.2 物理机械性能试样制备：阿克隆磨耗为现场随机抽取的半成品胶料制取，电阻、硬度由成品检测，其余项的试样由成品制取。

3.3 表2－2中第一项物理机械性能说明：其抽样方案为由5块成品制作一组物理机械性能试样

表2－2 橡胶垫板抽样判定表

项目	项点类别	抽样方式	水平		抽样方案		
			IL	RQL	n	Ac	Re
物理机械性能	A	一次	Ⅱ	80	1	0	1
静刚度	A	一次	Ⅱ	30	5	0	1
电阻	A	一次	Ⅱ	15	10	0	1
硬度	A	一次	Ⅱ	15	10	0	1
标识、厂标	A	一次	Ⅱ	8.0	20	0	1
外观	B	一次	Ⅱ	15	50	5	6
外形尺寸	B	一次	Ⅱ	25	20	3	4

4 判定原则

根据不合格质量水平和判断水平确定的抽样方案，只有所确定的全部抽样方案判定是合格的，才最终判该周期检查所代表的产品周期检查合格，否则应视为不合格，抽样判定方案如表2－2所示。

4.1 一次抽样方案判定：根据每个检测项目的样本检查结果，若在样本中实际发生不合格品数小于或等于合格判定数［AC］，则判为该项合格，实际发生的不合格品数大于合格判定数［AC］，则判为该项不合格。

4.2 A、B两类不合格都满足表2－2《垫板抽样判定表》的规定时，本次产品检验合格，其中有一项以上不符合表2－2规定时，本次产品检验不合格。

电力机车受电弓滑板制造特许证实施细则

铁道部 2008 年 7 月 22 日　铁科技[2008]118 号

第一章　总　则

第一条　为加强铁路电力机车受电弓滑板质量的监督管理,根据《铁路工业产品制造特许证管理办法》,制定本实施细则。

第二条　本实施细则所称电力机车受电弓滑板是指列入《铁路工业产品制造特许证管理办法》附件"实行制造特许证管理的产品目录"中的第一类铁路工业产品,包括粉末冶金滑板(铜基)、粉末冶金滑板(铁基)、浸金属碳滑板、碳滑板(产品范围、申证单元及执行标准见附件 1)。

第三条　凡在中华人民共和国境内生产并销售电力机车受电弓滑板的企业,必须取得"铁路工业产品制造特许证"(以下简称制造特许证)。制造特许证是对企业生产资格的许可。

第四条　制造特许证由铁道部统一审核、颁发。铁道部行政许可管理机构负责受理制造特许证的申请和送达行政许可决定,铁道部科学技术司(以下简称铁道部科技司)负责制造特许证的审查。

第二章　申请企业必须具备的条件

第五条　申请制造特许证的企业应具备以下条件:

(一)具备企业法人资格,经营范围覆盖制造特许证产品,注册资金 100 万元以上;

(二)产品具有按规定程序批准的图纸和技术文件;

(三)具有铁道部认可的专业检验机构出具的 4 年内的型式试验报告;

(四)具有保证电力机车受电弓滑板产品质量的生产设备、工艺装备、计量器具和检验手段(见附件 2);

(五)具有健全的质量保证体系,质量保证体系必须达到《电力机车受电弓滑板制造特许证企业生产条件考核办法》(见附件 9)的规定,产品在生产过程中必须具备有效的质量控制措施,保证产品质量的稳定;

(六)产品符合制造特许证产品质量检验办法(见附件 10、附件 11、附件 12、附件 13)的要求;

(七)有能够保证正常生产和产品质量的技术人员(技术人员占企业人员总数的 15% 以上,其中专业技术人员 3 人以上)、技术工人和质量检验人员,并能严格按照图纸、生产工艺和技术标准进行生产、试验和检测;

(八)企业应具有相应的生产规模,年生产能力 3 万条以上,近二年年销售 5 千条以上,具有 5 个以上单位的使用报告;

(九)符合法律、行政法规和铁道部规章规定的其他要求。

第三章 申请和发放程序

第六条 申请制造特许证的企业应当提交下列材料:

(一)《铁道部行政许可申请书》(见附件3,一式二份,加盖公章);

(二)企业法人营业执照副本(复印件二份并验原件);

(三)《铁路工业产品制造特许证审查表》(见附件4,一式二份);

(四)产品主要图纸及使用说明书(一式二份);

(五)产品型式试验报告(复印件二份并验原件);

(六)发证产品用主要生产设备、工装明细表(见附件5,一式二份);

(七)发证产品用主要检测设备、量器具明细表(见附件6,一式二份);

(八)发证产品用主要原材料、外购件和外协件明细表(见附件7,一式二份);

(九)质量保证体系情况及有关质量管理和技术管理方面的制度目录(一式二份);

(十)企业主要负责人、与发证产品有关的技术人员一览表(见附件8,一式二份);

(十一)使用单位的使用报告(复印件二份并验原件);

(十二)换证应附原制造特许证证书(复印件二份);

(十三)法律、法规规定的其他要求(一式二份)。

第七条 铁道部行政许可管理机构决定受理后,将申请材料转给铁道部科技司。

经审查,符合生产条件要求的企业,通知企业到专业检验机构进行检验(检验包括生产条件核查和产品检验);不符合生产条件要求的,作出不予行政许可的书面决定,说明理由。

连续2次审查或检验不合格以及被撤销制造特许证的企业,在2年内不再受理其申请。

第八条 专业检验机构必须通过国家计量认证,并经铁道部认可后方可承担检验工作。

第九条 专业检验机构组织由具有相关专业能力和资质的人员及有关方面的专家组成的核查组,对企业进行生产条件核查;生产条件核查合格的,在企业的成品库或生产线终端抽取经生产企业检验合格的产品并进行封样;抽、封样品应至少有2名核查组人员参加。所抽样品由企业在规定的时间内寄、送至指定的检验地点。

第十条 专业检验机构组织对企业生产条件进行核查和产品检验后,提出核查和检验报告报铁道部科技司。专业检验机构检验时间不应超过120天。

企业生产条件核查和产品检验合格的,经铁道部审核确认后,作出准予行政许可的书面决定。

企业生产条件核查或产品检验不合格的,经铁道部审核确认后,作出不予行政许可的书面决定。

第十一条 铁道部应自受理企业申请之日起20日内作出行政许可决定;20日内不能作出决定的,经铁道部负责人批准可延长10日,并将延长期限的理由告知企业。

检验时间不计算在前款规定期限之内。

第四章 监督和管理

第十二条 制造特许证的有效期为4年,从制造特许证批准之日算起。获得制造特许证的企业,有效期满要继续生产的,应于有效期满6个月前重新向铁道部提出申请。换证企业领取新证时应交回旧证原件。

第十三条 制造特许证标记与编号:

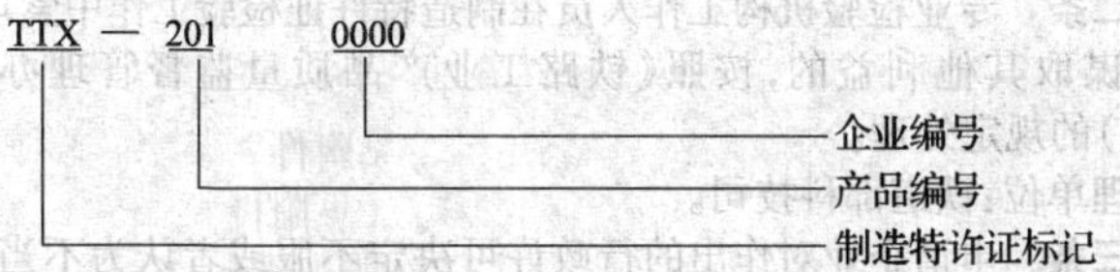

第十四条 在制造特许证有效期内,取得制造特许证的企业,应在产品包装或产品说明书上标明制造特许证的标记和编号。

第十五条 在制造特许证证书有效期内,发生证书遗失、损毁或无法辨认等情况时,企业可向铁道部提出补办申请并说明原因。铁道部核实后办理补发手续,证书编号不变。

第十六条 企业在取得制造特许证后,应保证产品质量并接受铁道部组织的监督检查。监督检查不合格的企业应进行整改,并在6个月内向铁道部提出复查申请。

企业在取得制造特许证后,其产品须经铁道部指派的铁路机车验收机构验收合格后,方可交付使用。

第十七条 在制造特许证有效期内,企业名称或企业生产地点发生变化的,企业应向铁道部申请办理制造特许证变更手续。

第十八条 企业的生产设备、重要工艺等生产条件发生较大变化的,应及时向铁道部备案,铁道部组织对企业进行相应的核查和检验。

第十九条 取得制造特许证的企业有下列情况之一者,铁道部撤销其制造特许证:

(一)擅自涂改、转让制造特许证;

(二)在铁道部产品质量监督抽查中,抽查不合格、复查仍不合格,或连续两次抽查不合格;

(三)在制造特许证监督检查中不合格、复查仍不合格,或逾期不申请复查;

(四)因产品质量原因造成一般B类及以上铁路交通事故;

(五)因产品质量原因导致设备瘫痪并严重影响运输安全生产;

(六)以欺骗、贿赂等不正当手段取得证书;

(七)依法可以撤销的其他情形。

第二十条 取得制造特许证的企业有下列情况之一者,铁道部注销其制造特许证:

(一)企业不再生产该项产品;

(二)企业依法终止的;

(三)制造特许证有效期满,未继续提出申请;

(四)该产品不再实行制造特许证管理;

(五)法律法规规定应注销的其他情形。

第二十一条　专业检验机构及其有关人员必须保证检验结果的真实性，对所作出的检验结论承担法律责任。

专业检验机构不得从事制造特许证产品的制造、销售等经营性活动，不得与制造特许证的申请企业有关联关系。

对违反规定的专业检验机构，铁道部责令其改正；情节严重的，停止其承担检验工作的资格。

第二十二条　专业检验机构工作人员在制造特许证检验工作中索取或者收受他人财物或者谋取其他利益的，按照《铁路工业产品质量监督管理办法》（铁科教〔2001〕29 号）的规定处理。

举报受理单位：铁道部科技司。

第二十三条　申请企业对作出的行政许可决定不服或者认为不当的，可以向铁道部行政许可管理机构、行政监察机构、行政复议机构等职能部门提出申诉或复议。铁道部相关职能部门及其工作人员在制造特许证申请、发放、监督和管理等工作过程中有违法违纪行为的，按《铁道部行政许可监督检查及责任追究暂行办法》的有关规定处理。

第五章　附　　则

第二十四条　铁道部受理申请、审查资料和作出行政许可决定不收取费用。

第二十五条　专业检验机构所做的检验收费参照《铁道部产品质量监督抽查检验费用计算办法》（科技技函〔2002〕146 号）执行。

产品名称	检验费用（元）	
	生产条件核查	产品检验（每个申证单元）
粉末冶金滑板	6 000	8 600 元
浸金属碳滑板	6 000	9 900 元
整体碳滑板	6 000	31 200 元

第二十六条　本细则由铁道部科技司负责解释。

第二十七条　本细则自发布之日起施行。铁道部科技司前发《电力机车受电弓滑板制造特许证实施细则》（科技技函〔2002〕141 号）同时废止。

附件 1

电力机车受电弓滑板产品发证范围、申证单元及执行标准

序号	申证单元	发证范围	执行标准
1	粉末冶金滑板	铜基、铁基	TB/T 1842. 1—2002《电力机车受电弓滑板　粉末冶金滑板》
2	浸金属碳滑板		TB/T 1842. 2 – 2002《电力机车受电弓滑板　浸金属碳滑板》
3	碳滑板		TB/T 1842. 3 – 2008《电力机车受电弓滑板　碳滑板》

附件 2

电力机车受电弓滑板制造特许证企业生产必备设备、工装及检测设备

序号	产品名称	设备名称	数量	规格型号	备　注
1	粉末冶金滑板	混料机			
		压机		500 吨及以上	
		烧结炉或炭化设备			
		钻床			
		模具			
		检测样板或游标卡尺、角度尺			
		冲击试验机			
		布氏硬度计			
		电阻率测定仪			
		天平			
2	浸金属碳滑板	磨粉机			外购不适用
		压机或碳素材料挤出机			外购不适用
		烧结炉或炭化设备			外购不适用
		浸渍罐			外购不适用
		干燥箱			
		切割机			
		钻床			
		模具			
		游标卡尺			
		冲击试验机			
		肖氏硬度计			
		电阻率测定仪			
		材料试验机			
		天平			

续上表

序号	产品名称	设备名称	数量	规格型号	备　注
3	碳滑板	磨粉机			外购不适用
		压机或碳素材料挤出机			外购不适用
		烧结炉或炭化设备			外购不适用
		干燥箱			
		切割机			
		钻床			
		模具			
		游标卡尺			
		气密性试验台			
		材料试验机			
		冲击试验机			
		肖氏硬度计			
		电阻率测定仪			
		天平			

附件 3

铁道部行政许可申请书

个人申请	姓　　名		身份证号码	
	住　　址			
	联系电话		邮　编	
	电子邮箱			
单位申请	单位名称		法人代表	
	单位地址			
	联系电话		邮　编	

续上表

单位申请	电子邮箱				
	委托代理人		身份证号码		
	住　　址				
	联系电话			邮　编	
	电子邮箱				
行政许可申请项目					
行政许可申请内容					
所附申请材料目录					

注:以下内容由受理机构填写。

受理人(审核人):　　　　　　　　收到日期:

附件 4

铁路工业产品制造特许证审查表

产品名称＿＿＿＿＿＿＿＿＿＿＿＿＿＿＿＿＿＿＿＿（公章）
企业名称＿＿＿＿＿＿＿＿＿＿＿＿＿＿＿＿＿＿＿＿
详细地址＿＿＿＿＿＿＿＿＿＿＿＿＿＿＿＿＿＿＿＿
邮政编码＿＿＿＿＿＿＿＿＿＿＿＿＿＿＿＿＿＿＿＿
电子邮箱＿＿＿＿＿＿＿＿＿＿传真＿＿＿＿＿＿＿＿＿＿
负责人＿＿＿＿＿＿＿＿＿＿联系人＿＿＿＿＿＿＿＿＿＿
联系电话　办公室＿＿＿＿＿＿＿＿手机＿＿＿＿＿＿＿＿
申请日期＿＿＿＿＿＿＿＿＿＿＿＿＿＿＿＿＿＿＿＿

中华人民共和国铁道部

填 表 说 明

1. 审查表用计算机填写；
2. 企业名称要与工商行政管理部门核发的企业法人营业执照名称相一致；
3. 产品名称、型号规格按相应的标准名称与品种分别填写；
4. 年销售量、年产值、年销售额按上年度填写；
5. 铁路局属企业由铁路局产品质量主管部门签署意见；
6. 审查表封面加盖企业公章（企业公章复印无效）。

申报产品情况	产品名称			
	规格型号		执行标准编号	
	产品鉴定或型式试验单位、时间		图纸来源	
	批量投产时间		工厂代号	
	年生产能力(规模)		年销售量	
	年产值		年销售额	
企业基本情况	企业名称			
	法人代表		主管部门	
	营业执照编号		经济性质	
	企业总人数		企业代码	
	工程技术人员数		建厂时间	
	占地面积		建筑面积	
	固定资产(现值)		流动资金	
	年总产值		年销售额	
	主导产品名称			
企业主管部门意见		(盖章) 年 月 日		
铁道部受理意见		(盖章) 年 月 日		
生产条件核查结果		(盖章) 年 月 日		
产品检验结果		(盖章) 年 月 日		
备注				

附件5

发证产品用主要生产设备、工装明细表

序号	名称	规格型号	数量	完好状态	使用场所	设备、工装生产厂	生产日期	购置日期

附件6

发证产品用主要检测设备、量器具明细表

序号	名称	型号规格	精度等级	数量	完好状态	使用场所	设备、量器具生产厂	生产日期	购置日期

附件7

发证产品用主要原材料、外购件和外协件明细表

序号	名称	型号规格	年需量	标准代号	生产单位

附件 8

企业主要负责人、与发证产品有关的技术人员一览表

企业从事发证产品生产的人员总数：　　人

	序号	姓名	性别	年龄	职务	职称	文化程度	所学专业	现从事专业	工作年限	工作岗位
主要负责人											
技术人员											

附件 9

电力机车受电弓滑板制造特许证企业生产条件考核办法

1. 本考核办法根据铁科技[2005]50 号《铁路工业产品制造特许证管理办法》的有关规定制订。

2. 本办法适用于申请电力机车受电弓滑板制造特许证的企业质量保证体系审查。

3. 在企业进行现场审查时,与申证产品有关的生产线必须是正在运行的,否则立即结束审查。

4. 表中注▲的条款为关键项条(共 14 项)。

5. 本考核表具体按质量管理、生产资源、技术文件、采购控制、过程控制、质量检验、安全文明生产七个部分进行审查评价,七个部分中的每一个审查项目审查内容都可按合格、基本合格、轻微不合格、严重不合格四种结论进行评定,其中严重不合格是指该项缺项或差距在 50% 及其以上,轻微不合格指该项差距在 50% －20% 之间,基本合格指该项差距在 20% 以下;同时轻微不合格项超过该部分全部项目的 50% 以上、或有两项及以上严重不合格项、或有一项及以上关键项严重不合格时,判该部分不合格;只要有一个部分不合格或注▲的条款严重不合格,则综合判定该次考核不通过。

6. 审查后,审查组在末次会议上说明审查情况,宣布不符合项、整改要求(若存在)和审查结论。

电力机车受电弓滑板制造特许证质量保证体系考核表

序号	审查项目	审查内容	审查记录	合格	基本合格	轻微不合格	严重不合格
一	质量管理						
1.1	质量保证体系	▲1. 必须建立健全的质量保证体系,树立牢固的质量意识					
		2. 必须制定质量管理工作计划,包括计划的实施机构、机构的职责,定期总结质量保证工作情况等					
1.2	组织领导	1. 单位领导中应有人负责质量工作					
		2. 应设置相应的质量管理机构或有专人负责质量管理工作,且职权明确					
1.3	方针目标	1. 应制定质量方针和定量的质量目标					
		2. 质量方针和质量目标应贯彻实施					

续上表

序号	审查项目	审查内容	审查记录	合格	基本合格	轻微不合格	严重不合格
1.4	管理职责	1. 应制定质量管理制度,规定各有关部门、人员的质量职责、权限和相互关系					
		2. 应有相应的考核办法并严格实施					
1.5	职工培训	▲1. 应有职工培训计划和培训制度,并能严格实施					
		2. 必须对全体员工进行质量管理知识和专业技术培训					
1.6	技术服务	1. 必须有用户技术专职服务机构或人员					
		2. 必须有健全的用户服务制度					
		3. 必须有用户服务和访问记录					
二	生产资源						
2.1	生产设施及设备	▲1. 必须具备满足生产需要的生产设施和工作场所,且维护完好					
		▲2. 必须具有满足需要的生产设备及生产工装,且性能应符合国家规定的要求,工装数量、品种满足申证品种的需要					
		3. 必须具有满足生产需要的健全的设备及工装管理制度、工装图纸、台账、档案、维修维护和使用记录等					
2.2	检测设备	▲1. 必须有完备的检验手段,并建立严格的、可操作的检验制度					
		2. 检测设备的性能必须能满足生产需要和达到检定要求					
2.3	人员要求	1. 领导人应具有一定的质量管理知识					
		2. 管理人员应熟悉质量管理知识,并具有专业技术知识					

续上表

序号	审查项目	审查内容	审查记录	合格	基本合格	轻微不合格	严重不合格
2.3	人员要求	▲3. 应有熟练掌握专业技术知识的技术人员					
		4. 工作人员应能看懂相关的技术文件(图纸、工艺、文件),并能正确熟练地操作设备					
三	技术文件						
3.1	技术标准	1. 必须具备和贯彻申证产品有关的国际、国家、行业标准、技术条件和法律法规					
		▲2. 必须制定严于或达到相应的国家、行业标准要求的产品内控标准					
		3. 必须具有生产过程中必需的有效的相关文件,如外购外协件标准、检验测试标准等					
3.2	技术文件	1. 技术文件必须具有正确性,文件的绘制、标注、技术指标、编号、图面质量等符合有关标准和规定的要求,且签署、更改手续正确完备					
		2. 技术文件必须具有完整性和系统性,齐全配套					
		3. 技术文件必须具有统一性,各部门使用的文件必须完全一致					
		▲4. 必须有产品的技术鉴定文件、正规蓝图或计算机打印图纸和产品使用说明书					
3.3	文件管理	1. 必须制定合理的文件管理制度,文件的发布应经过正式批准,使用部门可随时获得文件的有效版本,文件修改应符合规定的程序					
		2. 应有部门或专(兼)职人员负责技术文件管理					

续上表

序号	审查项目	审查内容	审查记录	合格	基本合格	轻微不合格	严重不合格
四	采购控制						
4.1	采购制度	1. 应制定采购原材料、外购件的质量控制制度					
		2. 对外协、外购产品必须有相应的、详细的验收制度					
4.2	供方评价	▲1. 应制定供方评价准则，并根据供货单位的产品质量信誉及质量保证能力对供方进行评价，择优采购。和选定的供货单位签定长期合作协议					
		2. 应保留原材料、外购件供应商及外协单位的名单和供货、协作记录					
4.3	采购文件	应根据正式批准的采购文件进行采购。如采购计划、采购清单、技术标准、采购合同等采购文件					
4.4	采购验证	应按规定对采购的原材料、元器件及外协件进行质量检验或根据有关规定进行质量验证，检验或验证的记录齐全					
五	过程控制						
5.1	工艺管理	1. 企业应制定工艺管理制度及考核办法，并严格进行管理和考核					
		2. 企业职工应严格执行工艺管理制度，按操作规程、作业指导书等工艺文件进行生产操作，做好操作记录					
		3. 企业应制定各种完整的、统一的、正确的工艺文件					

续上表

序号	审查项目	审查内容	审查记录	合格	基本合格	轻微不合格	严重不合格
5.1	工艺管理	4. 企业应制定各种产品的工艺流程卡,并严格执行					
		5. 企业应制定各种产品的材料消耗定额,并严格执行					
		6. 可结合产品特点增加相关内容					
5.2	质量控制	1. 企业应对生产中的重要工序或产品关键特性进行质量控制,并应在生产工艺流程图上标出关键的质量控制点					
		▲2. 企业应制定关键质量控制点的操作控制程序,并依据程序实施质量控制					
		3. 对生产过程中流转的材料、半成品做好标记和标识					
5.3	特殊过程	▲对产品质量不易或不能经济地进行检验和试验的特殊过程,应事先进行设备认可和人员鉴定,并按规定的方法和要求进行操作和实施过程参数监控					
六	质量检验						
6.1	检验管理	1. 应有独立行使检验权力专(兼)职检验人员					
		▲2. 必须建立自检、互检、专检的质量检验管理制度,并作好质量检验记录					

续上表

序号	审查项目	审查内容	审查记录	合格	基本合格	轻微不合格	严重不合格
6.2	过程检验	1. 在生产过程中必须按规定开展过程质量检验，并做好检验记录					
		2. 对于检验不合格的产品，按不合格程序规定进行处理，并重新检验。并做好检验记录					
6.3	交付检验	▲必须按产品技术标准要求，进行出厂产品的检验、对检验格产品出具产品质量检验合格证、并按规定进行包装和标识					
七	安全文明生产						
7.1	文明生产	▲1. 生产场地要清洁、明亮，工作场地条件要满足生产规模的需要，并对设施、设备加强维护保养					
		2. 生产场地要布局合理，道路通畅，零件、物料放置有序，进行必要的标识					
7.2	安全防护	应制定并实施安全生产制度。必须具备防火、防雷、防爆措施					
7.3	环卫要求	应对环境卫生进行管理，要对排放有害物采取措施，保护环境和职工身体健康					

附件 10

电力机车受电弓滑板　粉末冶金滑板(铜基)制造特许证产品质量检验办法

1　检验依据

TB/T 1842.1—2002　电力机车受电弓滑板　粉末冶金滑板

GB/T 9097.1—1988　烧结金属材料(不包括硬质合金)表观硬度的测定

GB/T 9096—1988　烧结金属材料(不包括硬质合金)冲击试验方法

GB/T 7964—1987　烧结金属材料(不包括硬质合金)室温拉伸试验

GB/T 5163—1985　可渗性烧结金属材料-密度的测定

GB/T 2829—1987　周期检查计数抽样程序及抽样表

2　抽样方法

2.1　抽样原则

2.1.1　产品质量检验的样本采用随机抽样方法抽取。

2.1.2　检验样本及配套的固体润滑剂和螺栓应在生产企业抽取,生产企业应提供必要的条件。

2.2　滑板抽样基数及样本大小

2.2.1　抽样基数≥200。

2.2.2　样本大小为 14。

3　检验标准及部分检验说明

3.1　电力机车受电弓滑板　粉末冶金滑板制造特许证产品质量检验标准见附表。

3.2　产品质量检验标准分五大部分总计 15 项。A 类检验项目 7 项,B 类检验项目 8 项。

3.3　所有检验项目均在滑板本体上进行。样品在现场随机抽取,封样后送至铁道部产品质量

监督检验中心。

4　判定标准

4.1　A、B 类项点判定:

A 类项点判定:采用[0,1]判定。

B 类项点判定:单条判定[8;2,3];

综合判定[8;2,3]。

4.2　质量综合判定:

只有 A、B 类项点均合格时,受检产品质量才合格,否则判为不合格。

附表

电力机车受电弓滑板　粉末冶金滑板（铜基）制造特许证产品质量检验标准

项目		项点			质量标准	检验样品数	检验方法	备注
序号	名称	序号	类别	项点名称				
一	外观质量	1	B	外观质量	滑板外表面不得有裂纹、氧化、起层、锈蚀和夹杂物	8	目测	
		2	B	外观质量	整条滑板要求平整，不得变形，表面粗糙度不低于6.3μm	8	目测	
		3	B	标记	滑板底面（非摩擦面）应有制造厂标记、制造批号，钢印应清晰	8	目测	
二	尺寸	4	B	长	−0.5	8	TB/T 1842.1	
		5	B	宽	±0.3	8	TB/T 1842.1	
		6	B	高	+0.5	8	TB/T 1842.1	
		7	B	螺孔中心距	−0.5	8	TB/T 1842.1	
		8	B	角度	−1°	8	TB/T 1842.1	
三	电学性能	9	A	20℃电阻率（μΩ·m）	≤0.35	4	TB/T 1842.1	
四	内在质量	10	A	体积密度（g/cm^3）	7.8*～8.2	4	GB/T5163	本体取样 *下限为参考项
		11	A	布氏硬度（HB）	60～90	4	GB/T9097.1	本体取样
		12	A	冲击韧性（J/cm^2）	≥7	4	GB/T9096	本体取样
		13	A	抗拉强度（MPa）	≥120	4	GB/T7964	本体取样
五	120 km/h 磨耗性能	14	A	滑板重量磨耗比 克/万机车公里	≤240.0	4（样品有2备样）	TB/T 1842.1	CTA120 银铜接触线
		15	A	对接触线磨耗比 平方毫米/万弓架次	≤0.022		TB/T 1842.1	

附件 11

电力机车受电弓滑板　粉末冶金滑板(铁基)制造特许证产品质量检验办法

1　检验依据

TB/T 1842.1—2002　电力机车受电弓滑板　粉末冶金滑板

GB/T 9097.1—1988　烧结金属材料(不包括硬质合金)表观硬度的测定

GB/T 9096—1988　烧结金属材料(不包括硬质合金)冲击试验方法

GB/T 7964—1987　烧结金属材料(不包括硬质合金)室温拉伸试验

GB/T 5319—1985　烧结金属材料(不包括硬质合金)横向断裂强度的测定方法

GB/T 5163—1985　可渗性烧结金属材料－密度的测定

GB/T 2829—1987　周期检查计数抽样程序及抽样表

2　抽样方法

2.1　抽样原则

2.1.1　产品质量检验的样本采用随机抽样方法抽取。

2..1.2　检验样本及配套的固体润滑剂和螺栓应在生产企业抽取,生产企业应提供必要的条件。

2.2 滑板抽样基数及样本大小

2.2.1　抽样基数≥200。

2.2.2　样本大小为 14。

3　检验标准及部分检验说明

3.1　电力机车受电弓滑板　粉末冶金滑板制造特许证产品质量检验标准见附表。

3.2　产品质量检验标准分五大部分总计 16 项。A 类检验项目 8 项，　B 类检验项目 8 项。

3.3　所有检验项目均在滑板本体上进行。样品在现场随机抽取,封样后送至铁道部产品质量监督检验中心。

4　判定标准

4.1　A、B 类项点判定:

A 类项点判定:采用[0,1]　判定。

B 类项点判定:单条判定[8;2,3];

综合判定[8;2,3]。

4.2　质量综合判定:

只有 A、B 类项点均合格时,受检产品质量才合格,否则判为不合格。

附表

电力机车受电弓滑板　粉末冶金滑板(铁基)制造特许证产品质量检验标准

项目		项点			质量标准	检验样品数	检验方法	备注
序号	名称	序号	类别	项点名称				
一	外观质量	1	B	外观质量	滑板外表面不得有裂纹、氧化、起层、锈蚀和夹杂物	8	目测	
		2	B	外观质量	整条滑板要求平整,不得变形,表面粗糙度不低于6.3μm	8	目测	
		3	B	标记	滑板底面(非摩擦面)应有制造厂标记、制造批号,钢印应清晰	8	目测	
二	尺寸	4	B	长	-0.5	8	TB/T 1842.1	
		5	B	宽	±0.3	8	TB/T 1842.1	
		6	B	高	+0.5	8	TB/T 1842.1	
		7	B	螺孔中心距	-0.5	8	TB/T 1842.1	
		8	B	角度	-1°	8	TB/T 1842.1	
三	电学性能	9	A	20℃电阻率(μΩ·m)	≤0.35	4	TB/T 1842.1	
四	内在质量	10	A	体积密度(g/cm^3)	<8.0	4	GB/T 5163	本体取样
		11	A	布氏硬度(HB)	≤140	4	GB/T 9097.1	本体取样
		12	A	冲击韧性(J/cm^2)	≥7	4	GB/T 9096	本体取样
		13	A	抗拉强度(MPa)	≥140	4	GB/T 7964	本体取样
		14	A	抗弯强度(MPa)	≥290	4	GB/T 5319	本体取样
五	80 km/h磨耗性能	15	A	滑板重量磨耗比克/万机车公里	≤90.0	4(样品有2备样)	TB/T 1842.1	
		16	A	对接触线磨耗比平方毫米/万弓架次	≤0.042		TB/T 1842.1	

附件 12

电力机车受电弓滑板　浸金属碳滑板制造特许证产品质量检验办法

1　检验依据

TB/T 1842.2—2002　电力机车受电弓滑板　浸金属碳滑板

JB/T 8133.2—1999　电碳制品物理化学性能试验方法　电阻率

JB/T 8133.4—1999　电碳制品物理化学性能试验方法　肖氏硬度

JB/T 8133.7—1999　电碳制品物理化学性能试验方法　抗折强度

JB/T 8133.8—1999　电碳制品物理化学性能试验方法　抗压强度

JB/T 8133.14—1999　电碳制品物理化学性能试验方法　体积密度

GB/T 2829—1987　周期检查计数抽样程序及抽样表

2　抽样方法

2.1　抽样原则

2.1.1　产品质量检验的样本采用随机抽样方法抽取。

2.1.2　检验样本应在生产企业抽取，生产企业应提供必要的条件。

2.2　滑板抽样基数及样本大小

2.2.1　抽样基数≥200。

2.2.2　样本大小为 14。

3　检验标准及部分检验说明

3.1　电力机车受电弓滑板　浸金属碳滑板制造特许证产品质量检验标准见附表。

3.2　产品质量检验标准分五大部分总计 16 项。A 类检验项目 8 项，B 类检验项目 8 项。

3.3　所有检验项目均在滑板本体上进行。样品在现场随机抽取，封样后送至铁道部产品质量监督检验中心。

4　判定标准

4.1　A、B 类项点判定：

A 类项点判定：采用[0,1]　判定。

B 类项点判定：单条判定[8;2,3]；

综合判定[8;2,3]。

4.2　质量综合判定：

只有 A、B 类项点均合格时，受检产品质量才合格，否则判为不合格。

附表

电力机车受电弓滑板　浸金属碳滑板制造特许证产品质量检验标准

项目		项点			质量标准	检验样品数	检验方法	备注
序号	名称	序号	类别	项点名称				
一	外观质量	1	B	外观质量	滑板外表面不得有起层、裂纹以及伤痕等缺陷。整条滑板要求平整，不得弯曲、变形	8	目测	
		2	B	外观质量	金属托板不得有锈蚀，应装配牢靠，不得有脱壳、松动等现象	8	目测	
		3	B	标记	滑板底托上（非摩擦面）应有制造厂标记、制造批号，钢印清晰	8	目测	
二	尺寸	4	B	长	−0.5	8	TB/T 1842.2	
		5	B	宽	±0.5	8	TB/T 1 842.2	
		6	B	高	+0.5	8	TB/T 1 842.2	
		7	B	螺栓中心距	−0.5	8	TB/T 1 842.2	
		8	B	角度	−1°	8	TB/T 1 842.2	
三	电学性能	9	A	20℃电阻率（μΩ·m）	≤12	4	JB/T 8133.2	
四	内在质量	10	A	体积密度（g/cm 3）	2.5～3.0	4	JB/T 8133.14	本体取样
		11	A	肖氏硬度（HS）	≥85	4	JB/T 8133.4	本体取样
		12	A	冲击韧性（J/cm 2）	≥0.25	4	TB/T 1842.2	本体取样
		13	A	抗折强度（MPa）	≥85	4	JB/T 8133.7	本体取样
		14	/	抗压强度（MPa）	≥200	4	JB/T 8133.8	本体取样
五	80 km/h磨耗性能	15	A	滑板重量磨耗比克/万机车公里	≤204.0	4（样品有2备样）	TB/T 1 842.2	
		16	A	对接触线磨耗比平方毫米/万弓架次	≤0.015		TB/T 1842.2	

附件 13

电力机车受电弓滑板　碳滑板制造特许证产品质量检验办法

1　检验依据

TB/T 1842.3—2008　电力机车受电弓滑板　碳滑板

JB/T 8133.2—1999　电碳制品物理化学性能试验方法　电阻率

JB/T 8133.4—1999　电碳制品物理化学性能试验方法　肖氏硬度

JB/T 8133.7—1999　电碳制品物理化学性能试验方法　抗折强度

JB/T 8133.8—1999　电碳制品物理化学性能试验方法　抗压强度

JB/T 8133.14—1999　电碳制品物理化学性能试验方法　体积密度

GB/T 2829—1987　周期检查计数抽样程序及抽样表

2　抽样方法

2.1　抽样原则

2.1.1　产品质量检验的样本采用随机抽样方法抽取。

2.1.2　检验样本应在生产企业抽取,生产企业应提供必要的条件。

2.2　滑板抽样基数及样本大小

2.2.1　抽样基数≥50。

2.2.2　样本大小为8。

3　检验标准及部分检验说明

3.1　电力机车受电弓滑板　碳滑板制造特许证产品质量检验标准见附表。

3.2　产品质量检验标准分五大部分总计 24 项。A 类检验项目 9 项,B 类检验项目 16 项。

3.3　所有检验项目均在滑板本体上进行。样品在现场随机抽取,封样后送至铁道部产品质量监督检验中心。

4　判定标准

4.1　A、B 类项点判定:

A 类项点判定:采用[9;0,1]　判定。

B 类项点判定:单条判定[16;5,6];

综合判定[8;0,1]。

4.2　质量综合判定:

只有 A、B 类项点均合格时,受检产品质量才合格,否则判为不合格。

附表

电力机车受电弓滑板　碳滑板制造特许证产品质量检验标准

项目		项点			质量标准	检验样品数	检验方法	备注
序号	名称	序号	类别	项点名称				
一	外观质量	1	B	外观质量	滑板工作面光滑、平整，不得变形，不得有掉块以及被外力破坏的明显缺陷。碳滑板应粘接牢固，不得有离壳现象	8	目测	
		2	B	外观质量	金属托架不得有变形，安装螺栓、自动降弓装置用进、出气孔应固定牢固	8	目测	
		3	B	标记	滑板底托上（非摩擦面）应有制造厂标记、制造批号、产品型号码，钢印清晰	8	目测	
二	尺寸	4	B	长	按图纸要求	8	TB/T 1842. 3	
		5	B	高	按图纸要求	8	TB/T 1842. 3	
		6	B	炭条宽	按图纸要求	8	TB/T 1842. 3	
		7	B	炭条厚	按图纸要求	8	TB/T 1842. 3	
		8	B	安装螺栓间距	按图纸要求	8	TB/T 1842. 3	
三	内在质量	9	B	20 ℃电阻率（μΩ · m）	≤40	4	JB/T 8133. 2	
		10	B	体积密度（g/cm^3）	≤1. 8	4	JB/T 8133. 14	
		11	B	冲击韧性（J/cm^2）	≥0. 1	4	TB/T 1842. 2	
		12	B	抗折强度（MPa）	≥30	4	JB/T 8133. 7	
		13	B	抗压强度（MPa）	≥40	4	JB/T 8133. 8	

续上表

<table>
<tr><th colspan="2">项 目</th><th colspan="3">项 点</th><th colspan="2" rowspan="2">质 量 标 准</th><th rowspan="2">检验样品数</th><th rowspan="2">检验方法</th><th rowspan="2">备 注</th></tr>
<tr><th>序号</th><th>名称</th><th>序号</th><th>类别</th><th>项点名称</th></tr>
<tr><td rowspan="13">四</td><td rowspan="13">整体性能</td><td>14</td><td>A</td><td>肖氏硬度(HS)</td><td colspan="2">60～100</td><td>4</td><td>JB/T 8133.4</td><td></td></tr>
<tr><td>15</td><td>B</td><td>整条滑板重量(Kg)</td><td colspan="2">按设计要求</td><td>4</td><td>TB/T 1842.3</td><td></td></tr>
<tr><td rowspan="3">16</td><td rowspan="3">A</td><td rowspan="3">剪切强度(MPa)</td><td>-40 ℃</td><td rowspan="3">≥4.0</td><td rowspan="3">4×3</td><td rowspan="3">TB/T 1842.3</td><td rowspan="3">本体取样</td></tr>
<tr><td>室温(10～35 ℃)</td></tr>
<tr><td>150 ℃</td></tr>
<tr><td>17</td><td>A</td><td>粘接电阻(mΩ)</td><td colspan="2">≤2</td><td>2</td><td>TB/T 1842.3</td><td></td></tr>
<tr><td>18</td><td>A</td><td>气道流动连续性(l/min)</td><td colspan="2">≥20</td><td>2</td><td>TB/T 1842.3</td><td></td></tr>
<tr><td rowspan="2">19</td><td rowspan="2">A</td><td rowspan="2">气道密封完整性(%)</td><td colspan="2">0.5 MPa 压力下≤1</td><td>2</td><td>TB/T 1842.3</td><td></td></tr>
<tr><td colspan="2">1 MPa 压力下≤5</td><td>2</td><td>TB/T 1842.3</td><td></td></tr>
<tr><td rowspan="2">20</td><td rowspan="2">B</td><td rowspan="2">挠曲试验(%)</td><td>150 ℃</td><td rowspan="2">按设计要求</td><td rowspan="2">1</td><td rowspan="2">TB/T 1842.3</td><td rowspan="2"></td></tr>
<tr><td>-40 ℃</td></tr>
<tr><td>21</td><td>B</td><td>弯曲特性(kN)</td><td colspan="2">≥0.7</td><td>1</td><td>TB/T 1842.3</td><td></td></tr>
<tr><td>22</td><td>A</td><td>一次冲击作用下自动降弓的可靠性</td><td colspan="2">气道漏气</td><td>1</td><td>TB/T 1842.3</td><td></td></tr>
<tr><td></td><td></td><td>23</td><td>A</td><td>滑板机械疲劳</td><td colspan="2">1.2×10⁶ 次无破损、无漏气、无永久性变形</td><td>1</td><td>TB/T 1842.3</td><td></td></tr>
<tr><td rowspan="2">五</td><td rowspan="2">120km/h 磨耗性能</td><td>24</td><td>A</td><td>滑板重量磨耗比 克/万机车公里</td><td colspan="2">≤120</td><td rowspan="2">4</td><td>TB/T 1842.3</td><td rowspan="2">本体取样 CTA120 银铜接触线</td></tr>
<tr><td>25</td><td>A</td><td>对接触线磨耗比 平方毫米/万弓架次</td><td colspan="2">≤0.015</td><td>TB/T 1842.3</td></tr>
</table>

铁路无线电台站设置和频率使用审核办法

铁道部 2005 年 1 月 13 日　　铁运[2005]9 号

第一条　为科学、合理设置铁路无线电台站和使用铁路无线通信频率,规范铁路无线电管理,确保工程建设项目顺利实施和无线通信系统安全运行,根据《中华人民共和国行政许可法》、《中华人民共和国无线电管理条例》(国务院、中央军事委员会令第128号)及《铁道部行政许可实施程序暂行规定》(铁政法[2004]70号),制定本办法。

第二条　本办法适用于中华人民共和国境内铁路运输企业和铁路专用通信业务运营企业在各类工程、科研活动中设置无线电台站及使用铁路无线通信频率的审核。

第三条　本办法所指铁路无线通信频率是国家分配给铁路系统使用的下列频率:

(一)用于列车调度、站场调车、专用通信等业务的150、400、450MHz 频段铁路无线通信频率;

(二)2MHz 频段工务施工和道口防护频率;

(三)2.4GHz 铁路战备通信、应急通信使用频率;

(四)铁路 GSM－R 系统使用频率;

(五)800MHz 列尾和列车安全预警系统使用频率;

(六)需跨铁路局(青藏铁路公司,下同)使用的其他频率。

2.4GHz 铁路战备通信、应急通信频率,在全国铁路范围使用时,应另行报国家无线电管理机构批准。

第四条　铁路运输企业和铁路专用通信运营企业设置无线电台(站)和使用铁路通信频率,必须经铁道部批准。铁道部行政许可管理机构负责受理申请和送达行政许可决定,铁道部运输局负责审查。

第五条　设置使用无线电台(站),应当具备下列条件:

(一)符合国家和铁道部有关技术政策、标准和发展规划;

(二)频率的使用应符合铁路无线通信频率规划并应满足电磁环境要求;

(三)操作人员熟悉无线电管理的有关规定,并具有相应的技能;

(四)列车无线移动通信系统的设置还应兼顾机车交路和接轨站、接入线路既有系统的频率使用,减少对相邻线路、铁路枢纽地区的频率干扰;

(五)法律、法规规定的其他条件。

第六条　申请设置铁路无线电台(站)和使用铁路通信频率,应在工程或科研项目确立之后、实施之前办理。

第七条　下列单位或机构可作为设置铁路无线电台(站)和频率使用的申请人:

(一)铁路基本建设、更新改造和大修工程设置无线电台(站),由建设管理单位(包括承担铁路专用通信运营的电信运营单位)提出申请;

(二)从事铁路无线电科研活动时,由承担科研项目的单位或机构提出申请,也可委托铁路局无线电主管部门提出申请;

(三)铁路运营单位或部门设台或增设台(站)的,由铁路局无线电主管部门办理申请。

第八条　申请人提出申请时应填写《铁道部行政许可申请书》,并提交下列材料:

(一)使用设备的相关资料复印件;

(二)操作人员的相关资料;

(三)立项批复文件;

(四)工程初步设计文件及批复文件、科研技术方案;

(五)与既有无线通信系统需互联互通时,既有系统的通信频率运用情况;

(六)机车运用交路(需要时);

(七)电磁环境监测报告;

(八)系统组网方案,设台数量和固定台站的站址,台站主要技术规格;

(九)进行科学试验需临时设置无线电台(站),所在地铁路局无线电管理机构的意见;

(十)合资、地方铁路使用铁路通信频率设置无线电台(站),接轨站所属铁路局和该合资、地方铁路属地铁路局无线电管理机构的意见;

(十一)法律、法规要求的其他材料。

申请人应对其申请材料实质内容的真实性负责。

第九条　申请设立铁路无线电台(站)时可同时提出频率使用申请。铁道部对符合设台条件的申请人根据国家有关频率管理规定指配频率。

第十条　铁道部运输局需要对申请材料实质内容进行核实的,可指派两名以上工作人员进行核查。审查发现行政许可事项直接关系他人重大利益的,铁道部运输局应告知利害关系人,申请人、利害关系人有权进行陈述和申辩。

第十一条　铁道部运输局对申请事项进行审查后,应自受理申请之日起 20 个工作日内作出行政许可决定。20 个工作日内不能作出决定的,经铁道部主管领导批准,可以延长 10 个工作日,并将延长期限理由告知申请人。

第十二条　铁道部作出准予设置无线电台(站)的行政许可决定应当载明其有效期限。用于铁路运输生产作业、在全路范围内组网及长期使用的无线电台(站)许可有效期为 10 年,其他台(站)根据其用途许可有效期为 1 ~ 3 年。用于科学试验的设台许可有效期为 6 个月,有特殊要求的可延长至 1 年。

第十三条　铁道部准予设置无线电台(站)的行政许可决定是无线通信工程建设或科研活动的重要依据。无行政许可决定的,无线通信工程或相关科研活动不得启动。

第十四条　被许可人应持铁道部行政许可决定书,到国家或有关省、自治区、直辖市无线电管理机构办理无线电设台手续,并按规定领取无线电台执照。科学技术研究设置无线电台(站)进行实效发射的,应办理临时设台站手续。

第十五条　工程建设竣工交验时,被许可人应将铁道部批准决定、台站资料、执照及台站管理责任一并移交接管单位。

第十六条　有下列情形之一的,被许可人或接管单位应另行办理行政许可申请:

(一)需增设无线电台(站)和调整或扩展使用频率的;

(二)行政许可有效期满需延续的(有效期届满 30 日前申请)。

第十七条　申请使用国家未分配给铁路系统使用的通信频率,按照国家无线电管理有关规定另行办理。

第十八条　被许可人必须严格按照铁道部批准的范围、内容设置铁路无线电台(站)和使用无线通信频率。未经铁道部批准不得转让频率,禁止出租或变相出租频率。

第十九条 铁道部将对被许可人进行严格的监督检查。监督检查的内容包括:

(一)设置铁路无线电台(站)和使用铁路通信频率的总体实施情况;

(二)本办法规定义务的履行情况;

(三)法律、法规规定应当实施监督检查的其他情形。

第二十条 铁道部监督检查时,被许可人及有关部门、单位和个人应当如实反映情况,提供必要的材料。铁道部可以根据需要,要求被许可人提供下列文件、资料或实物:

(一)行政许可决定书或相关的文件;

(二)无线电台(站)资料或无线电台执照;

(三)实物样品;

(四)法律、法规规定应当具备的其他合法证明文件及资料。

第二十一条 铁道部可对被许可人采用的无线通信设备进行抽样检查、检验、检测,不合格的,责令被许可人限期改正。在规定期限内仍未改正的,应当撤销行政许可。

被许可人以欺骗、贿赂等不正当手段取得行政许可的,应当予以撤销。

第二十二条 铁道部在监督检查时,发现铁路无线电台(站)和铁路通信频率直接影响铁路行车安全的,监督检查人员有权责令停止建造、安装和使用,并责令立即改正。

第二十三条 有下列情形之一的,铁道部应当依法办理设置铁路无线电台(站)或使用频率的行政许可注销手续:

(一)行政许可有效期届满未延续的;

(二)法人或者其他组织依法终止的;

(三)行政许可依法被撤销、撤回,或者行政许可证件依法被吊销的;

(四)法律、法规规定应当注销行政许可的其他情形。

第二十四条 本办法由铁道部运输局负责解释。

第二十五条 本办法自发布之日起实施行。《铁路无线电发射设备应用技术的科研管理规定》(铁运[2000]89号)和《铁路工程建设无线电管理规定》(铁运函[2003]70号)同时废止。

附件

编号:TX-20XX-XXX

铁路无线电台站设置和频率使用
审 查 表

申　请　人:(加盖公章)

法定代表人:(签字)

申 报 日 期:　　年　　月　　日

(规格:A4)

一、申请人概况

二、工程或科研项目基本情况

项目名称	
建设范围	
拟使用频率	

技术方案概述:

台站类别和数量:

三、铁路局无线电管理机构或运用部门的意见

（加盖公章）

负责人:(签字)　　年　　月　　日

四、申请人提报的其他材料目录(材料另附)

铁路运输管理信息系统认定办法

铁道部 2005 年 5 月 16 日　　铁信息［2005］74 号

第一条　为加强铁路运输管理信息系统的管理，保障铁路运输安全，根据《铁路运输安全保护条例》，制定本办法。

第二条　本办法所称铁路运输管理信息系统是指在铁路运输企业全面推广使用并与铁路运输生产安全直接相关的铁路信息系统，是计算机应用软件、支撑应用软件运行的系统软件、设备和基础设施的集成。

第三条　铁路运输管理信息系统经铁道部认定合格后方可用于铁路运输企业。铁道部制定并公布需经认定的铁路运输管理信息系统目录，并可根据铁路信息化总体规划和各有关应用系统专项规划适时进行调整。

第四条　申请认定的铁路运输管理信息系统应具备以下条件：

（一）采用国家和行业统一的技术标准、安全标准和规范；

（二）本系统的专业技术标准和条件已经制定并公布；

（三）使用国家允许销售的硬件和系统软件，采用的安全产品需符合国家安全要求，并通过国家有关部门的安全认定；

（四）应用软件能够满足铁路运输生产安全的需求并具有安全性设计和安全管理模块；

（五）软件通过具有专业测试能力的第三方机构的测试；

（六）在铁路运营环境下试用正常 60 天以上；

（七）已制定运行维护管理办法和安全保障措施；

（八）已制定应急响应和故障处理机制；

（九）具有灾难备份和容灾方案。

列为科研项目的系统，应当经过科研项目立项审批单位的技术审查或技术鉴定；铁道部或铁路运输企业委托研制的系统，应当经过铁道部或铁路运输企业组织的技术审查。

第五条　铁路运输管理信息系统认定的申请人应具备以下条件：

（一）以计算机软件开发生产、系统集成、应用服务和其他相应技术服务为其主要业务；

（二）具有软件企业（或系统集成）资质或者已有自主开发、拥有知识产权并在铁路应用的运输管理信息系统产品；

（三）具有从事系统开发研制和服务所需要的技术装备和环境；

（四）具有相应的软件、硬件、通信等技术人员；从事信息系统软件开发、系统集成和技术服务的技术人员占员工总数的比例不低于 60%；

（五）具有健全的质量体系和管理制度；具有软件产品质量和技术服务质量保证的手段与能力；

（六）符合法律法规规定的其他要求。

第六条　申请铁路运输管理信息系统认定应提交下列材料：

(一)行政许可申请书;

(二)系统认定审查表;

(三)软件企业、系统集成资质证明或已有自主开发、拥有知识产权信息系统产品的证明以及在铁路应用情况的说明;

(四)研制、测试人员情况说明;

(五)系统技术报告;

(六)系统设计文档;

(七)系统技术标准和技术条件;

(八)硬件和软件设备的规格、配置说明,采用的安全设备的安全性能说明和安全部门认定资料;

(九)使用说明书(含安装说明、安全防护说明);

(十)软件测试报告;

(十一)用户签字的试用报告。

列为科研项目的系统,应当提供科研项目立项审批单位的技术审查或技术鉴定意见;铁道部或铁路运输企业委托研制的系统,应当提供铁道部或铁路运输企业的技术审查意见。

行政许可申请书、系统认定审查表应当采用格式文本。格式文本由铁道部提供。

第七条 铁道部行政许可管理机构负责受理铁路运输管理信息系统认定的申请和送达行政许可决定,铁道部信息办会同相关业务部门负责审查。

第八条 铁道部行政许可管理机构收到申请人的申请材料后应及时进行审查,做出是否受理的决定。受理的,将申请材料转给铁道部信息办;不予受理的,应向申请人说明理由。

第九条 铁道部信息办审查申请材料后,基本符合认定要求的,通知申请人到铁道部认可的专业技术机构进行系统测评;不符合要求的,铁道部做出不予行政许可的书面决定,说明理由并送达申请人。

第十条 专业技术机构应全面分析申请人提交的技术资料,制定详尽的测评方案。测评方案应包括:评估系统设计方案的可行性、技术先进性、系统稳定性和安全性;检测构成系统的物理网络及其有关产品技术指标;测试系统的运行和服务功能;评价系统的管理和保障体系、具体使用环境及管理的适应性。经过技术鉴定的系统可以简化测评,简化的具体内容应在测评方案中明确。

测评方案经专业技术机构的主管负责人批准,并报铁道部信息办备案。

第十一条 专业技术机构应当按照测评方案进行系统测评,形成测评意见,提交专家组进行技术评价,由专家组提出技术评价意见。专家组成员由相关技术领域技术专家和相关业务部门业务专家组成。技术专家从相关技术领域专家库中选择。

专家技术评价采用书面或会议形式评价。

第十二条 专业技术机构根据测评意见和专家技术评价意见,形成系统测评报告报铁道部信息办。

第十三条 铁道部信息办会同相关业务部门对测评报告进行审核。审核合格的,铁道部做出准予行政许可的书面决定,送达申请人。

审核不合格的,铁道部信息办通知申请人。申请人可自接到通知之日起60日内进行改进,改进后提出书面复审申请,并附修改的有关技术资料报铁道部信息办。复审仍未通过的，铁道部做出不予行政许可的书面决定，说明理由并送达申请人。

第十四条 铁道部应自受理申请之日起20日内做出行政许可决定；20日内不能做出决定的，经铁道部主管领导批准可延长10日，并将延长期限的理由告知申请人。

专业技术机构进行测评所需时间不计算在前款规定的期限内。

第十五条 已通过认定的系统有下列情形之一的，应按规定进行重新认定：

（一）系统认定后在铁路运输企业投入使用1年以上，按用户要求进行较大功能性改进或升级并需要在铁路运输企业重新进行实施推广的；

（二）连续运用时间较长、技术平台和系统结构发生变化（标准另有规定的，按其规定执行）的；

（三）停止应用时间超过18个月再次在铁路运输企业恢复使用的。

第十六条 提交重新认定的系统的技术指标不得低于原通过认定系统的标准。

第十七条 铁道部应加强对经过认定的铁路运输管理信息系统的监督。对不符合管理要求和技术水平落后的铁路运输管理信息系统，铁道部组织专家论证，提出处理建议。经论证不适于继续在铁路使用的，铁道部应及时撤销原认定并公布。铁路运输企业不得继续使用撤销认定的铁路运输管理信息系统。

第十八条 专业技术机构必须保证技术测评数据及结果的真实、可靠，对所做出的结论承担法律责任。

第十九条 专业技术机构不得利用测评之便研制、开发同类系统，不得从事所测评系统的销售等经营性活动，不得与系统认定申请人有关联关系。

第二十条 专业技术机构应保存完整的测评原始资料，保存期为5年。专业技术机构有责任为申请人提供的技术文件、资料保密。

第二十一条 专业技术机构违反本办法第十八条、第十九条、第二十条规定的，铁道部责令其改正；情节严重的，停止其从事铁路运输管理信息系统测评业务。

第二十二条 本办法实行前已经过技术鉴定或经过信息工程建设验收并已投入使用的铁路运输管理信息系统，不再进行认定。

第二十三条 本办法由铁道部负责解释。

第二十四条 本办法自发布之日起实行。

附件1

铁路运输管理信息系统认定目录

序号	系统名称	范围说明	序号	系统名称	范围说明
1	运输调度管理系统	列调（控制部分除外）、计划、机车、货运、客运、施工、篷布、预报、军运、特运调度	4	货物运输管理系统	货运制票，车站、列车预确报、货运安全、货运服务、货车追踪
2	车流推算与调整系统		5	货运营销及运力配置系统	货运计划、技术计划管理，空车优化配置
3	行车组织策划系统	列车运行图、列车编组计划	6	旅客运输管理系统	客运组织、质量、安全、服务，客运站、段管理

续上表

序号	系统名称	范围说明	序号	系统名称	范围说明
7	车号自动识别系统		13	客票发售与预订系统	
8	专业运输管理系统	集装箱、行包、特货运输	14	机务管理信息系统	机车安全、检修与运用、备件、牵引供电、机务段、水电段管理
9	保价运输管理系统		15	车辆管理信息系统	客车、货车、动车组的使用、检修与运用管理
10	行车安全监控系统	机车、车辆、线路安全监控	16	工务管理信息系统	线路、桥隧、设备、施工安全、工务段管理
11	救援指挥系统		17	电务管理信息系统	电务设备检修、运用、安全、质量、无线电、电务段管理
12	安全管理信息系统	行车、路内外伤亡事故、治安事件管理			

说明：目录中所列系统，如果分为若干子系统分别开发建设，只需要认定与铁路运输生产安全直接相关的子系统，即涉及“范围说明”中所列内容的系统需要认定。

附件 2

铁路运输管理信息系统技术认定审查表

系统名称____________________

申请人名称________________（盖章）

申请人通信地址____________________

电子邮箱____________________

联系电话__________邮政编码__________

联系人__________申请日期_____年____月____日

中华人民共和国铁道部

填 表 说 明

1. 审查表用钢笔或签字笔填写，字迹清晰、工整，不得涂改，填写附表时如纸张不够，可另行附页。审查表可复印或按格式打印。

2. 审查表（包括附表）一式二份。审查表封面须加盖单位公章（单位公章复印无效）。

3. “申报系统简要说明”主要包括：系统研制的背景、意义，系统结构、功能模块，软、硬件环境，安全设计，采用的先进技术，将来的发展方向等。

4. “系统测评结论”包括专业技术机构测评意见和专家技术评价意见。

5. “研制、测试人员”指从事与申请技术认定的铁路运输管理信息系统有关的信息系统软件开发、系统集成和技术服务的技术人员以及测试人员。

<table>
<tr><td rowspan="3">申报系统情况</td><td>系统名称</td><td colspan="5"></td></tr>
<tr><td>版本号</td><td></td><td colspan="2">系统研制时间</td><td colspan="2">年 月— 年 月</td></tr>
<tr><td>系统试用情况</td><td colspan="5"></td></tr>
<tr><td>申报系统简要说明</td><td colspan="6"></td></tr>
<tr><td rowspan="2">申请人基本情况</td><td>单位名称</td><td></td><td>主管部门</td><td colspan="3"></td></tr>
<tr><td>单位总人数</td><td></td><td>技术人员总数</td><td colspan="3"></td></tr>
<tr><td>铁道部受理意见</td><td colspan="6">受理编号:________ (盖章) 年 月 日</td></tr>
<tr><td>系统测评结论</td><td colspan="6">系统测评报告编号:____________________负责人(签字):
(盖章) 年 月 日</td></tr>
<tr><td>审查部门意见</td><td colspan="6">负责人(签字):
(盖章) 年 月 日</td></tr>
<tr><td>铁道部审批意见</td><td colspan="6">系统技术认定编号____________________
(盖章) 年 月 日</td></tr>
<tr><td>备 注</td><td colspan="6"></td></tr>
</table>

研制、测试人员表

序号	姓名	性别	年龄	职称	文化程度	所学专业	从事专业	工作岗位	相关工作年限

三、铁路行政许可相关配套制度

违反《铁路运输安全保护条例》行政处罚实施办法

2006年1月4日　铁道部令第27号

《违反〈铁路运输安全保护条例〉行政处罚实施办法》已经2005年12月29日铁道部部长办公会议通过,现予公布,自2006年2月1日起实施。

第一章　总　则

第一条　为了规范铁路运输安全行政处罚行为,保障铁路执法人员正确履行职责,保护行政处罚相对人的合法权益,根据《中华人民共和国行政处罚法》、《铁路运输安全保护条例》(以下简称《条例》)等法律、行政法规,制定本办法。

第二条　铁道部及其设立的铁路管理机构(即××铁路安全监督管理办公室,以下称铁路管理机构)依据本办法对违反《铁路运输安全保护条例》的行为实施行政处罚。

公安机关及其他行政机关依法履行与保护铁路运输安全有关的行政处罚职责时,依据相关法律法规和规章办理。

第三条　铁道部和铁路管理机构实施行政处罚,遵循合法、公正、公开的原则。

实施行政处罚应当以事实为依据,与违法行为的性质、情节以及社会危害程度相当。

没有法定依据或不遵守法定程序的,行政处罚无效。

第四条　铁路运输安全行政执法人员应具备铁道部规定的执法人员资格条件,经培训合格,取得铁道部统一颁发的"中华人民共和国铁路运输安全执法证",实行持证上岗。在实施行政处罚时,执法人员应当出示执法证件。

第五条　公民、法人或其他组织对铁道部或铁路管理机构给予的行政处罚,享有陈述权、申辩权。

第六条　公民、法人或其他组织因违法受到行政处罚,其违法行为对他人造成损害的,应当依法承担民事责任。

违法行为构成犯罪的,应当依法追究刑事责任,不得以行政处罚代替刑事处罚。

第二章　行政处罚的管辖、种类与适用

第七条　铁路运输安全行政处罚由铁路管理机构实施的,一般由违法行为发生地的铁路管理机构管辖。违法行为发现地管辖更为合适的,也可由发现地铁路管理机构管辖,但应与发生地铁路管理机构协商一致。铁路管理机构之间对管辖权有争议的,应当报请铁道部指定管辖。

直接向铁道部举报、控告的案件,由铁道部依法决定管辖机关。

第八条　本办法适用的行政处罚种类包括：警告、罚款、责令改正、责令限期拆除。

第九条　对单位或个人的同一个违法行为，不得给予两次以上罚款的行政处罚。

第十条　不满十四周岁的人有违法行为的，不予处罚，但是应当责令其监护人严加管教；已满十四周岁不满十八周岁的人有违法行为的，从轻或者减轻行政处罚。

精神病人在不能辨认或者不能控制自己行为时有违法行为的，不予处罚，但应当责令其监护人严加看管和治疗。间歇性精神病人在精神正常时有违法行为的，应当给予行政处罚。尚未完全丧失辨认或者控制自己行为能力的精神病人有违法行为的，应当予以处罚，但可以从轻或者减轻处罚。

第十一条　当事人有下列情形之一的，应当依法从轻或者减轻处罚：

（一）主动消除或者减轻违法行为的危害后果的；

（二）受他人胁迫有铁路运输安全违法行为的；

（三）配合铁道部或铁路管理机构查处危害铁路运输安全行为立功表现的；

（四）其他依法应予从轻或者减轻处罚的。

违法行为轻微并及时纠正，没有造成危害后果的，不予处罚。

第十二条　当事人有下列情形之一的，应当依法从重处罚：

违法行为情节恶劣的；

违法行为危害后果严重的；

当事人因违反《铁路运输安全保护条例》曾被行政处罚的；

隐匿、销毁或伪造证据的；

对举报人、控告人、证人打击报复的；

拒绝或阻碍执法人员依法履行职责的；

在共同违法行为中起主导作用的；

其他依法应当从重处罚的。

第十三条　违法行为在2年内未被发现的，不再给予行政处罚。法律另有规定的除外。

前款规定的期限，从违法行为发生之日起计算，违法行为有连续或者继续状态的，从行为终了之日起计算。

第三章　对违法行为的行政处罚

第十四条　违反《条例》第十一条规定，由铁路管理机构依照《条例》第七十条规定，责令改正，给予警告，有下列情节、危害后果的，可以并处相应罚款：

（一）违法行为情节严重并危及铁路运输安全的，对单位并处5 000元以上2万元以下罚款，对个人并处200元以上1 000元以下罚款；

（二）违法行为情节特别严重并造成危害铁路运输安全后果的，对单位并处2万元以上5万元以下罚款，对个人并处1 000元以上2 000元以下的罚款。

第十五条　违反《条例》第十四条规定，由铁道部或铁路管理机构依照《条例》第七十一条规定，责令改正，并视情节、危害后果给予相应罚款，对国家铁路运输企业的处罚由铁道部实施，对其他单位和个人的处罚由铁道部或者铁路管理机构实施：

(一)违法行为情节较轻且未造成危及铁路运输安全后果的,处以5 000元以上1万元以下的罚款;

(二)违法行为情节严重且直接危及铁路运输安全,尚未造成后果的,处以1万元以上3万元以下罚款;

(三)违法行为情节特别严重且造成危害铁路运输安全后果的,处3万元以上5万元以下的罚款。

第十六条 违反《条例》第十七条规定,由铁路管理机构依照《条例》第七十四条规定,责令限期拆除,逾期不拆除的,依法申请人民法院强制拆除,并视情节、危害后果给予相应罚款:

(一)违法行为情节较轻且未造成危及铁路运输安全后果的,对单位处以2万元以上5万元以下的罚款,对个人处以1万元以上3万元以下罚款;

(二)违法行为情节严重且直接危及铁路运输安全,尚未造成后果的,对单位处以5万元以上10万元以下的罚款,对个人处以3万元以上5万元以下罚款;

(三)违法行为情节特别严重且造成危害铁路运输安全后果的,对单位处以10万元以上20万元以下的罚款,对个人处以5万元以上10万元以下罚款。

第十七条 违反《条例》第十八条规定从事采石及爆破作业的,由铁路管理机构依照《条例》第七十五条规定责令改正,并视情节、危害后果给予相应罚款:

(一)违法行为情节较轻且未造成危及铁路运输安全后果的,处以2万元以上3万元以下的罚款;

(二)违法行为情节严重且直接危及铁路运输安全,尚未造成后果的,处以3万元以上5万元以下的罚款;

(三)违法行为情节特别严重且造成危害铁路运输安全后果的,处以5万元以上10万元以下的罚款。

第十八条 违反《条例》第十九条规定,道路、铁路两用桥所在地铁路运输企业未履行对桥梁的定期检查、维护义务,致使桥梁处于不安全的技术状态的,由铁路管理机构依照《条例》第七十六条规定责令改正。

第十九条 违反《条例》第二十三条规定,建设单位违反国家有关规定,或者应当与铁路运输企业协商而未协商的,由铁路管理机构依照《条例》第七十八条责令改正,可视情节、危害后果给予相应罚款:

(一)违法行为情节较轻且未造成危及铁路运输安全后果的,处以2万元以上3万元以下罚款;

(二)违法行为情节严重且直接危及铁路运输安全,尚未造成后果的,处以3万元以上5万元以下罚款;

(三)违法行为情节特别严重且造成危害铁路运输安全后果的,处以5万元以上10万元以下罚款。

第二十条 违反《条例》第二十三条规定,工程施工单位未遵守铁路施工安全规范,工程项目设计、施工作业方案未通报铁路运输企业以及铁路运输企业应当派员而未派员对施工现场实行安全监督的,由铁道部依照《条例》第七十八条责令改正,可视情节、危害后果给予相应罚款:

(一)违法行为情节较轻且未造成危及铁路运输安全后果的,处以2万元以上3万元以下罚款;

(二)违法行为情节严重且直接危及铁路运输安全,尚未造成后果的,处以3万元以上5万元以下罚款;

(三)违法行为情节特别严重且造成危害铁路运输安全后果的,处以5万元以上10万元以下罚款。

第二十一条 违反《条例》第二十三条规定,铁路线路安全保护区内已铺设的油气管线,及邻近电气化铁路铺设的通信线路,存在安全隐患而未采取必要的安全措施的,由铁道部或者铁路管理机构依照《条例》第七十八条责令改正,可视情节、危害后果给予相应罚款:

(一)违法行为情节较轻且未造成危及铁路运输安全后果的,处以2万元以上3万元以下罚款;

(二)违法行为情节严重且直接危及铁路运输安全,尚未造成后果的,处以3万元以上5万元以下罚款;

(三)违法行为情节特别严重且造成危害铁路运输安全后果的,处以5万元以上10万元以下罚款。

第二十二条 违反《条例》第二十四条第二款规定,铁路运输企业未设置、维护桥区航标中的桥梁标、桥柱标、桥梁水尺标以及未设置水面航标的,由铁道部依照《条例》第七十九条规定,责令改正。

第二十三条 违反《条例》第二十五条第三款的规定,由铁路管理机构依照《条例》第八十条第二款规定,责令改正,处1 000元以上5 000元以下的罚款。

第二十四条 违反《条例》第二十六条规定,道路经营企业未设置安全防护设施的,由铁路管理机构依照《条例》第八十一条第一款规定,责令改正,视情节、危害后果给予相应罚款:

(一)违法行为情节较轻且未造成危及铁路运输安全后果的,处以1万元以上3万元以下罚款;

(二)违法行为情节严重且直接危及铁路运输安全,尚未造成后果的,处以3万元以上5万元以下罚款;

(三)违法行为情节特别严重且造成危害铁路运输安全后果的,处以5万元以上10万元以下罚款。

第二十五条 违反《条例》第三十一条规定,铁路运输企业未设置、维护道口警示灯、安全防护设施的,由铁路管理机构依照《条例》第八十三条规定,责令改正,对直接负责的主管人员和其他直接责任人员处500元以上5 000元以下的罚款。

第二十六条 违反《条例》第三十二、三十三条规定,由铁路管理机构依照《条例》第八十四条规定,处500元以上5 000元以下的罚款。

第二十七条 违反《条例》第三十四条规定,由铁道部依照《条例》第八十五条规定责令铁路运输企业改正,处1 000元以上1万元以下的罚款。

第二十八条 违反《条例》第三十六条规定,由铁道部依照《条例》第八十六条规定责令改正,并视情节、危害后果给予相应罚款:

(一)违法行为情节较轻且未造成危及铁路运输安全后果的,处以2万元以上5万元以下的罚款;

(二)违法行为情节严重且直接危及铁路运输安全,尚未造成后果的,处以5万元以上10万元以下的罚款;

（三）违法行为情节特别严重且造成危害铁路运输安全后果的，处以 10 万元以上 20 万元以下的罚款。

第二十九条 违反《条例》第三十八条规定，由铁道部依照《条例》第八十七条规定，责令改正，并视情节、危害后果给予相应罚款：

（一）违法行为情节较轻且未造成危及铁路运输安全后果的，处以 2 万以上 5 万以下的罚款；

（二）违法行为情节严重且直接危及铁路运输安全，尚未造成后果的，处以 5 万以上 10 万以下的罚款；

（三）违法行为情节特别严重且造成危害铁路运输安全后果的，处以 10 万以上 20 万以下的罚款。

第三十条 违反《条例》第四十条规定，由铁道部或者铁路管理机构依照《条例》第八十九条规定，责令改正，并视情节和后果给予相应的罚款，对国家铁路运输企业的行政处罚由铁道部实施，对其他责任单位或个人的行政处罚由铁路管理机构实施：

（一）不符合国家有关技术标准和规范，情节较轻且未造成危及铁路运输安全后果的，处以 1 万元以上 5 万元以下罚款；

（二）严重不符合国家有关技术标准和规范，情况较重且造成危害铁路运输安全后果的，处以 5 万元以上 10 万元以下罚款。

第三十一条 违反《条例》第四十八条规定，铁路运输托运人托运货物、行李、包裹时匿报、谎报货物品名、性质，匿报、谎报货物重量或者装车、装箱超过规定重量，或者有其他危及铁路运输安全的行为的，由铁路管理机构依照《条例》第九十一条规定，视情节、危害后果给予相应罚款：

（一）违法行为情节严重且危及铁路运输安全的，尚未造成后果的，处以 1 000 元以上 5 000 元以下罚款；

（二）违法行为特别严重且造成危害铁路运输安全后果的，处以 5 000 元以上 1 万元以下罚款。

第三十二条 违反《条例》第四十八条规定，在普通货物中夹带危险货物，或者在危险货物中夹带禁止配装的货物的，由铁路管理机构依照《条例》第九十一条规定，视情节、危害后果给予相应罚款：

（一）违法行为情节较轻且未造成危及铁路运输安全后果的，处以 5 000 元以上 1 万以下的罚款；

（二）违法行为情节严重且直接危及铁路运输安全，尚未造成后果的，处以 1 万以上 3 万以下的罚款；

（三）违法行为情节特别严重且造成危害铁路运输安全后果的，处以 3 万以上 5 万以下的罚款。

第三十三条 违反《条例》第四十九条规定，由铁道部依照《条例》第九十二条规定，视情节、危害后果给予相应罚款：

（一）违法行为情节较轻且未造成危及铁路运输安全后果的，处以 2 万元以上 3 万元以下罚款；

（二）违法行为情节严重且直接危及铁路运输安全，尚未造成后果的，处以 3 万元以上 5 万元以下罚款；

（三）违法行为情节特别严重且造成危害铁路运输安全后果的，处以 5 万元以上

10 万元以下罚款。

第三十四条 违反《条例》第五十二条规定，由铁道部或铁路管理机构依照《条例》第九十三条规定，视情节、危害后果给予相应罚款，对国家铁路运输企业的处罚由铁道部实施，对其他危险货物托运人、承运人的处罚由铁路管理机构实施：

（一）违法行为情节较轻且未造成危及铁路运输安全后果的，处以 2 万元以上 3 万元以下罚款；

（二）违法行为情节严重且直接危及铁路运输安全，尚未造成后果的，处以 3 万元以上 5 万元以下罚款；

（三）违法行为情节特别严重且造成危害铁路运输安全后果的，处以 5 万元以上 10 万元以下罚款。

第三十五条 违反《条例》第五十四条规定，由铁道部或铁路管理机构依照《条例》第九十四条规定，视情节、危害后果给予相应罚款。对国家铁路运输企业的处罚由铁道部实施，对其他承运人的处罚由铁路管理机构实施：

（一）违法行为情节较轻且未造成危及铁路运输安全后果的，处以 2 万元以上 3 万元以下的罚款；

（二）违法行为情节严重且直接危及铁路运输安全，尚未造成后果的，处以 3 万元以上 5 万元以下的罚款；

（三）违法行为情节特别严重且造成危害铁路运输安全后果的，处以 5 万元以上 10 万元以下的罚款。

第三十六条 违反《条例》第五十七条、第五十八条规定，由铁道部或铁路管理机构依照《条例》第九十六条规定，视情节、危害后果给予相应罚款，对国家铁路运输企业的行政处罚由铁道部实施，对其他承运人、托运人的行政处罚由铁路管理机构实施：

（一）违法行为情节较轻且未造成危及铁路运输安全后果的，处以 2 万元以上 3 万元以下罚款；

（二）违法行为情节严重且直接危及铁路运输安全，尚未造成后果的，处以 3 万元以上 5 万元以下罚款；

（三）违法行为情节特别严重且造成危害铁路运输安全后果的，处以 5 万元以上 10 万元以下的罚款。

第三十七条 公民、法人或者其他组织违反《铁路运输安全保护条例》中有关行政许可规定的，由该项行政许可实施主体依法给予行政处罚。具体处罚的行为、种类和幅度按本办法和铁道部有关行政许可的规定办理。

第三十八条 上述违法行为涉嫌犯罪的，办理单位应将案件移送司法机关，依法追究刑事责任。

第四章 行政处罚程序

第三十九条 铁道部或者铁路管理机构发现违反《铁路运输安全保护条例》的事实和行为人，认为需要受案的，应当按照本办法规定的管辖范围予以受案。

第四十条 铁道部或者铁路管理机构监督检查部门对已受案的涉嫌违法行为，必须全面、客观、公正地调查，收集有关证据。

第四十一条 铁路运输安全执法人员在调查、收集证据时，应当遵守下列规定：

(一)不得少于两人;

(二)询问证人和当事人,应当分别进行,并告知其做伪证的法律责任;《询问笔录》须经被询问人阅核后,由询问人和被询问人签名,被询问人拒绝签名的,由询问人在询问笔录上注明情况;

(三)对与案件有关的物品或者现场进行勘验检查时,应当通知当事人到场,制作《勘验检查笔录》,当事人拒不到场的,可请在场的其他人员见证;

(四)对需要采取抽样调查的,应当制作《抽样取证凭证》,需要妥善保管的应当妥善保管,需要退回的应当退回;

(五)对涉及专门性问题的,应当指派或者聘请有专业知识和技术能力的部门和人员进行鉴定;

(六)在证据可能灭失或者以后难以取得的情况下,可以先行登记保存,制作《证据登记保存清单》,并应当在七日内对先行登记保存的证据作出处理决定。

第四十二条 当事人认为执法人员与本案有利害关系或者有其他关系可能影响公正执法的,有权申请执法人员回避。

执法人员认为自己与本案有利害关系或者有其他关系的,应当申请回避。

执法人员的回避由所在部门负责人决定,部门负责人的回避由所在机关负责人决定。

第四十三条 案件调查终结后,执法人员认为案件事实清楚,主要证据齐全,应当制作《案件调查报告》,对案件提出处理意见,报所属部门负责人审查。涉及多部门业务管理事项的,应当分送有关部门联审。涉及行政许可事项的,应当送行政许可审查部门审查。对重大、疑难案件调查情况,应向铁道部有关部门报告。

因案情性质发生变化或者客观原因导致调查工作不需要或无法继续开展的,可以作出《终止调查决定书》,并送达相关当事人和举报人、控告人。

第四十四条 《案件调查报告》经有关部门负责人审查后,认为应当给予行政处罚的,执法人员应制作《行政处罚告知笔录》,送达被告知人,告知拟做出行政处罚的事实、理由及依据。并告知其享有陈述、申辩及依法要求举行听证的权利。逾期未提出的,视为放弃。

第四十五条 有权执法部门应当充分听取当事人的陈述和申辩,对当事人提出的事实、理由和证据,应当进行复核;当事人提出的事实、理由和证据成立的,应当予以采纳。

有权执法部门不得因当事人陈述或者申辩而加重处罚。

第四十六条 有权执法部门在作出较大数额罚款、责令限期拆除等行政处罚决定之前,应当告知当事人有要求举行听证的权利;当事人要求听证的,案件办理人员应向铁道部或铁路管理机构主管负责人报告,由法制工作部门组织听证。听证程序按有关法律、行政法规的规定执行。

第四十七条 铁道部、铁路管理机构根据案件的不同情况,分别作出如下处理决定:

(一)确有违法行为,应当给予行政处罚的,根据情节和危害后果的轻重,作出行政处罚决定;

(二)违法行为轻微,依法可以不予行政处罚的,不予行政处罚;

(三)违法事实不成立的,不得给予行政处罚;

(四)违法行为涉嫌犯罪的,移送司法机关。

第四十八条 有权执法部门依据本办法制作《行政处罚决定书》。《行政处罚决定书》应当载明下列事项:

(一)当事人的姓名或名称、住址或地址;

(二)违法行为的事实和证据;

(三)行政处罚的种类和依据;

(四)行政处罚的履行方式和期限;

(五)不服行政处罚决定,申请行政复议或者行政诉讼的途径和期限;

(六)作出行政处罚决定的机关名称和作出决定的日期。

行政处罚决定书应当加盖作出行政处罚决定机关的行政处罚专用印章。

第四十九条 有权执法部门负责送达行政处罚决定书。行政处罚决定书应当在宣布后当场交付当事人,当事人拒绝签收的,送达人员应当在送达回执上注明;当事人不在场的,铁道部或铁路管理机构应当在七日内依照民事诉讼法有关送达的规定,将行政处罚决定书送达当事人。当事人在收到行政处罚决定书后,应在行政处罚决定书送达回执上注明收到日期、签名或盖章。

第五十条 铁路行政执法人员收缴罚款时,应当出具由财政部统一制作的罚款收据。处罚和罚款收缴应当分离,罚款所得的款项,必须按照有关规定上缴,任何单位和个人不得截留、私分或者变相私分。具体收缴办法由铁道部另行规定。

第五十一条 铁路行政处罚案件自受案之日起,一般应当在三十日内办理完毕;由于客观原因不能完成的,经有权执法部门负责人同意,可以延长,但不得超过六十日;特殊情况需进一步延长的,应当经铁道部或铁路管理机构负责人批准,可延长至九十日。

第五十二条 行政处罚决定作出后,当事人应当在行政处罚决定的期限内履行。

当事人对行政处罚决定不服,申请行政复议或者提起行政诉讼的,行政处罚不停止执行,法律、行政法规另有规定的除外。

第五十三条 当事人逾期不履行行政处罚决定的,铁道部或铁路管理机构可以采取下列措施:

(一)到期不缴纳罚款的,每日按罚款数额的百分之三加处罚款;

(二)申请人民法院强制执行。

第五十四条 当事人确有经济困难,需要延期或者分期缴纳罚款的,由当事人提出申请并经铁道部或铁路管理机构批准,可以暂缓或者分期缴纳。

第五十五条 铁路管理机构对单位和个人作出较大数额罚款、责令限期拆除等行政处罚决定的,应当自作出行政处罚决定书之日起七日内报铁道部备案。

第五十六条 行政处罚决定执行完毕后,有权执法部门应当将下列案件材料立卷归档:

(一)受案登记表;

(二)证据材料;

(三)裁决文书;

(四)在办理案件中形成的其他重要文件。

第五十七条 依照本办法给予单处警告或责令改正行政处罚的,可以适用《中华人民共和国行政处罚法》规定的简易程序,并以书面形式向当事人宣布并送达。

第五章 执法监督

第五十八条 铁道部、铁路管理机构应当建立行政处罚责任追究制度，对违法实施行政处罚的责任人实行责任追究。

第五十九条 监察机关负责检查执法部门和执法人员实施行政处罚情况，受理对有权执法部门和执法人员的控告、检举并依法进行调查处理有关的违反行政纪律的行为。法制工作部门负责对执法部门和执法人员执行法律法规情况进行监督检查。安全监察部门、人事部门负责执法人员日常管理和培训，有权要求不符合执法资格的人员停止执法工作。

第六十条 公民、法人或者其他组织认为铁道部、铁路管理机构的行政处罚侵害其合法权益，有权依照《中华人民共和国行政复议法》向铁道部法制工作部门申请复议。铁道部法制工作部门对铁路管理机构违法或者不适当的行政处罚有权予以纠正。

第六十一条 公民、法人或者其他组织认为铁道部、铁路管理机构的行政处罚侵害其合法权益，有权依照《中华人民共和国行政诉讼法》，向人民法院提起行政诉讼，铁道部、铁路管理机构的法制工作部门负责组织有关职能部门参与应诉。

第六十二条 铁道部或铁路管理机构实施行政处罚，有下列情形之一的，可以对案件承办人以及相关负责人依法给予行政处分：

（一）超越法定权限的；

（二）违反法定程序和期限的；

（三）适用法律、法规、规章错误的；

（四）擅自改变法律、法规、规章规定的处罚种类、幅度的；

（五）处理结果显失公正或没有法定依据的；

（六）所办案件认定事实不清，主要依据不足的；

（七）违法实行强制措施、检查措施或执行措施，给当事人造成损失的；

（八）滥用职权，违法执法，侵害当事人合法权益的；

（九）玩忽职守，不履行法定职责，执法不严，违法不究的；

（十）行政执法中索取、收受他人财物，谋取其他利益或者截留、私分罚没财物，使用、损毁扣押、查封、登记保存财物的；

（十一）其他行政执法中的违法行为。

上述行为构成犯罪的，依法移送司法机关追究刑事责任。

第六十三条 铁道部或铁路管理机构违法实施行政处罚，给公民人身或财产造成损害、给单位造成财产损失的，应当依法予以赔偿。

第六章 附 则

第六十四条 本办法所称“较大数额罚款”，是指对个人处以 5 000 元以上罚款，对单位处以 5 万元以上的罚款。

第六十五条 本办法所规定的法律文书格式，由铁道部统一制定。

第六十六条 本办法由铁道部负责解释。

第六十七条 本办法自 2006 年 2 月 1 日起施行。

铁路安全监督管理办公室职责规定

2007 年 8 月 29 日　铁道部令第 31 号

《铁路安全监督管理办公室职责规定》已经 2007 年 8 月 19 日第 17 次部长办公会议通过，现予公布，自 2007 年 9 月 1 日起实施。《〈铁路运输安全保护条例〉确定的铁路管理机构职责规定》(铁道部令第 23 号)同时废止。

第一条　为贯彻《铁路运输安全保护条例》(国务院令第 430 号)和《铁路交通事故应急救援和调查处理条例》(国务院令第 501 号)，确保铁路安全监督管理办公室(以下简称安全监管办)依法履行职责，制定本办法。

第二条　铁道部所属各铁路局加挂"××铁路安全监督管理办公室"牌子，依照《铁路运输安全保护条例》和《铁路交通事故应急救援和调查处理条例》规定的管理权限和程序，履行铁路安全监督管理职能，具体负责本区域内的运输安全监督检查、行政许可、事故应急救援、事故调查处理和相关行政处罚工作。安全监管办具体管辖范围由铁道部确定并另行公布。

第三条　安全监管办主任由各铁路局局长担任。安全监管办副主任由分管安全、应急管理、运输、客运、货运、机务、车辆、工务、电务和法律事务工作的铁路局领导班子成员担任。根据铁路局领导班子成员分工调整或职务任免，安全监管办主任、副主任相应进行调整，不履行任免手续。

第四条　安全监管办主任负责安全监管办的全面工作。具体职责是：(一)组织贯彻执行国家安全监管法律法规和铁道部的有关规定，研究制定本区域内的安全监督管理办法和措施，建立健全各项工作制度，并督促检查有关安全管理制度的落实。(二)组织研究部署本区域内的运输安全监督检查、行政许可、事故应急救援、事故调查处理和相关行政处罚工作，落实行政执法责任制。(三)签发安全监管办重要法律文书和重要文件。(四)国家法律法规及铁道部规定的其他职责。安全监管办副主任协助主任工作，负责与其分管业务有关的安全监督管理工作，并对分管的工作直接负责。

第五条　安全监管办的安全监察部门负责管理本安全监管办的日常事务。具体职责是：(一)协调各有关职能部门工作关系，统一管理安全监管办文件、安全监管办印章以及行政处罚专用印章。(二)负责运输安全执法人员管理，具体包括执法人员资格的初步审查、考核和日常培训，执法证件的发放、管理以及对其执法行为的监督检查。(三)协调指导相关职能部门的行政处罚工作，建立健全行政处罚工作管理制度，统一受理行政处罚案件，对不当行政处罚行为提出纠正建议。(四)建立健全有关事故调查处理工作的管理制度，参与事故调查，草拟事故认定书；负责事故统计、分析和报告；负责对参与事故调查人员的教育培训及监督检查。(五)安全监管办规定的其他事务。安全监管办派驻各地的安全监察机构承担安全监管办指定的运输安全监督检查和事故调查处理工作。

第六条　安全监管办的运输、客运、货运、机务、车辆、工务、电务、土地管理等专业管理部门按照职责分工，依法履行各专业领域的运输安全监督检查、行政许可审查及监督检查和相关行政处罚职责。安全监管办各专业管理部门应当积极参与、配合事故应急救援和调查处理工作,提出事故处理意见或建议,督促事故责任单位和有关人员认真吸取事故教训,落实防范和整改措施。

第七条 安全监管办的应急管理部门负责应急值守、信息汇总和综合协调工作,及时掌握和报告事故相关情况,保证与铁道部、地方政府及相关部门、基层单位信息畅通,协调铁路有关部门、单位与地方政府有关部门在处置事故时的具体工作。应急救援指挥部门负责组织制定相关应急预案和救援工作规则,组织开展事故应急救援培训和演练,督促落实有关应急救援保障体系的各项要求。发生事故后,应当及时启动相应的应急预案,并负责现场组织、救援指挥工作。

第八条 安全监管办的法律事务部门负责管理与安全监管行政行为相关的法律事务。具体职责是:(一)统一受理行政许可申请,送达行政许可决定,对涉及或可能涉及行政许可的文件及法律文书进行合法性审核。负责行政许可工作统计、分析和报告,管理行政许可专用印章。(二)对安全监管办履行法定监管职责中涉及的法律问题提供咨询意见,组织研究处理有关行政争议案件,对安全监管办工作人员执行法律法规的情况进行监督检查。(三)安全监管办规定的其他法律事务。

第九条 安全监管办发布有关安全监督管理行政事项的文件和法律文书,应当使用“××铁路安全监督管理办公室”名称和专用印章。办理行政许可事项、制作行政许可文书,应当使用“××铁路安全监督管理办公室行政许可专用章”。制作行政处罚决定书应当加盖“××铁路安全监督管理办公室行政处罚专用章”。安全监管办人员行使相关行政管理职能时,应当使用“××铁路安全监督管理办公室工作证”。行使相关行政处罚职责时,还应当出示铁道部统一制发的“中华人民共和国铁路运输安全执法证”。安全监管办履行行政处罚职能的人员应当具备铁道部统一规定的执法资格。实施行政处罚时,使用统一的法律文书和专用罚款票据。法律文书格式由铁道部统一规定,专用罚款票据由铁道部统一向财政部领取。罚款收入严格执行“收支两条线”管理。

第十条 安全监管办履行法定安全监督管理职责所需经费应当纳入预算,对其工作条件应当予以保障。

第十一条 安全监管办应当建立健全运输安全监督检查制度、行政许可配套制度、事故应急救援和调查处理工作制度和相关行政处罚工作规则,加强对安全监督管理人员的教育培训,加强对行政执法行为的监督检查,落实行政执法责任制,确保安全监督管理人员严格在法律法规授权范围内履行职责,依据法定程序开展工作。重大行政管理事项应当经安全监管办领导集体研究决定。

第十二条 铁道部应当加强对安全监管办工作的指导和监督检查。铁道部有关职能部门按照职责分工,具体负责督促安全监管办落实依法行政的各项要求和工作部署。发现安全监管办有违法或不当行政行为的,应当及时予以纠正。

第十三条 安全监管办对依法履行运输安全监督管理、事故应急救援和调查处理职责,作出突出成绩的单位和人员,应当给予表彰。安全监管办的工作人员有玩忽职守、滥用职权、以权谋私或行政不作为等行为的,铁道部或安全监管办应当依法追究行政责任;构成犯罪的,依法追究其刑事责任。

第十四条 本规定由铁道部负责解释。第十五条本规定自2007年9月1日起实施。《〈铁路运输安全保护条例〉确定的铁路管理机构职责规定》(铁道部令第23号)同时废止。铁道部其他规章及规范性文件内容与本规定不符的,以本规定为准。

铁道部行政许可实施程序暂行规定

铁道部 2004 年 7 月 1 日　铁政法[2004]70 号

第一条　为规范铁道部行政许可的实施,提高行政许可决定的合法性、正确性,实现行政许可高效、便民,根据《中华人民共和国行政许可法》,制定本规定。

第二条　本规定适用于由法律、行政法规或国务院决定设定,由铁道部具体实施的行政许可。

第三条　铁道部法制工作机构(下称受理机构)统一受理行政许可申请,统一送达行政许可决定。

第四条　公民、法人或者其他组织从事特定活动,依法需要取得铁道部行政许可的,应向铁道部提出申请。申请书需要采用格式文本的,由铁道部免费提供。申请书格式文本中不得包含与申请行政许可事项没有直接关系的内容。

申请人可以委托代理人提出行政许可申请,但依法应当由申请人到受理机构办公场所提出行政许可申请的除外。

行政许可申请可以通过信函、电报、电传、传真、电子数据交换和电子邮件等方式提出。受理机构应对行政许可申请进行登记。

第五条　有关铁道部行政许可的事项、依据、条件、数量、程序、期限以及需要提交的全部材料的目录和申请书示范文本等,应在受理机构办公场所公示。

申请人要求对公示内容予以说明、解释的,由受理机构负责说明、解释,提供准确、可靠的信息。

第六条　申请人应对其申请材料实质内容的真实性负责。铁道部相关部门不得要求申请人提交与其申请的行政许可事项无关的技术资料和其他材料。

第七条　受理机构对申请人提出的行政许可申请,应当根据下列情况分别作出处理:

(一)申请事项依法不需要取得行政许可的,应当即时告知申请人不受理;

(二)申请事项依法不属于铁道部职权范围的,应当即时作出不予受理的决定,并告知申请人向有关行政机关申请;

(三)申请材料存在可以当场更正的错误的,应当允许申请人当场更正;

(四)申请材料不齐全或者不符合法定形式的,应当当场或者在五日内一次告知申请人需要补正的全部内容,逾期不告知的,自收到申请材料之日起即为受理;

(五)申请事项属于铁道部职权范围,申请材料齐全、符合法定形式,或者申请人按照铁道部的要求提交全部补正申请材料的,应当受理行政许可申请。

受理或者不予受理行政许可申请,由受理机构出具加盖铁道部专用印章和注明日期的书面凭证。

第八条　对受理的行政许可申请,受理机构应及时将申请材料转送铁道部相关职能部门(下称审查部门)进行审查。审查部门能够当即作出决定的,应当即作出书面的行政许可决定。

根据法定条件和程序,需要对申请材料的实质内容进行核实的,审查部门应当指派两名以上工作人员进行核查。

第九条 审查部门对行政许可申请进行审查时,发现行政许可事项直接关系他人重大利益的,应当告知该利害关系人。申请人、利害关系人有权进行陈述和申辩。审查部门应当听取申请人、利害关系人的意见。

第十条 审查部门对行政许可申请进行审查后,除当即作出行政许可决定外,应当自受理行政许可申请之日起二十日内作出行政许可决定。二十日内不能作出决定的,经铁道部主管领导批准,可以延长十日,并应当将延长期限理由告知申请人。但是法律、法规另有规定的,依照其规定。

铁道部作出行政许可决定,依法需要听证、招标、拍卖、检验、检测、检疫、鉴定和专家评审的,所需时间不计算在前款规定的期限内。但审查部门应当将所需时间书面告知申请人。

第十一条 申请人的申请符合法定条件、标准的,审查部门应依法作出准予行政许可的书面决定。

审查部门依法作出不予行政许可书面决定的,应当说明理由,并告知申请人享有依法申请行政复议或提起行政诉讼的权利。

第十二条 审查部门应在规定的办理期限内将准予或不予行政许可的书面决定送至受理机构,由受理机构统一送达。行政许可的书面决定应当包括:

(一)申请人;

(二)申请事项;

(三)审查结论;

(四)依据和理由;

(五)作出书面决定的日期;

(六)其他应当依法说明的内容。

第十三条 铁道部作出准予行政许可决定,需要颁发行政许可证件的,由审查部门向申请人颁发加盖铁道部印章的下列行政许可证件:

(一)许可证、执照或者其他许可证书;

(二)资格证、资质证或者其他合格证书;

(三)铁道部批准文件或者证明文件;

(四)法律、法规规定的其他行政许可证件。

铁道部或铁道部授权机构实施检验、检测、检疫的,可以在检验、检测、检疫合格的设备、设施、产品、物品上加贴标签或者加盖检验、检测、检疫印章。

第十四条 铁道部作出的准予行政许可决定,应当在铁道部政府网站上公布,方便公众查阅。

第十五条 法律、行政法规、部门规章规定实施行政许可应当听证的事项,铁道部向社会公告,并组织听证。

铁道部行政许可直接涉及申请人与他人之间重大利益关系的,审查部门在作出行政许可决定前,应当告知申请人、利害关系人享有要求听证的权利;申请人、利害关系人在被告知申请权利之日起五日内提出听证申请的,铁道部应当在二十日内组织听证。

听证具体组织工作由铁道部指定机构负责。

第十六条　本规定所定期限以工作日计算，不含法定节假日。

第十七条　本规定由铁道部政策法规司负责解释。

第十八条　本规定自公布之日起施行。

关于完善铁道部行政许可工作程序的实施意见

铁道部2005年6月14日　铁政法函［2005］452号

为进一步完善铁道部行政许可工作机制，规范相关工作程序，做到依法行政，高效便民，现就我部行政许可实施中有的有关事项提出如下意见，请按照执行。

一、行政许可受理及材料转送

政策法规司负责受理行政许可申请。对不符合受理条件的，应向申请人送达行政许可不予受理决定书（见附件1）；符合受理条件的，应及时受理，向申请人送达行政许可受理通知书（见附件2），并自受理之日起2日内将申请材料转送相关业务部门审查。

转送申请材料时应附《提请行政许可审查书》（见附件3）及其存根（见附件4）。《提请行政许可审查书》的存根由送达人和收件人签字后分别留存。

二、行政许可决定的审查

业务部门审查完毕后，应填写审查意见书（见附件5），经部门负责人审核签字并加盖公章后，与所作出的行政许可决定书文本和电子文档（见附件6、7）一并送政策法规司。政策法规司进行合法性审核后在行政许可决定书上加盖行政许可专用章，送达申请人 。对重大行政许可申请事项的审查，业务部门在作出行政许可决定书前应报请主管部领导批准 。

行政许可决定书一式三份，申请人、审查部门、政策法规司分别留存。

业务部门需要延长审查期限的，应报主管部领导批准，填写行政许可审查延期通知书（见附件8），由政策法规司送达申请人。

由两个或两个以上业务部门共同审查的行政许可申请，政策法规司受理后应将申请材料送主审业务部门。主审业务部门应及时商其他相关部门，形成一致意见后，作出行政许可决定。其审查意见书应由各相关部门会签。

三、行政许可决定变更、延期及撤销程序

申请变更行政许可决定或申请延长行政许可决定有效期限的，按重新办理行政许可的程序申请、受理、审查。

需要撤销行政许可决定的，由原审查部门研究确定后，填写撤销行政许可意见书（见附件9）和撤销行政许可决定书（见附件10），一并送政策法规司。政策法规司进行合法性审核后在撤销行政许可决定书上加盖行政许可专用章，送达被撤销人。

四、行政许可的公告

政策法规司负责铁道部政府网站行政许可栏目内容发布与更新，具体工作程序按《铁道部政府网站管理办法（暂行）》（办秘［2004］10号）的规定办理。

铁道部发布的有关行政许可的规章、规范性文件及其附录，所作出的行政许可决定以及经许可认定的企业名录、产品目录等，应及时在铁道部政府网站及《人民铁道》报上公告。部内各相关业务部门应将需公告的上述各类文件电子版及时送政策法规司。

需要修正有关行政许可的规章、规范性文件及附录的内容时，由起草部门提出修改意见，送政策法规司进行合法性审核后，报部领导批准后发布。

五、行政许可证件管理

作出行政许可决定需要颁发行政许可证件的，由审查部门或主审部门负责设计、制作证件样本，经政策法规司审核后，由指定印刷厂印制。

颁发行政许可证件应加盖铁道部行政许可专用章，由政策法规司于作出决定之日起 10 日内向被许可人颁发。

六、行政许可经费管理

铁道部实施行政许可所需经费，列入铁道部部门预算，报财政部批准后予以核拨。

可以列入铁道部行政许可经费的费用包括：

1. 行政许可申请书、审查表、受理通知书、决定书等格式文本费用及行政许可证件工本费用；
2. 听证、招标、鉴定和专家评审费用；
3. 行政许可办理人员培训费用；
4. 监督检查费用；
5. 相关资料费用。

铁道部行政许可经费预算按年度申报。部内各有关部门应在每年 7 月上旬填报《铁道部行政许可经费预算申请表》(见附件 11)，经本部门负责人审核签字并加盖公章后送政策法规司。政策法规司于 8 月上旬按照《中央本级项目支出预算管理办法》的规定，按申报项目预算的格式要求填报，经司负责人审核签字并加盖公章后报办公厅。由办公厅报财务司审核汇入铁道部部门预算。财政部批复后，办公厅财务处按规定程序办理、使用。

部内各有关部门使用经费，应填写《铁道部行政许可经费使用申请表》(见附件 12)，经申请单位、政策法规司、办公厅负责人分别审核签字并加盖公章后，由办公厅通知申请单位使用。

政策法规司应建立行政许可经费使用台账，了解掌握各项费用的使用情况。

七、行政许可档案管理

为了保护好行政许可证据，政策法规司应建立完整的行政许可档案，各有关业务司局应建立详细的审查过程记录档案，保存期为 5 年。

规范行政许可工作程序，是落实国务院建设法治政府的要求，完善铁道部行政许可配套制度，推进铁道部依法行政的一项重要措施。各有关部门必须高度重视，明确责任，完善制度，严格把关，确保铁道部各项行政许可的依法实施。政策法规司要及时跟踪掌握行政许可实施情况，不断研究实施过程中出现的新问题，提出解决问题的建议。各铁路局(公司)实施行政许可，可参照本实施意见中有关行政许可申请的受理、申请材料转送,行政许可决定的审查、延期、变更及撤销,行政许可证件和档案管理以及行政许可文书等方面的规定执行,其他相关事项铁道部另行规定。实施过程中的有关情况或问题,请及时通报部政策法规司。

附件1

行政许可申请不予受理决定书

铁许不受字[ ]第 号

:

我部于 年 月 日收到你单位提出的

申请。经审查,我部认为你所申请的事项

现决定不予受理。如不服本决定,可以依法提起行政复议或行政诉讼。

中华人民共和国铁道部

(行政许可专用章)

年 月 日

附件2

行政许可申请受理通知书

铁许受字[ ]第 号

:

我部于 年 月 日收到你单位提出的

申请。经审查,认为你单位所申请的事项,属于铁道部职权范围,申请材料齐全、符合法定形式,于 年 月 日决定受理。我部将自受理之日起 日内作出行政许可决定,日内不能作出的,经部主管领导批准,可以延长 日。如依法需要我部组织听证、招标、拍卖、检验、检测、检疫、鉴定和专家评审的,所需时间不计算在上述期限内。

特此通知。

中华人民共和国铁道部

(行政许可专用章)

年 月 日

附件3

提请行政许可审查书

提审字[ ]第 号

:

申请的 事项,政策法规司行政许可管理处已于 年 月 日决定受理。现将有关材料转送你单位,请予以审查,并在受理之日起　　个工作日内作出行政许可决定。　　日内不能作出的,经部主管领导批准,可以延长　　日,但应当将延长期限理由告知申请人。如依法需要我部组织听证、招标、拍卖、检验、检测、检疫、鉴定和专家评审的,所需时间不计算在上述期限内,但应当将所需时间告知申请人。作出行政许可决定后,应当及时将行政许可决定书送行政许可管理处,由行政许可管理处加盖铁道部行政许可专用章送达申请人。需要颁发证件的,请及时制作并送政策法规司。政策法规司于作出行政许可决定之日起10日内向申请人颁发证件。

政策法规司
(行政许可专用章)
年　　月　　日

附件4

提请行政许可审查书

(存根)

提审字[　　　]第　　号

：

　　申请的　　　事项,政策法规司行政许可管理处已于　　年　　月　　日决定受理。现将有关材料转送你单位,请予以审查,并在受理之日起　　个工作日内作出行政许可决定。　　日内不能作出的,经部主管领导批准,可以延长　　日,但应当将延长期限理由告知申请人。如依法需要我部组织听证、招标、拍卖、检验、检测、检疫、鉴定和专家评审的,所需时间不计算在上述期限内,但应当将所需时间告知申请人。作出行政许可决定后,应当及时将行政许可决定书送行政许可管理处,由行政许可管理处加盖铁道部行政许可专用章送达申请人。需要颁发证件的,请及时制作并送政策法规司。政策法规司于作出行政许可决定之日起10日内向申请人颁发证件。

送达人:

政策法规司

收件人:

(行政许可专用章)
年　　月　　日

附件5

审查意见书

政策法规司:

你单位于　　年　　月　　日提请审查的　　　　事项,我司(局)已审查完毕。于　　年　　月　　日作出

的决定。请进行合法性审核后送达被许可人。

附:行政许可决定书
经办人:
司(局)负责人:

(审查部门章)
年 月 日

附件 6

行政许可决定书

铁许准字[ ]第 号

:

我部 年 月 日受理的你单位关于
的申请,经审查,符合《 》规定的条件。根据《中华人民共和国行政许可法》第三十八条的规定,决定准予行政许可。具体内容:

中华人民共和国铁道部
(行政许可专用章)
年 月 日

附件 7

行政许可决定书

铁许不准字[ ]第 号

:

我部 年 月 日受理的你单位提出的 申请,经审查,作出不予行政许可的决定。

理由如下:

如不服本决定,可在接到本决定书之日起 60 日内,向铁道部申请行政复议。或在接到本决定书之日起 3 个月内,直接向北京市第一中级人民法院提起行政诉讼。

中华人民共和国铁道部
(行政许可专用章)
年 月 日

附件 8

行政许可审查延期通知书

铁许延字[ ]第 号

：

我部 年 月 日受理的你单位申请的 事项，不能在 日内作出行政许可决定。决定延长审查期限 日。理由是：

特此通知。

中华人民共和国铁道部
（行政许可专用章）
年 月 日

附件 9

撤销行政许可审查意见

政策法规司：

我司（局）研究决定撤销 （铁许准字[ ]第 号），现将《撤销行政许可决定书》送你司进行合法性审核。如无不妥，请送达被撤销人。

附：撤销行政许可决定书
经办人：
司（局）负责人：

（审查部门章）
年 月 日

附件 10

撤销行政许可决定书

铁许撤字[ ]第 号

：

我部于 年 月 日作出的 决定（铁许准字[ ]第 号），经查：

根据《 》规定，作出撤销行政许可的决定。如不服本决定，可在接到本决定书之日起 60 日内，向铁道部申请行政复议。或在接到本决定书之日起 3 个月内，直接向北京市第一中级人民法院提起行政诉讼。

中华人民共和国铁道部
（行政许可专用章）
年 月 日

附件 11

铁道部行政许可经费预算申请表

年 月 日

<table>
<tr><td>行政许可项目名称</td><td></td><td>经费使用单位</td><td></td></tr>
<tr><td colspan="2">科 目</td><td colspan="2">金 额</td></tr>
<tr><td colspan="2">1.</td><td colspan="2"></td></tr>
<tr><td colspan="2">2.</td><td colspan="2"></td></tr>
<tr><td colspan="2">3.</td><td colspan="2"></td></tr>
<tr><td colspan="2">4.</td><td colspan="2"></td></tr>
<tr><td colspan="2">5.</td><td colspan="2"></td></tr>
<tr><td colspan="2">6.</td><td colspan="2"></td></tr>
<tr><td colspan="2">7.</td><td colspan="2"></td></tr>
<tr><td colspan="2">总计：</td><td colspan="2"></td></tr>
<tr><td colspan="4">申请部门审核
司局负责人签字：
（加盖公章）</td></tr>
</table>

附件 12

铁道部行政许可经费使用申请表

年　　月　　日

行政许可项目名称		经费使用单位	
支出科目		金　　额	
1.			
2.			
3.			
4.			
5.			
6.			
7.			
总计:			
申请单位审核 负责人签字: (加盖公章)	政法司审核: 负责人签字: (加盖公章)	办公厅审核: 负责人签字: (加盖公章)	

关于规范铁路安全监督管理办公室行政许可工作的意见

铁道部 2006 年 9 月 19 日　铁政法[2006]180 号

各铁路安全监督管理办公室：

为进一步规范铁路安全监督管理办公室(以下简称“安全监管办公室”)的行政许可工作,做到依法行政,高效便民,现就安全监管办公室行政许可实施的有关事项提出如下意见,请按照执行。

一、严格在法律法规授权范围内履行职责

(一)各安全监管办公室必须严格依据法律、行政法规的授权,行使行政许可权。现阶段,只能在《铁路运输安全保护条例》的授权范围内行使下列行政许可项目实施权:设置或拓宽铁路道口人行过道审批、铁路危险货物托运人资质许可、铁路危险货物承运人资质许可、铁路超限超长超重集重(车站办理)承运人资质许可。不得有下列超越授权范围的行为:

1. 以安全监管办公室的名义创设行政许可项目;

2. 对法律、行政法规或规章规定的行政许可条件予以增加、减少或做出其他实质性改变;

3. 对其他主体实施的行政许可事项作出规定。

(二)各安全监管办公室做出行政许可决定,发布与行政许可相关的文件、通知、公告,以及对被许可人进行监督检查、做出行政处罚,应当以“××铁路安全监督管理办公室”的名义实施,不得以铁路局或铁路局内设机构、派出机构等其他名义实施。

(三)各安全监管办公室做出的行政许可决定和颁发的许可证书在许可范围内具有法律效力。申请人获得安全监管办公室颁发的许可决定书或许可证书即可从事特定活动。

二、健全行政许可审查与审核机制

(四)各安全监管办公室应当按照《〈铁路运输安全保护条例〉确定的铁路管理机构职责规定》(铁道部令第 23 号),严格遵守由法律事务部门统一受理行政许可申请、送达行政许可决定的“一个窗口”对外工作机制。申请人直接向审查部门提交申请材料的,审查部门应告知申请人向法律事务部门提出申请,避免与申请人的不当接触。

(五)审查申请时应当符合以下要求:

1. 需两个或两个以上部门共同审查的,应当明确主审部门;审查意见应当经各审查部门会签同意。涉及地方政府审批权限的,应当明确联系部门,并与地方政府商定共同审查程序。

2. 需要对申请材料的实质内容进行核实的,应当指派两名以上工作人员进行核查。核查时间计入作出行政许可决定的期限内。

3. 审查意见应由审查部门负责人签字并加盖审查部门公章。审查部门负责人

最后签字日期即为作出审查意见的日期。

（六）审查部门认为必要时，可以组织有关专家对行政许可申请进行评审。专家评审组应当由从事相关领域工作满 3 年并具有高级职称或者具有同等专业水平的技术和法律方面的专家组成。参加评审的专家应在评审报告上签字。

（七）审查部门认为需要对行政许可申请人的设施设备进行检测检验或技术鉴定的，应当通知申请人到符合国家规定条件的专业检测检验或鉴定机构实施。该机构应对检测检验或鉴定结论独立承担责任，其所做出的检测检验或鉴定报告需经该机构负责人签字并加盖公章。检测检验或鉴定费用由申请人承担。

（八）上述专家评审意见、检测检验报告或技术鉴定报告，应当分送相关行政许可申请人和审查部门。审查部门向法律事务部门提交审查意见和草拟的行政许可决定书时，应将有关专家评审意见、检测检验报告或技术鉴定报告一并抄送。

（九）法律事务部门应当对审查部门提交的文件进行合法性审核。审核的主要内容为：

1. 是否违反法定的行政许可程序或铁道部有关行政许可审查的规定；

2. 草拟的行政许可决定书是否存在不符合法律规定的表述。

经审核认为需要纠正或修改的，法律事务部门应当与审查部门协商取得一致意见。对符合合法性审核要求的，由法律事务部门统一制作行政许可决定书，经本部门负责人批准后，加盖安全监管办公室行政许可专用章，送达被许可人。

三、健全行政许可公告和备案制度

（十）各安全监管办公室应在铁路局网站上开设行政许可网页，将本办公室有权实施的行政许可项目、实施依据、实施办法、做出的行政许可决定以及行政许可工作流程、受理场所、联系方式及其他法定应公开事项，及时上网公布。也可以同时将上述法定应公开的事项在铁路局报纸、安全监管办公室的办公地点等申请人、利害关系人易于了解的媒体、场所公告。

（十一）铁路危险货物托运人和承运人资质许可、超限超长超重集重货物承运人资质许可，应当自作出行政许可决定后的次月 5 日前，由法律事务部门统一将行政许可决定书集中报铁道部运输局备案。

四、建立健全相关规范性文件的合法性审查制度

（十二）各安全监管办公室（或铁路局）发布涉及或者可能涉及行政许可事项的文件，应当经法律事务部门进行合法性审查。未经合法性审查或审查未通过的，不得对外发布。

合法性审查的主要内容包括：

1. 所涉及的行政许可事项是否具有法律法规依据；

2. 所涉及的行政许可实施主体及其行为是否属于法律法规授权范围；

3. 所涉及的行政许可程序是否合法；

4. 是否存在其他违反法律法规的情形。

（十三）相关规范性文件的合法性审查程序为：

1. 送审文件经主办部门负责人签字后提交法律事务部门审查。需要多部门会签的文件，应当在完成会签后再送合法性审查。

2. 法律事务部门应自收到送审文件后应及时予以审查。对不符合审查要求的，提出修改意见退回主办部门修改；符合审查要求的，出具合法性审查意见，由法律事务部门负责人签字并加盖公章后，与送审文件一并返回主办部门，由主办部门按规范性文件发布的正常程序报批。

五、加强行政许可档案管理和统计分析工作

（十四）各安全监管办公室应建立完整的行政许可档案，由法律事务部门保存或年底移交档案部门归档。行政许可档案保存期为5年。应当保存的资料包括：

1. 行政许可申请材料；

2. 行政许可文书以及审查部门的审查意见和草拟的行政许可决定书；

3. 受理、审查、审核等主要工作环节的文件交接记录；

4. 专家评审意见、检测检验报告、技术鉴定报告；

5. 监督检查记录。

（十五）各安全监管办公室应当及时对行政许可工作进展情况、好的做法及存在的问题进行总结分析，不断改进和规范管理。对行政许可受理及审查情况，应当每半年汇总统计1次，并通过电子邮件和传真，将汇总结果报铁道部政策法规司（统计表格式见附件）。

六、加强对被许可人的监督检查

（十六）各安全监管办公室应当按照“谁许可，谁监管”的原则和铁道部有关行政执法工作的规定，切实加强对被许可人的监督检查，严格执法，严肃查处违法行为。

（十七）行政许可监督检查可由审查部门组织实施，必要时法律事务部门派员参加。监督检查的主要内容为：

1. 被许可人是否在批准的许可范围和期限内活动；

2. 被许可人的行为是否符合相关法律法规和安全监管办公室的规定；

3. 被许可人的主体资格、资质或生产经营条件是否发生重大变化，是否仍符合相关行政许可的规定。

（十八）在检查中发现有违法或不当行为的，应当及时纠正。需要实施行政处罚的，应当在法定职权范围内，按照铁道部规定的程序办理。

（十九）对监督检查情况和处理结果，应当由组织实施检查的部门向上级主管领导提交书面报告，同时抄送有关部门。

附件

铁路安全监督管理办公室
行政许可工作情况统计表

年　　月　　日至　　年　　月　　日　　单位:件

序号	项　目	申请	受理情况		处理结果		无申诉、复议或诉讼
			受理	不予受理	许可	不予许可	
1	铁路危险货物托运人资质许可						
2	铁路危险货物承运人资质许可						
3	铁路超限超长超重集重货物承运人资质许可						
4	设置或拓宽铁路道口人行过道审批						
	总　计						

填 表 说 明

1. 各铁路安全监督管理办公室法律事务部门于每年 6 月 30 日 18:00 前、12 月 31 日 18:00 前分别将半年、全年的行政许可工作情况汇总,通过电子邮件或传真的方式报铁道部政策法规司行政许可管理处。

2. 电子邮件地址:铁路办公信息系统政策法规司行政许可管理处;tlxzxk@ sina. com。

3. 传真号:010 - 518 - 44419。

铁道部有关行政许可的规范性文件审查办法

铁道部2004年6月30日　铁政法[2004]73号

第一条　为提高依法行政水平,保证铁道部行政许可行为的合法、有效,根据《中华人民共和国行政许可法》和国务院《全面推进依法行政实施纲要》关于依法严格审查规范性文件的要求,制定本办法。

第二条　对涉及或者可能涉及行政许可事项,并以铁道部文件形式发布的规范性文件,应依据本办法进行合法性审查。

第三条　审查内容包括:

(一)文件中涉及的行政许可事项是否符合相关法律法规的规定;

(二)是否属于铁道部行政许可的职权范围;

(三)是否符合规范性文件的其他要求。

第四条　依照本办法应送审的铁道部文件,由部相关职能部门根据职责分工,负责组织起草,经本部门负责人签署意见或者经有关部门会签后、送办公厅审核前,送政策法规司进行合法性审查。送审文件应附相关法律法规原文。

第五条　政策法规司自收到送审文件之日起,应在五个工作日内作出书面审查意见。符合审查要求的,加盖铁道部规范性文件审查专用章后,返回送审部门;不符合审查要求的,政策法规司应在书面审查意见中提出修改建议,退回送审部门修改。

第六条　办公厅应对送审文件进行审核,对未经合法性审查的文件,应退回送审部门。

第七条　送审文件发布后,送审部门应将文件正本一式二份送政策法规司备案。

第八条　违反本办法规定,应送审而未送审,或者审查、审核不严,致使铁道部文件存在不合法规定,造成严重后果的,应追究相关职能部门主管领导和直接责任人的行政责任。

第九条　本办法由铁道部政策法规司负责解释。

第十条　本办法自发布之日起施行。

铁道部行政许可监督检查及责任追究暂行办法

铁道部 2004 年 7 月 1 日　铁政法[2004]71 号

第一条　为加强对铁道部行政许可事项活动的监督检查,及时纠正铁道部行政许可实施中的违法违纪行为,保证行政许可权的正确行使,根据《中华人民共和国行政许可法》,制定本办法。

第二条　铁道部相关职能部门应在其职权范围内,依法履行对被许可人从事行政许可事项活动进行监督检查的职责。

铁道部法制工作机构、监察部门应当对部相关职能部门及其工作人员在行政许可办理中履行职责的情况加强监督检查,及时纠正铁道部行政许可实施中的违法违纪行为。

第三条　铁道部对被许可人的监督检查内容包括:

(一)有关行政许可事项的总体实施情况;

(二)被许可人的资质、资格及资信条件;

(三)行政许可中规定义务的履行情况;

(四)相关设施设备的生产条件、产品质量及企业管理状况;

(五)法律法规规定应当实施监督检查的其他情形。

第四条　铁道部对被许可人资质、资格的监督检查,一般采用书面检查方式,即主要通过核查相关文件、材料的方式进行检查。

第五条　铁道部可以对被许可人生产经营的产品依法进行抽样检查、检验、检测,对其生产经营场所依法进行实地检查。检查时,铁道部可以依法查阅或者要求被许可人报送有关材料;被许可人应当如实提供有关情况和材料。

对经行政许可投入使用的重要运输设施设备,实行定期检验。对检验合格的,应当发给相应的证明文件;对检验不合格的,责令限期改正;在规定期限内仍未改正的,应当撤销行政许可。

第六条　铁道部依法对被许可人实施监督检查时,应当将监督检查的情况和处理结果予以记录,由监督检查人员签字后归档。公众有权查阅铁道部监督检查记录。

第七条　铁道部监督检查时,被许可人及有关部门、单位和个人应当如实反映情况,提供必要的材料。铁道部可以根据需要,要求被许可人提供以下文件、资料:

(一)取得行政许可的批准文件或证明文件;

(二)与从事行政许可事项相关的工作制度、管理办法;

(三)产品质量检验、检测、检疫或者技术鉴定的证明文件及资料;

(四)实物样品;

(五)其他法律、法规规定应当具备的合法证明文件及资料。

第八条　铁道部实施监督检查,不得妨碍被许可人正常的生产经营活动,不得索取或者收受被许可人的财物,不得谋取其他利益。

第九条　取得铁路客货运输及服务许可的经营者,应当按国家规定的服务标准、资费标准和铁道部依法规定的条件,向用户提供安全、方便、稳定和价格合理的服务,并履行普遍服务的义务。未经铁道部批准,不得擅自停业、歇业。

被许可人不履行前款规定义务的,铁道部应当责令限期改正,或者依法采取有效措施督促其履行义务。

第十条 铁道部在监督检查时,发现直接关系公共安全、人身健康、生命财产安全的重要运输设施设备存在安全隐患的,监督检查人员有权责令停止建造、安装和使用,并责令立即改正。

第十一条 有下列情形之一的,铁道部根据利害关系人的请求或者依据职权,可以撤销行政许可:

(一)铁道部相关职能部门和相关工作人员滥用职权、玩忽职守作出准予行政许可决定的;

(二)超越法定职权作出准予行政许可决定的;

(三)违反法定程序作出准予行政许可决定的;

(四)对不具备申请资格或者不符合法定条件的申请人准予行政许可的;

(五)依法可以撤销行政许可的其他情形。

被许可人以欺骗、贿赂等不正当手段取得行政许可的,应当予以撤销。

依照前两款的规定撤销行政许可,可能对公共利益造成重大损害的,不予撤销。

依照本条第一款的规定撤销行政许可,被许可人的合法权益受到损害的,铁道部应当依法给予赔偿。依照本条第二款的规定撤销行政许可的,被许可人基于行政许可取得的利益不受保护。

第十二条 有下列情形之一的,铁道部依法办理有关行政许可的注销手续:

(一)行政许可有效期届满未延续的;

(二)赋予公民特定资格的行政许可,该公民死亡或者丧失行为能力的;

(三)法人或者其他组织依法终止的;

(四)行政许可依法被撤销、撤回,或者行政许可证件依法被吊销的;

(五)因不可抗力导致行政许可事项无法实施的;

(六)法律、法规规定的应当注销行政许可的其他情形。

第十三条 铁道部相关职能部门及其工作人员违反行政许可法规定,擅自以铁道部或其职能部门名义设定行政许可的,监察部门应当责令其改正,或者依法予以撤销。

第十四条 铁道部相关职能部门及其工作人员在受理、审查、决定及实施行政许可过程中,有违反行政许可法规定的,监察部门应当责令其改正;情节严重的,对直接负责的主管人员和其他直接责任人员依法给予行政处分。

第十五条 铁道部工作人员办理行政许可、实施监督检查,索取或者收受他人财物或者谋取其他利益的,依法给予行政处分。

第十六条 在实施行政许可过程中,铁道部相关职能部门及其工作人员擅自收费或者不按照法定项目和标准收费的,由监察部门责令退还非法收取的费用;对直接负责的主管人员和其他直接责任人员依法给予行政处分。

截留、挪用、私分或者变相私分实施行政许可依法收取的费用的,予以追缴;对直接负责的主管人员和其他直接责任人员依法给予行政处分。

第十七条 铁道部职能部门不依法履行监督职责或者监督不力,监察部门应责令改正;造成严重后果的,对直接负责的主管人员和其他直接责任人员依法给予行政处分。

第十八条 铁道部行政许可申请人隐瞒有关情况或者提供虚假材料申请行政许可

可的，铁道部不予受理或者不予行政许可，并给予警告；行政许可申请属于直接关系公共安全、人身健康、生命财产安全事项的，申请人在一年内不得再次申请该行政许可。

第十九条　被许可人以欺骗、贿赂等不正当手段取得铁道部行政许可的，铁道部依法给予行政处罚；取得的行政许可属于直接关系公共安全、人身健康、生命财产安全事项的，申请人在三年内不得再次申请该行政许可。

第二十条　被许可人有下列行为之一的，铁道部应当依法给予行政处罚：

（一）涂改、倒卖、出租、出售铁道部行政许可证件，或者以其他形式非法转让行政许可的；

（二）超越铁道部行政许可范围进行活动的；

（三）向负责监督检查的行政机关隐瞒有关情况、提供虚假材料或者拒绝提供反映其活动情况的真实材料的；

（四）法律、法规规定的其他违法行为。

第二十一条　公民、法人或者其他组织未经铁道部行政许可，擅自从事依法应当取得行政许可的活动的，铁道部应当依法采取措施制止，并依法给予行政处罚。

第二十二条　违反行政许可法，构成犯罪的，移交司法机关，依法追究刑事责任。

第二十三条　对依法授权机构从事与铁道部行政许可相关活动的监督检查，参照本办法对行政机关的有关规定执行。

第二十四条　本办法由铁道部政策法规司负责解释。

第二十五条　本办法自公布之日起施行。

铁道部行政许可申诉举报暂行办法

铁道部2004年7月1日　铁政法[2004]72号

第一条　为保护公民、法人或者其他组织的合法权益,及时处理纠正行政许可活动中的违法违纪行为,保证行政许可的正确实施,根据《中华人民共和国行政许可法》,制定本办法。

第二条　铁道部行政许可的相对人对行政许可决定不服或者认为不当的,可以向铁道部提出申诉。

公民、法人或者其他组织发现违法从事铁道部行政许可事项的活动,或者发现铁道部相关职能部门及其工作人员在实施行政许可过程中有违法违纪行为的,有权向铁道部举报。

第三条　铁道部法制工作机构(下称受理机构)统一受理行政许可的申诉、举报,行使下列职责:

(一)负责对申诉、举报登记;

(二)决定受理或者不受理行政许可申诉,并告知申诉人;

(三)负责将受理的申诉或者举报材料转送有关部门;

(四)负责将申诉、举报的审查、处理结果告知申诉人、举报人;

(五)办理铁道部规定的其他有关事项。

第四条　对下列申诉,铁道部不予受理:

(一)司法机关或者其他行政机关已经受理或者处理的;

(二)不属于铁道部行政许可事项范围的;

(三)没有明确的被申诉方和申诉请求的;

(四)不符合法律、法规规定的其他申诉条件的。

第五条　对受理的行政许可申诉请求或举报,受理机构应当及时转送有关部门进行审查、核实、处理。有关部门提出书面审查意见或者书面处理意见,经主管领导批准后,送受理机构备案。

第六条　举报可以采取书面或者口头方式。对口头举报的,受理机构应指派专人接待,制作笔录,经举报人确认后签名或者盖章。

第七条　受理机构在受理举报的过程中,应当严格执行国家有关的保密规定。对举报人要求保护的,受理机构应当报告相关部门采取必要的保护措施。

第八条　在受理、审查行政许可申诉、举报中,铁道部工作人员有滥用职权、徇私舞弊、玩忽职守等行为的,应追究责任部门、责任人的行政责任;构成犯罪的,应当移交司法机关,依法追究刑事责任。

第九条　对依法授权机构从事与铁道部行政许可相关活动的申诉举报,适用本办法。

第十条　本办法由铁道部政策法规司负责解释。

第十一条　本办法自公布之日起施行。

铁道部行政复议和行政应诉工作规定

铁道部2004年6月30日 铁政法[2004]74号

第一章 总 则

第一条 为了及时防止和纠正违法或者不当的具体行政行为,保护公民、法人或者其他组织的合法权益,规范铁道部行政复议和行政应诉工作,依据《中华人民共和国行政复议法》和《中华人民共和国行政诉讼法》,制定本规定。

第二条 公民、法人或者其他组织认为铁道部具体行政行为侵犯其合法权益,向铁道部提出行政复议申请,或者向人民法院提起行政诉讼,铁道部相关职能部门及其工作人员应当按照本规定履行工作职责,办理行政复议和行政应诉事项。

第三条 铁道部建立行政复议、行政应诉联席会议制度。部内相关职能部门是联席会议的成员,日常工作由政策法规司负责。对重大、复杂的行政复议、行政应诉事项,应由主管部领导主持,召开联席会议,研究提出处理意见。

第二章 行政复议

第四条 公民、法人或者其他组织认为铁道部具体行政行为侵犯其合法权益的,可以自知道该具体行政行为之日起六十日内提出行政复议申请。法律另有规定的除外。

第五条 政策法规司负责具体办理行政复议事项,履行下列职责:

(一)拟定铁道部行政复议工作制度;

(二)受理行政复议申请;

(三)组织调查、审理行政复议案件,拟定并送达行政复议决定;

(四)处理公民、法人或者其他组织随行政复议申请一并提出的对铁道部相关规定的审查申请;

(五)对违反行政复议法规定的具体行政行为,向相关职能部门提出处理建议;

(六)负责铁道部行政复议案卷的管理;

(七)其他与行政复议有关的工作。

第六条 铁道部相关职能部门按照职责分工,对涉及其主管业务的行政复议事项,协助、配合政策法规司做好下列工作:

(一)提供当初作出具体行政行为的证据、依据等;

(二)提供与办理行政复议相关的信息及其业务资料;

(三)协助、配合政策法规司进行相关调查取证。

第七条 政策法规司收到行政复议申请,应填写行政复议登记表。对口头申请复议的,应当场填写行政复议登记表,并经申请人确认后签字或者盖章。

第八条 政策法规司自收到行政复议申请之日起,应当在五日内进行审查。对不符合行政复议法规定的行政复议申请,不予受理,并书面告知申请人;对符合行政复议法规定,但不属于铁道部受理的行政复议申请,应当告知申请人向有关行政复议机关提出。除前款规定外,行政复议申请自政策法规司收到之日起即为受理。

第九条 行政复议一般采取书面审查方式。但是申请人提出要求或者政策法规司认为必要时,可以向有关组织和人员调查情况,听取陈述。

第十条 政策法规司自行政复议申请受理之日起七日内,将行政复议申请书副本或者行政复议申请笔录复印件送至部相关职能部门。

部相关职能部门自收到申请书副本或者申请笔录复印件之日起,十日内提出部门处理意见,送至政策法规司。

第十一条 政策法规司收到部门处理意见后,应进行审查,并对提出复议的具体行政行为作出书面审查意见,经部领导或者授权的部门负责人签发,依照行政复议法第二十八条规定作出行政复议决定。对重大、复杂的行政复议,应当报部联席会议审议。

第十二条 政策法规司应当自受理申请之日起六十日内作出行政复议决定;但是法律规定的行政复议期限少于六十日的除外。情况复杂,不能在规定期限内作出行政复议决定的,经主管部领导批准或部联席会议审定,可以适当延长,并告知申请人;但是延长期限最多不超过三十日。

铁道部作出行政复议决定,应当出具行政复议决定书,加盖铁道部行政复议专用章,由政策法规司负责送达申请人、部相关职能部门及参加行政复议的第三人。

第十三条 申请人在申请行政复议时,一并提出对作出具体行政行为所依据的规定进行审查,且铁道部对该规定有权处理的,应当在三十日内依法处理;无权处理且应当在七日内按照法定程序转送有权处理的行政机关依法处理。处理期间,中止对具体行政行为的审查。

第十四条 政策法规司在对提出复议的具体行政行为进行审查时,认为其依据不合法,铁道部有权处理的,应当在三十日内依法处理;无权处理的,应当在七日内按照法定程序转送有权处理的国家机关依法处理。处理期间,中止对具体行政行为的审查。

第十五条 申请人在申请行政复议时,一并提出行政赔偿请求并符合国家赔偿法有关规定的,铁道部在决定撤销、变更具体行政行为或者确认具体行政行为违法时,应当同时决定依法给予赔偿。

第三章 行政应诉

第十六条 公民、法人或者其他组织认为铁道部的具体行政行为侵害其合法权益,有权依照《中华人民共和国行政诉讼法》,向人民法院提起行政诉讼。政策法规司负责办理具体应诉事项,部相关职能部门应当协助配合工作。

第十七条 接到人民法院应诉通知后,政策法规司应及时向部领导报告,并依据诉讼案件性质和所涉及的内容,通知部相关职能部门提供相关的证据材料,提出部门处理意见。

第十八条 政策法规司应当明确参与应诉的主办人。主办人应当按照行政诉讼法的规定期限,向人民法院提供答辩状、证据并出庭应诉。

第十九条 部相关职能部门以铁道部名义作出具体行政行为而引发行政诉讼的,应当负责对案件涉及的事实、证据和理由向政策法规司提供相关材料。

政策法规司依据部相关职能部门提供的材料,形成向法院提交的答辩状和证据目录,经部领导批准后提交法院。

第二十条 政策法规司应当对诉讼案件涉及的有关法律问题进行论证,办理法定代表人身份证明书、授权委托书等司法文书,受部领导委托出庭应诉。

对情况复杂、影响较大的行政诉讼案件,可以召开专家论证会,或者聘请律师参与诉讼。

第二十一条　铁道部及其机关工作人员，作为平等民事主体参与民事活动引起民事诉讼的应诉不适用本规定。

第四章　附　　则

第二十二条　行政复议、行政应诉费用从铁道部行政经费中列支。

第二十三条　本规定所定期限以工作日计算，不含法定节假日。

第二十四条　本规定由铁道部政策法规司负责解释。

第二十五条　本规定自发布之日起施行。

铁路行政许可工作领域防范商业贿赂的若干规定

铁道部2006年10月5日　铁政法[2006]183号

第一条　为贯彻落实中共中央《关于开展治理商业贿赂专项工作的意见》(中办发[2006]9号),防范铁路行政许可工作领域中的商业贿赂行为,制定本规定。

第二条　本规定所称铁路行政许可是指铁道部、各铁路安全监督管理办公室(下称铁路行政许可实施机关)有权实施的行政许可。

第三条　铁路行政许可实施机关及其工作人员实施行政许可应当遵循公开、公平、公正、便民的原则,遵守国家有关反腐倡廉的规定,杜绝索贿受贿行为。

铁路行政许可工作人员包括铁路行政许可实施机关的行政许可受理、审查、监督检查及相关执法人员。

第四条　铁路行政许可实施机关及其工作人员不得有下列行为:

(一)利用职务上的便利索取或者非法收受、变相非法收受行政许可申请人、被许可人及培训、考试等机构的财物,为其谋取利益;

(二)利用职务上的便利要求或者接受行政许可申请人、被许可人及培训、考试等机构提供的国内外各种名义的旅游、度假及其他高档消费等活动。

第五条　铁路行政许可的检测检验、鉴定、培训、考试等机构及其工作人员不得有下列行为:

(一)利用职务上的便利索取或者非法收受、变相非法收受行政许可申请人的财物,为其谋取利益;

(二)利用职务上的便利要求或者接受行政许可申请人提供的国内外各种名义的旅游、度假及其他高档消费等活动。

第六条　铁路行政许可受理部门及其工作人员不得有下列行为:

(一)无合法理由拖延受理或拖延送达行政许可决定;

(二)对符合受理条件的申请不受理或者对不符合受理条件的申请予以受理;

(三)无合法理由反复要求申请人补交申请材料或要求申请人提供规定以外的其他材料;

(四)无合法理由对审查部门的审查意见做出不合法的审核认定。

第七条　铁路行政许可审查部门及其工作人员不得有下列行为:

(一)擅自向申请人通报审查情况,披露内部信息,私下做出许可或不许可的承诺;

(二)在规定的受理和许可条件之外向申请人提出要求;

(三)非法干预检测检验、鉴定、培训、考试机构或工作人员的正常工作;

(四)无合法理由拖延做出审查意见;

(五)对不符合许可条件的做出审查合格意见或对符合许可条件的做出审查不合格意见。

第八条　铁路行政许可实施机关及其工作人员对被许可人监督检查时不得有下列行为:

(一)要求被许可人提供与监督检查内容无关的资料或信息;

(二)干预或妨碍被许可人正常的生产经营活动;

(三)发现被许可人的违法活动不依法做出处理。

第九条 铁路行政许可的检测检验和技术鉴定机构应当建立必要的管理和审查制度,依法规范收费行为,严格依照国家有关标准实施检测检验和鉴定。

(一)依法可收费的检测检验和技术鉴定机构应当制定并公布统一的收费标准,不得在公开价格之外随意提高或降低收费;

(二)未经委托人同意,不得擅自将本机构实施的检测检验、鉴定工作转托他人;

(三)不得伪造或擅自修改检测检验、鉴定结论。

第十条 铁路行政许可的检测检验机构和鉴定机构在检测检验、鉴定完毕后,应当出具检测检验、鉴定报告。检测检验、鉴定报告包括:

(一)检测检验、鉴定结论;

(二)检测检验、鉴定适用的法律规范或技术标准;

(三)检测检验、鉴定起止时间;

(四)检测检验、鉴定经办人和机构负责人的签字。

检测检验、鉴定报告应加盖本机构行政章或专用章分别送委托人、行政许可审查部门和受理部门。

第十一条 铁路行政许可实施机关实施行政许可需要聘请专家评审的,应组建专家评审组。专家评审组由专业技术人员和法律人员组成。评审专家由行政许可审查部门选定。所选专家应当符合下列条件:

(一)具备铁路相关领域的技术知识或法律知识并具有良好的职业道德;

(二)从事铁路专业技术或法律专业工作满3年并具有高级以上职称或同等专业技术水平;

(三)与申请人无利害关系。

行政许可审查部门及其工作人员不得邀请申请人指定的评审专家参加评审组。

第十二条 专家评审会原则上不得在申请人所在地召开。确因特殊需要有必要在申请人所在地召开的应经审查部门负责人批准。

专家评审会应当形成书面评审意见,评审专家应签署意见并签名确认。评审意见应当抄送受理部门。

第十三条 评审专家应当客观、公正、独立地发表评审意见。不得收受申请人的现金、实物或接受申请人提供的旅游、度假及其他高档消费等活动。

第十四条 铁路行政许可培训、考试机构及其工作人员应当严格按照国家规定编制和购买培训、考试资料,严格按照国家规定组织实施考试,不得向报考人员及其相关人员提供机密信息。

第十五条 铁路行政许可实施机关购置办公设备应当按照国家有关规定,通过政府采购或市场招标的方式确定供货商。有关部门应当建立健全相关的财务管理制度,不得在账外暗中收受回扣。

第十六条 铁路行政许可实施机关印制行政许可申请书、审查表、受理通知书、决定书等格式文本及行政许可证件应当在指定印刷厂或本单位的印刷厂印制,不得在账外暗中收受回扣。

第十七条 个人和组织发现铁路行政许可工作领域的商业贿赂行为,有权向铁路行政许可实施机关的监察机构和法制工作机构举报。

第十八条 铁路行政许可实施机关应当加强对其工作人员及相关的培训、考试、检测检验、鉴定机构及其工作人员的监督检查,发现利用行政许可权索贿受贿的违法行为,必须严肃查处。

第十九条 行政许可各相关部门应当认真组织开展自查自纠,发现问题及时解决。

第二十条 铁路行政许可实施机关发现相关检测检验、鉴定机构利用职权索贿受贿的,应依据有关规定给予严肃处理,情节严重的不再认可其作为铁路行政许可的检测检验、鉴定机构。

第二十一条 铁路行政许可实施机关发现行政许可评审专家有索贿受贿行为的,不再聘任其参与铁路行政许可的评审。

第二十二条 铁路行政许可实施机关发现培训、考试机构利用职权索贿受贿的,取消其组织铁路行政许可相关培训、考试的资格。

第二十三条 本规定由铁道部政策法规司负责解释。

第二十四条 本规定自印发之日起实行。

铁道部推行行政执法责任制的意见

铁道部 2005 年 11 月 2 日　　铁政法[2005]192 号

最近,为贯彻落实《全面推进依法行政实施纲要》(国发[2004]10 号),推动建立权责明确、行为规范、监督有效、保障有力的行政执法体制,全面推进依法行政,国务院办公厅发布了《国务院办公厅关于推行行政执法责任制的若干意见》(国办发[2005]37 号,以下简称《意见》)。

为深入学习贯彻《意见》,进一步规范铁路行政执法行为,提高行政执法水平,现就全面推行铁路行政执法责任制的有关工作,提出如下意见:

一、充分认识推行铁路行政执法责任制的重大意义

党的十五大、十六大和十六届三中、四中全会对推行行政执法责任制提出了明确要求,《国务院关于全面推进依法行政的决定》(国发[1999]23 号)和《国务院关于全面推进依法行政实施纲要》就有关工作作出了具体部署。

行政执法是行政机关大量的经常性工作。行政执法工作直接面向社会和公众。行政执法水平和质量的高低直接影响政府的形象,直接影响政府和人民群众的关系。推行行政执法责任制,就是要强化执法责任,明确执法程序和执法标准,进一步规范和监督行政执法活动,提高行政执法水平,确保依法行政各项要求落到实处。

铁道部是国务院主管铁路的部门。铁路局作为国家铁路运输企业,行使部分法律和行政法规授予的行政管理权。铁路行政执法部门要以邓小平理论和“三个代表”重要思想为指导,认真贯彻落实党中央、国务院的要求,树立和落实科学发展观,从立党为公、执政为民、建设法治政府和加强依法执政能力的高度,充分认识推行行政执法责任制的重要意义,积极推进铁路行政执法责任制的建立、完善和落实。

二、依法界定行政执法职责

(一)梳理行政执法依据

推行行政执法责任制首先要梳理清楚本行政执法机关所执行的有关法律法规和规章,做到执法有据。

铁路行政执法机关的执法依据主要是:《行政处罚法》、《行政许可法》、《铁路法》、《食品卫生法》、《森林法》、《招标投标法》、《环境保护法》等相关法律,《铁路运输安全保护条例》、《建设工程质量管理条例》、《建设工程勘察设计管理条例》等国务院行政法规以及铁道部规章。

铁路行政执法部门要依据有关法律、行政法规和部门规章的规定,依据相关法定程序 ,做到依法执法、不越权、不缺位。

(二)分解行政执法职权

铁道部、铁路管理机构(铁路局)有关行政执法部门要按照 1998 年国务院批准的“铁道部机构改革三定方案”和《〈铁路运输安全保护条例〉确定的铁路管理机构职责

规定》(铁道部令第23号)确定的工作职责和权限,按照铁道部党组的统一部署和要求,根据行政执法机构和执法岗位的配置,将相关法定职权分解到具体执法机构和执法岗位。有关部门不得擅自增加或扩大本部门的行政执法权限。

岗位职责应当遵循以事定岗、以岗定责、权责相当的原则,根据职务、职权确定的行政执法职责,既要符合法定权限,又要符合行政执法工作实际要求。应当通过书面形式明确具体承办人以及执法机构的有关负责人应承担的工作权限和责任。

铁道部、铁路管理机构(铁路局)应对行政执法部门的执法人员进行上岗培训。执法人员经考试考核合格,由铁道部统一颁发行政执法证件,方可按照有关规定进行行政执法。

(三)规范行政执法程序和执法标准

法律、行政法规和部门规章对行政执法程序有明确规定的,应当按照规定严格执法;没有明确规定的,应当制定规范性文件予以规定并遵照执行;有规定但不具体的,应当依照既有规定加以细化。有关部门要抓紧研究制定具体执行程序和办法,对每一项行政执法工作,都要明确工作步骤、形式和标准。各个岗位工作程序必须有机衔接,环环相扣,不能脱节,以保证铁路行政执法工作有序高效运行。

三、建立行政执法责任追究制度

法律法规赋予行政执法部门的每一项行政执法职权,既是法定权力,也是必须履行的法定义务。行政执法部门任何违反法定义务的不作为和乱作为的行为,都必须承担相应的法律责任。

铁道部政策法规司、发展计划司、科学技术司、劳动和卫生司、建设管理司、安全监察司、运输局、公安局等部门,分别具有铁路运输、建设、卫生管理、安全保护等方面的行政执法责任;财务司具有铁路执法票据的领取、发放和管理,罚没收入的收支两条线管理责任;人事司、劳动和卫生司具有对铁路执法人员的培训责任。这些部门的主要负责人是行政执法责任制工作的第一责任人,具体承办人和有关执法机构的负责人要根据各自工作权限承担相应的责任。执法部门发生不依法执法、超越法定权限执法、滥用执法权、行政不作为等,要追究具体承办人和有关执法机构负责人的相应行政责任。

铁路管理机构(铁路局)的主要负责人是行政执法责任制的第一责任人。铁路局各有关处室具有铁路运输、安全保护等方面的行政执法责任。铁路局要严格区分其企业职能和行政管理职能,明确执法部门,明确执法范围和责任。执法部门发生不依法执法、超越法定权限执法、滥用执法权、行政不作为等情况,要追究具体承办人和有关执法机构负责人的行政责任。

(一)应当追究行政执法责任的情形

1. 超越法定权限的;
2. 违反法定程序和期限的;
3. 适用法律、法规、规章错误的;
4. 擅自改变法律、法规、规章规定的处罚种类、幅度的;
5. 处理结果显失公正或没有法定依据的;
6. 所办案件认定事实不清,主要依据不足的;
7. 违法实行强制措施、检查措施或执行措施,给当事人造成损失的;

8. 滥用职权，违法执法，侵害当事人合法权益的；

9. 玩忽职守，不履行法定职责，执法不严，违法不究的；

10. 行政执法中索取、收受他人财物，谋取其他利益或者截留、私分罚没财物，使用、损毁扣押、查封、登记保存财物的；

11. 其他行政执法中的违法行为。

（二）行政执法责任划分

1. 承办人故意或者过失造成执法过错的，由承办人承担责任；承办人的意见经过批准出现执法过错的，由批准人承担主要责任。

2. 经集体研究决定造成执法过错的，由主持人承担主要责任。

3. 负责人指使或者授意承办人造成执法过错的，由负责人承担主要责任。

4. 任用不具有行政执法资格人员执法造成执法过错的，在追究承办人责任的同时，追究单位主要负责人的责任。

5. 其他原因造成执法过错的，根据情节轻重，分别追究相关人员的责任。

（三）行政执法责任的追究

铁道部和各铁路安全监督管理办公室的相关部门要按照行政执法职责分工，对行政执法工作实施监督检查和评议考核。对违反行政执法责任制的责任人员，要根据不同情节，给予相应的限期改正、通报批评、取消评比先进的资格、离岗培训、调离执法岗位、取消执法资格等处理。涉及犯罪的，移送司法机关处理。

1. 执法过错情节轻微，危害不大的，对责任人给予责令检查、通报批评、暂扣行政执法证件等处理。

2. 行政执法过错情节恶劣、后果严重，但尚未构成犯罪的，对责任人给予行政处分、吊销行政执法证件、取消评先或晋升资格。

3. 执法过错责任人给当事人造成损失的，依照《国家赔偿法》的规定赔偿后，追究过错责任人的责任。

4. 法律、法规对执法过错责任追究有明确规定的，依照法律、法规的规定处理。

执法过错责任人主动承认并纠正错误的，可以从轻处理或者免予追究，拒不纠正违法行为或者阻碍对其进行调查追究的，应当从重处理。

推行依法行政进程是统揽全局的工作。铁路各行政执法部门要加强对行政执法责任制工作的组织领导。各行政执法部门的领导班子要高度重视这项工作，将其列入重要议事日程。各铁路行政执法部门在推行执法责任制过程中，必须采取切实有效的措施，加强制度建设，建立健全有关行政许可、行政处罚等执法事项的配套制度和实施细则，确保行政执法责任制的落实。

国务院办公厅关于推行行政执法责任制的若干意见

国务院办公厅2005年7月9日 国办发[2005]37号

行政执法责任制是规范和监督行政机关行政执法活动的一项重要制度。为贯彻落实《全面推进依法行政实施纲要》(国发[2004]10号,以下简称《纲要》)有关规定,推动建立权责明确、行为规范、监督有效、保障有力的行政执法体制,全面推进依法行政,经国务院同意,现就推行行政执法责任制有关工作提出以下意见。

一、充分认识推行行政执法责任制的重要意义

党中央、国务院高度重视推行行政执法责任制工作。党的十五大、十六大和十六届三中、四中全会对推行行政执法责任制提出了明确要求,《国务院关于全面推进依法行政的决定》(国发[1999]23号)和《纲要》就有关工作作出了具体规定。多年来,各地区、各有关部门认真贯彻落实党中央、国务院的要求,积极探索实行行政执法责任制,在加强行政执法管理、规范行政执法行为方面做了大量工作,取得了一定成效。但工作中也存在一些问题:有的地区和部门负责同志认识不到位,对这项工作不够重视;行政执法责任制不够健全,程序不够完善,评议考核机制不够科学,责任追究比较难落实,与相关制度不够衔接;组织实施缺乏必要的保障等。因此,迫切需要进一步健全和完善行政执法责任制。

行政执法是行政机关大量的经常性的活动,直接面向社会和公众,行政执法水平和质量的高低直接关系政府的形象。推行行政执法责任制,就是要强化执法责任,明确执法程序和执法标准,进一步规范和监督行政执法活动,提高行政执法水平,确保依法行政各项要求落到实处。地方各级人民政府和国务院各部门要以邓小平理论和“三个代表”重要思想为指导,树立和落实科学发展观,从立党为公、执政为民,建设法治政府,加强依法执政能力建设的高度,充分认识推行行政执法责任制的重要意义,采取有效措施,进一步做好这项工作。

二、依法界定执法职责

(一)梳理执法依据。

推行行政执法责任制首先要梳理清楚行政机关所执行的有关法律法规和规章以及国务院部门“三定”规定。

地方各级人民政府要组织好梳理执法依据的工作,对具有行政执法主体资格的部门(包括法律法规授予行政执法权的组织)执行的执法依据分类排序、列明目录,做到分类清晰、编排科学。要注意与《中华人民共和国行政处罚法》、《中华人民共和国行政许可法》等规范政府共同行为的法律规范相衔接。下级人民政府梳理所属部门的执法依据时,要注意与上级人民政府有关主管部门的执法依据相衔接,避免遗漏。地方各级人民政府要根据执法依据制定、修改和废止情况,及时调整所属各有关部门的执法依据,协调解决梳理执法依据中的问题。梳理完毕的执法依据,除下发相关执法部门外,要以适当方式向社会公布。

（二）分解执法职权。

地方各级人民政府中具有行政执法职能的部门要按照本级人民政府的统一部署和要求，根据执法机构和执法岗位的配置，将其法定职权分解到具体执法机构和执法岗位。有关部门不得擅自增加或者扩大本部门的行政执法权限。

分解行政执法部门内部不同执法机构和执法岗位的职权要科学合理，既要避免平行执法机构和执法岗位的职权交叉、重复，又要有利于促进相互之间的协调配合。不同层级的执法机构和执法岗位之间的职权要相互衔接，做到执法流程清楚、要求具体、期限明确。对各行政执法部门的执法人员，要结合其任职岗位的具体职权进行上岗培训；经考试考核合格具备行政执法资格的，方可按照有关规定发放行政执法证件。

（三）确定执法责任。

执法依据赋予行政执法部门的每一项行政执法职权，既是法定权力，也是必须履行的法定义务。行政执法部门任何违反法定义务的不作为和乱作为的行为，都必须承担相应的法律责任。要根据有权必有责的要求，在分解执法职权的基础上，确定不同部门及机构、岗位执法人员的具体执法责任。要根据行政执法部门和行政执法人员违反法定义务的不同情形，依法确定其应当承担责任的种类和内容。

地方各级人民政府可以采取适当形式明确所属行政执法部门的具体执法责任，行政执法部门应当采取适当形式明确各执法机构和执法岗位的具体执法责任。

国务院实行垂直管理和中央与地方双重管理的部门也要根据上述规定，做好依法界定执法职责的工作。

三、建立健全行政执法评议考核机制

行政执法评议考核是评价行政执法工作情况、检验行政执法部门和行政执法人员是否正确行使执法职权和全面履行法定义务的重要机制，是推行行政执法责任制的重要环节。各地区、各有关部门要建立健全相关机制，认真做好行政执法评议考核工作。

（一）评议考核的基本要求。

行政执法评议考核应当严格遵守公开、公平、公正原则。在评议考核中，要公正对待、客观评价行政执法人员的行政执法行为。评议考核的标准、过程和结果要以适当方式在一定范围内公开。

（二）评议考核的主体。

地方各级人民政府负责对所属部门的行政执法工作进行评议考核，同时要加强对下级人民政府行政执法评议考核工作的监督和指导。国务院实行垂直管理的行政执法部门，由上级部门进行评议考核，并充分听取地方人民政府的评议意见。实行双重管理的部门按照管理职责分工分别由国务院部门和地方人民政府评议考核。各行政执法部门对所属行政执法机构和行政执法人员的行政执法工作进行评议考核。

（三）评议考核的内容。

评议考核的主要内容是行政执法部门和行政执法人员行使行政执法职权和履行法定义务的情况，包括行政执法的主体资格是否符合规定，行政执法行为是否符合执法权限，适用执法依据是否规范，行政执法程序是否合法，行政执法决定的内容是否合法、适当,行政执法决定的行政复议和行政诉讼结果,案卷质量情况等。评议考核主体要结合不同部门、不同岗位的具体情况和特点,制定评议考核方案,明确评议考核的具体标准。

(四)评议考核的方法。

行政执法评议考核可以采取组织考评、个人自我考评、互查互评相结合的方法,做到日常评议考核与年度评议考核的有机衔接。要高度重视通过案卷评查考核行政执法部门和行政执法人员的执法质量。要积极探索新的评议考核方法,利用现代信息管理手段,提高评议考核的公正性和准确性。

在行政执法评议考核中,要将行政执法部门内部评议与外部评议相结合。对行政执法部门或者行政执法人员进行评议,必须认真听取相关行政管理相对人的意见。外部评议情况要作为最终考核意见的重要根据。外部评议可以通过召开座谈会、发放执法评议卡、设立公众意见箱、开通执法评议专线电话、聘请监督评议员、举行民意测验等方式进行。行政执法评议考核原则上采取百分制的形式,考核的分值要在本级人民政府依法行政情况考核中占有适当比重。

各地区、各有关部门要把行政执法评议考核与对行政执法部门的目标考核、岗位责任制考核等结合起来,避免对行政执法活动进行重复评议考核。

四、认真落实行政执法责任

推行行政执法责任制的关键是要落实行政执法责任。对有违法或者不当行政执法行为的行政执法部门,可以根据造成后果的严重程度或者影响的恶劣程度等具体情况,给予限期整改、通报批评、取消评比先进的资格等处理;对有关行政执法人员,可以根据年度考核情况,或者根据过错形式、危害大小、情节轻重,给予批评教育、离岗培训、调离执法岗位、取消执法资格等处理。

对行政执法部门的行政执法行为在行政复议和行政诉讼中被认定违法和变更、撤销等比例较高的,对外部评议中群众满意程度较低或者对推行行政执法责任制消极应付、弄虚作假的,可以责令行政执法部门限期整改;情节严重的,可以给予通报批评或者取消评比先进的资格。

除依照本意见对有关行政执法部门和行政执法人员进行处理外,对实施违法或者不当的行政执法行为依法依纪应采取组织处理措施的,按照干部管理权限和规定程序办理;依法依纪应当追究政纪责任的,由任免机关、监察机关依法给予行政处分;涉嫌犯罪的,移送司法机关处理。

追究行政执法责任,必须做到实事求是、客观公正。在对责任人作出处理前,应当听取当事人的意见,保障其陈述和申辩的权利,确保不枉不纵。对行政执法部门的行政执法责任,由本级人民政府或者监察机关依法予以追究;对实行垂直管理的部门的行政执法责任,由上级部门或者监察机关依法予以追究;对实行双重管理的部门的行政执法责任,按有关管理职责规定予以追究。同时,要建立健全行政执法奖励机制,对行政执法绩效突出的行政执法部门和行政执法人员予以表彰,调动行政执法部门和行政执法人员提高行政执法质量和水平的积极性,形成有利于推动严格执法、公正执法、文明执法的良好环境。

五、加强推行行政执法责任制的组织领导

推行行政执法责任制，关系各级政府所属各行政执法部门和每个行政执法人员，工作环节多，涉及面广，专业性强，工作量大。各省、自治区、直辖市人民政府和国务院实行垂直管理、双重管理的部门要切实负起责任，加强对这项工作的组织领导，认真做好本地区、本部门（本系统）推行行政执法责任制的组织协调、跟踪检查、督促落实工作。要注意总结本地区、本部门（本系统）推行行政执法责任制的经验，认真研究工作中的问题。国务院其他部门要加强对本系统推行行政执法责任制工作的指导。要加强配套制度建设，实行省以下垂直管理的行政执法部门的行政执法责任制工作，由省级人民政府结合本地区的具体情况予以规定。有立法权的地方的人民政府，可以按照规定程序适时制定有关地方政府规章；没有立法权的可以根据需要制定有关规范性文件。要通过各层次的配套制度建设，建立科学合理、公平公正的激励和约束机制。

开展相对集中行政处罚权、综合行政执法试点的地区，要按照《国务院关于进一步推进相对集中行政处罚权工作的决定》（国发[2002]17号）和《国务院办公厅转发中央编办关于清理整顿行政执法队伍实行综合行政执法试点工作意见的通知》（国办发[2002]56号）的要求，结合本意见的规定，切实做好推行行政执法责任制的工作。

在推行行政执法责任制过程中，涉及行政执法主体、职权细化、确定行政执法责任等问题，按照《纲要》和《国务院办公厅关于贯彻落实全面推进依法行政实施纲要的实施意见》（国办发[2004]24号）的规定，应当由机构编制部门为主进行指导和协调的，由机构编制部门牵头办理。

法制办、中央编办、监察部、人事部等部门要根据《纲要》和国办发[2004]24号文件规定，加强对各地区、各有关部门工作的指导和督促检查，确保顺利推行行政执法责任制。

各地区、各有关部门要结合本地区、本部门的实际情况，认真研究落实本意见的要求，在2006年4月30日前，完成推行行政执法责任制的相关工作。有关推行行政执法责任制工作的重要情况和问题，要及时报告国务院。

铁路运输安全行政处罚法律文书(式样)

铁道部 2006 年 1 月 26 日 铁政法[2006]11 号

各铁路安全监督管理办公室:

为了配合《违反〈铁路运输安全保护条例〉行政处罚实施办法》(铁道部令第 27 号)的实施,进一步规范铁道部、铁路安全监督管理办公室(以下简称铁路行政机关)办理行政案件的工作程序,提高办案质量,现将《铁路运输安全行政处罚法律文书(式样)》印发给你们,自 2006 年 3 月 1 日起开始使用。请各单位按照本通知规定的制作与使用要求,抓紧印制法律文书,并组织相关执法人员认真学习,做到熟练掌握、规范使用。

各单位在使用法律文书或执法过程中遇到问题,请及时报铁道部政策法规司。

铁路运输安全行政处罚法律文书制作与使用说明

一、一般要求

1. 本说明所称文书是指与《违反〈铁路运输安全保护条例〉行政处罚实施办法》相配套的铁路行政法律文书。

2. 制作文书应当完整、准确、规范,符合相应的要求。

3. 文书由各铁路行政机关按照本通知印发的式样自行印制,并由法制部门监制和管理。

4. 当场处罚决定书版心尺寸为 125 毫米 ×160 毫米,文书中存根版心尺寸为 130 毫米 ×225 毫米,其他文书制作时统一使用国际标准 A4 型纸尺寸,即长 297 毫米,宽 210 毫米,天头(上白边)37 毫米,订口(左白边)28 毫米,版心尺寸 156 毫米 ×225 毫米。误差不超过 1 毫米。

5. 文书填写应当使用钢笔或者签字笔,做到文字规范、字迹清楚、文面整洁。签名和日期标注,必须清楚无误。文书如有涂改,应在涂改处加盖涂改专用印章。

6. 文书中注明的"(此处印制铁路行政机关名称)"处,应印制"中华人民共和国铁道部"或"××铁路安全监督管理办公室"字样。铁路行政机关的业务部门使用文书时应当以其所在铁路行政机关的名义,所使用的文书应当印制其所在铁路行政机关的名称。

文书中"(此处加盖铁路行政机关印章)"、"(处罚机关印章)"等处印制时不印刷文字,填写时由单位加盖印章。

7. 询问笔录、现场勘验笔录等文书首页内容不够记录时,可以附纸记录。但首页及附页均应当由相关人员签名或签章,并标注页码和总页码。

8. 文书中的记录内容涉及案件关键事实和重要线索的,应当尽量记录原话。记录中应当避免使用推测性词句,防止发生词句歧义。

9. 文书式样中标注的填写格式,如"铁(　　)行受字[　　]第　号"、"铁(　　)抽字[　　]第　　号"等,按照以下要求填写:小括号"(　　)"处填写铁路行政机关具体办案单位的简称,安监、法律、机务、车辆、工务等业务部门,可分别简称为"安"、"法"、"机"、"车"、"工"等;括号"[　　]"处填写年度;"第　　号"处填写该文书的顺序编号。

当场处罚决定书中注明的"编号"栏在印制文书时按先后顺序印制序号,办案人员不再填写。

10. 文书中所称"姓名",是指户籍上注明的常用姓名。

11. 文书中所称"年龄"和"出生日期"都以公历(阳历)周岁为准。"出生日期"除有特别说明的以外,一律具体到年月日。

12. 文书中所称"工作单位",是指机关、团体、企业、事业等单位的名称,填写时应当写全称。

13. 文书中所称"现住址",是指现在的经常居住地。

14. 文书中法律依据的填写应当写明法律、法规和规章的全称并具体到条、款、项。

15. 文书中的"案由"是指行政案件的类别,比如非法生产,非法建筑等。

16. 询问笔录、行政处罚告知笔录内容的记录以问答的形式进行。记录时,每段应当以"问"、"答"为句首开始,回答的内容以第一人称"我"记录。

17. 各种清单、凭证中"编号"栏一律采用阿拉伯数字,按物品(文件)的排列顺序从1开始逐次填写。"名称"栏填写物品(文件)的名称。"规格"栏填写物品的品牌和型号。"特征"栏填写物品的颜色、新旧等特点。

18. 抽样取证清单、先行登记保存证据清单、当场处罚决定书在使用时,可以采用复写形式。

二、具体要求

19. 受案登记表(式样一)是铁路行政机关受理行政案件时所使用的文书。

"案件来源"栏填写内容包括:工作中发现、报案、移交案件。"报案时间"栏填写报案的年月日时分。"报案方式"栏填写内容包括:口头报案、书面报案、电话报案等。"报案人"包括控告人、投案人员、扭送人员。

"简要案情"栏填写违法嫌疑人的姓名、性别、出生日期、现住址和工作单位等基本情况以及发案时间、地点、过程以及后果和现状;有受害人的,要写明受害人、受害情况、损失物品、数量、特征等要素。违法嫌疑人是单位的,要填写单位名称、地址和法定代表人。

"受案意见"由承办人填写受案或不受案的办理意见。

"受案审批"由办案部门负责人对承办人所提意见进行审核,并决定受案或者不受案。

20. 现场勘验笔录(式样三)是办案人员对违法行为案发现场进行勘验时所使用的文书。

"勘验地点"栏填写现场勘验的具体地点。

"勘验过程及结果"栏填写案情、现场概况及现场勘验中发现和提取物证的情况,要根据物证的不同特点,分别写明名称、品质、重量、尺寸、体积、标识等。照相、录像的内容和数量、绘图的种类和数量等情况也应当在笔录中注明。

21. 铁路行政处罚告知笔录(式样六)在铁路行政机关按照行政处罚的一般程序办理行政案件过程中使用。

"告知内容"第1条属于必填内容,填写时应当将对违法嫌疑人拟作出行政处罚决定的事实、理由及依据写明。

"告知内容"第2条仅在铁路行政机关拟作出符合听证范围的行政处罚决定之

前，向违法嫌疑人告知有要求听证的权利时填写。

违法嫌疑人提出陈述和申辩的，告知人应当如实记录。违法嫌疑人提出书面陈述、申辩材料的，应当将该书面材料附上并在告知笔录上注明。

22. 铁路行政处罚决定书（式样七）是铁路行政机关按照行政处罚的一般程序对当事人予以行政处罚时所使用的文书。

“被处罚人（单位）”栏填写被处罚人是单位的，应当填写单位名称、地址和法定代表人的姓名和现住址。

“现查明”后面的横线处填写违法事实部分，填写时应当准确、简明、扼要。

“以上事实有”后面的横线处填写处罚事实证据部分，填写时应当填写证据的具体名称。

“根据”后面的横线处依次填写行政处罚的法律法规依据、种类和幅度、履行的期限和履行的方式。

被处罚人或者被处罚单位的法定代表人或者负责人应当在铁路行政处罚决定书上签名，拒绝签名的，由办案人员在卷上注明。

23. 当场处罚决定书（式样八）适用于违法事实确凿并有法定依据，办案人员当场作出的对公民处以 50 元以下、对法人或者其他组织处以 1 000 元以下罚款或者警告的行政处罚。

被处罚人或者被处罚单位的法定代表人或者负责人应当在当场处罚决定书上签名。拒绝签名的，由办案人员在卷上注明。“办案人员”栏由办案人员签名或者盖章。

式样一

（此处印制铁路行政机关名称）

受案登记表

铁（　　）行受字［　　］第　　号

案　由					
案件来源					
报案时间					
报案方式					
报案人　姓　名		性别		出生日期	
报案人　现住址					
报案人　工作单位				联系电话	
接报单位				接报人	
简要案情					
受案意见	承办人：　　　年　月　日				
受案审批	办案部门负责人：　　　年　月　日				

本表一式两份，一份附卷，一份存根。

式样二

（此处印制铁路行政机关名称） 第____页共____页

询 问 笔 录

时间______年____月____日____时____分至____年____月____日____时____分
地　点__________________
询 问 人__________工作单位__________
记 录 人__________工作单位__________
被询问人__________性别______出生日期__________文化程度______
户籍所在地__________________
现 住 址__________________
工作单位__________________
联系电话__________________

问：我们是______________________的工作人员，现依法向你询问______________________案的有关问题，请你如实回答。对与本案无关的问题，你有拒绝回答的权利。你听清楚没有？

答：__________________

被询问人（签名）__________ 年 月 日

式样三

（此处印制铁路行政机关名称）

现场勘验笔录

勘验时间______年____月____日____时____分至____年____月____日____时____分
地　点__________________
勘验人员姓名、单位、职务（职称）__________________

勘验过程及结果______

现场勘验人员(签名):
记录人(签名):
当事人或者见证人(签名):

式样四

(此处印制铁路行政机关名称)
抽样取证证据清单

(此处加盖铁路行政机关印章) 铁( )抽字[ ]第 号

案　由		办案单位			
被抽样物品持有人		性别		出生日期	
现住址					
工作单位			联系电话		

抽样时间:______年______月______日______时
抽样地点:______
根据《中华人民共和国行政处罚法》第三十七条第二款规定,现对以下样品依法进行抽样取证。

编　号	名　称	规　格	数　量	特　征	备　注

被抽样物品持有人或者见证人(签名): 年 月 日
承办人: 年

本清单一式两份,一份交被抽样物品持有人,一份附卷。

式样五

（此处印制铁路行政机关名称）

先行登记保存证据清单

（此处加盖铁路行政机关印章）　　铁（　　）抽字[　　]第　　号

<table>
<tr><td>案　由</td><td colspan="2"></td><td colspan="2">办案单位</td><td colspan="2"></td></tr>
<tr><td>证据持有人</td><td colspan="2"></td><td>性别</td><td></td><td>出生日期</td><td></td></tr>
<tr><td>现住址</td><td colspan="6"></td></tr>
<tr><td>工作单位</td><td colspan="3"></td><td colspan="2">联系电话</td><td></td></tr>
<tr><td colspan="7">根据《中华人民共和国行政处罚法》第三十七条第二款规定，决定自＿＿＿＿＿年＿＿＿月＿＿＿日到＿＿＿＿＿年＿＿＿月＿＿＿日对下列物品予以先行登记保存，保存地点＿＿＿＿＿＿＿＿＿＿。在保存期内未经本机关批准，不得销毁或者转移证据。</td></tr>
<tr><td>编号</td><td>名称</td><td>规格</td><td>数量</td><td>特征</td><td colspan="2">备注</td></tr>
<tr><td></td><td></td><td></td><td></td><td></td><td colspan="2"></td></tr>
<tr><td></td><td></td><td></td><td></td><td></td><td colspan="2"></td></tr>
<tr><td></td><td></td><td></td><td></td><td></td><td colspan="2"></td></tr>
<tr><td></td><td></td><td></td><td></td><td></td><td colspan="2"></td></tr>
<tr><td></td><td></td><td></td><td></td><td></td><td colspan="2"></td></tr>
<tr><td></td><td></td><td></td><td></td><td></td><td colspan="2"></td></tr>
<tr><td></td><td></td><td></td><td></td><td></td><td colspan="2"></td></tr>
<tr><td colspan="5">证据持有人或者见证人（签名）：

年　月　日</td><td colspan="2">承办人：

年　月　日</td></tr>
</table>

本清单一式两份，一份交证据持有人，一份附卷。

式样六

（此处印制铁路行政机关名称）

铁路行政处罚告知笔录

告知单位____________________告知人____________________

被告知人____

被告知单位__________________法定代表人________________

告知内容：

1. 根据《中华人民共和国行政处罚法》第三十一条规定，现将拟作出行政处罚决定的事实、理由、依据告知如下：

对上述告知事项，你（单位）有权进行陈述和申辩。

2. 拟作出的行政处罚：________________________________

对铁路行政机关拟作出的上述行政处罚，根据《中华人民共和国行政处罚法》第四十二条规定，你（单位）有权要求听证。如果要求听证，你（单位）应在被告知后3日内向________________提出，逾期视为放弃听证。

问：对以上告知内容你听清楚了吗？

答：

问：对上述告知事项，你是否提出陈述和申辩？

答：

被告知人（签名）：

年　　月　　日

式样七

（此处印制铁路行政机关名称）

铁路行政处罚决定书

铁（　　）决字［　　］第　　号

被处罚人（单位）____________________

____

____

____

现查明____________________

____

____

____

以上事实有____________________

____

____________________等证据证实。

根据____________________

__________，决定给予__________

__________的处罚。限你（单位）于__________

__________前__________如不服本决定，

可以在收到本决定书之日起六个月内向__________申请行政复议或者依法向人民法院提起行政诉讼。

（行政机关印章）

年　　月　　日

被处罚人或者单位（签名）：

年　　月　　日

本决定书一式两联，一联交被处罚人，一联附卷。

式样八

（此处印制铁路行政机关名称）

当场处罚决定书

编号：

被处罚人__________性别______出生日期__________
现 住 址______________工作单位____________
被处罚单位名称_____________法定代表人__________
地 址________________________
因______________________________
根据______________第_____条第_____款第_____项，决定给予____________的处罚。

如不服本决定，可以在收到本决定书之日起六十日内向____________________________申请行政复议或者依法向人民法院提起行政诉讼。

处罚地点________________处罚时间______________
办案人员______________________________

（行政机关印章）
年 月 日

被处罚人或者单位（签名）：
年 月 日

本决定书一式两份，一份交被处罚人，一份附卷。

铁路运输安全行政执法人员管理办法(暂行)

铁道部 2005 年 12 月 29 日　铁安监[2005]228 号

第一条　为加强铁路运输安全行政执法队伍建设和管理,提高铁路运输安全行政执法人员的整体素质和执法水平,依法履行行政执法职责,根据有关铁路运输安全的法律、法规和规章,制定本办法。

第二条　铁路运输安全行政执法(以下简称行政执法),是指铁道部及其设立的铁路安全监督管理办公室为履行《铁路运输安全保护条例》赋予的行政管理职能,依照有关法律、法规、规章实施监督检查和查处违法行为的活动。

第三条　铁路运输安全行政执法人员(以下简称行政执法人员),是指铁道部及其设立的铁路安全监督管理办公室所属的履行铁路运输安全行政执法职责的工作人员。

第四条　行政执法人员应在规定的管辖范围和相应的专业分工范围内,严格按照规定程序执法。铁道部、铁路安全监督管理办公室的下列人员可从事行政执法工作:

(一) 安全监察人员;

(二) 相关行政许可工作人员;

(三) 法制工作人员;

(四) 铁路线路安全、运营安全、设备安全监督检查的专业人员。

铁路公安机关的行政执法人员依照有关法律法规的规定实施行政执法。

第五条　行政执法人员任职条件:

(一) 遵纪守法,作风正派,清正廉洁,忠于职守;

(二) 熟悉铁路运输安全的相关法律法规和铁路运输安全相关专业知识,具有相应的政治素质和政策水平;

(三) 具有大专及以上学历和三年以上相关业务工作经历,大专以下学历的人员需具有从事本专业五年及以上工作经历;

(四) 经过铁道部组织的行政执法资格培训并考试合格。

取得国家注册安全工程师执业资格者,可优先批准其从事行政执法工作。

第六条　行政执法人员任职资格的审核:

(一) 铁道部机关相关部门的行政执法人员,由其所在部门按照行政执法人员的任职条件确定并进行考核;铁路安全监督管理办公室的行政执法人员,由其所在单位的干部管理部门和业务管理部门,按照行政执法人员的任职条件确定并进行考核;

(二) 行政执法人员经考核合格后,由其所在部门或单位填写"铁路运输安全行政执法人员审批表",经所在部门主要负责人或所在单位主要领导签署推荐意见并加盖部门或单位公章后,报铁道部安全监察司办理各项审批手续。

第七条　行政执法人员的基本职责:

(一) 对铁路运输安全法律、法规和规章的实施情况进行监督检查;

（二）接受举报和控告，依法开展案件调查，收集证据以及对违法案件进行查处；

（三）依法对违反铁路运输安全法律、法规和规章的单位或个人予以处理和处罚；

（四）依法实施行政许可；

（五）履行铁路运输安全法律、法规和规章赋予的其他职责。

第八条 铁道部安全监察司负责全路行政执法人员的业务归口管理，具体职责是：

（一）研究制定行政执法管理办法；

（二）研究确定行政执法人员的任职条件，审核行政执法人员的任职资格，制作、发放行政执法证件；

（三）组织编写行政执法培训教材，负责行政执法人员定期培训的具体工作；

（四）指导铁路安全监督管理办公室的行政执法工作；

（五）检查监督铁路安全监督管理办公室及行政执法人员的执法情况等。

第九条 铁路安全监督管理办公室的安全监察部门负责本机构行政执法人员的日常管理工作，具体职责和管理办法依据有关法律、法规、规章自行研究制定。

第十条 铁道部、铁路安全监督管理办公室应按下列要求对行政执法人员培训：

（一）定期对行政执法人员进行法律、法规等相关知识的培训。一般情况下，每两年组织一次集中培训，培训时间不应少于40学时。特殊情况下，可随时组织集中培训。

（二）行政执法人员的培训工作应纳入干部培训工作计划。铁道部组织的培训由铁道部安全监察司拟定培训计划，报人事司审核后组织实施；铁路安全监督管理办公室组织的培训，由铁路局安全监察室拟定培训计划，报人事部门审核、纳入铁路局计划后组织实施。

（三）培训的主要内容：铁路运输安全相关法律、法规和规章制度，行政执法相关法律、法规，执法行为规范以及职业道德等。

（四）行政执法人员的培训经费在干部培训经费中列支。

第十一条 行政执法证件的管理应遵守以下规定：

（一）行政执法证件由铁道部统一印制，加盖铁道部证件专用章。

（二）行政执法证件的管理工作由铁道部安全监察司具体负责。

（三）行政执法证件以铁道部、各铁路安全监督管理办公室为单位，实行统一编号。

（四）经审核符合条件的人员，由铁道部颁发行政执法证件。特殊情况下，经铁道部安全监察司审核，报部长或主管副部长批准后，可直接颁发行政执法证件。

（五）申领、更换行政执法证件，须附行政执法人员的人事令及近期标准一寸免冠彩色照片两张，由各有关单位指定专人负责到铁道部安全监察司统一办理。

（六）行政执法证件实行年审制度。铁道部每两年对行政执法证件进行一次年审，未经年审的行政执法证件视为无效证件。年审工作由铁道部安全监察司负责。

（七）行政执法人员调出执法部门、退离二线、退休时，由所在单位主管部门收回其行政执法证件,并上交铁道部发证机关注销,不能收回并上交上述人员的行政执法证件的单位,不予发给该单位新任行政执法人员的证件。

(八) 发生行政执法证件遗失,当事人必须及时报告所在单位主管部门,并在《人民铁道》报上声明作废,由持证人所在单位按规定申请补发。

(九) 行政执法证件不得转借、涂改、伪造,不能使用过期及注销的行政执法证件。发生转借、涂改、伪造或使用过期及注销行政执法证件的,依照有关规定予以处罚,并给予行政处分。触犯法律的,将追究其法律责任。

(十) 行政执法人员执行公务时要主动出示执法证件。被检查单位和被检查人员有权查看行政执法人员的执法证件,当被检查单位和被检查人员要求查看执法证件时,行政执法人员不得拒绝。

第十二条 行政执法人员有下列行为之一的,取消其行政执法资格:

(一) 违反法定程序执法,执法中有严重错误,造成不良后果的;

(二) 违反执法人员工作纪律,造成不良社会影响的;

(三) 不参加铁道部组织的年审或年审不合格的;

(四) 调离原行政执法岗位或因其他原因不适合从事执法工作的。

第十三条 行政执法人员要自觉加强廉政建设,严格执行国家、铁道部及铁路安全监督管理办公室的有关规定,严禁向被检查单位和被检查人员索要礼品、礼金及有价证券等,严禁刁难被检查单位和被检查人员。如发生违法违纪者,一经查实,依据有关规定严肃处理。

第十四条 行政执法人员要自觉接受行政监察部门的监督检查。

第十五条 铁道部、铁路安全监督管理办公室每年定期组织对行政执法人员的执法情况进行检查。发现违法违纪行为,要立即纠正,情节严重的依据有关规定查处。

第十六条 本办法自印发之日起实行。

第十七条 本办法由铁道部安全监察司负责解释。

附件

铁路运输安全行政执法人员审批表

姓　名		性　别		出生年月	
民　族		籍　贯		健康状况	
政治面目		参加工作时间		任现职时间	
专业技术职称		现工作岗位(专业)			
学　历 学　位	全日制教育		毕业院校系及专业		
	在职教育		毕业院校系及专业		

续上表

工作简历	
所在单位意见	负责人：年 月 日(盖章)
审批意见	年 月 日(盖章)

关于重新发布《铁路安全监督管理办公室管辖范围》的通知

铁道部2007年9月10日　　铁政法［2007］175号

各铁路安全监督管理办公室：

为适应铁路局直管站段新体制和合资铁路发展的新形势，铁道部对铁路安全监督管理办公室管辖范围作了调整。现将修改后的《铁路安全监督管理办公室管辖范围》发给你们，请按照执行。2005年8月25日铁道部发布的《铁路管理机构运输安全监督管理管辖范围》（铁办［2005］148号）同时废止。

铁路安全监督管理办公室管辖范围

一、哈尔滨铁路安全监督管理办公室的管辖范围：

1. 哈尔滨铁路局管内国家铁路、专用铁路、铁路专用线
2. 黑河铁路（集团）有限责任公司
3. 黑龙江省铁路集团有限责任公司嫩江分公司
4. 铁路集团有限责任公司桦南分公司
5. 铁路集团有限责任公司宝清分公司
6. 黑龙江省林碧地方铁路有限公司
7. 黑龙江省东宁地方铁路有限责任公司
8. 同江铁路有限责任公司

二、沈阳铁路安全监督管理办公室的管辖范围：

1. 沈阳铁路局管内国家铁路、专用铁路和铁路专用线
2. 中国吉林东北亚铁路港口集团股份有限公司
3. 双辽地方铁路管理局
4. 辽宁省海岫地方铁路局
5. 锦州高天地方铁路公司
6. 庄河地方铁路有限公司
7. 朝阳市地方铁路公司
8. 宇辉地方铁路有限责任公司
9. 通辽地方铁路管理处

三、北京铁路安全监督管理办公室的管辖范围：

1. 北京铁路局管内国家铁路、专用铁路、铁路专用线
2. 阳涉铁路有限责任公司
3. 朔黄铁路有限责任公司
4. 邯济铁路有限责任公司（邯济线邯郸南站至贾镇—堂邑站间127公里）

5. 天津蓟港铁路有限责任公司
6. 天津市铁路集团有限公司
7. 北京市平谷区地方铁路局
8. 河北省石家庄地方铁路管理处
9. 秦皇岛地方铁路有限责任公司
10. 易县地方铁路局
11. 河北省沧州市骋宇地方铁路有限责任公司
12. 丰宁地方铁路局
13. 沙蔚铁路有限责任公司
14. 张双铁路有限责任公司

四、太原铁路安全监督管理办公室的管辖范围：

1. 太原铁路局管内国家铁路、专用铁路、铁路专用线
2. 山西孝柳铁路有限责任公司
3. 大秦铁路股份有限责任公司
4. 山西地方铁路集团忻州铁路有限公司
5. 山西地方铁路集团宁静铁路公司
6. 山西武沁地方铁路有限公司运输指挥中心
7. 大准铁路
8. 神朔铁路
9. 唐港铁路有限责任公司

五、呼和浩特铁路安全监督管理办公室的管辖范围：

1. 呼和浩特铁路局管内国家铁路、专用铁路、铁路专用线
2. 内蒙古集通铁路有限责任公司
3. 内蒙古伊泰准东铁路有限责任公司
4. 呼和浩特市地方铁路公司
5. 包神铁路
6. 呼准铁路

六、郑州铁路安全监督管理办公室的管辖范围：

1. 郑州铁路局管内国家铁路、专用铁路、铁路专用线
2. 河南省地方铁路局濮阳分局
3. 河南省地方铁路局许昌分局
4. 河南省地方铁路局新郑分局
5. 新乡市铁路处
6. 新乡市地方铁路管理处
7. 河南登封铁路有限公司
8. 焦作市修武煤炭中转站
9. 辉县市地方铁路管理处

七、武汉铁路安全监督管理办公室的管辖范围：

1. 武汉铁路局管内国家铁路、专用铁路、铁路专用线
2. 湖北长荆铁路有限责任公司
3. 河南省地方铁路局周口分局
4. 驻马店地区地方铁路指挥部
5. 泌阳县地方铁路运输公司
6. 荆州市地方铁路管理局
7. 湖北省宜都市松宜铁路有限责任公司

八、西安铁路安全监督管理办公室的管辖范围：

1. 西安铁路局管内国家铁路、专用铁路、铁路专用线
2. 陕西西延铁路有限责任公司

九、济南铁路安全监督管理办公室的管辖范围：

1. 济南铁路局管内国家铁路、专用线路、铁路专用线
2. 邯济铁路有限责任公司（邯济线贾镇～堂邑站间127公里至晏城北站）
3. 威海市地方铁路管理局
4. 潍坊市地方铁路管理局
5. 山东省地方铁路局青州管理处
6. 山东省地方铁路局岚山管理处
7. 山东大莱龙铁路有限责任公司

十、上海铁路安全监督管理办公室的管辖范围：

1. 上海铁路局管内国家铁路、专用铁路、铁路专用线
2. 新长铁路有限责任公司
3. 浙江金温铁道开发有限公司
4. 合九铁路有限责任公司
5. 萧甬铁路有限责任公司
6. 慈溪市铁路管理处
7. 安徽漯阜铁路有限责任公司
8. 南京市地方铁路总公司
9. 合肥市地方铁路管理局

十一、南昌铁路安全监督管理办公室的管辖范围：

1. 南昌铁路局管内国家铁路、专用铁路、铁路专用线
2. 龙岩铁路有限责任公司
3. 泉州铁路有限责任公司
4. 武夷山铁路有限责任公司
5. 江西地方铁路开发公司
6. 江西省景德镇市地方铁路管理局

十二、广州铁路安全监督管理办公室的管辖范围：

1. 广铁（集团）管内国家铁路、专用铁路、铁路专用线
2. 广深股份有限公司
3. 广梅汕铁路有限责任公司
4. 广东三茂铁路股份有限公司
5. 石长铁路有限责任公司
6. 粤海铁路有限责任公司
7. 深圳平南铁路有限公司
8. 中铁（罗定）铁路有限责任公司
9. 中铁（阳江）铁路有限公司
10. 中铁（惠州）铁路有限责任公司
11. 广东省地方铁路有限责任公司南岭铁路分公司
12. 广东省地方铁路有限责任公司曲仁铁路分公司
13. 湖南永耒铁路公司

十三、柳州铁路安全监督管理办公室的管辖范围：

1. 柳州铁路局管内国家铁路、专用铁路、铁路专用线
2. 广西沿海铁路股份有限公司
3. 广西地方铁路有限责任公司来宾管理段
4. 广西地方铁路有限责任公司罗城管理段
5. 广西地方铁路有限责任金城江管理段
6. 广西地方铁路有限责任公司桂林东站

十四、成都铁路安全监督管理办公室的管辖范围：

1. 成都铁路局管内国家铁路、专用铁路、铁路专用线
2. 达成铁路有限责任公司
3. 四川省泸州铁路有限责任公司
4. 重庆市南川地方铁路局
5. 成都地方铁路公司
6. 四川省地方铁路局彭州分局
7. 四川省地方铁路局普乐分局
8. 中铁（宜宾）铁路有限责任公司

十五、昆明铁路安全监督管理办公室的管辖范围：

1. 昆明铁路局管内国家铁路、专用铁路、铁路专用线
2. 滇西铁路有限责任公司
3. 贵州水红铁路有限责任公司
4. 昆玉铁路公司
5. 云南省中宝铁路公司

十六、兰州铁路安全监督管理办公室的管辖范围：

1. 兰州铁路局管内国家铁路、专用铁路、铁路专用线
2. 宁夏大古铁路有限责任公司
3. 敦煌铁路有限责任公司

十七、乌鲁木齐铁路安全监督管理办公室的管辖范围：

乌鲁木齐铁路局管内国家铁路、专用铁路、铁路专用线

十八、青藏铁路安全监督管理办公室的管辖范围：

青藏铁路公司管内国家铁路、专用铁路、铁路专用线

十九、其他相关业务的管辖：

对新建、改建及扩建铁路的相关安全设施建设，由所在区域的铁路安全监督管理办公室依法履行相关行政许可职责，并在交付运营时负责监督检查“三同时”落实情况。管辖范围不明确的，由铁道部指定铁路安全监督管理办公室负责。

关于调整铁路安全监督管理办公室管辖范围的通知

铁道部2008年8月14日　　铁政法[2008]146号

依据《铁路运输安全保护条例》(国务院令第430号)和《铁路安全监督管理办公室职责规定》(铁道部令第31号),铁道部决定对部分铁路安全监督管理办公室管辖范围进行调整。现将调整内容通知如下,请按照执行。

一、北京铁路安全监督管理办公室管辖范围新增:

1. 京津城际铁路有限责任公司
2. 北京城市铁路投资发展有限公司

二、上海铁路安全监督管理办公室管辖范围新增:

1. 合宁铁路有限公司
2. 上海浦东铁路发展有限公司

三、呼和浩特铁路安全监督管理办公室管辖范围新增:

东乌铁路有限责任公司

四、济南铁路安全监督管理办公室管辖范围新增:

胶济铁路客运专线有限公司

本通知自发布之日起生效。

关于公布第四批铁路行政审批清理结果并做好后续工作的通知

铁道部2007年11月14日　铁政法[2007]214号

部内各单位:

根据《国务院关于第四批取消和调整行政审批项目的决定》(国发[2007]33号),我部行政审批项目清理结果已确定:国务院决定取消的铁路行政审批项目共9项(见附件1),其中8项行政许可,1项非行政许可;国务院决定调整的铁路行政审批项目(合并同类事项)共3项(见附件2),均为行政许可项目。经过清理,铁路现行有效的行政审批项目共28项(见附件3),其中19项行政许可,9项非行政许可。

各部门要认真做好取消和调整行政审批项目的落实和衔接工作,切实加强后续管理。要按照国务院的统一部署,依法对行政审批项目实行动态管理,切实加强对行政审批权的监督制约,努力在规范审批行为、创新审批方式、完善审批制度、建立长效机制等方面取得新的进展。为此,各部门近期要抓好以下几个方面工作:

1. 加强对取消和调整项目的后续管理。对于取消和调整的行政许可审批项目,应对相关的规章、规范性文件进行核查,提出废止或修改建议;对项目取消后的后续管理,提出工作建议。

2. 完善保留项目的审批办法。对保留的行政许可项目和调整后的行政许可项目,尚未制定许可实施办法的,各责任部门应提出制定许可办法的具体设想、工作计划和完成时间,尽快制定许可办法;对于有特殊情况,目前条件不具备、需暂缓制定办法的,应当说明理由,并提出相应的管理措施。对于保留的非行政许可审批项目,由原审批部门负责完善审批办法,规范管理,严格审批。

3. 严格行政许可审批条件和程序。对于保留和调整的行政许可项目,各审查部门要进一步落实部领导严格审批条件和程序的要求,除已完成的"企业自备车参加国家铁路运输审批"、"企业铁路专用线与国铁接轨审批"、"铁路危险货物托运人资质许可"外,其他关键设备许可项目也要抓紧研究制定具体实施细则。同时要抓紧研究制定对铁道部委托的相关检验检测认证等中介机构的监管办法,规范中介机构行为。

请各责任部门抓紧研究并填写《相关行政审批项目后续工作建议表》(附件4)和《涉及相关行政审批的规章及规范性文件清理表》(附件5),于11月30日前报政策法规司行政许可管理处。

附件1

国务院决定第四批取消的铁路行政审批项目目录

序号	项目名称	原设定依据	备注
1	建筑企业铁道专业资质认定	《国务院对确需保留的行政审批项目设定行政许可的决定》(国务院令第412号)	铁道部初审，建设部审批发证
2	工程勘察、设计企业铁道专业资质认定	《国务院对确需保留的行政审批项目设定行政许可的决定》(国务院令第412号)	
3	工程监理企业铁道专业资质认定	《国务院对确需保留的行政审批项目设定行政许可的决定》(国务院令第412号)	
4	工程咨询单位铁道专业资质认定	《国务院对确需保留的行政审批项目设定行政许可的决定》(国务院令第412号)	
5	工程造价咨询单位铁道专业资质认定	《国务院对确需保留的行政审批项目设定行政许可的决定》(国务院令第412号)	
6	铁路工程基桩检测单位资质及检测员资格认定	《国务院对确需保留的行政审批项目设定行政许可的决定》(国务院令第412号)	
7	铁路企事业单位进口机电产品标准审批	《国务院对确需保留的行政审批项目设定行政许可的决定》(国务院令第412号)	
8	铁路中外合资、合作经营项目审核	《中华人民共和国合作经营企业法》、《中华人民共和国合作经营企业法实施条例》	
9	铁路企业设立境外企业、代表机构审批	《国务院办公厅关于保留部分非行政许可审批项目的通知》(国办发[2004]62号)	

附件2

国务院决定第四批调整的铁路行政审批项目目录（合并同类事项）

序号	项目名称	设定依据	合并后项目名称	实施主体
1	利用国外贷款的铁路项目立项审批	《国务院对确需保留的行政审批项目设定行政许可的决定》(国务院令第412号)	铁道固定资产投资项目审批	铁道部
2	国家铁路大中型建设项目、限额以上更新改造项目和铁道部指定的项目初步设计、变更设计及总概算审批	《国务院对确需保留的行政审批项目设定行政许可的决定》(国务院令第412号)		
3	铁路建设项目立项审批	《国务院对确需保留的行政审批项目设定行政许可的决定》(国务院令第412号)		

附件 3

现行有效的铁路行政审批项目目录

一、现行有效的铁路行政许可审批项目目录

序号	项　目　名　称	设　定　依　据	实施主体
1	开行客货直通列车、办理军事运输审批和特殊货物运输审批	《国务院对确需保留的行政审批项目设定行政许可的决定》(国务院令第 412 号)	铁道部
2	企业自备车辆参加铁路运输审批	《国务院对确需保留的行政审批项目设定行政许可的决定》(国务院令第 412 号)	铁道部
3	铁路工程建设消防设计审批	《国务院对确需保留的行政审批项目设定行政许可的决定》(国务院令第 412 号)	铁道公安
4	企业铁路专用线与国铁接轨审批	《国务院对确需保留的行政审批项目设定行政许可的决定》(国务院令第 412 号)	铁道部
5	铁路专用计量器具新产品技术认证	《国务院对确需保留的行政审批项目设定行政许可的决定》(国务院令第 412 号)	铁道部
6	铁路工业产品制造特许证核发	《国务院对确需保留的行政审批项目设定行政许可的决定》(国务院令第 412 号)	铁道部
7	铁路运输企业设立、撤销、变更审批	《国务院对确需保留的行政审批项目设定行政许可的决定》(国务院令第 412 号)	铁道部
8	铁路机车车辆设计生产维修进口许可	中华人民共和国铁路运输安全保护条例(国务院令第 430 号)	铁道部
9	铁路运输管理信息系统认定	中华人民共和国铁路运输安全保护条例(国务院令第 430 号)	铁道部

续上表

序号	项目名称	设定依据	实施主体
10	铁路危险货物托运人资质许可	中华人民共和国铁路运输安全保护条例(国务院令第430号)	铁道部管理机构
11	铁路危险货物承运人资质许可	中华人民共和国铁路运输安全保护条例(国务院令第430号)	铁道部管理机构
12	设置或拓宽铁路道口人行过道审批	中华人民共和国铁路运输安全保护条例(国务院令第430号)	铁道部管理机构、地方政府
13	铁路超限超长超重集重承运人资质许可	中华人民共和国铁路运输安全保护条例(国务院令第430号)	铁道部铁路管理机构
14	铁路运输安全设备生产企业认定	中华人民共和国铁路运输安全保护条例(国务院令第430号)	铁道部
15	铁路机车和自轮运转车辆驾驶员资格许可	中华人民共和国铁路运输安全保护条例(国务院令第430号)	铁道部
16	铁路无线电台发射设备的设台、频率审核	中华人民共和国无线电管理条例(国务院、中央军委第128号令),铁路运输安全保护条例(国务院令第430号)	铁道部
17	车站和线路命名、更名审批	中华人民共和国地名管理条例	铁道部
18	旅客票价率、行包、货物运价率和客货运杂费项目和收费标准审核	中华人民共和国铁路法	铁道部
19	铁道固定资产投资项目审批	《国务院关于第四批取消和调整行政审批项目的决定》(国发[2007]33号)	

二、现行有效的铁路非行政许可审批项目目录

序号	项 目 名 称	设 定 依 据
1	铁路计算机信息系统安全保护措施审批	《国务院办公厅关于保留部分非行政许可审批项目的通知》(国办发[2004]62号)
2	铁路基建大中型项目工程施工、监理、物资采购招标计划及评标结果审批	
3	铁路基本建设项目审批	
4	铁路企业国有资产产权变动审批	
5	铁路企业公司改制事项审批	
6	铁路工程及设备报废审批	
7	铁路日常清产核资项目审批	
8	铁路运价里程和货运计费办法审批	
9	印制铁路客货运输票据审批	

附件4　相关行政审批项目后续工作建议表(略)

附件5　涉及相关行政审批的规章及规范性文件清理表(略)